한국어 방언사 탐색

전 북 대 학 교
교과교육연구총서 8

한국어 방언사 탐색

최 전 승

역락

책머리에

이 책은 2010년 이후부터 지금까지 주로 국어 방언사의 일면을 염두에 두고 내가 작성해 온 논문들을 약간의 수정을 거쳐 한 자리에 모은 논문집이다. 이 방면의 체계적인 고찰과 연구가 아니라, 내가 추구하는 그때그때의 관심과, 이론적 관점에 따라서 이 글들을 써 왔기 때문에 일관성 있는 단일한 주제는 이 책에서 기약하지 못한다. 따라서 이 책은 한국어 방언사를 예비적으로 탐색하기 위한 8가지의 주제에 대한 잠정적인 글들로 구성되어 있다는 말이 더 정확하다.

나는 2010년 학교에서 정년으로 나오면서, 지금까지와는 다른 방향의 공부를 본격적으로 자유롭게 시작해 보리라 작정했었다. 나의 아버지가 생전에 남겨놓은 손때 묻은 만주어와 몽고어 계통의 전적들이 골방에서 나를 계속 기다리고 있었기 때문이었다.

그러나 그 이전에 내가 국어 방언사를 공부해 오면서 해결하지 못하고 가지고 있었던 해묵은 정신적 부채들이 더러 있었기 때문에, 우선 이 남은 것들이라도 먼저 해결해 놓고 넘어가려고 했다가 시간만 지나서 지금에까지 이르게 되었다. 그리고 근자에 나의 관심도 새로운 영역인 역사 화용론, 역사 사회언어학의 이론과 방법론의 방향으로 옮겨 오면서, 종래의 전통적인 역사적 한글 자료들을 다시 관찰해 보고 싶은 생각도 강렬하였다.

정년을 맞은 이후에 논문을 써서 전문 학술지에 발표한다는 것은 현실적으로 어려움이 있다는 사실을 나중에야 알게 되었다. 물론, 이와 같은 제약은 스스로 내가 나에게 부여한 문제일 뿐이고, 또한 의지만 있으면 얼마

든지 극복할 수 있는 것이기는 하다.

　마침, 교내 연구소에서 해마다 2회씩 정기적으로 간행하는 교과교육 관련 종합 학술지를 발표 공간으로 전적으로 이용할 수 있어서 적어도 나에게는 무척 다행스러운 일이었다. 이 교육 종합지가 국어사와 방언사 일반 전공자들의 손에 들어가는 일은 별로 없을 것 같으나, 그 대신 전공 학술지에서 요구하는 것과 같은 발표 지면의 좁은 한계는 없었다. 그렇기 때문에, 내가 선택한 국어 방언사 주제의 폭과 영역을 원하는 만큼 다양하게 확대시켜 볼 수 있는 자유가 무엇보다 큰 매력이 되었다.

　따라서 내가 이 논문들의 초고를 작성할 때에 자문과 질정을 구하고, 나중에 근소한 별쇄본을 따로 보내드린 몇몇의 이웃 전공 학자들을 제외하면, 이 책에 실린 대부분의 논문은 국어사와 방언사 관련 다른 일반 독자들에게는 대체로 알려져 있지 않았던 것들이다.

　이 책에서 제1부 "근대국어 경북 지역·사회방언의 발달과 분화"에 포함된 두 편의 글은 지금까지 19세기 후기 전라방언을 중심으로 당시 언어의 모습을 관찰해 왔던 나에게는 전연 낯 선 영역이었다. 그리하여 이 두 편의 논문은 결과적으로 보면, 모두 예상치 않게 작성된 산물이다.

　먼저, 제1장 「19세기 전기 경북 사회방언 발달 과정에서 개별성과 보편성 : 『의성김씨 김성일파 종택 한글간찰』을 중심으로」(2012)는 2012년 새 학기 초에 학교 도서관 서가에서 한국학 중앙연구원에서 <조선후기 한글 간찰(언간)의 역주 연구> 제6권으로 판독과 주석을 거쳐 간행된 『의성김씨 김성일파 종택 한글간찰』(2009)과 그 원문 영인본을 우연하게 빼어 본 후에 작성하게 된 것이다.

　그 당시 나는 역사 사회언어학 논문들을 읽어가면서, 통상적인 간본 자료에 반영된 일정한 단계의 격식적인 글말의 모습과, 그 당시 실제 살아있던 대중들이 일상생활 속에서 자연스럽게 의사 전달의 도구로 상호 구사했던 입말 간에 놓여 있는 커다란 괴리를 극복하는 문제를 생각하고 있었다. 일정한 역사적 단계에 사용되었던 당시 화자들의 현장성이 있는 말을 접해 보려는 욕구를 19세기 전기 경북 안동의 사대부 계층에 속하는 40대와 50대 연령층의 남편과 아내 간의 오가는 일상적인 삶에서 나오는 진솔한 편지 글 속에서 어느 정도 충족시킬 수 있었다.

나는 이 한글 편지들의 묶음에 드러난 여러 층위의 경북 사회방언에서의 변이와 변화 과정을 지금까지 파악된 근대국어의 다른 지역방언의 특질들과 비교·대조하는 관점에서 기술하였다. 또한, 19세기 전기의 단계에서 수행되고 있었던 보편적인 형태·통사적 발달과 지역방언 고유한 개별적 발달의 진로를 몇 가지의 측면에서 복원해 보려고 하였다. 특히, 19세기 전기의 경북방언을 반영하고 있는 이 한글편지 자료에서 주체높임의 선어말어미 일종인 '-겨/겻-'의 형성을 부분적으로 확인할 수 있었던 것과, 지금까지 별로 관심의 대상이 아니었던 시간부사 '장'(長)과 '노'의 공간적 분포를 확인해 본 것이 기억에 남는다.

제2장 「17세기 후기 필사본 『음식디미방』의 언어에 대한 이삭줍기 : 근대국어의 의미론과 형태·통사적 변화를 중심으로」(2013)의 경우도 내가 이 글을 논문으로 쓰리라고 그 전에 생각해 본 적은 없었다. 이 논문의 서론에서도 대강 밝힌 바 있지만, 사실은 2013년 가을에 아내가 전주 박물관 유적 탐사 여행에 참여하여 경북 영양군에 위치한 유서 깊은 '두들 마을'에 있는 <음식디미방 체험관>에 들려서 얻은 한 권의 한글 필사본 복원본을 전해 받은 후에 작성되었다. 아내는 나를 위해서 정말 어렵게 한 권 구했노라고 생색을 냈던 것이다. 그 필사본은 바로 안동 장씨 장계향(1598-1680)이 후손들에게 남긴 17세기 후반 한글 음식 조리서 『음식디미방』이었다.

국어사와 국어 방언사의 영역에서 이 책에 반영된 당시 경북방언의 역동적이고 다양한 모습과, 지역 방언사적 귀중한 가치는 2000년대 초에 수많은 유수한 학자들에 의해서 거의 다 규명된 바 있었다. 나는 그 필사본에 담겨 있는 노년의 안동 장씨가 작성한 미려한 붓글씨체를 감상하다가,

끝내는 17세기 후기에 노년의 사대부 계층인 그녀가 필사본『음식디미방』에서 구사한 자연스럽고, 대담한 당시의 살아 있는 언어의 매력에서 빠져 나올 수 없게 되었다. 따라서 추수가 완전히 끝난 밭에서 뒤늦게 곡식 낱알을 조금 줍는 심정으로 이 자료에 접근하게 된 것이다. 이 글에서 무엇보다도 음식 조리서의 전통 속에서 특이하게 발달된 '노외-∞뇌-'의 의미 전개 과정(反復, 重→重篩)을 복원하게 된 계기는 Traugott & Dasher(2002 : 34-40)의 의미변화 이론을 조금이나마 공부한 덕택이었다고 생각한다.

제2부에서부터 제4부에 배정된 나머지 6편의 논문들은 오랫동안 나의 머리를 떠나지 않고 있었던 논제들을 나름대로 정리하여 본 것이다. 특히 제3장「불규칙 활용의 규칙화와 'ㅎ'[?]에 대한 인식의 전개와 음운현상의 본질 : 1920년대부터 현재까지의 음운론 기술을 중심으로」(2011)를 준비하는 데에만 오랜 시간을 요하였으며, 논지 전개는 나에게는 무척 힘든 절차였다.

국어의 지역방언들에서 'ㅅ' 불규칙 용언의 활용형들이 자음으로 시작되는 어미의 초성을 경음화 또는 유기음화시키는 음운현상과, 'ㄷ' 불규칙 용언 활용형들이 자음어미 앞에서 어간 말음을 'ㄹ'로 전환시킨 다음, 자음어미의 초성을 경음화 또는 유기음화시키는 일련의 특유한 음운현상에 대해서 종래에 제시된 추상적 음소 ?의 설정은 적어도 나에게는 직관적으로 불합리하게 생각되었던 것이다. 십여 년 전부터 이 문제를 생각하고, 필요한 자료를 정리하고 있었다. 그러나 이 문제의 실마리를 풀어 나가는 적절한 전개 방식이 쉽게 떠오르지 않아서 시작을 못하고, 고민만 계속 하고 있었다.

그러다가, 이극로 박사 기념 사업회에서 펴낸『이극로의 우리말 연구와 민족운동』(2010)에 실려 있는 고영근 선생의 「이극로의 어학사상의 위치」외, 다른 몇 편의 논문을 읽으면서, 자연스럽게 글의 실마리가 풀리기 시작하였다. 그 전에 주목한 바 있었던 이탁 선생의 1920년대 논문「우리 語音學」(『국어학 논고』, 352-381쪽)과『한글』제1권 4호(161-167)에 실려 있는 논문「ㆆ ㅿ ㆁ를 다시 쓰자」가 생각났기 때문이었다. 형태주의 맞춤법의 관점에서 1920년대와 1930년대를 거쳐 'ㅅ'과 'ㄷ' 불규칙 용언을 단일한 어간으로 규칙화하여 표기하려고 제시된 옛글자 'ㆆ/ʔ/에 대한 명시적 이론을 처음으로 설정한 학자는 이탁 선생이었다. 재작년에 학과에서 열린 특강 후에, 그날 연사로 오신 김진우 선생과 함께 하는 자리에서 1930년대 이탁과 이극로 선생이 한국에서 사실상 고전적인 생성 음운론자들의 선구자들이었다고 선생님께 말씀 드렸던 적이 있다.

이어서 제4장 「국어 방언사에서 성문 마찰음 'ㅎ'의 개입과 언어변화의 보상적 기능」(2011)은 언어변화에 의식적으로 참여하는 화자들의 적극적인 역할을 중시하여, 오늘날의 지역 방언에서 재구조화된 'ㅎ' 어간말음의 형성의 과정을 복원해 보려고 시작한 논문이다. 문제의 발단은 한국어를 취급한 Ramstedt(1939, 1949, 1952)의 일련의 논저에 등장하는 방언형들 가운데 h 개입형에 대한 지금까지 학자들의 부정적 편견을 극복해 보려는 데 있었다. 이와 같은 h 개입형들은 국어의 통시적 변화 과정에서도 여러 자료들에서 부단히 지속적으로 관찰되었기 때문이다.

Ramstedt(1952 : 92)가 열거한 예들 가운데, '다음(次)→다흠'과 같은 형태는 19세기 전기에 경북 안동에서 아내가 남편에게 보내는 한글편지 가운데에서도 출현하고 있는 사실을 나중에야 알았다.

다흠의 가는 하인(下人)편 주시 흐오리이다(『의성김씨 김성일파 종택 한글간찰』(2009 : 325, 한국학중앙연구원 편, 태학사).

제3부 "역사화용론 시론"에서 단 한 편의 제5장 「현대국어 시간·양태부사 '드디어'(遂)의 통시적 발달 과정」(2013)은 종래에 내가 역사화용론 분야에 관심을 기우리면서, 시론으로 작성한 논문이다. 국어사의 발달 과정을 통해서 현대국어의 양태부사 '드디어'는 기원적으로 동작동사 '드듸-'(踏)에서부터 출발하여 점진적으로 "NP+드듸여⟹S+드듸여⟹(담화)+드디어"와 같은 경로에 들어선 것으로 파악하였다. 이와 같은 추이의 진로를 고려하면,

오늘날의 입말에서 사용되는 '드디어'는 부사적 속성에서부터 화용표지 (pragmatic marker)의 범주를 거쳐서, 그 다음에는 발화자의 의지적 감탄이 첨가된 간투사(interjection)에까지 걸치는 여러 기능적 면모를 추출해 낼 수 있었다.

제4부 "형태에서 기능으로"에 배정된 세 편의 논문들은 국어 방언사에 서의 몇 가지 문제들을 내 나름의 관점에서 재해석하고, 새로운 해석을 역 사적 문헌자료와, 오늘날의 공시적 방언 자료를 이용하여 제시하려고 시도 해 본 것이다. 제6장 「시간과 공간 표시 명사의 역사적 어휘화 과정과 처소격 조사와의 상관성 : '올해'(今年)의 형성을 중심으로」(2010)에서는 오늘날의 '올 해'(今年)가 형태론적으로 '올+해'(年)의 구성으로 재해석되었으나, 15세기부 터 구사된 '올ㅎ'의 용법을 관찰하면 '올ㅎ'의 처소격 형태로 소급된다는 사실을 시간·공간명사에 융합된 처소격 조사의 특성을 중심으로 제시하 려고 했다. 그리하여 종래에 설정되었던 '올+해=(경상도 방언)올+개'와 같은 대조에서 이루어진 역사적 음성변화 h>k의 방향이 수정되어야 함을 지적 하였다.

제7장 「지역방언 문헌자료에 반영된 언어 현상의 역사성 : 중세국어의 부사 형어미 '-긔,-기/게'의 반사체를 중심으로」(2010)에서 나는 우연하게 잔존해 있는 불연속적인 지역 방언의 몇 가지 특질들을 해당 방언 자료의 불충분 으로 인하여 오늘날의 중앙어 또는 표준어의 관점으로 이해하게 될 때 파 생되는 문제점들을 기술하여 보았다. 지역 방언들이 보이는 공시적 특질들 은 각각 해당 방언들이 가지고 있는 고유한 역사적 과정을 거쳐 전개해 온 통시적 산물이라는 생각을 정리한 것이다.

끝으로, 제8장 「음운현상의 적용 영역과 음운규칙의 기능 : 중세국어 관형 격 조사의 음운론과 형태론을 중심으로」(2012)에서 나는 지금까지 중세국어 문법을 교실에서 학생들에게 강의하면서 마음속에서 끊임없이 불편하게 느꼈던 관형격 조사의 한 가지 이형태 '-ㅣ'의 음운론적 본질을 규명해 보려고 하였다. 그리고 형태・통사론의 영역에서 화자들이 의사전달 과정에서 적극적으로 참여하는 공시적 음운규칙과 통시적 음운변화가 보유하고 있는 몇 가지 기능적 성격을 생각해 본 것이다. 그 대신, 이 장에서 내가 이끌어낸 관형격 조사 '-ㅣ'의 진정한 본질이 종래 대부분의 중세국어 연구자들의 마음을 불편하게 할 것으로 생각한다.

이 책에 실린 글들이 게재된 출처를 발표 시기별로 아래에 제시한다.

2010.06. 「시간과 공간 표시 명사의 역사적 어휘화 과정과 처소격조사와의 상관성 : 올해(今年)의 형성을 중심으로」, 『교과교육연구』 제2호, 전북대학교 교과교육연구소, 7-62쪽.

2010.12. 「지역방언 문헌자료에 반영된 언어 현상의 역사성에 대한 일고찰 : 중세국어 부사형어미 '-괴>-게'의 반사체를 중심으로」, 『교과교육연구』 제3호, 전북대학교 교과교육연구소, 207-265쪽.

2011.06. 「불규칙 활용의 규칙화와 'ㅎ'[?]에 대한 인식의 전개와 음운현상의 본질 : 1920년대부터 현재까지의 음운론 기술을 중심으로」, 『교과교육연구』 제4호, 전북대학교 교과교육연구소, 241-337쪽.

2011.12. 「국어 방언사에서 성문 마찰음 'ㅎ'의 개입과 언어변화의 보상적 기능에 대한 일 고찰」, 『교과교육연구』 제5호, 전북대학교 교과교육연구소, 327-407쪽.

2012.06. 「19세기 전기 경북 사회방언 발달 과정에서 개별성과 보편성에 대한 일 고찰」, 『교과교육연구』 제6호, 전북대학교 교과교육연구소, 327-407쪽.

2012.12. 「음운현상의 적용 영역과 음운규칙의 기능 : 중세국어 관형격조사의 음운론과 형태론을 중심으로」, 『교과교육연구』 제7호, 전북대학교 교과교육연구소, 267-336쪽.

2013.06. 「현대국어 시간・양태부사 '드디어'(遂)의 통시적 발달과정에 관한 일 고찰」, 『교과교육연구』 제8호, 전북대학교 교과교육연구소, 267-336쪽.

2013.12(예정). 「17세기 후기 필사본 『음식디미방』의 언어에 대한 이삭줍기 : 근대국어의 의미론과 형태・통사적 변화를 중심으로」, 『교과교육연구』 제9호, 전북대학교 교과교육연구소.

끝으로, 이 책에서 보여주는 학문적 내용의 질이 내가 퇴임을 앞두고 출간하였던 역시 동일한 주제의『국어사와 국어방언사와의 만남』(2009, 역락)의 그것보다 조금이라도 향상되었기를 기대한다. 나이가 든다는 것은 사람 됨됨이에 따라서 인간적인 성숙을 뜻한다고는 하지만, 학문적인 성숙이 덤으로 뒤따라온다는 것은 기약하기 어려운 노릇이다.

이번에도 이 책이 또 한 번 <교과교육 연구총서>로 간행하게 된 것은 국어과 한창훈 교수가 배려해 준 덕분이다. 이에 깊은 감사의 인사를 드린다. 그리고 비록 전혀 다른 분야들이긴 하지만, 각자의 영역에서 할아버지와 아버지의 자취를 이어서 자신들의 연구를 충실히 하고 있는 세영·세웅에게 이 책을 보낸다.

2014. 08
최 전 승

차례

제2부 음운현상의 통시성과 공시성의 만남

제3부 역사화용론 시론

제4부 형태에서 기능으로

제1부
근대국어 경상도의 지역·사회방언의 발달과 분화

제1장

19세기 전기 경북 사회방언 발달 과정에서의 개별성과 보편성*

—『의성김씨 김성일파 종택 한글간찰』을 중심으로—

1. 서론

이 글에서 글쓴이는 의성김씨 김성일파 종택의 한글편지(언간) 묶음에 반영된 19세기 전기에 해당되는 당시의 지역어를 중심으로 역사 사회언어학적 관점에서 몇 가지 특징적인 언어 현상을 추출하여 기술하고, 지금까지 국어사와 국어 방언사의 연구에서 규명된 사실들과 연계하여 대조하려고 한다.

이 편지 묶음은 그 작성 시기가 19세기 전기에 해당되는 1829년으로부터 1850년에 주로 집중되어 있음이 특색이다(한국학 중앙연구원 2009 : 27). 글쓴이가 이용한 일차적 자료는 <조선후기 한글 간찰(언간)의 역주 연구> 제6권에 해당되는 『의성김씨 김성일파 종택 한글 간찰』(2009, 한국학 중앙연

* 이 글의 초고를 검토하고 많은 문제점에 대한 적절한 대안과 개선점을 제시하여 준 서형국(전북대), 안귀남(안동대), 김규남(전북대), 고광모(목포대), 고동호(전북대), 신승용(영남대) 교수님들의 논평에 깊은 감사의 말씀을 드린다. 그러나 이 글에서 야기된 모든 잘못은 오직 글쓴이에게 한정된다.

구원 편)에서 제시된 판독문과 그 주석, 그리고 이 한글편지 묶음을 그대로 영인한『부록』(2009,『조선후기 한글 간찰(언간) 영인본』, 3)이다.

이 역주서와 영인본에 수록된 자료는 한국학 중앙연구원에서 수행한 2003년 3개년 다년과제 사업성과의 일환으로 작성된 것으로, 통상적으로 필사 자료가 갖고 있는 "자료의 신빙성"(이병근 1994 : 5), 즉 난해한 판독의 문제와 시기 설정의 애매성, 그리고 작성자들의 신분 파악 등과 같은 제약이 제거되어 있다. 동시에 한글 편지 판독문에 나타나는 난해한 단어와 어구에 대하여는 해당 전문가들이 비교적 세밀한 주석과, 현대어 번역을 아울러 제공하였다.[1]

따라서 글쓴이는 의성김씨 김성일과 종택의 한글편지 묶음(앞으로는 단순히 "한글편지"라고 지칭)에 쓰여진 당시의 언어는, 조심스럽게 검토하여 활용한다면, 19세기 전기 경북 안동 중심의 양반 사대부 집안에서 실제로 사용되었던 사회방언이 어느 정도 충실하게 반영된 자연어이었을 가능성이 높다고 가정한다.[2] 그렇다면, 이 일련의 한글편지는 시기상으로 국어사에서 간본 중심의 부족한 문헌자료들이 보이는 큰 공백을 보충할 수 있는 매우 유용한 자료이다. 동시에, 전형적인 간본 자료의 언어와 당시 화자들의 살아있는 언어와의 괴리가 제거되고, 양자 간의 시간적 현장성이 확보될 수

---

1) 한국학 중앙연구원에서 이루어진 언간 역주 사업의 경과와, 그 범위 그리고 역주 사업의 활용 가능성과 앞으로의 연구 전망에 대해서는『조선후기 한글 간찰 역주 연구』6권 (2009 : 5-8)에 실린 이광호 교수의 "간행사"와, 황문환(2004)을 참조.

2) 통상적으로 방언은 지역방언(regional dialect)과 사회방언(social dialect)으로 분류된다. 지역방언은 일정한 방언 지역 내에서 일어나는 공간적 변이현상을, 사회방언은 같은 지역 내부에서 사회적 요인, 즉 계층과 신분, 성별, 연령 등에 의해서 분화되어 쓰이는 사회언어학적 변이현상을 지칭한다.
사회언어학에서 취급하는 도시방언(urban dialect) 역시 사회방언의 일종이다. 사회방언 형성의 가장 중요한 요인은 사회 계층의 분화이다. 우리나라의 일부 지역에서 발견되는 양반 계층과 일반 계층 사이의 방언 차이 등이 대표적인 예이다(이익섭 1984 : 14-15). 그러나 화자들은 거주하는 지리적 공간과, 그곳에 속해 있는 사회적 배경을 보유하고 있기 때문에, 모든 방언은 원칙적으로 지역방언이면서 동시에 사회방언이다(Chambers & Trudgill 1980 : 54).

있다. 한글편지 묶음은 지역 방언사의 관점에서도 투명한 19세기 후기의 해당 방언에서 한 단계 앞선 시기로 소급하여 들어가는 언어 발달의 연속선을 확보할 수 있는 확실한 발판을 이루고 있다고 판단한다. 19세기 후기 지역방언 자료와 관련하여 글쓴이가 이 19세기 전기 한글편지 묶음에 주목하는 이유가 바로 여기에 있다.

국어의 방언 분화와 발달 과정을 주제 중심으로 기술하면서 김주원(2000)은 결론에서 "방언사에서 기억될만한" 두 가지의 사실을 제시하였다. 그 가운데 한 가지는 다음과 같다.

> 16세기는 우리말의 방언 분화를 전면적으로 반영하는 시기이다. 이러한 의미에서 16세기 자료에 대한 철저한 검토와 15세기의 이른 바 '물샐 틈 없는 규범 표기'를 재검토해 볼 필요가 있을 것이다(2000 : 182).

이러한 김주원(2000)의 언급에 글쓴이는 대체적으로 공감한다. 그러나 진정한 의미의 방언사에 대한 체계적인 기술이 16세기로부터 시작될 수는 없는 것 같다. 비록 후기 중세국어의 마지막 단계인 16세기에 일부 지역방언의 특질을 반영하는 문헌자료가 단편적으로 출현하였다고 하지만, 독자적인 방언 분화의 과정을 보여주는 지역방언의 전면적인 체계는 드러나 있지 않았다.3) 글쓴이는 19세기 후기의 단계에 이르러서야 중부방언, 남부

---

3) 김주원(2000 : 153-154)이 그러한 보기 가운데 하나로 제시한 『七大萬法』(1569)에 나타나는 고유한 경상방언의 당시 모습은 반치음 'ㅿ'을 보유한 단어들과 공존하여 있는 'ㅅ' 계통의 '어버시(父母, 21), 스시(間, 13, 22), 겨스레(冬, 17), ᄀ술희(秋, 17)', 그리고 '머섬(21), 이붓(21), 통시(13)' 등이 전부다.
이 자료에 대하여 허웅(1989 : 41)에서 이미 지적된 바와 같이, 이 시기에 경상방언에 "성조가 없을 리 없겠으나", 성조는 누락되어 있다.
김주원(2000 : 153)이 언급한 중부방언과 경상방언의 공통적인 요소는 물론 인정한다. 그러나 그가 제시한 『七大萬法』(1569)의 '흙(土)'이나, '쎄(骨)' 등에 해당되는 경상방언의 토착어의 활용형들은 그 당시에도 달랐을 것으로 생각된다. 경상방언의 비교적 체계적인 방언 분화의 양상이 문헌상으로 반영되기는 적어도 18세기 초엽에 간행된 경북 예천의

방언 및 북부방언의 지역적 분화의 발달 과정을 전면적으로 보여주는 다양한 문헌자료들이 확립되기 때문에, 이 시점이 체계적인 방언사 기술의 출발점이 된다고 생각한다.[4] 즉, 19세기 후기의 각각의 지역방언에 대한 정밀한 공시적 기술을 바탕으로, 우리는 두 가지 유형의 작업을 수행할 수 있기 때문이다.

첫째는 국어 방언사 연구에서의 전망적(prospective)인 방법을 취할 수 있다. 19세기 후기의 단계에서 오늘날의 지역방언으로의 지속적인 발달과 확산이 이루어지는 과정과 원리를 기술할 수 있다.[5] 둘째는 이번에는 회고적(retrospective) 방법을 적절하게 구사할 수 있다. 19세기 후기의 단계에서 확립된 공시적 변이와 통시적 변화의 현상들을 이용하여 그 이전의 단계로 소급하여 복원하는 통로가 확립될 수 있다.

글쓴이는 19세기 후기 지역방언의 자료에 반영되어 있는 다양한 특징적인 언어변이 현상들을 관찰하면서, 두 가지 본질적인 문제를 생각하게 되었다. 한 가지의 문제는 이와 같은 유형의 현상들이 보유하고 있는 시간심층(time depth)에 대한 고려이다. 어느 시기부터 분화되어 출발하기 시작하였을까. 다른 한 가지는 어떠한 확산의 과정을 거쳐서 19세기 후기의 단계로 전개되어 온 것일까. 일정한 변화의 출발점을 규명하기는 어려운 작업이고, 음운변화의 경우에 그 시작과 확대는 문헌자료에 나타난 증거보다

용문사본 『念佛普勸文』(1704, 김주원 1984. 1994, 김영배 외 1996)의 출현까지 기다려야 했었다.

4) 19세기 후기 서울을 포함한 중부방언의 다양한 자료, 19세기 후기 및 20세기 초반에 해당되는 함경도 六鎭과 평안방언 자료, 그리고 16세기 이후에서부터 20세기 초반에 이르는 경상방언 자료 및 19세기 후기 전라방언 자료 등에 대한 소개와 기술은 이병근(1970, 1976), 곽충구(1994), 백두현(1992), 그리고 최전승(1986, 2009 : 198-200), 방언연구회(2001) 등을 참조

5) 최근 곽충구(2005)는 육진방언의 20세기 초반 자료와 오늘날의 육진방언을 비교하면서 1세기 동안에 수행된 변화의 유형, 즉 음운체계, 규칙체계의 변화(첨가, 단순화, 적용영역의 확대와 축소), 어휘확산의 점진적인 과정 등을 정밀하게 고찰한 바 있다.

언제나 앞서 진행되기 마련이다(Romaine 2005). 또한, 음운규칙의 역사를 복원하는 작업은 19세기 후기 이전에 속하는 풍부하고 다양한 원전 자료에 의존할 수밖에 없다. 그러나 전라방언의 경우에 19세기 전기, 또는 그 이전의 지역방언의 면모를 체계적으로 반영하는 문헌자료는 쉽게 찾을 수 없었다.

최근 백두현(2011)은 전북 임실에서 살았던 김낙현(1759-1830)이 당시 67세의 나이에 일종의 문서 계약 기록으로 자신의 노복들에게 한글로 작성해서 배부한 『睡雲亭悲懷遺錄』(1826)을 발굴하여 국어 방언사적 특징을 면밀하게 고찰한 바 있다. 이 필사본 자료에서 그 작성 연대와, 구사된 당시의 전북 임실방언의 특질, 지은이의 사회적 계층과 연령 등이 명확히 규명될 수가 있기 때문에, 18세기 후기와 19세기 전기에 걸치는 전라방언의 새로운 자료로 각별한 주목을 받는다. 백두현(2011)이 제시한 관찰과 기술에 의해서, 19세기 전기와 후기와의 언어 현상과 그 발달 과정 사이에 의미 있는 연계가 부분적으로 확립되었다. 또한, 격식적인 틀을 갖춘 19세기 전기의 계약 문서 장르에 반영된 『수운정비회유록』(1826)의 언어는 후속하는 완판본 고소설 부류와 신재효의 판소리 사설집 중심의 한정된 문학 장르 텍스트에서 추출된 당시 농촌 서민들의 19세기 후기 전라방언의 특질들과 어느 정도 정량적 동질성과 연계성을 확인시켜 주고 있다.

경상방언에 대한 통시적 발달에 대한 고찰에서 토착 방언을 반영하는 문헌자료들의 유형과 계보의 연속성은 전라방언의 경우와 약간 성격을 달리 하고 있다. 17세기 초기의 한글편지 묶음인 『현풍곽씨 언간』에 반영된 당시 살아있는 입말의 모습(백두현 2000), 그리고 17세기 후기 경상도 북부 사대부 집안의 음식문화와, 자연스러운 그들의 일상 언어를 보이고 있는 『음식디미방』(백두현 2004, 2005), 1704년 경북 예천 용문사에서 간행된 『염불보권문』에 나타나는 근대화에 접근되어 있는 경상방언의 특징(김주원 1994,

김영배 외 1966) 등은 여기서 논의되는 19세기 전기 한글편지 묶음의 언어를 시대적으로 선행한다.6) 그렇기 때문에, 19세기 전기 경상방언 자료의 범주에 속하는 이 한글편지 묶음인 『의성김씨 김성일파 종택 한글 간찰』은 구어적 성격과 관련된 텍스트 장르의 특이성과, 19세기 전기의 안동 중심의 사대부들의 언어의 반영이라는 관점에서 역시 19세기 후기의 자료 및 18세기 후기 이전의 자료에 드러난 경상방언의 현상들과 언어변화와 변이의 측면에서 중요한 연결 고리를 형성하게 될 것이다.

일정한 역사적 단계의 모든 공시적 방언들은 '한국어'라는 명칭 밑에 공유하고 있는 보편적이고 공통적인 성분을 기저구조로 구비하고 있다. 또한 이들은 그와 동시에 새로운 개신의 확산과 분포에 따른 고유한 발달 과정을 보여주는 개별적인 언어 특징들로 서로 변별된다.7) 따라서 이 한글편지 묶음이 나타내는 19세기 전기 경북 사회방언의 경우도 모든 동계 방언에 공통된 특징들의 묶음과, 모든 다른 방언들로부터 이 방언을 분리시킬 수 있는 개별적인 상이점들의 묶음으로 구성된 이원적 구조를 보인다.

---

6) 백두현(2005)은 경북 북부지역에서 살았던 安東 張氏(1598-1680)가 그 생애의 말년에 완성한 『음식디미방』의 언어를 대상으로 이 당시 국어에 진행 중이었던 음운변화를 계량적 방법으로 분석하고, 그것이 갖고 있는 음운사적 의미를 점검하였다.

7) 김주원(2000)은 국어방언사 기술의 가능성을 긍정적으로 제시하면서, "방언 간의 차이는 생각보다 크지 않아서 소수의 자료로 어떤 특정 지역의 방언이라고 본 언어 사실에 대해서 더 많은 문헌을 검토해 보면 그것이 특정 지역의 방언이 아닌 더 넓은 지역의, 경우에 따라서는, 우리말 전체의 언어현상인 경우를 볼 수"(182쪽) 있음을 강조하였다.
그러나 지역방언 사이의 차이는 어떠한 언어적 특질의 절대적인 있음과 없음에 따른 정량적(qualitative) 차이에서 비롯되는 質的 대상이 아니라, 어떠한 사회언어학적 상황에서 어떤 계층의 화자들이 해당 언어적 특질들을 어느 정도 빈번하게 사용하는가 하는 계량적(quantitative) 차이에 따라서 결정된다(Trudgill 2002 : 48-49).
특히, 음운사의 측면에서 표면적으로 비슷한 현상을 보여준다고 하더라도, 일정한 음운변화의 농도, 즉 음운규칙의 적용 환경의 범위, 입력의 유형, 확산의 정도 등과 같은 요인을 배제할 수는 없다. 어떤 음성변화의 진원지에서는 그 강도(일반화)가 강하지만, 다른 지역으로 확산되어 가면서 규칙의 일반성이 점진적으로 약화되어 가는 것이 원칙이다. 그렇기 때문에, 어떤 역사적 단계에서 대부분의 지역방언에 동일한 성격의 변화가 관찰된다 하여도 그 음운규칙의 정량적 성격과 계량적 성격의 측면에서 기술하여야 된다.

2. 한글편지 묶음의 자료적 성격과 역사 사회언어학적 방법

2.1. 텍스트로서 한글편지가 갖는 가변적 속성(매개변인)

국어사와 국어 방언사 연구에서 관찰의 일차적 대상은 문헌자료이다. 그렇기 때문에, 현대국어 이전 시기에 대한 언어 분석은 일정한 텍스트 자체가 갖고 있는 여러 가지의 가변적 속성에 따라서 지대한 영향을 받게 마련이다. 일정한 시기에 존재하는 텍스트 자료가 갖고 있는 가변적 속성, 또는 매개변인은 텍스트의 유형과 양식에 따라서 당시의 구어(입말)에 실현되는 변이와 변화의 양상을 어느 정도 충실하게 반영하는가의 정도에 따라서 다양하게 분류된다.

이와 같은 텍스트 분류의 기준에는 (1) 서사자의 직접적인 관여의 정도, (2) 저자의 사회언어학적 변항(사회적 계층, 연령과 성별), (3) 구사된 말의 스타일, 즉 격식체와 비격식체, (4) 번역문과 창작문, (5) 규범성과 규범에서의 이탈 정도, (6) 지역방언의 실현의 정도, (7) 운문과 산문 등의 요소가 고려된다(Fleischman 2000 : 34). 또한 여기에 (8) 판본과 필사본, (9) 번역문의 경우에 의역과 직역, 그리고 (10) 초간본과 중간본 등의 차원이 첨가될 수 있다.[8] 이와 같은 문헌자료의 유형과 분류 기준에 근거한 언어의 분석

---

8) 일찍이 안병희(1992 : 11-27)는 중세국어 연구 자료의 성격을 분석하고, 이 시기의 한글 문헌은 대부분 번역된 언어 자료로서, 한문으로 된 원전의 영향을 크게 받고 있음을 지적하였다. 또한, 안병희 교수는 중세어의 한글 문헌은 그 유형과 양식에 있어서 단조롭고 평판적인 모습을 보여주기 때문에 국어사 연구에 하나의 장애가 되고 있다고 지적하였다(1992 : 27). 이러한 사정은 근대국어 단계로 이행하면서 지양되는 경향을 보인다. 또한, 김완진(1996)은 중세국어의 모음조화와 그 예외에 대한 고찰에서 문헌자료를 취급함에 있어서 시대의 차이와 함께 개인의 차이 및 문체의 차이까지를 고려하여야 하는 당위성을 강조한 바 있다.
현대 이전의 고대 언어를 텍스트 중심으로 관찰할 때 일어날 수 있는 언어의 변이와 그 내적 조건을 텍스트 매개변인(textual parameters)으로 통제하여 파악하려는 체계적인 일단의 노력이 Susan C. Herring et als(2000)에 시도되어 있다.

과 대조를 통해서 우리는 공시적 단계의 언어의 역동적인 모습과 다양성, 그리고 언어 변이와 변화의 방향을 규명하게 된다.

우리가 취급하게 되는 국어사와 국어 방언사의 텍스트는 경우에 따라서 작성 연대가 불분명하거나, 저자도 분명히 규명되지 않는 사례가 적지 않다. 그리고 어떤 텍스트는 작성에 동원된 저자 또는 언해자들이 여러 명이기 때문에, 여기에 사용된 언어의 모습도 단순히 일정한 지역방언으로 배정하기 어려운 편차를 나타낸다. 근대국어 초기의 가장 풍부한 언어 자료를 보여주는 『東國新續三綱行實圖』(1617)가 그러한 대표적인 예에 속한다(김영신 1980, 이숭녕 1988, 홍윤표 1994). 또한, 관찰의 대상인 텍스트가 고대로 소급될수록, 우리는 당시의 구어에 대한 직관이 결여되어 있기 때문에 당시 언중들이 사용했던 구어와 문어 간의 거리를 위에서 언급한 텍스트의 가변적 속성을 기준으로 하여 측정하기가 쉽지 않다.

특정한 역사적 시기에, 일정한 언어사회에서 긴밀한 사회 조직망을 구성하고 있는 구성원들 간에 오고간 매우 사적인 편지 텍스트는 구어 접근성의 측면에서 전통적인 판본 자료가 갖고 있는 제약을 극복할 수 있는 새로운 대안을 제시한다고 알려져 왔다(Elspass 2012 : 157). 그리하여 지금까지 알려진 다양한 한글편지(언간)에 대한 국어학적 고찰 역시 이와 같은 전제와 관점에서 수행되어 왔다.9) 최근 이현희(2007 : 3-6)는 19세기 초엽에서

---

9) 조선시대 언간 자료에 대한 연구 현황과 전망을 제시하는 자리에서 황문환(2004 : 81-82)은 한국학 중앙연구원에서 언간자료의 역주 사업에서 이루어진 언간 해독과 역주는 국어사의 관점에서 다음과 같은 특징이 있을 것으로 전망하였다.

(ㄱ) 언간 자료는 번역을 전제로 하지 않기 때문에 당시의 자연스러운 국어 질서가 반영되고 고유의 일상 어휘가 풍부하게 나타난다. 따라서 종래의 언해 중심의 판본 자료를 보완할 수 있는 국어사 자료이다.
(ㄴ) 대화 상황을 전제로 한 구어체 자료이기 때문에 경어법 체계와 당시의 구어와 방언이 어느 자료보다 정확하게 반영되어 있다.
(ㄷ) 이러한 특징들을 적극적으로 활용하면, 언해 자료 위주로 진행되어 온 기존의 연구를 보완하여 국어사 연구의 폭과 깊이를 더하는 데 크게 기여할 것이다.

20세기 초엽에 이르는 국어의 구조적 특질을 개괄하면서, 이 시기에 작성된 한글편지에는 종래의 연구자들이 당연시하였던 구어에 가까운 측면보다는 오히려 더 격식어에 가까운 문어적 성격이 강하게 실현되어 있음을 지적한 바 있다. 그것은 한글편지가 통상적으로 갖고 있는 일종의 형식적인 투식어의 사용에 기인하는 것이다.

그 반면, 16·17세기 한글편지에 반영된 표기를 중심으로 음운론적 해석을 시도한 이병근(1994 : 5)은 간찰에 쓰이는 언어가 갖고 있는 이중적 성격을 지적하였다. 한글편지에는 옛 말투 또는 상투적 표현이 타성적으로 등장하는가 하면, 이와 대조적으로 작성자 자신의 구어가 자연스럽게 나타나기도 한다는 것이다. 최근세의 단계로 옮아오면서 언간의 서식이 고정화됨에 따라서 한글편지에 구어보다는 투식성과 문어적 성격이 점진적으로 증가하는 경향을 보인다.10)

19세기 전기의 산물인 한글편지 묶음 의성김씨 김성일파 종택의 언간 역시 투식성과 구어성의 이중적 성격을 나타내고 있다. 이 한글편지 묶음에 드러나는 전형적인 투식성은 상하 관계를 보이는 편지 글의 경우에 격식을 차린 시작과 끝맺는 부분(안부와 작별 인사)에 집중되어 있으며, 편지 글의 본문 부분에서는 어느 정도 자연스러운 구어와, 당시 사대부 계층이 구사하였던 격식어의 모습이 잘 드러나 있다.11) 그러나 이 한글편지 묶음

---

10) 한글편지에 사용된 서식과 어휘 변천에 대한 연구에서 허재영(2005 : 98)은 1860년대의 편지 양식에는 친족 관계, 상하 관계를 표시하는 규식과 기필 어휘가 정형화되어 사용되었으며, 이러한 형식화는 근대 계몽기를 거쳐 20세기 초기에 이르기까지 다양한 언간 독 부류가 간행되면서 굳어진 틀을 갖춘 편지 양식이 더욱 보급되는 계기가 되었다고 기술하였다.

11) 『의성김씨 김성일파 종택 한글 간찰』에 첨부된 "해제"에 의하면(2009 : 27-32), 전부 167편에 이르는 이 한글편지 묶음은 19세기 전기의 시간대에서 의성김씨 김성일파 30세손 金鎭華(1793-1850)를 중심으로 가족 간에 주고받은 일련의 가정사 내용이 주류를 이룬다. 그 가운데 그의 부인인 아내 驪江李氏(1792-1862)가 남편 김진화에게 1829년부터 1850년에까지 보낸 언간이 60통으로 제일 분량이 많고, 남편이 아내에게 보낸 것은 1833년부터 2통에 불과하다. 김진화의 딸들이 자신의 아버지에게 1850년까지 보낸 편지가 20통에

에서 교신된 대부분의 편지는 서열과 위계가 분명한 가족 사이에서 이루어진 것이다. 그리하여 발신자와 수신자 역시 경북 안동 중심의 양반 사대부들이다.

따라서 여기에 사용된 언어는 일종의 지배계층의 양반 사회방언에 속하는 것이며, 19세기 전기 사대부 계층의 격식어에 가깝다. 예를 들면, 19세기 전기 경북 지역어에서 t-구개음화는 이미 완료된 현상이나, 편지 글에서 고유어의 경우는 보수형과 개신형을 불안정하게 번갈아 교체시켜 나타냈다. 驪江李氏(1792-1862)가 아들 김흥락에게 보낸 편지 글 가운데 t-구개음화와 관련하여 보수형 '뎍-'(記)과 개신형 '젹-'이 번갈아 사용되었다. 하인 편 젹은 것 보니(1848, 078. 어머니→아들, 538)∞뎍은 것 탐탐 반겨 보니(539). 특히, 한자음에는 대부분 이 과정을 수행하지 않는 상태를 반영하였다. 의성 김씨 김성일파 30세손 金鎭華(1793-1850)의 첫째 며느리 眞城李氏(1825- 1888)가 자기의 시아버지에게 보낸 편지 글 가운데 t-구개음화와 관련된 다음과 같은 과도교정 형태(종, 僕→둉)가 등장한다.

(1) 둉 업서 난감ᄒ옵고...아모려도 둉을 ᄉ가지고ᄉ 견디올 ᄃᆺ...둉들 번거리 알아눕고,(1847, 093. 며느리→시아버지, 613),
    둉은 데리고 잘 것 만문치 아니옵고(1849, 096. 며느리→시아버지. 630).
    cf. 그러기 죻이나 ᄒ 년 두더면(1848, 039. 아내→남편/김진화, 272).[12]

이르고, 김진화가 자신의 아들과 딸에게 보낸 편지는 모두 3통이다.
그리고 김진화의 부인 여강이씨가 1860년 이전까지 아들 金興洛(1827-1899)에게 보낸 편지가 15통에 이른다. 또한, 김진화가 아들 金興洛(1827-1899)의 부인이며 맏며느리인 眞城李氏(1825-1888)에게 보낸 편지가 5통이고, 그 맏며느리가 시아버지인 김진화에게 보낸 편지는 8통이다. 그 이외에 이 한글편지 묶음에는 19세기 전기 또는 중기의 시간 안에서 교신된 형제와 자매 간, 사위와 장모 간, 또는 숙질 간 한글편지들도 각각 몇 통씩 존재한다. 가족 간에 교신된 연대 미상의 한글편지도 첨가되어 있으나, 18세기 전기 또는 중반이라는 시간대 속에 포괄될 수 있다.
12) 한글편지 묶음에서 추출한 예문은 다음과 같은 순서로 출전을 표시하기로 한다. 먼저 작성연도, 『의성김씨 김성일파 종택 한글 간찰』(2009)에서 배정한 편지의 일련번호, 발신자와 수신자, 그리고 역주집에서 제시한 해독된 쪽수.

그 반면에, 이 한글편지 묶음 가운데에는 젊은 부부 간의 교신에서 다음과 같은 당시의 자연스러운 구어적 표현이 두 가지 유형이나 드러나 있는 부분도 있다. 아래 예문은 김진화의 아들인 31세손 김흥락(1827-1899)의 부인 진성이씨가 남편에게 보낸 편지 글에서 가져 온 일부이다.

(2) 아모 것시나 ᄒ고 <u>져운</u> 소청(所請) 말ᄒ고 <u>져워도</u> 분명 잇져 부시고 신청(信聽) 아니홀 거시오니 아니 ᄒ옵나이다(1848, 049. 아내→남편, 346).
    cf. 호쳘어미롤 져둣 오면 보내고 <u>졉스</u>오나(1847, 028. 아내→남편/김진화, 209),
    미나리 송편 것흔 걸 먹고 <u>졉기</u>도 ᄒ고 화젼도 먹고도 시부나(1850, 124. 형/김진화→아우, 783).
    계남은 쳘우들 ᄒ엿눈가 시브나(1832, 101. 딸→아버지/김진화, 663).

여기에서 우리는 18세기 전기 이 지역어에서 사용된 보조형용사 '-(고)접다'의 'ㅂ' 불규칙 활용형 '져운∽져워도∽졉기도'를 관찰하게 된다. 또한, 보조동사 신분의 '-어 버리-'가 본동사와는 달리, '버리시->(모음상승)브리시->(원순화)부리시->(축약)불시->(ㄹ 탈락)부시-'와 같은 일련의 연속적인 변화를 밟아 왔음을 확인할 수 있다. cf. 완던이 버렷스오니(1847, 092. 며느리→시아버지/김진화, 606), 올희눈 버리시고 도라오시게 ᄒ면(1850, 098. 며느리→시아버지, 644).

그러나 이 한글편지 묶음이 보이는 언어적 성격은 경북 사대부 계층의 사회방언에 속한다. 그와 동시에, 이 자료는 엄격한 상하 관계로 구성된 가족 간의 의사소통이기 때문에 여기에 대부분 격식어가 구사되었음은 위에서 지적한 바다. 그렇기 때문에, 19세기 전기 경북지역에서 통상적인 서민 화자들이 사용하였던 토속어(vernacular)의 등장은 이 자료 자체에서 기대하기 어렵다. 예를 들면, '올해'(수年)에 해당하는 이 지역의 방언 어휘는 '올ᄀ'이었고, 각각의 곡용 형태들은 '올기(올ᄀ+-이), 올게(올ᄀ+에), 올근(올ᄀ+은)' 등으로 쓰였을 것이다(정석호 2007 : 501, 최전승 2010). 그러나 이 자료에 등장하는 발신자들은 상하 관계의 신분 그리고 나이에 관계없이 단지 전형적인 '올ㅎ', 또는 음절말 'ㅎ'이 제거된 '올에'형을 사용하고 있다.

(3) ㄱ. 올에 과거롤 ㅎ면 싀훤ㅎ올소이다(1850, 054. 아내→남편/김진화, 210),
ㄴ. 네 여름옷 올흔 다 쪄리져(1847, 071. 어머니→아들/김홍락, 491),
올흔 참홍이 되와 한심한심(1847, 091. 며느리→시아버지/김진화, 153),
올희논 버리시고 도라오시게 ㅎ시면(1850, 098. 며느리→시아버지/김진화, 644).

따라서 이 한글편지 묶음에는 형태·통사론, 음운론 및 어휘론적 관점에시 19세기 전기 경북 시역방언의 전형적인 성격(이상규 1998, 1999)이 그대로 반영되지 않았다. 그러나 당시의 사회방언의 근간은 역시 지역방언에 두고 있었기 때문에 적절한 상황에 따라서 유표적인 방언 특성이 드러나기도 한다. 예를 들면, 이 자료에서 중세국어의 반치음 'ㅿ'에 대한 'ㅅ'의 대응이 용언 활용에서나 형태소 내부에서 등장하지는 않지만, 다음과 같은 강세보조사 '-사'가 출현하고 있다.

(4) 내가 열엿쉿날 쪄나 집을 가니 삼월의ㅅ 도라올다(1850, 123. 형/김진화→아우, 775),
구미가 도라오겨ㅅ 맛슬 알아 잡습졔(1849, 096. 며느리→시아버지/김진화, 630),
아모려도 둉을 ㅅ가지고ㅅ 견디올 둧(1847, 093. 며느리→시아버지/김진화, 613),
어데ㅅ 결미 나 욕을 당ㅎ시고(1850, 097. 며느리→시아버지/김진화, 638).[13]

─────────────

13) 1704년의 간기를 갖고 있는 醴泉 용문사본 『念佛普勸文』에서도 경상방언의 특질 가운데 하나인 강세의 보조사 '-사'가 반영되어 있다.
내사 고기을 먹지 아니홀라 ㅎ고(19ㄴ), 명죵ㅎ야 오래거사 곡을 ㅎ라(48ㄴ), 도라간 연후에사(49ㄱ). 김주원(1984 : 35-36)을 참고.

이와 같은 사실에도 불구하고, 글쓴이는 이 한글편지 묶음에 반영된 대부분의 언어 현상을 그 자체 가치 있고 유용한 19세기 전기 국어의 특정한 지역과 사회의 언어를 드러낸 역사적 자료로 규정한다. 그리하여 국어 지역방언의 발달과 전개의 과정에서 역동적인 모습을 보여주는 19세기 전기의 언어 현상을 글쓴이는 두 가지의 대상으로 구분하여 관찰하려고 한다.

하나는 이 한글편지 묶음에 반영된 언어에서 경북 사회방언의 고유한 개별적인 특질을 추출하려고 한다. 또한, 이 시기의 경북 지역방언의 전개 과정은 다른 지역방언들의 그것과 긴밀한 유대 관계를 맺고 있다. 따라서 지금까지 밝혀진 19세기 후기의 자료, 특히 전라방언과 서울방언 등과의 대조를 통하여 공통된 발달 경향을 보이는 언어 현상들을 점검하려고 한다. 그러나 글쓴이가 오늘날의 지역방언과 19세기 후기의 자료를 통해서 구분하려는 이와 같은 두 가지의 언어 특질의 모습은 엄격히 말하면 정도성(gradience)의 문제이고, 자의적인 것임은 물론이다.[14]

---

14) 예를 들면, 한글편지 묶음에 반영된 언어 특질 가운데 관형격조사 '의'가 '에'로 대치되어 쓰이는 예가 주로 김진화(1793-1850)의 편지 글에 나타난다.

　　그스이 너에 싀모친 그만 ᄒᆞ나(1848, 069. 시아버지/김진화→맏며느리, 479),
　　너에 싀모 치이 의복 ᄒᆞ나 아니ᄒᆞ야 입고(동.481쪽),
　　예는 너에 어마님도 알코 지내고(1845, 063. 아버지/김진화→셋째 딸, 453),
　　너에 내외를 볼거시니 죠흘다(1848, 069. 시아버지/김진화→맏며느리, 482).

이와 같은 관형격조사 '의→에'의 대치는 19세기 전기 경북방언에서만의 고유한 언어 특질은 아니다. 이러한 대치 경향은 근대국어, 특히 18세기부터 19세기 후기에 이르기까지 확대되어 나타난다. 따라서 이러한 예들은 19세기 전기 지역방언에 반영된 일반적인 특질이라고 간주한다.
이 한글편지 묶음에 노출되어 있는 표기의 문제에서도 이와 같은 관점이 가능하다. 예를 들면, 여기에 치찰음 다음에 모음이 이중모음으로 표기되어 있는 사례가 흔하다. 한 가지 예를 제시하면 다음과 같다.

　　신실ᄒᆞ 사롬을, 셔양목은 종츠 샤셔 보내마(1848, 069. 시아버지/김진화→맏며느리, 481),
　　모도 쏙으나 쏙는닷 말을 ᄒᆞ면(상동. 481).

위와 같은 표기 관행은 19세기 전기 경북방언의 자료에서만 나타나는 것은 아니고, 이 시기의 전후의 대부분의 한글 자료에 통용되었던 방식이다. 따라서 이러한 표기 특질도 19세기 국어의 보편적인 관례에 포함될 수 있다.

2.2. 역사 사회언어학적 방법 : 언어변화 확산 과정에서 세대적 차이

역사 사회언어학(Historical Sociolinguistics)은 언어변이와 변화의 과정을 추적하는 사회언어학에서의 방법론과 원리를 역사언어학에 적용시켜 보려는 영역이다. 언어변화를 이해하고 설명하는 원리에 언어의 체계 내적 조건만 아니라, 언어 외적 성분, 즉 사회적 속성(계층, 연령, 성별 및 말의 스타일 등)을 함께 고려하는 방법론이다. 그리고 언어변화의 결과인 동시에 변화의 시작을 알리는 언어변이는 언어 내적 요인과 언어 외적인 사회적 요인에 의해서 결정 된다는 논지가 그 중요한 핵심이다(Labov 1994, Nevalainen & Raumolin-Brunberg, 2003, 2012, Bergs 2005). 여기서는 관찰의 대상이 상황에 따라서 자신의 말을 적절하게 구사하는 주체인 화자 자신에 놓여있다.

따라서 역사 사회언어학은 기본적으로 다음과 같은 두 가지의 작업을 수행한다(Romaine 1982, 2005). 첫째는 일정한 역사적 단계에서 사회적으로 규정된 부류의 화자들이 자신의 말을 구체적인 사회적 맥락 속에서 어떻게 선택하고 변화시키는가를 복원하려고 시도한다. 둘째는 언어 구조와 사회 구조의 차원 속에 내포되어 진행되는 언어변화가 변이의 단계를 거쳐 확산되어 가는 과정을 파악하려고 한다. 이와 같은 작업은 소위 '동일과정설'(uniformitarian)의 가정 위에서 수행된다. 때로는 하나의 작업 원리로도

그 반면에, 한글편지 묶음에 반영된 다음과 같은 문법 형태소의 예들은 19세기 후기에 속하는 여타의 지역방언 자료에서 일반적으로 발견되지 않는다. 물론, 이러한 형태들은 경북 지역 이외의 경남과 강원 등지에서도 나타나는 것이지만, 서울방언에 견주어 19세기 전기 경북방언의 개별적 특질로 취급한다. 여기에는 아래의 (ㄱ)의 예문에 같이 출현하는 주체높임의 선어말어미 '-곗-'도 포함 된다.

　(ㄱ) 목적 지향의 어미 '-러→-로';
　　　하인은 녹용 구호로 왔다고(1849. 070, 시아버지→맏며느리, 486),
　　　약물(藥物) 마즈로 가게짜(1848, 143. 삼촌→조카/김홍락, 863).
　(ㄴ) 목적격 조사 '-을→-로';
　　　병즈가 돌로 그러니 죡 못 견디리(1847, 071, 어머니→아들(김홍락, 1827-1899. 490).

이해되는 동일과정설은 다양하게 해석되지만, 대략 다음과 같이 요약될 수 있다(Labov 1972). 오늘날 언어 변이와 변화를 발생시키는 제약과 요인들은 과거 수백 년 전 또는 그 이전의 역사적 단계에서 출현하였던 변이와 변화를 조건 지었던 성분들과 그 본질과 유형에 있어서 대략 동일하다. 따라서 우리는 과거의 언어의 모습을 이해하기 위해서 현재의 언어 사용의 양태를 고찰하고 이용하여야 된다는 것이다.

예를 들면, 19세기 전기 한글편지 묶음에서 驪江李氏(1792-1862)가 남편 김진화에게 보낸 편지 글의 문장 가운데 지역 방언형 '모슈'가 1회, 그리고 규범형 '모시'가 3회 번갈아 교체되어 사용되었다.

(5) 여름옷도 모도 보내오나 <u>모슈</u> 홋삼(汗衫) 두 거리는...<u>모시</u> 겹져구리...여 긔 <u>모시</u> 쳥포(靑袍) 호나히 잇스오니...<u>모시</u> 쇼창옷 호나흔 다 쩌러져시 니 올여름도 모자를 듯(1832, 005. 아내→남편/김진화, 67-68).

이와 같은 동일인에 의한 '모슈∽모시'의 수의적 교체를 어떻게 이해하 여야 할까. 이와 동일한 교체 현상은 오늘날 전북 토박이 지역방언의 화자 가 구술하는 이야기(『한국구비문학대계』 5-7, 전북 정주시 정읍군편(3)) 가운데에 서도 출현하고 있다(최전승 2009 : 158).[15]

(6) ㄱ. <u>모수</u>값을 챙겨가지고...술부텀 한잔 먹으라고. 그 <u>모시</u>값을 준게(정 읍군 산내면 설화 24 : 739, 홍일남(男) 78세).
ㄴ. 아, 어떤 영갬이 그 전에 <u>모수</u>를 헐 때, 아이, 느닷없이 며누리가 <u>모 수</u>를 팔러 장으 간다네. <u>모수</u>, 그전에 <u>모수</u> 있잖은가? 아, <u>모수</u>를 팔러 인자 장으를 나갔어(상동. 24 : 739).

---

15) 19세기 전기 경북방언에서 생산적으로 등장하는 방언형 '모슈' 항목에 대해서는 이 글에 서 §3.3.4를 참조.

우선 (6)의 예문에서 78세의 정읍방언 화자가 구술 현장에서 구사하는 '모수∞모시'의 교체는 동일인의 말의 스타일에서 話題나, 이야기가 일어나는 상황, 화자와 청자 간의 끊임없는 관계의 재설정 등과 같은 가변적 요인에 따라 바꿔 사용할 수 있는 말의 대안적 표현이 실현된 것이라고 판단된다. 이러한 가정은 방언형 '모수'와 규범형 '모시'가 갖고 있는 사회-상징적인 가치는 그 언어사회에서 상이한 것이라는 사회언어학적 전제에 근거한다.

19세기 전기 안동 사대부의 편지 글에 나타나는 이와 유사한 교체 현상에 대한 이해도 역시 오늘날의 사회언어학적 해석에 바탕을 두어야 한다. 또한 편지 글에 등장하는 이러한 교체에 의한 변이현상은 여기서 구사된 편지 글의 형식이 상대를 앞에 두고 전개되는 자연스러운 이야기 구술의 형식에 접근하고 있음을 의미한다.

글쓴이는 19세기 전기 경북 사대부들의 편지묶음을 통해서 어떤 역사사회언어학적 고찰을 본격적으로 시도할 만한 처지에 있지는 않다. 그러나 이러한 용어를 적용시켜 본 것은 여기에 등장하는 발신자와 수신자들의 사회적 신분과 계층, 그리고 연령에 따른 세대 차이 등과 같은 사회언어학적 변항에 주목하였기 때문이다. 이와 같은 요인의 차이에 따라 언어변화와 변이의 전개 양상이 어떻게 이 시점에 확산되어 있는가 하는 사실을 글쓴이는 주목하려고 한다.

3. 한글편지 묶음에 반영된 19세기 전기 경북 사회방언의 개별성

3.1. 형태·통사론적 양상

3.1.1. 관형격 조사 'ㅅ' : '-ㄴ닷 말-'

이 한글편지 묶음에 관형격 조사는 대부분 통상적인 '-의' 계열과, 김진화(1793-1850)의 편지 글 가운데 18세기부터 확대되기 시작하는 개신형 '-에'가 부분적으로 사용되었다. 그러나 인용문에 해당되는 완형 보문 다음에 '말'(曰)과 같은 한정된 명사가 뒤에 연속되는 통사적 환경에서 관형격 조사의 기능을 하는 사이시옷 'ㅅ'이 쓰이고 있다.

> (7) ㄱ. 알푼 증이 쏘 복발ᄒ니 이거슬 엇지 혼닷 말이냐(1848, 069. 시아버지/김진화→맏며느리, 479),
>
> ㄴ. 모도 쏙으나 쏙ᄂ닷 말을 ᄒ면 이방의 계집이 원망홀 닷 ᄒ기의 (1848, 069. 시아버지/김진화→맏며느리, 481),
>
> ㄷ. 하인은 녹용 구ᄒ로 왓다고 그리 말을 내제 달리 갓닷 말을 말게 ᄒ여라(1849. 070, 시아버지/김진화→맏며느리, 486),
>
> ㄹ. 과군이 셔울셔 아히게 돈을 열냥을 츄이ᄒ여 갓닷 말 듯고(1850, 060. 아내→남편/김진화, 442).

관형격 조사 'ㅅ'의 이러한 쓰임은 후기 중세국어에서 지속되어 온 현상이다. 지금까지 확인된 15·16세기 국어의 용례에서도 관형격 조사 'ㅅ'에 후속되는 명사는 간혹 '뜯'(意)과 같은 다른 체언도 있으나, 위의 (7)의 예문에서와 같이 대부분 '말'이 중심을 이룬다. 종결어미 '-다'로 끝맺는 인용문을 하나의 명사절로 재해석하여 후속하는 명사를 수식하는 화용론적 기능을 보인다.

현대 구어에서 문말 위치에 오는 '–말이다'는 문법화 과정에 진입하여 선행하는 화자의 명제를 청자에게 강조, 또는 확인하는 화용표지(pragmatic marker)로 이행하는 경향이 강하다.

(7)의 예문에서 이러한 통사적 구성은 신분상으로 시아버지가 며느리에게, 그리고 아내가 남편에게 보내는 편지 글에 등장하였기 때문에 낮춤과 높임 화계에 다 같이 사용할 수 있었던 것으로 보인다. 이러한 유형은 16세기 국어 문헌자료에서도 산발적으로 실현되어 있으나, 이 시기의 경상방언을 부분적으로 반영하는 『七大萬法』(1569)에도 등장하는 사실이 주목된다(허웅 1989 : 521-522).

    (8) 光明이 너비 <u>비취닷</u> 마리라(11ㄴ),
        識大라 ᄒᆞᄂᆞᆫ 마론 아는 거시 <u>크닷</u> 마리라(8ㄴ).

현대 지역방언에서 관형격 조사 기능을 하는 사이시옷은 충남과 전남 지역방언에서 쓰이고 있는 것으로 관찰되었으나, 경북방언의 공시적 또는 통시적 문법에서는 아직 보고된 바 없다(백두현 1990/2009; 이상규 1999). 이기갑(2003 : 51)에 의하면, 이 관형격 조사와 연결될 수 있는 명사는 '말, 소리, 이야기' 등과 같이 확대되어 있으나, 주로 '말'(言)과 관련되어 있는 단어와 통합하는 의미적 제약을 갖고 있다.16) 이와 같은 'ㅅ' 관형격 조사에 후속하는 '소리, 이야기'등은 기본적인 '말'에서 유추에 의한 확대일 가능성이 있다.

---

16) 한영목(2008 : 67-68)은 충남방언에서도 관형격 표지 'ㅅ'이 중세국어에서와 같이 종결어미와 결합하여 사용되는 통사적 구성, 즉 "[S+시+N]NP"이 쓰이고 있음을 제시하고, 사이시옷에 후속하는 명사가 중세국어에서 '뜯, 벼슬, 말, ᄆᆞᅀᆞᆷ' 등과는 달리 '소리, 말, 이야기' 등에 한정되어 있는 제약을 언급하였다.

    예) 겁이 나서 그만 <u>두랏 소리</u>를 못허구서,
        인저 서울 용한 문복자가 <u>있닷 소리</u>를 듣구.

3.1.2. 구문 축약형 '-지 아니 ᄒᆞ여)-잔이'와 'ᄒᆞ여(爲))히'

19세기 전기 경북 사회방언에서 장형 부정문 '-지 아니 ᄒᆞ여'의 구문이 음운론적으로 축약된 '-잔이'형이 산발적으로 쓰이고 있다. 이와 같은 축약 구문은 김진화의 부인 여강이씨(1792-1862)가 작성한 편지 글에 등장하는데, 수신자는 상대높임법에서 아주높임의 등급을 구사하는 남편과, 낮춤의 등급을 쓰는 아들 김흥락(1827-1899)에 한정되어 있다.

(9) ㄱ. 보내신 것 즉시 와ᄉᆞ오나 담비는 아니 와ᄉᆞ오니 <u>듸리잔이</u> 못 온듯
ᄒᆞ옵(1948, 041. 아내→남편/김진화, 286),
ㄴ. 네 ᄒᆞ 무심ᄒᆞ기 ᄆᆞ옴이 <u>노히(잔)잔이</u> 이말일다(1847, 072, 어머니(여강이씨)→아들, 498).

김정대(1998)는 현대 경남방언의 성격을 공시적으로 기술하면서 후치사나 어미로 처리하기에는 문법화 과정을 이미 완료한 것은 아니지만, 통사론적 구성성분으로 독립적으로 분석하기 어렵게 관용화된 표현으로 '-이잔애'를 제시하고, 이를 "구적(句的) 형식"이라는 명칭을 부여한 바 있다. 그리고 그는 '-이잔애'의 의미는 '-가 아니라'에 해당되며, 접속문의 선행적 구실을 하면서도 보조사 형식인 점이 특이하다고 기술하였다(1998 : 355). 따라서 오늘날 경남방언에서 부정 구문 축약형 '-이잔애'의 형태론적 기원은 19세기 전기로 소급될 수 있음을 위의 (9)의 예들은 증언하고 있다.[17] 또한, 이러한 예들은 오늘날의 용법에 거의 접근하는 관용화의 단계를 보이고 있음이 주목된다.

19세기 전기 경북방언에서 축약된 관용 표현 '-잔이'의 형성은 먼저 '-지

---

17) 경북방언의 연구에서 안귀남(2007 : 41)은 경북 안동방언에서 쓰이고 있는 부정법의 유형과, 장형부정문 '-지 않-'의 축약형이 출현하는 통사적 환경, 부정에서 강조로의 의미와 기능의 전환이 이루어지는 조건을 정밀하게 고찰하였다.

안 ㅎ여>쟌히>쟌익'와 같은 순차적 과정을 거쳐야 하기 때문에, 이 시기에 'ㅎ여(爲)>히'와 같은 과정을 전제로 하여야 된다. 아래와 같은 예들을 보면 이러한 변화가 19세기 전기의 편지 글에서 생산적으로 확대되어 있음을 알 수 있다.

(10) ㄱ. 인돌은 와 이시니 제 형으게 나으나 못히질가 넘녀되옵(1848, 043.
　　　아내→남편/김진화, 301),
　　ㄴ. 옷가지도 히 입힐 ᄆᆞᆷ이 업ᄉᆞ오니 져구리나 ᄒᆞ나 히 입혀 보낼 밧
　　　업ᄉᆞ오나(1848, 050. 아내→남편/김진화, 356),
　　ㄷ. 쟈개(自家)ᄂᆞᆫ 동당(東堂)을 ᄒᆞ마 히시니 차돌이ᄂᆞᆫ 동당을 보지 말나
　　　ᄒᆞ엿다 ᄒᆞ오니 (1850, 058. 아내→남편/김진화, 425),
　　ㄹ. 계남 며ᄂᆞ리 노랑 져구리 못히 주오니 민망ᄒᆞ옵(1850, 060. 아내→
　　　남편/김진화, 443),
　　ㅁ. 네 이실 찌 당(當)히 보아시니 알 ᄃᆞᆺ ᄒᆞ고(1847, 072. 어머니/여강이
　　　씨→아들, 496),
　　ㅂ. 봉쥰의 부담농 ᄀᆞᆺᄒᆞ 것 히 달나 ᄒᆞ니 ᄒᆞ 바리 히 주어라....평셩 가
　　　지고 단이게 ᄒᆞ여 주어라(1847, 074. 어머니→아들/김흥락, 514),
　　ㅅ. 힝지(行財) 닷냥 봇티주어 져의 집이셔 돈을 못 추이ᄒᆞ여 니쥬셔(李
　　　主書)가 읍니 와 츄이히 주려 왓더니(1848, 078. 어머니/여강이씨→
　　　아들, 539).

지금까지 '히여>히'의 변화는 19세기 후기 정도에 각각의 지역방언에서 실현되기 시작하는 현상으로 파악되어 왔다(최명옥 1992, 최전승 2004).[18] 그

---

18) 이 한글편지 묶음 가운데 김진화가 그의 아우 김진중(1796-1872)에게 보낸 편지 글 가운데 축약형 '히'의 선행 형태로 추정되는 'ㅎ야가 출현하기도 하였다. 이 형태는 19세기 전기 당시에도 매우 보수적인 것으로 16세기 국어의 구어 자료에 주로 사용되었다(최전승 2004).

　　그거시 마지 못 히야 그리 ᄒᆞ엿것마ᄂᆞᆫ(1850, 123. 형/김진화→아우, 776),

　　이 한글편지 묶음과 비슷한 시기에 작성된 19세기 전기의 『睡雲亭悲懷遺錄』(1826)에서도 축약형 '히'는 쓰이지 않았고, 그 대신 'ㅎ야'와 '히야'가 공존하여 있다.

러나 이러한 축약을 거친 변화의 기원은 16세기 후반 이응태 부인이 쓴 한 글편지(1586)에 등장하는 형태로 소급될 수 있다(안귀남 1999, 황문환 2002 : 141). 자내 날 향희 ᄆᆞᄋᆞᆯ 엇디 가지며 나는 자내 향희 ᄆᆞᄋᆞᆯ 엇디 가지던고.. 이러한 사실에도 불구하고, 'ᄒᆞ여>희'를 거친 형태는 훨씬 뒤늦게 간본 중심의 문헌자료에 나타난다. 국어사에서 구어와 문어 사이의 거리를 실증적으로 보여주는 좋은 예로 생각된다.

위의 (10)의 예문에서 'ᄒᆞ여>희'의 실현은 오늘날에서와 같이 'ᄒᆞ여'와 수의적 변이를 보이고 있다. 이러한 '희' 축약형이 당시 50대 후반 여강이씨(1792-1862)가 남편과 아들에게 보내는 편지 글에서만 집중적으로 출현하고 있다. 그렇기 때문에 이러한 개신적 변화의 선두에 50대 후반의 사대부의 여성이 적극적으로 개입되었던 것으로 추정된다.[19] 또한, 여강이씨(1792-1862)의 편지 글에는 장형부정문 '-지 않-'의 축약형 '-잖-'의 쓰임도 등장한다.[20]

(11) 벼술 쩌러지는 거슨 <u>무셥잔으나</u> 취리나 홀가 넘녀측냥 못 홀다(1848, 076. 어머니→아들/김홍락, 524),
<u>씀즉잔은</u> 나물을 싱각ᄒᆞ시디 그걸 못 어더 줍사오시니 답답(1832, 005. 아내→남편/김진화, 66),
허증(虛症)은 다시 <u>관겨찬으</u>신가(1834, 010. 아내→남편/김진화, 99).

(ㄱ) 존본 취리<u>희야</u>..잘 간슈<u>희야</u>..신틱ᄒᆞ야(10ㄱ),
(ㄴ) 허러 다시 즁슈<u>희야</u> 디으라(10ㄴ),
(ㄷ) 늑탈<u>ᄒᆞ야</u> 팔면(11ㄱ).
19) 고동호 교수(전북대)는 이와 같은 언급은 대상으로 하는 표본이 적어서 성급한 일반화의 오류를 범할 가능성이 있다고 지적하였다.
20) 안귀남(2007 : 55)은 안동방언에서 축약형 '-잖-'은 '-(ᄒᆞ)디 아니ᄒᆞ->-(ᄒᆞ)지 아니ᄒᆞ->-(ᄒᆞ)지 안하->-지(치) 안하->-지(치) 않->-잖/챦>잖/챦과 같은 일련의 변화의 과정을 거쳐 온 것으로 설정하였다.

3.1.3. 주체높임의 선어말어미 '-겨/겻-'의 형성

이 한글편지 묶음 가운데 19세기 후기 전라방언 자료에 생산적으로 사용되었던 '-겨-'와 '-겻-'형이 주체높임의 용법에서 부사형 어미 '-아/어'와 통합되어 쓰이고 있으나, 생산적인 모습은 보이지 않는다.21) 아래의 예들을 보면, 현재시제형 '-겨-'(12ㄱ)와 과거시제형 '-겻-'(12ㄴ)이 19세기 전기의 경북 안동 사대부의 말에 확립되어 있음을 알 수 있다.

> (12) ㄱ. 제일 구미가 도라오겨ᄉ 빅사 음식을 맛슬 알아 잡습졔(1849, 096.
> 만며느리/24세)→시아버지/김진화, 58세, 630),
> ㄴ. 형뎨분 다 봉평(鳳坪) 가겻ᄉ오니 집안은 황연히 뷔웁고(1849, 096.
> 만며느리→시아버지 김진화, 1793-1850, 58세, 630),
> 어뎨ᄉ 결미 나 욕을 당ᄒ시고 음너 아직 아니 나와겻습ᄂ이다
> (1850, 097. 만며느리→시아버지/김진화, 638),
> ㄷ. 너 삼촌 더위로 민망이 디나시며 약물(藥物) 마즈로 가계싸(1848,
> 143. 삼촌/김진중 1796-1872→조카/김세락 1828-1888, 863),
> 아바님 고을을 희겻다 ᄒ오면 오쪽 조하ᄒ리만은(1833, 102. 둘째
> 딸→아버지/김진화, 668).

위의 예에서 '-겻-'의 또 다른 형태 '-겟-'도 변이형으로 출현하고 있다. 이것은 19세기 전기 당시에 수행되었을 것으로 보이는 자음 앞 상향 이중모음의 변화 C+yə>C+yəy>C+ye에 의해서 '-겨->-계-'의 과정을 반영한 것이다.22) 만며느리가 시아버지에게 보낸 편지 글에 '-겻-' 다음에 전통적

---

21) 19세기 후기 전라방언 자료에 반영된 문법화된 주체높임의 선어말 어미 '-겨-'와 '-겻-'의 상세한 예들에 대해서는 이태영(1987)을 참조.
22) 이와 같은 음성변화는 이미 근대국어 17세기 초기의 『동국신속삼강행실도』(1617)에서나 『언해두창집요』(1608) 등에서 주로 '뼤(骨, 뼈), 혜(舌, 혀)'형에 적용되어 있다. 아래의 예에서 각각 '뼤'와 '혜'에 연결되는 처격조사가 '-예'로 나타나는 사실을 보면, 체언 어간 말 모음이 하향 이중모음 -y이었음을 알 수 있다.

(ㄱ) 뼤만 셜더라(효자, 6 : 41), 뼤예 들게 ᄒ더니(충신, 1 : 61),

인 겸양법의 표지인 '-습-'이 출현하는 예(12ㄴ)는 이 시기에 변화된 경어법 체계와 관련되어 있는 것으로 보인다. 그러나 문법화를 거친 '-겨-'와 '-겻-'의 풍부한 자료를 반영하는 19세기 후기의 전라방언 자료에서 이와 같은 '-겻+습-'의 배열은 발견되지 않는다.23)

(12)ㄴ에서 맏며느리 진성이씨(1825-1888)가 시아버지 김진화에게 아주버님이 욕을 당한 전말을 전달하는 문장 내에서 '-시-'와 '-겻-'이 번갈아 구사된 '욕을 당ᄒ시고'와 '나와겻습ᄂ이다'의 성분이 주목된다. 『의성김씨 김성일파 종택 한글 간찰』(2009 : 640)에서 여기에 참여한 역주자는 이 부분을 현대국어의 직관으로 "...욕(辱)을 당하셨고, 읍내(邑內)로는 아직 아니 나와 계시나이다."와 같이 현대어로 옮겼다.24) 따라서 '-아 계시-'의 구문이 19세기 전기 경북방언에 등장하는 축약형 '-아 겻-'의 직접적인 입력이 된 것으로 판단된다. 즉, '-아/어 겨시->-아/어 겻-'과 같은 변화의 과정이 음운론적으로 약간의 문제를 야기하나, 지금까지 19세기 후기 전라방언 자료를 주로 이용하여 제기된 여러 가지 대안 가운데 가장 개연성이 높다고 생각한다(고광모 1999, 2000).25)

그러나 (12)의 예들은 한글편지 묶음에서 출현하는 근소한 빈도수에 비추어 볼 때, '-아/어+겻'으로의 문법화 과정을 보여주기 시작하는 초기의 단

(ㄴ) 입과 혜예 도다 허러(두창,하. 60),
　　입안해 횐거시 혜예 ᄀ독하야(태산. 72).
23) 이 글에 대한 논평에서 안귀남(안동대) 교수는 고광모(2000)에서 제시된 '나 계옵셔'(춘향전, 상.17)의 예를 지적하였다. 이 예가 등장하는 맥락을 살펴보면 보면 다음과 같다.
　　사쏘 견역 진지를 잡수시고 식곤징이 나 계옵셔 평상의 취침하시다(수절가, 상.17ㄱ).
　　위의 예문에 쓰여진 '나 계옵셔'의 '아/어 -계-'는 문법화된 형태가 아닌 것으로 보인다.
24) 안귀남 교수는 고광모(2000 : 22)의 언급을 참고하면, 이 구문은 '나오셨습니다'와 같은 현대어역이 더 정확하다고 지적하였다. 글쓴이도 여기에 동감한다.
25) 일찍이 홍기문(1966 : 350-351)은 전라방언에서 '-시-'에 해당되는 존칭의 표시인 '-겨-', 또는 '-계-'형이 '겨시/계시-'에서 기원되었음을 완판 84장본 『춘향전』에서 추출된 예문을 인용하여 제시한바 있다.

계에 있는 것 같다. 그 대신, 이 문법형태의 원형인 '-(아/어)+계시-'의 구성이 여러 편지 글에 폭넓게 쓰이고 있기 때문에 그러한 추정이 가능하다.

> (13) ㄱ. 옥관즈을 다라 계시다 ᄒᆞ오니(1850, 056. 아내→남편/김진화, 404),
>   영감괴셔 그리 오시려 ᄒᆞ여 계시니(1850, 059, 아내→남편/김진화, 435),
>   약은 다시 시죽ᄒᆞ여 계시ᇢ(1832, 005. 아내→남편/김진화, 68),
>   잇고 긔별 못ᄒᆞ여ᅀᆞᆸ더니 아라 계신디 죄롭ᄉᆞ오이다(상동. 68),
>   환관(還官)은 ᄒᆞ여 계시나 노독(路毒) 대단 ᄒᆞᇢ신디(1849, 053. 아
>   내→남편/김진화, 378),
>   ㄴ. 집의셔 와 겨셔 입으실 옷 얄게 한 벌 짓ᄉᆞ오니(1848, 094. 맏며느
>   리→시아버지/김진화, 617),
>   그져 쉬 집으로 도라와 겨오시면 나으실 ᄃᆞᆺ(1850, 098. 맏며느리→
>   시아버지/김진화, 643),
>   다힝 길도 ᄯᅥ나 겨오시나 엇지 되올지(1850, 098. 맏며느리→시아
>   버지, 644).

위의 예에서 (13)ㄱ은 김진화의 부인 여강이씨(1792-1862)가 남편에게 보낸 편지 글 일부에서 인용한 것이다. 축약을 거친 존칭의 문법형태소 '-겨-'와 '-겻-'의 사용은 여기서 위의 예 (12)를 제외하면, 여강이씨의 편지 글 가운데 전혀 찾을 수 없다. 그 반면, (13)ㄴ은 앞서 (12)ㄱ과 ㄴ에서 축약형을 보여주었던 맏며느리인 진성이씨(1825-1888)의 편지 글에서 나온 것으로 동일 화자가 보수적인 '-아/어 계시-'와 개신적인 '-아/어 겨/겻-' 간의 동요, 또는 수의적 교체를 나타낸다. 또한 앞서 (12)ㄷ에서의 축약형 사용자는 진성이씨의 둘째 딸이었음을 상기하면, 개신형과 보수형 사용에 이 시기에 세대 차이가 개입되어 있었던 것으로 외견상 추측된다.

전남과 전북에서는 대부분, 그리고 경북 동북부 일대(안동, 영주, 청송)에 사용되고 있는 주체높임의 선어말어미 '(아/어)-겨-'의 존재에 대한 관심과, 이것의 형성이 존재동사 '겨-'(在)와 연관되어 있을 가능성에 대한 진지

한 추구는 20세기 초반 小倉進平의 일련의 연구에서 비롯된다(1924 : 80-81). 그는 자신이 설정한 일정한 가설 밑에서 1910년대부터 이 문법형태에 지대한 관심을 보였으며, 20세기 초반에 전남과 전북의 대부분, 경북의 동북부, 충청도 방언 일부지역에 쓰이고 있는 '-겨-'(在)의 분포와 다양한 용례를 발굴하여 낸 바 있다(1944/2009 : 538-550 및 이진호(2009)의 역자주 참조).[26]

중세국어의 단계에서 완료와 지속상을 표시하였던 '-아/어 잇/이시-' 구문에 대응하는 존칭의 표현이 '-아/어 겨시-'이었음은 잘 알려진 사실이다. 전자는 15세기에서부터 축약의 과정을 거쳐 근대국어의 단계에서 완료·지속상에서 점진적으로 과거시제 영역으로 진입한 반면에, 후자는 그러한 과정에 동참하지 못하고 기능은 완료상을 그대로 유지한 상태로 19세기 후기에까지 이르게 된다(허웅 1987 : 184, 235).[27]

허웅(1987 : 184)은 '-아/ 어+-계시-'의 구성이 과거시제 형태 '-앗/엇-'과 같이 한 형태소로 줄어들지 못한 이유는 이 구문이 갖고 있는 음성적인 조건 때문이라고 보았다.[28] 19세기 전기의 경북 방언자료인 이 한글편지 묶음에서와, 이보다 반세기 늦게 작성된 19세기 후기 전라방언 자료에서는 쉽게 축약되기 어려운 음성적 제약을 해당 방언에서 극복하여 주체높임의 현

---

26) 국어 지역방언 연구에서 특히 경북 일대에서 사용되고 있는 '-겨-'에 분명한 인식은 1920년과 1940년대 이루어진 小倉進平의 선도적 연구에도 불구하고 비교적 뒤늦게 출발하였다. 경북 동해안 방언을 연구한 최명옥(1980 : 33)에서 방언 자료 조사 중 "우연한 기회"에 한 노년층 자료 제공자의 말에서 존칭의 '-시-'에 해당되는 방언형 '-게-'를 확인하고 이것을 존칭의 조동사로 파악하여 가는 과정이 흥미 있게 기술되어 있다.

27) 그러나 20세기 초반의 국어를 사실적으로 기술한 前間恭作은 그의 『韓語通』(1909 : 212)에서 이 시기의 한국어에 직설법과 의문법에서 존칭의 과거에 '흥셧습니다' 또는 '흥셧습느닛가'하는 선어말 어미 '-셧-' 대신에 동사 어간을 먼저 제시하고, 그 뒤에 '-게시-' 및 '-겝시-'(게웁시)을 후속시켜 사용하여 같은 뜻을 나타내는 방법이 극히 보통으로 사용되고 있음을 증언하고 있다.

예) "저녁 잡수아 게시오, 뎜심 잡수아 겝시오, 어디 출입ᄒ여 게시옵니다,
그 소이 일번 당겨와 게시오. 대단히 노여 게시옵데다."

28) 권재일(1998 : 91)도 '아/어- 겨시-'는 음소 연결의 안정성 때문에 축약되지 않는 것으로 파악하였다.

재형 '-시-'와 과거형 '-시+었-'과 대립되는 '-겨-'와 '-겻-'을 독자적으로 발전시킨 것이다.29) 그러나 이들 남부 방언에서 보편적인 개신형 '-시+엇-→셧'의 물결을 거부하고, 이와 같은 독자적인 문법형태의 발달에 관여한 언어 내적 및 외적 필요성은 쉽게 규명되지 않는다.

19세기 후기 전라방언의 경우, 과거시제 형태 '-앗/엇-'이 확립됨에 따라서 '아/어 겨시-'형은 '-(으)시-+엇/앗-'의 구조로 구성된 '-(으)셧-'형으로 부분적으로 대치되기 시작한다. 이 자료의 여러 이본들을 대조하면, 동일한 장면 묘사에 고유한 방언형과 개신적인 규범형이 아래와 같은 교체를 보이고 있다.30)

(14) ㄱ. 기린 션싱임니 의외 왕님 ㅎ겨시니 무슨 음식 작반ㅎ야(판,퇴.282),
　　　=기린 션싱임이 의외 왕임 하셔신이(완판,퇴별가.10ㄴ).
　　ㄴ. 안의 드러 가시든이 쑤종을 드러겟소...즁복을 당하엿소(장자백 창본 춘향가.24ㄴ),
　　　=쑤종을 드르셧소...무삼분함 당하겨소...즁복을 입어겨소(수절가,상.36ㄴ).
　　ㄷ. 스쪼께셔 동부승지 ㅎ셧짠다(장자백 창본 춘향가.25ㄱ),
　　　=사쪼계옵셔 동부승지 하계시단다(수절가,상.37ㄱ).
　　ㄹ. 아부지 이게 웬일리요 나를 차져 나오시다가 이런 욕을 보와겻소

---

29) 19세기 전기 경북방언을 반영하는 한글편지 묶음에 등장하는 본문의 예문 (12)는 동일한 화자의 편지 글에서도 현재형 '-겨'와 과거형 '겻-'의 대립을 보여준다. 이 축약 형태가 원래의 구문 '-아/어+계시-'에 근거한 것이라면, 여기서 축약을 거친 '-겻-'은 당연히 과거시제의 형태이다. 그렇다면 현재의 '-겨-'는 어떻게 형성된 것일까. 이 문제는 당장 해결하기 어려우나, 고광모(1999, 2000)에서 추정된 역형성법(back-formation)에 의한 설명이 설득력이 있다.

30) 이 글을 논의하는 과정에서 서형국(전북대) 교수는 이 시기에 경상과 전라방언에서 문법화를 수행한 주체높임의 선어말어미 '-겨-'와 '겻-'이 고유형 또는 보수적인 형태이고, '-시엇->-셧-'형이 개신적 형태로 규정하는 기준은 무엇인가를 질문하였다.
19세기 후기의 중부방언 자료에 새로운 형식인 '-셧-'이 '아/어-계시-' 구문 대신에 확대되는 경향이 확산되어 있다. 따라서 같은 시기의 전라방언 자료에서 본문의 (14) 예문에 교체되어 등장하는 '-셧-'형은 원래의 고유한 형태라기보다는 중부방언의 간섭으로 추정된다.

이웃집의 <u>가겻</u>다가 이런 봉변을 당ᄒᆞ<u>겨</u>소(심청 E본,상.19ㄴ),
=가겻다가 이런 봉변을 당ᄒᆞ<u>셧</u>소(심청 A본/完板 乙巳本 19ㄴ).
cf. 이쩌 ᄉᆞ쏘임이 디쳥의셔 거리시다 엇덕케 놀너신지
     뒷군뒤롤 ᄒᆞ셧구나(동,춘.118; 신재효 동창 가람본 춘향가,10ㄱ).

3.1.4. 추정과 의도, 미래 표시 '-(으)ㄹ-'의 기원

19세기 전기 한글편지 묶음에는 오늘날 경북방언에서 미래시상, 또는 '미확정 서법소'(이상규 1998 : 310; 1999 : 82-103), '추단'을 표시하는 선어말어미(최명옥 1980 : 96-99) 등으로 파악된 '-을ᄒᆞ-'이 아래와 같은 통사적 환경에서 쓰이고 있다.

(15) ㄱ. 너힝 젼의 집으로 <u>못오실다</u> ᄒᆞ오니 민망ᄒᆞ<u>옵</u>(1833, 009. 아내→남편/김진화, 91),
     그걸 ᄒᆞ여 먹이면 댱히 <u>죠흘다</u> ᄒᆞ니(1848, 052. 아내→남편/김진화, 371),
     보리도 면흉(免凶)<u>될다</u> ᄒᆞ나(1849, 053. 아내→남편/김진화, 381),
     원은 올닉로는 아므리 ᄒᆞ여도 <u>홀다</u> ᄒᆞ시나(1833, 008. 아내→남편, 85).
ㄴ. 즈리져고리는 지엇스나 얄게 ᄒᆞ나 이시면 <u>죠흘다</u>(1848. 069. 시아버지/김진화→맏며느리/진성이씨, 1825-1888), 482),
     너에 내외를 볼 거시니 <u>죠흘다</u>(상동. 482),
     네가 병이 그러ᄒᆞ대 내가 보들 못ᄒᆞ고...아무려도 못 <u>견딀다</u>. 그 ᄉᆞ이는 엇더ᄒᆞ냐(1848. 068. 시아버지/김진화→며느리, 473),
     장인긔 편지나 종종 ᄒᆞ고 간지(簡紙)축식이나 ᄒᆞ고 두루마리나 ᄒᆞ고 종종 ᄒᆞ면 <u>죠흘다</u>(1847, 073. 어머니→아들/김흥락, 505),
     댱마도 ᄒᆞ 지리ᄒᆞ니 지쳑도 통치 못 <u>홀다</u>(1847, 073. 어머니→아들, 505).
     벼슬 쩌러지는 거슨 무셥잔으나 쥐리나 홀가 넘녀측냥 못 <u>홀다</u>(1848, 076. 어머니→아들/김흥락, 524),
     쐬를 이번 회편의 샤셔 붓쳐야 낭픽(狼狽)가 아니 <u>될다</u>(1850, 123. 형/김진화→아우, 773),
     내가 열엿쇳날 쩌나 집을 가니 삼월의ᄉᆞ <u>도라올다</u>(상동. 775).

일찍이 小倉進平(1924 : 88-89)은 남부방언의 연구의 "語法"에서 '-ㄹ다' 문법형태를 주목하면서, 이것은 '-할다'(爲)의 경우에 '-하겠다'와 동일한 미래의 의미를 갖고 있다고 기술하였다. 그리고 1920년대의 이러한 종결어미는 서술문에서 낮춤의 위계를 갖고 있으며, 그 분포 지역은 경북 예천, 안동, 청송 등지를 위시한 7개 지역방언과, 강원도 동해안 일대에 한정되어 있음을 밝혔다. 또한 그는 이 '-ㄹ다'형은 그 출현 역사가 오랜 것으로『朴通事諺解』에 등장하고 있는 용례 하나를 제시하였다. 모로미 맛고 갈다.31)

그 이후로, 이 '-을다'의 선어말어미 '-을-은 경북방언의 여러 고찰에서 예외 없이 주목되어 왔다. 위의 (15)의 예들은 강신항(1978, 1980), 이상규(1992, 1999)와 최명옥(1980), 이기갑(2003) 등에서 제시된 현대 경북방언의 용례들에 접근되어 있다. 경북 동해안 방언을 중심으로 고찰한 최명옥(1980 : 96)은 이 선어말어미 '-을ㅎ-'은 이들 지역에서 중앙어의 '-겠-'에 해당되는 형태이며, 주로 서술문과 의문문에서만 출현하고 있다고 관찰하였다. 그러나 위의 예에서 극히 제한된 자료의 성격 때문에 '-을-'이 의문문에서 등장하는 경우는 발견되지 않는다.32) 2인칭 의문문에서 사용되는 '-ㄹ다'의 예는 중세국어 이후의 통상적인 문헌자료에서도 쉽게 관찰되는 유형이다. 의문형어미 '-ㄹ다'는 직설법 현재시제의 '-ㄴ다'형을 기준으로 예정 또는 미래의 '-(으)ㄹ'이 첨가되어 형성된 것이다.

---

31) 그러나 17세기의『朴通事諺解』(1677)의 본문 가운데, '가-ㄹ-다'(去)와 관련된 예문은 의문법에 실현된 아래의 두 가지에 한정되어 있다.

　(ㄱ) 詔書 開讀훈 후의 高麗 짜히 <u>갈다</u>(상, 9ㄱ)
　(ㄴ) 고디식훈 갑손 너 돈에 흐나식 흐여 가져<u>갈다</u>(상, 30ㄱ),
　　cf. 형아 네 언제 起身홀다(상, 9ㄱ).

32) 경상도 방언 자료에 반영된 다양한 문법형태의 유형들을 고찰한 백두현(1990/2009 : 70)에서도 20세기 초반 자료에서 '-ㄹ다'의 쓰임이 제시되었다.

　부톄님이 닐오샤더 아미타불 공덕과 극낙세계 죠흐믄 다 니르지 <u>못홀다</u> 흐시니(彌陀 5ㄴ).

　백두현(1990/2009)은 위의 예에서 '못홀다'는 '못하겠다'의 뜻으로 미래의 '-ㄹ-'이 종결어미 '-다'와 결합된 것으로, 현대 경북방언 일대에서 쓰이고 있다고 기술하였다.

(16) 내 죽사리롤 몯내 알리니 형뎨 업고 늘근 어미롤 네 효도홀다
　　　그리호리이다(1579, 런던대본, 삼강행,효5ㄱ),
　　　漢人의 글 비화 므슴홀다 네 닐옴도 올타커니와(번역노,상:5ㄱ),
　　　네 다시 감히 놈의 겨집 도적홀다. 뎌 즁이 닐오딕(1677, 박통해,상:34ㄱ).

　　또한, 최명옥(1980 : 96)은 현대 경북방언에서 '-을ㅎ-'이 서술문에 사용되
는 상황에서 동작성을 내포한 '가-(去), 오-(來), 먹-(食)' 등의 어간에 연결
되면 "진행되는 동작에 대한 推斷"을 표시하기 때문에, 이 경우에 1인칭과
2인칭은 주어로 사용될 수 없다는 제약을 추출한 바 있다. 즉, 이 방언에서
'-을ㅎ-'이 "不可視的 상황"에서만 등장하는 사실에 근거하여, 1인칭과 2인
칭은 가고 있는 동작을 상호 직시할 수 있기 때문에 주어가 될 수 없다는
것이다. 그러나 위의 (15)ㄴ의 예문들을 보면, 그러한 제약은 아직 적용되
어 있지 않다. 내가 열엿쇳날 쩌나 집을 가니 삼월의스 도라올다(1850, 123. 형/김진
화→아우, 775).

　　위의 예문에서 (15)ㄴ은 '-ㄹ다'의 쓰임이 높임법에서 주로 낮춤의 화계
에 한정되어 있음을 보인다. (15)ㄱ의 예는 간접 인용의 내포문에서 높낮
이가 중화된 모습이다. 글쓴이는 (15)의 예에 등장하는 '-ㄹ다'는 어말어미
의 간소화 과정에서 비롯된 일종의 축약형이고, 그것은 추정의 전형적인
'-리-'가 참여한 기원적인 '-(으)리로다'에서 형성된 문법형태로 파악한다.
이와 같은 판단은 19세기 후기 전라방언 자료에서 보이는 아주낮춤의 종
결어미 '-(이)로쇠>-(이)로세>-(이)로시>-(이)시'의 연속적인 발달 과정
(최전승 2004 : 448을 참조)에 유추된 것이다. 따라서 19세기 전기와 오늘날의
경북방언에서 쓰이고 있는 '-ㄹ다' 유형은 '-(으)리로다>-(으)ㄹ다'의 축약
을 거친 화석형이다. 이와 같은 '-을-'이 방언 화자들에 의해서가 아니라,
연구자들에 의하여 공시적으로 재분석되어 추정과 예정 그리고 추정 또는
미래시제의 독특한 문법형태로 파악되었다고 본다.

또한, 이 한글편지의 묶음에 'NP+이로다'에서 '-(이)로다>-(이)ㄹ다'로
축약 과정을 거친 'NP-일다'와, 역사적인 '-이로소이다>-이로쇠'에서 1단계
더 나간 '-일쇠'와 같은 예사 낮춤의 종결어미 유형도 등장하고 있다.

(17) ㄱ. 너니 모시고 티평ᄒ기 지원(至願)일다(1838, 067. 시아버지/김진화
→맏며느리, 470),
내가 보아내지 못ᄒ여 그져 두고 아니 보앗시니 편지예 무슨 긴흔
말을 ᄒ엿스면 <u>낭픿(狼狽)다</u>(1849. 070. 시아버지(김진화)→맏며느
리, 485-6),
네 하 무심ᄒ기 ᄆᆞ음이 노히(잔)잔이 이말<u>일다</u>(1847, 072. 어머니
→아들/김흥락, 498),
홀 말 ᄀ득ᄒ나 지리ᄒ니 이만<u>일다</u>(상동. 499),
급급 이만일다. 무양무양 ᄒ다가 수이 오기 원(願)<u>일다</u>(1848, 077.
어머니→아들/김흥락, 534).
ㄴ. 혼ᄉ를 여러번 지내니 오쥭 어려울가. 무익흔 염녀ᄯᅮᆫ<u>일쇠</u>(1850,
123. 형/김진화→아우(김진중, 1796-1872, 771).

(17)ㄴ에서 종결어미 '-일쇠'형은 18세기의 지역방언 자료에서 축약의
중간단계인 '-(이)로쇠'형과 공존하고 있다. (ㄱ)잉무공쟉과 금봉쳥봉은 ᄒᆞᄂᆞ니
넘불일쇠(염불보권문_일,30ㄴ). (ㄴ) 무샹을 싱각ᄒ니 다 거즛거시로쇠(염불보권문, 해인
사본. 셔왕가, 31ㄱ), 삼일ᄒ온 넘불은 빅쳔만겹에 다홈업슨 보뵈로쇠(상동. 32ㄱ).[33]
현대 경북 북부방언과 안동방언의 설명법 어미 가운데 가장 특징적인 형
태로 '해라'체의 서술격조사 '-잇다'를 열거할 수 있다(강신항 1978). 위의
(17)의 예에 등장하는 19세기 전기의 '-일다'와 오늘날 경북방언에서의 '-잇
다'는 어떤 관계에 있는 것인지 알 수 없다. 그러나 '-(이)로다>-(이)ㄹ다'
와 같은 축약형은 비단 19세기 전기의 방언에서만 아니라, 19세기 후기의

---

33) 18세기 『念佛普勸文』에는 또한 '-로쇠다'형이 '-로쇠'와 더불어 공존하고 있다.
뎨지 셩은 딘가요 일홈은 졍슈요 나흔 열다ᄉᆞᆺ<u>시로쇠다</u>(홍율사본, 5ㄱ).

중부방언과 전라방언 자료에서 생산적으로 출현하였다(최전승 1996을 참조).

(18) ㄱ. 담빈란 거시 장히 더운 거실다(1880, 한어문전, 41),

　　　그거슬 모로느냐? 면일다(상동. 39),

　　　무슴 즘승이냐? 물일다(상동. 2),

　　　이 칼이 뉘칼이냐?(A qui ce couteau?), 내거실다(C'est ma chose.),

　　　뎌의 칼이 아닐다(de lui la chose ce n'est pas, 상동. 54).[34]

　　ㄴ. 네 이놈더라, 너가 지금 황성의 가는 소경일다(심봉사→무릉태수 일행, 심청,하.24ㄱ),

　　　츈향아, 나는 뉜고 ᄒ니 화션ᄒ년 능옥일ᄯᅡ! (어느 부인→츈향, 병오츈. 20ㄴ),

　　　츈향이 홰을 너여 네가 밋친 자식일다(츈향→방자, 수절가,상. 10ㄱ).

3.1.6. 연결어미 '-ㄴ/ㄹ 동'

이 한글편지 묶음에 쓰인 경상방언의 특징적인 연결어미 '-ㄴ동'과 '-ㄹ 동'은 화자가 선행하는 명제의 불확실성 또는 막연한 의심을 나타내는 중앙어의 '-는지'와 '-을지'와 의미와 기능상에 어느 정도 일치를 보인다.

(19) ㄱ. 엇더 ᄒ동 답답ᄒ옵(1833, 010, 아내→남편/김진화, 100),

　　　동셩은 간동 아니 간동 모라니 답답(1833, 010,아내→남편, 100),

---

34) Gale의 『ᄉ과지남』(1894)에서도 '-일다'형이 생산적으로 인용되어 있다. 그는 '-일다'는 "명사 또는 명사구 다음에 오는 단순 서술어(simple predicate)의 기능을 갖는 어미로서, 영어의 계사 'be'에서와 같이 선행하는 명사의 성격과 본질을 표시" 한다고 기술하였다. 이러한 설명에 덧붙여 그는 다음과 같은 예문을 열거하였다.

　　이거시 무에냐? 금일다(2쪽).

또한 같은 책에서 Gale(1894 : 19, 항목 41)은 '-ᄒ다, -일다, -거/커든' 부류를 열거하고, 이러한 종결어미들은 "하인과 아동들에게 사용하는 형태들"이라는 상대경어법에 해당된다고 설명을 하였다. 이 항목에서 다시 제시된 '-ㄹ다'의 예문은 다음과 같다.

　　다 먹고 이쑨일다.

하인이 병이 드러 <u>그런동</u> 모르니(1847, 019,아내→남편/김진화, 146),

엇딘 <u>일인동</u> 스사의 못견딜 노라시옵(1848, 043, 아내→남편/김진화, 300),

ㄴ. 영감긔셔 그리 오시려 ᄒ여 계시니 ᄃ리고 오시면 죠흘ᄃᆺ ᄒ오나 <u>엇덜동</u>(1850, 059, 아내→남편/김진화, 435),

저는 아모도 업논 거슬 보내기 어렵다 ᄒ오니 엇디 <u>훌동</u>(1847, 028. 아내→남편, 209),

무스이 된다 ᄒ오나 엇지 <u>되올동</u>(1850, 097. 맏며느리→시아버지/김진화, 638),

ㄷ. 농시(農時)가 되니 엇디 <u>훌동</u> 급급ᄒ옵(1832, 006. 아내→남편, 74),

그러고 가다가 <u>엇덜동</u> 모르고(1847, 019. 아내→남편, 147),

근이가 딕(宅)이셔 <u>스실동</u> 긔별ᄒ시라 ᄒ오니(상동).

위의 예에서 주로 아내가 남편 김진화에게 보내는 편지 글에 나타나는 '-ㄴ/ㄹ 동'의 사용을 조사해 보면, 이 시기는 이미 연결어미로 문법화를 완료한 상태에 도달한 것 같다. 이 연결어미 다음에는 주로 '모르다'(不知)와, 어떤 사정을 알지 못해서 파생되는 화자의 답답 또는 급급함이 뒤따른다. 특히, (19)ㄴ의 예는 미래 추정의 '-ㄹ 동'이 문말 위치에 놓여 있어 주목된다. 이 예들은 연결어미 '-ㄹ 동' 다음에 '모르다' 동사가 생략되어 문말에 위치하게 된 것이다. 그리하여, 결국 어말어미로 전환되는 통사론적 과정이 19세기 전기의 단계에서부터 등장하기 시작하였음을 알리고 있다.[35)]

현대국어의 '-(는)지, -(을)지'의 성분 '-지'는 중세국어에서 '-ㄴ디'로 소급되는데, 여기서 '-디'는 '-(는) 것인지'와 같이 의심하는 뜻으로, 형식명

---

35) 이기갑(2003 : 462)은 현대 경상방언에서 '-는동'에 후속하는 동사 '모르겠다' 등이 생략되면, 중앙어의 '-은 지'와 마찬가지로 이 연결어미는 종결어미처럼 기능할 수 있음을 지적하였다.

예) 아부지가 올 때가 됐는데 왜 아 <u>오는동</u>?

사의 신분에 어느 정도 가깝다(허웅 1975 : 291, 고영근 1995 : 79). 그리고 '-ㄴ 디' 다음에는 지각동사 '알다'(知)와 '모르다'(不知) 등이 연결되는 사례가 많다. 또한 중세국어 시기에 또 다른 형태의 형식명사 '-ㄴ 동'이 사용되고 있었으나, '-ㄴ 디'에 비하여 출현 빈도가 높지 않았다.

(20) ㄱ. 夫人이 좌시고 아모 드라셔 온 동 모르더시니(1459, 월인석, 2.25ㄴ),
玄圃と 黃河룰 츠자갈싴 아노니 잇と 동 업슨 동 ᄒ니라(1481, 두시초.9,30ㄴ),
ㄴ. 우리 사르미 오늘 주글 동 릭일 주글 동 모르는 거시니(번역 박통사,하.41ㄴ).

따라서 중세국어에서 의심을 뜻하는 형식명사 '디'와 '동'은 대립적 분포를 보여주고 있다. 이와 같은 상황은 동일 지역 화자의 말의 스타일에 따른 현상이 아니라, 오늘날에서와 같은 지역적 분포에 의한 반영이었을 가능성이 높다. 오늘날의 '-ㄴ/ㄹ 동'은 주로 경상도 방언에 분포되어 있으나, 경남 지역보다 경북에 더 강한 농도를 나타내고 있다(최명옥 1980 : 113-115). 19세기 전기 경북방언 자료인 예문 (19)에서의 'ㄴ/ㄹ 동'의 쓰임은 바로 이러한 상황을 반영하고 있다.[36)]

3.1.7. 연결어미 '-제'의 기능

小倉進平(1924 : 92-93)의 1910년대의 방언 조사에 의하면, 중앙어에서 반말의 '-지'에 대응되는 방언형 어미는 '-제, 지, 쟈, 쟝, 주'와 같은 지역적

---

36) 1704년 경북 예천 용문사에서 간행된 『念佛普勸文』의 언어에는 다양한 특징 있는 종결어미와 음운현상 등을 반영하였으나, 연결어미 어미 '-ㄴ/ㄹ 동'은 보여주지 않는다(김주원 1994, 김영배 외 1996을 참조).
또한, 19세기 후기 경상방언을 풍부하게 나타내는 필사본 『수겡옥낭좌젼』에서도 위의 (19) 예문에서와 같은 연결어미는 찾을 수 없다(김정대 1992). 이 자료는 김영태(1992)에서 지적된 바와 같이, 19세기 후기 경남방언의 반영이었던 것으로 보인다.

변이형들을 보여준다. 이 가운데 '-제'형은 평서문에서 전남과 전북의 대부분에서 쓰이고 있다. 그리고 특이한 '-지'형이 주로 경북 지역의 일부와 강원도 동해안 전역에서 주로 확인 의문문으로 분포되어 있다. 따라서 그의 관찰에 따르면, 반말어미 '-제'와 '-지'는 별개의 변이형인 동시에, 그 쓰임이 서술법과 의문법에 국한되어 출현하는 배타적 분포를 나타낸다.

그러나 小倉進平(1924)에서 관찰된 경북방언의 '-지'형은 당시의 단모음 체계에서의 문제일 뿐이고, 그 본질은 '-제'와 동일했을 것으로 생각된다.[37] 19세기 전기 경북방언의 자료인 이 한글편지 묶음에 '-제'의 용법이 그대로 등장하고 있다.

> (21) ㄱ. 외조부 고을의 갈는다 자랑흔다 흐니 드려가면 죠체마는 저의 집
> 의셔 아니 보낼 거시고 (1833, 009. 아내→남편/김진화, 92),
> 아모려나 병환이나 그만흐시고 그려도 나으시제마는 혼자 그러고
> 경과흐시니(1848, 051, 아내→남편/김진화, 364),
> 오눌 돈을 갑제마는 살난 심신 정치 못흐니(1847, 071. 어머니/여
> 강이씨→아들, 491),
> ㄴ. 댱가(杖家)는 초이일이오니 죽는 것만 불샹불샹 원통흐제 모도모도
> 호화롭고 죠하흐는 샹보기 슬코(1850, 059. 아내→남편/김진화, 434),
> 이번 보내는 하인은 녹용 구흐로 왔다고 그리 말을 내제 달리 말
> 을 말게 흐여라(1849, 070. 시아버지→맏며느리, 486),
> 이늑이는 우리 마을의 김승지를 더리고 갓제 그 일노 견위하야 간
> 거슨 아닌 듯흐다(1850, 123. 형(김진화)→아우, 776),
> 며느리 헌듸는 낫기예 낫자 흐제 무슨 무움으로 아니 나은 걸 낫
> 다 하게숩(1848, 050, 아내→남편/김진화, 353).

위의 예에서 편지 글의 특성으로 인하여 '-제'형의 쓰임은 평서나 의문

---

37) 반말의 '-제'는 현대 전라방언과 경상방언의 공시적 문법을 취급한 대부분의 지역방언의
연구에서, 기능에서의 차이를 제외하면 동일한 실체로 파악하고 있다(서정목 1987, 이상
규 1999, 이기갑 2003).

의 종결어미로 실현되지 않았다.[38] 그러나 (21)ㄱ에서는 'S[1]+제마는+S[2]'와 같은 통사적 구성에서 S[1]의 객관적 명제를 용인하지만, 연결어미 '-제마는'을 매개로 S[2]에서 원래의 명제나, 명제에서 파생되는 결과를 부정하는 화자의 주관적 판단을 표출하고 있다. 이와 같은 화용론적 의미 기능은 어미 '-제'에 "反意"의 보조사 '-마는'이 결합되어 하나의 복합어미를 구성하여 나온 것이다.[39] 따라서 오늘날의 지역방언에서 '-제마는'과 같은 연결어미의 형성은 19세기 전기 또는 그 이전의 시기로 소급된다.

또한, (21)ㄴ의 예들은 '-제'가 이 시기의 경북방언에서 연결어미로 쓰이고 있다. 이와 같은 통사적 구성에서 '-제'는 선행절과 후행절의 상반되는 사실이나 명제를 서로 대조적으로 나타내는 기능을 보인다. 이와 같은 '-제'가 보이는 19세기 전기 경북방언에서 연결어미의 용법은 전라방언의 경우만 제외하면, 오늘날의 경북방언의 자료와 연구에서 쉽게 발견되지 않는다.

---

38) 19세기 후기 전라방언 자료에는 반말의 '-제'의 쓰임이 서술법, 의문법, 명령과 청유법에까지 확대되어 나타난다. 참고로 완판 71장본 『심청전』(丁巳, 完山開刊) 가운데 맹인잔치에 참석하러 가는 심봉사와 방인집 계집과의 수작에서 자연스럽게 등장하는 '-제'의 모습을 대화체로 글쓴이 임의로 수정하여 다시 제시하면 다음과 같다.

　　방아집 : 잇고, 져 봉사도 잔치의 오난 봉사요? 져리 안졋지 말고 방이 더러 <u>쩟졔</u>.
　　심봉사 : 쳔리 타향의 발셥 ㅎ여 오난 사롬다려 방이 찌으라 하기를
　　　　　　 닉집 안 어론다러 ㅎ듯ㅎ니. 무엇시나 좀 줄나면 찌여 <u>주졔</u>.
　　방아집 : 주기는 무어슬 주어. 점심이나 어더 <u>먹졔</u>.
　　심봉사 : 졈심 어더 먹으랴고 찌어 줄테관듸…
　　방아집 : 글어 ㅎ면 무엇슬 주어? 고기나 줄가?
　　심봉사 : 그것도 고기사 <u>고기졔마는</u> 주기가 쉬리라고···
　　방아집 : 줄지 안이 줄지 엇지 압나? 방이나 쩟코 <u>보졔</u>.(심청,하.28ㄴ).

　　위의 대화 가운데에서도 본문의 (21)ㄱ에서 제시한 19세기 전기 경북방언의 연결어미 '-제마는'이 사용되고 있다.

39) 보조사 '-마는'이 19세기 후기 전라방언 자료에는 종결어미로 전환되어 쓰이는 용례를 보여준다.

　　본관ㅎ난 마리 운봉 쇠견딕로 ㅎ오<u>만은</u> 하니, <u>만은</u> 소리 홋입마시 사납것다(수절가,하.36ㄱ).

3.1.8. 어미 '-든'과 '-들'을 이용한 부정법

현대국어에서 '않-'과 '못 하-'에 의한 장형 부정법에서 용언어간에 연결되는 보조적 연결어미 '-지'에 대응하는 '-든'과 '-들'형이 이 한글편지 묶음에 생산적으로 쓰이고 있다.

> (22) ㄱ. '-든+부정어';
> 집 형세(形勢 ᄀᆞ이업ᄉᆞ나 그려도 그리 설게 길너내든 아닐 거시오
> (1765, 066. 시아버지/金株國 1710-1771→며느리, 465),
> 집 형세 더 닐기는 어려워도 너곳 이시면 더 패(敗)튼 아닐 거시
> 니(상동. 466),
> 집이 볼 일이 이셔 막 드러오며 나가든 아니코(1850, 055. 아내→
> 남편/김신화, 395).
> ㄴ. '-들+부정어';
> 덧나 알는다 ᄒᆞ오나 약을 ᄒᆞ여도 낫들 아니 ᄂᆞᆫ다 ᄒᆞ니(1848, 05.
> 아내→남편/김진화, 355),
> 어린 거시 이시니 ᄆᆞ음 노히들 아니ᄒᆞᆸ(1850, 061. 아내→남편/김
> 진화, 447),
> 종시 거동 낫들 아니 ᄒᆞ오니(상동.447쪽),
> 네가 병이 그러ᄒᆞ대 내가 보들 못ᄒᆞ고(1848.068. 시아버지/김진화
> →며느리, 473),
> 호철어미 편지도 보들 못ᄒᆞ엿다(1849, 070. 시아버지/김진화→맏며
> 느리, 486),
> 나는 즉금도 병이 낫들 못ᄒᆞ니 슈란슈란ᄒᆞ다(1850, 123. 형/김진화
> →아우, 771).

그리하여 이 편지 글에는 '-지 않-/못ᄒᆞ-'와 같은 구문에서 '-지'가 사용된 예는 §3.1.2에서 언급한 바 있는 관용적 부정형 '-잔익'(<-지 안 ᄒᆞ여)만 제외하면 따로 찾기 어렵다. 이러한 굳어진 관용적 표현의 존재는, 통상적인 보조적 연결어미 '-지'도 이 지역방언에서 함께 사용된 단계가 있었음

을 뜻하는 것으로 추정된다.

부정어가 후속되는 보조적 연결어미 '-지'는 중세국어에서 '-디'로 소급되며, 이것과 형태적으로 연관되어 있는 '-든'과 '-들' 역시 15세기에서 '-둔'과 '-둘'로 '-디'와 함께 공존하여 왔다. 따라서 19세기 전기 자료에 출현하는 예들은 중세국어 단계에서부터 지속되어 온 형태들이다. 오늘날 '-든'과 '-들'에 의한 부정의 지리적 분포는 충청도 방언과, 경상과 전라방언에 집중되어 있다(백두현 1990/2009, 한영목 2008, 이기갑 2003). 이러한 사실을 보면, 15세기 국어에서 부정법에 실현되는 어미 '-디'와 '-둔/둘'형은 지역적 분포에 기인된 현상이었을 가능성이 있다.

또한, 이 어미 '-든'과 '-디' 그리고 '-들'은 중세국어에서 형식명사 '드'에 각각 주격조사 '드+-이→디', 목적격조사 '드+-ㄹ→둘', 주제의 보조사 '드+-ㄴ→둔'과 같은 결합에 의해서 형성된 것으로도 해석되지만(이기갑 2003 : 537), 19세기 전기의 (22)의 예들에서는 이미 재구조화되어 그와 같은 형태론적 분석이 불가능하게 되었다.40)

3.1.9. 양보의 연결어미 '-ㄹ데'

이 한글편지 묶음 가운데에는 작성 연대가 미상이지만, 의성김씨 김성일파 30세손 김진화(1793-1850)의 시집간 딸이 자기의 오라버니에게 보내는

---

40) 이러한 '-든'과 '-들'에 의한 부정법은 19세기 후기 전라방언 자료에서도 생산적으로 쓰이고 있다.

  (ㄱ) 그 양반이 불힝하야 세상을 바리시니 보닉들 못하옵고(수절가,상.22ㄴ),
      육예를 힝할터나 그러틸 못하고 기구녁 셔방으로 들고보니(수절가,상.25ㄴ),
      너난 빅만군졸 쥬린다고 한틀 마라(화룡,하.28ㄱ),
      아직 군사 조련니 익들 못하엿사오니(화룡,하.30ㄴ),
  (ㄴ) 크게 우든 못하고 체읍하여 우는 말리(수절,하.32ㄱ).
    cf. 병으로 츄탁하고 나와 보들 아니ᄒᆞ니(正訂 隣語大方, 外務省 藏版 1882년 4.5ㄴ),
      져 사롬이 굿기는 형상을 춤아 보들 못허여(상동. 4.4ㄱ).
      여러 아희들이 굴무드려 씨오매 춤아 눕들 몯ᄒᆞ옵닉(1790년판 인어대방 1.14ㄴ).

글에서 아래와 같은 특이한 유형의 연결어미 '-ㄹ데'가 사용되었다. 이 편지가 쓰인 당시의 상황과 가족 배경으로 미루어 연대는 19세기 중기 정도로 추정된다.

(23) ㄱ. 혼 발 동안이라도 올나 <u>안즈야 홀</u> 데 엇지호고. 니 몸이 불죠무상 호니(미상, 142. 누이→오라버니, 860).

이 부분에 대한 『의성김씨 김성일파 종택 한글 간찰』(2009 : 861)에서 제시된 현대어 해석은 다음과 같다. "한 발 만큼이라도 올라앉아야 할 때에(그러지 못하니) 어찌할꼬?" 이러한 '-ㄹ데' 형태는 미래 관형사형 어미 '-ㄹ'과 형식명사 '디'의 구성으로 고정되어 문법화를 수용한 것으로 생각된다. 그러나 중세국어에서부터 19세기 전기 이전의 문헌자료에서 '-ㄹ 디' 또는 '-ㄹ데'형이 연결어미의 기능으로 쓰인 사례가 없는 것 같다. 19세기 전기의 자료에서는 秋史 김정희의 한글편지에 이 형태가 한 번 확인된다.

(23) ㄴ. 그져 학질이라도 게셔 근력의 견디기 <u>어려울 디</u> 호믈며 이 증(症) 은 졸연 이각(離却)이 어렵수올 거시오니 엇지 이긔여 갈가 보옵 (1842, 제30信, 추사, 57세→아내).[41]

제주도에 유배 중인 秋史가 예산의 아내 예안이씨에게 쓴 편지 글에 사용된 '어려울 디'에서 '-ㄹ디'가 그러한 예이다. 이 형태에 이어서 양보의 접속부사 '호믈며'가 후속되어 있는 것을 보면, '어려울 텐데' 정도의 화자의 주관적 판단을 표출하는 연결어미로 추정된다. 이러한 (23)ㄴ의 예는 19세기 전기 의성김씨 김성일파 종택의 한글편지에 사용된 (23)ㄱ의 사례

---

41) 『秋史 한글편지』(2004.5.26-6.27, 김일근, 황문환, 이종덕 편, 예술의 전당)에서 "원문 판독 해설"을 참조했음.

가 19세기 전기 경상방언만을 반영하는 고유한 형태로 볼 수 없게 한다. 그러나 어떠한 과정을 거쳐서 '-ㄹ 딘/데'가 양보의 연결어미로 문법화를 수행하였는가는 규명하기 어렵다.

글쓴이가 19세기 전기의 한글편지 묶음에서나, 秋史의 편지에 드물게 출현하는 연결어미 '-ㄹ데'를 주목하는 이유는 19세기 후기 전라방언 자료에서 생산적으로 쓰이고 있는 이와 비슷한 용례들과 어떤 연관을 찾아보려고 하기 때문이다.

(24) ㄱ. 네 간니 안이며는 짐의 병이 못 <u>고칠 듸</u> 네 비의 ㄷ 업슨니 엇지 ㅎ면 족케논야(완판 퇴별.17ㄴ;판, 퇴별. 306),

이치가 그러커늘 져럴 쥬를 ㅇ라드면 약 가르친 션관의게 무러나 보와 쓸 <u>듸</u> 희지막급 되엿구ᄂ(완판 퇴.17ㄴ; 판. 퇴별. 306),

처음 나를 만나실졔 통정을 ㅎ여시면 죠흔 간을 열어 보를 <u>쥬어씰 듸</u> 쇽이 그리 음험ㅎ여 벼슬ㅎ라 슈궁 가ᄌ 돌나올 쐬 만ㅎ니(판. 퇴별.308),

복중의 간을 너여 디왕환후 구ㅎ오면 아무 공뇌업스와도 유방빅셔 졀로 될 <u>듸</u>(판, 퇴.304),

그 영화 무궁하여 만셰의 유전홀 <u>듸</u> 이 방정시런 거시 간업시 왓사오니(완판 퇴별.16ㄴ; 판. 퇴별.304),

ㄴ. 쇼 드르면 <u>노와 홀 듸</u> 그 말ㅎ여 멋ㅎ게오(남창, 춘향. 56),

청츈의 성혼식켜 빅슈히노 ㅎ게 <u>할듸</u> 빈쳔흔 남원긔싱 월미 딸이 되어쓴이(동창,판,춘향. 130),

ㄷ. 부모의 셰간ᄉ리 아무리 만ㅎ야도 장손의 ᄎ지될 <u>듸</u> 허물며 이 셰간은(판,박.328),

존득 안고 치굿시면 능기질 <u>듸</u> 엇지 할가(뭉크러질 텐데, 판,박.388),

ㄹ. 허, 그 양반 남의 외셔도 그리 못할 <u>씌</u> 남의 닉셔를 임의로 보잔 말이요(장자백 창본 춘향가, 23ㄴ).[42]

---

42) 또한, 연결어미 '-ㄹ듸'는 1980년대 최래옥 교수가 남원 지역에서 발굴한 필사본 『옹고 집전』의 언어에서도 등장하고 있다.(최래옥 소개, 『한국학논집』(한양대) 11집, 363쪽)

허허 구진 ᄌ식이로ᄃ. 적반화중(賊反荷杖)으로 닉가 <u>울듸</u> 졔가 운다.

위의 예에서 양보의 '-ㄹ 디/데'는 '-ㄹ 듸'로 나타나고 있으며, 그 출현하는 자료도 구어성이 풍부한 판소리 사설 부류가 주류를 이룬다. 그러나 완판본 고소설 계열에서도 이 형태가 사용된 경우도 발견된다.43)

(25) 눈을 파라 너를 <u>살 씍</u> 너를 팔어 눈을 뜬들 무어슬 보고 눈를 쓰리(완
판본 71장본, 심청전,상. 26ㄱ),
  cf. 눈을 팔러 너얼 <u>살 듸</u> 너을 팔러 눈을 쓰들 무어슬 보고 눈을
  쓰리(41장본 완판본 무술본 심청가 17ㄱ).

3.1.10. 형식명사 '톄로'(體+-로)의 화석화

15세기 국어에서부터 '톄(體)+-로'의 구성에 은유화에 의힌 의미변화가 일어나면서("모양으로→모양과 같이") 통사적 환경이 주로 체언 뒤로 옮겨오게 되었으며, 이어서 구개음화를 겪고 오늘날의 '-처럼'으로 문법화를 수행하여 조사 범주로 정착되었음은 잘 알려진 사실이다(유창돈 1980 : 239). 그러나 이 한글편지 묶음에서는 그러한 문법화를 수용하지 않고, 단독으로 '체' 그 자체, 또는 '체+-로'가 결합된 형식명사의 기능을 유지하고 있는 예들을 보여준다.

(26) ㄱ. 빅발쇠년의 무슨 <u>체로</u> 스고무친ᄒᆞ 곳의 혼자 계오셔(1848, 047. 아
내→남편/김진화, 331),
  그겨 쉬 집으로 도라와 겨오시면 나으실 돗 무산 <u>체로</u> 일싱 나무 뒤

---

43) 이러한 연결어미가 오늘날 지역방언에서 사용되는 구체적인 예는 찾지 못하였으나, 『전
라도 방언사전』(주갑동, 2005 : 124)에서 '-ㄹ디' 항목과 예문이 다음과 같이 보고된 바
있다.

"미리 가서 기다려야 하는데, 아버님이 먼저 도착<u>했을디</u>."

그리고 이 사전에서 '-ㄹ디'는 "--다면 안되는데"로 해설되어 있다. 이 예문에서 '-ㄹ디'
는 종결어미로 전환되어 있으나, 19세기 후기 전라방언 자료에 반영된 연결어미 '-ㄹ듸'
의 쓰임에 매우 가깝다.

만 기루시며 그럴지라도(1850, 098. 맏며느리→시아버지/김진화, 643),
필경 그 욕경을 보니 무슨 쳬(軆)온고, 통분 ᄒ오나(1850, 056. 아
내→남편/김진화, 407).

ㄴ. 보연의 복쳬 가이업고 내압흘 가셔 아니 왓다 ᄒ니 무엇 터로 쵸
상 후의 즉시 아니 오는고(1833, 002. 남편/김진화→아내, 46),

　　cf. 이쳐로 불쵸막심훈 거시(1849, 116. 둘째 딸→아버지/김진화,
736).

위의 예문에 등장하는 형식명사 '쳬'와 '쳬로'의 의미는 '모양' 또는 '모양
으로'에서 본질적으로 변화된 것 같지는 않다. (26)ㄱ에서 관형사 '무슨' 부
류의 수식을 받는 '쳬로'의 구성은 근대국어의 자료에서도 쉽게 찾을 수 있
다. 거즛 패훈 톄로 ᄒ고 가거돈(1612, 연병남, 9ㄴ). 그리고 이와 같은 유형은 19
세기 후기 전라방언의 자료에서도 지속되어 나타난다. 춘향이가 그졔야 못이
기난 쳬로 계우 이러나(수절가,상.11ㄱ).[44] 여기서 형식명사 '쳬로'는 '모양으로→
모양과 같이/처럼→것같이'와 같은 의미에 접근하고 있다.

그 반면에, 미지의 지시대명사 '무엇' 다음에 '쳬로'가 연결된 (26)ㄴ의
예는 특이한 통사적 구성을 보인다. 여기서 '무엇 터로'는 '무엇 모양으로'
의 원래의 의미에서 출발하여 '무엇 때문에'로 의미변화를 수행한 것으로
보인다.[45] 그리고 (26) cf.를 참조하면, 동일한 기원에서 출발하였으나 명

---

44) 형식명사 '쳬로'는 오늘날의 전남방언에서 '치로'의 형태로 쓰이고 있다.

그래 갖고 여그서 쪼깐 사는 치로 하다가 도개 나갔제(1992 : 76).
(『시방은 안해, 강강술래럴 안해』(최소심 구술, <뿌리 깊은 나무 민중 자서전 9>.
1992).
　　cf. 문화원에서 하는 것칠로 내가 돈만 내고 한다다...그런 사람 해 주는 것칠로 궁
게 한단다.(최소심 구술, 1992 : 135).

45) 19세기 후기 전라방언 자료 가운데에서도 형식명사 '쳐로/쳬로/쵀로'와 관련하여 특이한
통사적 구성을 보이는 예들이 사용된 바 있다.

(ㄱ) 이러 쳐로 어든 밥이 두세집 어드니 족훌지라(완판, 심청,상. 12ㄴ),
이러 쳐로 셰월을 보닐 쩌의(장자백 창본 춘향가, 23ㄱ),
양반의 ᄌ식이 되야 글을 일어 쳬로 닉는단 말리나(필사본, 성열전, 27ㄱ),

사 다음에 위치하여 조사로의 문법화를 수행한 '-쳐로'의 예도 이 시기의
자료에 공존하여 있다.

3.1.11. 파생접사 '-이'의 첨가

일반적으로 남부와 북부지역의 국어 방언에서 명사어간에 파생접사 '-이'
가 연결되는 형태론적 과정을 보이는 방언형들이 생산적으로 분포되어 있
다는 것은 잘 알려져 있는 사실이다. 명사 어간말 모음 또는 자음에 연결
되는 접사 '-이'의 본질은 지금까지 제시된 몇 가지 대안 중에서, 대체로
구어에서 화자가 전달하려고 하는 정보에 [-위신, +친숙성, -격식성, +동질 집단
의 정체성] 등을 부가시키는 일종의 사회언어학적 표지(marker)에 해당되는
기능에 있다(최전승 2009 : 32).

19세기 전기 이 한글편지 묶음에 반영된 말의 스타일은 격식성을 전반
적으로 띠고 있는 사회방언의 성격이 강하지만, 파생접사 '-이'의 조정을
받은 형태들도 일부에 해당되지만, 아래와 같이 등장하고 있다. 이러한 사
실을 보면, 편지 글이 이루어지는 상황과, 주제, 수신자 등의 변항에 따라
서 격식성 가운데에서도 친근하고 자연스러운 언어의 사용 모습이 그대로
드러나게 되는 상황도 많았을 것이다.

(27) ㄱ. 샹가민는...독가마는 계남 잇는 거술 둘을 다 비러다가(1833, 002.
　　　　남편→아내, 47),
　　　ㄴ. 구젓 댱스 와 술 사오나 마시 변변찬으니 졀통습(1848, 039. 아내
　　　　→남편, 275),
　　　　　cf. 댱스 : 쑬도 댱스 와 흔 식긔예 여덜돈식 주고(1848, 077. 어머

　　　　cf. 이러구러 셰월이 여류ᄒᆞ야(충열,상:24ㄱ),
　　　(ㄴ) 집의 계신 모친은 엇더 최로 걱정을 ᄒᆞ시논고(필사본 봉계집.17ㄱ),
　　　　이러 최로 셔루 니별이 되니(봉계집.31ㄴ),
　　　　밤이 시도록 이러 최로 실변ᄒᆞᄃᆞ가(봉계집.11ㄱ), 이러 최로 분주ᄒᆞ미(봉계집.23ㄴ),

ㄴ→아들, 533),

ㄷ. 빅근이논 가덧마덧 댱긔 드러 금슬(琴瑟)이 그덧혼 거시 병은 엇디
그런고(1850, 057. 아내→남편/김진화, 419),

　　cf. 학길 쟝가 드린가 각식 심여 넉넉(연대미상, 142. 누이→오라
비, 859),

ㄹ. 의원의 손지가 윤증(輪症)혼다 호니(연대미상, 080. 어머니→아들/
김흥락),

ㅁ. 임지논 흔젹이 업스오니(1847, 092. 맏며느라→시아버지/김진화, 606),

ㅂ. 동미 죠흐니 소일(消日)은 잘 홀돗(연대미상, 136. 누나→아우/김흥
락, 836).

위의 예들은 19세기 전기 경북방언에서 파생접사 '-이'의 형태론적 조정
을 받은 명사 유형들이 입말에서는 생산적으로 쓰이고 있는 사실을 나타
낸다. 그러나 당시 사대부들의 언어를 반영하는 한글편지 묶음에서는 위의
예만 제외하면, '-이'가 결합된 적극적이고 다양한 유형들이 반영되지 않았
다. 단지 소수의 몇몇 명사, 즉 '가마→가미, 댱ᄉ→댱식, 댱가→댱긔, 손ᄌ
→손지, 임ᄌ→임지'에 한정되어 있다. (27)ㄴ에서 '댱식'의 경우는 주격조
사 '-이'와 통합된 주격형일 가능성도 있다. 그러나 이 시기의 한글편지 묶
음에서는 체언의 개음절 어간말에 주격조사 '-이'가 연결되어 이중모음을
형성하는 표기 방식은 별로 보이지 않는다. 그리고 이 형태의 단독형은 '댱
스'가 아닌 '댱ᄉ'로 사용되었다. 이와 같은 이유로 '댱식'형은 파생접사 '-이'
의 조정을 받은 '댱ᄉ+-이→댱시>댱식'와 같은 형태론적 과정을 반영하는
것으로 파악한다.[46]

위의 예에서 (27)ㅁ의 '임지논'의 경우에도 '임ᄌ+-이'의 구성으로 보인
다. 이러한 예는 19세기 후기 전라방언 자료에서도 확인된다. (ㄱ) 여슈 황금

---

46) 19세기 전기 경북방언의 '댱식'(商人)의 규칙적인 발달형은 '댱식>쟝시'이었을 것이다. 최
학근(1978 : 293)에 의하면, 공시적 방언형 '쟝시'가 경상도 방언과 전라도 방언 일대에
분포되어 있다.

이 <u>님진</u> 각각 잇난이라(수절가,상. 10ㄱ), (ㄴ) 형순빅옥이 <u>임진</u>가 각각 잇셔거든(박순호 소장 99장본 춘향가, 2ㄴ).

(27)ㅂ의 예 '동미'(友)는 매우 급진적인 음성변화의 과정을 보이고 있다.[47] 글쓴이가 이 편지묶음의 부록인 편지 영인본에서 확인하여도 역시 '동미' 표기가 틀림 없다. 이 부분에 대한 현대어 번역은 '동무'(友)이고, 전후의 맥락으로 보아도 그러한 판독과 해석이 타당하다. 그러나 이 '동미'가 19세기 전기의 단계에서 출현이 가능하려면, 파생접사 '-이'가 연결되는 형태론적 조정을 거친 다음과 같은 두 가지 과정 가운데 어느 하나를 수행한 것으로 전제하여야 된다.

(ㄱ) 동무+-이→동뮈>(비원순화)동믜>(단모음화)동미,
(ㄴ) 동모+-이→동뫼>(비원순화)동메>(모음상승)동미.

우리가 앞으로 §3.2에서 살펴볼 것이지만, 이 시기의 한글편지 묶음이 보여주는 음운변화에서 단모음화를 수용한 '동믜>동미'에서와 같은 '-의> -이' 변화는 쉽게 발견된다. 그러나 '-에>-이'와 같은 모음 상승은 아직 여기서 출현하지 않았다. 따라서 19세기 전기의 '동미'형은 (ㄱ)과 같은 과정을 거쳐 형성된 것으로 보인다.[48] cf. 동뫼, 동믜, 동모, 버디, 붕위(Putsillo의 『노한ㅈ뎐』

---

47) 이 한글편지 묶음 가운데에는 한자어 '鼎廚'(정듀)에서 발달해 온 '정지'형도 등장한다. 19세기 전기 경북 방언형 '정지'의 형성에도 명사파생접가 '-이'가 그 발달에 관여하였을 것으로 보인다.

  ᄆᆞᆯ에 <u>정지</u> 담사리질이나 ᄒᆞ고 단이며(1848, 0-50, 부인→김진화, 356쪽).

  백두현(1998 : 233)은 경상도 방언 어휘 '정듀>정지'에 이르는 역사적 발달 과정을 다음과 같이 기술하였다.

  '정듀>정쥬(ㄷ 구개음화)>정쥐(어말 ㅣ 첨가)>정긔(비원순화)>정지(단모음화).'

48) 고동호 교수는 (27)ㄴ에서 '댱싁'(댱ㅅ+-이)형의 형성은 '댱(場)+슈(手)→댱슈+-이→댱쉬>(비원순화)댱싁'의 과정을 밟았을 개연성이 있다고 지적하였다. 그러나 오늘날의 방언형 '댱시' 또는 규범형 '장수'(商人)는 각각 원래 '댱ㅅ+-이'에서 파생된 '댱시>댱싁'에서부터 고유한 변화를 수행해 온 형태로 보인다. 후기 근대국어의 단계에서 체언의 어

1874 : 643).

위의 (27) 부류와 같은 파생접사 '-이'가 첨가된 예들이 19세기 전기 이전으로 소급되는 일부 다른 경상방언 자료에도 등장하는 것은 자연스러운 현상이다. 17세기 초엽의 한글편지 묶음인 『현풍곽씨 언간』에서도 지명과 인명에 해당되는 개음절 명사어간에 이러한 유형들이 자연스럽게 출현하고 있다(백두현 2000 : 107). 특히 '신하→신하+-이→신해'(臣下)와 같은 유형은 18세기 초기에 간행된 예천 용문사본 『염불보권문』(1704)과 그 이본들에서 반복되어 나타난다.[49]

(28) ㄱ. 신해는 님금의 말숨을 듯고 ᄌᆞ식은 아뷔 마을 드르니(13ㄱ),
ㄴ. 신희는 님금의 말숨을 듯고(1776, 합천 해인사본, 13ㄴ).

이러한 사실과 관련하여 15세기 국어에서 특정한 몇몇 체언에 연결된 '-이'

간말음 '-직, -칙' 등이 '-주, -추'로 발달되어 나오는 독특한 과정은 최전승(1995 : 336-337)을 참조.
『평안방언연구』<자료편>(김영배, 1997 : 128)에 의하면, 표제어 '생선장수'는 다음과 같은 방언형들을 보인다. (ㄱ) 고기당사, (ㄴ) 고기당세, (ㄷ) 고기당수, (ㄹ) 고기당시.
19세기 후기 육진방언의 일부를 반영하는 Putsillo의 『노한ᄌᆞ뎐』(1874)에 이 단어들은 '당시, 당싁'(商人, 269쪽), '댱ᄉᆞ비, 당싁비, 샹셔니(商舶, 625쪽)로 등록되어 있다. '댱ᄉᆞ'에서 접사 '-이'가 연결된 '댱시'형이 의미가 분화되어 '쟝슈'로 등장하는 예는 19세기 후기『독립신문』에 처음 보인다.

  모혀 두엇다가 거름 쟝슈가 오거던 불너쥬되(1896.11.17),
    cf. 각쳐 거름 쟝슈들 더러 몃 눌에 훈번식(1897.8.31).
49) 백두현(2000 : 107)은 『현풍곽씨 언간』에서 사용된 '샹쥐'(尙州), '튱쥐'(忠州), '대귀'(大邱), '팔지'(八字) 등의 예를 제시하고, 이러한 개음절 체언어간에 '-이'가 연결되는 현상은 다른 문헌자료에서 찾아보기 어려운 것으로 파악하였다. 그러나 이와 같은 접사 '-이'에 의한 조정을 받은 형태들의 출현은 남부 방언자료에 보편적으로 출현하고 있다(최전승 1995 : 339-340). 따라서 그 사용되는 분포도 넓었을 것으로 보인다.
『염불보권문』(1704)에서의 '신희'(臣下)형은 보수성이 강한 지방 천자문의 새김에서도 등장하였다.

  신해, 신(臣, 평북→강계, 강원도→강릉, 제주도→표선(『천자문 자료집』, -지방 천자문편-, 이기문 외. 1995 : 30).

가 속격조사의 형태로 통상적으로 파악되어 온 예들(허웅 1975 : 354- 355)을 주목할 필요가 있다. 臣下ㅣ 말 아니 드러 正統애 有心홀씨(용가, 98). 허웅(1975)과 한재영(1997 : 806)은 '臣下ㅣ'에서 '-ㅣ'를 관형격조사의 한 가지 형태로 파악하였다.

3.2. 음운변화와 변이의 전개 양상

이 한글편지 묶음에는 19세기 전기에 해당하는 경북방언의 모음체계를 구체적으로 확립할 수 있는 다양한 변이와 변화 현상을 보여주지는 않는다. 그러나 대체적인 모음체계의 변화의 관점에서 이 시기에 '에'와 '애'는 특정한 환경을 제외하고는 이미 단모음화를 밟아 온 것으로 보인다.50) 그리고 하향 이중모음이었던 '외'와 '위'는 小倉進平(1924, 1944)과 河野六郎(1945)에서 조사된 20세기 초반의 경북방언의 전사 유형들에 비추어 볼 때, 이 한글편지 묶음이 반영하고 있는 음운론에서는 원래의 [oy]와 [uy]에서 [we]와 [wi]의 단계에 도달하였다고 추정된다.51)

이 편지 글 가운데에는 '-에→의'와 같은 대치가 관찰된다. 이와 같은 유형은 한정되어 있으나, 이 시기에도 '에'가 음성 조건에 따라서 여전히 이중모음의 신분을 유지하고 있었을 가능성이 있다. 그러나 이와 같은 변화는 이미 19세기 이전 시기에 완료되어 이 단계에서는 공시적으로 화석형

---

50) 판본자료 중심의 중앙어의 음운사에 대한 기술이지만, 이기문(1978 : 203)과 Lee & Ramsey(2012 : 264)는 근대국어에서 이중모음 '애'와 '에'의 단모음화는 18세기 말엽에 일어난 현상으로 설명하였다. 이와 같은 판단의 근거는 피동화음 '아'와 '어'에 적용된 움라우트 현상이다. 판본 중심의 자료에서 '아'와 '어'의 움라우트 실현형들은 18세기 중엽에 나타난다. 그러나 지역방언에서의 사례는 본문의 §3.2.3 움라우트 현상을 참조.

51) 19세기 후기에서부터 현대국어에 이르기까지 국어 지역방언들이 밟아 온 모음체계의 변화, 특히 '외'와 '위'의 단모음화 과정에 대해서는 최전승(1986, 1987), 백두현(1992), 곽충구(2003)를 참고.

으로 존재하였을 것으로도 생각된다.

(29) 늬는 장가(杖家) 정코가 추리는지 하락업는 모양 미덥지 아흐니(미상,
137, 누나→사내아우/김흥락, 840),
늬 심여 불안 걸린다(미상, 136, 누나→사내아우/김흥락, 836),
cf. 네 삼촌 나가시고 아니 계시니(1848. 143. 삼촌→조카, 863),
너 삼촌 더위로 민망이 디나시며(상동.863).

위의 예문이 나오는 편지 글의 작성 연대는 미상이지만, 발신자와 수신
자(의성김씨 김성일파 31세손 김흥락, 1827-1899)와의 관계에서 대략 19세기 중
기로 보인다. '네→늬'(汝)와 같은 과정이 수행되려면, '-에'가 이중모음인
단계에서 əy→ɨy의 모음상승 현상을 전제로 한다.[52] 이와 같은 ə→ɨ의 모
음상승은 '볼'(件)에서 통상적인 변화 '벌'을 거쳐서 '블'로 전환된 이후에 원
순모음화를 수용한 '불'의 과정에서도 확인된다.[53]

---

[52] 19세기 후기의 중앙어 중심의 자료에서도 이와 같은 예도 등장하였다.

늬가 능히 늬 말을 드러 착흐 일을 힝흐면(1883, 명성경,22ㄴ),
늬가 능히 효도흐고 슌흐면 네 아들이 효도흐리니(상동.28ㄱ).

이병근(1976 : 5)은 19세기 국어의 모음체계에 대한 검토에서 '어'가 '으'로 변화되는 일
종의 vowel raising의 예로 위의 '늬가'의 예를 제시하고 다음과 같이 언급하였다.

"19세기에서도 '네가→늬가'를 보상적 장모음화를 거친 후 수행된, vowel raising의 일
종으로 볼 수 있다."

[53] 신승용 교수(영남대)는 예문 (29)에 등장하는 '늬'(汝)는 '네'에서 모음상승을 수용한 결과
가 아니고, 직접 ne>ni에서 ni가 '늬'로 표기되었을 가능성이 있다고 지적하였다. 그 근
거는 이 한글편지 자료에서 '어>으'와 같은 모음상승을 전제로 하여야 되는데, 이러한
현상은 관찰되지 않기 때문이다. 매우 타당한 판단이라고 생각한다. 그러나 이 한글자료
에서도 같은 계열의 모음상승의 일종인 '에>이'의 현상은 이 자료에서도 아직 확인되지
않는다.
이와 관련하여 신승용 교수는 위의 예문 (30)에서 19세기 전기의 '볼'(件)형은 '볼>벌>
블>불'과 같은 부자연스러운 일련의 변화가 아니라, '볼'에서 규칙적인 변화를 수용한
'블'에서 직접 '블>불'의 원순화를 보이는 것으로 보는 것이 더 자연스러운 과정이라고
하였다. 근대국어 자료 가운데 '볼'(件)은 'ㅇ>어'의 변화를 수용한 예가 등장하였으나,
'볼>블'의 경우는 발견되지 않는다.

(30) 겨울 두터운 옷 훈 불이나 지어 보내올 듯(1847, 027, 아내→남편/김진
화, 201),
아바님 오실 격 의복을 한 불이나 가지고 오시면 집의셔 와 겨셔 입으
실 옷 얄게 한 벌 짓스오니(1848, 094. 맏며느리→시아버지/김진화, 617).

19세기 전기 경북방언의 모음체계에서 '위'가 자음 앞에서 '위→우'로 바
뀌는 변화가 나타난다. 이러한 변화는 '위'의 신분이 여전히 하향 이중모음
[uy]이었기 때문에 uy→u의 과정이 가능하였음을 반영하는 현상이다. 그
러나 이러한 음운론적 과정은 보편적인 것이 아니고, '아쉽-'와 같은 특정
한 단어에서만 한정되어 있다. 따라서 uy→u의 변화도 역시 이전 단계에
서 이루어진 변화의 잔존형일 것이다.

(31) 아쉽->아숩- :
불샹불샹 앗갑고 익삭익삭 <u>아숩스오니</u> 졀통(1847,026. 아내→남편/김
진화, 191),
스스의 불샹코 <u>아숩스오니</u> 엇디 흐올고(1847, 027. 아내→남편, 199),
우션 <u>아수와</u> 두 손을 믿듯 못 견디고(1848, 043. 아내→남편, 301),
게셔 무얼 흐여 입은가 <u>아수울</u> 듯흔 걸 보내라(1847, 071. 어머니→아
들/김홍락, 491),
cf. 너 아소아 그러훈지 너 그립고 아소아 못견디리다(19세기 후반,
15. 어머니→아들, 89).[54]
아쉽다 : (아쉬어, 아쉬은), 苟且(1880, 한불자, 10).

또한, 이 시기의 '위'는 출현하는 음성 환경에 따라서 [wi]로의 교체도
보여준다. 네에 싀모 <u>치이</u> 의복 흐나 아니흐야 입고(1848, 069. 시아버지/김진화→며
느리, 479), cf. 치위예(1847, 028. 아내→남편, 207). 이러한 예에서 '치이'는 '치위'

벌 건(件), (倭語類解,하. 39), 닐굽 벌(七件, 譯語類解, 보. 36), 남광우(1997 : 673)를 참조했음.
54) 이 예는『조선후기 한글간찰(언간)의 역주연구 1』(한국학 중앙연구원 편) 가운데 "해남
윤씨 어초공은파 고문서 간찰류. 고목류"에서 인용한 것이다.

(寒)로부터 uy→wi→i 같은 음운론적 과정을 거친 것이다. 이러한 현상은 한글편지 묶음이 반영하는 '위'의 이중모음의 신분이 점진적으로 uy>wi의 방향으로 향하고 있었음을 가리킨다.[55]

19세기 전기 경북방언의 자음체계에서 특정한 단어 부류에 등장하는 경음 'ㅆ'이 평음 'ㅅ'으로 지속적으로 대치되어 나타난다. 이러한 사실은 'ㅅ'의 경음과 평음의 대립이 중화되어 있는 경북방언의 하위 지역어의 음운론적 특질을 반영한 것으로 보인다.

(32) ㄱ. 쓰→스-(書);
아비훈테 편디ᄒ기로 조희 붓즐 주고 가르치면 스마 하오니(1832, 05. 아내→남편, 66),
편지 훈 쟝을 스고 나면(1849, 070. 시아버지/김진화→맏며느리, 486),
봉대집 소호집의게 슬 길 업셔 답쟝 못ᄒ니(1848, 068. 시아버지/김진화→맏며느리, 475),

ㄴ. 쓰→스-(用);
돈은 무엇시다 스고 몹시 지내ᄂᆞ냐 ᄒ시니(1847, 021. 아내→남편/김진화, 160),
니힝의 쇼쇼히 스이ᄂᆞ 디 만습고(상동. 161),
ᄌᆞ식 ᄂᆞ의 이 스ᄂᆞ 모양 아쳐롭고 답답ᄒᆞ옵(1847, 024. 아내→남편/김진화, 181),
그러ᄒ고 급졔ᄒᆞ여 무어시 슬고(1848, 039. 아내→남편, 273),
며ᄂᆞ리 팔은 못 스오니 보션 못 기워 걱정ᄒ옵(1848, 043. 아내→남편, 302),
돈은 그렁져렁 다 스고(1850, 060. 아내→남편/김진화, 441).
cf. 아니 쓸데 쎠셔 업시 ᄒ면(1848, 069. 시아버지/김진화→맏며

---

55) 안귀남(안동대) 교수는 경북 안동, 예천 등지에서 '추위>추우, 사위>사우, 더위>더우' 등과 같이 체언 어간말 '-uy>u'의 과정을 보이는 예들도 쓰인다고 지적하였다. 그러나 19세기 전기 경북방언 자료인 이 한글편지 묶음 가운데에는 이러한 유형의 변화는 억제되어 있다.

더위로 민망이 디나시며(1848, 143. 삼촌→조카/김세락, 863).

느리, 481),

네 잇던들 더러 어더 써실거술(1847, 073. 어머니→아들/김홍락, 506),

돈은 물것치 쓰이여 그러ᄒ온듯∞두엇 스오면 슬 듯 ᄒ오이다(1948, 094. 맏며느리→시아버지/김진화, 619).

ㄷ. 쏟->손-(覆);

지물은 어디셔 소다지옵(1850, 056. 아내→남편/김진화, 406),

돈인들 어듸셔 소다지옵(1850, 057. 아내→남편, 416),

돈은 허다히 스이고..어듸로 소다질고 답답(1850, 060, 아내→남편, 441).

이와 같은 '쓰→ㅅ'으로의 현상은 동일한 발신자라고 하더라도 편지 글이 쓰이는 상황과, 수신자에 따라서 예측하기 어려운 교체를 부단히 나타낸다. 그리하여 맏며느리 진성이씨(1825-1888)가 시아버지 김진화(1793-1850)에게 보내는 편지 글에는 동일한 문장 가운데 '쓰'와 'ㅅ'이 번갈아 쓰이고 있다.

이러한 현상과는 대조적으로, 특정 용언에서 평음 'ㅅ'의 경음화 현상이 적용된 예가 이 한글편지 묶음에 부분적으로 등장하고 있다.

(33) ㄱ. 속->쏙-(欺);

모도 쏙으나 쏙는닷 말을 ᄒ면(1848, 069. 시아버지/김진화→맏며느리, 481).

ㄴ. 시키-> 씨겨-(使);

지척의 잇는 샥불이를 씨겨 곳치 못ᄒ고(1848, 069. 시아버지/김진화→맏며느리, 480),

신실ᄒ 샤롬을 씨겨 셰목과 명쥬를 사셔(상동. 481),

인편 닛거든 동들 씨겨 사 보니라 와시니고(1833, 131. 제수→아주버니/김진화, 813).

3.2.1 전설모음화(구개모음화) : '스, 즈>시, 지'

형태소 내부와 그 경계에 일어난 '즈, 츠>지, 치'의 음성변화를 가리키는 전설모음화(또는, 구개모음화) 현상은 근대국어에서 비교적 뒤늦게 출발하여 점진적으로 19세기를 거쳐 오늘날의 지역방언에까지 확대되어 있다(유창돈 1980 : 151-152, 백두현 2011). 문헌자료상으로 확인되는 최초의 예는 18세기 후반 『漢淸文鑑』에 등장하는 '즌흙>진흙'(泥, 1.34ㄱ)이다.56)

그러나 여기에 치조마찰음 '스>시'까지 합류하여 전설모음화의 기제에 대한 합리적인 음성학적 설명을 어렵게 한다. 원래 중세국어 단계의 치파찰음 'ㅈ[ts], ㅊ[tsʰ]' 계열이 후속하는 구개성 모음 i나 y 앞에서 수행하는 구개음화에 의해서 음성 환경적 변이음 [ʧ], [ʧh]가 형성된 이후, 근대국어에서 주변이음 [ts], [tsʰ]에까지 확대되어 결국 'ㅈ'와 'ㅊ'가 경구개 파찰음 /ʧ/, /ʧh/으로 재구조화됨으로써 전설모음화의 전기를 마련하게 된다. 그러나 이러한 변화에 합류하는 '스>시'의 변화에서 'ㅅ'[s]이 후속하는 '으'를 전설화하여 구개성 [i]로 전환시키려면, 본질적으로 동화주 'ㅅ' 자체가 경구개 자질을 소유하고 있음을 전제로 하여야 된다.57)

이 한글편지 묶음에서도 형태소 내부와 경계에서 '스, 즈>시, 지'의 변화가 산발적으로 등장하고 있다.

(34) ㄱ. <u>안시롭</u>고 이 슨일 불샹..<u>안시롭</u>숩마는(1848, 050. 아내→남편/김진

---

56) 18세기 후반에서 10세기 초기에 이르는 기간에 朝鮮通事들이 일본통사에게 보낸 은밀한 편지 내용을 소개한 정승혜(2012)에 의하면, 1806년 玄陽元(1792-?)이 小田機五郎에게 보낸 편지 글 가운데 전설모음화 '스>시'의 예가 등장하고 있다.

平日 親ᄒ던 보람이 <u>업시니</u>.

그러나 '업스니>업시니'(無)의 예는 그 반대어인 존재사 '이시-'(有)를 기준으로 유추에 의한 간섭일 가능성도 생각할 수 있다.

57) 이러한 문제에 대한 최근의 구체적 논의는 백두현(1997 : 34, 2012), 김주원(1999 : 241-2)을 참조.

화, 353),

고초(苦楚)혼 일 <u>안시롭</u>고 불샹ᄒ옵(1847, 027. 아내→남편/김진화, 200),

졀박 답답 <u>알시롭</u>ᄉ오며(1833, 125. 형수→시동생/김진화, 788),

저는 칩고 아픈 증 예 이실 쩌 보다가 더 훈듯 ᄒ오니 <u>안시롭</u>고 못 잇치옵(1848, 041. 아내→남편/김진화, 285),

푸려ᄒ오니 <u>알시롭</u>습고(1833, 010. 아내→남편/남편, 99).

ㄴ. 긔쳑 <u>업시니</u> 고이고이(1848, 077. 어머니→아들/김흥락, 531),

집이 안자시나 안줄 경(景)이 <u>업시니</u>...어제는 올 듯ᄒ나 긔쳑이 <u>업</u><u>시니</u>(연대미상, 083. 어머니→아들/김흥락, 558),

ㄷ. <u>거짓</u>불이와 쥬쇠(酒色)과 다른 쟉는이 고이고이 ᄒ니(1850, 123. 형/김진화→아우, 775).

위의 (34)ㄱ에서 '알시롭-' 또는 '안시롭-'과 같은 표현은 주로 여강이씨(1792-1862)가 남편 김진화에게 보낸 편지 글에 나타난다. 종래의 문헌에서 '안스롭-'이 쓰인 예가 발견되지 않지만, 오늘날의 '안쓰럽-'에 해당되는 것으로 파악하면 '-스롭-> -시롭-'의 변화를 반영하는 형태로 보인다. 여강이씨가 아들 김흥락(1827-1899)에게 보낸 편지에 (34)ㄴ의 '업스니>업시니'와 같은 전설모음화가 반복되어 쓰이고 있는 사실을 보면, 당시 경북 안동 50대 사대부의 여인의 말에 이러한 음성변화가 어느 정도 확산되어 있다. 그리고 김진화가 그의 아우 김진중(1796-1872)에게 보낸 편지 글에 '거즛>거짓'과 같은 '즈>지'의 변화 예가 나타난다.

또한, 당시 24세 맏며느리 진성이씨(1825-1888)가 58세의 시아버지 김진화에게 보낸 글 가운데 '스>시'에 대한 과도교정의 예가 발견된다.

(35) ㄱ. 봄의 와 <u>겨슬</u> 젹도 진지 잡숩는 도리가(1849, 096. 맏며느리→시아버지, 629).

격식을 차린 편지 글 스타일에 등장하는 '겨시→겨스-'(在)와 같은 과도
교정은 이와 같은 현상을 촉발시킨 전설모음화 현상이 당시의 사대부 양
반 계층의 사회방언에서 어느 정도 인지된 음성변화이었던 사실을 드러낸
다. 따라서 전설모음화는 19세기 전기 이전부터 서민들의 일상어에서 출현
하는 "아래로부터의 변화"(change from below)로 시작하여 점진적으로 다른
사회계층으로 확대되어 온 것이다.58)

3.2.2. 이중모음의 단모음화 '의〉이'와 원순모음화

유일한 하향 이중모음 '의'[iy]는 이 자료에서 대부분의 음성 환경에서
유지되고 있었다. 그러나 다음과 같은 특정한 단어와 음성 조건에서 '의〉이'
의 변화를 거쳐 단모음 '이'로 점진적으로 이동하고 있는 모습을 반영한다.

(36) ㄱ. <u>집이</u> 도라오시면 버르슬 고칠돗(1850, 060. 아내→남편/김진화, 443),
　　　<u>집이</u> 무슨 넌긔 이셔 못 오는가(1847, 075. 어머니→아들/김홍락, 519),
　　　<u>집의</u> 제 형도 업는디(1848, 050. 아내→남편/김진화, 353),
　　　<u>댱쳔딕이셔도 큰집이</u>로 츌픠 ᄒ오니(1832, 004. 아내→남편/김진화, 58),

---

58) 19세기 전기 경북 안동의 사회방언을 반영하는 본문 (27)에서의 전설모음하 현상은 백
두현(2011)에서 제시된 19세기 전기 전북 임실방언의『睡雲亭悲懷遺錄』(1826)에서의 해당
현상과 분명한 대조를 보인다. 즉,『睡雲亭悲懷遺錄』(1826)에서는 '스, 즈〉시, 지'의 변화
가 형태소 내부와 경계, 어두와 비어두 음절을 구분하지 않고 적용되어 있다. 이러한 예
들을 백두현(2011)을 인용하면 다음과 같다.

(ㄱ) 난화 씨는 줄을(12ㄴ), 실픈 정회(6ㄴ), 업시리오(9ㄴ),
(ㄴ) 질거ᄒ야(13ㄱ), 쓰지로(뜻으로, 12ㄴ), 쓰질 이여(뜻을, 9ㄴ).

19세기 전기의 자료에서 보이는 이러한 변화 유형들은 19세기 후기 전라방언 자료(완판
본 고소설과, 신재효의 판소리 사설)에서 추출된 예들에 매우 근접되어 있다(최전승
1986). 19세기 전기에 속하는 이와 같은 두 가지 유형의 자료에서 나타나는 전설모음화
현상의 내적 차이는 다음과 같은 언어 외적 차이에서 비롯되었을 가능성도 있다.
(1) 전북과 경북이라는 지역적 차이, (2) 사대부의 사회방언에서 보이는 차이, (3) 편지
글과 계약문서에 나타난 언어와의 스타일상의 차이, (4) 이 한글편지 묶음의 발신자들
과『睡雲亭悲懷遺錄』(1826)의 저자인 김낙현(1759-1830)과의 연령의 차이.

져 <u>집</u>이셔 급히 입으려 ᄒᆞᄂᆞᄃᆡ 답답 무안ᄒᆞ옵(1847, 021. 아내→남
편, 161),

박부(朴婦)년의 집이셔 무명을 히마다 가져 오더니(1848, 050. 아내
→남편, 357),

   cf. 집의셔 와겨셔 입으실 옷(1848, 094. 맏며느리→시아버지/김
       진화, 617),

       그집의셔 돌 바 줄거시니(1850, 123. 형/김진화→아우, 773).

  ㄴ. 의성ᄃᆡ이셔 이녹이을 보내여(1850, 123. 형/김진화→아우, 775),

    박실ᄃᆡ이셔(1840, 127. 아우→형/김진화, 792).

위의 (36)ㄱ은 중세국어에서 특이 처격조사를 연결시키는 일런의 체언
에 속하는 대표적인 '집'(家)의 처격 형태가 수행한 '집의>집이'의 단모음화
를 보이는 것이다. 이러한 과정은 주로 여강이씨가 남편 김진화에게 보낸
편지 글에 집중되어 있다. 그 반면에, 남편 김진화와 그 맏며느리의 글에서
는 '집의'에서와 같이 단모음화가 실현되지 않았다. (36)ㄱ의 예 가운데,
'큰집이로'의 경우는 '집'에 처격조사 '-의'에 향격조사 '-로'가 연결되어 '집
의로'에서 단모음화 '-의>이'의 변화로 형성된 것이다. 여강이씨의 다른 편
지 글에는 '집으로'도 쓰이고 있다. 니힝 전의 집으로 못 오실다 ᄒᆞ오니(1833, 009.
아내→남편, 91). 또한, 같은 자료에 나오는 '집이셔'도 '집의셔'으로 대치되는
과정을 보인다.

이와 같은 '집'의 처격형 '집의'가 보유하고 있는 보수성은 가장 강력하
여 19세기 후기 전라방언의 자료에서는 물론, 오늘날의 서울말과 제주도
방언에 이르기까지 유지되어 있다.59) 집이 갓다 도라오는 길(판,변.608). (36)ㄴ

---

59) 이숭녕(1978 : 32)은 제주도 방언의 '집'(家)의 처격형이 '-이'를 취하는 용례를 다음과 같
   이 제시하였다.

    "집이 가자(서울말도 같음), 동녁 집이 강 말 ᄀᆞ르라(동쪽 집에 가서 말해라)".

   또한 육진방언 연구에서 한진건(2003 : 131-133) 역시 '집'의 처격형이 다른 몇몇 명사들
   과 함께 처격조사 '-이'를 취한다고 관찰하였다.

의 '딕'(宅)에서도 이 체언이 특이 처격을 취했던 것으로, '딕의셔>딕이셔'와
같이 '의>이'의 단모음화를 수행하였다. 치뎐ㅎ고 갈 길에 초계딕의 치뎐ㅎ고 가
려 ᄒ니(16??, 현풍곽, 057), 큰딕의 열여둛 근 골안딕 열두 근(16??, 현풍곽, 102).

(37) ㄱ. 집이 다 븨온 듯 어셜퍼 못 견딀올 듯(1850, 061. 아내→남편/김진
    화, 447),
    동곳은 쇼옥이 비여 은이 얼마 될 거시 아니니(1848, 068. 시아버
    지/김진화→며느리, 473),
    집은 홀년이(忽然) 비여 젹막(1848, 049. 아내→남편/김흥락(1827-
    1899). 346),
    cf. 집이 다 븨온 듯 졀박ᄒ옵(1848, 050. 아내→남편/김진화, 353),
       집이 븨고 이 고지 주로 셩치 아니오니(1849, 053. 아내→남편,
       379).
  ㄴ. 김치 다마 무더두게 ᄒ여라(1848, 076, 어머니→아들/김흥락, 525),
    김치 다무나 으수ᄒ 김댱될 길 업ᄉ니 답답.(1848, 077. 어머니→아
    들, 534),
    김치 죠곰 간다(연대미상, 080. 어머니→아들/김흥락, 548).
  ㄷ. 무우는 키여오니 뿌리가 색기손가락막금 ᄒ니(1848, 077. 어머니→
    아들/김흥락, 533).

(37)ㄱ은 비원순화에 의한 '뷔->븨-'(空)의 단계를 거쳐 온 보수적 '븨-'
형과, 여기서 한 단계 더 나아가 '의>이' 단모음화를 수용한 개신적 '비-'
형이 동일 발신자의 편지 글 가운데에서도 공존하고 있음을 나타낸다.
(35)ㄴ의 경우는 '딤치>짐칙'(菜)에서 역구개음화에 의하여 과도교정을 거
친 '김칙'형에 적용된 '-의>이' 단모음화이다. 전통적인 문헌자료에서 최초
의 '김치'형은 19세기 후기의 서울말에서 확인된다. 김치 沉菜(1880, 한불자,
173). (37)ㄷ의 '뿌리'(根)도 역시 '쓸희>쓸의>뿌리'의 과정을 밟아 단모음화
를 수행한 형태이다. 이러한 '뿌리'의 모습은 전통적인 간본 자료에서는 19

전북대학교 교과교육연구총서 ❽

세기 후기의 단계에 이르러야 '쌀희∽쌀히∽쑤리'의 공시적 변이를 보여준다. 따라서 이 한글편지 묶음의 언어는 개별적 단어들의 특성에 따라서 '의>이'의 단모음화 과정을 통상적인 판본 자료들보다 반세기 앞서 나타내고 있는 것이다.

> (38) ㄱ. 무산 체로 일싱 <u>나무</u> 뒤만 기루시며(1850, 098. 맏며느리→시아버지/김진화, 643),
>   cf. 셔울 가 <u>남으게</u> 졸녀 대변슈롤 당ㅎ고(1850, 059. 아내→남편/김진화, 433),
> ㄴ. <u>아뷔</u> 존몰(存沒)을 몰라도 어미롤 의지ㅎ야(1765, 066. 시아버지/김주국→며느리, 465),
> ㄷ. <u>담뵈</u>는 한 발의 되냐 쥬니(미상, 137. 누나→사내아우/김홍락, 840).

위의 예들은 양순자음에 이중모음 '의'가 후속되는 환경에서 '의>이'의 단모음화 현상이 적용되기 이전에, 먼저 이중모음의 핵음 '으'가 원순모음화를 수용한 과정이 이 한글편지 묶음에 부분적으로 실현되어 있음을 알리고 있다. (38)ㄱ의 보기는 '남(他)+의→남으→나무'의 과정을 거쳐 온 것으로 '남+-의'의 연결에 먼저 '의>으'와 같은 다른 방향의 단모음화 과정을 반영한다.[60] (38)ㄴ에서도 '아비(父)+의→아븨>아뷔'와 같은 연속적인 발달을 수행한 것이다. 이러한 과정은 이미 18세기 초엽에 간행된 경북 예천 용문사본『염불보권문』(1704)에서 원순모음화 한 가지 유형으로 확인된 바 있다(김주원 1984 : 47). 즈식은 <u>아뷔</u> 마을 드르니(13ㄱ), cf. 베슬ㅎ는 니나 글ㅎ는 션뷔나(13ㄴ).

---

60) 이와 같은 원순모음화의 유형은 19세기 후기 전라방언 자료에서도 생산적으로 반영되어 있다(최전승 1986 : 245).
   (ㄱ) 옆(側)+의→엽쀠∽엽푸, (ㄴ) 앞(前)+의→압쀠∽압푸,
   (ㄷ) 입(口)+의→입부, 이부, (ㄹ) 남(他人)+의→나무, 남무, 남우.

74　제1부 근대국어 경상도의 지역·사회방언의 발달과 분화

이 한글편지 묶음에는 경북방언의 반영이면서도 '으>오'의 원순모음화를 밟은 전형적인 지역방언의 형태는 쓰이지 않았다. 그러나 (38)ㄷ의 '담뵈'형은 원순모음화와 관련하여 19세기 후기 전라방언 자료에 보이는, 통상적인 '담븨>담뷔>담부'의 발달(최전승 1986)과는 다른 과정을 보인다. 여기서 19세기 전기의 '담뵈'형은 '담븨'에서 비어두 음절에 '-의>의'의 변화에 휩쓸리기 이전에, 먼저 '으>오'의 원순모음화가 적용되어 '담븨>담뵈'의 변화로 형성된 것이다.

3.2.3. 움라우트 현상

이 한글편지 묶음에서는 19세기 전기 경북방언에서 실현되었던 당시의 움라우트 현상이 외견상, 적극적으로 나타나지는 않는다. 이러한 사실은 두 가지로 해석될 수 있다. 하나는 당시 구어에 생산적으로 실현되었던 움라우트 현상이 사대부들의 편지 글이라는 장르의 격식어에서 그대로 드러나지 못했을 경우이다. 다른 하나는 실제로 그 당시의 경북방언에 이 현상이 출현하여 아직 확산되지 못한 상황을 그대로 반영하는 경우이다. 글쓴이는 19세기 전기의 한글편지 묶음에 반영된 움라우트 현상을 그 유형별로 제시하면서 전자의 가능성을 추구하기로 한다.

(39) ㄱ. 드듸->듸듸-(踏) :
　　　　답답 넘녀 츈빙(春氷)을 듸듸온 듯 두립습고(1847, 033. 아내→남편
　　　　/김진화, 242),
　　　　급급 두립ᄉ온 용녀(用慮) 츈빙(春氷)을 듸듸온 듯 아모려나(1848,
　　　　039. 아내→남편/김진화, 272쪽),
　　　　병환이 나실듯 답답 용녀 츈빙을 듸듸온 듯(1850, 059. 아내→남편
　　　　/김진화, 432),
　　　　쥬야 울울 두립ᄉ온 용녀 츈빙을 듸듸온 듯(1850, 061. 아내→남편
　　　　/김진화, 447).

ㄴ. 드리->듸리-(獻) :

담빈논 아니 와ᄉ오니 <u>듸리잔의</u> 못 온ᄃᆺ ᄒᆞᆸ(1948, 041. 아내→남편/김진화, 286),

일품 담빈 아바님긔 <u>듸리려</u>(1847, 092. 맏며느리→시아버지/김진화, 607).

누가 미음 한 그랏신들 잡습게 ᄒᆞ여 <u>듸리올가</u>(상동. 605),

ㄷ. 그리우->긔리우->기루-(思慕) :

무산 체로 일싱 나무 뒤만 <u>기루시</u>며 그럴지라도(1850, 098. 맏며느리→시아버지/김진화, 643).

위에서 (39)ㄱ의 '드듸->듸디-'(踏)의 예는 매우 특이한 과정을 보이고 있다. 이 형태는 김진화의 아내인 당시 58세 여강이씨(1792-1862)가 남편에게 보낸 편지 글에만 출현하고, 일종의 고정된 말투, 즉 관습화된 관용어(익은말)의 형식으로 반복되어 출현하였다. (39)ㄱ의 '드듸->듸디-'(踏)와 같은 변화가 과연 움라우트에 해당될 수 있는가는 논란의 대상이 된다.61) 우선, 이러한 음운론적 과정을 움라우트 범주로 포괄하려면 이 현상과 관련된 기본적인 두 가지의 언어 내적 제약을 극복하여야 된다. 첫째는 후행하는 전설모음 i와 y가 발휘하는 역행동화의 힘을 억제하는 舌頂性 개재자음 'ㄷ, ㅅ, ㅈ'의 존재. 둘째는 동화주가 전형적인 전설 고단모음이 아닌 '-의/의'의 존재.62)

---

61) 김완진(1971 : 19)은 움라우트 현상의 몇 가지 제약을 제시하면서, '드듸다(踏)>드듸다>듸디다'의 경우는 일종의 "예외"의 범주로 분류하였다. 그리고 김완진 교수는 부사 '드듸어'는 '듸디여'라고 발음되는 일은 없다고 언급하였다(1971). 그러나 19세기 후기 전라방언의 자료에는 '드듸-'(踏)에서 문법화를 거친 부사 '드디어' 역시 '드듸여>듸듸여'와 같은 움라우트 과정을 나타내고 있다.

　　듸듸여 잔치을 빈셜하야(화룡, 83ㄱ), 듸듸여 죽기더라(초한,하.44ㄱ),
　　듸듸여 법영을 보너라 하더니(삼국지 4.15ㄱ), 듸듸여 회군ᄒᆞ야(삼국지 3.17ㄱ),
　　듸듸여 장비를 불너(삼국지 3.22ㄴ).

62) 19세기 전기의 한글편지 묶음에서 표기 '의'는 굳어진 타성적인 것이다. 이러한 표기 형태는 음성 환경에 따라서 '의'와의 혼기를 나타내거나, 실제로 '애'와 합류가 예전에 이루어진 단모음 [ɛ]를 반영하였다. 여기서 '듸디-'(踏)의 경우는 중세국어의 형태가 '드듸-'이

글쓴이는 '드듸->듸듸-/드디-'(踏)의 예들이 19세기 전기에 해당하는 이 한글편지 묶음에만 한정되어 있지 않고, 시기는 약간 뒤떨어지지만 19세기 후기 전라방언 자료에도 적극적으로 출현하고 있는 사실을 제시한다.

(40) ㄱ. 기암미 안 발피게 가만가만 가려 듸더 들어올졔(가람본 신재효. 박 타령,19ㄴ),

ㄴ. 훈번도 문턱박기 발 듸듸여 본 일 업고(가람본 신재효본 박타령.14 ㄱ, 판.박.346),

ㄷ. 짜의 발을 듸듸지 못ᄒᆞᆫ지라(정사 조웅 3.3ㄱ),

ㄹ. 두 발은 발감기 ᄒᆞ듯기 듸듸고 썩 나셔니(판,박.384),

ㅁ. 모친 영을 듸듸여서(수졀가,상.20ㄱ),

ㅂ. 불쏭 듸딘 거름으로(남창,춘.70).

ㅅ. 압발을 휘여들고 뒷발을 잣 듸듸고(완판,퇴가.18ㄴ).

위의 예에 보이는 '듸더, 듸듸여, 듸듸지, 듸듸고' 등의 활용형들 가운데 특히 (40)ㄱ의 '듸더-'를 주목한다. 이것은 같은 자료에 공존하고 있는 '듸 듸여'에서 한 단계 발달한 형태로 판단된다. '듸듸여→듸더'와 같은 일종의 축약이 공시적으로 이루어지려면, '듸듸여'의 둘째 음절의 모음이 표기 그 대로 이중모음 '-의'이어서는 곤란하다. 둘째 음절의 '-듸-'의 실제 발음이 19세기 전기에서나 후기의 단계에 이미 '의>이'의 단모음화를 이미 밟아왔 으나, 표기의 관용상 그대로 유지되었을 것으로 추정할 수 있다. 따라서 표 기의 보수성으로 둘째 음절의 '-듸-'의 '의'가 여전히 형식적으로 유지되어 있고, 현실 발음이 [-i]였다면, 그리고 이 용언 형태의 출현 빈도가 매우 높고, 화자들에게 친숙해 있었다고 또 다른 가정을 첨가한다면, 개재자음 'ㄷ'의 제약을 넘어 '드듸->듸듸-'와 같은 움라우트가 가능하였다고 생각 한다.63)

_____
었다.

19세기 후기 평안방언을 부분적으로 반영하는『예수셩교젼셔』(1887)에는 '드듸-'(踏)의 부사형에서 문법화를 일으켜 화용표지의 단계에까지 도달한 문장부사 '드듸어'형이 '디디어'의 형태로 등장하고 있다(이 책의 제5장을 참조). 이 부사형은 '드듸어>(단모음화)드디어>('으'의 움라우트)듸디어>(단모음화) 디디어'와 같은 일련의 음운론적 과정을 거쳐 온 것이다.

(41) 의논ᄒ고 디디여 닥글 버려(뎨자힝젹, 27 : 40),
　　　디디여 인도ᄒ여(요안늬 1 : 41),
　　　디디여 쓸고 가다라(요안늬 19 : 17),
　　　디니여 인도ᄒ여 예수의게 가니(요한늬 1 : 42).
　　　십지틀에 붓티게 ᄒ니 디디여 쓸고 가다라(요안늬 19 : 17).

19세기의 전기 경북방언에서와(본고의 §3.2.2를 참조), 19세기 후기 전라방언(최전승 1986 : 217-229)에서 이중모음 '의'의 단모음화는 특정한 단어 부류와, 일정한 음성 조건에서 점진적으로 단모음화되는 과정을 거치고 있었다. 그러나 이중모음 체계에서 '의'는 일반적으로 유지되어 있었기 때문에, '으'

---

63) 19세기 후기 전라방언 자료에서 움라우트를 저지시키는 설정성 개재자음을 보유하고 있는 일정한 단어들은 그 사용 빈도수나, 언중들과의 친숙성으로 인하여 움라우트를 적용시킨 예들이 출현하고 있다.

　(ㄱ) 웬슈, 웬수(怨讐), (ㄴ) 쇠쥬, 쇠주(燒酒), (ㄷ) 왼셩(穩城), (ㅁ) 미디(節).

이와 같은 개재자음의 제약을 극복하고 있는 움라우트 실현형들은 그 적용 범위를 확산시켜 19세기 후반의 서울말에까지 분포되어 있었다(최전승 2004 : 73).

　(ㅂ) 된츄(한영ᄌ뎐, Gale, 1897 : 644),
　(ㅅ) 투젼>튀젼(投錢) : 우리가 노름 ᄒ거시 아니라 쇼일노 튀젼을 하여 보았다고(독립신문 1권 42호),
　　　튀젼 ᄒ는 사롬 잇스면(상동).
　　　cf. 투졍>튀졍 : 져 아희가 발 구르고 밥 튀졍헌다(재간 교린수지 4.7ㄱ),
　　　붓드막에 안저서 밥 튀졍하다가 죽엇다네(조선일보, 1934년 3월 23일 4면),
　　　잠투세, 잠튀졍(김태균 1986, 함북방언사전, 423쪽),
　　　죠션>되션(朝鮮) : 되션은 디여슷 가지 입쌀 난다(Corean Primer, 64쪽),
　　　되션 쇼를(doeshun, 상동. 64쪽), 되션 사람(상동. 72쪽).

의 움라우트와 같은 역동적인 음운 현상에서는 이중모음 '의'[iy]로 생성되어 표기에 반영되었다.[64] 따라서 앞서 (39)의 예들에서 '드듸->듸듸->듸디-'와 또 다른 형태인 '드리->듸리-(獻)'는 '으'의 움라우트가 이중모음 '-의'로 실현된 예들이다. 그 반면에, (39)ㄷ의 '기루-'(思慕)형은 '그리우->('으'의 움라우트)긔리우->(음절축약)긔루-'의 과정을 거친 이후에 어두음절 위치에 '의>이'와 같은 단모음화 현상을 수용한 것이다. 이와 같은 일련의 변화를 거친 예들은 19세기 후기 전라방언의 자료에서 쉽게 확인되는 형태들이다.

(42) ㄱ. 긔루다 만난 임(신재효의 "방이 打슌", 686),
        긔루던 회포(심청,하.35ㄱ),
    ㄴ. 임도 날을 기루련만(수절가,하.1ㄴ),
        도련임도 날과 갓치 기루신지(수절가,상.40ㄴ),
        날 보닉고 기룬 마음(수절가,하. 2ㄴ),
        월미의 일구월심 기루던 마음(수절가,상.3ㄱ),
        기루던 회포을(구운,상.44ㄴ).

위에서 (42)ㄴ '기루-'는 먼저 (42)ㄱ에서와 같이 먼저 움라우트를 수행한 '긔루-'의 단계를 밟은 다음에, 이어서 적용된 '의>이'의 단모음화로 형성된 형태들이다. 따라서 이와 시기와 지역이 다르지만, 19세기 전기 경북방언에서 사용된 (39)ㄷ의 '기루-'형의 발달 과정은 역시 동일한 원리에 의한 것이다.

이 한글편지 묶음에 나타난 (39)의 움라우트 보기들에 대한 글쓴이의 지금까지의 해석은 19세기 전기 경북방언에 생산적인 움라우트 현상의 확산을 전제로 한다. 그러나 표면으로 드러난 사실만을 관찰하면, 이 시기 경북

---

64) 19세기 후기 전라방언에서 '으'와 '우'의 움라우트 실현형이, '아'와 '어'의 움라우트의 결과와는 상이하게, 제1차적 역행동화를 수용하여 각각 이중모음 [iy]와 [wi](<uy)로 생성되는 예들과, 이들에 대한 합리적인 설명은 최전승(1986 : 149~169)을 참조.

안동 사대부들의 격식어에 움라우트 현상은 적극적인 모습으로 반영되지 않았다. 형태소 내부에서는 한자어 '즈미→지미'(滋味)에서와 같이, '아'의 움라우트를 수용한 예만 사용되었다. 지미롭게, 지미 マ득(1847, 093. 맏며느리→시아버지/김진화, 613). 그리고 형태소 경계에서는 사동의 접사 '-이/기-'가 동화주로 참여한 '먹이->멕이-'와 '막기->믹기-'의 예가 김진화가 아내와 아우에게 보내는 편지 글에서 각각 한 번씩 등장하였을 뿐이다.65) (ㄱ) 부대개바리나 <u>메게읐</u>(1833, 002. 남편/김진화→아내, 48), (ㄴ) 남거든 <u>믹겨</u> 두엇다가(1850, 123. 형/김진화→아우, 776).

이러한 사실은 위에서 제시한 (39)의 예들의 출현과 전적으로 배치되는 현상이다. 왜냐하면, (39)의 예들은 그 당시 움라우트 현상의 보편적인 사용과 확대를 선제로 하여야만 가능한 것으로, 움라우트 실현상의 높은 제약을 극복한 상태와 연관되어 있기 때문이다. 글쓴이는 19세기 전기 경북의 사회방언을 구사하는 이 한글편지 묶음에서 움라우트 현상은 그 용법의 격식성으로 인하여 사용이 억제되어 있었던 것으로 추정한다.

다음의 예는 이 자료에서 피동화의 관점에서 그 실현 위계가 제일 높은 '우'의 움라우트가 적용되어 있는 두 가지의 보기이다. 아래의 예들은 말의 격식적인 스타일 가운데 상황에 따라서 그 당시 생산적이었던 음운현상이 은연중에 드러나게 되었던 것으로 이해한다.

(43) ㄱ. 쑤시->쉬시- :
   팔다리 골절은 <u>쉬시</u>논 둣 져리고 무겁스오니(1848, 040. 아내→남편/김진화, 281),
 ㄴ. 눕혀->닙혀- :
   소동 남글...산쫙으로 비슷비슷 <u>닙혀</u> 심거라(1840, 065. 아버지/김진

---

65) 이 한글편지 묶음에 나타나는 다른 움라우트 예인 '드리-(率)>더리-∞테리-'의 경우는 §3.2.4를 참조.

화→아들, 461).

피동화음 '우'에 적용된 예들은 움라우트의 실현상의 위계에서 이미 '아, 어, 오' 등의 적용단계를 거쳐 시간과 공간으로 확산되어 왔음을 함축척도 (implicational scale)에 비추어 검증할 수 있다(최전승 1998, 2004). 특히 남편에게 보내는 수많은 한글편지에서 움라우트 실현형을 전혀 보인 적이 없던 부인 여강이씨(1792-1862)가 사용한 (43)ㄱ의 '쑤시->쉬시-'의 움라우트 실현형은 의미심장한 것이다. 이 개신형은 개재자음 'ㅅ'의 제약도 극복한 단계를 보여주기 때문이다. 또한, 당시 47세 아버지 김진화가 아들 김흥락 (1827-1899)에게 보낸 편지 글에 반영된 '눕혀->닙혀-'와 같은 개신형은 역시 그의 일상어에서 당시 움라우트 현상의 생산적인 사용을 전제로 하여만 실현될 수 있는 예이다.66)

3.2.4. 'ᄋ'의 변화를 거친 반사체

이 한글편지 묶음에 반영된 'ᄋ'의 변화는 어두음절과 비어두음절 위치에서 국어사에서 나타나는 일반적인 규칙을 대부분 따르고 있다. 그러나 다음과 같은 몇몇 예들은 어두음절에서 'ᄋ>어'의 방향을 부분적으로 가리키고 있다.67)

---

66) 이 한글편지 묶음을 시대적으로 훨씬 앞서는 18세기 초반 경북 예천 용문사본 『염불보권문』(1704)에서도 '우'의 움라우트 실현형 '죽이->쥑이-'의 예가 반영되어 있다(김주원 1984).

　　네 우리를 만히 쥑견ᄂ니라(32ㄱ).

67) 또한, 이 한글편지 묶음에는 비어두음절 위치에서 표면적으로 'ᄋ>아'의 변화를 수용한 것으로 생각되는 예들도 출현한다. 그러나 해석 하기에 따라서는 19세기 전기 당시에 음가를 이미 상실하고 관용적으로 쓰였던 표기 'ᄋ'를 철자식으로 '아'로 읽고 발음대로 표기한 결과로도 보인다. 아래의 예 가운데 특히 (ㄱ)의 부류들이 이러한 범주에 해당된다.

　　(ㄱ) 노롯→노랏 : 엇딘 일인 동 ᄉ사의 못견딜 노라시옵(1848, 043. 아내→남편/김진

(44) 드리-(率)>더리-∽다리-∽데리-' :

ㄱ. 아히들 더리고 그만 흐신가(1833, 002. 남편/김진화→아내, 46),

그려도 더려다가 굼기고 벗기든 아닐거시니(상동. 002, 46),

의셩이 더리로 내일이나 모레나 샤롬과 말과 보내여흐옵(상동.
002, 48),

장낭(張郞)을 더리로 인마(人馬) 보낸다(1848, 064. 아버지/김진화→
둘째 딸, 457),

이녹이는 우리 마을의 김승지를 더리고 갓졔(1850, 123. 형/김진화)
→아우, 776),

아희 기성을 슈청을 두어 더리고 이시니(상동. 123, 776).

ㄴ. 외조부 고을의 갈눈다 흐니 드려가면 죠체마눈(1833, 009. 아내→
남편/김진화, 92),

동싱을 드리고 엇디 슬리 한다 흐오니(1848, 050, 아내→남편, 356쪽),

순임을 휴일 지낼농안 드러와 이셔 드리고 바질이나 흐면(1848,
050. 아내→남편, 356),

실셩을 흐여 다려가라 흐여시니(1850, 059. 아내→남편/김진화,
435),

ㄷ. 동은 데리고 잘 것 만문치 아니옵고(1849, 096. 맏며느리→시아버
지/김진화, 630).

화, 300),

그룻→그랏 : 누가 미음 한 그랏신들 잡숩게 흐여(1847, 092. 맏며느리→시아버지,
605),

(ㄴ) 무올(里,官)→마알 : 의셩뒥과 마알의셰 의심홀 거시니(1849. 070. 시아버지/김진
화)→맏며느리, 486),

(ㄷ) 무옴→마암(心) : 옛닐이 시롭고 슬푼 마암이 난다(1850, 123. 형/김진화→아우,
771),

(ㄹ) 긔별 못 드란 후 날노 넘녀 무궁흐던 츠 드라니 그만흔 줄 아나(1848, 143. 삼촌
→조카, 863), 다란 연고나 업스며(863),

(ㅁ) 무산 말숨을 알외오리잇가(1833, 125. 둘째 제수→아주버니/김진화, 788),
 cf. 무슨 나이 만흐여 그러흐고(1833, 102. 둘째 딸→아버지, 668),

(ㅂ) 다란 더 뫼시눈 수 업셔(1831, 100. 첫째 딸→아버지/김진화, 657),

(ㅅ) 아바님 드라시면 오작 흐실가(1850, 097. 맏며느리→시아버지, 637),
 cf. 오죽 조하흐리만은 아득히 모라눈고(1833, 102. 둘째 딸→아버지/김진화, 668).

(ㅇ) 부디→부대 : 부대 잘 거두어, 부대 개 바라나 메기옵(1833, 002, 남편→아내, 48),
의복츠 삼십 냥 보내니 부대 고부(姑婦) 의복흐야 입어라(1848, 069. 시아버지/ 김
진화→맏며느리, 480).

중세국어 '드리-'(率)의 반사체는 위에서 제시한 바와 같이 19세기 전기 경북 사대부 집안의 화자(편지 발신자)들의 성별과 연령에 따라서 세 가지로 출현하는 사실이 주목된다. (44)ㄱ의 '더리-'형은 당시 40대에서 50대의 연령에 걸친 김진화(1793-1850)가 그의 아내와 둘째 딸, 그리고 아우에게 각각 보낸 편지 글에서 일관성 있게 사용되었다. 이 형태는 어두음절 위치에서 '♀>어'의 변화를 수행한 것으로, 이와 같은 시기에 부인 여강이씨(1792-1862)가 일관되게 사용하는 '드리-'형과 공시적으로 공존하고 있다.[68] 또한, 김진화의 편지 글에는 '♀>어'의 변화를 반영하는 또 다른 유형의 형태, 즉 여격조사 '-드려>더려', '곹->겉-(如) 등도 확인된다.

(45) ㄱ. 분명 너더러 홍정ᄒᆞ야 달나 홀거시니, 1850, 123. 형→아우, 776),
경쥬인더러 홍정ᄒᆞ야 달나 ᄒᆞ야도(상동. 776),
ㄴ. 미나리 숑편 것흔 걸 먹고 졉기도 ᄒᆞ고(1850, 124. 형→아우, 783).

따라서 김진화의 편지 글과 그의 아내의 편지 글에서 '드리-'의 반사체는 각각 '♀>어'의 변화와, '♀>아'의 변화를 수용한 다른 형태로 쓰이고 있는 셈이다. 그 반면에, 김진화의 며느리인 진성이씨(1825-1888)는 당시 24세로 '드리-'의 반사체로 (44)ㄷ에서 추출된 '데리-'형을 사용하고 있다. 이 형태는 김진화의 '더리-'에 '어'의 움라우트를 수용한 것으로, 비록 한정된 자료이지만, 연령과 성별에 따라서 '드리-'의 후속형들이 19세기 전기 경북 방언에 공시적으로 세 가지 유형으로 사용되고 있음을 보여준다.[69]

68) 김진화의 부인 여강이씨의 편지 글에 등장하는 '드리-∞다리-'와 같은 변이는 단지 표기 상의 문제이고, 사실은 '♀'의 규칙적인 제2단계 변화인 '드리->다리-'의 과정을 나타낸다.
69) '드리->더리-'와 같은 변화 유형은 19세기 후기 지역방언의 다양한 자료에서도 산발적으로 등장하고 있었다.

(ㄱ) 한두 사롬올 더리고 가(1887, 예수셩,마태복음18 : 16),
(ㄴ) 더리고 사는 일인에 말은(1898, 매신문.6.8),

이와 같은 변화 유형은 한글편지 묶음에 반영된 '느리-'(降)의 변화에도 그대로 반복되어 있다. 그리고 그 변화형을 동 시대에 구사하는 화자들의 연령과 성별에 따른 분포 역시 '느리-'의 경우와 일치한다. 즉, 여기에서도 김진화의 편지 글에서 '너리-', 그의 부인은 '나리-' 그리고 맏며느리의 글에서는 움라우트를 수용한 '니리-'형이 각각 대응되어 있다.[70)

(46) 느리-∞니리-∞너리-(降) :

ㄱ. 느려오실 김에 경상도로 올무시면 쇠흰ᄒᆞ올 듯(1850, 059. 아내→
남편/김진화, 433),

ㄴ. 어마님을 승로 타고 니려 오시라 ᄒᆞ오셔(1850, 097. 맏며느리→시
아버지/김진화, 637),

ㄷ. 관교(官敎)가 너려와야 관ᄌᆞ를 달거시니(1850, 123. 형/김진화→아
우, 772).

그러나 비어두음절 위치에 일어난 'ᄋᆞ'의 변화는 단어들의 부류에 따라서 상이한 모습으로 반영되어 있다. '헌디'(腫處)는 15세기 국어에서부터 이미 '헌듸'로 교체되어 출현한 바 있으나(남광우 1997 : 1400-1401), 이 한글편지 묶음에는 '헌듸'형과 함께 새로운 형태 '헌데'가 등장하기 시작하였다.

(47) 헌듸(腫處)>헌듸∞헌데;

ㄱ. 니집도 젓제 헌듸 완합이 아니 되고(1841, 017. 아내→남편/김진화,

덩씨가 관예 십륙명을 더리고 친히 격간 흔다ᄒᆞ며(상동. 6.13),
(ㄷ) 몬져 군ᄉᆞ를 더리고 셩외의 가 등디ᄒᆞ라(완판, 삼국지.2. 20ㄱ).
70) 19세기 후기 전라방언 자료에서 '느리-'의 반사체는 어두음절 위치에서 제1단계 변화인
'ᄋᆞ>아'를 수용한 '나리-'와, 여기서 우라우트를 수행한 '니리-'의 두 가지 유형이 공존하
여 쓰이고 있다.
(ㄱ) 니려 올 제(수절가,하.3ㄱ), 니리신이(수절가,하.23ㄱ), 니리기를(판, 심청..222), 니
려 와(충열,상.36),
(ㄴ) 나리난 듯(수절가,상.8), 나려 올제(수절가,상.25ㄴ), 느려(화룡 63ㄱ).

84   제1부 근대국어 경상도의 지역·사회방언의 발달과 분화

135),

헌듸 그만 ᄒᆞᆸ심 든든(1848, 041, 아내→남편/김진화, 284),

뎍사온 것 보오니 헌듸 죵시 낫지 아니 ᄒᆞᆸ셔(1848, 042. 아내→
남편, 290),

ᄌᆞ부도 헌듸 그만 ᄒᆞᆸ더니(1848, 095. 맏며느리→시아버지/김진화,
623),

ㄴ. 네 헌데 더ᄒᆞ지 아니ᄒᆞ고(1845, 063. 아버지/김진화→셋째 딸, 453),

cf. 낫칙 헌듸 긔시 더치 아닌가(1938, 067. 시아버지/김진화→며
느리, 470),

헌데가 슈이 낫지 아니시면∞헌듸가 그러 ᄒᆞ시니(1847, 105. 넷째
딸→아버지/김진화, 683, 684).

김진화의 부인 여강이씨의 편지 글에는 비어두음절 위치에서 규칙적인
'ᄋᆞ>으'의 변화를 반영하는 '헌듸'형이 일관되게 사용되었다. 그러나 김진
화가 딸과 며느리에게 보낸 편지 글 가운데에는 개신형 '헌데'와 보수형인
'헌듸'가 번갈아 등장하고 있다. 이와 같은 '헌듸∞헌데'와의 교체는 딸이
아버지 김진화에게 보내는 글에서도 나타난다. 이 당시 개신형에 속하는
'헌데'형은 '헌디'로부터 발달인 것으로 보이지만, 비어두음절에 일어난 이
와 같은 변화의 원리는 쉽게 이해되지 않는다.[71]

또한, 김진화의 편지 글에는 '헌디>헌데'(腫處)의 변화 유형과 유사한 음
운론적 과정을 행한 것으로 보이는 '흔디>한데'(露天)의 사례도 관찰된다.
이슥도록 한데 안즈니(1850, 124. 형/김진화→아우, 782). 이와 같은 복합어에서 일

---

71) '헌디'(腫處)의 후속형들 '헌듸, 헌디, 헌데' 가운데 1930년대『사정한 조선어 표준말 모음
』(1936 : 16)에서는 '헌데'가 표준어로, '헌대, 헌듸, 헐믜' 등은 비표준어로 규정되었다. 여
기서 비표준어로 지적된 '헌대'는 19세기 후기의 지역방언 자료에 나타나는 '헌디'일 것
같다. 19세기 후기 중부방언과 평안방언을 반영하는 자료에서도 역시 '헌디'와 '헌데'형
이 등장하였다.

(ㄱ) 뒤 헌디 낫는디(「독립신문」 1권 68호), 올흔 손 헌디 난 ᄋᆞ희(1권 26호),
(ㄴ) 목 우에 헌데 난다(Corean Primer. 73쪽).

어나는 '듸>데'의 변화는 형식명사 '듸>데'(處)의 변화가 보이는 방향과 일
치하고 있다.72)

(48) 창연은 갈 데가 업셔 외가로 온다 ㅎ니(1833, 002. 남편/김진화→아내, 48),
　　　셔루 쩌낫다가 <u>한데</u>로 모히면(상동. 46),
　　　　아니 쓸 <u>데</u> 써셔 업시ㅎ면(1848, 069. 시아버지/김진화→며느리, 481),
　　　　　cf. 다란 <u>듸</u> 뫼시ᄂ 수 업셔(1831, 100. 첫째 딸→아버지/김진화, 657).

3.3. 한글편지 묶음에 반영된 방언 어휘의 양상

3.3.1. '가왜'(剪) :

19세기 전기 경북방언을 부분적으로 반영하는 이 한글편지 묶음 가운데
이 당시에 쓰였던 전형적인 지역방언의 어휘는 지금까지 살펴본 언어 현
상들에 비하여 적극적으로 나타나지 않았다.73) 이와 같은 상황에서도, 김

---

72) '흔듸'(露天)의 후속형들은 19세기 후기의 지역방언에서 대부분 '한데'의 형태로 통일되어
　　간다.

　　　쟝막은 <u>한데</u>의 티고 자는 거시라(재간 교린수지 3.8ㄴ/1881년본과 동일)
　　　손을 잇쓰러다가 <u>흔데</u> 대여 보와라(1881년 교린수지 1.5ㄱ, 一處),
　　　부서진 거슬 <u>흔데</u> 모아 두어라(一處, 1881년 교린수지 4.36ㄴ),
　　　=부어진 거슬란 흔듸 모화 두어라(묘대천본 필사본 교린 4.35ㄱ).
　　　　cf. 흔듸셔 자다(露天睡, 역어유해,상. 40ㄴ).

73) 이 한글편지 묶음 가운데에는 '빈칙'(菘)에서 어간말 y가 제거된 '빈츳'형도 출현하고 있다.

　　　<u>빈츳</u>ᄂ 샹쥬 가 스셔 가게 ㅎ엿다(1848. 076. 어머니→아들/김홍락, 525).

　　그러나 이 '빈츳'형은 경북방언에만 한정되어 있는 것이 아니고, 19세기 후기의 자료에
　　서 쉽게 찾아볼 수 있다.

　　　죠흔 빈츳와 개치을(1869, 규합총, 7ㄴ),　 빈츳와 갓슨(좌동. 7ㄴ),
　　　무와 빈츳롤 광쥬리에 건져(상동. 8ㄱ).
　　　菘, 빈츳(광재물, 采蔬, 1ㄴ).

　　최학근(1978 : 837)에 의하면, 오늘날 '배차'형은 강원 일대를 포함하여 전라방언과 경상
　　방언에 광범위하게 분포되어 있다.
　　또한, '남싯스럽-'와 같은 형태도 이 한글편지 묶음에 등장하고 있다.

진화의 맏며느리인 진성이씨(1825-1888)가 시아버지에게 보내는 편지 글에 경북방언의 특징적인 방언형 '가왜'(剪)가 여러 번 등장하고 있다.

(49) 가왜 업딘 츳 맛 바다 스옵ᄂᆞ이다(1847, 091. 맏며느리→시아버지/김진화, 599),
집안의 가왜 드는 것 업셔...병영 가 맛츄어온 가왜도 아죠 아니 드오니..쥬셕다리혼 가왜... 미우 실코 조흔 가왜을 하나 ㅅ 가지고 오시면 조흘 듯 ᄒᆞ오이다(1848, 094. 맏며느리→시아버지, 618).

이 방언형 '가왜'는 중세국어 'ᄀᆞ새'로 소급되는데, 한글편지 묶음과 비슷한 19세기 전기에 간행된 중앙의 간본이나 필사본 자료에서 이것은 'ᄀᆞ외'로 대응된다. (ㄱ) ᄀᆞ외 (剪子, 1810, 몽유편,상, 12ㄴ), (ㄴ) 剪刀 가외(18??, 광재물, 衣服,1ㄱ). 그러나 이러한 변화에서 'ᄀᆞ새>ᄀᆞ애>ᄀᆞ외∽ᄀᆞ왜'와 같은 일련의 발달 과정에 대한 원리는 국어 음운사에서 쉽게 설명하기 어려운 특이한 범주에 속한다.『한국방언자료집』(경북 편, 1989 : 94)에 의하면, 오늘날의 경북방언에 '가시개' 계열, '가새' 계열, 그리고 '가왜'[ka^{w}E] 계열이 서로 중복되어 분포되어 있다.74) 또한 河野六郎(1945 : "방언어휘", 3)을 참고하면, 1940

(ㄱ) 세상의 이런 남시스러운 일이 다시 업수온돗(1850, 097, 맏며느리→시아버지, 637),
(ㄴ) 가다가 붓들이면 더 남시스러오니 이런 망신이 어듸 이실고(1850, 055. 아내→남편/김진화, 396).

이 형태의 경북방언의 분포를 아직 확인하지 못하였다. 그러나 전남방언에서 다음과 같은 용례들이 보인다(이기갑 외 1998 : 104).

남세시롭다 : 남우세스럽다; 전남→담양, 완도
남사시롭다 : 남우세스럽다. 전남→담양, 신안, 강진, 고흥.

74) 안동포 "길쌈 아낙" 김점호의 한평생을 구술한『베도 숱한 베 짜고 밭도 숱한 밭 매고』(뿌리깊은 나무 민중자서전 6, 뿌리깊은나무)에서 주인공 김점호(1990년 당시 74세)의 이야기 가운데 '가위'에 대한 '가시게' 형이 2회 사용되었다. 이러한 사실을 보면, 안동방언에서 '가왜'형은 반촌말에서 사용되는 형태인 반면에, '가시게'는 민촌에서 서민들이 사용되는 형태로 보인다.

(ㄱ) 얼라 다리가 똑 가시게 겉애(59쪽),

년대에 '가왜'형의 지리적 분포는 주로 경북지역에 한정되어 있다.

(50) [kawe]-황해도, 평남, 충북의 일대, (河野六郞 1945, 『朝鮮方言學試攷』, 방언어휘, 3쪽).
[kawɛ]-경북 : 영주, 안동, 청송, 영양, 경주, 의성, 포항, 영덕.

3.3.2. '아릭'(前日, 그저께) :

전형적인 경북방언의 어휘를 나타내는 시간 계열어 '아릭'형도 김진화의 부인 여강이씨가 남편에게 보내는 편지 글에 자연스럽게 쓰이고 있다.

(51) 어스는 <u>아릭</u>스 와 죄인을 듯스리딕(1850, 056. 아내→남편/김진화, 405), 손님은 댱딜(長疾) ᄒ더니라고 <u>아릭</u> 동졍(同正)이 딕통ᄒ고(1834, 013. 아내→남편, 116).

『한국방언자료집』(경북 편, 1989 : 298-219)에 의하면, '그저께' 항목에 대한 이 지역의 방언형들은 '아래, 아레, 아리, 저아래, 어지아래' 등으로 분포되어 있다.

3.3.3. '읽+-고→이르고, 읽+-을→이룰'(讀) :

이 한글편지 묶음 가운데 동사 '읽-'(讀)에 연결어미 '-고'와 관형사형 어미 '-을'이 연결되는 경우에 어간이 '이르-'로 재구조화된 형태가 등장하고 있다.

(52) ㄱ. 차돌 일양 글 <u>이르고</u> 무양ᄒ오니 긔특ᄒ옵(1834, 013. 아내→남편/김진화, 115),

―――――――――

(ㄴ) 얼라도 다리가 똑 <u>가시게</u> 다리만 하고(59쪽).

ㄴ. <u>이롤</u> 칙 보내라 하기 보내엿다(1847, 073. 어머니→아들/김홍락, 505).

이와 같은 용언 어간말 이중자음군 'ㄺ'에서 자음과 모음으로 시작되는 어미와 통합될 때 일어나는 'ㄱ'의 탈락 현상은 오늘날의 경북방언에 지속되어 실현되는 현상이다. 19세기 전기의 이 한글편지 묶음을 조사해 보면, 이러한 용언의 재구조화는 이와 동일한 음성 조건을 갖고 있는 다른 용언의 어간에까지 확대되지는 않은 것 같다. 『한국방언자료집』(경북 편, 1989 : 298-299)에서 '읽-'(讀)의 활용형들은 다음과 같이 조사되어 있다. (ㄱ) 읽는다 →[일런다, 이런다, 이린다], (ㄴ) 읽기→[이리기], (ㄷ) 읽어→[일러].

3.3.4. '모시→모슈'(苧) :

지금까지 '모시'(苧)의 지역 방언형 '모수'의 출현은 19세기 후기 또는 20세기 전기에 해당되는 전라방언으로 소급되어 왔다.[75] 그러나 이 한글편지 묶음에서도 방언형 '모수'가 신분, 연령 차이에 구애되지 않고, 적극적으로 사용되고 있다. 따라서 '모시→모수'의 과정을 거친 것으로 보이는 이 형태의 등장으로, 이것은 적어도 19세기 전기 경북방언에까지 확대하여 소급시

---

75) 19세기 후기 전라방언 자료에 등장하는 '모수'형의 모습은 아래와 같다.

(ㄱ) 한슨 <u>모슈</u> 상침ㅂ지(박순호 소장 99장본 춘향가, 3ㄴ),
　　물식 진한 <u>모수</u> 쳘육 빅주 견디 고를 느려(수절가,하.3ㄱ),
　　당 <u>모슈</u> 상침바지, 진한 <u>모슈</u> 통힁견(장자백 창본 춘향가, 2ㄴ),
　　cf. 한산 <u>모시</u> 쳥도포의(완판 26장본 별춘향전 1ㄴ).

또한, 20세기 초반 전남 고흥에서 간행된 것으로 추정되는 중간본 『女四書諺解』(1907)에서도 역시 '모수'형이 사용되었다.

(ㄴ) 가는 베는 통의 드려 죠밀훈 비단과 <u>모슈</u>와 칙을 짜기를(중간 여사서, 3.6ㄱ),
　　cf. ᄀ는 뵈는 筒의 들며 綢와 絹과 苧와 葛을 織造ᄒ기을(초간, 2.4ㄴ),
　　삼을 삼고 <u>모슈</u>를 이으되(중간 여사서, 3.5ㄴ),
　　<u>모슈</u>를 이으며(중간 여사서, 3.20ㄱ).

킬 수 있게 되었다.

(53) ㄱ. 여름옷도 모도 보내오나 <u>모슈</u> 혼삼(汗衫) 두 거리는...<u>모시</u> 겹져구
　　　리...여긔 <u>모시</u> 쳥포(靑袍)ᄒ나히 잇스오니...<u>모시</u> 쇼창옷 ᄒ나흔 다
　　　쩌러져시니 올여름도 모자를 듯(1832, 005. 아내→남편/김진화,
　　　67-68),
　　　<u>모슈</u>도 슌슌 슈응이 이리 만흐니 샹답 줄 <u>모슈</u>와 치미 가음 혼 필
　　　(1848, 043, 아내→남편/김진화, 302)...다홍 드릴 <u>모시</u> 혼 필은 흰ᄃ
　　　로 보내시면 죠흘 듯(상동. 302),
　　　웃동성이 나으리긔 <u>모슈</u> 창의(氅衣) 보션 와스오니(1849, 053. 아내
　　　→남편, 381),
　　ㄴ. 내 갓슬 젹의 <u>모슈</u> 필 무명 필 두고 왓더니...네가 입을 거시 업거던
　　　<u>모수</u>나 혼필 내야 입어라(1848, 068. 시아버지/김진화→며느리, 475),
　　ㄷ. <u>모슈</u> 주이나 싱각ᄒ오시나(1848, 108. 둘째 딸→아버지/김진화, 698).
　　cf. 낙춘집이 모시치마 한 ᄀ옴 어더달나 부탁ᄒ니(미상, 140. 누나
　　　→아우/김흥락, 853).

위에서 제시된 예들은 두 가지의 사실을 알리고 있다. 하나는 동일 화자
(발신자)의 말에서도 방언형 '모슈'와 규범형 '모시'가 수의적으로 교체되어
쓰이고 있다. (53)ㄱ에서 여강이씨가 그의 남편에게 보내는 편지 글 가운
데 이러한 현상이 보인다. 다른 하나의 사실은 방언형 '모수'가 쓰이는 상
황이 아내가 남편에게, 시아버지가 며느리에게, 딸이 친정 아버지에게 보
내는 편지 글에 다 같이 존재한다는 것이다. 따라서 19세기 전기 경북 안
동방언에서 '모수'의 분포가 어느 정도 자연스러운 형태로 일반화되어 있
음을 알 수 있다.[76]

---

76) 그 이외에 이 한글편지 묶음에는 '왕이'형이 등장하였다. 『의성김씨 김성일파 종택 한글
　　간찰』(2009, 한국학 중앙연구원 편)에 첨부된 주석(291쪽)에 "광주리"라고 되어 있으나,
　　글쓴이는 경북방언 일대에서 쓰이는 '왕이'의 존재를 확인하지 못하였다.
　　　도트마리 ᄒ나 날틀 ᄒ나 <u>왕이</u> ᄒ나 주이 ᄒ나 와슙. <u>왕이</u> 테가 너무 젹어 못슬둣 ᄒ

이와 같은 사실을 보면, 방언형 '모슈'는 19세기 전기와 후기의 남부방언을 중심으로 그 당시 다양한 계층의 화자들이 구사하는 일상적인 기본어휘로 확대되었을 것으로 추정된다. 이 방언형은 『해남윤씨 어초은공파 고문서 간찰류』에서 나온 1886년대와 그 후대의 한글 편지 가운데에서도 등장하였다.

(54) ㄱ. <u>모슈뵈</u> 네 ᄌ 보너니(언니→아우, 海尹 MF35-3208-626, 118쪽),[77]
ㄴ. <u>모슈뵈</u> 슈무 ᄌ 잇는 것(외사촌 아우→외사촌 형, 海尹 MF35-3208-627, 164쪽).

4. 한글편지 묶음에 반영된 19세기 전기 경북 사회방언의 보편성

4.1. 형태·통사론적 양상

4.1.1. 체언어간말 자음 'ㄷ' 계열의 곡용형 : 구개음화의 유추적 확대

15세기 국어에서 체언 어간말 자음으로 'ㄷ'을 보유하고 있었던 일련의 단어들, 즉 '곧(處), 뜯(意), 벋(友), 빋(債), 낟(鎌), 붇(筆)' 등의 곡용 형태는 현대국어에서, 육진방언과 평안도 방언에서의 특징적인 현상만 제외하면, 예외 없이 'ㅅ'으로 대치되어 결국 'ㅅ' 체언어간으로 재구조화되었다.[78] 지금

옫(1848, 042, 아내→남편/김진화, 291).

그러나 "새로 발굴한 방언(10)"<박경래 외, 『방언학』 제16집(2012 : 441-489)>에서 표준어의 '자새'에 해당되는 '왱이'형이 충북 제천방언으로 수집된 바 있다. 그 뜻은 "누에고치를 자아서 실을 뽑아 낼 때 쓰는 재래식 기구"라고 한다.

77) 『해남윤씨 어초은공파 고문서 간찰류』의 한글 편지는 『조선후기 한글 간찰(언간)의 역주 연구』(한국학중앙연구원 편, 2005, 태학사)를 이용하였다.
78) '빋>빗(債)의 과정을 거친 오늘날의 규범형 '빚'은 입말에서 /빗/으로 재구조화된 것 같다. 체언 어간말 자음 'ㄷ'을 보유했던 체언 가운데 유독 '빚'이 '빗'을 누르고 표준어로

까지 국어사 또는 공시 음운론의 영역에서 이러한 유형의 변화를 "체언어 간말 설단자음의 변화" 또는 "체언 어간말 中子音의 변화" 등으로 통칭하여 오고 있다(곽충구 1984, 김경아 1995, 2008, 김봉국 2005, 박선우 2006 등을 참조). 그러나 동일한 음성 조건을 갖고 있는 용언의 범주에서는 체언에서와 같은 'ㄷ>ㅅ'의 변화가 일반적으로 개입되지 않았다. 따라서 이러한 현상을 설명하기 위해서 주격형에 일어난 구개음화와 이어서 다른 격형태로의 유추적 확대를 수행했다는 관점과, 이와 대조적으로 구개음화와 무관하게 유추적 변화 또는 7종성법의 표기법이 언어에 관여했다고 주장하는 이론 등이 대립되어 왔다(고광모 1989, 김경아 2008).

글쓴이는 이와 같은 체언 어간말 설단자음의 변화를 19세기 후기 전라 방언의 사료에서 추출된 변화의 중간단계를 중심으로 관찰하고, 먼저 발단은 (ㄱ) 주격형에 적용된 'ㄷ' 구개음화와, 점진적인 유추적 확대의 단계, (ㄴ) 그 다음 단계로 개입된 음성변화 'ㅈ, ㅊ>ㅅ'의 마찰음화의 과정으로 설명한 바 있다(1986 : 263-284).[79]

수용된 계기는 『사정한 조선어 표준말 모음』(1936 : 8)에 있다.

[79] 함북 육진방언에서는 t-구개음화를 전면적으로 수용한 대부분의 지역방언들과는 대조적으로, 중세국어의 체언 어간말 자음 'ㄷ'과 동일한 곡용 형태를 오늘날에 이르기까지 고수하고 있다.

    (ㄱ) 이 집에 <u>낟이</u> 잇으무 빌게 주웁쇼(낯이, 최명옥 외 『함북 북부지역어 연구』(2002 : 89, 태학사),

    (ㄴ) <u>가드</u> 쓰고 가디만(갓을, 함북 온성군, 황대화, 『1960년대 육진방언 연구(자료편)』, 2011 : 182, 역락),

    (ㄷ) 거 언제 <u>비드</u> 츠켓소, <u>비드</u> 지문 이따 더 바쁘디(빛을, 상동. 2011 : 194),

함북지역 출신 중심으로 중국 연변지역 한국어의 음운론을 고찰한 채옥자(2005 : 46)도 체언 어간말 설단자음 계열의 단어들이 굴절 형태에서 'ㅅ' 대신에 '낟(鎌), 몯(釘), 붇(筆), 빋(債), 받(田), 끋(末)' 등으로 쓰이고 있는 사례를 보고하였다.

모디(몯+이), 모드(못+을), 모데(못+에).

이러한 사실을 관찰하면, 체언 어간말 자음 'ㄷ'이 'ㅅ'으로 변화하는 과정에 일차적인 원인은 필수적으로 t-구개음화이었음을 확인할 수 있다.

19세기 전기 경북방언의 자료에서도 중세국어에서의 체언 어간말 'ㄷ'
계열의 곡용 형태들은 그 중간 단계로 주격형에서 시작된 구개음화가 유
추에 의해서 다른 격 형태로 확대되어 쓰이는 상황을 나타내고 있다.

(55) ㄱ. '곧>곶'(處) :
　　　네논 희풍이 셴 <u>고지라</u>(1833, 002, 남편/김진화→아내, 48),
　　　집이 븨고 이 <u>고지</u> 즈로 셩치 아니오니 민망ᄒ옵(1849, 053. 아내
　　　→남편/김진화, 379),
　　cf. 이 곳은 우년(偶然)ᄒ 병이 그리 대단튼 아니오나(1848, 040, 아
　　　　내→남편, 281).
　　ㄴ. '붇>붖'(筆) :
　　　조희 <u>붓즐</u> 주고 가르치면 스마 하오니 우습고(1832, 005. 아내→남
　　　편/김진화, 66).
　　ㄷ. '빋>빚'(債) :
　　　<u>빗즌</u> 그리 진다 ᄒ시나 엇지 ᄒ옵(1832, 007. 아내→남편/김진화, 80),
　　　돈 양이나 주시면 이 <u>비즐</u> 버슬 듯 ᄒ옵(1847, 031. 아내→남편/김
　　　진화, 228).
　　ㄹ. '뜯>뜾'(義) :
　　　제 일싱 집 이르혜려 ᄒ던 <u>뜻지</u> 더욱 애돌고(1765, 066, 시아버지/
　　　김주국→며느리, 466).
　　　cf. 부듸 널니 싱각ᄒ야 제 뜻을 이루게 ᄒ여라(상동. 466).

위의 (55)ㄱ은 'ㄷ' 구개음화가 주격형에 적용된 예만 보여주지만, 여강
이씨가 남편 김진화에게 보내는 편지 글에 등장하는 또 다른 형태 '곳은'과
같은 분철표기는 구개음화의 유추적 확대를 거친 '고즌'의 단계에서 'ㅈ>
ㅅ'으로의 마찰음화가 적용된 결과를 보인다. (55)ㄹ에서 주격형 '뜻지'에
이어 사용된 분철 표기 '뜻을'의 경우도 이와 동일하게 이해할 수 있다.
'뜾'의 곡용형이 구개음화의 확대를 거쳐 재구조화된 대격 형태 '뜨줄'로
출현하는 예가 이미 17세기 중엽의 산물인 『음식디미방』으로 소급되기 때

문이다(백두현 2004 : 114). 이 쓰줄 아라(필사기). 따라서 19세기 전기의 '쓴을'과 같은 표기가 체언어간 자음 'ㄷ'을 여전히 갖고 있었을 것으로 생각되지 않는다. 또한, (55)ㄴ의 경우, 대격 형태 '붓즐(붇+을)'은 이미 19세기 경북방언에서 주격형의 '부디>부지'의 구개음화를 거쳐 확대된 형태임을 전제로 한다.[80]

19세기 전기에 속하는 이 한글편지 묶음과 지역이 다르지만, 거의 비슷한 시기에 전북 임실에 살았던 김낙현(1759-1830)이 작성한 일종의 계약 문서인 『수운정비회유록』(1826)에 나타나는 체언 어간말 자음 'ㄷ' 계열의 곡용형태는 다음과 같다(백두현 2012 참조).[81]

---

80) 신승용 교수(영남대)는 19세기 전기 경상방언 자료에서나 전라방언 자료에서 'ㅈ, ㅊ>ㅅ'과 같은 적극적인 마찰음화 현상을 관찰할 수 없기 때문에, (55)ㄱ의 '곳은'과 (55)ㄹ의 '쓴을' 같은 형태는 각각 '고즌'과 '쓰즐'에 대한 분철 표기일 가능성이 높다고 지적하였다. 이와 같은 사실과 관련하여, 19세기 후기의 문법서 『한어문전』(Grammaire Coréenne, 1881)과 『한불ᄌ뎐』(1880)에서 관찰된 체언의 굴절들의 표시가 주목된다.

    (ㄱ) 벗-이 [pet-i](Ami), 쓴-이 [ttet-i](Sense, Sentiment),
       cf. 낫-시 [nat-si], 밧시 ou 지 [pat-si] ou [pat-tji](Champ, 한어문전, 1881 : 4),
    (ㄴ) 곳, Kot, Kot-i, 處, Lieu, Place(한불ᄌ뎐, 1880 : 195).

81) 19세기 전기 전북방언을 반영하는 필사본 『수운정비회유록』(1826) 가운데 '붓'(筆)의 곡용형태 '붓티로'가 주목된다(백두현 2012).

    엇디 다 한 붓티로 긔록ᄒ며(6ㄴ-7ㄱ).

먼저, 부사격 조사 '-으로'는 오늘날의 전북방언의 구어에서 '-이로'로 사용된다. 19세기 후기 전라방언 자료에 의하면, 방언형 '-이로'는 소위 특이 처격형 '-의'에 向格 조사 '-로'가 연결되어 있다. 예를 들면, 『화룡도』(완판 83장본)에서 부사격 조사 '-의로'의 출현 빈도가 높다.

    노쯘의로 동여(3ㄴ), 남의로 가라친이(9ㄱ), 번셩의로 도망ᄒ다가(11ㄱ), 어린 소견의로(13ㄴ), 노슉의로 더부러(14ㄱ), 됴식의로 희야금(20ㄴ).

이와 같은 사실을 보면, '붓'의 부사격 형태는 '붓의로'이었을 것이고, 19세기 전기의 단계에 일어난 단모음화 '의>이'의 과정에 의하여 '-의로>-이로'로 전환되었을 것으로 보인다.
또한, '붓'(筆)의 어간말 자음은 이 시기에 본문의 (55)의 예들에 준하여 볼 때, '붗'으로 재구조화되었을 가능성이 있다. 19세기 전기의 한글편지 묶음에 반영된 (55)ㄴ의 '붓즐'의 예도 참고가 된다. 그러나 '붓티로'의 표기에서 '붓'의 어간말음이 'ㅌ'으로 나타나는 사실은 특이하다.

(56) ㄱ. 벋>벗(友) : 한슴으로 버절 삼아(6ㄴ), 빅한으로 버즐 삼고(7ㄴ),

　　ㄴ. 뜯>뜻(義) : 한 쓰지로 거힝ᄒ고(12ㄴ), 지믈 분탕홀 쓰지로(12ㄴ),
　　　　　뉘라셔 닉 쓰질 이여(9ㄴ), 쓰즐 살피디(12ㄴ), 닉 쓰즐 바다 감심
　　　　　ᄒ야(13ㄴ),
　　　　　원만ᄒ 쓰즐(13ㄴ), 히홀 쓰즐 먹지 안이ᄒ다 ᄒ니(13ㄴ),

　　ㄷ. 곧>곳(處) : 졔답을 막길 고지 업셔(13ㄱ).

위의 예에서는 19세기 후기 전라방언 자료에서 나타나는 체언 어간말
자음 'ㅈ∞ㅅ'과 같은 부단한 변이현상을 전혀 보이지 않는다. 따라서 이 단
계에서 체언 어간말 위치에 일어나는 'ㅈ>ㅅ'의 마찰음화 현상이 19세기 후
기의 단계와는 달리 아직 충분히 확대되어 있지 않았을 것으로 생각된다.

4.1.2. '-ᄒ듸>-ᄒ테' : 여격조사로의 문법화

이 한글편지 묶음에 사용되고 있는 조사들의 유형 가운데, 특히 여격조
사로 확립되어 있는 '-ᄒ테'형이 주목된다.

(57) 아비ᄒ테 편디ᄒ기로 죠희 붓즐 주고 가르치면 스마 ᄒ오니 우습고
　　　(1832, 005. 아내→남편/김진화, 66).

여격조사 '-ᄒ테'는 수관형사 'ᄒ'에 장소를 나타내는 형식명사 '듸'가 결
합된 명사구의 형식으로 소급되는데, 15세기 국어에서 이미 은유화를 거쳐
'하나의 장소→같은 장소'와 같은 의미로 사용되었다(김승곤 1989; 한용운
2003 : 118-119). 따라서 오늘날의 조사 '-한테'의 기원은 '같은 장소'의 뜻을
갖고 있던 'ᄒ 듸'의 통사적 구성에 있다. 이러한 구성체가 점진적으로 유정
명사 뒤로 후치되는 과정을 거쳐 문법화의 단계를 밟은 것으로 추정된다.

이와 같은 통사적 이동을 촉발한 요인은 먼저 의미변화에 있었을 것으
로 본다. 현대국어의 지역방언에서 여격조사의 형태적 구성을 살펴보면,

'유정명사+장소'와 같은 사례가 흔하다.82) 따라서 '훈 뒤'의 구성체가 '같은 장소→(유정명사)와 같은 장소→(유정명사)가 있는 장소'의 의미 전환을 거치면서 유정명사 뒤로 이동하여 온 것이다. 이러한 문법화 과정의 발단은 구어상에서 이미 16세기 후기 국어에 보이고 있다.

(58) ㄱ. 자내 여희고 아무려 살 셰 업스니 수이 자내호듸 가고져 호니 날 드려가소.
ㄴ. 미양 자내드려 내 닐오디 호 듸 누어셔.

위의 예문은 이응태 부인이 남편에게 보낸 마지막 편지(1586)에서 인용한 것이다(안귀남 1999, 황문환 2002). 여기서 유정명사 다음으로 연결된 '-호듸'와, 명사구 또는 부사범주로 접근하여 있는 '훈 듸'는 동일 기원에서 출발하였으나, 이미 16세기 후기에는 서로 분화되어 가는 단계를 보이고 있다. 그러나 여격조사의 문법적 신분으로 쓰이는 이 형태의 본격적인 출현은 18세기의 간본 자료에까지 기다려야 가능했다(백두현 1990 : 55, 최전승 2009 : 209).

(59) ㄱ. 내호틱 오느 이는 다몬 나을 위호야 염블호고(1741년 八空山 修道寺 간행, 임종정결염, 4ㄱ),
ㄴ. 내호디 오느 니는 오직 날 위호야 념불을 호고(1776년, 해인사본, 一簧문고본 40ㄱ).

---

82) 강정희(1988 : 61)는 제주방언에서 여격조사 '-안틱, -아픠, -신듸'는 장소를 지시하는 명사와의 형태론적 구성이 문법화를 밟아 온 결과임을 지적하였다. 또한, 강정희(2005 : 110)에 의하면, 여격과 처격의 표지는 장소를 지시하는 NP에 연결되어 후행하는 VP의 동작 또는 상태가 그 장소에서 일어나는 것을 표시한다는 것이다.
경상도 방언의 경우에서도 이상규(1982 : 42)는 여격조사 '-한테, -인데(있는 데), -자태(곁에)' 등의 처소성 구성을 지적하였다.

19세기 전기 한글편지 묶음에 등장하는 여격조사 '혼틱'는, 이와 같은 기원에서 출발하였으나 분화된 부사형 '한데'와 음운 현상에 있어서 차이를 보인다. 셔루 쩌낫다가 한데로 모히면(1833, 002. 남편/김진화→아내, 46). 이 부사형 '한데'에서는 여격형 '-혼틱'에서 볼 수 있는 유기음의 실현이 나타나지 않았다. 이와 같은 여격조사 '혼더>혼틱'의 두 번째 성분의 유기음화는 매우 특이한 현상을 반영한다. 그러나 19세기 후기 전라방언의 자료에서 부사형에서도 여격조사에서 볼 수 있는 유기음의 출현이 확대되어, 형태상으로 합류를 보이기 시작하였다.

(60) ㄱ. 아가씨<u>한틱</u> 안이 가시랴오(병오,춘. 28ㄴ),
청가 묘무를 뉘<u>혼틔</u> 비울잇가(상동. 18ㄱ),
빅두룸은 기<u>한틔</u> 물여난지(수절가,하. 29ㄴ).
ㄴ. 여러 가지를 <u>한틱</u>다가 붓던이(수절가,하.32ㄱ),
긔린 사랑 <u>혼틱</u> 만나 혼틱 잇셔 잇지 마자(병오,춘. 12ㄱ),
낫슬 <u>혼틱</u> 문지르며(완,심청,상.7ㄴ).

4.1.3. 존재사 '잇/이시-'(有)의 어간 단일화

중세국어에서 근대국어의 후기로 접근하면서 특수 어간의 교체를 비롯한 많은 유형의 비자동적 교체들이 어간의 단일화 과정을 거쳐 자동적 교체로 정착하게 된다(한재영 1997). 어간의 단일화 과정은 유추적 수평화(analogical levelling)를 통해서 불규칙한 이형태들의 출현을 감소시켜 패러다임을 규칙화하려는 화자(언어 습득자)들의 부단한 요구에 부응한 것이다. 이와 같은 강력한 단일화의 경향에도 불구하고 '하-'(爲) 어간에 연결되는 불규칙한 어미가 보이는 '여' 변칙 활용은 중세국어에는 물론이고, 현대에까지 지속되어 있다. 여기에 존재동사 '있-'(有)의 활용도 포함된다. '있-'의 어간은 아직도 제주도 방언과 함북 육진방언 일대에서는 각각 '잇-/이스-'

와 '잇/이시-'의 단계를 유지하고 있다(小倉進平 1944, 강근보 1972, 박용호 1988, 한진건 2003). 동작동사 '하-'와 존재동사 '있-' 어간이 이형태들을 수평화로 이끄는 형태론적 조정을 강하게 거부하고 있는 요인은 대체로 그 높은 사용 빈도수에 있는 것으로 추정된다(Phillips 2006).

후속되는 어미의 두음에 따라서 교체되는 '잇-'과 '이시-'의 이형태들은 근대국어의 단계에 와서도 그대로 존속되었다. 이러한 상황은 이 존재동사를 구성원으로 하여 형성된 완료 지속상 또는 과거시제 형태에서도 이와 동일한 불규칙 교체인 '앗/아시-', 엇/어시-'와 같은 이형태들을 산출하게 하였다. 따라서 존재동사 '잇-/이시-'의 비자동적 교체가 '잇-'으로 통일되는 어간 단일화는 이번에는 과거시제 형태 '앗/아시-, 엇/어시-를 '앗/엇-'으로 단일화 시키는 결과를 점차적으로 초래하게 되었다. 이와 같은 비자동적 이형태 '잇/이시-'의 어간 단일화는 비로소 19세기에 와서야 이루어진다고 보는 관점이 지배적이다(전광현 1971, 허웅 1987, 이현희 1993, 2007). 문헌자료에서 이 존재동사의 어간 단일화 양상이 19세기 중엽 이후에 집중적으로 반영되기 시작하였기 때문이다. 그러나 '잇/이시-'의 교체가 왜 하필이면 19세기에 이르러, 그리고 어떠한 과정을 거쳐서 단일 어간 '있-'으로 합류되었는가에 대한 정밀한 고찰은 지금까지 제시된 바 없다.[83]

18세기 후기에 이르면 '잇/이시-'의 교체에 약간의 변화가 나타나기 시작한다. 그것은 모음어미 앞에서의 '이시-' 어간이 '이스-'로 대치되는 경향에서 감지된다. 근대국어 문헌자료 『경신록언해』(1796)를 분석하면서 남광우(1980 : 75)는 존재동사 '이시-'가 부분적으로 '이스-'로 교체되는 변화를

---

83) 한재영(1997 : 810)은 어간 교체형의 변화 과정을 통시적 관점에서 조감하면서 어간 '이시-, 잇-, 시-'가 어느 시기에, 어떤 이유로 현대국어의 단일 어간 '있-'으로 변화하였는지에 대한 답은 구하기 어려운 형편임을 지적하였다. 그리고 정 교수는 이 존재동사의 어간 단일화의 시기는 근대국어의 어느 시점으로 추정해 볼 수 있으나, 그 변화의 원인은 언어 체계 내적으로 규명하기 어렵다고 보았다.

지적하였다. '이스매(1ㄴ), 이스믈(3ㄴ), 이슬지라도(7ㄱ), 이스리니(7ㄱ), 이스면(7ㄱ), 이슬시(13ㄴ), 등등. 그리고 남광우(1980)는 이러한 현상이 오늘날의 단일 어간 '있-'으로의 출발을 보여주는 것으로 파악하였다. 『경신록언해』(1796)에 반영된 개신형 '이스-' 계열의 출현 빈도는 31회인 반면에, 보수형 '이시-'분 포는 전체적으로 8회에 불과하였다. 이 자료에 반영된 존재동사 활용형들의 출현 빈도의 경향을 보면, 18세기 후기에 개신형 '이스-'가 주종을 이루고 있는 것이다.84) 이와 같은 '이시-→이스-'의 대치 과정에 대하여 허웅 (1987 : 235)은 19세기 당시의 화자들이 존재동사 어간 '이시-'의 '-이-'를 매개모음(고름소리) '-으-'로 재분석하게 되었던 것으로 추정하였다.

그 반면에, 정승혜(2012)가 소개한 18세기 후엽에서 19세기 초반에 걸치는 조선 통사들이 小田機五郎(1754-1832)에게 보낸 편지 글 가운데에는 존재 동사 '잇/이시-'의 활용형에서 또 다른 유형의 변화가 나타난다.

   (61) ㄱ. 도리가 <u>잇셔야</u> 흐게 흐여스오니(1798, 41-6, 박준한 68세[1730-
        1799] →小田,
        緊흔 公幹이 <u>잇셔</u> 下往치 못 흐옵고(1805, 48-6, 현의순→小田),
     ㄴ. 사정이 <u>잇슬</u> 둣흐고...이런 薄情흔 사롬이 어대 <u>잇실이</u> 흐고 (1806,
        54-3-3. 현양원, 44세 [1762-?]→小田),
        cf. 平日 親흐던 보람이 <u>업시니</u>(상동. 1806, 54-3-3).

위의 예들을 보면, 18세기 후기에 모음어미 앞에서 쓰이는 이형태 '이시-'가 자음어미 앞에서의 '잇-'의 어간말 자음 'ㅅ'에 유추되어 '잇시-'로 대치

---

84) 허웅(1987 : 235)은 18세기 후엽부터 발생하여 그 이후 확대되었던 '이시->이스-'와 과거형 '아시-/어시-> 아스-/어스-' 변화의 원리는 19세기에 들어 와서 활성화되기 시작하는 새로운 변화인 전설모음화(또는 구개모음화), 즉 '즈, 츠, 스> 지, 치, 시'에 대한 "잘못 분석", 또는 과도교정에 있을 가능성도 언급하였다. 이와 비슷한 견해가 국어 문법사 기술의 관점에서 이현희(1993 : 66, 각주 (6))와, 과거시제 '-엇-'의 문법화와 더불어 수행되는 연쇄적 변화의 측면에서 최동주(1995 : 137-138)에서도 제시되었다.

되는 또 다른 유형의 변화와, '잇시-'의 단계에서 허웅(1987 : 235)이 지적한 매개모음 '-으-'로의 과도교정이 적용된 '잇스-'형이 부분적으로 존재하기 시작하였던 것으로 보인다.85)

이와 같은 존재동사의 변화 과정에 대한 역사적 맥락에서, 19세기 전기 경북방언에 해당되는 한글편지 묶음에 나타난 '잇/이시-'와 과거시제 형태 '앗/아시-'에서 변화를 수행한 개신형의 유형은 다음과 같이 분류된다.

(62) ㄱ. 이시->이스-; 2회 출현.
   붓드러 이슬 것 아니오니(1848, 050. 아내→남편/김진화, 357),
   눈임은 잘 와 이스나(1948, 095. 맏며느리→시아버지/김진화, 623).
ㄴ. 이셔>잇셔-; 1회 출현.
   집의 인편 잇셔도 잡스올 거슬 못 보니옵고(1849, 096. 맏며느리→
   시아버지/김진화, 630).
ㄷ. 이시->잇스-; 1회 출현.
   이젼의 셔모 잇슬 젹 쥬던 것(1948, 094. 맏며느리→시아버지/김진
   화, 618).
ㄹ. 아시->아스-; 2회 출현.
   티용이 올 젹 오슨 다 와스나 동옷슨 아니 와슙(1848, 052. 아내→
   남편/김진화, 373),
     cf. 이번의 아니 와시니 민망슙(1847, 021. 아내→남편/김진화, 162),
        본ᄌ의 갓다가 일젼(日前) 와스나9미상, 142. 누이→오라버니/
        김홍락, 860),

---

85) 존재동사의 활용형 가운데 '잇시-'의 출현은 18세기 초엽의 『伍倫全備諺解』(1721)에서부터 드물게 등장하였다.
   (ㄱ) 네 집의 壯丁이 잇느냐 업느냐. 丁이 잇시되 壯티 아니 ᄒ야(有壯, 6.18ㄱ),
   (ㄴ) 흔 客이 잇셔(6.31ㄱ).

그리하여 18세기 후엽의 『三譯總解』(1773)에서는 비록 개신형 '잇시-'와 같은 형태로 출현하지 않았으나, 과거형에까지 'ㅅ' 첨가가 확대되어 있다.
   (ㄱ) 힘 쓰는 것 갓가이 되엿시니(삼역총해 6.10ㄱ),
   (ㄴ) 항복ᄒ는 글 가져 왓시니(동. 6.11ㄱ).

cf. 역딜 필녁되거든 긔별ㅎ마 ㅎ여시나(1850, 055. 아내→남편/김
진화, 397),
셔울 갓다가 어제 도라와시니(1850, 057, 아내→남편/김진화, 418).
ㅁ. 아시->앗스-; 12회 출현.
내가 당샹을 ㅎ얏스니(1850, 123. 형/김진화→아우, 772),
샤셔 보내엿스나(상동. 772), 간고호 말을 ㅎ엿스니(상동. 773),
이져는 이즌 냥으로 말을 ㅎ얏스니(상동. 776), 돈을 보내엿스니(상
동. 776).

의성김씨 김성일파 종택의 한글 간찰에 참여한 당시의 화자(편지 발신자)
들이 구사하는 존재동사 '잇/이시-'와, 이것과 연관되어 있는 과거형의 가
장 두드러진 사실 가운데 하나는 여강이씨와 그의 남편인 김진화와의 개
신형과 보수형 사용 빈도수의 차이에 있다. 부인 여강이씨(1792-1862)는
1830년대 초부터 남편이 세상을 떠나는 해인 1850년까지 한글편지를 써
보냈다. 그의 나이 38세부터 58세에 걸치는 긴 한글 기록인 셈이다. 그러
나 여강이씨의 편지가 반영하는 존재동사의 활용형들은 보수형 '잇/이시-'
가 거의 전부에 해당된다. 예외가 있다면, 위의 (62)ㄱ의 '이슬 것', 그리고
(62)ㄹ의 '오-'(來)의 과거형 '와스나'와 같은 단 2개 개신형의 출현이다. 이
러한 압도적인 보수형의 분포는 여강이씨가 그의 아들에게 보낸 일련의
편지 글에서도 전혀 달라지지 않았다.

그 반면에, 부인과 거의 같은 연령대인 김진화(1793-1850)가 그의 아내와
맏며느리 그리고 자식들에게 보낸 편지 글 가운데에 구사된 존재동사 과
거형으로 개신형의 출현 빈도수가 높다. 특히 (62)ㅁ의 예가 보여주는 바
와 같이, 김진화의 편지 글 가운데에서 존재동사는 유독 보수형 '잇/이시-'
형만 출현하였으나, 오히려 과거 시제형에는 개신형 '앗/엇스-'가 높은 빈
도로 출현한다는 사실이 특이하다. 먼저 존재동사 '잇/이시-' 어간의 단일
화의 출발이 과거 시제형 '앗/아시-'의 단일화로 파급되어 갔을 것이라는

글쓴이의 추정을 부정하는 예인 것이다.86)

김진화가 구사한 개신형들인 위의 (62)ㅁ의 보기는 그의 아우 김진중 (1796-1872)에게 보낸 장문의 편지 글에서만 추출된 것이다. 이와 같은 개신형들은 자신의 맏며느리인 진성이씨(1825-1888)에게 보낸 그의 편지 글에서도 그대로 반복되어 등장하였다. 여기서는 개신형들은 때로는 보수형 '아시-'와 교체되기도 하였고, '앗스-' 대신에 그 이전의 형태인 '앗시-'의 형태를 반영하기도 하였다.

> (63) 두 번 온 편지 이젹지 내가 보아내지 못ㅎ여 그져 두고 아니 <u>보앗시니</u> 편지예 무슨 긴흔 말을 ㅎ엿스먼 낭픿(狼狽)다.1849. 070, 시아버지/김진화→맏며느리, 485-486).
> 그 스이 아리목이 <u>쩌졋슬</u> 거시니 (1848. 069. 시아버지/김진화→맏며느리, 479).
> 스월 삼십일 오라 <u>ㅎ엿스나</u> 역딜(疫疾)을 보와 다시 긔별ㅎ마 <u>ㅎ여시나</u> 이져는 다 <u>ㅎ여시나</u> 변촌의 두어집이나 즉금 ㅎ니(1850, 059. 아내→남편/김진화, 435),
> 팔의쎄 완흡이 <u>되엿스며</u> 두창은 엇더ㅎ냐(1948, 068, 시아버지/김진화→며느리, 473),
> 쟐 ㅎ는 거시 업셔 믿드지 <u>못ㅎ얏스니</u>(.848, 068, 시아버지/김진화→며느리, 474),
> 내 <u>갓슬</u> 젹의 모슈 필 무명 필 두고 왓더니(1848, 068. 시아버지/김진화→며느리, 475).

김진화의 며느리 진성이씨가 시아버지에게 보낸 편지 글에는 이 존재동사의 과거형에는 보수형으로만 시종되었으나, 그 개신형 '이스-'가 1회, 여

---

86) 필사본 『수운졍비회유록』(1826)에서 '이시->잇시-'의 변화를 수용한 존재동사의 개신형 '잇시-'형의 출현이 모두 8회(잇시리, 잇시면, 잇시니, 잇셔, 잇실 뿐)에 걸쳐 나타난다, 그러나 같은 자료에서 과거형에는 이러한 존재동사의 개신적 변화가 아직 실현되어 있지 않은 상태를 보인다. 볼가시니, 둘나시니, 난간의 비겨시니.

기서 한 단계 발전한 '잇스-'의 형태가 2회 출현하였다.

지금까지 한글편지의 묶음에 등장하는 발신자들의 존재동사의 쓰임을 개괄하면, 여강이씨는 남편 김진화와 그의 아들에게 말의 격식적인 스타일을 구사한 것으로, 그리고 김진화는 그의 아내, 며느리, 아우에게는 격식성이 어느 정도 제거된 말의 스타일을 구사한 것으로 추측된다. 존재동사 '잇/이시-'와 그것의 과거형 '앗/아시-'의 불규칙 활용은 19세기 전기의 사대부의 말에서는 어간 단일화의 과정에 참여하고 있었으며, 그 사용은 화자들이 적절하게 구사하는 격식체와 비격식체의 운용에 따라서 보수형과 개신형의 출현 빈도수가 달랐을 것으로 보인다. 그리하여 존재동사 과거형의 개신형을 주로 실현시키는 김진화의 말에는 이미 '잇/이시→잇/이스→잇/잇스-', 또는 '잇/이시-→잇/잇시-→잇/잇스-'의 단계를 완료하였을 것이다.[87]

4.1.4. 여격조사의 한 유형 '-게'

중세국어에서부터 일정한 체언 다음에 여격조사의 한 가지 형태로 '-게'가 연결되어 쓰이고 있는 현상이 주목된 바 있다(유창돈 1964, 허웅 1976, 백두현 1990). 16세기 문법체계를 기술하면서, 허웅(1989 : 81)은 여격조사 항목에서 "다만 유독히 '몰'(馬) 아래에서는 '-게'가 쓰인 수가 있었다"고 언급하였

---

87) 글쓴이가 추정한 '잇/이시-→잇/이스→잇/잇스-'와 같은 유추에 의한 어간 단일화의 단계는 사회언어학적 변항(지역, 신분, 연령, 성별, 말의 스타일 등)에 따라서 당시에도 부단한 변이의 과정을 밟아서 전개되어 왔을 것이다.
  이 한글편지 묶음과 비슷한 시기에 간행된『어제유중외대쇼민등쳑사윤음』(1839)에서 존재동사와 그 과거형의 쓰임에 나타난 변이의 모습은 다음과 같다.

  '잇스-' : 3회, '이시-' : 4회, '이스-' : 6회, '잇셔- : 3회, '이셔-; : 2회.

  그 반면에, 秋史 金正喜의 언간 자료에는 秋史가 그이 부인에게 보낸 편지 글에는 존재동사의 보수형만 사용되어 있는 사실이 특이하다. 그는 부인에게 시종 격식체만을 구사한 것으로 생각된다.

다. 그러나 국어사 자료를 검토해 보면, '몰' 이외의 일부 유정명사, 즉 '고기(魚), 아기(幼兒), 츈개(人名), 개(犬), 쇼(牛), 약대, 예(倭), 되(胡狄)' 등에서도 산발적으로 여격조사 '-게'가 연결되어 쓰이고 있었음을 알 수 있다.[88] 현대국어에서도 서울말을 포함하여 여타의 지역방언에서도 여격조사 '-게'가 일부 그대로 잔존하여 일종의 화석형으로 사용되고 있으며, 지역에 따라서 '-께'로도 실현된다(이기갑 2003 : 52~56).[89]

일찍이 홍기문(1927)은 이러한 격 형태와 관련하여 '-게'가 연결되는 체언의 조건을 기술한 바도 있다. "제 6절 여격 : 고유명사 지명 아래에는 그냥 명사만을 쓰고 不動物名詞에는 '에'를, 代名詞와 動物名詞로 '애, 에' 등 모음 아래는 '게'를 쓰고, 기타에는 '에게'를 쓴다. 내게 돈이 있다, 쇠게와 개게 쏙가치 주엇다"(176~178쪽). 그러나 여격조사로서 '-게'의 용법에서 일관성이 있는 규칙을 파악하기는 어렵고, 유정 체언 앞에서만 출현하는 공통점을 확인할 수 있다.

19기 전기의 이 한글편지 묶음에서도 여격조사 '-게'형이 위에서 언급한 유형의 체언 '몰, 개' 등 다음에 연결되어 쓰이고 있다.

---

88) (ㄱ) 고기(魚)+-게 : 시내햇 고기게 밋게 ᄒ노라(중간 두시언해 10.31),
　　(ㄴ) 아기(幼兒)+-게 : 아긔게논 밧바 유무 아니ᄒ뇌(현풍 곽씨 언간 판독문, 8),
　　　　　　　　　　　쏘 ᄒ 마리논 아긔게 보내니(상동. 37),
　　(ㄷ) 츈개(人名)+-게 : 계오 비러 츈개게 열단 말 가느니라(청주언간. 35),
　　(ㄹ) 어믜(母)+-게 : 아기 나히던 어믜게 은과 비단을 샹급ᄒ고(번역,박통사,상.57ㄱ),
　　　　　　　　　　　어미게 졋 먹든 힘을 다 허여(주해 어록총람 87ㄴ),
　　(ㅁ) 개(犬)+-게 : 미친 개게 믈린배 되어(동국신속. 열여1 : 57),
　　(ㅂ) 쇼(牛)+-게 : 술위예 긔싀며 몰게 볼이며 쇠게 ᄲᆯ여(1466, 구급방,하, 29ㄱ),
　　　　　　　　　　쇠게 메오난 술위채(한청문감12 : 25ㄱ),
　　　　　　　　　　公木들도 므쇼게 시러(첩해신어 4.24ㄴ),
　　(ㅅ) 약대+-게 : 엇던 몰게 미아지 업고 쏘 엇던 약대게 삿기 업스뇨(八歲兒. 6ㄱ),
　　　　　　　　　　약째게 짐을 만이 시럿짜(1881. 초간. 교린수지 2.1ㄴ).
89) 유필재(2001 : 70, 각주 40)는 서울말에는 과거에 존재하던 체언 어미의 형태를 화석처럼 보존하고 있는 예가 있다고 하면서 다음과 같은 보기를 제시하였다.
　　<u>쇠 : 게</u> 실었다, <u>쇠 : 게</u> 한 차라, <u>쇠 : 게</u> 실은 거.

(64) ㄱ. 슌임은 올 쎠 몰게 ᄂᆞ려져 폴마듸 작이 씨여졋더니(1848, 050. 아
내→남편, 355),

　　ㄴ. 도젹이 긔게 물닌 ᄌᆞ거치 지낸다(1848, 069. 시아버지/김진화→맏
며느리, 481),

　　ㄷ. 제 오라비게로 가려 ᄒᆞ여(1848, 050. 아내→남편/김진화, 356),
죠흘 도리롤 아히게 긔별ᄒᆞ시요(1850, 056. 아내→남편/김진화, 407),
싀아바니게 쥬당(周堂)이 이시니(1850, 057. 아내→남편/김진화, 418),
과군이 셔울셔 아히게 돈을 열냥을 츄이ᄒᆞ여(상동. 442),
집이 돈이 튁업시 모ᄌᆞᄅ 근의게 츄이ᄒᆞ여(1847, 071. 어머니→·
아들(김흥락), 490),
네 어미게 편지 못(1847, 075. 어머니/여강이씨→아들, 519).

일부 한정된 체언 다음에 연결되는 이와 같은 유형의 여격조사 '-게'는
19세기 후기의 다른 지역방언 자료에서도 지속적으로 등장하였다. 그리하
여 서울말 중심의 체계적인 문법서 *Grammaire Coréenne*(한어문전, 1881 :
14)에서도 여격조사 '-게'에 대한 다음과 같은 특별한 언급을 찾아 볼 수
있다. "Datif : '의게/에게/의', On emploie simplement 게(kei) pour les pronouns,
rarement pour les autres mots. 예 : 사람의게, 병인의게, 쥬의, 내게, 너희게, 마귀게".

19세기 후기 서울말의 문법형태들에 관한 풍부한 예문들이 수집되어 있
는 Gale의 *Korean Grammatical Forms*(사과지남, 1894)에는 '-게'형이 무
정물 체언 뒤에 출현하는 예 하나가 반복되어 출현하고 있다(최전승 2011 :
329). 듥 지붕게 올으지 못ᄒᆞ게 하여라(25쪽), 힝낭 집웅게 기와 흔쟝 씨여졋ᄉᆞ니(173
쪽).90) 이기갑(2003 : 53)은 지역방언의 격조사에 대한 기술에서 대명사에 연

---

90) *Korean Grammatical Forms*(사과지남, 1894)의 예문 가운데에는 중세국어에서 기원된
'ㅎ' 말음체언이었던 '겨울'(冬)의 처격 형태에서도 '-게'가 출현하고 있다.

　　겨을게도 ᄭᅩᆺ시 만히 핍데다(28쪽),
　　그 사롬이 겨울게 옷을 못 닙엇기에(57쪽).

'집웅'이라는 단어는 훨씬 나중 시기에 만들어진 형태이지만, '집+우ㅎ'의 복합어의 구성
이다. 따라서 '집웅'의 처격과 대격형에 'ㄱ'이 나타나는 사실은 위의 '겨울'에서와 같이

결되는 여격조사 '-게'는 유정명사에 쓰이는 것이 일반이지만, 강원도 횡성 지역어에서 무정명사 '지붕'에 쓰인 예가 있다고 하였다. 예) 지붕게 쑥이 나고(강원 횡성). 19세기 후기에 Gale이 수집한 예의 후속형이 이 지역방언에 존속하여 있는 셈이다.[91] 이와 비슷한 시기에 이수정이 번역한 『신약마가 젼복음셔언희』(1885)에서 '집웅'의 대격형에 'ㄱ'이 첨가된 예도 등장한다. 지붕글 뜻고 구녕을 닌 후의(2 : 4). 그렇다면, '집웅+-게'의 형태론적 구성은 여기서 취급하는 처격조사 '-게' 그 자체가 아닌 것으로 보아야 한다.

4.2. 방언 어휘의 분포 : 시간부사 부류

4.2.1. '댱/쟝'(長)

19세기 전기 한글편지 묶음에 드러나는 방언 어휘들 가운데 가장 두드러진 형태는 두 가지 유형의 시간부사 '댱/쟝'(長)과 '노'(恒常)의 쓰임이다.[92] 이 시간부사들은 중세국어에서 불변 지속상을 나타내는 '샹녜, 샹례, 샹해, 長常(댱샹), 미샹(每常), 미양' 부류(민현식 1991 : 203)들과 같은 범주에 속하는 것으로 보인다. 그러나 지금까지 공시적 방언 기술에서나, 지역 방언사의 관점에서 이러한 부사 유형들은 관찰의 대상이 되어본 적이 없다. 먼저 이

'ㅎ' 종성체언과 관련되어 있는 것으로 판단된다.

91) 『한국방언자료집』(강원도 편, 1990 : 66)에 의하면, '지붕'은 '지붕기, 지붕걸, 지붕게, 지붕그' 등으로 곡용 형태를 보인다. 또한, 같은 자료의 『경남 편』(1993 : 71)과 『경북 편』(1989 : 76)에 이 단어는 [지붕키, 지붕케, 지붕킬] 등과 같이 체언어간 말음에 유기음화가 실현되어 있다.

92) 배영환(2011)은 조선시대 언간 전반을 통해서 드러나는 어휘적 특성과 고유한 감정 표현 형용사를 제시하면서, 『의성김씨 김성일과 종택 한글 간찰』에서 추출된 예도 포함시켰다. 즉, (ㄱ) 낙낙ᄒ다, (ㄴ) 빗치다, (ㄷ) 굼겁다, (ㄹ) 허우룩ᄒ다, 이러한 단어들은 현대국어에서나 지역방언에서 그 쓰임이 쉽게 확인되지 않는다. 따라서 배영환(2011)은 한글편지에 쓰이는 문맥과 상황에 준해서 해당 단어들의 의미를 추정하였다.

자료에 반영된 시간부사 '댱/쟝'의 용법을 살펴보기로 한다.

(65) ㄱ. 그러텃 허증(虛症)은 댱 두올 거시오나오니(1847, 032. 아내→남편/
김진화, 233),
쇼쇼히 댱 괴롭ᄉ오시고 시로이 음식 못잡ᄉ오시고(1848, 050. 아
내→남편/김진화, 352),
댱 드러안줄 스이 업시(1850, 058. 아내→남편/김진화, 432),
ㄴ. 쟝 우환의 넉술 일코 지내오니(1850, 090. 장모→사위/김홍락, 592),
우환의 쟝 심신이 가긍의 도여 지내오니(상동. 594).

위의 예에서 시간부사 '댱'은 여강이씨가 그의 남편 김진화에게 보내는
편지 글에 주로 사용되었다. 김홍락(1827-1899)의 장모가 보낸 편지 글에서
는 '쟝'으로도 나타난다. t-구개음화에 민감하게 반응하는 여강이씨의 편지
글에 미루어 볼 때, 당시의 실제 발음은 '쟝'이었을 것이다. 남편 김진화와
그의 선대 김주국(1710-1771)의 편지 글에서는 '댱/쟝'이 사용된 예가 없고,
그 대신 그러한 시간부사에 준하는 '너니' 또는 '일ᄉᆼ'과 같은 유형이 사용
되었다. 따라서 여강이씨가 구사하는 용법과 좋은 대조를 이룬다. (ㄱ) 너
니 : 너니 모시고 티평ᄒᆞ기 지원(至願)일다(1838, 067. 시아버지/김진화→맏며느리, 470),
(ㄴ) 일ᄉᆼ : 제 일ᄉᆼ(一生) 집 이르혜려 ᄒᆞ던 ᄯᅳ지 더욱 애돌고(1765, 066, 시아버지/김주
국→며느리, 466). 그러나 '쟝'의 형태는 여강이씨가 사용하던 전유물만 아니
었다. 이 시간부사 '쟝'은 지역과 시간이 다른 19세기 중기와 후기에 걸치
는 전주이씨 집안의 한글편지 글에서도 역시 쓰이고 있었다.

(66) ㄱ. 나는 병드러 쟝 누어지ᄂ니 괴롭다(1871, 1-42, 시할아버지→손자
며느리,
『전주이씨 덕천군파 종택 한글 간찰』, 2009 : 277),
ㄴ. 니몸도 쟝 성셩치 못ᄒ니 견딜길 업습(1869, 04. 남편→아내, 상동. 40).

그렇다면, '쟝'은 19세기 전기 경북방언에만 분포되어 쓰이는 형태는 아니다. 19세기 후반에 간행된 『한불ㅈ뎐』(1880 : 532)에 이 시간 부사어가 표제어로 등록되어 있다. 쟝. tyang-i, 長. 3. toujours(항상, 언제나), 4. sans cesse (끊임없이).93) 또한, '쟝'의 존재는 19세기 후기의 단계에서 다른 성격의 서울말과 전라방언의 자료에서도 잘 알려져 있다.

(67) ㄱ. 어느 대양에 빅가 가던지 이 새들은 쟝 보히며(독립신문, 1897.7.8),
　　　몸은 쟝 꼿꼿시 가지고 거름을 지어 걸지 말며(상동. 1896.11.14),
　　　그 사롬의 몸은 쟝 약 ㅎ야(상동. 1897.2.20①),
　　　오날이나 위틱 흠은 쟝 그더로 잇고(상동. 1897.2.13①).
　ㄴ. 나는 죽어도 쟝 밋트로만 삼긴이 잠이 업셔 못 ㅎ것쇼(장자백 창본 춘향기, 18ㄴ),94)
　　　도련님은 쟝 ㅎ야본 줄노 말을 하것짜(상동. 19ㄱ),
　ㄷ. 만닐 다른 짐싱갓치 빗속의만 쥼 잇스면 혀듯훈 금싱즁의 소퇴간니 죠틔리가(완판,퇴별가.17ㄱ)=만일 다른 김싱갓치 빅속의만 쟝 잇시면 허다훈 짐싱즁의 쇼퇴간이 죠타릿ㄱ(판,퇴.306).
　ㄹ. 혼 쎠도 쉬지 안코 밤낫으로 버스로도 쟝 굼난구나(신재효의 박흥보가, 124).

---

93) 이와 같은 '쟝'이 표제어로서의 전통은 20세기의 국어사전 부류에 계승되어 있다.

　(ㄱ) 쟝(長), 부사→늘, 내내, 언제든지, 『조선어사전』(문세영, 1938 : 1193),
　(ㄴ) 쟝[엇]→ 늘(『큰사전』(한글학회), 1957 : 2571).

그 반면에, 『표준국어대사전』(국립국어연구원)에서 이 시간부사 형태를 북한어로 규정하고 있다.
"쟝 : <북한어>, 1. (구어체로) 언제나, 늘, 2.(구어체로) 계속하여, 줄곧. (예문). 그해 여름에 쟝 한 달을 두고 장마가 계속 되었다. 오냐, 지옥에 가두어라. 가두면 쟝 가두겠느냐."
94) 판소리 『춘향전』 계열에 속하는 고소설의 다른 이본에서 (65)ㄴ의 '쟝'이 출현하는 부분은 '항시'와 '일싱'으로 대치되어 있다.

　(ㄱ) 나는 항시 엇지 이싱이나 후싱이나 밋틱로만 될난인찌(수절가,상. 29ㄴ),
　(ㄴ) 느는 일싱 죽어야 밋틱로만 들고 보니(99장본 필사. 춘향가 25ㄱ).

이러한 사실을 보면, 19세기 후기에 출현하였던 시간부사 '쟝'은 오늘날의 지역방언들에도 지속되어 있을 것이 분명하다. 『한국방언사전』(최학근, 1978 : 1080)에는 이 부사어가 "경북→상주, 김천, 의성" 등지에서 쓰이는 형태 [쟝 :]으로 수집되었다. 그 반면, 『전남방언사전』(이기갑 외, 1997 : 528)에서는 "장→(늘, 항상), 장성, 신안, 고흥"의 분포를 보인다. 이 시간부사의 형태는 북부방언에서 구개음화 이전의 '댱'과, '댱>쟝'의 과정을 보이는 '쟝' 형으로 등록되어 있다.

(68) ㄱ. 댱(늘)→평북(선천 외 4개 지역, 김병제 1980 : 132),
　　ㄴ. 댱(늘)→눌구만 잇다. 『평북방언사전』(김이협 1981 : 162),
　　ㄷ. 쟝 : →항상, 예문) 쟝 : 장기를 두다. 함북 회령군 사을리(황대화 2011 : 335).

시간부사 '댱'(<쟝)의 기원은 19세기 이전의 시기로는 소급되지 않는다. 그렇기 때문에 이 형태는 19세기 이전의 쓰였던 일정한 형태에서 변모를 거친 것으로 생각된다. 즉, '쟝'은 어떤 단어에서 축약된 단축형의 결과로 형성되었을 것 같다. 한 가지는 단어 '육쟝'(六場)에서 비롯되었을 가능성이 있다. 『큰사전』(1957 : 2372, 한글학회)에 등록된 '육쟝'(六場)에는 원래의 뜻 이외에, 여기서 부사형의 의미, 즉 "한 번도 빠지 않고, 늘"이라는 뜻이 함께 제시되어 있다. 매일같이 서는 場에서 '언제나, 늘'의 의미가 환유에 의해서 파생되어 나온 것이다.[95] 19세기 후기 전라방언 자료 가운데 부사형 '육장' 이 쓰이고 있다. 혼달 육쟝 단이며 전전이 혼푼두푼 어더 묘와(완판, 심청, A본,상.11ㄴ). 그리고 전남방언 어휘를 수집한 주갑동(2005 : 272)에는 표제어 '육쟝'에

---

95) 여강이씨의 편지 글 가운데, '쟝'(場)을 가리키는 단어는 '쟝' 또는 '댱'으로 사용되었다.
　　(ㄱ) 반찬도 쟝 어긔여 못 ᄉ 보내오니 급급(1847, 032, 아내→남편/김진화, 236),
　　(ㄴ) 반찬도 못가지고 가셔 음식을 엇지 먹는고 댱 어긔니 아모것도 못히 보내 답답ᄒ다(연대미상,080, 어머니→아들/김흥락, 547).

대해서 "늘, 언제나"와 같은 풀이가 제시되어 있다.

그러나 이 시간부사 형태 '댱'의 또 다른 기원은 한자어 '長'에서 찾을 수 있는 가능성이 더 많은 것 같다. 공간의 개념이 시간으로 확대된 '長'이 15세기 국에서부터 '常'과 결합하여 '長常'으로 사용되었으며, 동시에 한자음 '댱샹'이 한문 원문 '長'을 번역한 단어로 쓰이기도 하였다(남광우 1997을 참조).

(69) 恒은 長常이오(월석 서, 3), 댱샹 眞性을 믿놋다(長任眞, 초간 두시 8 : 28),
　　　 日月이 댱샹 비취닷 ᄒ니(日月長照, 금강경언해, 61),
　　　 댱샹 잇디 아니커든(不常住, 능엄경 2 : 24),
　　　 一生애 깃그며 怒호믈 쟝샹 眞性을 믿놋다(중간 두시 8 : 28).

그렇다면, 시간부사 '쟝'은 한자어 '長'과 관련되어 있으며, 국어에서는 '댱샹'으로 소급되어 단축된 형태로 19세기 전기와 후기의 다양한 지역방언 자료에 출현하였던 것으로 추정된다. 19세기 전기의 한글편지 묶음에서 여강이씨가 편지 글에 사용한 '댱'의 형태는 이와 같은 역사적 맥락에서 존재한다.

4.2.2. '노, 노이'(常)

이 한글편지 묶음에는 위에서 언급된 '댱/쟝'(長)과 같은 의미를 나타내는 시간부사로 '노' 또는 '노이' 형태가 더 높은 빈도로 사용되었다. 그리고 이 시간부사가 쓰이는 자리에 '노샹'으로 대치되어 나타나기도 하였다.

(70) ㄱ. 쥬아는 더위 드럿난지 노 비 알코 셩찬으니 맙슙(1833, 010. 아내
　　　 →남편/김진화, 100),
　　　 셰손 아기 노 부ᄅ지지고 찻는 경샹(1834, 011. 아내→남편, 108),
　　　 인돌은 듕간(中間)으 노 무셥다 ᄒ더니(1841, 017. 아내→남편, 135),

욕 편지가 <u>노</u> 온다 ᄒ오니 졀통졀통(1848, 039. 아내→남편, 273),

병이 그리 대단튼 아니오나 <u>노</u> 한쇽증이 다시나 ᄒ더니(1848, 040. 아내→남편, 281),

츳돌이가 <u>노</u> 이를 스다가(1848, 043. 아내→남편, 298),

너히 서히 <u>노</u> 그립고 눈의 버러(연대미상, 084. 어머니→아들/김승락, 562),

ㄴ. 소문도 듯지 못ᄒ시고 <u>노의</u> 심녀ᄒ오심과(1834, 011. 아내→남편, 106),

ㄷ. <u>노상</u> 괴롭고 아니 아푼 날이 업다ᄒ시니...그러코 <u>노</u> 빗치옵시니 허긔(虛飢)는 <u>노상</u> 지고 엇디엇디 견듸실고(1848, 048. 아내→남편, 337),

날셰 <u>노상</u> 비올 샹(相)이이(1848, 076. 어머니→아들/김흥락, 523),

지금은 눈가이 불 <u>노상</u> 눈물을 니오니(1849, 116. 둘째딸→아버지/김진화, 737).

위의 (70)ㄱ에 출현하는 또 다른 유형의 시간부사 '노'는 주로 김진화의 부인 여강이씨(1792-1862)의 편지 글에 집중되어 있다. 여강이씨는 §4.4.1에서 언급된 '댱/쟝'과 '노'를 번갈아 가면서 구사한 것이다. (70)ㄴ의 예는 '노'에 접사와 같은 '-의'가 연결되어 있음을 보여준다. (70)ㄷ의 경우에, 여강이씨는 반복 지속적인 시간부사 '노'와 연관되어 있는 '노상'도 사용하고 있다. 따라서 여기서 '노'는 통상적인 '노상' 형태에서 뒤의 성분이 생략된 형태론적 구성으로 보인다.96) 이 시간부사 '노'의 형태는 또 다른 '쟝'(長)의 경우와 달리, 19세기 전기 이전이나 오늘날의 지역방언 자료에서는 쉽게 발견되지 않는다. '노'는 19세기 후반에서부터 오늘날의 사전 부류에 표제

---

96) '노상'은 19세기 『규합총서』(1869)에 그 예가 처음 보인다고 한다("21세기 세종 계획, 2007 한민족 언어정보화 통합 검색 프로그램").

검고 마시 조ᄒ되 <u>노상</u> 젹게 나니(5ㄴ).

김양진(2011 : 100)은 '노상'이라는 부사어의 구성을 다음과 같이 설명하였다. "노상(노常) : '늘', '줄곧'을 뜻하는 '노'와 '항상'을 뜻하는 한자어 '常'이 결합하여 만들어진 말로 동일 의미의 고유어와 한자어가 결합된 동어반복형 단어이다. '늘상'(늘常)도 마찬가지로 동어반복형의 단어구조를 가진 말이다."

어로 등록되어 있다.

> (71) 노 : 恒常, always, still, continually, see 홍샹.(Gale의 『한영ᄌ뎐』 1897 :
> 373),
> 常, 久(『조선어사전』, 총독부, 1920 : 168),
> [부사] 일상, 오래, 항상, 언제든지(『조선어사전』(문세영, 1938 :
> 286),
> [옛], '노샹'의 준말. 『큰사전』(한글학회, 1947 : 637).

19세기 전기의 한글편지 묶음에서 여강이씨가 사용하였던 시간부사 '댱/
장'의 경우는 한자어 '長'으로 소급될 수 있으나, 또 다른 장기 반복상을 나
타내는 '노'의 기원은 추적하기 어렵다. 15세기 국어에서 부사형 'ᄂᆞ외' 또
는 'ᄂᆞ외야'(再, 復)형이 '노외, 노외야'를 거치면서 '노의(여)'까지 발달하였는
데, 위의 (70)ㄴ의 '노이'형과 연결이 될 수 있을 것으로 추정된다. 그렇다
면, 이 부사형이 나타내고 있던 원래의 '다시, 반복해서'의 기본의미가 은
유화를 거치면서 '언제나, 늘, 항상'의 의미로 이전하여 왔다는 전제를 하
여야 된다. 그리하여 19세기 후기에 등장하는 '노샹'(노+常)에서 후속 성분
'-常'은 '長常'에서와 동일하게 각각 '長'과 '노'의 의미 속성을 강조하기 위
해서 유의어가 반복된 것으로 보인다(김양진 2011).97)

---

97) 지금까지 언급된 장기 지속상 '댱/장'과 '노'형 이외에 이 한글편지 묶음에는 통상적인
'미양(每常)의 변이형 '마양/ᄆᆞ양'도 등장하였다.

알튼 증(症)은 마양 그러ᄒᆞ옵(1847, 105. 넷째 딸→아버지/김진화, 683),
그 병듕의도 마양 아바님 말숨 ᄒᆞ옵고(1849, 096. 맏며느라→시아버지/김진화, 630),
언제부터 그러ᄒᆞ여도 올 터는 업스니 홀 슈 업스나 ᄆᆞ양 그러랴(미상, 139. 누나→사
내아우/김홍락, 849).
cf. 여보쇼, 힝슈형님, 자네는 민양 힝슈만 ᄒᆞ며, 넌들 민양 이리 될가(장자백 창본
춘향가 34ㄴ~35ㄱ).

112 제1부 근대국어 경상도의 지역·사회방언의 발달과 분화

5. 결론

　모든 공시적 언어 현상을 포함하여, 특히 역사적 지역방언 자료에 반영된 언어 특질들은 그 자체 고립된 실체가 아니고, 비교의 대상이다. 이 한글편지 묶음에서 글쓴이가 지금까지 추출하여 논의하려고 했던 몇 가지 언어 사실들도 역시 예외가 아니다. 또한 19세기 전기의 경북지역에서 사대부 집안에서 한글편지를 통하여 상호 교신된 언어의 모습은 연속적인 시간의 측면에서 과거와 그 당시의 현재, 그리고 19세기 후기와 20세기의 미래로 계승되어지는 연속적인 선상에 존재한다. 즉, 이 시기의 언어 현상 속에는 그 이전의 역사적 단계에 이루어져 온 대부분의 변화가 축적되어 있다. 이와 동시에 이 언어 자료는 19세기 전기 경북 화자들의 공시적 의사전달의 매체로 기능을 발휘하였다. 그뿐 아니라, 이것은 19세기 후기로 향하는 변화의 경향과 그 확대를 점진적으로 보여주는 역동적인 산물이라고 생각한다. 이러한 세 가지 시간 차원을 보여주는 언어 현상들이 사회언어학적 변항에 따라서 이 시기의 자료에 역동적인 변이와 변화의 모습으로 실현되어 있음을 글쓴이는 제시하려고 시도하였다.

　글쓴이는 이 한글편지 묶음에 드러난 19세기 전기 경북방언의 모습을 가능한 한, 비교와 대조의 관점에서 방언사의 틀 안에서 이해하려고 노력하였다. 한국어의 지역방언의 분화는 15세기 훨씬 이전부터 확대되어 발전하였을 것이며, 한글의 표기 수단이 확보된 15세기 이후에서도 부단한 분화와 통일의 과정을 밟아 왔을 것으로 보인다. 그러나 이와 같은 지역방언 내지는 사회방언의 분화와 발달의 모습을 문헌자료를 통하여 체계적으로 반영하는 시기는, 단편적인 것을 제외하면, 17세기 또는 18세기 이전으로 소급되기 어렵다. 그렇기 때문에, 이 한글편지 묶음에 드러난 19세기 전기의 안동 사회방언의 특질들은 적절한 검증의 장치를 거친다면 18세기와,

그 이후의 19세기 후기 경북방언 자료를 연결하여 줄 수 있는 의미 있는 자료로 판단하였다.

이 글의 제1장과 2장에서는 이와 같은 자료를 대하는 글쓴이의 기본적인 관점과 태도를 제시하고, 한글편지의 자료적 속성과, 언어 자료를 취급하는 몇 가지 방법론을 제시하였다. 글쓴이는 한글편지의 특성 가운데 하나를 언어 자료의 직접성 또는 현장성에 두었다. 여기서 말하는 언어의 "현장성"('immediacy', Elspass 2012 : 157)이란 당시에 편지에 구사된 말과 화자들이 직접 사용하는 구어와 맺고 있는 1 : 1의 시간적 근접성 또는 직접적인 관계를 말한다. 여타의 판본 자료에 반영되어 있는 언어의 양상은 해당되는 간행 시기와 당시 화자들의 살아있는 말과의 간극 또는 거리를 측정하기 어려운 경우가 대부분이기 때문이다.

특히 글쓴이는 이 자료에 드러난 당시 언어의 모습을 19세기 전기 경북방언에 고유한 특질과, 국어 발달의 관점에서 대부분의 지역방언에서 보이는 일반적 특질과를 구분하여 기술하려고 하였다. 그러나 이러한 구분은, §2에서 밝힌 바와 같이, 원칙상 자의적인 것이며, 그 구분이 언제나 명료하지 않았음은 물론이다.

이 글의 제3장에서는 개별적 언어 특질 중심으로 이 한글편지 묶음에서 사용된 형태・통사론, 음운론 및 방언 어휘 등 몇 가지를 19세기 후기의 자료들에 비추어 비교하여 검증하려고 하였다. 이 가운데, 19세기 후기 전라방언 자료에 적극적으로 출현하고 있는 주체높임의 선어말어미 '-겨-'와 '-겻-'형이 이 방언 자료에서도 '아/어+계시-'의 구문에서 축약된 문법화의 과정을 보이고 있는 예들을 주목하였다. 그리고 경북방언의 고유한 특질인 '-(으)ㄹ-'의 기원이 추정과 의도 또는 미래 표시의 선어말어미 '-리-'가 참여한 '-(으)리로다'에서 축약을 거친 형태일 가능성을 추구하였다.

§3.2에서 글쓴이는 19세기 전기 경북방언의 모음체계 가운데, 특히 '위'

가 음성 조건에 따라서 하향이중모음 [uy]에서 [wi]를 거쳐 [i]로 향하는 방향을 관찰하였다. 특히 이 시기에 생산적인 움라우트 현상의 전개를 전제로 하여야만 가능할 수 있는 개재자음 제약의 극복과 피동화음 '우'의 움라우트 실현 예를 살피고, 단어사용의 빈도와 첨단적인 음운현상의 개입과 같은 상호 관계를 가정하였다. 이 가운데 용언 '느리-'(降)의 반사체들은 편지 발신자들의 사회적 신분과 연령 등과 같은 사회언어학적 변항에 따라서 '너리-∞나리-∞너리-'와 같은 변이현상을 나타내고 있음을 제시하였다.

§3.3에서 글쓴이는 전형적인 경북방언의 어휘 몇 가지를 추출하였다. 특히, 이 한글편지 묶음에 나타나는 방언형 '가왜'(剪), '아리(前日)', '모시'의 변형인 '모슈'(苧) 등이 19세기 전기 경북방언의 특질을 잘 반영하고 있다고 생각하였다.

이 글의 §4에서는 이 한글편지 묶음에 드러난 경북 사회방언의 보편적인 특질 몇 가지를 제시하였다. §4.1.1에서 취급한 체언어간말 자음 'ㄷ' 계열의 곡용 형태에서 t-구개음화가 유추작용을 거쳐 확대되어 어간말 자음이 재구조화된 일련의 체언들이 추출되었다. 여기서 '붗'(筆)과 같은 곡용형은 19세기 후기 전라방언 자료에서는 발견하기 어려운 재구조화 형태로, 오늘날의 '붓' 역시 '붇>붗>붓'의 연속적인 과정을 밟아왔음을 나타낸다. 특히, §4.1.3 존재동사 '잇/이시-'의 어간 단일화 현상이 이 자료에서는 화자(즉, 편지 발신자)들의 유형과, 청자(즉, 편지 수신자)와의 관계에 따라서 보수형과 개신형 간의 교체를 반영하고 있음을 지적하였다.

끝으로, §4.2에서 글쓴이는 장기 반복상을 나타내는 시간부사 '댱/쟝'과 '노'가 특히 여강이씨의 편지 글에서 교체되어 쓰이고 있음을 주목하였다. '댱/쟝'의 경우에는 한자어 '長' 또는 '댱샹, 長常'에 그 기원이 있을 가능성을 가정하였다. 그러나, '노샹'(노+常)과 관련이 있는 '노'의 정체는 잠정적인 가정만 하였을 뿐, 분명하게 파악하지 못하였다.

참고문헌

강근보(1972), 「제주도방언 '잇다' 활용고」, 『제주대학 논문집』 제4집, 제주대학교, 15-29쪽.

강신항(1978), 「안동방언의 서술법과 의문법」, 『언어학』 3호, 한국언어학회, 9-27쪽.

강신항(1980), 「안동방언의 경어법」, 『남광우박사 화갑기념논총』, 일조각, 235-253쪽.

강정희(1988), 『제주방언 연구』, 한남대학교 출판부.

강정희(1992), 「제주방언 연구 개관」, 『남북한의 방언 연구』, 경운출판사, 289-307쪽.

강정희(2005), 『제주방언의 형태변화 연구』, 역락.

고광모(1989), 「체언 끝의 변화 ㄷ>ㅅ에 대한 새로운 해석」, 『언어학』 11호, 한국언어학회.

고광모(1999), 「문법화의 한 양상」, 『언어의 역사』, 태학사, 19-44쪽.

고광모(2000), 「일부 방언들의 주체 높임법에 나타나는 '-겨-'의 역사(1)」, 『한글』 250, 한글학회, 189-225쪽.

고영근(1995), 『단어·문장·텍스트』, 한국문화사.

곽충구(1984), 「체언어간말 설단자음의 마찰음화에 대하여」, 『국어국문학』 91집, 1-22쪽.

곽충구(1994), 『함북 육진 방언의 음운론』, 국어학총서 20, 국어학회.

곽충구(2003), 「현대국어의 모음체계와 그 변화의 방향」, 『국어학』 41, 59-92쪽.

곽충구(2005), 「육진방언의 음운변화-20세기초로부터 1세기 동안의 변화」, 『진단학보』 100, 진단학회, 183-222쪽.

권재일(1998), 『한국어 문법사』, 박이정.

김경아(1995), 「체언어간말 설단 자음의 변화」, 『관악어문연구』 20, 서울대학교 국어국문학과, 293-311쪽.

김경아(2008), 「체언어간말 설단자음의 변화에 대한 통시론」, 『동양학』 제43집, 71-94쪽.

김병제(1980), 『방언사전』, 과학백과사전출판사.

김봉국(2005), 「체언어간말 중자음의 변화양상-동해안 방언 및 함북 육진방언을 중심으로」, 『국어학』 45, 국어학회, 17-40쪽.

김승곤(1989), 『우리말 토씨 연구』, 건국대 출판부.

김양진(2011), 『우리말 수첩』, 정보와사람.

김영배 외 編(1996), 『염불보권문의 국어학적 연구』, 동악어문학회.

김영신(1980), 「『동국신속삼강행실도』의 국어학적 연구」, 『부산여대 논문집』 9집.

김완진(1972), 「국어 모음체계의 신고찰」, 『국어음운체계의 연구』, 일조각, 2-43쪽.

김완진(1996), 『음운과 문자』, 신구문화사.

김이협(1981), 『평북방언사전』, 한국정신문화연구원.

김정대(1992), 「<수겡옥낭자전>에 반영된 경상도 방언 문법적 요소에 대하여」, 『加羅文

化』 제9집, 경남대학교 가라문화연구소, 77-111쪽.

김정대(1998), 「경남방언의 성격」, 『방언학과 국어학』, 태학사, 321-365쪽.

김정태(1992), 「<수겡옥낭자전>에 대하여」, 『加羅文化』 제9집, 경남대학교 가라문화연구소, 5-14쪽.

김주원(1984), 「18세기 경상도 방언의 음운 현상」, 『인문연구』 제6호, 영남대학교.

김주원(1994), 「18세기 황해도 방언의 음운현상-보권염불문 홍률사판의 분석을 통하여」, 『국어학』 24집.

김주원(1996), 「18세기 평안도 방언을 반영하는 <염불보권문>에 대하여」, 『음성학과 일반 언어학』, 이현복 엮음, 서울대학교 출판부.

김주원(1999), 「알타이제어와 한국어의 전설고모음화 현상」, 『알타이 학보』 제9호.

김주원(2000), 「국어의 방언분화와 발달-국어방언 음운사 서술을 위한 기초적 연구」, 『한국문화사상 대계』 제1권, 영남대학교 민족문화연구소, 151-185쪽.

남광우(1980), 「『경신록 언석』 연구」, 『국어학 연구』, 이우출판사, 58-76쪽.

남광우(1997), 『교학 고어사전』, 교학사.

민현식(1991), 『국어의 시상과 시간부사』, 개문사.

박선우(2006), 「국어의 유추적 음운현상에 대한 연구」, 고려대학교 박사학위 논문.

박용호(1988), 『제주방언연구』(고찰편), 과학사.

방언연구회 편(2001), 『방언학 사전』, 태학사.

백두현(1990), 「영남 문헌어에 반영된 방언적 문법형태에 대하여」, 『어문론총』 24호.

백두현(1992), 『영남 문헌어의 음운사 연구』, 국어학 총서 19, 태학사.

백두현(1996), 「경상방언의 통시적 연구」, 『내일을 위한 방언연구』, 경북대학교 출판부, 3-46쪽.

백두현(1997), 「『현풍 곽씨 언간』 판독문」, 「어문론총」 31호, 경북어문학회.

백두현(2004), 「『음식디미방』의 표기법과 자음변화 고찰」, 『국어사 연구』 제4호, 95-120쪽.

백두현(2005), 「진행 중인 음운변화의 출현 빈도와 음운사적 의미」, 『어문학』 90호, 어문학회, 45-72쪽.

백두현(2011), 「19세기 초기 전라방언 자료『睡雲亭悲懷遺錄』 연구」, 『한국문화』 53, 서울대규장각 한국학연구원.

서정목(1987), 「경남방언의 의문문에 대한 연구」, 서울대학교대학원 문학박사 학위논문.

안귀남(1999ㄱ), 「고성 이씨 이응태묘 출토편지」, 『문헌과 해석』 발표문.

안귀남(1999ㄴ), 「이응태 부인이 쓴 언간의 국어학적 의의」, 『인문과학연구』, 안동대학교.

안귀남(2007), 「안동방언의 부정법 연구」, 『경북방언의 연구』, 민속원, 40-70쪽.

안병희(1992), 「중세국어 연구 자료의 성격」, 『국어사 자료 연구』, 문학과 지성사, 11-27쪽.

유필재(2001), 「서울지역어의 음운론적 연구」, 서울대학교대학원 문학박사 학위논문.

유창돈(1971), 『어휘사 연구』, 선명문화사.

유창돈(1980), 『이조국어사 연구』, 이우출판사.

이광호(1996), 「언문 간찰의 형식과 표기법」, 『정신문화연구』 19권 3호.

이기갑 외(편, 1997), 『전남방언사전』, 전라남도, 태학사.

이기갑(2003), 『국어방언문법』, 태학사.

이기문(1972), 『국어사 개설』(개정판), 탑출판사.

이기문·손희하(1995), 『천자문 자료집-지방 천자문 편』, 도서출판 박이정.

이병근(1970), 「19세기 후기 국어의 모음체계」, 『학술원논문집』(인문, 사회) 9.

이병근(1976), 「19세기 국어의 모음체계와 모음조화」, 『국어국문학』 72·73호.

이병근(1994), 「16·17세기 언간의 표기에 대한 음운론적 이해」, 『정신문화연구』 제19권
　　　　　　 제3호, 한국정신문화연구원, 3-27쪽.

이상규(1982), 「동남방언의 여격표지 연구(1)」, 『한국방언학』, 한국방언학회, 39-46쪽.

이상규(1990), 「경북방언의 격어미 형태구성과 기능」, 『어문론총』 24호, 경북어문학회.

이상규(1992), 「경북방언 연구의 성과와 전망」, 『남북한의 방언 연구』, 경운출판사,
　　　　　　 193-250쪽.

이상규(1998), 「경북방언의 성격」, 『방언학과 국어학』, 태학사, 291-320쪽.

이상규(1999), 『경북방언 문법연구』, 박이정.

이숭녕(1978), 『제주도방언의 형태론적 연구』, 국어학 연구선서 5, 답출판사.

이숭녕(1988), 「『동국신속삼강행실도』의 음운사적 연구」, 『이숭녕 국어학선집』 (3), 민음사.

이숙경(2006), 「후기 근대국어의 문법화」, 『후기 근대국어 형태의 연구』, 홍종선 외, 역락.

이익섭(1984), 『사회언어학』, 대우학술총서 인문사회과학 75, 민음사.

이진호(역주, 2009), 小倉進平 著, 『한국어 방언 연구』, 전남대학교출판부.

이태영(1987), 「동사 '겨다'의 문법화 과정」, 『한국언어문학』 제25집, 한국언어문학회,
　　　　　　 67-84쪽.

이현희(1993), 「19세기 국어의 문법사적 고찰」, 『한국문화』 제15집.

이현희(2007), 「19세기 초기부터 20세기 초기까지의 한국어는 어떤 모습이었나 : 주로
　　　　　　 문법사적 기술을 중심으로」, 『우리말글』 41호, 우리말글학회, 1-40쪽.

전광현(1967/2003), 「17세기 국어의 연구」, 『국어사와 방언』, 월인, 7-102쪽.

전광현(1983/2003), 「『온각서록』과 정음 지역어」, 『국어사와 방언』, 월인, 177-190쪽.

정석호(2007), 『경북 동남부 방언사전』, 글누림.

정승혜(2012), 「對馬島 宗家文庫所藏 朝鮮通事의 諺簡에 대하여」, 『문헌과 해석』 발표문.

주갑동(2005), 『전라도 방언사전』, 수필과비평사.

최동주(1995), 「국어 시상체계의 통시적 변화에 관한 연구」, 서울대학교 문학박사 학위
　　　　　　 논문.

최명옥(1980), 『경북 동해안 방언연구』, 영남대학교 민족문화연구소.

최명옥(1982), 『월성어지역어의 음운론』, 영남대학교출판부.

최명옥(1985), 「19세기 후기 서북방언의 음운론」, 『인문연구』 제7집 4호, 영남대 인문과
　　　　　　 학연구.

최명옥(1987), 「평북 의주 지역어의 통시 음운론」, 『어학연구』 23권 1호.

최명옥(1992), 「19세기 후기 국어의 연구 : <모음 음운론>을 중심으로」, 『한국문화』 13

집, 한국문화연구소.

최전승(1986), 『19세기 후기 전라방언의 음운현상과 그 역사성』, 한신문화사.

최전승(1987), 「이중모음 '외', '위'의 단모음화 과정과 모음체계의 변화」, 『어학』 제14집.

최전승(1995), 『한국어 방언사 연구』, 태학사.

최전승(2004), 『한국어 방언의 공시적 구조와 통시적 변화』, 역락.

최전승(2009), 『국어사와 국어방언사와의 만남』, 역락.

최전승(2010), 「시간과 공간표시 명사의 역사적 어휘화 과정과 처소격조사와의 상관성」,
    『교과교육연구』 제2호, 전북대학교 교과교육연구소, 7-62쪽.

최전승(2011), 「불규칙 활용의 규칙화와 'ㅎ'[?]에 대한 인식의 전개와 음운현상의 본질」,
    『교과교육연구』 제4호, 전북대학교 교과교육연구소, 241-337쪽.

최학근(1978), 『한국방언사전』, 현문사.

한국학중앙연구원 편(2005), 『조선 후기 한글 간찰(언간)의 역주 연구』 1, 태학사.

한국학중앙연구원 편(2009), 『의성김씨 김성일파 종택·전주이씨 덕천군파 종택 한글
    간찰』, 조선후기 한글 간찰(언간)의 역주연구 6, 태학사.

한국학중앙연구원 편(2009), 『의성김씨 김성일파 종택·전주이씨 덕천군파 종택 한글
    간찰』, 조선후기 한글 간찰(언간) 영인본 3, 태학사.

한영목(1998), 「충남방언의 현상과 특징에 대한 연구」, 『방언학과 국어학』, 태학사,
    159-210쪽.

한영목(2008), 『충남방언문법』, 집문당.

한용운(2003), 『언어 단위 변화와 조사화』, 한국문화사.

한재영(1997), 「어간교체형의 변화」, 『국어사연구』, 국어사연구회, 태학사, 777-814쪽.

한진건(2003), 『륙진 방언연구』, 역락.

황대화(1998), 『조선어 동서방언 비교연구』, 한국문화사.

황대화(2011), 『1960년대 육진방언 연구』(자료 편), 역락.

황문환(2002), 「조선시대 언간과 국어생활」, 『새국어생활』 제12권 2호, 여름, 국립국어연
    구원, 133-146쪽.

황문환(2004), 「조선시대 언간자료의 연구 현황과 전망」, 『어문연구』 제32권 제2호,
    69-93쪽.

허 웅(1975), 『우리 옛말본』, 샘문화사.

허 웅(1987), 『국어 때매김법의 변천사』, 샘문화사.

허 웅(1989), 『16세기 우리 옛말본』, 샘문화사.

허원기(2004), 「한글간찰 연구사」, 『국제어문』 제32집, 297-324쪽.

허재영(2005), 「한글편지에 쓰인 어휘 변천에 대한 연구」, 『한글』 268호, 한글학회,
    87-121쪽.

홍기문(1927), 「朝鮮文典要領」, 『現代論評』 5월 특대호, 176-178쪽.

홍기문(1966), 『조선어 력사 문법』, 사회과학원출판사.

홍윤표(1992), 「방언사 관계 문헌자료에 대하여」, 『남북한의 방언 연구』, 경운출판사,
    405-423쪽.

홍윤표(1993), 『국어사 문헌자료 연구』(근대편 I), 태학사.
홍윤표(1994), 『근대국어연구』(I), 태학사.

小倉進平(1924), 『南部朝鮮의 方言』, 조선사학회.
小倉進平(1944), 『朝鮮語 方言의 硏究』(前篇 資料 篇), 岩波書店.
河野六郞(1945), 『朝鮮方言學試攷』, 東都書籍.
Bergs, Alexander.(2005), *Social Networks and Historical Sociolinguistics*, Mouton de Gruyter.
Chambers & Trudgill.(1980), *Dialectology*, Cambridge Univ. Press.
Elspass, Stephan.(2012), The Use of Private Letters and Diaries in Sociolinguistic Investigation, 156-169, in *The Handbook of Historical Sociolinguistics*, edited by Hernandez-Campoy et als. Wiley-Blackwell.
Fleishman, Suzanne.(2000), Methodologies and Ideologies in Historical Linguistics, 33-58, in *Textual Parameters and Older Languages*, John Benjamins Publishing Company.
Labov, William.(1972). *Sociolinguistic Patterns*, Basil Blackwell.
Labov, William.(1994). *Principles of Linguistic Change*, 1. Internal Factors, Blackwell Press.
Lass, Roger.(1997). *Historical Linguistics and Language Change*, Cambridge Studies in Linguistics 81, Cambridge University Press.
Lee Ki-Moon & R. Ramsey.(2011), *A History of the Korean Language*, Cambridge Univ. Press.
Milroy, James.(1992), *Linguistic Variation and Change*, Blackwell Press.
Nevalainen & Raumolin-Brunberg.(2003), *Historical Sociolinguistics*, Longman.
Nevalainen & Raumolin-Brunberg.(2012), Historical Sociolinguistics : Origins, Motivations, and Paradigms, in *The Handbook of Historical Sociolinguistics*, edited by Hernandez-Campoy et als. Wiley-Blackwell.
Phillips, S. Betty.(2006), Word Frequency and Lexical Diffusion, Palgrave Macmillan.
Phillips, S. Betty.(2001), Lexical Diffusion, Lexical Frequency, and Lexical analysis, *Frequency and the Emergence of Linguistic Structure*, Edited by Bybee & Hopper, pp.123-158, John Benjamins Publishing Company.
Romaine, Suzanne.(1982), *Socio-linguistic Linguistics*, Cambridge University Press.
Romaine, Suzanne.(1988), Historical Sociolinguistics : Problems and Methodology, 1452-1469, in *Sociolinguistics*, An International Handbook of the Science of Language and Society, Walter de Gruyter.
Romaine, Suzanne.(2005), Historical Sociolinguistics, in *Sociolinguistics*(2nd edition), 1696-1703, An International Handbook of the Science of Language and Society, Walter de Gruyter.

Susan C. Herring et als.(2000). On Textual Parameters and Older Languages, 1-32, in *Textual Parameters and Older Languages*, John Benjamins Publishing Company.

제2장

17세기 후기 필사본『음식디미방』의 언어에 대한 이삭줍기
─근대국어의 의미론과 형태·통사적 변화를 중심으로─

1. 서론

이 글에서 글쓴이는 17세기 후반의 음식 조리서인 필사본『음식디미방』
에 반영된 그 당시의 공시적 언어 모습 가운데 몇 가지를 이용하여, 근대
국어 단계에서 수행된 의미변화와, 형태·통사적 변화의 진행 과정을 복원
하려고 한다.[1] 이와 같은 작업을 위해서,『음식디미방』과 같은 텍스트 유
형에 속하는 17세기 후기 또는 18세기 초반의 필사본『주방문』(28장본, 규장
각 소장), 그리고 17세기 초기 또는 중반기에 작성된 海州 최씨(1591-1660)의
한글 음식 조리법 일부(신창 맹씨『子孫寶傳』에 수록, 이광호 외 2005), 19세기 중
기의 간본『규합총서』(1869) 등의 근대국어 자료에서 추출된 해당 언어의
특질들과 비교와 대조를 병행할 것이다.

---

1) 이 글의 초고를 통독하고, 글쓴이의 생각이 미처 이르지 못했던 부분과, 잘못 판단한 내
용을 지적하고 보충해준 경북대학교 백두현 교수와 송지혜 교수, 조선대학교 석주연 교
수, 그리고 전북대학교 이정애 교수와 서형국 교수에게 진심으로 감사드린다. 특히, 송
지혜 교수를 통해서 제2장 '뇌-'의 의미변화 부분에 대한 기술이 더욱 정비되었다. 그러
나 이 글에 내재되어 있는 모든 판단과 해석상의 문제는 글쓴이에게만 한정된다.

근대국어의 단계로 들어서는 17세기 시대 전반에 걸쳐 경북 북부의 안동과 영양 등지에서 생활하였던 사대부 집안 安東 張氏(장계향, 1598-1680)가 그 만년에 한글로 저술한『음식디미방』(1670년 전후)이 갖고 있는 귀중한 가치와 평가는 음식문화사와 국어사의 두 가지 영역에서 지금까지 거의 완벽하게 이루어진 바 있다.2) 음식사와 조리학의 분야에서 이 한글 필사본에 대한 주목과 관심은 1960년대부터 본격적으로 시작되었다(한복려 2003). 그 반면에, 순수한 17세기 언어 자료의 대상으로서 이 문헌에 나타나 있는 표기와 언어 현상에 대한 정밀한 관찰과 체계적인 기술은 주로 1990년대를 거쳐 2000대에 들어와서부터 집중되었다. 국어사적 측면에서 이 자료에 대해서 이광호(2000), 장충덕(2003), 이선영(2004) 등의 본격적인 고찰이 최근에 있어 왔다. 특히,『음식디미방』에 대한 자료 소개와 그 언어에 관해서는 지금까지 경북대학교 백두현 교수의 풍부하고 정밀한 일련의 연구 업적들과 직접 또는 간접적으로 밀접하게 연관되어 있다(1992, 1998, 2001, 2003, 2004, 2005, 2006).

백두현 교수는 이 자료를 경상도 문헌어의 음운사적 고찰에서 적극적으로 이용하였으며(백두현 1992), 내용과 구성에 대한 연구(백두현 2001)를 비롯하여, <경북대학교 고전 총서 10권>으로 간행된 영인본『음식디미방』의 전반부에 첨부된 해설에서 국어사적 관점으로 그 언어적 특질들을 종합 정리한 바 있다(백두현 2003). 이어서 그는 이 자료에 실현된 표기법과 자음 변화를 중심으로 기술하였으며(백두현 2004), 또한 여기에서 공시적 변이를 보이는 다양한 음운 현상들을 대상으로 그 출현 빈도를 계량화하여 그 양상을 파악하고, 음운사적 의미(백두현 2005)를 새롭게 부여하였다. 그리고 백두현(2006)은 이 문헌의 종합적인 단행본 주해서로서, 예전에 간행된 경

---

2) 안동 장씨(장계향)의 성장 배경과 생애, 그리고 그 시대의 사회 문화적 배경에 대해서는 백두현(2003, 2006), 한복려(2003), 장충덕(2003)을 참조.

북대학교 출판부(2003)에서 제시된 주석과 현대어 번역 상의 약간 미진하였던 문제점들을 수정하고 해결하여 정리한 완결 편에 해당된다.[3]

　이와 같이 필사본 『음식디미방』에 반영된 17세기 후기의 언어에 대해서 종래에 축적된 다양하고 방대한 연구 업적들을 조감해 보면, 주로 19세기 후기 전라방언을 전공하는 글쓴이가 이 가운데 새삼스럽게 끼어들어 덧붙일 논제는 원칙적으로 찾을 수 없다. 글쓴이는 2013년 가을, 경북 영양군 두들 마을에 설립되어 있는 <음식디미방> 음식체험관에서 간행한 이 책의 복원본 1권을 우연하게 얻어 보게 되었다.[4] 그 복원본은 원본에 가깝게 새 책처럼 선명하게 만들어져 있었다. 글쓴이는 틈틈이 그 필사본 본문에 담겨있는 안동 장씨의 여성스러운 미려하고 정갈한 붓글씨체를 단순한 호기심으로 감상하곤 하였다. 그러는 과정에 국어 방언사에 대한 기술을 추구하고 있는 글쓴이는 점진적으로 17세기 후기 필사본 『음식디미방』에 대

---

3) 한 가지의 보기를 들면, 경북대학교 출판부(2003)에서 제시된 원문 해독과 그 현대문 번역 가운데 출현 빈도가 높은 파생부사 'ᄆᆞ이'가 대부분 '만ᄒᆞ-'(多)의 부사형 '만히'의 변이형으로 파악되어 있다. 예를 들면,

　원문 : 독 안밧글 ᄀᆞ장 ᄆᆞ이 씨어… 청속가비롤 만이 녀허 소티 각고로 업퍼(15ㄱ),
　현대역 : ----아주 많이 씻고…청솔가지를 많이 넣어…(경북대학교 2003 : 180).

이와 같은 현대어로의 번역은 조선시대 필사본 음식조리서의 음식 용어 의미주석을 정리하려는 남길임 · 송현주(2008 : 214)에까지 수정 없이 지속되어 있다.

　원문 : 것모밀롤 씨어 하 ᄆᆞ이 몰뇌디 말고(1ㄱ),
　현대역 : 겉메밀을 씻어 너무 많이 말리지 말고.

『음식디미방』의 파생부사 'ᄆᆞ이' 또는 '미이'의 쓰임을 '많이'의 방언형으로 해석하려는 이러한 시도는 이광호(2000 : 20)와 장충덕(2003 : 214)으로 소급되기도 한다.
그러나 백두현(2006 : 52)에서부터 이러한 'ᄆᆞ이'형은 "형용사 어간 '뮙-'(猛)에 부사파생접미사 '-이'가 결합한 부생부사"가 '미이>ᄆᆞ이'의 과정을 거쳐 형성된 부사 형태로 올바르게 수정되어 있다.
4) 이 필사본의 원본은 경북대학교 도서관 遠志齊 文庫에 소장되어 있다고 한다. 글쓴이가 보조적으로 참고한 경북대학교 고전총서 10권 후반부에 실린 『음식디미방』 영인본(2003)의 마지막 쪽(22ㄴ) 여백에 경북대학교 도서관 장서인이 찍혀 있다. 경북 영양군 <음식디미방> 체험관에서 간행한 복원본에는 같은 여백에 그 도서관 장서인을 찾을 수 없다. 또한, 이 자료의 영인은 백두현(2006)의 후반부 부록에도 개재되어 있으나, 영인의 상태가 선명한 복원본에 비하여 그리 양호하지 않다.

한 자료로서의 특유한 성격과, 여기에 나타난 당시의 공시적 언어가 보여주는 몇 가지 역동적인 현상을 주목하게 되었다.5)

그 결과, 『음식디미방』에 담긴 언어에 대한 풍성한 추수가 많은 학자들에 의해서 일차적으로 모두 끝난 이후에, 밭에 조금 떨어져 있는 이삭을 줍는다는 심정으로 글쓴이가 이 자료에 접근하게 된 것이다. 추수가 끝난 밭에서 이삭을 줍는 이들은 불로소득이라는 약간의 소득은 얻을지언정, 앞선 본격적인 추수꾼들이 얻은 알찬 곡식을 결코 바랄 수는 없는 법이다. 이 글도 이와 같은 제약을 받고 있음은 물론이다.

이 글에서 논의의 구성은 다음과 같은 순서로 진행된다.

§2에서는 『음식디미방』에서와, 그 이후 한글로 작성된 다양한 음식 조리서 부류에서 생산적으로 출현하는 용언 '노외-∞뇌-'의 어휘적 의미가 15세기의 통상적인 [重, 反復]에서 벗어나서, 근대국어의 단계에서 [重羅] 또는 [重篩]의 의미로 전환되어 오늘에 이르는 독특한 의미변화의 한 가지 유형을 환유화(metonymization)와, 인지의미론의 원리(Traugott & Dasher 2002)에 근거하여 추적해 보려고 하였다.

§3에서는 『음식디미방』의 텍스트에 반영된 몇 가지의 형태·통사적 변화의 유형과 그 변화의 과정을 나누어 점검하려고 하였다. 먼저 §3.1에서는 상황 지속과 상황 전환성을 각각 보유하고 있는 17세기의 의존명사 '김'(상황 지속)과 '고븨'(상황 전환)형이 구상적 맥락에서 출발하여 점진적으로 추상의 맥락으로 그 용법이 확대되어 다의를 형성하는 문법화 과정과, 이에 따

---

5) 백두현(2003 : 76)은 국어사에서 본 필사본 『음식디미방』의 가치를 다음과 같이 지적하였다.
"국어학적 관점에서 이 책은 17세기 국어의 모습을 반영하는 것이어서 당시 한국어 특히 경상북도 북부방언의 음운, 문법, 어휘 등을 연구할 수 있는 중요 자료이다. 특히 이 책은 한문을 한글로 번역한 대부분의 당시 자료와는 달리 우리말을 바로 문장화한 자료이다. 따라서 다른 언해서와 비교할 때 이 책의 언어는 한문의 제약에서 벗어나 우리말의 실상을 잘 반영한 것이라 할 수 있다."

른 어휘 분화를 기술하였다. 그 다음, §3.2에서 이 자료에 실현되어 있는 명사파생접사 '-이'의 첨가와, 개음절 어간의 명사에 연결되어 하향 이중모음 [oy], [uy]를 형성하여 변화되어 가는 경로를 17세기 후기 모음체계와 부분적으로 연관시켜 논의하였다. §3.3에서는『음식디미방』을 포함해서 17세기 필사본 텍스트에 빈번하게 사용되어 있는 용언의 활용형 '곻-∽곯-'(熬) 등의 유형을 오늘날의 지역방언에서 확대되어 있는 'ㅎ' 어간 말음으로의 재구조화의 관점에서 형태 강화의 일종으로 해석하였다.

이어서 §3.4에서 중세국어의 연결어미 '-오/우디'형이 선어말어미 '-오/우-'의 전면적인 탈락 현상에 의해서 근대국어에 이르러 '-오/우디>-ø되'의 방향으로 대치되는 점진적인 과정에서 안동 장씨의『음식디미방』의 텍스트에 실현된 '-오/우디>-ø디' 후속형들이 17세기 국어의 단계에서 차지하고 있는 위상을 점검하였다. 끝으로, §4의 결론과 논의에서는 이 자료가 보여주는 언어 내적 불안정과 갈등이 변화와 변이의 과정을 통해서 실현되어 있는 당시의 역동성을 사용이 어느 정도 억제되어 있는 움라우트 현상과, 정칙 용언 '싯-'(洗)이 불규칙 용언의 범주로 편입되어 있는 과도교정의 예를 통해서 제시하려고 하였다.

2. 음식조리서 텍스트에서 '노외-∽뇌-'(反復, 重)에 수행된 의미변화의 유형

2.1. 근대국어 '노외-∽뇌-' 부류의 공시적 분포와 多義 형성 과정

17세기 후기 필사본『음식디미방』의 언어에는 음식조리서 텍스트 부류들에 특유한 형태 변화와, 아울러 여기에 개입된 의미변화가 연속적으로 등장하고 있다(백두현 1998; 이선영 2004).6) 이러한 유형의 변화들 중에서 특히 주목되는 사례는 이 자료에서 음식을 준비하는 절차에서 (밀)가루를 곱게 반복하여 치는 동작이 따르는 맥락에 등장하는 '노외-∞노오-∞노의-∞뇌-'(反復, 重)의 형태이다. 이러한 형태들의 쓰임은 부사의 범주보다도 오히려 주로 동작동사의 활용형으로 이 텍스트 전체를 통해서 자주 사용되어 있다.

이와 같은 단어는 15세기 국어에서 동사 'ᄂ외-'와 부사 또는 부사형 'ᄂ외야(復, 更)형으로 소급된다. 『음식디미방』 텍스트에 등장하는 '노외여∞노오여∞노의여∞뇌여'의 공시적 변이는 통시적으로 'ᄂ외야>(동화에 의한 원순모음화)노외여>(異化에 의한 비원순화)노의여>(축약)뇌여'와 같은 일련의 음성변화가 세기적으로 전개되어 가는 과정을 반영하고 있다(송민 1975 : 5, 최전승 1975/2009 : 521-523). 아래의 (1)ㄴ의 '노오여' 형태는 근대국어 형태 '노외여'에서 동음생략이라는 음운론적 과정에 따라서 형성된 것이다. 즉,

___

6) 이 텍스트에서 쓰이는 '모ᄆᆞᄒᆞ-'의 용법은 19세기 후기의 그것과 대조하면, "구상(軟)→추상(磰磰)"으로의 의미변화가 개입되어 있다.

(ㄱ) 쏭남글 다혀 쏠무면 수이 무ᄅ고 모ᄆᆞᄒᆞ니라(질건 고기 뽐ᄂᆞᆫ 법, 디미.9ㄱ), 기름 두로고 박의 퍼 내면 모ᄆᆞᄒᆞ니라(양봇ᄂᆞᆫ 법,디미.10ㄴ).

『음식디미방』에서 보이는 이러한 의미의 사용은 17세기 초기의 자료에서도 등장하기 시작하였으며, 19세기 중기의 음식 조리서 『규합총서』(1869)에까지 그대로 지속되어 있다.

(ㄴ) ᄇᆞᆯ근 엄 나니롤 달혀 모ᄆᆞᄒᆞ거든 고기 양 업시 ᄒᆞ고(軟, 1608,두창집.하,27ㄱ), 넙고 만만ᄒᆞ 닙희 곳견쳐로 얇게 펴고(규합총서,11ㄱ).

그러나 19세기 후기 『한불ᄌᆞ뎐』(1880 : 219)에 수록된 표제어 '만만ᄒᆞ'의 의미는 '磰磰ᄒᆞ다'의 유의어로 실려 있다. 만만ᄒᆞ다, 녹녹, faible, V. Syn. 녹녹ᄒᆞ다.
또한, 『음식디미방』에서 '쏙쏙ᄒᆞ-'의 쓰임에서 확인되는 의미 발달의 과정(딱딱하다→分明하다→총명하다)도 주목된다.

(ㄷ) ᄆᆞ이 믈노여 무러 보아 쏙쏙ᄒᆞ거든 거두어(디미.11ㄴ), 쏙쏙이 : 分明이, 쏙쏙ᄒᆞ다 : 明白ᄒᆞ다(1880,한불ᄌᆞ뎐, 486),

(ㅁ) 눔 보기에도 쏙쏙ᄒᆞ 사롬 노릇슬 홀 터인즉(1896,독립신.5.30,1), 시비곡직은 불론ᄒᆞ고 량반이나 내셸쥴 알면 쏙쏙ᄒᆞ다 층찬ᄒᆞ며(1898,매신문. 4,22,1).

(nʌoy-ya)>nooy-ya→noo-ya.

따라서『음식디미방』의 담화 구성자인 노년의 장씨 부인은 외관상 구체적으로 명시하기 어려운 화자 자신의 내면적 시선과 그 특정한 상황에 따라서 4 가지 변이형을 적절하게 교체시켜 구사하고 있다.

(1) ㄱ. 노외여;
진ᄀ로 졍히 노외여 믈의 ᄆ라 지ᄌᄃᆡ(디미.8ㄴ),
숩ᄀ로롤 깁체예 노외여 고온 진ᄀ로리나 쇠면 ᄀ로리나 썻거(디미.11ㄱ),
ᄀ로 ᄣᅵ허 졍케 노외여 됴훈 쳥쥬의 ᄭᅮᆯ 타(디미.11ㄴ).

ㄴ. 노오여;
진ᄀ로 졍히 노오여 토쟝ᄀ로 반식 석거(디미.10ㄴ).

ㄷ. 노의여∞노의야;
밀ᄀ로롤 깁의 노의야 국슈ᄀ치 몰아 엷게 싸(디미.3ㄴ),
숩ᄀ로롤 깁체예 노의여 고온 진ᄀ로리나 쇠면 ᄀ로리나 썻거(디미.11ㄱ),
토쟝 ᄀ로롤롤 잠깐 물 쌈겨 듯다가 덩이지거든 모시예나 총체예나 노의여 징반의 담고 그 ᄀ로롤 더러 뿔 수ᄃᆡ(디미.11ㄱ),
ᄀ쟝 두서너 볼이나 노의여사 보ᄃ라오니라(디미.17ㄴ).

ㄹ. 뇌여;
모밀가로 쟝만ᄒ기롤 모시예나 깁의 뇌여 그 ᄀ로롤 더러 플뿌ᄃᆡ(디미.1ㄱ),
밀ᄀ로롤 ᄀ쟝 조히 ᄒ여 깁의 뇌여 녹도ᄀ로 두되 더러 ᄒ면(디미.1ㄴ),
밀ᄀ로 칠홉을 의이ᄀ치 조히 죽 쑤어 그 죽의 녹도ᄀ로롤 보ᄃ라이 뇌여 ᄆ라(디미.1ㄴ),
축축훈 ᄈ로 ᄀ로롤 보ᄃ라온 체로 처 다시 뇌여 ᄒ라(디미.2ㄴ),
진ᄀ로롤 뎡히 뇌여 즙을 ᄒᄃᆡ 거디 아니케 ᄒ고(디미.8ㄱ).

위의 예들을 현대어로 번역하고 주석을 제시한 경북대학교(2003)에서는 선행하는 수단을 가리키는 도구명사 '체' 또는 '깁' 등이 함축하는 문맥적 의미에 따라 주로 "(체로) 치다"로 해석하였다.[7] 일반 대중을 위한 현대어 번역의 관점에서는 이와 같은 주석 자체에 별 다른 문제나 잘못은 없는 것 같다. 그러한 몇 가지 예를 인용하면 다음과 같다.

(2) ㄱ. 모시예나 깁의 뇌여(디미.1ㄱ)=가는 모시나 비단에 받쳐(2003 : 126),

  ㄴ. ᄀ장 조히 ᄒ여 깁의 뇌여(디미.1ㄴ)=비단에 친다(2003 : 127),

  ㄷ. 두서너 볼이나 노의여사 보드라오니라(디미.17ㄴ) =두서너 번이나 체에 처야(2003 : 187),

  ㄹ. 진ᄀᄅ 정히 노오여 토쟝ᄀᄅ 반식 석거(디미.10ㄴ)=정히 체에 쳐서 (2003 : 162).

그리하여 경북대학교(2003)에서는 이 자료의 같은 문장 내에서 '체로 치-' 라는 통사 성분에 바로 이어서 '뇌여'형이 연속되는 경우에도 역시 동작동 사 '치-'로 풀이하게 되는 상황에 이르게 된다. 조ᄒ ᄋᄅᄅ로 ᄀᄂ 체여 치 ᄀᄂ 모시예 뇌여두고(디미.2ㄱ)=깨끗한 가루를 가는 체에 한번 치고, 가는 모시에 쳐 둔다 (경북대출판부 2003 : 130). 이러한 해석에도 문맥의 흐름에서 그 자체 큰 문제 가 없으나, 여기에 "모시에 다시/반복해서 쳐 둔다."와 같은 부사적 수식이 첨 가되면 더 정확할 것이다.

이와 같이 '뇌여'형에 대해서 '치다'로 일관하는 경북대학교(2003)에서의 현대어 번역은 백두현(2006)에 와서 다시 올바른 수정을 거치게 된다. 백두 현(2006 : 56)은 이 자료에 출현하는 이형태 가운데 (1)ㄹ의 '뇌여' 부류는 '노외여'(復, 再次)의 축약형이며, 그 원래의 의미는 '다시'에 해당되는 것으로 설명하였다.8) 그러나 이 자료의 다양한 여러 문맥에 출현하는 '뇌여' 부류

---

7) <경북대학교 고전총서 10>으로 간행된 『음식디미방』(2003)의 영인본과 현대어 번역의 편자는 구체적으로 표지에 명시되지 않았다. 간행인으로 "김달웅"이라는 인명이 나와 있지만, 본고에서 이 텍스트의 언어 내용을 언급할 경우에 "경북대학교(2003)"로 표시하 려고 한다.

8) 경북대학교(2003)와 백두현(2006)에서 필사본 『음식디미방』 텍스트에 출현하는 '뇌여'의 이형태들 중에서 몇몇 '노의여' 형태들을 모두 '노외여'로 판독되었다. 장씨 부인의 붓글 씨체는 글자의 획이 매우 분명한 편에 속하지만, '노외여'와 '노의여' 간의 식별이 확연 하지는 않다. 그러나 이러한 애매성이 여기서 이 단어에 대한 논지 전개에 문제가 되지 않을 것으로 생각한다.

의 의미를 단순히 '다시'로만 풀이할 수 없는 일이기 때문에, 백두현(2006 : 56)은 "가루를 곱게 다시 쳐서", 혹은 "더 보드랍게 하려고 가루를 다시 체로 치다."와 같은 부가적 의미를 첨부하였다. 예를 들면, "밀굴룰 깁의 <u>노외야</u> 국슈ㄱ치 물아(디미.3ㄴ)=밀가루를 베에 다시 쳐서"(백두현 2006 : 99). 또한, 백두현(2006 : 341)은 쓰이는 상황에 따라서, '뇌여' 부류를 경북대학교(2003)에서와 동일하게, 단순히 '치다', 또는 여기에 다른 부사 '곱게'를 덧붙이기도 하였다. "ㄱ장 두서너 볼이나 <u>노의여사</u> 보드라오니라(17ㄴ)=쳐서, 가루를 곱게 쳐". 이와 같은 의미 해석은 문맥에 함축된 추론을 거쳐 나온 것으로 보인다.

따라서 위의 예문 (1)에 등장하는 '노외여∽노의여∽뇌여'와 같은 형태들에 대한 지금까지의 현대어 풀이는 문맥에서 이차적으로 파생되어 형성된 것으로, "(체로) 치다"(경북대학교 2003)와 "(체로) 다시/곱게 치다"(백두현 2006) 등으로 정리될 수 있다.

17세기 후기 필사본 『음식디미방』에서 이와 같은 개략적 의미로 생산적으로 사용되던 '뇌-' 부류는 다른 종류의 음식조리서 범주의 텍스트에도 거의 동일한 문맥에서 쓰이고 있었다. 또 다른 성격의 음식조리서 일종인 한글 필사본 『주방문』(酒方文, 28장본, 규장각 소장)의 본문이 여기에 해당된다. 이 필사본은 원래의 저술자와 그 작성 연대가 불명이지만, 텍스트 자체에서 수행되고 있는 몇 가지 전형적인 음운변화를 기준으로 백두현(2012)은 필사 연대를 1700-1735년경으로 한정시키고, 18세기 전기로 설정한 바 있다. 그 반면, 이선영(2004)은 『주방문』에 반영된 음식 어휘의 유형과 음운 현상(구개음화, 원순모음화) 및 언어 외적 증거를 이용하여 이 필사본이 17세기 후기, 또는 같은 단계의 『음식디미방』보다 더 앞선 시기에 간행된 것으로 추정하였다.[9]

---

9) 송지혜(2009 : 8-9)는 전통 한글 조리서 총 27권의 목록과 그 서지 사항들을 시대 순으로 제시하였다. 이 가운데 필사본 28장본 『주방문』의 작성 연대는 1600년대 말엽으로 설정

지금까지 『음식디미방』 텍스트에서 우리가 추출한 4 가지 유형의 '뇌-' 부류는 『주방문』에서 주로 '노-∞뇌-'와 같이 2가지 이형태들로 다양성이 축소되어 쓰이고 있다.

(3) ㄱ. 노여;
　　　진ㄱㄹ 졍히 <u>노여</u> 그 술의 소곰 간간이 ᄒ여 맛게 ᄆ라 비져(주방.17ㄱ),
　　　쥭 쑤어 디링 누룩 <u>노여</u> 서홉 진말 훈홉으로 비져(주방.11ㄴ),
　　　녹도롤 죠곰 거피ᄒ여 녀허 졍히 <u>노여</u> ᄆ드려니와(주방.13ㄴ).
　　ㄴ. 뇌여;
　　　굴리 ㄱ장 <u>뇌여사</u> 됴흐니라(쥬방.16ㄴ),

되어 있다. 글쓴이도 이와 같은 시기 설정에 동의한다.

『주방문』의 텍스트를 언어 내적으로 관찰해 보면, 안동 장씨의 『음식디미방』에서와 같은 경북 지역방언의 토착어들은 적극적으로 출현하지 않는다. 『음식디미방』에서는 고유한 방언형 '개곰(榛, 1ㄱ), '벌기'(蟲, 9ㄴ) 등이 자연스럽게 드러나 있다. 그 반면에, 『주방문』에서 구개음화와 원순모음화 현상 등은 『음식디미방』의 경우보다 매우 절제되어 있는 모습을 보인다. 그리고 이 자료가 경북방언과 연관되어 있을 가능성이 다음과 같은 두 가지의 사실에서 드러난다. 하나는 경북 방언형 '쥬게'의 출현이고, 다른 하나는 '싯-'(洗)의 활용형이 'ㅅ' 불규칙 용언에 합류(이러한 예들은 이 글의 §4.2.2에서 참조)되어 있다.

　(ㄱ) 츳조밥 세 <u>주게</u>롤 더우니로 녀코(주방.15ㄴ),
　(ㄴ) 차조밥을 혼 <u>주게</u>식 세 슌의 녀흐라(주방.15ㄴ).

'주걱'에 대한 지역 방언형으로 경북의 안동, 의성, 청송 등 대부분의 지역에서 [주개], 영양에서는 [빡주게], 봉화에서는 [조개], 선산, 칠고, 고령에서는 [주기], 상주, 예천에서는 [빡죽]형이 분포되어 있다(『한국방언자료집』(경북 편) 1989 : 54). [주게] : (정철 1991 : 223, 경북 의성군. 어휘수집 자료). 안동 장씨의 『음식디미방』에서 이 단어는 '박쥭'으로 등장한다.

　춥뿔 엿 되 뫼뿔 너 되 희게 쓸허 빅셰ᄒᆞ디 <u>박쥭</u>으로 드노화 시서 셰말ᄒᆞ여(디미.15ㄱ).

위와 같은 몇 가지의 언어 내적 사실을 보면, 필사본 『주방문』은 원래 17세기 중기 또는 후반에 경북 지역에서 작성된 원본을 보고, 나중에 18세기 초엽 정도에 다시 필사한 것으로 추정된다.

그러나 이 글의 초고를 검토한 백두현 교수는 '쥬게'형은 근대국어의 여러 문헌에 등장하는 형태이기 때문에, 경북 방언형으로만 취급될 수 없다고 지적하였다. 또한, 백두현 (2012)를 참조.

　덥시 술져 나모 <u>쥬게</u> 죠러 솔 슉치칼(1677,박통해,중,11ㄴ),
　馬杓 나모 쥬게, 銅杓 놋 <u>쥬게</u>.(1690,역어유,하,13ㄴ),

ᄀ장 바뢴 누룩 지극이 <u>뇌여</u> 구흡만 흐디 쳐 녀허(주방.11ㄱ).

『음식디미방』에서 이 용언의 목적어는 주로 '(모밀/진/토쟝)ᄀᄅ'(粉) 등이었으나, 『주방문』에서는 '진ᄀᄅ' 이외에 '(누룩/녹도)ᄀᄅ' 등이 대상으로 포함되어 있다. 그러나 두 필사본에서 이 형태들이 담화에서 등장하는 통사적 환경이나 문맥은 전연 동일하다. 위의 예문 (3)에서 '뇌여'의 또 다른 이형태 '노여'형은 '노외여>노오여' 유형과 같은 '뇌여>노여'의 동모음 생략, 즉 [noy-yə>no-yə] 과정을 수행한 결과이다. 이와 같은 '노여'형은 대략 17세기 초기 또는 중기에 해주 최씨(1591-1660)가 작성한 음식 조리법 가운데에서도 사용되고 있다.[10]

(4) ㄱ. 하 더디 어러거든 녹도ᄀᄅ 깁의 <u>노여</u> 잠간 드리혀 어러오라(이광호 외 2005 : 150),

ㄴ. 교의상화는 진ᄀᄅ 조히 <u>노여</u> 안반의 엷게 미러(이광호 외 2005 :

10) 해주 최씨의 음식 조리법 원문은 『조선후기 한글간찰(언간)의 연구 3』(이광호 외 2005, 한국정신문화원, 태학사)에 실린 신창맹씨 『子孫寶傳』 한글 자료 총 34편 가운데 1번 수적으로 실려 있다. 글쓴이는 한글로 작성된 해주 최씨의 음식 조리법 본문은 이광호 외 (2005 : 145-166)의 판독과 그 주석을 이용하였다. 이 한글 텍스트가 있는 『子孫寶傳』은 신창맹씨인 孟至大(1730-1793)가 그의 고조할머니 해주 최씨의 수적부터, 집안 여인들이 쓴 한글 수적 34편을 모아 서첩으로 만든 것이다.

이광호 외(2005 : 145-166)의 "신창맹씨 『子孫寶傳』 수적 해제"에 의하면, 해주 최씨 (1591-1660)는 孟至大의 고조할아버지 맹세형(1588-1656)의 정부인이다. 이 글이 작성된 정확한 연대는 나와 있지 않으나, 최씨의 沒年(1660) 이전에 이미 완성되었던 것으로 추정할 수 있다고 한다. 그러나 이광호 외(2005)의 "해제"에는 당시 해주 최씨의 출생지와 그 생활 근거지가 밝혀 있지 않다.

해주 최씨의 음식 조리법 텍스트에서 'ㅎ'-구개음화가 적용된 것으로 추정되는 형태가 출현하기도 하였다.

쉬나리뿔이나 밀다리뿔이야 졀편의 가ᄒ니라(해주최씨, 149쪽).

이광호 외(2005 : 149)는 위의 문장에 대한 주석에서 '쉬나리뿔'은 현대어 '희나리쌀'(덜 익은 채로 마른 벼의 쌀)에 대한 'ㅎ' 구개음화가 반영된 지역 방언형으로 간주하였다. 그러나 17세기 전기 무렵에 'ㅎ' 구개음화가 지역방언에 따라서 기본적인 동화주 i나 y의 음성 조건을 넘어서 하향 이중모음에까지 확대되어 있었다는 것은 쉽게 납득하기 어렵다.

149)

ㄷ. 졀편은 아무만이라도 브더 깁체로 뇌고 반죽을 쥐면(이광호 외 2005 :
148-149),

17세기 초기 또는 중기에 걸쳐서 사대부 집안의 해주 최씨가 남긴 한글
음식 조리법 원문을 대상으로 이광호 외(2005)가 제시한 현대어역에서 위
의 (4)ㄱ '노여'가 쓰인 구문은 "녹두가루를 깁체로 쳐서", 그리고 (4)ㄷ의 '뇌
고'의 경우는 "깁체로 치고" 정도의 의미로 해석된다고 하였다. 따라서 여기
서 등장하는 '노여∽뇌-' 부류에 대한 현대적 해석과, 그 배경을 이루는 문
맥상의 이해는 우리가 앞서 17세기 후기 필사본『음식디미방』의 본문에서
추출한 예문 (1)에서의 '노외여∽노오여∽뇌여' 부류의 그것과 대체로 동일
하다고 간주할 수 있다. 또한, 위의 (4)ㄴ의 예문 가운데 '조히 노여' 구문
에서는 동작동사의 수단인 부사어 '깁' 또는 '깁체'가 생략되어 있다.

그 반면에, 17세기 초기와 중기에 걸치는 해주 최씨의 음식 조리법 텍스
트 가운데 출현하고 있는 (4)ㄴ의 '뇌고'의 활용형이 다른 자료들에 비하여
새로운 용법을 보이고 있는 사실이 주목된다. 이 시기에 용언의 어간이 '뇌-'
로 단일화된 과정을 나타내고 있다. 이광호 외(2005 : 149)에 제시된 역주
에는 "기본형은 '뇌다'. 고운 체로 다시 한번 치다."와 같이 제시되어 있다. 17세
기 또는 18세기의 한글 필사본 음식조리서 계통에서 이와 같은 맥락에서
출현하였던 '뇌-' 부류는 그 출현 빈도는 축소되었으나, 19세기 중기에 간
행된 간본 자료인『규합총서』(1869)에까지 지속된다.

(5) 진가로 국말을 무슈히 이슬 마쳐 ᄇ리여 빗치 보희도록 ᄒ야 깁체에
뇌야 되 서 홉을 너코(1ㄴ).

『규합총서』를 교주하고, 현대어로 풀이한 이경선(1974 : 13)은 위의 '깁체

에 뇌여' 구문에 대한 주석을 다음과 같이 달았다. "굵은 체에 친 가루를 더 곱게 하려고 가는 체에 <u>다시 치다</u>." 19세기 중기 음식 조리서에 등장하는 '뇌여' 형에 대한 이러한 의미 해석은 경북대학교(2003)와 백두현(2006)이 위에서 17세기 후기 필사본 『음식디미방』의 텍스트에서 추출한 예문 (1)의 '노외여∞뇌여' 부류에서 이끌어내었던 해석에서 크게 벗어나지 않는다. 음식 조리 과정에서 밀가루 등을 "다시 곱게 체로 치는" 맥락에서 단독으로 등장하는 '뇌-'형의 사용과, 문맥을 통하여 추론 또는 함축적 의미로 파생된 부가적 의미는 우리가 검토했던 필사본 『주방문』에서 (3)의 예문들에서도 그대로 확인할 수가 있다.

이와 동일한 '뇌-'의 쓰임과 등장하는 맥락이 17세기 전기 또는 중기에 걸쳐 작성된 해주 최씨의 텍스트로 소급되는 사실을 보면(위의 예문 (4)를 참조), 음식 조리라는 특수한 영역에서 이러한 용법과 그 독특한 의미의 형성은 17세기 국어의 이전 단계로 소급될 수 있다. 그리고 이와 같은 용언 '뇌-' 가 일정한 맥락에서 형성되었던 상황적 의미는 점진적으로 음식 조리의 영역에서 벗어나서 사회 대중 화자들에게 확산되어 관습화된 의미로 확립되어 갔을 것이다.

그리하여 오늘날의 반사체 '뇌다'형은 현대국어의 사전부류에서 다음과 같은 두 가지의 의미를 갖고 있는 별개의 동음이의어(homonymy)로 분화되어 있는 모습을 보인다.11)

---

11) 『표준국어대사전』(국립국어연구원 편)에는 '뇌다' 항목과 관련이 있어 보이는 또 다른 표제어 '되뇌다'가 등록되어 있으며, 그 의미는 "같은 말을 되풀이하여 말하다"로 제시되었다. '되뇌다'형의 어두음절의 '되-'는 어근의 속성에서 벗어나 동작의 반복을 뜻하는 일종의 접두사 기능을 하는 것으로 보인다.
그렇다면, 접두사 '되-'의 첨가는 어근 '뇌-'에 대한 어원 의식이 약화되었음을 뜻하거나, 동작동사 '뇌-'의 행위를 강화하는 역할을 한다고 생각된다. 또한, 이 사전에 실린 '되뇌다'의 의미가 같은 사전에서 규정된 '뇌다²'에만 한정되어 있는 사실이 특이하다.

(6) 뇌다[1] : 굵은 체에 친 가루를 더 곱게 하려고 가는 체에 다시 치다.
　　뇌다[2] : 지나간 일이나 한 번 한 말을 여러 번 거듭 말하다.
　　　　　　　　　　　　　　　　(국립국어연구원 편, 『표준국어대사전』).

그 반면에, 이 표제어가 정식으로 실리기 시작하는 20세기 초반의 『조선
어사전』(1920 : 171)에서부터 『큰사전』(1947 : 666)을 거쳐 『우리말큰사전』, 또
다른 『조선말대사전』 등에서 '뇌다'는 단일한 표제어로 설정되어 있으며,
'뇌다[1]'과 '뇌다[2]'의 의미는 다의어(polysemy)로 기술되어 있다. "뇌다 : ㄱ. 체
로 여러 번 치다, ㄴ. 반복하여 말하다." 따라서 현대국어에서 어휘 '뇌다'는 사전
편집자가 동음이의어와, 다의어를 취급하는 기본 관점에 따라서 다르게 취
급되고 있는 실정을 보인다.12)

사전 표세어를 설정할 때, 이것을 동음어로, 아니면 다의어로 구분해야
할 것인가의 문제는 사전학 또는 어휘론(lexicology)에서 중점적으로 다루는
이론의 문제이다. 동음어와 다의어간의 판별은 공시적 기준이나, 통시적
기준에 준할 수 있으나, 전통적인 구분은 통시적 기준이 우선한다.13) 즉,
동음이의어들은 역사적으로 서로 다른 기원에서 유래되었으나, 후대에 개
입된 일련의 언어변화 또는 표기법의 수정으로 인하여 그 형태론적 상이
가 제거되어 우연하게 서로 일치되어 형성된다. 그 반면에, 다의어 형성은
동일한 기원에서 유래하였으나, 그 쓰이는 맥락에 따라서 시간이 경과하면
서 은유와 환유의 절차를 거친 의미의 확대로 이른 결과이다(Croft & Cruse
2004). 그러나 기원적인 다의어 항목이 갖고 있던 서로 다른 의미들의 유연

---

12) 현대국어의 사전 부류에서 표제어 '뇌다' 항목을 동음이의어 또는 다의어로 처리하는 기
　술 태도는 아래와 같이 정리될 수 있다. 경북대 송지혜가 교수가 제시해 준 도표이다.
　이에 감사드린다.

동음이의어로 처리한 사전	표준국어대사전	금성국어대사전
다의어로 처리한 사전	조선말대사전	우리말큰사전

13) 동음이의어와 다의어를 판별하는 공시적 및 통시적 기준에 대해서는 Croft & Cruse(2004 :
　111)을 주로 참조하였다.

적 관계가 공시적으로 불투명해지는 경우가 발생할 수 있다. 역사적으로 연결되어 있던 의미들의 유연관계가 공시적으로 화자들에 의해서 인지되지 않는 상황에서 하나의 다의어는 형태상으로 분화되어 두 개의 별개의 동음이의어 항목으로 취급될 수밖에 없다.

현대국어에서 '뇌다¹'과 '뇌다²'의 어휘적 의미가 서로 타협될 수 있을까 하는 문제는 '뇌다¹'과 '뇌다²'의 해석 간에는 의미론적 관계가 '뇌다¹→뇌다²', 또는 '뇌다²→뇌다¹'와 같은 개연성 있는 확장으로 해석할 수 있는가 하는 문제와 관련되어 있다. 따라서 최초로 이 항목을 다룬 『조선어사전』(총독부 편, 1920 : 171)과, 초기 국어사전의 전통을 계승하는 『큰사전』(1947 : 666), 그리고 개정판 『우리말큰사전』(한글학회 편)들은 '뇌다¹'과 '뇌다²'의 어휘 의미적 유연성을 인정한 셈이다. 그 반면에, 『표준국어대사전』(국립국어연구원 편) 등의 사전에서 '뇌다¹'과 '뇌다²'의 의미적 유연성이 공시적으로 불투명하여졌다고 인정한 것이다.

이와 같은 관점에서, 앞서 (6)에서 열거된 '뇌다¹'과 '뇌다²'가 보유하고 있는 어휘적 의미를 비교해 보면, 두 가지 유형의 동작동사 [체로 거듭 치다]와 [거듭 말하다] 간에 아무런 유연성이 감지되지 않는다. 상호 공통적인 의미부분이 유일하게 있다면, 그것은 [반복]에서 발견된다. 따라서 두 단어들의 중심 행위는 서로 일치하지 않지만, 그 행위를 수식하는 기능을 갖고 있는 [반복]의 의미와는 공통점을 보이는 것이다. 즉, 현대국어에서의 '뇌다¹'과 '뇌다²'가 맺고 있는 의미적 유연성은 [반복]에만 한정되어 있다. 그렇다면 두 단어가 나타내는 주된 동작의 행위 각각 '(체)로 치다'와 '말하다'라는 성분은 어디에서 유래하는 것일까. 다의 형성은 인지의미론에서는 통시적 의미변화의 과정과 그 발달의 통로를 공시적으로 반영하고 있는 현상이라고 규정한다(Geeraerts 1997 : 183). 그리고 대부분의 역사적 의미변화는 다의라는 중간단계를 반드시 거쳐 수행된다고 한다(Sweetser 1991).

현대국어의 '뇌다¹'과 '뇌다²'가 역사적으로 서로 다른 기원에서 유래되어 형태상으로 우연하게 합류되었다고 판단할 근거는 우리에게 없다. 오늘날의 '뇌-'형은 중세국어의 'ᄂᆞ외-'로 소급되며, 15·16세기의 문헌자료에서 쓰이는 이 단어의 원래 의미는 [反復, 重, 再次]에 해당된다(남광우 1997 : 345). 그렇다면, 오늘날의 '뇌다¹'과 '뇌다²'가 갖고 있는 의미 성분 가운데 공통되는 [반복]만이 서로 연관되어 있는 것이다. 이 두 단어의 핵심 동작의 의미 부분인 '(체로) 치다'와 '말을 하다'는 각각 어떤 상황에서 형성된 것일까.

우리는 17세기 후기의 『음식디미방』 부류의 음식 조리서에서 앞서 추출된 (1)-(4)의 예문을 통하여 이 시기에 쓰인 '뇌다¹'의 이전 형태 '노외-∽ 노의-∽뇌-' 등의 형태의 의미는 2가지의 구성성분으로 구성되어 있음을 관찰하였다. 즉, [반복]+[체로 치다]. 그렇다면, 17세기를 비롯한 근대국어 단계에서 음식 조리서 부류에 이 '뇌-'형이 보여주었던 [(체로 밀가루를) 다시/반복해서 치다]와 같은 해석은 그 쓰이는 맥락에 따라서 2차적으로 파생된 의미이다. 즉, '노외-' 또는 '뇌-'형이 이 시기에 보여준 의미변화의 방향은 일반적인 [反復하는 행위]에서 음식 조리과정에서 [다시 반복해서/ 여러 번 (체로 밀가루를) 치다]와 같은 특수화된 행위로 범위가 전문화되었을 가능성이 높다.

현대국어의 또 다른 '뇌다²'의 의미의 구성성분을 이루는 [말을 하다]의 파생도 역시 기원적인 원래의 [반복]에서 이번에는 음식 조리법 이외의 맥락에서 지속적으로 출현하면서 부차적으로 후대에 형성되어 나왔을 것으로 잠정적으로 가정한다. 그러나 오늘날의 '뇌다¹'의 선행 단계의 형태는 문헌 자료상으로 확인되지만, '뇌다²'의 역사적 선행 단계를 보이는 문헌 형태는 구체적으로 찾을 수 없다는 사실이 대조된다.

지금까지의 사실을 전제로 하였을 때, 현대국어의 사전에서 '뇌다¹'과

'뇌다²'를 공시적으로 별개의 동음이의어로 취급해야 할 것인가, 아니면 다의어 '뇌다'가 보유하고 있는 다의적 의미 (ㄱ)과 (ㄴ)으로 기술하여야 할 것인가 하는 문제로 다시 돌아가게 된다. 현대국어에서 표제어 '뇌다' 항목을 동음이의어가 아니라, 다의어로 처리하는 초기 한글사전 부류의 전통은 위의 '뇌다¹'과 '뇌다²' 사이의 해석에 공시적으로 의미적 연관 관계를 인지할 수 있음을 전제로 한다. 그러나 오늘날의 국어사전 표제어 '뇌다' 항목이 갖고 있는 다의어들 간에는 유연적 의미 관계를 통시적으로 연결하기가 투명하지 않다. 역사적으로 '뇌-'의 의미적 다의 관계를 개연성 있는 의미 확대로 이끌어내기가 간단한 일이 아니기 때문이다. 여기서 동사 '뇌-'의 두 가지 의미 간의 공시적 연결은 현대국어의 공시적 관점만으로는 의미변화의 일반 원리인 은유나 환유 등과 같은 인지적 과정으로 투명하게 추론해 내기 어렵다.

2.2. 連語 구성에서 생략과, 화용론적 추론에 의한 의미의 재분석 : 환유(metonymy)

위에서 언급한 현대국어 '뇌다 항목이 보유하고 있는 공시적 다의인 '뇌다¹'과 '뇌다²'간의 역사적 연관성을 추구하기 위해서, 먼저 우리가 §1.1의 예문 (1)에서 제시한 17세기 후기 한글 필사본 『음식디미방』에 사용된 '노외-∽뇌-' 부류의 맥락을 다시 점검해 볼 필요가 있다. (1)의 예문 가운데 담화에 등장하는 '노외-∽뇌-'가 출현하는 맥락은 공시적으로 대략 두 가지로 분류될 수 있다. 하나는 '노외-'의 원래 근원적 의미 [反復하다]로 여전히 해석 내지는 이해될 수 있는 상황적 맥락이고(8), 다른 하나는 여기서 파생된 이차적 의미 [체로 다시/반복하여 치다]로만 해석되어야 하는 또 다른 상황적 맥락(7)이다.

(7) ㄱ. 밀ᄀᄅ 칠홉을 의이ᄀ치 조히 죽 쑤어 그 죽의 녹도ᄀ롤 보ᄃ라이
  ᄂᆡ여 ᄆ라(디미.1ㄴ),

  ㄴ. 진ᄀᄅ 졍히 <u>노외여</u> 믈의 ᄆ라 지ᄌ더(디미.8ㄴ),

  ㄷ. ᄀ장 두서너 볼이나 <u>노의여사</u> 보ᄃ라오니라(디미.17ㄴ).

(8) ㄱ. 굴롤 보ᄃ라온 쳬로 처 다시 <u>ᄂᆡ여</u> ᄒ라(디미.2ㄴ),

  ㄴ. 세 볼재부터 조흔 굴ᄅ로 ᄀᄂᆞᆫ·쳬여 처 ᄀᄂᆞᆫ 모시예 <u>ᄂᆡ여두고</u>(디
  미.2ㄱ),

위의 예문 (8)에서 '뇌여 ᄒ-'와 '뇌여 두-'가 쓰인 상황은 예문 (7)과 대
조하여 언제나 명료한 것은 아니다. 그러나 의미 해석에 이와 같은 미세한
차이를 초래한 원인은 예문 (8)의 문장 내부에 가루를 치는 구체적 수단인
'체'가 선행하는 통사적 환경에 언급되어 있는 것 같다. 즉, 예문 (8)에서,
"다시 <u>뇌여</u> ᄒ라=다시 <u>반복하여</u> 하라", "모시예 <u>뇌여</u> 두고=모시체에 <u>반복</u>
<u>하여</u> 두고". 이러한 상황에서 물론 [반복]이 지시하는 행위의 의미는 선행
하는 수단인 체에 치는 동작임을 화용론적으로 함축하고 있다.

따라서 예문 (8)에서는 [반복]이 전경으로 두드러지는 반면에, [체로 치
다]라는 함축된 의미는 후면 또는 배경을 이룬다. 그 반면에, (7)의 예문에
쓰인 '노외-∞뇌-'에서는 반복하는 행위의 수단인 기구가 문장 내부에서
표면상으로 전연 언급되어 있지 않다. 이러한 맥락에서는 [체로 치는 행위]
이라는 해석이 '노외-∞뇌-'의 상황적 의미의 전경으로 등장하고, [반복]은
이번에는 후면으로 물러나 있다고 상정한다.[14]

그러나 위의 (7)ㄷ의 예문 '--두서너 볼이나 <u>노의여사--</u>'의 경우는 "체로 쳐
야"와 같은 의미로 해석될 수도 있고, 원래 의미대로 "반복하여야"로도 해

---

14) 음식 조리서에 사용된 '노외-∞뇌-' 부류에 대한 이와 같은 상황적 해독은 주관적인 것
  이지만, 『주방문』과 해주 최씨의 음식 조리법(이광호 외 2005)에서 추출된 위의 예문 (7)
  과 (8)에서도 그대로 적용될 수 있다고 생각한다.

석될 수 있는 중의적 맥락을 보인다. 그렇다면 17세기 후기『음식디미방』에 쓰인 '노외-∽뇌-' 부류는 그 당시 출현하는 맥락에 따라서 [반복하다]∽[(체로) 치다]와 같은 서로 이질적인 의미를 나누어 갖고 있다. 17세기 후기의 단계에서 이와 같은 의미의 이질적인 중의성은 어디에서 유래하는 것일까.

이러한 문제를 해결하는 한 가지 방안으로, '뇌-' 부류가 음식 조리서 이외의 18세기를 전후한 어휘집의 일종인 역학서 텍스트 유형에서 지속적으로 등장하고 있는 모습을 살펴보기로 한다.

(9) ㄱ. 羅羅 체질ᄒ다, 小羅 잠깐 츠다,
　　　　重羅 <u>노외야</u> 츠다(1690,역어유,하,47ㄴ).
　　ㄴ. 羅兒 체, 羅一羅 츠다, ■시섬비,
　　　　重羅 <u>뇌여</u> 츠다, ■담남비(1748,동문유해,하.14ㄴ).
　　ㄷ. 重篩 <u>뇌여</u> 츠다, ■narila-mui(1790, 몽유보,22ㄴ),

(10) 重篩 뇌다, ■담남비(한청문감, 10.13ㄱ).

위의 (9)에 출현하는 예들은 '노외야 츠다∽뇌여 츠다'와 같은 일종의 連語의 구성 형식으로 등록되어 있다. 이러한 '노외야+츠다' 형식의 구성은 17-18세기의 한글 음식조리서 부류에서는 쓰이지 않았던 용법이다. (9)ㄱ에서 '노외야 츠다'는 "거듭 반복하여 (체로) 치다"(重羅)와 같은 뜻으로 대응되어 있다. 따라서 '노외야 츠다'가 갖고 있는 의미를 17-18세기 음식 조리서에서는 단일한 성분 '노외여∽뇌여'가 단독으로 대변하고 있는 것이다. 18세기 만주어 대역 어휘집인『동문유해』에 실려 있는 (9)ㄴ의 '뇌여 츠다'(重羅)가 보여주는 의미 해석도 역시 동일하다. 여기서 '뇌여 츠다'는 만주어 damnambi와 대응되어 있는데, Hauer(1952 : 177)의 만주어 사전을 참조하면, "체질하여 완전하게 쳐내다"(aussieben)의 의미이다. 18세기 후기의 『몽어유해, 補』에서 추출된 (9)ㄷ의 '뇌여 츠다'(重篩)와 대응되는 몽골어 narila-mui형이 보유하고 있는 의미도 역시 만주어와 동일하다(Lessing 1973 : 565, Hangin 1986 : 352).

그 반면에, 18세기 후기의 『한청문감』에 등장하는 (10)의 예는 종래의 역학서에서 '뇌여 츠다'와 같은 연어 구성에서 둘째 성분인 '츠다'가 생략되어 버린 '뇌다' 형식만 보여준다. 그러나 '뇌다'와 '뇌여 츠다'형에 각각 대응되는 漢語와 만주어 대역어는 각각 여전히 '重篩'와 '담남비'이다.15) 만주어 '담남비'(damnambi)는 위의 『동문유해』에서 '뇌여 츠다'와 대응되었던 단어이다. 이와 같이 『한청문감』에 단일어 '뇌다' 형태가 다른 역학서들의 '뇌여 츠다'와 같은 연이 구성과 변함없는 동일한 의미를 나타낸다는 사실은 다음과 같은 화용론적 추론이 고정, 또는 조리 영역에서 이미 관용화되었을 가능성이 높다.

즉, 음식 조리법을 청자 또는 독자에게 설명하는 담화에서 화자가 지속적으로 반복되어 나오는 관용적인 연어 구성 '뇌여(反復)+츠다'(篩, 羅)의 후행하는 둘째 성분 '츠다'를 경우에 따라서 생략시켜 버리는 일이 일어난다. 담화가 일어나는 맥락에서 일정한 성분이 생략되는 조건은 신정보와 구정보, 또는 초점과 배경에 대한 담화 구성자의 인식에 근거한다. 그리고 생략된 정보를 담화 참여자들이 담화 맥락을 배경으로 예측 가능하거나 복원해 낼 수 있는 추론 또는 해석을 전제로 한다(강연임 1998 : 323).16) 여기서

---

15) 남광우(1997 : 308)에서 『한청문감』에서 추출된 용례 '뇌다'는 "고운 체로 다시 한 번 치다"로 주석되어 있다.

16) 공간적 또는 개념적 인접성으로 인하여 환유 작용에 의해서 의미가 전염된 다음, 관용화에 이르러 잉여적인 후행 성분이 자동적으로 생략되는 현상은 특이한 사례가 아니다. 예를 들면, '아침'(朝)과 '저녁'(夕)은 기본적으로 하루 가운데 시간 분절에 관한 의미가 핵심이다. 그러나 현대국어 사전에 실려 있는 표제어 '아침'은 "1. 날이 새면서 오전 반나절쯤까지의 동안늑신단(晨旦) 2. '아침밥'과 같다."(『표준국어대사전』)와 같이, 두 가지

일어난 생략 현상 '뇌여+츠다→뇌-'는 담화 구성자가 '츠다'(篩, 羅)의 정보보다 '뇌-'(反復)의 행위를 강조하거나, 그 전달 가치를 높게 설정한 결과이다. 이러한 생략 현상이 실행된 결과, 홀로 남게 된 단일어 '뇌-'형이 출현하는 맥락(context)은 음식 만들기 위한 준비 단계로 (밀)가루 등을 곱게 치기 위해서 체로 몇 번이고 반복해서 쳐야 하는 상황이다. 또한, 문장 안에서 가루를 치는 수단을 나타내는 명사 '깁체'나 '체' 등이 같이 부사어로 동반되는 경우가 많다. 따라서 화자가 여기서 우선적으로 강화하려는 지시적의미 [반복]을 뜻하는 '뇌-'의 활용형만 단일어로 제시해도 여기에 그 반복하는 구체적 동작 '츠다'[篩, 羅]의 정보를 청자나 독자들은 화용론적으로추론해 내거나, 상황적으로 자연스럽게 연상해 낼 수가 있다. 이러한 꼬리를 무는 연상을 전제로 하는 인지 작용의 원리는 의미변화의 한 가지 유형인 환유(metonymy)에 근거한다(Geeraerts 1994; Fortson 2003).[17] 그리고 이렇게 담화 맥락에서 수행된 연어 구성에서의 생략은 언어 사용의 경제성에도 유효하겠지만, 무엇보다는 화자/담화 전달자가 제공하려는 정보의 강화, 또는 초점과 연관되어 있다.

이와 같은 '뇌여+츠다→뇌-'의 후행 성분의 탈락이 빈번해지면서 독자나

의 의미로 규정되어 있다. 그리고 이 사전에서 '아침'이 '아침밥'을 나타내는 두 번째 의미로 사용될 때의 구체적인 맥락이 아래와 같이 제시되어 있다.

"너 아침 먹었니?, 며칠째 아침을 굶었다. 그는 아침을 거른 채 출근하였다."

이러한 과정에서도 '아침, 저녁' 또는 '점심'이 '시간→끼니→밥'과 같은 연쇄적 연상 작용을 거쳐 다른 의미 영역으로 이동해 가는 방향은 특정한 맥락 또는 상황에서 일차적으로 일어난 현상이다.

이러한 추이 과정에서 화용론적 추론이 강화되면서 관습화 또는 고정화로 이르게 된다. 그리하여 '아침+밥, 저녁+밥' 등과 같은 합성어 구조에서 후행 성분이 자동적으로 생략되어 버린 결과, 남아 있는 '아침'과 '저녁'이 이차적으로 '아침밥'과 '저녁밥'의 의미까지 포용하게 된 것이다.

17) Fortson(2003 : 649)는 환유에 의한 의미변화에 대한 설명이 합리성을 획득하기 위해서는, 해당 언어가 사용되는 문화와 사회적 배경 등에 대한 상세한 정보를 전제로 하여야 된다는 사실을 지적한 바 있다.

청자들은 화자가 환기시키려고 의도했던 화용론적 추론을 점진적으로 강화하게 된다. 그리고 일정한 시간이 지나게 되면, 단일어 '뇌-'의 의미는 원래의 기본적인 [반복]에 덧붙여, 담화 표층에서 탈락되어 사라진 '츠-'의 의미와 융합된 [반복하여 치다](重篩)로 의미의 재분석이 수행된다.18) 이러한 대화적 함축의 관습화 또는 화용론적 추론의 강화를 거친 '뇌-'(重篩)의 용법은 처음에는 주로 음식 조리 범주와 같은 특정한 영역과 상황에서만 출현하였을 가능성이 높다.19)

이와 같이 17-19세기에 걸치는 다양한 음식 조리서에 빈번하게 등장하는 단어 '뇌-' 부류가 수행하여 온 의미변화의 과정을 요약하면 다음과 같다.

(11 1) 뇌-(反復, 重)+츠-(篩, 羅)-→뇌-(反復, 重)+ø(篩, 羅)→뇌-(重羅).

이러한 설명 방식을 이용하여, 역사적 문헌으로 증명되지 않은 오늘날의 '뇌다²'의 의미가 [重言]으로 발달되어 온 통시적 발달 과정도 역시 (11-1)에서와 동일한 방식의 추이의 통로를 거쳐 왔을 것으로 판단한다. 즉,

(11-2) 뇌-(反復, 重)+말ᄒᆞ-(言, 說)→뇌-(反復, 重)+ø(言, 說)→뇌-(重言).20)

---

18) 이 글을 검토한 전북대 이정애 교수는 '다시, 반복'의 의미를 가진 '노외-∞뇌-'가 음식(가루) 조리과정에서 활발히 사용된 사실을 전제로 한다면, '뇌-+츠-'가 가장 생산성이 높은 언어적 구성을 만들었을 것이며, 두 단어가 언어적 구성을 이루는 것은 두 단어 간의 결합에 강한 선택적 제약을 만들 수 있다고 보았다.
그리하여 이정애 교수는 '치다'는 '체로'라는 도구가 선택되며 흔히 '치다'에는 '체로'라는 의미가 포용되어 있다고도 할 수 있기 때문에, 어떤 단어가 특정의 다른 단어와 많은 맥락 속에서 함께 사용되고 그러한 결합이 습관적으로 일어나, 다른 단어의 의미가 한 단어에 전이되는 '傳染(contagion, 윤평현 2008 : 199)으로도 간주될 수 있다고 지적하였다.

19) "重篩 뇌다, ▪담남비"의 용례는 『한청문감』(10.13ㄱ)에서 주로 곡류를 맷돌 등으로 갈아 가루로 만드는 의미 범주인 <碾磨類>로 분류되어 있다. 현대국어에서도 『표준국어대사전』의 多義語 '뇌다'가 갖고 있는 첫 번째 의미 "(ㄱ) 굵은 체에 친 가루를 더 곱게 하려고 가는 체에 다시 치다."의 경우도 매우 한정된 조리 영역에 쓰인다.

20) 이와 같은 현대국어 '뇌다2'의 발달 과정에 대한 가정은 이 글의 초고를 검토하면서 경

따라서 현대국어에서 표제어 '뇌다' 항목은 서로 다른 의미를 갖고 있는 별개의 독립된 동음이의어 '뇌다[1]'과 '뇌다[2]'가 아니라, 역사적으로 긴밀한 유연적 의미관계를 맺어온 다의어로 파악하는 입장이 더 합리적이라고 생각한다.

지금까지 위에서 글쓴이가 설정한 위에서의 (11)의 추이 과정은 화자/담화 구술자와 청자/독자들이 상호작용하는 일정한 맥락에서, 먼저 화자가 함축 또는 화용론적 추론을 환기시키고 청자로 하여금 이것을 맥락에 따라서 추론하도록 유도하여 간다는 요지의 가설을 설정한 Traugott & Dasher(2002 : 34-40)의 의미변화 이론을 차용한 것이다.[21]

3. 형태·통사적 특질과 변화의 방향

3.1. 의존명사로의 문법화 과정

3.1.1. 상황 지속(餘勢)의 의존명사 '김'

필사본 『음식디미방』의 텍스트에는 몇몇 자립명사들이 일정한 통사적 환경에서 의미의 은유화를 거쳐 추상화되면서 점진적으로 의존 또는 형식 명사의 범주로 향하는 문법화(grammaticalization)의 초기 단계의 예들이 등

북대 송지혜 교수가 설정해 준 것이다.
21) Traugott & Dasher(2002 : 34-40)는 그들의 이러한 의미변화 이론을 "환기된 추론 이론"(invited inferencing theory of semantic change)로 명명하였다. 이러한 이론의 요체는 상호 의사전달이 이루어지는 현장에서 화자와 청자의 상호 작용 그리고 맥락에서 추출되는 추론의 관계에서 발생한 화용론적 의미가 의미론적 의미로 재분석되는 의미변화의 원리를 화자가 구사하는 대화 전략에서 기인된다고 보는 관점이다.
이 의미변화 이론에서는 화자가 의미의 개신을 일으키는 주요 원천이다. 즉, 화자가 어떤 의미를 나타내기 위해서 대화 전략적으로 함축을 구사하고, 청자들이 그 의미를 추론해 나가도록 유도한다는 것이다.

장하고 있다.22) 여기서 문법화의 개념은 "어휘 항목이나 구성성분이 일정한 언어 환경에서 문법적 기능으로 전환되어 쓰이게 되는 데 관여하는 모든 통시적 변화의 과정"(이성하 1999; Hopper & Traugott 2003 : 18)으로 사용한다.23)

이 자료에는 '-ㄴ 양으로'의 구문에서 의존명사 '양'(樣)의 쓰임이 보인다. 이거시 부디 각식 거술 다 흐란 말이 아니니 슈소득흐여 잇ᄂ 냥으로 흐라(디미.14ㄱ).24) 여기에 등장하는 의존명사 '양'은 그 출현 환경에 따라서 이미 15세기 국어에서부터 樣態(-ㄴ 양으로)와 意向의 의존명사(-ㄹ 양으로)로 확립되어 있었던 형태이다(허웅 1975; 왕문용 1988을 참조). 또한 『음식디미방』에서 '-ㄴ 결에'의 구성에서 의존명사 '결'과, 그리고 이러한 '결+에'의 통사적 환경에서 발달한 의미의 변화(유창돈 1971 : 396)가 관찰된다. (ㄱ) 믈 너말 쓸혀 던운 결에

---

22) 자립명사와 의존명사와의 설정 구분은 고영근(1970/1989), 이주행(1988), 왕문용(1988) 등을 참조. 그리고 의존명사의 문법화 특질에 대해서는 안주호(1997)를 주로 참고하였다. 고영근(1970/1989 : 85-8)에서 제시된 현대국어 의존명사의 확인 기준은 다음과 같다.

    1) 의존성을 띨 것,   2) 통합관계에 제약이 있을 것,
    3) 관형사형에 붙을 것,   4) 조사를 취할 것.

   또한, 서정수(1996 : 467-468)는 고영근(1989)의 기준 위에서 으뜸 기준(의존명사는 반드시 앞의 관형어와 어울린다)과 보조기준(의존명사는 일반으로 그 뒤에 조사나 지정사를 수반한다)을 제시하였다. 특히 서정수(1996 : 468)에서는 관형어의 종류를 통상적인 (ㄱ) 관형사, (ㄴ) 용언의 관형형, (ㄷ) '체언+의'(체언의 관형형) 이외에, ㄹ) 체언 자체(앞 성분의 체언 형태에 '의'가 상례적으로 탈락한 것으로 파악하기 때문)와 (ㅁ) 용언의 명사형(용언+명사화소 '기')을 첨가하였다.

23) Brinton & Traugott(2005 : 99-100)은 문법화에 수반되는 통시적 과정을 다음과 같이 요약하였다. (1) 새로운 문법형태를 생산해 내는 역사적 변화(탈범주화), (2) 점진적으로 일어난다(통합과 융합), (3) 숙주 확장을 수반한다(생산성과 빈도수의 증가), (4) 구상적이고 축자적인 의미의 소실(관용화, 탈색)이 일어나고, 그 대신 연계 맥락에서 환기되는 더 추상적이고 일반화된 의미로 대체된다. (5) 의미변화의 방향은 주관화에 있다.

24) 17세기 초반의 한글편지 자료인 『현풍곽씨 언간』의 텍스트에서도 '-잇ᄂ 양으로'의 통사적 구성이 『음식디미방』에서 추출된 예와 동일한 방식으로 쓰이고 있어 참조가 된다.

    (ㄱ). 픗ᄀ라 닷되만 흐고 믜도 잇거든 잇ᄂ 양으로 다 보내소(현풍, no.16),
    (ㄴ). 나박짐치 만히 ᄃ마 보내소 술도 잇ᄂ 양으로 보내소(현풍, no.16),
     cf. 싱치란 오늘 잡는 양으로 미죵이 닉일 올제 가뎌오라 흐소(현풍, no.16).

하 ㄱ장 식거든(디미.19ㄴ), (ㄴ) 알을 웃부으리롤 허러 <u>결</u>에 뽓고 두에 다다 소소 쓸혀(디미.10ㄴ). 이러한 의존명사 '결'과, 그에 따른 운용의 방식은 백두현(2003 : 211, 2006 : 384)에서 자세히 정리된 바 있다.

따라서 이 글에서 글쓴이는 『음식디미방』의 텍스트에 등장하고 있는 의존명사들 가운데, 특히 '김'(기운, 상황의 지속)과, '고븨'(상황의 전환)의 용례를 선정하여, 그 쓰임과 그 연속적인 발달 과정을 문법화의 관점에서 기술하려고 한다. 이 자료에서 자립명사 '김'(氣, 熏蒸)은 단독으로 사용되기도 하였으나, '관형어+N+의'와 같은 통사적 구성으로 출현하기도 한다.

(12) ㄱ. 항을 갓고로 덥허 두 스이롤 <u>김</u> 나지 아니케 ㅂᄅ고(디미.8ㄱ),
  실리 마존 소래로 더퍼 <u>김</u> 나는디 업시 슈건으로 지경을 두ᄅ고(디미.2ㄴ),
  기롬을 쓸히고 젹젹 쪄 노화 삭삭히 괄게 지져 한 <u>김</u>이 나거든 쓸 언처 쁘라(디미.3ㄱ),
 ㄴ. 쇠족을 털재 뽈마 가족이 무너디거든 내여 <u>더운 김의</u> 씨스면 희거든(디미.7ㄱ).

위의 (12)ㄱ과 같은 자립명사로서 '김'(끓는 물에서 나오는 기운, 증기)의 용법은 중세국어에서부터 근대국어로 이어지는 관례적인 것이다. 그 반면에, (12)ㄴ의 예문에서 '-ㄴ+김+-에'의 구문으로 쓰이는 '김'은 근대국어의 단계에서 처음으로 이 텍스트에서 관찰되는 형태이다. 이와 같은 예문 (12)ㄴ의 구문에 대하여 경북대학교(2003 : 147)의 현대어역에서는 그대로 "더운 김에 씻으면"으로 옮긴 바 있다. 그리고 백두현(2006)은 구체적으로 "더운 김이 나는 물에 씻으면"으로 약간 수정하였다. 이렇게 수정하게 된 근거로, 백두현(2006 : 171)은 현대국어에서와 같이 "어떤 기회를 타서"의 의미로 쓰인 예들을 옛 문헌에서 찾기 어려운 반면에, 끓인 물에서 나오는 수증기라는 뜻을 갖고 있는 '김'은 일찍부터 사용되어 왔었기 때문이라고 하였다. 그러나 (12)ㄴ의 '더운 김의' 구문에 대한 올바른 이해와, 이러한 통사적 구성이 제시하는 변화의 가능성을 더욱 정밀하게 파악할 필요가 있다. 그 러기 위해서는 근대국어 단계에서 시대적으로 약간 앞서거나, 뒤에 오는 음식 조리서 부류에서 쓰이고 있는 '-는 김의'의 용법을 아울러 검토하여 야 된다.

『음식디미방』과 같은 텍스트 유형 범주에 속하는 필사본 『주방문』(28장 본)에 '-ㄴ 김의'와 같은 통사적 구성이 구체적으로 "더운 김이 나는"으로 만 해독되지 않는 중의적 상황에서 빈번하게 출현하고 있다.

> (13) ㄱ. 무우롤 어슥어슥 싸흐라 녀허 ᄀ장 쓸혀 더운 김의 쩌 호쵸ᄭᄅ 허츠라(주방.22ㄱ),
> ㄴ. 누로 지져 더운 김의 쑬물의 즘가 내라(주방.16ㄱ),
> ㄷ. 기름 쟝 닷복가 소긔 녀코 ᄀ쟝 달혀 더운 김의 브어(주방.23ㄴ),
> ㄹ. 보리뿔을 조히 시어 밥 지어 더운 김의 누록 알마초 섯거(주방.15ㄴ),
> ㅁ. 기롬 조차 미이 봇가 프고 더운 김의 달힌 ᄀ쟝 븟고(주방.24ㄱ),
> ㅂ. 디히ᄂᆞᆫ…믈긔업시 ᄒᆞ여 국 쓸혀 더운 김의 븟고 돈돈이 싸 둣다가 (주방.24ㄴ).

위의 예들은 '-는 김+의' 구성에서 명사 '김'을 수식하는 관형어 '더운'을 모두 보여준다. 이러한 사실은 『음식디미방』에서 추출된 (12)ㄴ의 예와 동 일한 통사적 구성을 갖추고 있음을 알린다. 그러나 『주방문』의 예문 (13) 들에서 뒤에 연속되는 용언의 종류는 다양하다. 우선 위의 예들 가운데 (13)의ㄱ의 예문 하나를 대표로 점검해 보기로 한다. 무우롤 어슥어슥 싸흐라 녀허 ᄀ쟝 쓸혀 더운 김의 쩌 호쵸ᄭᄅ 허츠라(주방.22ㄱ). 이와 같은 통사구조에서 '더운 김의' 성분이 갖고 있는 신분은 2가지 방식으로 해석될 수 있다. (ㄱ) 하나는 '김'을 구상적인 자립명사로 파악하는 방식이다. 즉, "무를 썰어서 솥에 넣어 매우 끓이다가, 더운 김이 날 때에 떠내서…"와 같이 분석하는 것이다. (ㄴ) 다른 하나는 '김'의 구상적 의미가 특정한 환경에서 은유화를 거쳐 확대되어 '물리적 더운 증기→ 추상적 더운 기운/상황의 지속'으로 풀이하는 방식이다. 즉, "무를 썰어서 솥에 넣어 매우 끓이다가, 더운 기운이 아직 그대로 유지되어 있는 시간적 상황에 (그것을) 떠내서…"로 분석하는 것이다. 이러한 두 번째 분석 방식은 '-ㄴ 김에' 성분이 어느 정도 고정되어 뒤따르는 용언 '떠내어'를 수식하는 부사적 용법으로 전용되기 시작하였음을 전제로 한다.

위의 (13)ㄴ-ㅂ의 다른 예문들에서도 (13)ㄱ에서와 동일한 분석 방식이 그대로 적용될 수 있다. 또한, 『주방문』의 텍스트에는 (13)의 예문들과 거의 유사한 의미 전달을 다른 통사 구성으로 대치해서 사용한 사례들도 관찰된다.

    (14) ㄱ. 기롬 쟝을 달혀 드순 <u>김 이신 제</u> 담아(주방.22ㄴ),
       ㄴ. 잠간 <u>온긔 이신 제</u> 그 누록을 ᄆᄃ락 업시 프러(주방.8ㄴ),
         <u>온긔 채 업디 아녀서</u> 누록 ᄒ 되 섯거(주방.8ㄴ).

이와 같은 관점에서, 필사본 『주방문』에서 추출된 (13)의 예들은 '김'의 쓰임에 관한 한, 의미적으로 중의성(ambiguity)을 갖고 있다. 즉, '김'은 쓰이는 상황적 맥락에 따라서 (ㄱ) 구상적 물리적 개념, (ㄴ) 특정한 통사적 구성에서 의미가 은유화를 거친 추상적 개념의 "기운→상황의 지속". 이와 같은 중의적인 맥락의 형성은 특정한 '-는 김의' 구성에 등장하는 자립명사 '김'이 시간의 흐름에 따라서 문법화의 과정에 점진적으로 진입하게 되는 계기가 된다. 즉, (13)의 예들이 보여주는 '-는 김의'와 같은 특정한 통사적 구성은 여기에 개입된 동일한 명사 '김'에 대한 화용론적 추론과 의미론적 해석을 동시에 허용하게 되는 일종의 "이어주기", 또는 "연계 맥

락"(bridging context, Evans & Wilkins(2000 : 550))을 형성하게 되기 때문이다. 연계 맥락을 통해서 '김'은 관습적인 물리적 의미에서 화용론적 추론 또는 함축을 거쳐 의미론적 다의로 발전하게 되면서 의존명사 '김'으로 향하게 되는 문법화의 초기 단계에 들어서게 된다.

위의 예문 (13)에 등장하고 있는 '김'의 신분과 변화의 잠재성에 대한 우리의 가정을 검증하기 위해서 17세기 초기에서부터 중기에 걸치는 해주 최씨(1591-1660)의 음식 조리법의 텍스트에 쓰이고 있는 '김'의 통사적 환경을 찾아서 검토할 필요가 있다. 해주 최씨가 작성한 음식조리법 텍스트의 언어는 안동 장씨의 『음식디미방』의 그것과 다음과 같은 공통점과 차이점을 보인다. 즉, 두 텍스트는 음식 조리서 유형에 속하며, 담화 작성자의 성별, 사회적 계층, 연령 그리고 담화 전달자의 의도와 목적, 화자의 말하기의 태도와 내면의 목소리 등의 사회언어학적 변항(variables)에 있어서 어느 정도 일치점을 보유하고 있다. 그 반면에, 또한 두 텍스트는 그 작성 시기에 17세기의 범위 내에서 20-30년에 걸치는 시간적 거리, 지역적 거리에 따른 언어 표출상의 차이를 반영하고 있다. 그러나 지역방언에 고유한 어휘나 음운 현상과는 다른 차원에 속하는 '-ㄴ 김의'에 해당되는 형태·통시적 구성과 그 변화의 확산 과정에 관해서는 두 텍스트 사이에 17세기 당시에 상대적으로 유의미적인 차이가 크게 개재되지 않았을 것으로 가정한다.

  (15) ㄱ. 방하의 눌온이 찌허 더온 김의 아히 주먹마곰 주여 플 뷰여 싸코
       (해주최씨 151),[25]
    ㄴ. 게룰 자바 녀흐면 주린 김의 그 므롤 죄 혀고 죽거든 도로 내여(해
       주최씨 157),

---

25) 해주 최씨의 음식 조리법 텍스트에 대해서는 각주 (10)을 참조. 추출된 자료의 원문 인용은 『조선후기 한글간찰(언간)의 연구, 3』(이광호 외, 2005)의 쪽수를 그대로 따랐다.

산 게를 그톄로 하여 자바 녀흐면 <u>주린 김의</u> 그 즙을 다 마시고
죽거든(해주최씨 15).

위의 예에서 (15)ㄱ의 '더온 김의'와 같은 구문은 우리가 『주방문』에서
관찰하였던 (13)의 예문들과 그 성격을 대체로 같이 한다. 그러나 (15)ㄴ
에서 '-는 김의'의 수식언은 더 이상 '더운'이 아니고, 또 다른 상황을 나타
내는 '주린'으로 교체되어 있는 사실이 주목된다. 이와 같은 구성에 등장하
는 '김'은 더 이상 물리적 개념으로 해석되지 않는다. 또한 여기에 우리가
『주방문』의 (13)예들에서 감지하였던 문맥에 따른 화용론에 의한 중의적
의미도 더 이상 발견되지 않는다. 우리가 지적하였던 중의적인 교량 맥락
을 거쳐 예전의 화용론적 함축이 의미론적 의미로 발전되어 '-ㄴ 김의'와
같은 특정한 구성에서 원래의 기본적인 물리적 의미를 제거시켜 버린 것
으로 보인다. 따라서 (15)ㄴ의 '주린 김의'에서 파악할 수 있는 기본 의미
는 "주린 상태가 지속되어 있는 여세, 또는 상황에서"로 해석된다. 이러한
의미 재해석의 과정이 이미 17세기 전기 또는 중기의 단계에 여러 지역방
언에서나, 당대의 대부분 계층의 화자들에게 어느 정도 확산되어 있었을
것이라는 사실을 (15)ㄴ의 예는 증언하고 있다.

이와 같은 추정이 가능하다면, (15)ㄴ의 '주린 김의' 구성에 출현하는
'김'은 자립명사에서 의존명사로 범주 이동(탈범주화)이 완료되어 초기의 문
법화 과정에 들어온 것이다. 그리고 이러한 문법화를 발단시킨 첫 번째 요
인은 '-ㄴ 김의'와 같은 특정한 통사적 맥락에서 함축을 거쳐 초래된 의미
변화에 있다. 그 의미변화의 방향은 현상의 단순한 외적 상태에서 "일정한
상황의 지속"에 대한 화자의 주관적인 판단 내지는 평가로 이어지는 주관
화(subjectification)에 해당된다(Traugott 2010). 또한, '-ㄴ 김의'의 구성에 선
행할 수 있는 수식언은 예전에는 구상적인 '더운'에 국한되었으나 이제는

그 출현 환경이 추상적인 영역으로 확대되었으며, 따라서 그러한 용법의 생산성과 출현 빈도가 높게 나타나게 된다.

'-ㄴ 김의'의 고정된 통사적 구성에 선행할 수 있는 수식어들이 확대된 예들은 17세기 초기 단계에서부터 필사본 음식 조리서와는 다른 유형의 한글편지 텍스트와 간본 자료 등에서도 확인된다.

(16) ㄱ. 금개 가던 김의 대되 유무 엿줍더니 이 사룸 가져 가라 ᄒ오니(현풍, no.141),[26]

ㄴ. 醉훈 김에 믄득 濫心 내여 노래 부ᄅᄂᆞᆫ 사룸의 집의 가셔(청노걸,7.22ㄴ),

ㄷ. 연지 덩이롤 저즌 김의 물의 되게 기야(규합총서.22ㄴ),
출밥 훈말 빅셰ᄒ야 쪄 더운 김에 그 항에 붓고(상동.7ㄱ),
소곰물을 ᄭᅳᆯ혀 더운 김에 붓고(상동.7ㄴ).

그리고 '-ㄴ 김의' 구성에서만 수행되었던 '김'의 문법화 과정은 근대국어 후기에 이르면 아래의 예들에서 보는 바와 같이 일차적 맥락을 벗어나서(S+N), 의존명사의 이차적 영역(N1+N2, N1+의+N2)에까지 확대되어 온다.[27] 이러한 의존명사 '김'의 새로운 이차적 용법의 출현은 기원적인 근원명사 '김'(蒸氣)에서부터 독자적인 의존명사 '김'(기운, 여세, 지속되는 상황)으로 완전한 분리가 가능함을 보여주는 문법화의 마지막 단계에 속한다.[28]

---

26) 이러한 통사적 구성에 대해서 현풍곽씨 언간을 주해한 백두현(2003ㄱ : 637)에서는 현대국어의 용법과 동일하게 주석되어 있다.

"금개 가던 김에 모두 안부를 여쭈오니...".

27) 왕문용(1988 : 15)은 통합 환경을 기준으로 의존명사들의 하위분류를 다음과 같이 설정한 바 있다.

(ㄱ) 문장 후위 의존명사 : S+N의 N에 해당되는 의존명사.
(ㄴ) 명사 후위 의존명사 : N1+N2, N1+의+N2의 구성에서 N2에 해당되는 의존명사.

글쓴이는 역사적으로 의존명사의 문법화 진행 과정에서 통합되는 환경은 (ㄱ)→(ㄴ)의 방향으로 진행된다고 생각한다.

(17) ㄱ. 隨聲附和 눔의 김에, ■울킨(한청문감 8.66ㄴ),29)

ㄴ. 벼슬을 좀 ᄒ여 가지고 그 김에 남을 으르고 쐬이고 ᄒ야(독립신
문, 1898.4.19),

cf. 치운디 야심ᄒ여 이슬이며 서리김의 치우미 심ᄒ더니(계츅일_
형,하,12ㄱ),

ㄷ. 너와 나와 버신 짐의 너은 온 방바닥을 기여 단여라(수절가,상.35ㄱ),
엇지 밥 업실고마는 홰짐의 ᄒ는 말이엿다(샹동,하.31ㄴ).

20세기 초엽의 『조선어사전』(1920 : 152)에는 구상명사 '김'(蒸氣)과 별개의
표제어 '김에' 항목이 등록되어 있으며, '가는 길에, 醉한 김에'의 용례가 부
연되어 있다. 근대국어의 의존명사에 대한 연구에서 왕문용(1988 : 189)은
'김'을 "餘勢의 의존명사"로 분류하고, [여세, 기운]이 이것의 핵심적 의미
자질이라고 규정하였다. 그렇다면, 19세기 후기 자료에서부터 사전류에 등
록된 독립된 단어 항목 '씸새'(氣)와 같은 단어도 근대국어의 의존명사 '김'
과 연관되어 있을 것이다. (1) 씸 Syn. 씸새 : chance, moyen de succes, (2) 씸
새 : 機會, (3) 씸새보다 : 見機, chercher un occasion(1880, 한불자전.173). 의존명사
'김'에서 파생된 단어 '씸새'에서 '-새'는 '모양새, 뽄새' 등에서와 같은 일종
의 접미사에 해당된다.30)

---

28) 문세영의 『조선어사전』(1937 : 252)과 『큰사전』(한글학회지은, 1947 : 559)에서 문법화 과
정을 완료한 '김'(=어떻게 된 기회, 어떻게 된 바람)과 근원명사 '김'(=물이 끓는 기운)은
별 개의 동음이의어 표제어로 분리 등록되어 있다.

29) "隨聲附和 눔의 김에"에 대응하는 만주 대역어 urkin은 "영향, 원인, 탓" 등에 해당된다
(Hauer 1955 : 970).

30) 명사뒤에 연결되는 파생접사 '-새'는 19세기 후기 전라방언 자료에서도 관찰된다.

나이 아직 졀믄 것이 말뽄세를 잘못히도 졔의 신셰 희롤 쩌슬(가람본 신재효 남창 춘
향가 52ㄱ),
=나이 아직 졀믄 거시 말뽄을 잘못히도 신셰ㄹ 나즐쩌슬(남창.춘.88).
cf. 시방 허는 짓탯거리가 벌쎄 이 일 사단을 아조 모르든 않는 뽄샌디, 저 지랄을
허고 주뎅이 철벽을 딱 허고 자빠졌네이(최명희의 「혼불」 7권 : 103).

3.1.2. 상황 전환의 의존명사 '고븨'의 자립명사화와 어휘 분화

17세기 후기 『음식디미방』의 텍스트에는 '-ㄹ 고븨예'와 같은 통사적 구성이 처음으로 등장하고 있다. 이러한 구문은 여타의 다른 음식 조리서 범주에서나, 근대국어의 전반적인 간본 텍스트의 언어에서도 별로 등장하지 않았던 예이다.

> (18) ㄱ. 젓기롤 그티디 말고 적다가 보면 쪄 셜 <u>고븨예</u> 존 추락이롤 급히 녀허(디미.11ㄴ),
> ㄴ. 강쟝을 몬져 ㄱ치 젓다가 뜰 <u>고븨예</u> 쏘 곳 블을 몬져ㄱ치 녀흐라 (디미.12ㄱ).

위의 예문에서 '-ㄹ 고븨예'에 해당하는 구문을 백두현(2006 : 250)은 각각 "(젓다가 보면 강정이) 떠오를 무렵에"와 같이 현대어로 풀이하였다. 그러한 현대어 번역은 문맥에 따른 적절한 해석이라고 생각한다. 여기에 등장하는 단어 '고븨'는 15세기 국어에서 "휘어서 구부러진 곳"(曲)의 뜻을 갖고 있는 구상명사 '고비∽구븨'로 소급된다. 이 시기에 어두음절에서 보이는 '오'와 '우'의 교체는 매우 전형적인 음운 현상이지만, 구상적 의미상으로 큰 차이가 없었을 것으로 보인다(남광우 1997 : 98, 141).

> (19) ㄱ. 고비 : 몰곤 ㄱ롮 혼 <u>고비</u> 무술홀 아나 흐르ᄂ니(一曲, 두시, 초.7,3ㄴ),
> ㄴ. 구븨 : 묏 시냇 <u>구븨</u>예셔 녀름지싀 흐고(潤曲, 두시, 초.21,41ㄱ).

중세국어에서는 이러한 '고비' 혹은 '구븨' 형태가 위의 통사구조 '-ㄹ NP+예'로 출현한 사례는 찾기 어렵다. 위의 (18) 예문에서 '-ㄹ 고븨예'와 같은 통사적 구문은 대략 17세기에서부터 형성되기 시작하였을 것이지만, 근대국어의 단계의 문헌 텍스트에 이러한 용례가 전반적으로 출현하지 않았을 뿐이다. 따라서 이 시기의 구체적인 쓰임을 단편적으로『음식디미방』에서 추출된 예만을 의지해서 언급하기에는 한계가 있다. 이러한 제약에도 불구하고, 위의 (18)의 예와 동일한 용법이 19세기 후기 전라방언 자료에 매우 드물게 등장하고 있다.

(20) 그날 밤의 동품홀 졔 혼창 조홀 <u>고부여</u> 두리다 업난 눈이 벌덕벌덕홀 듯 호되 셔로 알 수 잇나(완판 심청,하. 31ㄴ).

이러한 사실을 보면, 위와 같은 '-ㄹ 고븨예'의 구성과 용법이 근대국어의 여러 지역방언에서도 지속되어 왔을 것이다. 위의 예문 (20)에 나타나는 '고부'형은 이중모음의 핵모음 '으'에까지 확대된 원순모음화 현상을 거친 19세기 후기의 전라방언형이다(고븨>고뷔→고부).[31] 나중에 20세기에 와서 '고븨' 또는 '구븨'의 반사체들이 관찰되지만, 최초로『조선어사전』(총독부, 1920)에서 이들 형태는 다음과 같이 분화된 신분으로 등록되어 있다. (ㄱ) 고븨 : 최고로 緊切한 機會(1920 : 170); (ㄴ) 굽의 : 屈曲이 지어진 處所(1920 : 216). 따라서 이와 같은 형태 분화는 의미의 분화에 따른 분류 방식을 따른 것으로, <사정한 조선말 모음>(1936)에서와 1940년대 이루어진『큰사전』(한글학회지은)으로 그대로 수용된다.

(21) ㄱ. 고비(緊切 機會, X 고븨). <표준말 모음, 1936 : 34>.
　　ㄴ. 고비 : 일이 되어 가는 과정에서 가장 중요한 단계나 대목.
　　　　　또는 막다른 절정(고부)(큰사전 1947 : 264),

---

31) 근대국어의 마지막 단계에서 '구븨(曲)>구뷔'와 같은 원순모음화 과정이 여타의 다른 문헌에서도 등장하고 있다.
　(ㄱ) 숩히어나 사롭의 집이어나 <u>구뷔</u>진 디 이셔(1787,병학지_2,13ㄱ), (ㄴ). 물 <u>구뷔</u> 만灣(왜유유해,9ㄴ),
　(ㄷ) <u>구뷔구뷔</u>(曲曲, 1895, 국한회어.37ㄱ), (ㅁ). 구룡쇼 늙은 룡이 <u>구뷔</u>롤 못펼치니(남원고사3,33ㄴ).

굽이 : 휘어서 곱은 곳(큰사전, 1947 : 446).

또한, 최근의 『표준국어대사전』(국립국어연구원)에서 '고비'(사물의 가장 요긴
한 기회나 또는 막다른 절정)와 '곱이'(휘어서 구부러진 곳)가 별개의 어휘로 등록
되어 있다. 이와 같은 개별적 표제 항목의 설정은 두 단어 간의 공시적 유
연성이 절연되어 버렸음을 알린다. 그러나 근대국어 단계에 드물게 출현하
고 있는 위의 예문 (18)과 (20)의 사례들을 검토해 보면, 현대국어에서 동
음어 '고비'와 '곱이'와의 관계는 기원적으로 구상명사 '고븨'(曲)에서 문맥
에 따른 은유화를 거쳐 추상명사의 의미를 획득하게 된 것이 분명하다. 이
러한 과정에서 파생되는 의미변화의 맥락은 주로 '-ㄹ+고븨+예'와 같은 통
사적 구성이었을 것이다. 여기서 구상명사 '고븨'는 점진적으로 의미의 추
상화가 이루어지면서 그 출현 분포가 오직 선행하는 관형어와의 결합으로
국한되었으며, 동시에 처격 '-에'와 통합되는 제약을 받게 되었을 것으로
보인다.

따라서 근대국어의 단계에서 사용되었던 '-ㄹ 고븨예' 구문에서 '고븨'는
기원적 구상명사 '고븨'형이 누리는 자립명사의 신분에서 점진적으로 의존
명사 범주로 이동하여 오게 되었을 가능성이 높다.[32] 이러한 사실에도 불
구하고, 현대국어에서 추상명사 '고비'가 출현하는 통시적 환경에 제약이
없이 쓰일 수 있는 사실은 의미의 분화에 따른 형태의 분화 원칙을 준수하
려는 20세기 초반의 맞춤법의 원리(최전승 2004 : 272-275)에 의해서 의존명
사로부터 자립명사로 환원되었기 때문이다. 이와 같은 "의존명사→자립명

---

32) 이와 같은 추정은 '-ㄹ 고븨예' 통사구성에 등장하는 명사 '고븨'가 겪게 되는 의미변화
가 주관화에 해당되기 때문이다. 즉, '-ㄹ 고븨예'의 구성에서 추상화된 의미는 상황이
전환되어 새로운 국면을 맞이하게 되는 것이다. 이와 같은 새로운 상황을 인식하는 화
자의 내면적 평가 또는 판단이 개입되어 오늘날의 국어사전류에서 규정되어 있는 의미,
즉 [일이 되어 가는 과정에서 가장 중요한 단계나 대목, 또는 막다른 절정]으로 발전하
게 된 것이다.

사"로의 범주 재진입의 과정은 역-문법화(degrammaticalization) 현상의 일종인데, 여기에 언어정책이 개입된 특수한 사례로 판단된다.

『음식디미방』의 텍스트에서 출현하고 있는 구상명사 '고븨'(曲)형은 음식 조리서에서 출발하는 또 다른 유형의 어휘 분화에 참여하게 된다. 즉, "(17세기 후기)고븨/구븨지-→(19세기 후기)고붓지-"의 추이 과정이 그것이다.

> (22) ㄱ. 믈을 <u>구븨지게</u> 무이 쓸혀 프고 양을 거긔 녀허 골오로 잠간 두의 시러 내여(디미.6ㄴ),
> ㄴ. 기름 텨 무이 쓸혀 <u>고븨질 제</u> 알을 웃부으리룰 허러 결에 뽓고(디미.10ㄴ).

이러한 '구븨/고븨 지-'의 구문에 대해서 백두현(2006 : 167)은 "(믈이 많이 끓어) 굽이치게(솟구치도록)"과 같이 현대어로 옮겼는데, 그 출현하는 상황과 문맥으로 미루어 보면 정확한 해독이라고 생각된다. 그러나 위의 (22)와 같은 예들은 동일한 자료 유형에 속하는 『주방문』에서나, 해주 최씨(1591-1660)의 음식 조리서의 텍스트에는 전혀 사용된 바 없다. 이와 같은 구문은 19세기 중기와 후기의 자료에 비로소 출현하였으나, 그 후속어는 '고붓지게-∽고붓ᄂ게-'의 형태로 변모된 모습을 보인다. 특히, 음식 조리서로서 간본인 『규합총서』(1869)의 언어에 이러한 형태가 생산적으로 출현하고 있다.

> (23) ㄱ. 믈을 <u>고붓지게</u> 쓸여 덩이 업시 되게 기야(규합.3ㄱ),
> 솟테 너코 불을 써와 <u>고붓지게</u> 쯔리되(상동.20ㄴ),
> 믈 훈 동의을 <u>고붓지게</u> 쓸혀 밤 지와 식힌 후에(상동.3ㄱ),
> 기름을 <u>고붓지게</u> 쓸혀 그릇세 두무두고(상동.15ㄴ),
> 기름 오륙 승을 붓고 <u>고붓지게</u> 쯔려 겁품이 다 업거든(상동.17ㄴ).
> ㄴ. 놋그릇시 담고 믈을 <u>고붓지</u> 쓸혀 죠곰식 치며(상동.13ㄱ).
> ㄷ. 진믈을 <u>고붓ᄂ게</u> 쓸혀 작작 찌쳐(상동.21ㄴ).

위의 (23)의 예들에서 '고붓지-' 부류가 등장하는 통사적 환경과 그 맥락은 17세기 후기 『음식디미방』에서 추출된 (22)의 '고븨지-/구븨지-'의 그것과 일치되기 때문에 시대적 선행어와 후속어의 관계에 있다고 판단된다. 『규합총서』(1869)를 영인·교주한 이경선(1974)은 위의 예들을 맥락에 의지하여 "팔팔, 다부지게, 흠씬 끓이-" 등으로 풀이하였다. 이러한 '고붓지-' 부류들은 18세기 후기의 대역 어휘집 『한청문감』의 <煮煎類> 항목에서와, 최근세 필사본 음식 조리서 등에서도 등장하고 있다. 이러한 사실을 보면, 이 단어를 사용하던 지역이 『규합총서』의 언어에만 한정되지 않고, 그 사용 분포가 넓었을 것으로 추정된다.

(24) ㄱ. 翻滾, <u>고붓지게</u> 쓸타 ■볼롤 스머(한청문감 12 : 55ㄱ),
    ㄴ. 반죽 물을 <u>고부나게</u> 쓸혀(시의전서,하.21ㄱ), (신하영 2012 : 118)
    ㄷ. <u>고부지게</u>(19세기 후기, 酒食是儀 2ㄱ),
      <u>고붓지셔</u>(1860, 金承旨宅廚房門 3ㄴ), (신하영 2012 : 118).[33]

이와 같이 근대국어의 마지막 단계에서 보이는 '고븨지-/구븨지->고붓지, 고붓ㄴ-'의 과정에 '구븨->구뷔->구부-'와 같은 일련의 음성변화가 적용된 것은 틀림없다. 그러나 당시 화자들의 언어사용 의식에 선행어와 후행어와가 맺고 있는 유연관계가 상실되어 버린 것으로 보인다. Gale의 『한영ᄌ뎐』(1897 : 269)에 위의 (24)의 예들과 밀접한 '고부치-' 항목이 최후로 보존된 모습을 보이지만, 그 의미는 기원적인 음식조리의 구상적인 영역에서 벗어나 일반화되었거나, 현대국어의 '고비'의 의미에 접근되어 있음이 특이한 현상이다.

―――――――

33) 위의 예문 가운데 (24)ㄴ과 ㄷ의 예는 신하영(2012)에서 인용한 것이다. 신하영(2012 : 118)은 '고부 나다' 또는 '고붓 지다'의 형태는 문맥에 비취어 '물이 끓는 모양'을 나타낸 형용사이며, '고부+-나+-다' 또는 '고부+-ㅅ-+-나+다'로 분석하고, 쓰이는 방언 지역에 따라서 '고붓'에 결합한 접미사가 다르다고 보았다.

(25) ㄱ. 고부치다(붓쳐, 친) : to loop, to bend, to take a turn, to reach a
critical point.
고붓 : a loop, a crisis, a turn(269쪽),
ㄴ. 고븨(치다) : crisis in sickness, the critical moment(269쪽).

3.2. 17세기 후기 경북방언과 명사파생접사 '-이'의 실현 양상

19세기 전기 경북 안동 중심의 양반 사대부 집안에서 남편과 부인 간에
서로 교신된 한글편지의 묶음인 『의성김씨 김성일파 종택 한글간찰』(2009,
한국학중앙연구원 편, 태학사)에 반영된 그 시기의 사회방언에 개음절 또는 폐
음절 명사어간에 연결되는 파생접사 '-이'의 출현이 부분적으로 관찰한 바
있다(최전승 2012 : 316-320). 글쓴이는 이러한 방언 형태론적 특질을 근거로
한글편지 본문이 작성되는 당시의 상황과, 전달하려는 주제와 분위기, 그
리고 수신자에 대한 발신자의 정감적 표현 등과 같은 요인에 따라서 격식
체의 흐름 속에서도 친근하고 그 당시의 입말이 부분적으로 자연스럽게 노
출되었던 상황도 많았을 것으로 추정하였다. 여기서 취급하려는 명사파생
접사 '-이'가 보유하고 있는 사회언어학적 속성 [-위신, +친숙성, -격식성, +동일
집단의 정체성]이 바로 이와 같은 담화 가운데 실현되었기 때문이다.

그렇기 때문에, 17세기 후기 경북방언을 반영하는 『음식디미방』의 텍스
트 언어가 갖고 있는 사회언어학적 성격에서 유추하여 보면, 60-70대 노년
의 안동 장씨(장계향)의 담화 가운데 파생접사 '-이'가 구사되었다는 사실은
조금도 이상한 일이 아니다. 이 담화 자료에 출현하고 있는 명사파생접사
'-이'의 유형을 개음절 명사와 폐음절 명사의 유형으로 나누어 논의하려고
한다. 개음절 명사어간에 연결된 파생접사 '-이'는 어간말 모음 -V와 통합
되어 하향 이중모음을 형성하게 된다.

3.2.1. 개음절 명사어간에 연결되는 '-이';

먼저, 중세국어에서의 '(통)노고'(鏊)형이 이 자료에서는 주로 '노긔'의 형태로 등장하였으며, 공시적으로 '노고'와 변이현상을 나타내고 있다.

(26) (통)노고(銅鍋)>노구→노구+-이>노귀>노긔;

　　ㄱ. 노긔 : 노긔 두웨(디미.11ㄴ), 통노긔예 만화로 뼈(디미.11ㄴ),

　　　　　　 너론 노긔예 ᄀ장 무이 끌히고(디미.11ㄱ),

　　　　　　 통노긔롤 숫불 우희 걸고(디미.11ㄴ), 노긔롤 달오고(디미.9ㄱ),

　　ㄴ. 노고 : ᄆ른 희슴을 노고의 안쳐(디미.4ㄴ), 노고의 물 붓고(디미.4ㄴ).

위의 예에서 공시적으로 '노고'와 '노긔' 간의 맥락에 따른 사회언어학적 교체를 연결해 줄 수 있는 음운론적 조정은 찾을 수 없다. '노긔'에 처격조사 '-예'가 통합되는 사실을 보면, 어간말 모음 '-의'는 하향 이중모음으로, 17세기 후기의 단계에 /no-kiy/의 신분이었음을 알린다.[34] 이와 같은 변이

---

[34] 『음식디미방』에서 주로 사용된 처격 형태는 대체로 중세국어의 전통을 계승하고 있다. 이 자료에서 처격조사는 체언이 속한 범주(비자동적 교체 유형을 보여주는)와, 어간말음의 특성에 따라서 '-의∞-에∞-여∞-애∞이' 등과 같은 다양성을 나타낸다. 이 가운데 처격조사의 이형태 '-예'는 체언의 어간말음이 -i이거나, 이중모음의 부음 -y이었을 경우에만 연결되었다.

　'-예'; 쥬디예 다시 바타(디미.2ㄴ), 뵈예 분ᄀᄅ 칠고(2ㄴ), 메밀뿔 닷 되예(1ㄱ), 체예 걸러(4ㄱ), 단지예 녀코(6ㄴ), 단지예 녀헛다가...뫼화 흔 단지예 녀코.게 녀흔 단디예(5ㄱ), 그 고기예 녀허(4ㄱ), 동희예 둠가(19ㄴ), 흔 두레예 흔 말식 녀코(18ㄱ).

이와 동일한 과정이 필사본『주방문』의 텍스트에도 예외 없이 실현되어 있다.

　『주방문』: 주머니예 녀허(주방.10ㄱ), 더위예는 말라(주방.10ㄴ), 믈 흔 동희예 프러(주방.10ㄴ), 힝긔예 다마(주방.21ㄴ), 야론 힝긔두에예(주방.14ㄴ), 명지쟈리예 녀허(주방.1ㄱ).

『음식디미방』의 언어에서 매우 드믈게 처격 형태 '-여'도 관찰된다.

　'-여' : 조흔 쥴릭로 ᄀ는 쳬여 처 ᄀ는 모시예 뇌여두고(디미.2ㄴ).

백두현(2006 : 79)은 여기서 '쳬여'는 '쳬예'에서 어말의 'ㅣ'가 누락된 표기로, 필사상의 오류인 것으로 파악하였다. 그러나 근대국어의 단계에서 -y로 끝난 체언에 연결된 처격

는 noko>nokiy의 변화 방향을 가리키는 것으로 전제한다. 그리고 nokiy 는 17세기 후기에 사용되고 있었던 전형적인 경북지역 방언형을 반영하는 것이며, 기원적인 noko형에 형태론적 조정인 파생접사 -i가 개입되었던 것이다. 또한, 이 시기에 nokiy는 '노고'에서 직접 '-이'가 연결되었던 것이 아니고, 비어두음절 위치에 적용된 모음상승 현상 o>u의 단계를 먼저 거쳤다고 본다. 즉, '노고>노구'. 우리가 여기서 가정한 형태 '노구'는 실제로 『음식디미방』의 언어에 표면적으로 등장한 사례가 전혀 발견되지 않는다. 그러나 이 자료에 실현된 비어두음절 위치에서의 '-오>-우' 모음상승 현상이 진행된 정도를 관찰해 보면, '노고>노구'의 실현 가능성이 높다.

우선, 이 자료에는 특히 비어두음절 위치에 실현된 '오∽우'의 교체가 어휘 유형에 따라 자주 등장한다. 또한, 기원적인 비어두음절 모음 '-우'를 안동 장씨는 『음식디미방』의 언어에서 지속적으로 '-오'로 구사하기도 하였다. '간슈(看守)→간쇼'에서 일어나는 u→o의 대치가 그러한 예에 속한다.

(27) ㄱ. 부디 샹치 말게 <u>간쇼</u>ᄒ야(디미.후면 필사기),
     ㄴ. 싱포 <u>간숏논</u> 법(디미.4ㄴ), 가디 <u>간숏논</u> 법(디미.14ㄱ), 슈박 동화 <u>가숏논</u> 법(디미.14ㄱ).

위의 보기에서 (27)ㄴ의 '간숏논∽가숏논'의 표기에 대해서 백두현(2006 : 284)은 '간쇼ᄒ논→간숗논→간숏논'의 축약 과정을 제시하였는데, 매우 합리적인 해석이다.[35] 15세기에 등장하였던 한자어 '간슈(看守)'는 당시의 모

형 '-예'에서 상향이 중모음 y가 동음생략 과정으로 탈락되어 나타나는 예들이 존재한다 (최전승 2004 : 489-490).

(ㄱ) <u>션비열</u> 사룸 박공의 ᄯᆞᆯ이오...<u>션비열</u> 사룸 셔션원의 안해라(동국신속, 열여 6.14), cf. 션비옐 사룸 뎡호의 안해라(열여 2 : 23),
(ㄴ) 분둘 내 방 창밧긔 <u>마뢰여</u> 연저 서리 마치게 마소(현풍, no.10),
    <u>죠희여</u> ᄣᅡ 봉ᄒ여 보내소(상동.54).
35) 『음식디미방』에는 '늙+지+아니ᄒ-+ㄴ'(백두현 2006 : 288)과 같은 구성에서 극도의 축약

음조화를 위반한 구조적 형태이다. 그러나 17세기 후기에 비어두음절 위치에서 모음조화가 붕괴되어 가는 단계에서 뒤늦게 모음조화를 유지하기 위해서 '간쇼'로 환원되었을 가능성은 낮다. 17세기 초엽에 간행된『동국신속삼강행실도』(1617)의 텍스트에 '간슈∽간쇼'와 같은 변이현상이 등장하고 있다. 의복 혼 볼을 지어 졔뎐ᄒ고 <u>간쇼</u>ᄒ더라(열여.3,80ㄴ)∽한아비와 아븨 주검을 <u>간슈</u>ᄒ라 ᄒ고(효자.6,61ㄴ), cf. 힝역의ᄂᆞᆫ <u>간슈</u>ᄒ기를 잘 ᄒ고(1608,두창집.38ㄴ). 이러한 사실을 고려하면,『음식디미방』에서 '간쇼'형은 '간슈'에서 비어두음절 '-오>-우' 현상에 대한 일종의 과도교정으로 파생된 형태로 보인다.36) 이 자료에서 비어두음절 위치에 일어난 모음상승 '-오>-우'의 음성변화를 수용한 형태는 변화의 진행 관점에서 개신형으로, 이러한 변화를 거부하고 있는 원래의 형태는 보수형으로 간주된다.

　　(28) ㄱ. 녹도∽녹두;
　　　　　녹도 거피훈 ᄲᆞᆯ(디미.1ㄱ)∽<u>녹두</u> 훈 복ᄌᆞ식 섯거(디미.1ㄱ), <u>녹두</u> ᄀᆞᄅ 무치면(디미.13ㄱ),
　　　　　<u>녹두</u>를 뉘 업시 거피ᄒᆞ여(디미.3ㄱ)∽<u>녹도</u> ᄀᆞ니로 더퍼(디미.3ㄴ),
　　　　　<u>녹도</u>ᄀᆞᄅ 고로 뭇쳐(디미.13ㄱ)∽<u>녹두</u>ᄀᆞᄅ 무치면(디미.13ㄱ).
　　　　ㄴ. 호쵸∽호츄/후츄;37)

　　과정을 을 보여주는 '늙쟈닌'도 쓰이고 있다.
　　　팔구월에 <u>늙쟈닌</u> 가지롤(디미.14ㄱ).
36) 이와 유사한 '무우(蘿)→무오'의 예들이 17세기 해주 최씨의 음식조리서 텍스트에서도 등장하고 있다.
　　　<u>무오</u> 불희과 닙 고오니(153쪽), <u>무오</u> 몸이 샹티 아니케(153쪽), <u>무오</u>롤 시서(153쪽).
37) 백두현(2006 : 182)은『음식디미방』의 텍스트에서 '후쵸'가 4회, 그리고 '후츄'가 3회 출현하였음을 지적하고, 15세기 국어 '호쵸'에서 발달된 '호쵸∽후쵸∽후츄'의 변이에서 '후츄'와 '후쵸'는 중국어의 직접 차용인 반면에, '호쵸'는 조선한자음을 거친 간접 차용어가 출현된 형태로 판단하였다.
　　이와 같은 변이는『주방문』에서도 실현되어 있다.
　　　후쵸ᄂᆞᆫ 져거도 므던 ᄒ니라(주방.4ㄱ), 후쵸 녀허(주방.21ㄱ)∽호쵸 마ᄂᆞᆯ(주방.23ㄱ), 기름 ᄀᆞᆫ쟝 호초 훈디 화합ᄒᆞ여(주방.25ㄱ).

후츄 ᄀᄅ 약념하면(디미.7ㄴ)∞후쵸 쳔쵸(디미.7ㄴ), 호쵸 쳔쵸 너
허(디미.8ㄱ),
후쵸 ᄀᄅ(디미.8ㄱ)∞싱강 호쵸 녀허(디미.8ㄱ).
ㄷ. 만두∞만도;
만두법(디미.1ㄱ)∞만도의 녹도 굴롤(디미.1ㄱ), 만도쏘(디미.1ㄱ),
만도소 니기ᄃ시(디미.7ㄴ).
ㄹ. 대쵸>대츄;
대츄 빅ᄌ롤 즛두드려(디미.3ㄴ), 대츄 실빅ᄌ 각 스물 호쵸 셜흔
(디미.21ㄴ),
cf. 대츄 여름 ᄀ트니롤(동국신속,열여.2,33ㄴ)∞대쵸남기 다ᄉ 쩔기
(좌동.열여.1,70ㄴ).

위의 예에서 (28)ㄹ의 '대츄'형은 모음상승 '-오>-우'를 수용한 형태만
을 보여주는 반면에, '슐고삐'(디미.6ㄴ), '가족'(皮, 디미.7ㄴ) 등은 여전히 보수
적인 형태를 유지하고 있다. 따라서 앞서 (26)ㄴ에서 추출된 '노고'형 역시
보수형이며, 이러한 경향은 근대국어의 후기에까지 지속되는 것 같다. 銅鍋
퉁노고(1775,역어해,43ㄱ). 그러나 18-19세기의 단계에서도 간본 자료에서 '노
고>노구' 또는 '노고∞노구'를 반영하는 예들도 출현하기 시작하였다. (ㄱ)
임의 퉁노구를 지엇ᄂ 고로(1777,명의해,상.25ㄴ), (ㄴ) 퉁노구을 기울게 걸고(규합총,15
ㄴ)∞퉁노고에 물을 ᄭ릴이고(좌동.16ㄴ).

이러한 표면적 사실에도 불구하고,『음식디미방』에서 보수형 '노고'의 출
현 빈도보다 훨씬 더 높게 등장하고 있는 '노긔' 형태를 이해하기 위해서는
이 텍스트의 언어에서 '노고>노구'의 변화가 이미 적용되어 있음을 전제로
하여야 된다. 그 다음으로, '노구'형에 17세기 후기 경북 북부방언을 적절
하게 구사하는 안동 장씨의 언어에 명사파생 접미사 '-이'가 첨가되는 지
역방언적 용법이 적용된 것이다. '노고>노구+i→노귀'. 이렇게 글쓴이가 추정하

---

cf. 밤ᄉ이롤 네 가마로 ᄒ 가마되게 달혀(주방:28ㄱ).

는 근거는 안동 장씨의 『음식디미방』에 개음절 어간의 명사에 접미사 '-이'가 연결되어 사용된 예들을 확인할 수 있기 때문이다. 아래의 '소라(盆)→소라+-i>소래'와 '가마(釜)→가마+-i>가매' 등의 형태론적 과정을 거친 예들이 그것이다.

　　(29) ㄱ. 소라→소래;
　　　　　밥보자로 실고 실려 마존 소래로 더퍼(디미.2ㄴ),
　　　　cf. 뫼밥은 소러의 퍼 덥허(규합총서,2ㄱ)∽밥소라에 담쬬(좌동.14ㄴ),
　　　　ㄴ. 가마→가매;[38]
　　　　　혹 가매거나 큰 소치어나(디미.6ㄴ)∽병재 가마의 녀코(디미.21ㄴ),
　　　　　cf. 고기롤　프른 가매애 슬마 내오(중간.두시,11.17ㄴ).
　　　　ㄷ. 힝인과(杏仁果)→힝인과+-i>희인괘;[39]

---

38) 그 반면에, 백두현(2006 : 168)은 이 자료에 쓰인 '가매거나'의 구성을 '가마+-이거나'로 분석하였다. 서술격 조사 '이-'의 활용형에서 문법화를 수행하여 연결어미로 전환되어 쓰이는 '-이거(어)나, -이거(어)든, -이면'형은 현대국어에 와서는 개음절 체언에 연결되는 경우에는 탈락한다. 이와 같은 '-이'의 탈락 현상이 국어사에서 언제부터 비롯되었는가는 자세히 알 수 없다. 그러나 다음과 같은 예를 보면, 17세기 후기 『음식디미방』의 텍스트에는 서술격 조사의 '-이'가 개음절 체언에도 그대로 연결되어 있는 것 같다.

　(ㄱ) 싱치나 둙기나 기름진 고기롤 빠흐라 두드리고 무이나 미나리나 파조차 두부 표고 성이 흔터 두드려(디미.8ㄴ).
　　cf. 무를 ᄀ장 무르 뿔마(디미.1ㄱ), 무을 그리 쑬마(디미.1ㄱ),
　　　쉰무우젹 모가치 싸흐라(디미.9ㄱ).

위의 예에서 '무이나'는 '무이+-나'가 아니고, 백두현(2006 : 199)에서 올바르게 분석된 바와 같이 '무(菁)+-이나'이다. 그런데, 여기에 연결어미 '-이나'가 관여하였다면, '무+이나→무이나'가 아니고, '뫼나'로 실현되었을 것 같다.
이와 같은 사실과 관련하여, 『음식디미방』에 등장하고 있는 다음과 같은 '종지∽종ᄌ'의 변이가 특히 주목된다.

　(ㄴ) 노긔롤 달오고 기롬 반 종지나 쳐(디미.9ㄱ)∽춤기롬 흔 종ᄌ(디미.8ㄴ),
　　cf. 호쵸ᄀ로 진유 흔 종지와 흐고(해주최씨, 157쪽)∽
　　　진유(眞油) 흔 종ᄌ(해주최씨, 160쪽).

위의 예에서 '종지'는 '종ᄌ+-이나'의 분석 방식과 관련되어 있다. 그러나 17세기 초기 또는 중기에 걸치는 해주 최씨의 음식 조리서 텍스트에 쓰인 '종지'형은 명사파생접사 '-이'의 조정을 받아 '종ᄌ+-이→ 종지'로 형성된 사실이 분명하다. 현대국어에서 표준어의 자격으로 선정된 '종지'의 선행어는 '종ᄌ'형이 아니라, '종지'로 소급된다.

방미ᄌ 호인괘 다 약과ᄀ치 ᄒᄂ니라(디미.11ㄱ).

따라서 이러한 형태론적 조정을 거친 '노귀'형은 비어두음절 위치에 수행된 비원순화 현상으로 '노귀>노긔'로 전환되어 위의 예문 (26)ㄱ으로 등장하였을 것으로 보인다. 이러한 과정은 17세기 후기의 경북 북부방언의 모음체계에서 하향 이중모음 '위'와 '의'가 각각 [uy]와 [iy]의 신분을 그대로 계승하여 유지하고 있다는 사실을 전제로 한다. 비어두음절 위치에 실현된 -uy>-iy의 비원순화는 자료 유형에 따라서 16세기 국어에서부터 등장하기 시작하는 전형적인 근대국어의 음운변화에 속한다.[40] 17세기 후기 경북 북부방언에서 그 쓰임이 확인된 '(퉁)노긔'형은 역시 19세기 후기의 경상방언 자료에도 그대로 지속되어 나타나고 있다. 퉁노긔 銅爐口(1895,국한회,323).[41]

___

39) 백두현(2004 : 115, 2006 : 242)은 본문의 (29)ㄷ의 '힝인괘'(杏仁實)형을 '힝인과→희인과+-이(주격조사)'로 분석하였다. 그러나 이 '희인괘'가 쓰이는 통사적 환경을 검토해 보면, 주격조사 '-이'의 연결로는 문맥이 자연스럽지 못하다.

  방미ᄌ 희인괘 다 약과ᄀ치 ᄒᄂ니라(약과법, 디미.11ㄱ).

  백두현(2006 : 242)은 위의 문장에 대한 현대어 풀이를 다음과 같이 하였다. "방미자와 행인과는 다 약과같이 만든다." 이 문장에서 '...약과같이 만든다"의 주체는 '만드는 사람'이어야 하고, 그 대상인 '방미자'와 '행인과'가 될 수 없다고 생각된다. 그렇기 때문에, 본문에서 '방미ᄌ'형에 격조사가 생략되어 있는 것과 동일하게, '희인괘'형에서도 조사가 생략되어 쓰인 용법으로 볼 수 있다.

40) 이러한 변화를 수용한 보기들 가운데, '불휘(根)>불희, 불힉'의 용례들을 제시하면 다음과 같다.

  (ㄱ) 根 불희 근(1575, 광주천,33ㄱ),
  (ㄴ) 모시 불희 닐굽 치과(1608,두창집,하.67ㄱ).
   cf. 파딤치는 파롤 불힉과 겁질조차 죄 시서(해주최씨,155),
    츩불힉로ᄡᅥ 목을 미여(동국신속,열여.6,26ㄴ).
41) 19세기 후기 전라방언 자료에서도 어간말 (-오>)'-우' 모음 명사에 파생접사 '-이'가 연결된 이후에 -uy>-iy의 비원순화가 적용된 형태들을 찾을 수 있다.

  (ㄱ) 빅금투긔(冑, 판.적벽.522), 투긔 버셔(판.적벽.524),
   cf. 황금 투구(판.박.440), 황금 투고(충열,상.31ㄴ),
  (ㄴ) 슈원슈긔ᄒ리오(誰怨誰咎, 완판, 심청A,상.30ㄱ), 슈원슈기ᄒ리오(심청E,상.30ㄱ),

17세기 후기 『음식디미방』에는 어간말 모음 '-오'에 명사파생접사 '-이'가
연결되어 하향 이중모음 '-외'[oy]를 이룬 다음에, 역시 비원순화를 수용하
여 원순성 자질이 제거된 '-이'로 전환되어 있는 예들도 쓰이고 있다. 즉,
'교틱'형이 15세기에서 유래하는 기원적인 '교토'(料物)와 번갈아 교체되어
나타난다.

> (30) 교토→교토+-이>교퇴>교틱;
> ㄱ. 교틱 : 교틱는 싀면 교틱ᄀ치 ᄒ라(디미.1ㄱ),
>   지령국의 ᄒ면 교틱룰 ᄒ고 오미ᄌ국의는 교틱룰 아니 ᄒᄂ
>   니라(디미.1ㄴ),
>   토쟝국의 교틱ᄒ고 오마자차는 ᄭᆯ만 ᄡᄂ니라(디미.2ㄱ),
>   고믈이란 말은 각식 탕의 우희 논는 교틱라(디미.6ㄴ),
> ㄴ. 교토 : 오미ᄌ쥭의 잣교토하면 녀롬 차반이 ᄀ장 됴ᄒ니라(디미.11ㄱ),
>   교토는 그저 먼ᄀ치 ᄒ라(디미.10ㄴ),
>   cf. 술마 ᄆ라 교토 노ᄒ면 일미(해주최씨.162),
> ㄷ. 교치 : 지령국의 ᄆ라 교치ᄒ여도 죠ᄒ니라(디미.1ㄴ).

위의 예에 등장하고 있는 '교틱∽교토'의 공시적 변이는 '교토>교틱'와
같은 변화의 방향을 가리키고 있는 것으로 보인다. 그러나 보수형 '교토'에
서 '교틱'로 직접 연결시킬 수 있는 음운론적 장치는 근대국어의 단계에서
찾을 수 없다. 이 자료에서 단 1회 고립되어 나타나는 (30)ㄷ의 '교치'는
비교적 출현 빈도가 높은 '교틱'와 어떤 관련이 있는 표기 혹은 형태로 생
각되지만, 어떤 확실한 판단을 내리기 어렵다.[42] 예문 (30)ㄱ과 ㄴ)에서,

> cf. 슈원슈구(완판.길동.7), 수원수구 할가마는(수절.하.31ㄱ),
> (ㄷ) 뉘긔 잇쇼(누구, 판.심청.182), 게 누긔랄게(동창.춘, 138),
> 게 뉘기게, 뉘기니(수절.하.20ㄱ), 니 뉘기을 미드리오(완판.삼국지 3.18ㄴ).
[42] 백두현(2006 : 66)은 '교치'는 17세기 후기 당시의 경북 북부지역에서 생산적으로 확대되
어 있었던 t-구개음화 현상에 유추 또는 이끌리어 '교틱>교치'라는 표기가 『음식디미방』
텍스트에 등장하게 된 것으로 추정하였다.

'교토>교퇴'의 변화에 어떤 중간단계가 개입되어야 하는데, 그것은 근대국어 자료에 '교토'와 더불어 등장하는 '교튀'형이다.

(31) 싱강과 <u>교튀</u>와 파와 마놀과(1677,박통해,하,33ㄴ),
  料物 <u>교튀</u> 或云 大料(1690,역어유,상,51ㄴ), 放料物 교튀 노타(좌동.상,60ㄱ).

위의 예에서 17세기의 간본 자료에 출현하는 '교튀'는 기원적인 '교토'에서 명사파생접사 '-이'가 연결된 형태로 파악하는 것이 합리적이다(백두현 2006 : 66). 안동 장씨는 이 자료에서 '교튀'형을 한 번도 적극적으로 구사한 적은 없으며, 그 대신 문맥에 따라서 '교토∽교퇴'의 변이를 적절하게 반영하였다. 그러나 (30)ㄱ에서 추출된 '교퇴'형의 존재는 '교튀'형의 형성을 전제로 한다. 그리고 이어서 '교튀'의 비어두음절 위치에 비원순화 현상이 적용되어 '교튀>교퇴'의 변화가 개입된 것으로 볼 수 있다. 이러한 변화는 우리가 위의 예문 (26)에서 관찰하였던 '(퉁)노고'형이 비어두음절 위치에서 모음 상승되어 '(퉁)노구'로 먼저 전환된 다음, '노구+-이→노귀'의 단계에서 '노귀>노긔'를 수행한 비원순화 현상과 일치된다.

그렇다면, 17세기 후기 당시의 경북방언의 모음체계의 관점에서 '교튀>교퇴'의 비원순화 과정은 실제로 어떻게 실현되었을까. 이와 같은 비어두음절 환경에 일어난 '-외>-의'의 변화 통로를 두 가지로 상정해 볼 수 있다. (ㄱ) 한 가지의 대안은 이 시기에 비어두음절 환경에서도 음소로서 /ᄋ/의 모음 음가가 유지되어 있었다는 사실을 전제로 하고, -oy>-ʌy의 변화로 이해는 방식이다. (ㄴ) 다른 하나는 이 시기의 모음체계에서 이중모음 '외'는 15세기 국어에서부터 계승된 [oy]와, 음절 위치나 선행하는 자음들의 유형에 따라서 그 다음의 발달 단계인 [we] 또는 [wɛ]로 이동하여 가는 oy∽we의 변이를 나타냈을 것이라는 가정이다. 국어 음운사에서 비어두음절에 있어서 'ᄋ'는 일반적으로 '으'에 부분 합류되었으며, 이러한 변화는 15세기에 이미 출발하여 16세기에 대부분 완성된 현상으로 알려져 있다(이기문 1972 : 118). 이와 같은 'ᄋ'의 제1단계 변화에 견주어 보면, 17세기 후기의 단계에 비어두음절 위치에서 음소로서 /ᄋ/는 경북 북부방언에서도 특정한 경우를 제외한다면, 그대로 유지되기가 어려웠을 것으로 보인다.[43]

그 반면에, 『음식디미방』에 출현하는 어두음절 위치의 'ᄋ'는 중세국어에서와 마찬가지로 동화와 이화 현상 이외에서는 다른 어떤 변화도 발견되지 않는다.[44] 그리하여 이 자료에서 'ᄋ'의 원순모음화와 비원순화 현상이

---

43) 경상도 방언의 모음체계의 통시적 변화를 연구한 박종덕(2005 : 143)은 17세기의 이 방언에서 /ᄋ/는 어두와 비어두음절에서 그 음가를 분명히 유지하고 있다고 판단하였다.
17세기 후기의 『음식디미방』의 텍스트에는 생산적으로 적용된 '으'의 원순모음화 현상과 함께, 비어두음절 위치에 일어난 'ᄋ'의 원순모음화 'ᄋ>오'의 변화로 생각되는 예들도 출현하고 있어 주목된다.
아래의 (ㄱ). '쓸ᄆ-(烹)∽쓸무-∽쓸모-', (ㄴ). '담으-∽드모-'와 같은 교체에 나타나는 변이형이 그러한 예에 속한다.

　　(ㄱ) 그 물 쓰여 쓸모디 나자리나 ᄆ이 쓸마(디미.6ㄴ), 곳감과 감 술모니와(디미.3ㄴ), 녀허 비저 쓸몰 제 새용의 쟉쟉 녀허(디미.1ㄱ),
　　　cf. 훈디 녀허 술무면(디미.6ㄴ), 훈디 안쳐 쓸무면(디미.4ㄴ),
　　　쏭남글 다혀 쓸무면(디미.9ㄱ), 훈디 녀허 뿔무면(디미.9ㄱ),
　　　쓸믄 돍이라도(디미.10ㄴ), 쓸므디(디미.12) 쓸믄 물(디미.20).
　　(ㄴ) 졍화슈 기러다가 드모디(디미.1ㄴ)∽병의 둠으고(디미.20ㄴ), 믈의 담으고(디미.20ㄴ).

위의 예에서 '쓸모-'형은 '쓸므-'에서 생산적으로 적용된 '으'의 원순모음화 '쓸므->쓸무-'의 예들로 미루어 보면, 비어두음절 위치에 자주 일어나는 '오∽우'의 교체 현상과 관련이 있는 것으로 보인다. 또한, (ㄴ)의 '드모-'의 경우도 '둠으-'에서 원순모음화를 수용한 '드무-'와의 관계에서 이해될 것 같다. 이렇게 판단하는 근거는 비어두음절 위치에서 '으'도 때로는 '오'로 전환되어 있는 예들이 동일한 자료인 『음식디미방』의 텍스트에 출현하고 있기 때문이다. '-시브다>시부다∽시보다'와 같은 사례가 여기에 속한다.

　　(ㄷ) 석을가 시보거든 훈 두레식 ㅂ룹벽의 셰우라...비 올가 시보거든 드리라(디미.15ㄱ).
　　　cf. 츳돌이 창옷시나 ᄒ여 입히고 시부오나...(의성김씨 김성일과 종택 한글 간찰, 아내→남편, 1832.4. 005).
44) 『음식디미방』에 반영된 어두음절 위치의 'ᄋ'의 변화와 관련해서 다음과 같은 '바솨'의 예는 매우 특이하다.

　　무레 술마 ᄀᄂ리 싸흐라 셩이 바솨 ᄀ치 싸흐라(대구겁질칙, 디미.5ㄴ).

백두현(2006 : 147)은 위의 예문에 나타나는 '바솨'를 중세국어의 'ㅂ슥-'(碎)의 발달형으

공존하고 있는데, 이러한 유형의 음운변화들은 각각 선행하는 양순음의 환경에서 '♀>오'와, 이에 대립되는 '오>♀'로 실현되어 있다(백두현 1992 : 233, 2006 : 312-313).[45]

(32) ㄱ. 뫼쌀(粳)>미쌀;

　　　둠애 찹쌀이 만ᄒ여 됴코 적어도 됴코 업ᄉ면 미쌀만 ᄒ여도 무던ᄒ니라(디미.15ㄱ)∞뫼쌀 ᄒ 되(디미.22ㄱ),

　　　cf. 밋쌀 넉되(주방.3ㄱ), 밋쌀을 몬져 ᄢ다가(주방.3ㄱ).

　　ㄴ. 되(斗)>디;

　　　빅미 ᄒ 디 작말ᄒ여(디미.20ㄴ)∞국말 ᄒ 되 몬져 믈에 프러(디미.20ㄴ).

(33) ㄱ. 볼(件, 重)>볼;

　　　지롤 ᄒ 볼만 칠고 가지 ᄒ 볼 녀코(디미.14ㄴ),

　　　믈을 부어 들흔드러 시어 ᄇ리디 세 볼이 시은 후에(디미.5ㄱ)∞

　　　소곰쩨롤 여러 볼을 ? 동ᄒ 차거든(디미.14ㄴ),

　　　cf. 가지 외롤 ᄒ 볼식 ᄭ라(해주최씨, 152).

　　ㄴ. 몰뢰이-(使乾)>몰뢰이-;

　　　더운 제 비와 수이 몰로이거든 독을 돌로 노코 걸고(디미.9ㄴ)∞

　　　독의 층층이 두로 미야 몰로이디 서로 뒤여 몰로이고(디미.9ㄴ),

　　　하 ᄆ이 몰뇌디 말고 알마초 몰뢰여(디미.1ㄱ).[46]

────────────

로 간주하여, '바소+-아'로 분석하고 그 뜻을 "부수어"로 풀이하였다. 즉, "석이버섯을 부수어 넣고 함께 썰어...". 같은 자료에서 '부수' 또는 '빻-'('(粉碎)의 개념을 표시하는 어휘로 주로 'ᄲᆞᆫᄉ-∞ᄲᆞᆫᄋᆞᆫ'의 2가지 형태가 교체되어 사용되었다.

　　ᄲᆞᆫᄉ 슬고ᄢᅵ과 ᄀᆞᆯ닙 ᄒ 줌을(디미.6ㄴ)∞ᄲᆞᆫᄋᆞᆫ 녹두 ᄒ 홉식(디미.18ㄱ).

45) 이와 같은 원순모음화와, 비원순모음화 현상은 17세기 후기 경북 북부방언의 모음체계에서 어두음절 환경에서 적어도 다음과 같은 대립을 형성하고 있음을 나타낸다고 생각한다(백두현 1992 : 246).

　　(ㄱ) 으 →(원순화) 우, 　　(ㄴ) 우 →(비원순화) 으,

　　　　♀ →(원순화) 오, 　　　　오 →(비원순화) ♀.

46) 그 반면에, 『음식디미방』의 언어에는 '교퇴>교타'의 변화 이외에도 비어두음절 위치에서 '오>♀'의 변화를 수용한 것 같은 다른 유형의 예들이 출현하고 있다. (ㄱ). '소솜∞소솜', (ㄴ). '보롬'(望)∞보롬', 그리고 (ㄷ). '구돌/구들∞구둘', (ㅁ) '광조리>광ᄌ리' 등의 유형들

위의 예들은 국어 방언사에서 17세기 후기 경북 북부방언에서 가장 이른 시기에 확산되고 있는 어두음절 위치의 '♀'의 비원순화와 원순모음화 현상을 적극적으로 증언하고 있다. (32)ㄱ의 '뫼뿔(粳)>미뿔'의 변화 유형은 통상적인 간본에서는 주로 19세기 후기에 등장하기 시작하였다. 그 변화의 방향은 '외>에'이었다(유필재 2004). 그리고 (33)ㄱ에서 원순모음화를 보여주는 '볼(件, 重)>볼'의 변화도 지금까지 생각되었던 변화의 진로와는 다른 모습을 나타낸다. 일반적으로 '볼'은 18세기 후기 정도에 와서 주로

이 여기에 속한다.

(ㄱ) 소솜∞소슴;
춤깨롤 봇가 지허 녀ㅋ 훈 <u>소솜</u> 글혀(디미.8ㄱ),
∞국의 타 훈 소슴 글혀(디미.14ㄱ), 두어 <u>소슴</u> ㄱ장 ㄴ솟게 쓸혀(디미.7ㄴ),
소솜소솜 쓸힌 후(디미.7ㄴ).

(ㄴ) 보롬>보롬;
밋술에 섯거 녀헛다가 <u>보롬</u> 후에 쁘라(디미.18ㄱ),
cf. 뎔 보롬 쌍(1527, 훈몽자,상,1ㄴ).

(ㄷ) 구돌(炕)∞구들∞구들;
구돌이 ㄱ장 덥거든(디미.13ㄴ)∞구들이 더워도(디미.15ㄱ)∞더운 구돌에 두고(디미.17ㄱ).

(ㄹ) 광조리(筥)>광즈리;
깁흔 <u>광즈리</u>예 지롤 훈 볼만 쓸고(디미.14ㄴ).

위의 예들에서 비어두음절 위치에 수행된 것처럼 보이는 '오>♀'의 표기는 실제로는 '♀'의 음가와 거리가 있었을 것이다. 즉, 위의 (ㄱ) '소솜>소슴'에서 변화된 '소슴'은 '소솜→(모음상승) 수슘→(비원순화)소슴'에서 표기상으로 '♀'와 혼기된 상태로 보인다. 이러한 표기들은 16세기 후기의 자료에서부터 근대국어의 단계에 걸쳐 나타나고 있다. 중세국어의 '오좀∞오줌'형은 다음 단계에서 시대적 차이에 따라서 '오좀∞오줌∞오즘'과 같은 변이를 보인다.

(ㅁ) 오좀(1569,칠대만법 1ㄱ)∞오줌(좌동.2ㄱ),
졋도 아니 먹고 오좀도 몯 누거든(1608,태산집,70ㄱ),
오좀 쏭 눌제(동국신속.효자.7,19ㄴ).

또한, 『음식디미방』의 텍스트에는 비어두음절 위치에서 기원적인 '으'가 '♀'로 종종 대치되어 쓰이고 있는 사실이 아래와 같이 확인된다.

(ㅂ) <u>기롬</u> 반 죵지나 쳐(디미.9ㄱ), ∞춤<u>기롬</u> 훈 죵즈(디미.8ㄴ),
상화쇠 녀롬의 밧보면 거피훈 풋훌 쪄(디미.2ㄴ),
<u>그른세</u> 담고∞그 기울 서되만 <u>그릇싀</u> 담고(디미.2ㄱ).

'ᄋ·>어'의 방향을 보여주기 때문이다.47) 따라서 현대국어에서 '볼>벌'의 과정을 직접 거쳤다고 간주되었던 오늘날의 경북방언의 반사체들은 '볼>(원순모음화)볼>(비원순화)벌'과 같은 일련의 변화를 밟아왔을 가능성도 있을 것 같다.

그 반면에, 『음식디미방』의 텍스트에서 비어두음절 위치의 'ᄋ·'의 신분은 매우 불안정하였거나, 이미 'ᄋ·'의 제1단계의 변화 과정을 거쳐 온 것으로 보인다. 따라서 위의 (30)ㄱ의 예에서 쓰이고 있는 17세기 후기의 '교퇴>교틱'와 같은 음성변화의 진로에 대해서 글쓴이는 비어두음절 위치에서는 그 당시에 -oy>-ʌy보다는 오히려 -oy>-we, wε>-e, ε에 접근하였을 것으로 추정한다(최전승 1987 참조).48)

---

47) (ㄱ) 관복 훈 벌을 신을 주옵거눌(1778,속명의.1,22ㄴ),

    (ㄴ) 이 칰 훈 벌식 졍히 공봉ᄒᆞ여 두고(1796,경신셕,85ㄴ),

    (ㄷ) 과연 죠신의 쳠셔훈 벌이 잇스되(1881,조군령,27ㄱ),

    (ㄹ) 쵤 갈우을 우흐로 훈 벌 덥허야(규합총서.13ㄱ).

48) 17세기 후기의 경북 북부방언을 반영하는 필사본 『음식디미방』의 언어에서 '애, 에' 및 '익' 등은 어두음절 위치에서 [ay, əy] 및 [ʌy]의 이중모음의 신분을 유지하였을 것 같다. 아래의 예에서 실현되고 있는 음운현상들이 이러한 사실을 나타낸다.

    (ㄱ) 믹이(猛)→믜이;

       믜이 글힌 탕슈 엿말 갈라 쩌부어(디믜.15ㄱ),

       물 훈되식 섯거 가장 므의 드듸딕(디믜.15ㄱ),

    (ㄴ) 믹일(每日)→믜일; 거품이 잇거든 므일 거더 브리고(디믜.21ㄱ),

    (ㄷ) 재여→자여; 믈에 돔가 밤 자여(디믜.21ㄱ), ᄒ르밤 쟈여(디믜.15ㄴ),

    (ㄹ) 닉쟝(內臟)→ᄂ·쟝; ᄂ·쟝내 업슨 후(디믜.9ㄱ),

    (ㅁ) 믹양(每樣)→므양; 굴룰 츠디 말고 므양 훈 두레예 훈 말식 녀코(디믜.18ㄱ).

그러나 같은 자료에 반영된 아래와 같은 어간말 'ㅌ'을 갖고 있는 체언들의 처격형에서 보이는 이형들 가운데, '소틱'(釜, 디믜.13ㄱ), '볏희(光, 디믜.22ㄴ)∞볏틱(22ㄴ)', '밋틱(低, 19ㄱ)∞미틱(16ㄱ)' 등과 같은 표기에서 비어두음절 위치의 '-익'의 이중모음의 신분을 인정하기 어렵다.

3.2.2. 폐음절 명사어간에 연결되는 '-이';

지금까지 우리가 『음식디미방』의 텍스트에서 추출한 개음절 어간에 연결되는 명사파생접사 '-이'의 적극적인 쓰임은 또한 폐음절 어간의 명사에도 마찬가지로 적용되어 출현하였을 것이라는 사실을 함축하고 있다.

> (34) ㄱ. 털(毛)+-이→터리;
> 　　　　 글는 물의 <u>터리</u>룰 튀ᄒᆞ여 업시코(디미.7ㄴ),
> 　　　　 불에 그으려 <u>터리</u> 업시 ᄒᆞ고(디미.7ㄴ),
> 　　　　 cf. 쇠족을 털재 뽈마(디미.7ㄱ).
> 　　 ㄴ. 느름(造泡)+-이;
> 　　　　 <u>느롬</u>이룰 싸ᄒᆞ라(디미.8ㄱ), 개쟝국 <u>느롬</u>이(디미.8ㄱ),
> 　　　　 구은 <u>느롬</u>이룰 디운 즙의 녀허(디미.8ㄱ).
> 　　　　 cf. 두부 <u>느름</u>체로 ᄒᆞ여 쓰라(주방.24ㄱ),
> 　　　　　　 두부 <u>느름</u>체로 ᄒᆞ라(주방.21ㄱ),
> 　　　　　　 셕화느름(石花造泡,주방.22ㄴ), 동화 느름(東花造泡,주방.23ㄴ),
> 　　　　　　 죠개도 자바 왓거든 <u>느르미</u>체로 ᄒᆞ여셔(현풍곽씨,no.3).
> 　　 ㄷ. 지강(糟)+-이→지강이;
> 　　　　 ᄆᆞ론 술 <u>지강</u>이룰 잠깐 믈 쑤려 불에 ᄃᆞᄉᆞ게 ᄒᆞ야(디미.9ㄴ).
> 　　　　 cf. 糟 지강 조(1583, 석봉천자문.35ㄱ), 지강이 粃糠(1880, 한불자전.537).

위의 예에서 (34)ㄱ의 '털+-이→터리'의 보기는 15세기 국어로 소급되는 형태이다. 내 바랫 흔 <u>터리</u>룰 몯 무으리니(1447,석보.6 : 27ㄱ), 부텻 <u>터리</u>룰 주실쎄(좌동. 24 : 31ㄱ), 거부븨 <u>터리</u>와 톳기 쁠왜(1461,능엄.1,90ㄴ). 『음식디미방』에서는 거의 동일한 문면의 맥락에서도 '터리∽털'과 같은 변이도 등장하고 있다. 그리하여, 다음과 같은 예는 단순한 '털'에 주격조사가 통합된 형태로 보인다. 불을 ᄆᆞ이 다히고 그으리면 <u>터리</u> 다 ᄐᆞ고(디미.7ㄴ). (34)ㄴ의 '느름이'형은 이 자료에서 파생접사 '-이'가 결합된 형태만으로 쓰이고 있다. 그러나 다른 계통의 음식 조리서 등을 참고하면, 원래의 형태는 '느름'이었을 것이다.

그 반면에, 이 자료에서 쓰이고 있는 아래와 같은 '볼이' 유형의 예는 형태 분석에 약간의 어려움이 따른다.

(35) 게 녀흔 단디예 믈을 부어 들흔드러 시어 ᄇ리디 세 <u>볼이</u> 시은 후에 힝혀 죽은 게 잇거든 굴희여 ᄇ리고(디미.4ㄴ).

위의 예문에서 '세 볼이-'의 구문을 해독하는 문제가 대두된다. 이 구문은 앞뒤의 문맥으로 미루어 "세 번을 씻은 후에"로 대략 파악된다. 그러나 '불(重)>볼'의 변화를 거친 '볼'에 첨가된 '-이'가 매우 특이한 것이다. 백두현(2006 : 135)은 이 예문이 쓰여진 문맥상으로 보아 '-이'는 목적격 조사가 결합되어야 하는 환경이지만, 이 자료 자체 내에서 의존명사 '볼' 다음에 조사가 통합된 예는 출현하지 않는다고 지적한다. 따라서 백 교수는 여기에서 '-이'는 현대어 번역에서 이러한 성분을 무시해도 아무 문제가 없을 것이기 때문에, 단순한 오기가 아니라면 명사파생접사 '-이'일 가능성이 있다고 보았다(2006 : 135).

글쓴이도 역시 '볼-이'의 구문에는 의존명사 '볼'에 접사 '-이'가 개입되었을 것으로 추정한다(불>볼+-이→볼이). 그리하여 원래는 '볼이'형에 목적격 조사가 후행하였을 것이지만, (35)의 예문에서는 이것이 생략된 것이다. 이렇게 판단하는 근거는 근대국어의 문헌자료 가운데에는 '볼'(<불)과 가까운 성격의 의존명사들에 접사 '-이'가 연결되어 목적격 조사와 통합되는 예들이 관찰되기 때문이다.

(36) ㄱ. 반(半)+-이 : 인슴 혼 푼 <u>반이</u>를 싸ᄒ라(人蔘一分半, 1608,두창집, 하.23ㄱ),
목향 감초 각 두 푼 <u>반이</u>를 싸ᄒ라(1608,태산집,38ㄴ),

ㄴ. 분(分)+-이 : 인숩 각 네 푼 션각 두 <u>푼이롤</u> 싸ᄒ라(二分, 두창집,
　　상.20ㄱ),
　　감초 각　여슷 <u>푼이</u>를 싸ᄒ라(상동.하.3ㄱ),
ㄷ. 돈(分)+-이 : 감초 반 <u>돈이롤</u> 싸ᄒ라 달혀 먹고(태산집,42ㄱ),[49]
ㄹ. 냥(兩)+-이 : 감초 각 <u>두냥이롤</u> 싸ᄒ라(甘草各二兩, 태산집,3ㄴ).

3.3. 형태 강화를 위한 'ㅎ' 첨가 현상

국어사에서 용언의 어간들에 적용된 다양한 변화 가운데, 특히 'ㅎ'의 첨
가 현상이 점진적으로 확대되어 가는 경향을 보이고 있다. 경북 중부지역
의 방언 음운론을 기술하면서 정철(1991, 부록 : "어휘수집자료")은 아래와 같
은 용언 어간에 'ㅎ'이 첨가뇌어, 'ㅎ' 말음 어간으로 재구조화가 이루어진
용언어간들을 조사하여 보고한 바 있다.

(37) 끟다(線을), 낭궇다(남기다), 꿓다(고기를 오래 고다), 고릏다(고루다),
　　빻다(찧다).

위의 경북방언의 용언 어간들 가운데, '빻-'(粉碎)로 재구조화된 지역적
분포는 전국으로 확대되어 있다. 현대국어의 용언 '빻-'(粉碎)형이 15세기의

---

49) 17세기 초기의『태산집요언해』에는 또한 개음절 명사어간에 명사파생접사 '-이'가 연결
된 예도 사용되어 있다. 즉, '화로(火爐)+-이→화뢰'.

시월의논 방의 잇고 동지똘애논 <u>화뢰</u>예 잇고 섯똘애논 평상의 잇고(66ㄴ).
　　cf. 화롯블에 뾔며(상동. 67ㄴ).

19세기 후기 서울말 중심의『한불ᄌ뎐』(1880)에 표제어 '화로'와 더불어 '화리'형이 출현하
는 사실이 주목된다. 이 '화리'형은 아마도 17세기 초엽의 '화뢰'로 소급되는 것 같다.

화리 : hoa-ri, V. 화로(104쪽).

이 형태는 일종의 방언형으로, '화로+-이→화뢰>화뤼>화리'의 발달 과정을 밟아 19세기
후기의 지역방언에 사용되었던 것으로 보인다. 19세기 후기에 간행된 Putsillo의『로한ᄌ
뎐』(1874)에는 '활위, 화로'(247쪽), '화뢰'(165쪽) 등과 같은 표제어들이 수록되어 있다.

'ㅂᅀ-/브ᅀ-'에서 출발하여 음운변화를 거쳐 '부수-'(破)형과 분화되어 밟아 온 통시적 발달 과정에서 'ㅎ'의 첨가가 중요한 기여를 하고 있다(곽충구 1988). 그러나 이 용언 어간에 개입된 'ㅎ'의 첨가가 일어난 어떠한 구체적인 기제나 원리가 아직까지 분명하게 규명되지 못했다. 용언 '빻-'의 활용형에 'ㅎ'이 출현하기 시작한 시기는 문헌자료상으로 적어도 19세기 후기로까지 소급되지 못한다.[50]

또한, 김현(2001)도 경상방언에서 용언 어간 말에 'ㅎ' 또는 'ㆆ'[?]이 첨가되어서 어간의 재구조화가 이루어진 경상방언의 용언들을 목록으로 제시하였다. 이러한 보기들 가운데, 'ㅂ'과 'ㅅ' 불규칙 용언 어간에 해당되는 예들을 제외하고, 순수한 '우'와 '으' 말음 어간들의 유형을 정리하면 아래와 같다.[51]

(38) ㄱ. '우' 말음 어간 : 가둫-∽가두ㅎ-(囚), 바꿓-∽바꾸ㅎ-(換),
    ㄴ. '오' 말음 어간 : 곻-∽고ㅎ-'(烹), 꽇-/꼬ㅎ-(색기를),
    ㄷ. '으' 말음 어간 : 이슿-∽이스ㅎ-(繼), 지뤃-∽지루ㅎ-(育), 끃∽끄
        ㅎ-(索), 줓-∽주ㅎ-(拾), 딿-∽딸ㅎ-(따르-, 從/注), 짏-(기르
        -育).

『한국방언자료집』(전남 편, 1991 : 400)에 의하면, 이러한 개음절 어간의 활용형들에 첨가되는 'ㅎ'의 출현은 전남방언에서도 점진적으로 확대되어

---

50) (ㄱ) 바흐다, 碎, (바셔질-쇄) : 바하, 바흔, to smash up; to grind up.
    바히다, 碎, (바셔질 -쇄) : 바혀, 바힌, to be ground, to be broken up.
    (Gale의 영한ᄌ뎐, 1897 : 380).
  (ㄴ) 바다(바하, 바흔) : 「부수다」와 같다(조선어사전 1920 : 348).
51) 국어 방언사에서 역사적으로 성문 마찰음 'ㅎ'의 개입과 관련된 언어변화의 보상적 기능에 대하여서는 최전승(2011)을 참조. 김현(2001 : 85-114)은 이와 (38)의 예들과 같은 용언 부류들이 수행하는 후음 말음으로 재구조화는 역사적 음운변화의 원리로 합리적인 설명을 구할 수 없기 때문에, 그 원인을 화자의 도출 과정과는 상이한 청자 중심의 재분석 과정에서 추구해야 한다는 당위를 제시한 바 있다.

가는 경향을 보인다. 예를 들면, 전남의 신안과 완도 등지에서는 '쏘-(射)+-지'의 활용형에서 [쏘 : 치]와 같이 어간말 'ㅎ'이 실현되고 있다. 그러나 전남방언에서 출현하는 활용형 [쏘 : 치]와 같은 'ㅎ' 첨가는 이번에는 경북 지역방언(『한국방언자료집』, 경북 편, 1989 : 382)에서 아직 보고된 바 없다. 또한, 『전라도 방언사전』(주갑동, 2005 : 24)에는 '곻-' 용언이 방언형으로 수록되어 있지만, 한국방언자료집』(전남 편, 1991 : 400)에 조사된 'ㅎ' 첨가형은 완도와 해남 등지에서만 나타난다.52) 따라서 어간말 'ㅎ'의 실현 현상은 지역방언에 따라서 유동적이며, 화자들이 구사하는 말의 스타일에 민감한 양상을 보여주는 동시에, 용언의 유형에 따라서 일정하지 않은 것으로 보인다. 또한, 위의 (37)-(38)의 용언 활용들도 'ㅎ'의 첨가는 자음으로 시작되는 어미와 연결되는 환경에서만 한정되고, 모음으로 시작되는 어미에서는 표면으로 실현되지 않는다.53) 따라서 위의 (37)-(38)의 용언어간들의 기저형에 /h/을 첨가한 다음에 모음으로 시작되는 유성음의 환경에서 자연스럽게 이것을 탈락시키는 음운론적 해결도 가능하다.

그렇다면, 위와 같이 'ㅎ' 첨가 용언어간들은 언제부터 해당 방언 지역에 발달하기 시작하는 현상이며, 'ㅎ'이 첨가되어 활용하는 근본적인 이유는 무엇일까. 이러한 의문점들에 대하여 여기서 글쓴이는 어떤 충분한 해답을 제시할 수는 없다. 그러나 유성음 사이에 개재된 'ㅎ'의 존재가 국어사에서

---

52) 그 반면에, 또 다른 『전남방언사전』(이기갑 외, 1997 : 38)에는 '곻다' 항목이 전남 고흥에서만 수집되었고, 전남의 대부분의 하위지역에서는 '고다'로 분포되어 있다.
53) 현대국어의 지역방언에서 수집된 (37)-(38)의 예들과 같은 용언 어간말 'ㅎ'의 첨가 현상과, 앞으로 우리가 논의할 대상인 근대국어 단계에서 일어나는 용언 어간에서의 'ㅎ' 첨가는 그 실현 방식에 있어서 큰 차이를 나타낸다.
   즉, 오늘날의 (37)-(38)의 예들은 자음어미 앞에서만 유기음화를 통해서 확인되지만 모음어미와의 통합 과정에서는 표면음성연결의 제약으로 실현되지 않는다. 그 반면에, 17세기 국어에서의 'ㅎ' 첨가를 나타내는 (39)-(43)의 예들에서는 모음과 모음의 연속 사이에서 주로 쓰이고 있다. 이와 같은 상이는 근대국어에서 모음 사이에 어느 정도 'ㅎ'을 용인하는 표면음성 연결의 제약의 상이에서 비롯된 것으로 파악된다.

끊임없이 약화 탈락되어 온 역사적 과정들을 고려하면, 이러한 후두 마찰음 'ㅎ'의 첨가는 자연스러운 음운현상은 아니다. 따라서 여기에 개인 화자들의 의사전달 현장에서 어떤 필요에 의해서 무의식적으로 'ㅎ' 첨가가 용언의 활용형에 개입된 것으로 보인다. 화자들이 느끼는 'ㅎ' 첨가의 필요성은 과도교정 등의 여러 관점에서 접근할 수 있다(최전승 2011).

이러한 사실과 관련하여, 『음식디미방』의 텍스트를 이용하면, 오늘날의 지역방언에 나타나는 위의 (37)-(38)의 예들 가운데 특히 용언어간 '고-'(熬)에 'ㅎ'의 첨가가 생산적으로 이루어진 시기는 적어도 경북 북부의 방언에서는 17세기 후기로 소급된다. 오늘날의 남부 지역방언 등지에 확산되어 있는 'ㅎ' 첨가 현상의 역사는 용언의 활용형들의 유형에 따라서 공시적인 현상이 아니고, 그 자체 깊은 시간심층을 보유하고 있음을 알 수 있다. 17세기를 주로 경북 지역에서 생활하였던, 노년의 안동 장씨가 이 자료를 통하여 구사하는 담화 가운데에는 '곻->꽇-'로의 어두 경음화 현상이 실현되기 시작하고 있으며, 특히 자음이나 모음으로 시작되는 연결어미와 상관없이 모든 환경에 'ㅎ'이 첨가되어 있다.

(39) ㄱ. 물 부어 우무ㄹ치 고하 식거든(디미.7ㄱ),
　　　　만화로 무ㄹ도록 고화 쓰라(디미.7ㄴ),
　　　　엿쉐만에 고흐뎌(디미.22ㄱ),
　　　　칠일 지나거든 고흐라(디미.22ㄱ),
　　　　닷쇄만에 고흐면 네 대야 나ᄂ니라(디미.21ㄴ),
　　　　여슬 희게 고화 쑬 뎌기 조론 후의(디미.4ㄱ),54)

---

54) 백두현(2006 : 111)은 "여슬 희게 고화 쑬뎌기 조른 후의"(디미.4ㄱ)의 구문을 "엿을 희게 고아서"로 현대어로 해석하고, 현대의 경상방언에 '엿을 꼬타, 엿을 꼬코' 등과 같은 형태가 쓰인다는 사실을 지적하며 다음과 같은 설명을 부가하였다.

　　"『구급간이방』과 『훈몽자회』의 '고오-'는 'ㅎ'이 없는 어형이고, '고화', 현대 경상방언의 '꽇-'는 'ㅎ'을 갖고 있다. 모음 사이의 'ㅎ'이 약화 탈락되는 국어의 일반적인 음운변화를 기준으로 보면 시기적으로 더 빨리 나타난 '고오-'가 오히려 후대적 특징을 보여준다고

마의 녀코 믈 부어 <u>쏘흐듸</u>(디미.21ㄴ),
ㄴ. 뭥믈의 <u>고타가</u> 전지령 혼 되...승겁게 타(디미.6ㄱ),
ㄷ. 개쟝 <u>곳는</u> 법(디미.8ㄴ).

이 자료에 등장하는 '고-'의 활용형에 'ㅎ'이 개입되지 않은 형태는 찾을 수 없다. 또한, 위의 예 가운데 특히 (39)ㄷ의 '(개쟝) <u>곳는</u> 법'과 같은 표기가 주목된다. 15세기부터 이 용언의 활용형은 일반적으로 '고오-∽고으-'의 형태로 등장하였기 때문이다. 사ᄉ미 쎨로 고온 갓플 셕 량올 디허(1489,구급간,3,99ㄱ), 쩍 밍글며 양슉 고으며(번역 노걸,하.53ㄴ), 熬酪 타락 고으다, 熬姝子 젓 고으다(1690,역어유,상.52ㄱ). (39)ㄷ에서 '곳는'의 표기는 어간말 'ㅎ'이 첨가된 '곻는'의 형태에서 후행하는 'ㄴ' 앞에서 h→ㄳ의 음절말 중화가 실현된 것으로 파악된다.[55] 따라서 『음식디미방』에 반영된 당시의 언어에 수행된 '고-→곻-'(熬)의 대치는 이 시기의 안동 장씨가 구사하고 있는 말의 구어 스타일에 이미 완료되어 있다.

이 자료에서 '곻-'의 활용형들이 적극적으로 쓰이고 있는 구체적인 상황은 다음과 같은 연속적인 담화의 흐름에서 관찰해 볼 수 있다.

(40) 가마의 물 만이 붓고 쏘하 프러지거든...,뭥믈의 <u>고타가</u> 전지령 혼 되... 승겁게 타 다시 <u>고흐듸</u> 쎠 녹도록 <u>고하</u>...믈을 만이 ᄒ여 <u>고흐듸</u> 믈이 업서 가거든 더 부어 극히 <u>쏘흐야</u> 쎠 쳣거ᄉ란 주어 ᄇ리고 쁘듸(디미.6ㄱ).

위의 예문 (39)-(40)의 '곻-∽쏳-' 활용형들이 국어사 또는 지역 방언사

_____

할 수 있다. 그러나 근대국어 시기에 유성음과 모음 사이에 형태적으로 근거 없는 'ㅎ'이 첨가되는 현상이 있음도 유의해야 한다. 예컨대, '밋틔서 <u>저허</u> 다 흐론 후에'(11ㄱ), 실로 <u>동혀</u>(10ㄱ), <u>자혀</u>∽자여'(육엽쥬) 등이 그러한 예이다."
55) 백두현(2006 : 197)은 '개쟝 곳는 법'의 구문을 "개쟝 고는 법"으로 용어 해설하고, 여기서 '곳-'의 기본형을 '곻-'으로 설정하였다.

에서 보유하고 있는 자료상의 혁신성은 매우 특이한 음운현상이다. 그렇게 판단하는 근거는 후대의 전통적인 간본 문헌자료에서도 이 활용형들은 15세기의 형태인 '고오-∞고으-'에서 더 나아가지 못한 보수적인 상태를 나타내고 있기 때문이다. 고오다 ㅅ 달히다(煎熬, 한청문감 12 : 54), 엿 고으는 법(규합총서.목록.1ㄴ). 따라서 『음식디미방』에 나타나는 이러한 언어 자료의 특이성 또는 변화의 선구적인 성격, 즉 혁신성은 필사본 자료 부류들이 그대로 드러내 보이고 있는 살아있는 시대적 언어의 현장성에 근거하고 있다. 그와 동시에, 이러한 특성은 담화 구성자 안동 장씨가 구사하는 말의 스타일 가운데 구어 또는 토착방언의 실현이라는 차원에서도 찾을 수 있다.56)

그 반면에, 필사본 『음식디미방』에 반영된 언어와 몇 가지의 관점에서 좋은 대조를 보이고 있는 음식 조리서인 『주방문』의 텍스트에서도 물론 '고오-∼고으-'(熬)의 활용형들이 출현한다. 그러나 여기서 용언 '고오-∼고으-'는 어두에 경음화가 실현된 경우나, 『음식디미방』에서 추출된 위의

---

56) 『음식디미방』에는 명사어간에서도 'ㅎ'이 첨가된 예도 쓰이고 있다. 아래의 예문에 있는 '걸흠'(肥料)의 예가 그것이지만, 이 단어가 15세기 국어에서 쓰인 용례가 확인되지 않기 때문에 분명하지는 않다.

(ㄱ) 마구 압희 움흘 뭇고 걸흠과 흘 질고 마눌 시무고 우희 걸흠 더퍼 두면(디미.14ㄴ).
cf. 밧희 거름홀 제(1796,경신력, 65ㄱ), 밧 갈며 거름 주어(좌동.66ㄱ).

또한, 이 텍스트에서 '돌호-∞돌오-'(注) 활용형들이 사용되었다. 이 용언의 경우도 15세기의 형태가 문헌자료상에 출현하지 않기 때문에, 백두현(2006 : 72)은 '돌호-'를 기준으로 삼고, 다른 이형태 '돌오-'는 유성음 사이에서 'ㅎ'이 탈락된 것으로 간주하였다.

(ㄴ) 물근 물을 돌와 브리고 부희 물란 그륵식 다마 두면 굴아안거든 쏘 운물 쏠오고(디미.2ㄱ),
그 물을 돌화 브리고(디미.2ㄴ). cf. 운믈 쏠오고(주방.14ㄴ).

그 반면에, 15세기 국어에서와 『음식디미방』에서 '달오-∞다로-'(燒紅)로 쓰이던 형태는 후대의 18세기 자료에서는 용언어간에 'ㅎ'이 첨가되어 등장하기도 한다.

(ㄷ) 노긔룰 달오고 기름 반 종지나 쳐(달구고.9ㄱ),
소두에룰 무이 다로고 기룹 두로고 브어(10ㄴ),
cf. 쇠룰 달와 지지라(1489,구급간.2.120ㄱ).

(ㄹ) 炸白, 쇠 달호다(1775,역어해.45ㄴ), 炸白, 쇠 달호다(1778,방언유,해부방언.1ㄴ),
燒紅 달호다(1790,몽유.보.26ㄱ).

(39)-(40)의 '꿇-∽꿇-'와 같은 발달 단계는 발견되지 않는다.

   (41) 고오리예 반만ᄒ게 브어 고오라(주방.4ㄴ),
       닷새만 고으면(주방.9ㄴ),
       사흘만의 걸러 고오면(주방.10ㄱ),
       각지롤 미오 고아 그 믈로 ᄃᄆ면(주방.18ㄴ),
       듕탕ᄒ여 고오면 ᄂ물이 더 됴ᄒ니라(주방.20ㄱ).

  두 가지 유형의 필사본 음식 조리서 간에 확인되는 이러한 언어 실현 상의 차이가 담화 구성자들이 갖고 있던 당시의 사회언어학적 변항에서 기인되는 것이어서 표면으로의 사용이 의도적으로 억제된 현상인지, 아니면 구사하고 있었던 방언 지역에서의 실세적 차이에 의한 것인지 분명히 단정 짓기는 어렵다. 그러나 17세기 초반의 경북 달성방언의 모습을 보여주는 한글편지인『현풍곽씨언간』에서는 남편 곽주(1569-1617)가 그의 부인 河氏에게 보내는 사연에 '고-'(熬)에 'ㅎ'이 첨가된 활용형들이 지속적으로 출현하고 있다.

   (42) 조쑤롤 고하셔 안승경단내 쓰고져 ᄒ니 너일로 브디 조쑤롤 됴케 고
      하 두소,
      정항 ᄀᄅ도 고하 두소. 조쑤롤 브디 〃 됴케 고하 두소. 슈영더게 비
      화 자내 고하 보소(no.74).

  이와 같은 (42)의 '꿇-' 활용형들은 17세기 후기 안동 장씨의 담화 연속에서 관찰하였던 위의 (39)-(40)의 예들과, 어두 경음화 현상만 제외하면, 그대로 일치한다. 따라서 17세기 경북방언의 화자들에게서 이미 점진적으로 확대되어 있던 '고->꿇-∽꿇-'의 어간 재구조화는 근대국어 당시 지역 방언의 발달 단계에서 이미 완성되었을 가능성이 높다. 한편으로, 구체적

으로 방언 지역을 확인하기 어려운 17세기 초기 또는 중기에 해당되는 해주 최씨(1591-1660)의 한글 필사본 음식 조리서 일부의 내용에서도 이와 같은 '고-(熬)>굏-' 발달의 시작을 변이현상을 통해서 보이고 있다.

(43) 아마도 줄기장으로 고오면 견쓸 굳ᄂ니라. 쟝보리 기름 셔되 진국 혼
홉과 믈을 누근 죽만치 고화 섯거 ᄌ조 뒤저ᄋ면(『조선후기 한글간찰
(언간)의 역주 연구, 3』, 신창 맹씨 <子孫寶傳>. 이광호 외 2005 : 147).

이러한 사실을 보면, 해주 최씨의 텍스트는 근대국어 자체 내에서 시간
적 차원과, 공간적 차원에서 위의 두 가지 음식 조리서들의 언어와 구별된
다. 따라서 근대국어의 단계에서도 특히 17세기를 전후한 남부의 지역방언
에서 '고->굏-'의 변화가 먼저 시작되고, 그 확산이 이루어졌을 것이다. 그
리하여 17세기 후기에는 개신형 '굏-∽쏳-'가 당시의 경북방언의 화자들
가운데 노년과 중년의 연령이나, 남녀의 구분이 없이 일상적인 구어에서
확대되었을 것으로 추정된다. 어떤 이유로 'ㅎ'의 첨가 현상이 유독 '굏-'의
활용형들에만 첨단적으로 적용되었을까. 음식 조리의 과정에서 쓰이는 용
언 '굏-'(熬)의 활용형들의 출현 빈도 등과 같은 언어 외적 요인을 생각할
수 있다. 그러나 위에서 예문 (39)-(40)이 추출된 『음식디미방』 텍스트에
는 '싯-'(洗)의 활용형들의 출현 빈도수가 '굏-'의 그것(12회 출현)보다 훨씬
높게 실현되어 있다. 이 자료에서 규칙 용언인 '싯-'의 활용형들은 표면적
으로 규명해 낼 수 없는 다양한 문맥에 따라서 기원적인 'ㅅ' 유지형(13회
출현)과, 불규칙 용언들이 보여주는 'ㅅ' 탈락형(26회 출현)으로 끊임없이 교
체되어 등장하고 있는 사실이 주목된다(백두현 2005, 이 글의 §4.2.2에서 후술).

또한, 『음식디미방』에는 'ㅎ'의 첨가 현상이 '젓-'의 활용형 '저허'에 1회
에 한정되어 출현하고 있다. 밋터셔 저허 다 흐론 후에 건더내면(디미.11ㄱ)∽심이
밧비 저어(디미.11ㄱ). 그 반면에, 이러한 'ㅅ' 불규칙 용언 '젓-'의 활용형에

개입된 'ㅎ'의 첨가 현상은 19세기 중기의 음식 조리서인 『규합총서』(1869)에 적극적으로 확산되어 있다.57) 그러나 같은 『규합총서』의 언어에 이번에는 '고-'(熬)의 활용형에는 'ㅎ' 첨가가 전연 실현되지 않았다. 음식 조리서를 작성한 담화 구성자들의 관점에서 구사하는 지역방언의 성격이나, 말의 스타일 및 조리와 관련된 핵심 용언의 비중에 따라서 'ㅎ' 첨가의 대상이 달랐을 것으로 보인다.

글쓴이는 지금까지 17세기 국어를 반영하는 음식 조리서 등에 출현하는 'ㅎ' 첨가의 예들(39-43)은 V_V의 환경에서 음절 축약을 억제하기 위하여 수행되는 형태상의 강화의 일종이라는 잠정적인 가정을 한다. 이러한 이유로 'ㅎ' 첨가 현상은 형태론적 "강화" 과정이라고 설정한다.

---

57) 『규합총서』의 텍스트에 출현하는 'ㅅ' 불규칙 용언 '젓-'은 /졓-/으로 대부분 재구조화를 수행하였다. 이 용언의 활용형들은 주로 '져허∽져흔/져헌'으로 등장하고 있다. 또한 같은 자료에서 'ㅅ'의 불규칙 활용형 '저어'형도 등장하지만, 그 출현 빈도는 '졓-'에 비하여 매우 낮다.

(ㄱ) ᄡᅥᆨ 반쥭 만치 물을 주어 ᄆᆞᆫ니 져허 덩이져 ᄎᆞ지거든(규합.23ㄱ),
ᄂᆞ무져로 ᄌᆞ주 져허 빗치 검누르거듯(규합.17ㄴ),
밥풀을 집어너허 져허 고로 ᄃᆞ 일거든(규합.17ㄱ),
양푼에 물긔 조곰ᄒᆞ야 져허 녹여(규합.16ㄱ),
속속히 져허 일 ᄡᅥᆨ가 되거든 불을 쇠오쳐 급히 져허(규합.16ㄱ),
골고로 져허 ᄧᅧ니야(규합.3ㄴ),
손오로 져허 드리워 보아(규합.15ㄱ).
(ㄴ) 심드려 속히 져허 ᄡᅡ아리ᄀᆞ 이도록 져흔 후에(규합.15ㄴ),
부어 술로 져헌 후에(규합.15ㄱ),
cf. 술노 ᄌᆞ로ᄌᆞ로 져으면(규합.13ㄱ), 쥬걱으로 져으면(규합.16ㄴ),
막ᄃᆡ을 너허 져어보아규합.(15ㄴ).

또한, 『규합총서』에서 'ㅎ' 첨가 현상은 여타의 다른 용언의 활용형과 체언의 굴절형에도 적용되어 있다. 이러한 사실을 보면, 이 자료에서 V_V의 환경에서 'ㅎ'의 산발적인 개입은 용언과 체언의 문법 범주를 구분하지 않고 일어났음을 알 수 있다.

(ㄷ) 되ᄃᆞᆫ 되로 되흐라(규합.17ㄴ), cf. 터흘 되어늘(석보 6 : 35ㄴ),
(ㄹ) 복부ᄌᆞ도 이ᄃᆡ로 허면 잉도 보담 ᄂᆞ흐니라(규합.18ㄱ),
(ㅁ) 몬져 ᄧᅧ 흐린 거슬 ᄀᆞ흐로 부어가며 ᄠᅳ라(규합.5ㄴ).

3.4. 연결어미 '-오/우디'형의 근대국어의 변화 양상

중세국어에서 '-오/우디'형은 설명이나 사실, 인용, 또는 양보 등의 다양한 의미를 나타내는 종속적 연결어미로 지금까지 파악되어 왔다(허웅 1975 : 612, 안병희·이광호 1990 : 253, 고영근 1998 : 154). 글쓴이는 이 글에서 '-오/우디' 구문의 특수성과 통사적 기능, 그리고 통사변화에 관한 주제(전정례 1995)는 언급하지 못한다. 중세국어의 선어말어미 '-오/우'가 16세기를 거쳐 근대국어의 단계에서 소멸되면서 점진적으로 개신형 '-되'로 발달하게 된다(이광호 2004 : 482-483). 이와 같은 '-오/우디>-ø되'로의 발달 과정에서 야기되는 형태 변화가 『음식디미방』의 텍스트를 포함하여, 일련의 17세기의 음식 조리서 범주 유형에 어떻게 반영되어 있는가 하는 진행 경로만을 여기서 개략적으로 기술한다. 이와 같은 현상을 통해서 『음식디미방』의 텍스트가 갖고 있는 당시의 고유한 언어 자료적 위상을 드러내 보이려고 한다.

중세국어의 선어말어미 '-오/우'의 탈락과 소멸은 그 이후의 단어형성론과, 관형화와 명사화 구성 등과 같은 통사구조에 지대한 영향을 끼치게 되었다. 그러나 여기서의 관심은 '-오/우디>-되'의 형태 변화에서 선어말어미 '-오/우'가 탈락되는 대신에, 일종의 보상책으로 발생한 것으로 생각되는 원순모음화 '-디>ø되'(ʌ>o)로의 진행 과정에 두기로 한다. 허웅(1989 : 246-247)은 16세기 중기부터 '오/우디>ø되'의 변화가 문헌에 등장하기 시작하는데, 선행하는 '-오/우-'의 영향으로 '-디>-되'로 바뀌는 경향이 강력하게 진행된 것으로 기술하였다.[58] 17세기 후기 필사본 『음식디미방』에 등장

---

58) 선어말어미 '-오/우'의 소멸로 인하여 파생되는 연결어미 '-오/우디>되'의 형태 변화가 ʌ>o로의 원순모음화의 일종으로 해석할 수 있는가에 대해서는 논란의 여지가 있다. 이러한 '-오/우디→되'의 음운론적 과정이 국어사의 영역에서 통상적인 원순모음화의 범주로 취급된 바 없기 때문이다(곽충구 1990).

하는 중세국어의 '-오/우디'의 후속형들의 용례들을 전부 조사해서 제시해
보면 다음과 같다.

 (44) 1. 그 굴룰 더러 플 뿌디 의이 죽ㄱ치 뿌어(1ㄱ),
     그 굴룰 더러 플 수디(11ㄱ),
   2. 칠홉만 긔ㅎ거든 안쳐 쪄디 상화 쩌기ㄱ치 ㅎ라(3ㄱ),
   3. 동희로 둘 남ㅈ기 둠 민ᄃ디 몬져 믈 글히고(15ㄴ),
   4. 믈을 만이 ㅎ여 <u>고ㅎ디</u> 물이 업서 가거든(디.6ㄱ),
     이 법대로 ㅎ노라 <u>ㅎ디</u> 사오납기ᄂ(15ㄱ),
     즙을 <u>ㅎ디</u> 거디 아니케 ㅎ고(8ㄱ),
     믈 부어 <u>쪼ㅎ디</u> 아젹의 안치면 오후의 내디 맛보면 둘고(디미.21ㄴ),
     닐웨 지내거든 <u>고ㅎ디</u>(21ㄴ),
   5. 그 믈 뜨여 <u>쓸모디</u> 나자리니 ᄆ이 쏠마(6ㄴ),
   6. 그 우희 느려 먹ᄋ디 싱치즙을 ㅎ면 더 죠ㅎ니라(8ㄱ),
   7. 희숨ㄱ치 뜨디 지령기롬국의 쓰라(10ㄱ),
   8. 비븨여 슈단마곰 싸ㅎ디 납덕납덕 싸홀면(11ㄴ),
   9. 칼로 두 녁을 쟉쟉 어히디..만화로 무ᄅ게 <u>구우디</u> 지령기롬 볼라 굽
     고(12ㄴ),
   10. 둘 남ㅈ기 담 민ᄃ디 몬져 믈 글히고(15ㄱ),
   11. 흐린 술을 고ㅈ의 뿌디 병을 고ㅈ목의 다혀(15ㄱ),
   12. 둠갓다가 나죄 빅셰ㅎ여 나죄 쪄디 믈 쓰려 니게 쪄(20ㄴ).

 위의 용례들에서 확인된 공통된 특질은 다양한 통사적 환경에서 사용된
'-오/우디'의 연결어미 형태들이 이 자료에서는 예외 없이 모두 '-ø디'로
전환되어 나타나는 현상이다. 따라서 이러한 예들에서 선어말어미 '-오/우'

그러나 국어사의 음운론을 통해서 후속하는 평순 또는 원순모음이 선행하는 원순모음
의 [원순성]에 순행 동화를 받아서 일어나는 원순모음화와 비원순화 현상이 나타난다
(최전승 1975/2009; 백두현 1992 : 226-229).
예를 들면, 국어사에서 '불휘(根)>쏠회(소학언해 6.133ㄱ)∞불회(광주 천자문,33ㄱ)'의 변
화를 선행 음절의 원순모음 '우'의 관여로 인한 비원순화 현상이라고 이해한다면, 17세기
국어에 나타나기 시작하는 '-오/우디>-되'의 경우도 선어말어미의 탈락으로 인한 일종
의 보상적 기능으로 일어난 원순모음화의 일종이라고 파악해야 될 것이다.

의 원순성은 후속하는 형태 '-디'에 아무런 영향을 발휘하지 못하고 그대로 탈락되어 버린 셈이다. 이러한 현상은 근대국어의 전개 과정과 대조해 보면, 두 가지의 측면에서 매우 특이한 발달 단계를 보이고 있다. 한 가지는 『음식디미방』의 텍스트에는 양순음 밑에서의 원순모음화 현상이 매우 적극적으로 확산되어 있기 때문에, '-오/우디>-ø되'로의 진행에 심각한 장애가 없었을 것이라는 사실이다. 다른 하나는 근대국어에서 '-되'를 지향하는 일반적인 발달의 경향을 위의 예들은 벗어나 있다는 점이다.

위의 예들 가운데, (44-5)의 '쓸모디'와, (44-9)에서의 '구우디'의 형태는 실제로는 선어말어미 '-오/우'가 존속된 상태로 간주되지 않는다. 『음식디미방』에서 '솖-/쏢-'(烹)의 활용형들은 모음어미와 연결되어 대부분 원순모음화를 실현시키고 있다. 호디 녀허 술무면(디미.6ㄴ)∞곳감과 감 술모니와(디미.3ㄴ)∞물에 쏠마(디미.5ㄴ). 그리고 '굽-'(炙)의 활용 어간도 중세국어에서부터 순경음 '병'의 변화로 인하여 모음으로 시작된 어미와 연결되면 '구우-'로 쓰이기 때문이다. 뎍 구우면 ᄀ장 죠흐느라(디미.13ㄱ).

17세기 후기의 단계에 전개되어 있는 예문 (44)의 연결어미 '-ø디' 형태가 근대국어 단계의 발달 과정에서 차지하고 있는 위상을 검토하기 위해서 17세기 후기 또는 18세기 전기에 작성된 것으로 추정되는 음식 조리서인 필사본 『주방문』의 텍스트에 등장하는 중세국어 '-오/우디'의 연속적인 후속형들을 살펴볼 필요가 있다.

(45) ㄱ. '-ø되';
　　　　 믈말 여덟되 쓸혀 긴되 반은 선둣ᄒ게 ᄒ여(주방.1ㄴ),
　　　　 추뿔 훈 말 밥 ᄠᅵ되 믈 세말로셔(주방.5ㄱ),
　　　　 사나홀 디나거단 고쳐 시으되 혜여디디(주방.8ㄱ),
　　　　 날믈끠 일졀 말고 밥을 버므리되(주방.11ㄱ),
　　　　 알마초 녀허 비즈되 그릇시 못ᄎ면(주방.11ㄱ),

이튿날 <u>더으되</u> 춧뿔 닐굽되 홈끠 빅셰 돕갓다가(주방.11ㄴ).

ㄴ. '-오디';

반죽을 우와 ᄀ치 <u>호디</u> 잠짠 되즈기 ᄒ여(주방.14ㄱ),

웃법텨로 <u>호디</u> 고기를 알맛게 싸려(주방.19ㄴ),

일을 이리 <u>호디</u> 믈을 젹게 ᄒ여(주방.21ㄴ).

위의 (45)의 예들 '-되∞-오디'형들은 앞서 17세기 후기『음식디미방』에서 추출하였던 (44)의 연결어미 '-디'형과는 상이한 양상을 보여준다. 즉,『주방문』의 텍스트에서 일반적인 용언어간에 통합되는 연결어미들은 근대국어의 형태 '-되'형으로 나타난다(45ㄱ). 그 반면에, 같은 텍스트에서 형식동사 'ᄒ-'(爲)와 결합되는 경우에는『주방문』에서 여전히 중세국어 단계의 흔적인 '-오디'형을 유지하고 있다(45ㄴ). 특히『주방문』에서 추출된 '호디'형은『음식디미방』에서 수집된 (44-5)의 예들에서 선어말어미가 제거되고, 원순모음화도 적용되지 않은 'ᄒ디'형으로 사용되었던 형태이다.[59]

연결어미 '-오/우디'의 후속형들이『음식디미방』과『주방문』의 텍스트에서 (44)의 '-디'형과, (45)의 '-되∞오디'형으로 서로 차이가 나게 실현되어 있는 이유는 시간적, 공간적 거리 또는, 당시의 사회 계층의 차이에서 비롯된 언어 현상을 반영하는 것일지도 모른다.[60] 그렇다면, 근대국어의 단계

---

59) 이러한 반사체 '-ᄒ디'(<-호디)형은 근대국어에서 중세국어의 잔존형 '-호디'형들의 압도적인 사용 빈도에 비하여 매우 낮지만, 17세기 초기 단계의『동국신속삼강행실도』와, 한글편지 묶음인『현풍곽씨언간』에 각각 2회 씩 출현한다.

   (ㄱ) 그 저긔 단상법이 <u>엄ᄒ디</u> 홀로 녀묘ᄒ야(동국신,동삼효4.22ㄴ),
     ᄀ마니 사ᄅᆞᆷ을 브려 <u>고ᄒ디</u> 셩 안해 냥식이 다ᄒ고(상동.동삼충1,4ㄴ).

   (ㄴ) 가ᄉᆞ몬 므던<u>ᄒ디</u> 긔운 편ᄒ 젹은 업셔(현풍곽씨, no.112),
     이리도록 둄둄 <u>아니ᄒ디</u> 쇼마븐 휘면 죄로 나고(상동, no.129).

60) 한 가지 보기를 들면, 중세국어 '밍ᄀᆯ-'(造)의 반사체들은『음식디미방』과『주방문』의 텍스트에서 분포상의 약간의 대조를 보이고 있다. 먼저,『음식디미방』에서 이 용언은 '민ᄃᆞᆯ-∞ᄆᆞᆫᄃᆞᆯ-∞밍글∞뭉글-' 등과 같은 다양한 변이를 나타낸다. 그러나 이 가운데 '민ᄃᆞᆯ-' 계통이 주류를 형성한다.

   (ㄱ) ᄆᆞᆫ둘- : 누룩 민둘 밀흘 ᄀᆞ라 ᄆᆞᆫᄃᆞᆫᄂᆞ니라(18ㄱ), 구무쩍 ᄆᆞᆫᄃᆞ라 닉게 술마(20ㄴ),

에서 '-오/우디'의 발달 과정에서 드러나는 이러한 상위가 방언 분화에 어떤 기여를 하였을까하는 의문이 떠오른다. 이러한 의문점에 글쓴이는 여기서 적절한 해답을 찾을 수 없다.

한 편으로, 17세기 초기 또는 중기에 해주 최씨(1591-1660)가 작성한 음식 조리법의 텍스트에 사용된 '-오/우디'의 반사체들 가운데 일부는 『음식디미방』에서 추출된 앞서 (44) 예문에서의 '-ø디'형에 접근하여 있다.

(46) ㄱ. '-ø디';

호그니는 스물식 혜아려 <u>드무되</u> 산 게롤 자바(156쪽),

블 쎄오디 마오 만화로 <u>고오디</u> 져녀긔 안쳐(159쪽),

돈돈이 빳고 슷블 <u>픠오디</u> 항허리만 트게(160쪽),

ㄴ. '-오디';

이운 닙 업시 <u>호디</u> 무오 몸이 샹티 아니케(153쪽),

본초(本草)에 <u>글오디</u> 개고기롤 사롬이 머그면(161쪽).

위의 예에서 (46)의 '-디'형들은 안동 장씨가 작성한 음식 조리서 텍스트에 반영된 예문 (44)에서의 '-ø디'형들과 부합된다.61) 이러한 사실을 보

민돌- : 구멍쎀 민두라(17ㄴ)∽구무쎀 민두라(18ㄴ), 만도 형상으로 민두라(8ㄴ), 민돌기룰 안반의 홍도대로 미러(11ㄴ),

몽글- : 주먹마곰 몽그라 집흐로 빳고(17ㄱ),

밍글- : 므지그니 하여 밍글라(11ㄱ), 서로 흔드러 밍글라(디.12ㄱ),

밍돌- : 스무병을 밍두라 썩 섯거(20ㄴ).

그 반면에, 필사본 『주방문』에서 이 용언 형태는 주로 '만둘-'으로 출현하지만, 각각 '민둘-'과 '밍둘-'형의 예가 1 회씩 등장한다.

(ㄴ) 민둘- : 구무쎀 엷즈기 민두라 닉게 술마(주방.8ㄴ),

만둘-' : 떡ㄱ치 만두라 블의 구어(주방.10ㄱ), 반죽ᄒ여 만두라 지지지 말고(주방.12ㄱ), 물 칠홉 교합하여 만두라 지져(주방.12ㄴ), 만두쏘ㄱ치 만두라(주방.24ㄱ), 만두라 지져(주방.12ㄱ),

밍둘- : 구무쎀 밍두라 술마 내여(주방.7ㄴ).

61) 안동 장씨의 『음식디미방』과 해주 최씨의 음식 조리법의 텍스트에서 개음절 체언에 통합되는 공동격 조사 '-과'의 쓰임이 일치하고 있다. 그 반면에, 필사본 『주방문』에서는 이와 같은 성격의 공동격 조사 '-과'는 모두 '-와'로 나타난다. 개음절 어간의 체언에 연

면, 중세국어의 연결어미 '-오/우디'형의 발달 과정은 근대의 단계로 이행하여 오면서 '-오/우디→오/우되→ø되'의 직선적인 경로만을 취한 것은 아니었다고 생각된다. 이와 같은 사정을 17세기 전·후기에 해당하는 해주 최씨의 조리법과 『음식디미방』의 텍스트는 알리고 있다.

또한, 해주 최씨의 음식 조리법에 등장하는 연결어미의 다른 이형태인 (46)ㄴ의 '-오디'형은 이번에는 『주방문』에서 앞서 추출된 (45)ㄴ의 형태와 일치한다. 그러나 이와 같은 두 텍스트에서 발견되는 형태상의 일치는 어떤 특별한 관련성을 가리키는 것은 아니다. 그 이유는 17-18세기에 걸치는 근대국어의 문헌자료들을 살펴보면, 이러한 후속형 '-오디'는 형식동사 '흐-'에서와, '골오디/ᄀ로디(曰), 닐오디, -이로디' 등과 같은 관용적인 표현 구문에서 지속적으로 출현하고 있기 때문이다. 따라서 중세국어에서 그대로 이행하여 오는 연결어미 '호디'와 '골오디' 등은 일종의 화석형으로 고정된 형태로 추정된다.62) 이와 같은 연결어미 '-오디' 계열이 근대국어의

결되는 이와 같은 공동격조사 '-과'형은 근대국어의 문헌자료에서도 찾아 볼 수 있다.

   (ㄱ) 샌손 살고쎠과 갈닙 훈 줌을 흔터 녀허(디미.6ㄴ),
       지령기롬의 봇가 빅자(柏子)과 호쵸ᄀ라 약념ᄒ여(디미.2ㄱ),
       암듥 두 마리과 셩히 마론 대구롤(디미.6ㄱ),
       눈과 보오리과 발과 소옥을 다 내여 ᄇ리고(디미.10ㄱ).
   (ㄴ) 파딤치는 파롤 불희과 겁질조차 죄 시서(해주최씨,155),
       메밀ᄀ로과 녹두ᄀ로과 섯쯔(해주최씨, 161),
       무오 불희과 닙 고오니(해주최씨 153),
       cf. ᄆ론 조긔과 ᄆ론 광어과 젼복과 마과(1608,두창집,하,ㄱ).
62) 17세기 국어 단계에 경북 북부지역의 방언과 관련이 있는 한글편지 묶음인 『현풍곽씨언간』의 텍스트(백두현 2003ㄱ)에 사용된 연결어미 '-오/우디'의 반사형들이 보이는 유형은 대체로 우리가 『주방문』에서 찾아낸 '-되'와 '-오디' 형태들과 일치한다.

   (ㄱ) '-ø되';
       풍난이 ᄒ여 ᄀ장 일 보내되 풍난이ᄃ려 ᄉ셔롤 ᄌ세 닐러(no.57),
       그 둘흘 믄자 보내되 아기 ᄒ여도 놀거시라 ᄒ여(no.73),
       손반 발 드린 것 여숫만 보내되 그 졀반 미티 미죵이라 ᄒ여(no.73),
       나모등경 ᄒ나 ᄒ여 둘흘 보내되 나 이실 제 보내려(no.73),
       나날 기ᄃ리되 긔별 업스니 민망ᄒ여 ᄒ뇌(no.28),
       뿍은 오놀로 두 고리롤 뜯기되 춤뿍기 사오나오니(no.16).

자료에서도 특히 經典 계통의 언해 부류에 지속되어 있는 사실이 이러한 추정을 뒷받침한다.

안동 장씨의 『음식디미방』과, 해주 최씨의 음식 조리법의 텍스트에 반영된 연결어미 '-오/우디>--ø디'의 적극적인 쓰임에도 불구하고, 17-18세기의 전반적인 발달의 방향은 전반적으로 '-오/우디>-ø되'의 경로를 취하고 있다. 이러한 경향은 17세기 초기의 전통적인 간본 언해서인 『東國新續三綱行實圖』의 텍스트에서부터 생산적으로 출현하고 있다(김영신 1980 : 39-40을 참조). 그러나 오늘날의 경북지역의 하위 방언에서 사용되는 연결어미 '-되'는 역시 17세기 후기의 『음식디미방』에서와 같은 '-디'의 후속형 '-데'로 계승되어 쓰이고 있을 것으로 생각된다.

4. 결론과 논의

4.1. 『음식디미방』의 텍스트에 반영된 언어의 불안정과 갈등의 성격

지금까지 우리가 주로 형태・통사론적 측면에서 살펴본 필사본 『음식디미방』이 17세기 후기 국어사와 국어 방언사 자료로서 갖고 있는 텍스트로서 첫 번째의 가치는 담화 구성과 언어 표출에서의 독립성 또는 순수성에 있다는 사실은 분명하다(백두현 2003). 이 자료 유형은 17세기 후기 경북지역 사대부 집안에서 통용되던 당대의 음식 조리법에 대한 일방 통행적 정

(ㄴ) '-오디';
    유무보니 반겨호디 편치 아니훈 일 잇다 호니(no.4),
    아져게 유무호디 엇디 답장 아니호신고(no.7),
    닛디 몯호디(no.12),
    유무보고 반겨호디 ᄆᆞᆷ 요란ᄒᆞ여(no.21),
    우디는 아니호디 제 병이(no.41).

보 전달이라는 고정된 담화 내용을 담고 있다. 그러나 외국어나 한문과 같은 원전 언어의 간섭과, 직역이나 의역과 같은 번역 방식의 제약에서 자유로운 당시 국어의 자연스러운 모습을 음운론과 어휘, 그리고 형태 통사론적으로 반영하고 있다.63) 이러한 특징은 국어사와 방언사 자료의 주종을 이루는 모든 유형의 언해서 텍스트 부류들과 분명한 대조를 이룬다. 따라서 필사본으로서 이 자료의 언어 내적 성격은 범주는 상이하지만, 중세 또는 근대국어 단계에 작성된 한글편지 부류에 가까운 것이다.

이 텍스트 자료가 보여주는 또 다른 중요한 가치는 담화 작성자의 신분(안동 장씨)과, 연령(노년층, 6.70대) 및 성별(여인), 사회적 계층(사대부), 그리고 거주했던 지리적 공간(경북 안동, 영양 일대)과 그 작성 시기(1670년 전후), 작성 목적(당내 또는 후대 집안의 며느리와 딸들에게 대대로 내려오는 음식조리법을 전수 계승하기 위해서), 공개 또는 전달 대상(집안 중심의 私的 및 내적 집단) 등과 같은 텍스트의 변항적 성격과 장르를 자료 외적으로 분명하게 보여준다는 데 있다. 17세기 후기『음식디미방』이 갖고 있는 이러한 독특한 사회언어학적 정보는 이와 동일한 텍스트 범주에 귀속되는 또 다른 음식조리서 필사본『주방문』(酒方文)의 경우와 대조하면 분명하게 두드러진다. 필사본『주방문』은 담화 작성의 시간적, 세대적, 지역적 차원에서『음식디미방』에서 추출된 언어의 특질들과 부분적인 공통점과 상이점 등을 보유하고 있다(백두현 2012). 그러나 이 자료에서 우리는『음식디미방』과 대조할 수 있는 흥미 있는 언어 내적 사실 이외에, 다른 어떤 외적인 사회언어학적 정보도

---

63) 또한, 백두현(2012)은 비단 17세기 후기『음식디미방』에서만 한정된 사실은 아니지만, 한글로 작성된 조선 후기의 필사본 음식조리들에는 통상적인 다른 유형의 경전 중심의 언해서 부류에서 쉽게 찾을 수 없는 다음과 같은 일상 생활어와 자연스러운 표현들을 나타내고 있다고 지적하였다.

(ㄱ) 음식 관련 다양한 어휘들은 물론, (ㄴ) 양념류를 포함한 각종 식 재료, 조리 기구, 그릇 등의 명사와, (ㄷ) 조리법과 관련된 풍부한 동사 유형, (ㄹ) 미각어, 온도어, 정도・상태 부사, 의성 의태어와 같은 상징부사 등.

객관적으로 이끌어 낼 수가 없다.

따라서 필사본『음식디미방』에 반영된 17세기 후반의 경북 안동과 영양 중심의 북부지역의 언어는 사대부 집안의 여성 60-70대를 전후한 노년층에 속하는 것이며, 여기에 쓰인 말의 스타일은 주로 격식체에 해당된다고 규정할 수 있다. 그러나 담화를 구성하는 화자가 지향하려는 독자/청자들의 대상이 주로 집안의 딸과 며느리 같은 내적 집단의 독자들을 향한 것이었기 때문에, 화자의 시선과 주제 그리고 담화의 전개 과정에서 말의 스타일이 격식체에서 한 단계 낮은 일상체로 수시로 넘나드는 양상을 보일 것으로 예측된다.

이와 같은 관점에서 이 자료에 실현되는 당시 17세기 후기 경상방언의 모습은 다음과 같은 두 가지 차원의 불안정성을 내적으로 안고 있을 것으로 글쓴이는 가정한다. 첫째는 언어변화의 측면에서 중세적 전통을 잔재로 보유하고 있던 근대국어 초기 단계에서부터 온전한 18세기 근대국어의 개신적 성격으로 전환되어 나가려는 과도기로서의 언어적 갈등과 불안정성이다.

그리고 또 다른 두 번째의 불안정성은 독자 또는 청자를 향한 담화 구성자인 화자의 내면의 목소리, 즉 말하기의 자세에서 구사되는 방식이 격식어에서 일상어 또는 친밀어로 끊임없이 전환되는 과정에서 드러난다 (Coupland 2007). 이와 같은 두 가지 차원에서 비롯되는 당시 17세기 후기 경북 북부방언의 역동적인 양상은 시간적으로는 이전 단계의 보수형과 변화를 수용한 개신형, 그리고 화자 내적으로는 중앙어 중심의 격식체인 글말과 친근한 토속방언 중심의 일상체인 입말과의 부단한 교체 또는 언어변이현상으로 실현될 것으로 예상된다.

위에서 언급한 두 가지 유형의 언어 내적 불안정의 실현은 상황에 따라서 정확한 기준에 의해서 식별할 수단이나 근거는 없다. 그러나 이와 같은 언어변이의 양상은 우리가 접근할 수 있는 대부분의 국어사와 방언사의 문헌자료에서도 쉽게 관찰되는 현상이다. 그렇기 때문에 안동 장씨가 구사한 『음식디미방』의 텍스에만 국한된 것은 아니다. 단어의 굴절 형태를 한 가지 예로 들면, 중세와 근대의 교체기에서 17세기 근대국어 초기의 상태를 보여주는 『언해두창집요』(1608)에는 동일한 문장 내부에서 '구무'(穴)에 대한 목적격 형태 '구멍을'이라는 새로운 굴절형과 종래의 전통적인 보수형 '굼글'이 번갈아 교체되어 쓰이고 있다.

> (47) 디룡이 ᄀᄂᆞᆯ고 쟉고 사니롤 어더 돍긔 알해 죠고만 <u>구멍을</u> 돏고 디룡을 녀코 죠히로 그 <u>굼글</u> 불라 밥 우희 노하(언해두창,샹.8ㄴ),
> cf. 고롬이 ᄲᅧ여 오롤 적긔 아홉 <u>구멍을</u> 삼가 다다 두어(샹동.샹.30ㄴ).

여기서 우리는 근대국어를 지향하는 새로운 형태 '구멍을'이 간본의 보수적 제약을 극복하고 격식어에 등장한 것으로 이해한다. 이와 같은 개신형이 같은 자료에 또 한 번 반복되어 있어, 17세기 초엽의 언어에 처음으로 출현하는 '구멍을'의 쓰임이 이 시기에 어느 정도 통용되어 있음을 확인하게 된다. 따라서 중세국어의 비자동적 교체 '구무∽굶-'이 그 당시 입말이나 어느 지역방언에서 '구멍'으로 점진적으로 굴절의 수평화가 진행되었음을 알리고 있다.64) 17세기 국어의 단독형 '구멍'형은 『음식디미방』의 텍스트에서도 확대되어 '구무'와 공존하여 쓰이고 있다. 구무쩍 흐디 석거(디미.17ㄴ)∽<u>구멍쩍</u> 민ᄃ라(디미.17ㄴ)∽구무쩍 민ᄃ라(디미.18ㄴ). cf. 효근 궁글 뜰어(디미.15ㄱ).

---

64) 근대국어에서 수행된 비자동적 교체 '굶∽구무'의 간 단일화는 당시의 지역방언에 따라서 이형태 '구무'의 방향으로도 진행되고 있다. 전라도 금구현에서 1707년에 간행된 목판본 『治腫秘方附諺解』에 '구무'의 단일 굴절형이 다음과 같이 등장하였다.
　쏨구무롤 막아(11ㄴ), 침구무를(18ㄱ)∽침구무의 브티면(14ㄴ)∽머리 구무와 씀을 막아(10ㄱ)∽그구무로 논이 보이고(22ㄴ).

4.2. 격식적인 글말과 일상적인 입말간의 실제적 거리 : 폐쇄적 자세

『음식디미방』의 담화 구성자인 안동 장씨의 언어 구사에는 당시의 언어적 특질에 따라서 개방적 자세와 폐쇄적 자세로 구분된다. 안동 장씨의 언어 사용에서 관찰되는 이러한 말하기의 자세(stance)는 조리법에 대한 전달하려는 구체적인 상황에 따라서 일정하지는 않다. 그러나 언어 내적으로 독자/청자들에게 노출시키지 않는, 따라서 격식적인 자세를 취하려는 시도를 보이는 일정한 언어 현상들이 안동 장씨의 언어 구사에 반영되어 있다.

이러한 그의 인식과 사실은 당시의 움라우트 현상과, 정칙 용언어간 '싯-'(洗)을 불규칙 용언 활용형으로의 파악, 그리고 구개음화에 대한 몇몇 과도교정 유형에서 드러난다.

4.2.1. 움라우트 현상

『음식디미방』의 텍스트에는 17세기 후기 경북 북부방언에서 생산적으로 진행되고 있던 'ㄷ' 구개음화, 'ㅇ/으'의 원순모음화 현상, 그리고 경음화 등은 적극적으로 독자/청자들에게 개방되어 나타난다.65) 그 반면에, 특히 그

---

65) 『음식디미방』의 담화 구성에 적극적으로 개방되어 있는 어두경음화 현상 가운데 다음과 같은 몇몇 예들은 오늘날의 지역방언의 모습에 접근되어 있는 첨단적인 성격을 이미 17세기 후기의 단계에 보인다.

　(ㄱ) 숢-∽쌂-(烹);
　　　므이 쏠마∽쏠모더(6ㄴ), 혼더 녀허 술무면 수이 무르고 연흐니라(6ㄴ), 술문 고기(9ㄴ)∽쇠고기 쏩는 법(6ㄴ), 쇠족을 털재 뽈마(7ㄱ), 닉지 아니케 어덜 쏠마 쪄 볼라(8ㄱ), 혼더 안쳐 쏠무면(4ㄴ), 쏠믄 돍이라도(10ㄴ), 샹시 면ᄀ치 쏠마내녀(10ㄴ)∽무르 쏩고(2ㄴ).

필사본 『주방문』에서 '숢->쌂-'의로의 경음화는 전연 반영되어 있지 않았다.

　(ㄴ) 시기-∽씨기-(使冷);
　　　밥 무르게 지어 씨기고(20ㄱ), 뿌게 달혀 씨기고(5ㄱ)∽놋그릇싀 퍼 시기면 얼의 거든(6ㄴ), 내여 시기면(20ㄴ), 오래 시켜(20ㄴ), 닉게 술마 시겨(20ㄴ), 탕슈 혼 병을 시겨 부어(20ㄱ).

당시의 움라우트 현상에 대해서는 폐쇄적인 모습을 보인다. 예를 들면, 이 자료에는 '버히-'형의 출현 빈도는 매우 낮지만, '버히->베히-'의 움라우트가 실현되어 있지 않는 모습을 보인다. 이와 같은 유형의 음성변화가 안동 장씨의 언어 구사에 전연 나타나지 않았다는 사실은 두 가지로 해석될 수 있다. 하나는 이시기의 경북북부 지역방언에서 움라우트 현상이 확대되어 오지 않았을 가능성이다. 다른 하나는 안동 장씨가 움라우트 실현형 '베히-'의 사용을 억제하였을 상황이다. 15세기의 문헌자료에서부터 이러한 변화 형태가 지속적으로 출현하여 근대의 단계로 이어지는 사실을 고려하면, '버히->베히-'의 변화가 여기서는 억제되어 있는 것으로 가정한다.

> (48) ㄱ. 놋그닷 굽으로 바가 도렵게 버혀(디미.3ㄴ),
>   몬져 머리롤 버혀 피롤 내고(디미.5ㄱ).
>   ㄴ. 둘기 벼슬 베혀 피롤 세 다숫 버눌 헌 더 처(1466,구급방.하,17ㄴ),
>   손가락을 베혀 약애 빠(동국신속,열여3.82ㄴ).

이러한 사실에도 불구하고, 『음식디미방』에 반영된 안동 장씨의 언어에는 다음과 같은 몇몇 형태소 내부에서 움라우트 실현형으로 판단되는 형태들이 변이의 형식으로 교체되어 등장하고 있다. 따라서 근대국어, 특히 17세기 후기의 경북 북부방언에는 그 당시 움라우트 현상이 어느 정도 확산되어 있었을 것이 분명하다.66)

(ㄷ) 섯거∽썻거(混合);
고온 진골리나 식면 굴리나 썻거(11ㄱ), 소곰 썻거(9ㄴ)∽ 토쟝ㄱ 로 반식 석거(10ㄴ), 진말 다솝 누룩 다솝 섯거(20ㄱ), 녹두 혼 홉식 석거(18ㄱ).

또한, 이 자료에서 부단한 변이로 등장하는 '굽-∽굉-'(烹), '긇-∽긇-'(沸), '썻-∽싯-'(洗) 등을 포함한 어두 평음과 경음간의 이와 같은 교체는 언어변화의 확대 과정에서 화자들이 의식적으로 인지하지 못하는 indicator의 단계를 지나서, 말의 스타일에 따라서 선택되어지는 marker의 신분([+계층, +말의 스타일, +진행 중인 변화, -낙인])에까지 어두경음화 현상이 진행되었음을 알린다(Downes 1998 : 189-191, Trudgill 2002).
66) 경상도에서 간행된 중간본 『두시언해』(1632)에는 형태소 경계를 넘어 실현되는 움라우

(49) ㄱ. 사이→새이(蝦);

　　　새이젓국 담케 타(蝦디미.9ㄱ)∽사이젓국이나 지령국이나(디미.10ㄴ),

　　　　　cf. 새이젓 샹ᄋ로 ᄒ고...사이젓 반다이 알젓(1565,순천김.8).

　　ㄴ. (블) 대혀(燒火)∽다혀;

　　　블을 알마초 대혀 우희 무리 듯듯 ᄒ거든(디미.22ㄱ) ∽불 덥게 다

　　　히고(디미.11ㄴ),

　　　ᄡ솽남글 다혀 ᄡ쑬무면(디미.9ㄱ), 불을 ᄆ이 다히고 그으리면(디미.7ㄴ).

　　　　cf. 손조 블 대혀 제ᄆ롤 쟝만ᄒ더라(동국신속.삼강효.4ㄴ),

　　　　　블로ᄡ뼈 대혀 닉게 ᄒ고(1632,가례해.10.33ㄱ),

　　　　　붐 두드리며 블 다히게 ᄒ며(1466,구급방.상.15ㄴ).

　　ㄷ. 우션(癒)>우연→위연;

　　　ᄀᆞ장 죠ᄒ면 열여듧 복ᄌ 나고 위연ᄒ면 열여슷 복지 나ᄂ니라(디

　　　미.22ㄱ),

　　　　cf. 의원이 닐우더 위연ᄒ며 되요믈 아로려 홀딘댄(1517,번소

　　　　　학.9.31ㄴ),

　　　　　약의 ᄡᄡ뼈 나오니 병이 위연ᄒ다(동국신속.효자.3.63ㄴ).

위의 예에서 (49)ㄱ의 '사이'(蝦)형은 중세국어 '사ᄫㅣ'의 직접 후속형이다. 이 단어는 16세기 국어에서부터 '새요'형을 거쳐 근대국어에서는 '사요' 또는 '새오'로 정착하지만 음절 축약의 취약점을 보인다. 형태상으로 불안정한 '사이'형의 쓰임도 16세기의 지역방언을 거쳐 17세기 후기의 단계에까지 지속되었다.67) '사이>새이'의 변화형이 16세기의 『순천김씨묘 출토간찰

트의 예들이 다음과 같이 사용되어 있다(백두현 1988).

　(ㄱ) ᄇ리미 노ᄒ야(<ᄇᆞᄅ미, 風怒呼, 6 : 42ㄱ),

　(ㄴ) 두어 재히오(<자히오, 數尺, 25 : 21ㄱ),

　(ㄷ) 님재히오(<님자히오, 6 : 8ㄱ).

또한, 17세기 초엽의 『동국신속삼강행실도』의 텍스트에서도 '적(時)+-이>젹+-이'와 같은 형태소 경계에서 움라우트가 적용되어 있다.

　(ㄹ) 안즈나 누으나 일즙 우디 아닐 제기 업더라(동국신속.충신.1,24ㄴ)∽

　　　사롬 더ᄒ여 일즉 니 뵐 저기 업고(열여.4,2ㄴ).

67) (ㄱ) 蝦 새요(1527, 훈몽자, 상, 10ㄴ), 고기와 새요왜오(번역박, 상, 70ㄴ),

　　蝦兒 새요(1748, 동문해, 하, 42ㄱ),

』의 한글편지 텍스트에서도 확인된다. 조항범(1998 : 68)은 이 한글편지 묶음에 주석을 달면서 '새이'형은 '사이'에서 단순히 -y 모음이 첨가된 형태로 해석하였다.

(49)ㄷ의 '우연(病小間)>위연'의 사례도 '사이>새이'와 동일한 변화 유형을 나타내는데, 백두현(2006 : 424)에서는 "-ㅣ 역행동화"가 실현된 형태로 간주되었다. 그 반면에, (49)ㄴ의 '(블) 다혀(燒火)>대혀'의 사례는 16세기의 문헌자료에서부터 근대국어로 지속되어 등장하고 있는 전형적인 초기의 움라우트 현상을 반영하는 예에 해당된다.68)

4.2.2. 정칙 용언 '싯-(洗)'의 불규칙 활용과 과도교정

경북방언으로 포괄되는 일부 하위 방언지역의 공시 음운론에서 초분절 음소인 성조의 실현을 제외하면, 가장 두드러진 현상은 /ㅅ/ : /ㅆ/의 대립의 비변별성과, 정칙 용언 '싯-'이 실제 사용에서 부분적으로 불규칙 용언으로 합류되어 있는 예들이다(이상규 1998 : 297). 현대 경북방언에서 '싯-(洗)'의 활용형은 모음어미와의 연결에서 어간말 'ㅅ'의 유지형과 탈락형으로 부단히 교체되어 쓰이고 있다.69) 『한국방언자료집』(경북 편, 한국정신문화원,

---

(ㄴ) 냇믈에 효근 사요롤 즛디허(1608, 태산집, 74ㄱ), 鰕 사요(1613, 동의보, 2, 12ㄱ),
(ㄷ) 鰕 새오젓(1690, 역어유, 하, 38ㄴ), 鰕 새오(1778, 방언유, 해부방언, 20ㄱ).

68) 전광현(1967/2003)은 17세기 국어의 고찰에서 전남 구례에서 간행된 『권념요록』(1637)에 사용된 '에미(母)'형을 주목하고, 움라우트 현상이 남부방언에서 먼저 출발하였을 가능성을 언급하였다. 이어서 19세기 후기 국어의 모음체계를 논의하면서 이병근(1970 : 389, 각주 (15))은 이러한 사실이 남부방언을 반영하는 문헌자료에서 확인될 수 있다면, 상향 이중모음 /외/와 /위/의 단모음화가 움라우트를 거쳐 중부방언보다 남부방언 또는 그 하위방언에서 더 일찍 진전되었을 것이라는 추정을 할 수 있을 것으로 보았다. 그렇지만, 이병근(1970)은 움라우트 현상이 가장 생산적인 현대 경상방언의 모음체계에 전설 단모음 [ö]와 [ü]를 설정할 수 없다는 사실을 지적하였다.
국어사의 통시 음운론에서 중세와 근대국어의 단계에 움라우트 과정을 보이는 유형들은 모음체계에서 전설 단모음화가 아니라, 하향 이중모음화로 실현된다는 가정은 최전승(1986)과 백두현(1992)을 참조.

69) 丁克仁(1401-1481)의 『不憂軒集』에 수록되어 있는 "賞春曲"의 텍스트에서 '싯-'(洗)의 어간

1989 : 260)에 의하면, '시이라∞씨어라∞씨이라' 등의 불규칙 활용형들이 "영풍, 봉화, 울진, 문경, 예천, 안동, 영양, 상주, 의성" 일대에서 정칙 활용형 '씨서라'와 나란히 분포되어 있다. 그 반면에, 경남방언의 하위 지역어들에서는 '싯-(洗)'이 불규칙 활용형으로 사용되는 경우는 찾을 수 없고, 그 대신 [쒸어라∞쉬어라∞씷어라] 등으로 조사되어 있다(『한국방언자료집』, 경남 편, 한국정신문화원, 1993 : 118; 238).[70]

이와 같은 경북방언 음운론의 특징은 17세기 후기 단계의 『음식디미방』의 텍스트로 소급되는 깊은 시간 심층을 갖고 있다.[71] 이 자료에서 '싯-'의 활용형 가운데 어간말 'ㅅ' 유지형과 'ㅅ' 탈락형이 거의 동일한 문맥에서 부단히 교체되어 쓰이고 있는 것이다. 그러한 예를 문맥 중심으로 일부만 제시하면 다음과 같다.

  (50) ㄱ. 술로 조히 씨어(디미.10ㄱ)∞쳥어룰 믈의 삐스면(디미.10ㄱ)∞씨손
      후의(디미.10ㄴ).

말 'ㅅ' 탈락형이 등장한다는 사실이 일찍이 주목을 받은 바 있다(이숭녕 1961, 남광우 1997 : 920).

  明沙 조흔 믈에 잔 시어 부어 들고 淸流 구버보니.

'△'의 변화와 관련하여 "賞春曲"에 반영되어 있는 표기 방식을 고찰한 이숭녕(1961 : 367-370)은 이 文集은 이조 후기의 언어 상태를 나타내고 있다고 판단하였다.

70) 충북의 일부 지역방언에서도 '싯-' 어간의 불규칙 활용이 쓰이는 것으로 조사되어 있다.

  [씨어라] : 음성, 괴산,
  [씨 : 라] : 단양(『한국방언자료집』, 충북 편, 한국정신문화원, 1987 : 57).

71) 그러나 『음식디미방』의 텍스트에는 오늘날 경북방언에서 보이는 /ㅅ/ : /ㅆ/의 변별성의 중화 현상과는 달리, 어두음절 위치에서 'ㅅ'의 경음화 현상이 두드러지게 진행되어 있다.

  (ㄱ) 사민-∞싸민- : 괴거든 도로 쩨고 사민라∞혹 단지어든 유지로 싸민고(디미.15ㄱ),
  (ㄴ) 쏫- : 술 쓰내눈 그릇슬 믈긔업시 쓰셔 독의 녀허 두고 쓰면(디미.15ㄴ),
      더운 믈 무쳐 짜 ᄇ리고 쓰셔 내면(디미.15ㄴ),
      쳥어룰 믈의 삐스면 ᄇ리ᄂ니 가져온 재 ᄌ연이 쓰셔 ᄇ리고(디미.10ㄱ),
  (ㄷ) 싯-∞씻- : 조히 시어(디미.1ㄱ)∞것모밀 씨어(1ㄱ), 조히 씨어(디미.10ㄱ)∞무이
      씨어(디미.4ㄴ).

양을 씨서 무ᄅᆞ 술마(디미.6ㄴ)∞세 볼이 시은 후에(디미.5ㄱ),
더운 김의 씨ᄉᆞ면 희거든 솟틀 조히 씨어(디미.7ㄱ),

ㄴ. ᄆᆞ이 씨어 제 겁질의 ᄀᆞ둑 다마(디미.4ㄴ), ᄆᆞ이 씨어 초지령의 회도 죠ᄒᆞ니라(디미.4ㄴ),
게롤 조히 시어 이트리나 주우리거든(디미.5ㄱ), 거피ᄒᆞᆫ ᄡᆞᆯ 조히 시어(디미.1ㄱ),
믈을 부어 들흔드러 시어 ᄇᆞ리ᄃᆡ 세 볼이 시은 후에(디미.5ㄱ),
더운 김의 씨ᄉᆞ면 희거든 솟틀 조히 씨어 ᄆᆞᆯ근 물 부어(디미.7ㄱ),
새배 우물의 가 씨어(디미.1ㄴ),
독 안밧글 ᄀᆞ장 ᄆᆞ이 씨어 청속가비롤 만이 녀허(디미.15ㄱ).

위의 예에서 '싯-(洗)'의 활용형들의 출현은 오늘날 경북방언에서 사용되고 있는 자연스러운 구어의 쓰임과 어느 정도 그대로 일치한다. 따라서 안동 장씨는 『음식디미방』에서 당시의 지역방언의 일면을 여실하게 나타내고 있기 때문에, (50)의 예들은 생산적인 음운현상을 표출을 하는 과정에서 일단 개방적 자세를 보였다고 잠정적으로 판단할 만하다.

그러나 글쓴이는 위의 (50)의 활용형들은 안동 장씨가 용언 '싯-'이 보이는 어간말 'ㅅ' 정칙 활용 형태들을 토속 방언형으로 그릇 인식하고, 이러한 활용형들을 중앙어의 불규칙 용언의 'ㅅ' 탈락 활용형과 같이 활용 방식을 일치시키려는 노력에서 일차적으로 기원되었을 가능성을 추구하기로 한다. 따라서 위의 '싯-' 어간말 'ㅅ' 의 탈락형들은 일종의 과도교정에서 출발한 것이기 때문에, 위의 (50) 예들은 당시의 고유한 방언적 특질에 대한 안동 장씨의 의식적인 폐쇄성에서 비롯되었다고 파악될 수 있다.

17세기 후기 『음식디미방』에 반영된 언어에서 용언 '싯-(洗)'과 활용 범주가 상이한 'ㅅ' 불규칙 용언들도 오늘날의 경북방언에서와 마찬가지로 어간말 'ㅅ' 유지형과 그것의 탈락형들이 교체되어 출현하고 있는 사실을 주목할 필요가 있다. 이 자료에 출현하고 있는 불규칙 용언 '붓-(注), 좃-

(啄)∽쫏-, 앗-(奪), 젓-'의 활용형들에 실현되는 어간말 'ㅅ' 유지형과 'ㅅ' 탈락형간의 사용 방식과, 그 상대적 출현 빈도는 '싯-(洗)'의 그것에 접근하여 있다.

『음식디미방』 텍스트에 반영된 자음변화를 중심으로 당시에 진행 중인 몇몇 음운변화의 출현 빈도를 계산해서 그 음운사적 의미를 추구한 백두현(2005 : 65)은 'ㅅ' 정칙 용언들의 어간말 'ㅅ' 유지형과, 'ㅅ' 탈락형들의 출현 빈도와 그 비율을 제시한 바 있다. 여기서 그대로 인용하면 다음과 같다.72)

(51) ㄱ. '싯-' : 'ㅅ' 유지형 : 13회, 'ㅅ' 탈락형 : 26회, 'ㅅ' 탈락 비율 66.7%.
ㄴ. '젓-' : 'ㅅ' 유지형 : 2회, 'ㅅ' 탈락형 : 6회, 'ㅅ' 탈락 비율 75%.
ㄷ. '앗-' : 'ㅅ' 유지형 : 4회, 'ㅅ' 탈락형 : 1회, 'ㅅ' 탈락 비율 20%.
ㄹ. '붓-' : 'ㅅ' 유지형 : 2회, 'ㅅ' 탈락형 : 25회, 'ㅅ' 탈락 비율 92.5%.
ㅁ. '쫏-' : 'ㅅ' 유지형 : 4회, 'ㅅ' 탈락형 : 6회, 'ㅅ' 탈락 비율 60%.

위의 예에서 'ㅅ' 불규칙 용언들이 모음어미와 통합하여 실현되는 어간말 'ㅅ'의 유지와 탈락의 두 가지 유형의 활용형들이 출현하는 개체 빈도 수는 용언마다 일정하지는 않다. 그러나 '싯-(洗)'의 어간말 'ㅅ'의 탈락 비율은 대체로 '젓-'과 '쫏-'의 그것과 대조하면 유의미한 차이를 보이지 않는 것 같다. '붓-(注)'의 활용형에서 어간말 'ㅅ'의 탈락비율이 상대적으로 최고로 높지만, 여기서 논의의 대상이 아니다. 단지, 용언 어간 '앗-'(<앗-, 奪)의 경우는 조금 다른 문제를 안고 있는 것으로 보인다. 이 형태는 국어사에서 '욋-'(奪)의 활용형들이 'ㅿ>ø'의 음성변화 이후로 야기되었던 형태

---

72) 그런데 같은 불규칙 용언 범주에 속하는 '짓-(作)'의 반사체는 『음식디미방』의 텍스트에서 'ㅅ' 탈락형으로만 등장하고 있다.

밥을 무르게 지어(디미.2ㄴ),   밥 무르 지어(디미.2ㄴ).

론적 이유로 정칙어간 '웃-'으로 옮겨가는 과정을 뒤따르고 있다. 그리하
여, 16세기와 17세기에 걸쳐 '앗-'(奪)의 활용은 정칙을 출현 빈도에 있어
지향하고 있다(남광우 1997 : 1039, 홍윤표 1995 : 1883을 참조). 이러한 경향이 『음
식디미방』의 언어에도 반영되었을 것이다.

따라서 위의 (51)에 제시되어 있는 정칙 용언들의 출현 개체 빈도수와
어간말 'ㅅ'의 유지와 탈락의 비율에 내재되어 있는 이러한 몇 가지의 문
제를 제거하면, 이 자료에서 안동 장씨는 기원적인 정칙 용언 '싯-' 어간을
'젓-, 쏫-, 붓-' 등과 같은 불규칙 용언어간으로 인식하여 합류시켜 사용
한 셈이 된다.73) 안동 장씨는 이 자료에서 '짓-'(作)을 제외한 불규칙용언
어간들의 대부분을 담화 구성에 대한 상황과 그 정보 전달의 자세에 따라
서 일상적이고 토속적인 어간말 'ㅅ' 유지형과, 중앙어 지향적인 격식형인
'ㅅ' 탈락형을 부단히 교체시켜 개방적으로, 또는 폐쇄적으로 구사하였다.
이와 같은 과정에서 정칙 어간 '싯-'(洗)의 활용이 'ㅅ' 불규칙 활용어간으
로 잘못 인식되었기 때문에, 자료 자체에서 지역방언의 노출을 억제시켜야
되는 상황에서 위에서 제시된 '붓-', '쏫-', '젓-' 등의 불규칙 활용형들의
쓰임에 준해서 어간말 자음 'ㅅ'을 일종의 과도교정 방식으로 제거한 것이
다.74)

안동 장씨의 『음식디미방』에 쓰인 규칙용언의 '싯-'(洗)의 활용형이 여타
의 불규칙 용언들의 범주로 편입되었을 것이라는 추정은 다른 음식 조리

---

73) 백두현(2005)에서도 이 자료에서 불규칙 용언 '쏫-∞좃-'(啄)이 보이는 활용의 양상, 즉
어간말 'ㅅ'의 탈락과 유지형의 분포가 정칙 용언 '싯-'(洗)의 그것과 동일하게 나타나고
있는 특이한 예를 주목하였다. 그리하여, 백 교수는 이 용언에서 'ㅅ' 탈락형은 일상 구
어에서 출현 빈도가 높게 쓰임에 따라 나타난 발화 스타일상의 변이형으로 판단하였다
(2005 : 59).

74) 『음식디미방』에 반영된 표기법과 자음변화를 고찰한 백두현(2004 : 110)은 앞선 (51)의
'싯-' 활용형들과 『주방문』에서의 (52)ㄱ에서와 같은 어간말 'ㅅ' 탈락형들을 주목하고,
경상도 지역에서 이 용언어간의 말음이 기원적으로 /△/을 보유했던 단계가 있었을 것
으로 파악하였다.

서인『주방문』에서 사용되어 있는 '싯-'의 어간말 'ㅅ' 탈락형들에서도 확인된다. 필사본『주방문』에 쓰인 '싯-'의 활용형들은『음식디미방』에서와 동일한 방식으로 어간말 'ㅅ'이 탈락되어 출현하고 있다.[75] 이와 같은 관점에서 두 필사본 자료는 일치점을 보이지만,『주방문』의 경우에는『음식디미방』의 텍스트와는 달리, 규칙용언 '싯-'(洗)의 활용형은 어간말 'ㅅ'의 탈락형만 유일하게 보여줄 뿐이다. 이러한 현상은『주방문』에 쓰이고 있는 다른 'ㅅ' 불규칙 용언들의 경우도 동일하게 적용되어 있다.

(52) ㄱ. 그릇 <u>시어</u> 비저(洗, 주방.5ㄱ), cf. 여러 적 싯고.싯지 말고(주방.5ㄱ), 고쳐 <u>시으되</u>(주방.8ㄱ) 외 모두 10회 출현.
　　ㄴ. 더 <u>브엇다가</u>(注, 주방.1ㄴ), 고오리예 반만하게 <u>브어</u>(주방.4ㄴ) 외 모두 11회 출현.
　　ㄷ. 밥 <u>지어</u>(作, 주방.5ㄱ), 밥 므르게 <u>지어</u>(주방.19ㄱ) 외 모두 7회 출현.
　　ㄹ. 술을 녀허 <u>저어</u> 드리면(28ㄱ),
　　ㅁ. 대쵸마곰 <u>민아</u>(주방.9ㄴ).

---

75) 그 반면에, 17세기 전기 또는 중기에 작성된 해주 최씨(1591-1660)의 음식 조리법의 텍스트에서 규칙 용언 '싯-'(洗)의 형태들은 규칙 활용만 사용되어 있다.

　　무오롤 시서(153쪽), 죄 시서 건 텨 듯다가(154쪽), 다 시서 브리고(156쪽), 죄 시서 칼로 열십자로 어히고(155쪽),
　　cf. 고로로 저어(157), 항의 도로 브어(158), 밥 므르 지어(147).

참고문헌

강연임(1998), 「생략의 유형에 대하여」, 『한국언어문학』 제41집, 한국언어문학회, 321-336쪽.

고영근(1970/1989), 「형식명사」, 『국어 형태론 연구』에 재수록, 서울대출판부, 63-111쪽.

고영근(1998), 개정판 『표준중세국어문법론』, 집문당.

곽충구(1988), 「어의 분화에 따른 단어의 형태 분화와 음운 변화」, 『방언』, 국어학강좌 6, 태학사, 37-68쪽.

김영신(1980), 「『동국삼강행실도』의 국어학적 연구」, 『부산여대논문집』 제9집, 부산여자대학교, 1-58쪽.

김영신(1985), 「칠대만법(七大萬法) 연구」, 『수련어문논집』 제12집, 수련어문학회, 83-34쪽.

김주원(1984), 「18세기 경상도방언의 음운 현상」, 『인문연구』 6집, 영남대 인문과학연구, 31-56쪽.

김주필(1993), 「진주하씨 묘 출토 한글 필사자료의 표기와 음운현상」, 『진단학보』 제75호, 진단학회, 129-148쪽.

김주필(2011), 『국어의 음운현상과 음운변화 연구』, 역락.

김현(2001), 「활용형의 재분석에 의한 용언어간 재구조화」, 『국어학』 37호, 국어학회, 85-114쪽.

남광우(1997), 『교학 고어사전』, 교학사.

남길임·송현주(2008), 「조선시대 필사본 음식조리서의 음식 용어 의미주석을 위한 연구」, 『한국어 의미학』 26, 한국어의미학회, 47-72쪽.

박종덕(2005), 『경상도 방언의 모음체계 변천사』, 박이정.

백두현(1988), 「두시언해 초간본과 중간본의 통시 음운론적 비교」, 『어문학』 50집, 어문학회, 7-67쪽.

백두현(1990), 「영남 문헌어에 반영된 방언적 문법형태에 대하여」, 『어문론총』 24집, 경북대학교 국어국문학과, 1-22쪽.

백두현(1992), 『영남 문헌어의 음운사 연구』, 국어학 총서 19, 태학사.

백두현(1994), 「경상방언의 통시적 연구 성과와 전망」, 『인문과학』 10집, 경북대 인문과학연구소, 189-222쪽.

백두현(1998), 「영남 문헌어에 반영된 방언 어휘 연구」, 『국어학』 제32집, 국어학회, 217-245쪽.

백두현(2000), 「『현풍곽씨언간』의 음운사적 연구」, 『국어사자료연구』, 국어사자료학회, 97-130쪽.

백두현(2001), 「『음식디미방』의 내용과 구성에 관한 연구」, 『영남학』 창간호, 경북대학교 영남문화연구원, 249-280쪽.

백두현(2003ㄱ), 『현풍곽씨언간 주해』, 태학사.

백두현(2003), 「국어사에서 본 음식디미방」, 『음식디미방』(경북대학교 고전총서 10), 경북대학교출판부, 55-79쪽.

백두현(2004), 「『음식디미방』의 표기법과 자음변화 고찰」, 『국어사연구』 제4호, 국어사학회, 95-121쪽.

백두현(2005), 「진행중인 음운 변화의 출현 빈도와 음운사적 의미 : 17세기 후기 자료 『음식디미방』을 중심으로」, 『어문학』 제90집, 한국어문학회, 45-72쪽.

백두현(2006), 『음식디미방 주해』, 글누림.

백두현(2012), 「음운변화로 본 하생원의 『주방문』(酒方文) 필사 연대」, 『한국문화』, 서울대학교 한국문화연구소, 181-210쪽.

백두현(간행예정), 「영남 지역 국어사 자료의 연구 성과와 연구 방향」, (원고).

백두현·송지혜(2012), 「19세기 초기 안동부의 『陸付吏案 酒方文』 연구」, 『영남학』 제21호, 경북대학교 영남문화연구원, 211-242쪽.

백두현·이미황(2010), 「필사본 한글 음식조리서에 나타난 오기의 유형과 발생 원인」, 『어문학』 제107호, 어문학회, 25-63쪽.

서정수(1996), 수정증보판 『국어문법』, 한양대학교 출판원.

송 민(1975), 「18세기 전기 한국어의 모음체계」, 『성심여자대학교논문집』 제5집, 성심여자대학교, 3-24쪽.

송지혜(2009), 「온도감각어의 통시적 연구」, 경북대학교 대학원 학위논문.

신하영(2012), 「『시의전서』와 『반찬등속』의 국어학적 연구」, 『어문학』 제117호, 어문학회, 101-127쪽.

안병희·이광호(1990), 『중세국어문법론』, 학연사.

안주호(1997), 『한국어 명사의 문법화 연구』, 한국문화사.

안주호(2001), 「한국어의 문법화와 역문법화 현상」, 『담화와 인지』 제8권 2호, 93-112쪽.

왕문용(1988), 『근대국어의 의존명사 연구』, 한샘.

유필재(2004), 「양순음 뒤 'ㅚ>ㅔ, ㅟ>ㅣ' 변화에 대하여」, 『국어학논총』(이병근선생 퇴임기념), 태학사, 193-209쪽.

유창돈(1971), 『어휘사 연구』, 선명문화사.

윤평현(2008), 『국어 의미론』, 역락.

이경선(1974), 『교주. 규합총서』, 신구문화사.

이기갑 외(1997), 『전남방언사전』, 태학사.

이광호(2004), 『근대국어문법론』, 태학사.

이광호 외(2005), 『조선후기 한글간찰(언간)의 연구 3』, 한국정신문화원, 태학사.

이광호(2000), 「음식디미방의 분류 체계와 어휘 특성」, 『문학과 언어』 제22집, 문학과 언어학회, 1-26쪽.

이기문(1972), 『국어음운사연구』, 한국문화연구총서, 한국문화연구원.

이병근(1970), 「19세기 후기 국어의 모음체계」, 『학술원논문집』(인문, 사회) 9, 학술원.
이선영(2004), 「『음식디미방』과 『주방문』의 어휘 연구」, 『어문학』 제84호, 어문학회, 123-148쪽.
이성하(2000), 『문법화의 이해』, 한국문화사.
이숭녕(1961), 『국어조어론 연구』, 을유문회사.
이주행(1988), 『한국어 의존명사의 통시적 연구』, 한샘.
장충덕(2003), 「『음식디미방』의 표기와 음운 현상」, 『개신어문연구』 제20집, 충북대학교, 183-218쪽.
전광현(1967/2003), 「17세기 국어의 연구」, 『국어사와 방언』 1에 재수록, 월인, 7-102쪽.
전정례(1995), 『새로운 '-오-' 연구』, 한국문화사.
정 철(1991), 『경북 중부지역어 연구』, 경북대학교출판부.
조항범(1998), 『순천 김씨묘 출토 간찰』, 태학사.
주갑동(2005), 『전라도 방언사전』, 수필과비평사.
최전승(1975), 「중세국어에서의 이화작용에 의한 원순성 자질의 소실에 대하여」, 『국어사와 국어방어사와의 만남』에 재수록, 역락, 397-551쪽.
최전승(1986), 『19세기 후기 전라방언의 음운 현상과 그 역사성』, 한신문화사.
최전승(1987), 「이중모음 '외', '위'의 단모음화 과정과 모음체계의 변화」, 『어학』 제14집, 전북대학교 어학연구소, 19-48쪽.
최전승(2004), 「1930년대 표준어 선정과 수용 과정에 관한 몇 가지 고찰」, 『한국어방언의 공시적 구조와 통시적 변화』에 재수록, 역락, 245-315쪽.
최전승(2004), 『한국어 방언의 공시적 구조와 통시적 변화』, 역락.
최전승(2009), 『국어사와 국어 방언사와의 만남』, 역락.
최전승(2011), 「국어 방언사에서 성문 마찰음 'ㅎ'의 개입과 언어변화의 보상적 기능에 대한 일 고찰」, 『교과교육연구』 제5호, 전북대학교 교과교육연구소, 327-407쪽.
최전승(2012), 「19세기 전기 경북 사회방언 발달 과정에서 개별성과 보편성에 관한 일 고찰」, 『교과교육연구』 제6호, 전북대학교 교과교육연구소, 277-375쪽.
한복려(2003), 「음식사에서 본 음식디미방」, 『음식디미방』(경북대학교 고전총서 10), 경북대학교출판부, 81-122쪽.
허 웅(1975), 『우리 옛말본』, 샘문화사.
홍윤표 외 편(1995), 『17세기 국어사전』, 한국정신문화원, 태학사.

Brinton, L & E. C. Traugott.(2005), *Lexicalization and Language Change*, Cambridge Univ. Press.
Coupland, Nikolas(2007), *Style*, Language Variation and Identity, Cambridge Univ. Press.
Croft W. & D. Alan Cruse(2004), *Cognitive Linguistics*, Cambridge Univ. Press.
Downes, William(1998), *Language and Society*, Second Edition, Cambridge Univ. Press.
Evans, Nicholas D & David Wilkins.(2000), In the mind's ear : The semantic extensions

of perception, 546-592, *Language*, 76.

Fortson IV. Benjamin(2003), An Approach to Semantic Change, 648-666, In *The Handbook of the Historical Linguistics*, edited by Joseph. B & R. Janda, Blackwell Publishing.

Geeraerts, Dirk(1994), Lexical Semantics, In Asher, R.E. et als(eds). 2160-2163.

Geeraerts, Dirk(1994), *Diachronic Prototype Semantics* : A Contribution to Historical Lexicology, Oxford : Clarendon Press.

Geeraerts, Dirk(2010), *Theories of Lexical Semantics*, Oxford University Press.

Hauer, Erich.(1952-1955), *Handwörterbuch der Mandschusprache*, I-III, Kommissionverlag, Otto Harrassowitz, Wiesbaden.

Hangin, Gombojab(1986), *A Modern Mongolian-English Dictionary*, Indiana University Research Institute for Inner Asian Studies.

Hopper Paul. J & Elizabeth C. Traugott(2003), *Grammaticalization*, Second Edition, Cambridge Univ. Press.

Lessing, Ferdinand D(1973), *Mongolian-English Dictionary*, The Mongolian Society, Inc.

Sweetser, Ever(1990), *From Etymology to Pragmatics*, Cambridge Univ. Press.

Traugott, Elizabeth. Closs(2010), (Inter)subjectivity and (inter)subjectification, 29-71, in *Subjectification, intersubjectification and grammaticaluzation*, edited by Davidse, K. et al. Mouton de Gruyter.

Traugott, E. & Richards B. Dasher.(2002), *Regularity in Semantic Change*, Cambridge Univ. Press.

Trudgill, Peter(2002), *Sociolinguistic Variation and Change*, Georgetown Univ. Press.

제2부
음운현상의 통시성과 공시성의 만남

●
제3장

불규칙 활용의 규칙화와
'ㆆ'[?]에 대한 인식의 전개와 음운현상의 본질
－1920년대부터 현재까지의 음운론 기술을 중심으로－

1. 서론

1.1. 이 글에서 글쓴이는 1920년대 후반에서부터 소위 불규칙 활용어간
에 대한 당시의 형태주의 표기법으로 제시되기 시작하였던 'ㆆ'(?)에 대한
인식의 출발과, 1950년대와 1970년대를 거쳐 현대국어와 지역방언을 대상
으로 하는 일부 공시적 음운론 기술에서 자음체계로 점진적으로 편입되는
(형태/기저/추상)음소 /ㆆ/에 대한 관찰의 연구사적 흐름과 그 전개 과정을
살펴보려고 한다.[1] 그리고 문자와 음소로서 'ㆆ'/?/에 대한 인식의 지속적
인 전개가 해당 음운 현상의 해석에 어떠한 문법 기술적 효과와, 화자들의

---

1) 이 글은 2011년 제주학회 제35차 학술대회(5.26. 제주대학교)에서 발표한 초고를 수정한
   것이다. 지정 토론자로 참여한 김종훈 교수(제주대)에게 감사를 드린다. 또한, 박종희(원
   광대), 강희숙(조선대), 배주채(가톨릭대), 김경아(서울여대), 석주연(조선대), 이진호(전
   남대), 서형국(전북대), 그리고 이혁화(영남대) 등의 여러 교수들은 이 글의 초고를 읽고
   건설적인 비평과 많은 조언 및 본질적인 문제점들을 지적하여 주었다. 이 분들에게 깊
   은 감사의 말씀을 올린다.
   이 글에서 파생된 모든 오해와 오류에 대한 책임은 오직 글쓴이에게만 놓여 있다.

언어능력, 언어습득, 그리고 음운변화의 방향 등과 같은 그 본질에 대한 몇 가지의 관점에서 어떠한 문제점들을 초래하였는가를 점검하려고 한다.

1920년대 후반 이후 새로운 맞춤법 통일을 위한 당시 몇몇 학자들의 시안(김희상 1927; 이탁 1928/1958, 1932; 이극로 1932, 1935, 1936)에서 출발한 옛 문자 'ㆆ'의 재사용은 굴절체계에서 나타나는 비자동적 교체를 제거하고 어간의 이형태들을 시각적으로 단일화하여 어휘 형태소의 기본형을 고정시켜 표기하려는 형태주의 원리에서 출발한 것이다. 이러한 시도는 1933년에 조선어학회에서 제정한 <한글 마춤법 통일안>의 출현과 더불어 잠정적으로 무대에서 사라지게 되었다. 즉, "한글 맞춤법은 표준말을 그 소리대로 적되, 어법에 맞도록 함으로써 원칙을 삼는다."는 통일안의 원칙에서 'ㆆ'은 수용될 수 없었던 것이다. 그러나 문자와 음소로서 'ㆆ'/ʔ/의 적극적인 사용은 1940년대 후기와 1950년 초반의 북한의 철자법 개혁에서 절정에 이르게 된다(김종오 1949; 전몽수 1949; 조선어문 연구회 1949). 1920년대 후반과 1950년대 초반으로 연계되는 이와 같은 'ㆆ'의 재인식에 대한 과정과 전개를 연구사의 관점에서 글쓴이는 제1단계로 설정하려고 한다.

부분적으로 1950년대(Martin 1954, 1992)와, 그리고 점진적으로 1970년대에서부터 특히 국어 지역방언의 음운론적 기술에서부터 음소 /ʔ/의 설정과 그 당위성이 새롭게 적극적으로 전개되기 시작하였다(김완진 1972; 이익섭 1972, 1992). 여기서 이러한 발달의 추이를 시대적으로 음소 'ㆆ'에 대한 인식의 제2단계로 간주한다. 1970년대 이후 'ㆆ'와 관련된 음운 현상에 대한 새로운 인식은 제1단계에서 이루어진 연구 성과와는 의식적 또는 무의식적으로 완전히 절연된 상태에서 출발한 것으로 보인다. 제2단계의 시작을 촉발시킨 당시의 시대정신으로 대체로 고전적인 생성 음운론 이론 (Chomsky & Halle 1968)이 근저를 이루고 있다. 그러나 새로운 음소 /ʔ/ 'ㆆ'에 대한 인식의 제2단계는 이전 단계와 방법론에서 기본 원칙이 어느 정도 일치하고 있음이 주목된다. 즉, 굴절체계에 표면적으로 실현되는 비자동적, 불규칙인 이형태들의 교체를 형태음소 또는 기저음소를 설정하여 자연스러운 공시적 음운규칙으로 유도함으로써 기저체계에서는 규칙화하여 자동적 교체로 전환되어 있는 화자들의 언어능력을 반영하려는 시도에서 출발한 것이다.

물론 이러한 접근 방식에서 시대적으로 개입된 두 단계 간의 인식의 차이가 부분적으로 드러난다. 제1단계에서는 형태주의 표기법의 원리로서 부활시킨 'ㆆ'를 일종의 형태음소 또는 기저음소로 추출하여 종성 표기에 하나의 받침 문자로 설정하려고 하였다(고영근 1994). 그러나 제2단계에서 시도된 'ㆆ'의 등장은 그 방법론과 음운 이론, 그리고 변화하는 음운 현상의 측면에서 제1단계의 그것과 다음과 같은 대조를 보인다(최명옥 1978, 1982, 1985, 1995, 1997, 2004; 배주채 1989/2008; 정인호 1995).

첫째, 표기법과는 전연 관련이 없이 (추상/형태/기저) 음소적 신분으로서 /ㆆ/이 설정된 것이다. 둘째, 이러한 논의의 배경으로 구조 또는 생성 음운론의 기저형 설정과 그것이 표면으로 음성 실현되는 해당 음운 현상에 대한 진지한 이해를 전제로 한다. 그리하여 표면적으로 동일한 분절음들이 서로 상이한 음운론적 행위를 굴절체계에서 나타낼 때에 이것은 경음화와 관련하여 기저표시에 'ㆆ'의 존재를 뜻하는 것이다. 셋째, 현대 국어방언의 음운론에서 소위 불규칙 활용어간들이 형태와 의미를 1 : 1로 파악하려는 언어 습득 화자들의 부단한 노력에 의해서 유추적 수평화(analogical levelling)를 거친 어간의 단일화가 확립되어 간다. 이러한 진행 과정을 음소 /ㆆ/와, 이것이 자음어미와 모음어미 앞에서 도출되는 적절한 음운규칙으로 포착하는 원리 이외에는 화자들의 언어능력을 반영할 수 있는 다른 적절한 대안이 없다는 판단에 이르게 된다. 넷째, 그 결과 /ㆆ/를 음소목록으로 첨가하게 되면, 표면으로 전혀 실현되지 않는 추상성의 문제를 감수하는 대신

에, 해당 문법 기술의 단순화가 추구될 수 있다(정인호 1995; 임석규 2007).[2]
즉, 1970년대 이후의 'ㆆ'의 재사용은 순수한 이론적 차원에서 기저음운과
음운규칙을 사용하여 해당 비자동적 교체를 규칙화하고, 음운체계에 후음
계열로 마찰음 'ㅎ'와 짝을 형성하는 폐쇄음 'ㆆ'를 확립시키는 성과를 의
미한다.

물론, 최근에 이루어진 국어 음운론 기술에서 모든 연구자들이 음소 /ㆆ
/와 그 도출 규칙을 사용하는 것은 아니다(강희숙 1994; 김옥화 2001). 또한,
음운 분석 이론의 관점에서 이것을 적극적으로 인정하지 않으려는 태도도
있어 왔다(이승재 1980; 김경아 1990, 2000; 엄태수 1997; 신승용 2003).[3] 글쓴이
역시 이 글에서 음소로서 /ㆆ/(?)의 설정이 해당 음운 현상을 기술하는 적
절하고 합리적인 방식으로 파악하지 않는다. 따라서 이 글의 전개를 통해
서 음소 'ㆆ'과 관련된 해당 음운현상들의 역사성과, 언어변화의 합리성,
표면상으로 보이는 음운현상에 대한 비생성적(non-generative) 접근과, 진행
되고 있는 음성변화의 방향, 또한 비자동적 교체에 대해서 화자들이 나타

---

2) 경북 북부지역(문경, 영주, 울진) 방언의 공시 음운론을 대조 기술하면서 임석규(2007)는
   3개 지역방언의 자음체계에 음소 /ㆆ/를 설정하였다. 그리고 그는 다음과 같은 용언어간
   의 활용('ㅂ' 불규칙과 'ㄷ' 불규칙)을 이용하여 /ㆆ/의 표면적 존재를 예증하는 과정을
   통하여 여기서 /ㆆ/의 설정이 음운과정의 기술에 "보다 유리한 것"으로 판단하였다.

       (가) 누^쩨, 눈^노, 눈^나   ← 누ㆆ-(臥),
       (나) 실^꼬, 실^쩨, 시'르니, 시'러   ← 실ㆆ-(載).

   글쓴이는 이 글의 §6에서 위와 같은 유형의 기술 방식이 갖고 있는 본질적인 문제 몇
   가지를 논의하면서 하나의 代案을 제시하려고 한다.
3) 최근에는 [?]을 /ㅎ/의 한 변이음으로 설정하여, 이것을 /ㅎ/의 음절말 폐쇄음의 실현으
   로 보려고 한다(백은아 2009; 정영호 2009). 그리하여 정영호(2009:108)는 'ㄷ' 불규칙 용
   언이 지역방언에서 단일 기저형 /Xㅀ-/의 방향으로 재구조화되는 경향이 있으므로, 종
   래의 '/걷-+고/(步)→[걸꼬]' 등의 부류는 /긿-+고/에서 공시적 규칙 'ㅀ→ㆆ'의 적용을 받
   았을 가능성을 제안하기도 하였다.
   그 반면, 배주채(1992:192), 정인호(1995:38), 그리고 임석규(2004:320)는 연결되는 자
   음어미의 초성이 'ㄱ, ㄷ, ㅂ, ㅈ' 등이 아닌 경우에만 어간말 'ㅎ'이 성문 폐쇄음 'ㆆ'로
   변동한다는 평폐쇄음화 규칙을 설정하려고 한다.

내는 적극적인 언어 사용 행위 등을 통해서 지금까지 제시된 음소 'ㆆ'/?/
의 허구성 또는 비합리성을 구체적으로 논의해 보려고 한다.

1.2. 글쓴이가 이 글을 작성하게 된 동기는 음운 현상의 기술에 등장
하는 음소 /ㆆ/에 대한 근본적인 회의에서 출발한 것이다. 그렇다고 해서
하나의 설명 방식으로서 지금까지의 여러 연구들에서 설정된 이 음소의
본질과, 여기에 부수되는 몇 가지의 음운규칙들을 부정하는 것은 아니다.
따라서 이 글에서 제시되는 글쓴이의 대안적 논의도 해당 음운현상에 대
한 개인적인 또 다른 가설에 불과할 뿐이다. 다양한 음운현상들에 대한 우
리의 이해와 해석으로 단 한 가지만의 권위 있는 정답이 존재한다고 한다
면, 그것 자체가 매우 비생산적인 대상인 것이며, 동시에 폐쇄된 역사적 골
동품에 해당된다고 생각한다.

일찍이 초창기 미국 구조주의 음운론자 가운데 한 사람인 Yuen-Ren
Chao (1934/1968)는 음소를 분석하고 기술하는 방식에 단 한 가지의 유일한
정답, 즉 해결책을 추구하기 어렵기 때문에, 어느 정도의 자의적인 선택과
결정이 불가피함을 진지하게 논증한 바 있다. 그는 일정한 음운현상과 음
성들 가운데 이들을 음소체계로 분석하는 데에는 한 가지 이상의 가능한
방법이 있을 수 있으므로, 이 가운데 다음과 같은 몇 가지 기준으로 판단
해 보는 것이 합리적이라는 제안을 한 바 있다(Yuen-Ren Chao 1934/1968 :
54). 즉, (ㄱ) 음성학적 정확성 또는 음소 영역의 최소성, (ㄴ) 언어 구조
전체의 관점에서 음소체계의 균형성과 간결성, (ㄷ) 음소 목록의 수효에
있어서 극도의 절약, (ㅁ) 토박이 화자들의 직관에 대한 배려, (ㅂ) 어원에
대한 고려, (ㅅ) 음소들 간의 상호 배타성, (ㅇ) 음성부호를 I.P.A로 전환시
킬 수 있는 可逆性.

이 글의 제2장에서 글쓴이는 1920년대 후반에서 1930년대 초반에 걸쳐

새로운 표기법 제정과 확립이라는 시대적 요청과, 그 표기법은 주시경 선생의 기본 정신을 계승하여 철저한 형태주의 또는 표의주의 원칙이어야 할 것을 주장하는 일부의 문법학자들이 표기에 'ㆆ' 등과 같은 문자를 부활시켜 사용하는 과정을 김희상(1927)을 중심으로 제시한다. 제3장에서는 불규칙 활용 어간을 규칙화하여 표기하려는 노력이 'ㆆ'을 포함하여 'ㅿ, ◇, ㅑ' 등으로 점차 확대되어 가는 경로를 이탁(1928/1958, 1932)과 이극로 (1932, 1935, 1936)를 중심으로 살펴보려고 한다. 동시에, 이와 같은 방식의 표기 문자에 대한 당시 조선어학회의 다른 회원들이 보이는 대체적인 반응도 아울러 여기서 관찰할 것이다.

제4장에서는 1940년대 후반 북한의 김두봉이 주도한 급진적인 문자개혁에서 나온 새로운 문자 여섯 가지 가운데 1920년대와 1930년 초반에 이미 소개된 문자 'ㆆ'과 'ㅿ' 그리고 'ㅑ'(ᅷ) 등이 형태주의 표기법에 다시 등장하게 되는 과정과 그 계보를 추정해 보고자 한다. 그리고 당시 북한의 학자들이 새 문자로서 설정된 'ㆆ'과 'ㅿ, ㅑ(ᅷ)' 등에 타당성을 부여하기 위해서, 이것들을 공시적 음소의 신분으로 분석하게 되는 원리와, 이러한 음운변화에 대한 해석을 제시하려고 한다. 제5장에서 'ㆆ/ʔ/'에 대한 인식과 그 전개가 주로 1970년대 초반의 음운 분석에서 새롭게 출발하여 최근의 음운론적 기술에서 보편적으로 수용되고, 드디어는 일부 음운론 개론 교과서(최명옥 2004)에까지 현대국어의 공시적 음운체계와 음운규칙으로 수용되는 과정을 개략적으로 살펴보고, 그 타당성을 점검하려고 한다.

끝으로, 제6장에서 현대국어의 표준어를 포괄하는 중부방언과, 또한 지역방언들에서 'ㆆ'이 관여하고 있다고 추정되는 공시적 음운현상 가운데 특히 'ㅅ' 불규칙과 'ㄷ' 불규칙 용언이 토박이 화자들에 의하여 다양하게 실현시키는 유추에 의한 수평화(Hopper 1976), 그 이후 일어나는 재구조화 (restructuring)의 방식과 그 진행 방향을 관찰하려고 한다. 그리하여, 종래에 제시되었던 음소 /ㆆ/과, 이것을 표면으로 도출시키는 경음화, 모음어미 앞에서 'ㆆ' 탈락, 음절말 위치에서 'ㅎ→ㆆ' 등과 같은 인위적인 음운규칙의 설정(배주채 1998; 최명옥 2004)이 국어 음운론의 기술에서 필요하지 않다는 판단을 할 것이다. 그리하여 지금까지 가정된 (추상/형태/기저) 음소 'ㆆ'/ʔ/는 해당 음운현상의 본질에 대한 정확한 이해에 이른 것이 아니며, 오히려 음운문법에 부당한 복잡성을 부가시킬 뿐이라는 사실을 논증하려고 한다.

2. 'ㆆ'에 대한 새로운 인식과 표기법으로의 출현 배경 : 金熙祥(1927)의 경우

1443년 세종에 의해서 창제된 새로운 초성체계 17자 가운데 'ㆆ'의 성격과 사용 범위의 제약, 그 출현 환경 그리고 결국에는 폐용에까지 이르는 짧은 과정은 어떤 관점에서 보면 다분히 신비적이고, 동시에 극적인 요소가 내재되어 있다(이동림 1974). 훈민정음의 초성체계에서 'ㆆ'은 喉音의 전청자로서 影母([ʔ])로 분류된다. 또한, 'ㆆ'의 형성은 후음들의 제자 과정에서 'ㅇ→ㆆ→ㅎ'과 같은 가획의 원리로 보면 차청의 'ㅎ'과 'ㆅ'의 생성을 위한 필수적인 선행 단계를 제공한다. 그러나 훈민정음의 체계가 하나의 음소에 하나의 문자가 배당된다는 음소문자라는 사실에서 유독 'ㆆ'는 예외를 이루고 있다. 당시 중세국어의 음절 두음과 말음으로 'ㆆ'가 사용된 용례들이 없기 때문에, 음소로서 /ㆆ/는 음운체계에 존재하지 않았다고 보는 것이 합리적이다.[4] <훈민정음> 해례본(1446)의 用字例에서는 그 본문에서 열거된 문자의 순서와 동일한 방식으로 최초의 한글 용례들이 등장하

---

4) 중세국어에서 고유어 표기에 사용된 'ㆆ'의 분포 환경과, 음가 추정에 관련된 다양한 견해에 대한 소개는 신승용(2003 : 87-93)을 참조.

였으나, 유독 'ㆆ'에 관한 단어들은 누락되어 있다. 따라서 문자 'ㆆ'의 설정은 훈민정음의 음운론적 이론의 바탕이 되는 중국 자모체계의 배경과, 구체적으로 후음에서 전청과 차청을 구분하기 위한 방편에서 비롯된 것으로 간주된다(이기문 1963 : 61).

당시의 'ㆆ'의 쓰임은 개정 한자음 표기에 주로 배정되었으며, 일시적으로 삽입자음(사이소리)의 표기로 국한되었다. 고유어 표기에서 'ㆆ'는 관형사형 어미 '-ㄹ'과 결합하여 뒤에 연결되는 장애음들이 된소리로 발음된다는 사실을 알리는 기능을 맡고 있었다(즉, ㆆ+ㄱ, ㄷ, ㅂ, ㅅ, ㅈ→ㄲ, ㄸ, ㅃ, ㅆ, ㅉ). 그렇기 때문에, 대체로 'ㆆ'은 경음을 표시하는 "요소"(이기문 1972 : 27), 경음화 [ʔ]의 "구실"(이숭녕 1961/1981 : 29), 또는 "목청닫음 소리를 적는 부호"(허웅 1985 : 325)로 파악되어 있다.5) 그나마 문자 'ㆆ'은 곧 이어서 일어난 표기법의 개정에 따라서 『牧牛子修心訣諺解』(1467)에서 최후로 사용되었다가, 결국에는 초간 『杜詩諺解』(1481)에서 각자병서와 함께 전면적으로 표기체계에서 사라지게 된다(지춘수 1986; 이익섭 1992). 훈민정음의 새 문자로서 'ㆆ'이 창제된 이후, 표기법에서 폐기되기까지의 기간은 다른 문자들에 비하여 최단명인 40여 년에 걸쳐 있다. 다른 문자들의 폐용, 예를 들면 중세국어에서 'ㅸ'과 'ㅿ'의 경우는 해당 음소의 음운변화와 직접적인 연관이 되어 있는 반면에, 'ㆆ'의 폐기는 표기 원칙의 개정에 따른 것이다.

---

5) 또한, 허웅(1965/1979 : 294-295)은 15세기 국어에 사용된 'ㆆ'는 단순한 된소리의 부호로만 볼 것이 아니라, 후두폐쇄를 수반한 "무성의 휴식"을 표기한 것으로 간주하여야 된다고 하였다. 그는 'ㆆ'는 중세국어에서도 일반적인 음소의 신분과 다르기 때문에 "조직 외적 음소"로 처리하였다.

그 반면, 이익섭(1992 : 76)은 'ㆆ'자와 관련된 표기법의 변천 과정을 논의하면서, 중세국어에서 관형사형 어미 '-ㅭ'의 'ㆆ'字가 하는 기능을 현대국어에 비추어 볼 때, 하나의 발음 부호적 기능이 아니라, 엄연한 음소 /ʔ/를 대표한다고 해석하였다.

고흥방언의 음운론에 대한 연구에서 배주채(1998 : 98)는 이 방언에서 종래의 'ㄷ' 불규칙 활용어간에서부터 'ㅭ' 어간으로 재구조화된 유형을 기술하면서 15세기 당시에 고유어 표기에 등장하는 'ㆆ'도 역시 추상음소이었을 가능성이 있다고 보았다.

그 이후의 표기법에서 문자로서 'ㆆ'는 16세기와 근대국어의 단계를 거쳐 완전히 사라진 것 같았다. 그러나 개화기의 애국 계몽의 활동으로서 훈민정음의 기원과 소실문자의 음가와 사용 여부, 된소리의 표기 방식, 받침의 확대 문제 등이 연구되기 시작하면서 옛 문자 'ㆆ'의 부활에 관한 논의가 다시 일어나기 시작하였다. 그리하여 국문연구소(1907-1909)에서 내건 10 가지 연구 주제 가운데 초성에서 'ㆆ'을 포함한 사라진 8자(ㆁ, ㅿ, ㆍ, ㅸ, ㆄ, ㅹ)의 재사용 여부가 제2 항목으로 선정되었다. 그 결과 정리된 <국문연구 의정안>에서 'ㆆ'을 포함한 예전 문자들은 국어의 음에는 존재하지 않기 때문에, 다시 살려 쓰는 것이 부당하다는 연구위원 전원 일치의 최종적인 결정이 내려진다. 주시경의 『국어문법』(1910 : 4)에서도 훈민정음 'ㆆ'에 대한 기술에서 이것은 원래 국어에 없는 음이며, 오늘날에도 'ㆆ'자가 없어도 국어를 문자로 표기하는 데 아무 이상이 없다고 하였다. 문자 'ㆆ'에 대한 이러한 관점은 주시경의 형태주의 표기법을 계승 발전시키려는 김두봉의 『깁더 조선말본』(1922 : 29)에서도 그대로 강조되어 있다.6)

주시경과 김두봉의 문법서에 나타난 형태주의 표기 방식에 따르면, 'ㅅ' 불규칙과 'ㅂ' 불규칙 활용은 자음어미와 모음어미 앞에서 달리 실현되는 어간말음의 교체(ㅅ∞ø, ㅂ∞w)를 각각 'ㅅ'과 'ㅂ'으로 고정시키고 있었다. 짓어(作), 잇어지는 것(繼), 춥을 때(署), 쉽어(易), 덥어(署). cf. 무슨 말을 뭇나냐(問). 이러한 표기 방식과 관련하여 주시경(1910 : 22-23)의 <국어 습관소리> 항

---

6) 김두봉의 『조선말본』(1916)의 "알기"에 의하면, 그의 형태주의 표기법의 원칙은 "본"(문법의 규칙)에 따른 것이다. 따라서 'ㅂ' 불규칙 활용어간의 경우에 그는 본에 맞지 않는 '더우니'를 쓰지 않고, '덥으니'를 선택하였다. 그러나 그는 극단적인 형태주의 표기 방식은 권장하지 않았다.
예를 들면, '하야(爲)와 같은 '야' 불규칙 활용어간을 인위적으로 규칙화한 '하아' 또는 '하어' 등도 본에 맞는 것 같으나, 너무 극단적이기 때문에 그렇게 쓰지 않았다고 밝히고 있다. 그의 개정본 『깁더 조선말본』(1922 : 29)에서도 예전과 현대의 국어에서 후음 계열을 소개하면서, 'ㆆ'과 'ㆅ'은 이제 우리말에서 쓰이지 아니 한다고 하였다.

목에 제시된 몇 가지 예들을 골라서 대조하여 보면, 다음과 같은 발음과
표기규정 간의 불일치가 드러나게 된다.

> (1) ㄱ. 'ㅂ' 종성에서 '춥으면'이라는 말의 'ㅂ'을 發하지 안이함,
>   'ㅅ' 종성에서 '잇으면'(連)은 '이으면'이라 함.
>   ㄴ. 'ㅎ' 종성에서 '낳으면'(産)의 'ㅎ'을 흔이 발하지 안이함,
>   '쌓는'을 '싼는'이라 함.
>   '닭(鷄)도'는 흔이 '닥도'라 함,
>   '밟지'(踏)를 흔이 '밥지'라 함(此는 붙음소리가 多連하여 다 發하기
>   가 難함을 因함이라).
>   (잡이 : '발지'라 할 時도 有함).

주시경이 제시한 위와 같은 다양한 항목에서 표기와 음운론의 관점에서
그 성격을 일관성 있게 추출할 수는 없으나, 위의 예문 (1)ㄴ은 기본형 중
심의 표기에서 실제 발음으로 실현되는 'ㅎ'의 자동적 탈락과, 비음화, 그
리고 자음군단순화 등과 같은 국어의 공시적 음운규칙을 예시한 것이다.
그 반면에, 위의 예문 (1)ㄱ은 소위 불규칙 용언들이기 때문에 자연스러운
공시적 음운규칙이 포착된 것이 아니고, 형태주의 중심의 표기와 발음 간
의 불일치를 예시한 것으로 보인다. 즉, 불규칙 활용어간을 일관된 논지로
시각적으로 하나의 기본 형태로 단일하게 통일하였으나, 모음어미 앞에서
실현되는 이형태들의 음운 현실까지 제거할 수는 없었던 것이다.

따라서 주시경의 형태주의 표기법의 이념을 지속적으로 계승하려는 그
門下의 1920년대의 문법학자들에게 'ㅅ'과 'ㅂ' 등과 같은 불규칙 활용어간
의 일관된 표기에 따르는 문자와 발음 간의 괴리를 극복하려는 시도가 꾸
준히 추구되었을 것으로 보인다. 특히 이러한 연구에는 『깁더 조선말본』
(1922)을 완성한 김두봉도 상해의 망명 생활의 고단한 와중에서도 사전편찬
사업과 더불어 적극적으로 동참하고 있었음을 우리는 나중에 알게 된다.

특히 <한글 마춤법 통일안>(1933)이 완성되기 이전의 1920년대 후반 그리고 1930년대 초에는 표음주의와 형태주의를 적절하게 절충하려는 표기법의 원리에서부터 철저한 형태주의를 지향하려는 원칙들의 다양한 출현과, 이들 간의 이론적 상호 충돌과 대립도 격렬하게 전개되었다.[7] 이러한 가운데 1930년 12월 조선어학회 총회에서 본격적인 한글 맞춤법의 통일안을 제정하기로 의결된 이후, 1932년 12월에 이르러 2년 동안의 토의를 거쳐 맞춤법 원안의 작성이 일차적으로 완료되었다. 이와 동시에 표기법에 대한 기본적인 표준과 얼개가 개략적으로 정비됨에 따라 조선어학회가 기관지『한글』창간호를 1932년 5월에 간행하면서 편집 담당자 이윤재의 전적인 책임 아래 맞춤법 통일안 사업의 완성에 진력하게 되는 것이다.『한글』창간호(제1권 제1호)의 말미에 첨가된 <본회 중요일지>에는 지난 3년간 학회 활동에 대한 상세한 보고(37쪽)가 실려 있는데, 다음과 같은 언급이 특히 주목된다.

(2) (1930년) 4월 12일 月例會를 열다. 李允宰씨의「金枓奉씨의 文字 及 綴字 法에 대한 新硏究」에 대한 講演이 잇다.

김두봉은 조선어강습원 고등과를 수료한 뒤 최현배와 같이 주시경 학파의 중추 역할을 맡고 있었다. 그는 비록 해외에서 망명 생활 중에 있었으나 언어 민족주의, 한글 전용과 가로쓰기, 형태주의 맞춤법 등의 관점에서 무시할 수 없는 영향력을 국내의 한글학자들에게 발휘하였다(이준식 2008 :

---

7) 중세에서 최근에 이르기까지 이어지는 국어 표기법의 논쟁사를 조감한 김민수(1987)는 표기법의 역사는 음소표기와 형태표기 사용 문제의 대립으로 일관되어 왔다고 요약하였다. 15세기에 世宗의 命에 의하여 제작된『龍飛御天歌』(1445)와, 세종이 御製한『月印千江之曲』(1446)의 기본형 위주의 형태표기와, 首陽大君의『釋譜詳節』에 반영된 "終聲八字 制限의 원칙"에 의한 음소표기가 바로 그러한 대립의 시작을 반영하는 것으로 간주하였다. 그는 1930년에 개정된『諺文 綴字法』이 역사상 최초의 형태표기가 된다고 보았다.

43). 그러나 이윤재가 전달한 김두봉의 문자와 철자법에 신연구의 구체적인 내용은 구두 강연 소식 이외에는 어디에도 찾을 수가 없다.[8] 특히 불규칙 활용의 표기에 관한 한, 발음 그대로 언어 현실에 따라서 자연스러운 표음주의 원칙을 고수했던 이윤재의 입장(이윤재 1932)에서 김두봉의 표기법과 문자에 대한 신연구를 어떻게 소개하였는지도 알 수가 없다. 이러한 사실에도 불구하고, 나중에 1940년 후반에 김두봉에 의해서 주도된 북한의 문자 개혁의 내용에 비추어 볼 때, 그의 연구에서 나온 새 문자는 주로 불규칙 활용의 어간을 시각적으로 단일하게 나타내려는 형태주의 표기법의 산물일 것이며, 그 문자의 꼴도 북한의 문자 개혁에 선보인 것과 어느 정도 비슷할 것으로 추정된다.

김두봉의 문자와 철사법에 대한 연구가 1932년 이전 단계에 이미 완성되어 국내에 있는 문법학자들에게 그 내용이 얼마나 알려져 있었던가 하는 것도 당시의 학문적 분위기에서 구체적으로 파악되지 않는다. 1920년대 후반에서부터 1930년대 초에 걸쳐, 일련의 불규칙 활용 어간을 어떤 환경에서나 규칙적으로 해석하고 이것을 형태음소와 같은 단일 표기로 나타내려는 최초의 시도들이 국내의 문법서와 『한글』에 발표된 논문에서 등장하기 시작하였다. 그러나 이 연구물들은 외부의 영향을 받았거나, 서로 학문적인 교류를 통한 유대를 맺고 있는 것인지, 아니면 독자적으로 고립되어 시기상으로 동 시대에 우연하게 비슷한 결론으로 이른 것인지 측정할 수 없다.

김희상의 『울이글틀』(1927)에서 불규칙 용언어간의 자음을 규칙적으로

---

8) 이윤재의 강연은 그가 발표한 "한글 大家 金枓奉氏 訪問記"(『역대한국문법대계』 3부 11책, 1061-1065쪽)에 의하면, 상해에서 2 주일간 체류하면서 김두봉을 방문한 직후에 이루어진 것으로 보인다. 김두봉과 대담 형식으로 이루어진 방문기에는 주로 그의 근황과 조선어사전 편집 문제에 한정되어 있었다. 그리고 이어서 사전에 사용될 문법 문제도 여러 시간 언급되었지만, 이윤재는 이것은 문법상 이론이므로 따로 발표하려고 한다고 하였다.

일관성 있게 고정시키는 방안으로 어간말 자음 'ㆆ'과 'ㅀ'의 표기가 1920년대 들어 처음으로 등장하고 있다. 우선 그의 문법서 표제인 『울이글틀』이나, 본문에 등장하고 있는 '솔애'(聲), 그 윤어한 움작임"(2쪽) 등의 표기들은 그가 지향하려는 과잉적인 표의주의 표기법의 원칙을 반영하고 있다. 따라서 'ㆆ' 문자의 사용도 역시 불규칙 활용에 대한 그의 형태주의 원칙의 적용에서 이루어진 산물로 생각된다.

김희상(1927)은 어간말 자음으로 사용되는 받침의 종류를 제시하면서 단일 받침 15개 가운데 'ㅅ' 불규칙 용언에 'ㆆ'을, 그리고 복합 받침으로 13개 유형 가운데 'ㄲ(낚-, 생선을 낚아서), ㅆ(있어서), ㅀ(理致가 긇다)' 등와 함께 'ㄷ' 불규칙 용언에 'ㅀ'을 포함시켜 제시하였다(1927 : 25). 문자로서 'ㆆ'과 'ㅀ'은 그가 앞서 간행하였던 이전의 문법서 『초등국어문전』(1909)과, 이것의 학습 단계를 높인 『조선어전』(1911)에서는 아직 출현하지 않았다. 그의 세 번째 저서인 『울이글틀』(1927)이 『조선어전』(1911)을 수정 개고한 것임을 상기하면, 김희상은 1910년대의 저서를 1920년대 후반에 수정 확대하면서 이 두 문자를 불규칙 용언을 규칙화하는 시도로 자신의 형태주의 맞춤법에 독자적으로 사용하기 시작한 것이다.[9] 따라서 불규칙 용언의 규칙화와 관련하여 고정된 받침으로서 'ㆆ'과 'ㅀ'의 사용이 독자적으로 형성된 것이든, 또는 외부의 영향을 받은 결과이었든 간에 이 두 문자에 대한 인식의 출발은 대체로 1927년 이전이었을 것으로 추정된다. 그가 『울이글틀』

---

9) 『울이글틀』(1927)의 "自序"에 의하면, 이 문법서는 1900년경 배재학당에서 배운 영어문법을 국어로 번역하면서 우리말 연구에 대한 열망으로 출발하였다고 한다. 그리고 이 저술은 1924년에 개성에 있는 好壽敦 여학교에서 조선어를 가르치면서 3년간 수정을 거듭하여 완성된 것이다.
  김희상이 저술한 일련의 문법서 『초등국어문전』(1909), 『조선어문전』(1911), 『울이글틀』(1927)을 고찰한 황국정(2001)은 'ㆆ'을 받침으로 그가 최종 저술에서 설정한 것은 불규칙 용언을 제거시키는 형태주의 표기법의 방안으로 큰 역사적 의의가 있으며, 동시에 이러한 시도는 주시경 등 당시의 다른 문법서에서 찾아 볼 수 없는 독창적인 서술로 보인다고 지적하였다.

(1927)에서 받침으로 구사한 'ㆆ'과 'ㅀ'의 표기 예를 제시하면 다음과 같다.

(3) ㄱ. 그 생각을 <u>잉끌어</u>(自序, 1),
　　　그 알애 ㅇ行의 글자를 <u>잉닿이</u>는 경우에는(23쪽),
　　　발르게 쓰기를 뜻하고 <u>징인</u> 것인이(自序, 2쪽),
　　　말의 音과 法에 말미암아 <u>징은</u> 것(編輯의 內容, 6쪽),
　　ㄴ. 까닭을 <u>묽다</u>, 까닭을 <u>묽어서</u>(間, 27쪽), <u>묽어</u>보신 일(219쪽),
　　　<u>묽어</u> 보아라(110쪽), <u>묽지도</u> 않고(125쪽),
　　　말을 <u>듳다</u>, 말을 <u>듳어서</u>(聞, 27쪽), <u>듳는</u>, <u>듳은</u>(88쪽),
　　　ㅣ音 動詞 : 싫-, 載(42쪽).

위의 예들은 'ㅅ'과 'ㄷ' 불규칙 용언을 자음어미와 모음어미 앞에서 규칙적으로 표기화한 '잉끌-(引), 징-(作)과, 묽-(間), 듳-(聞), 싫-(載)' 등에 국한되어 있으나 이 문법서에서 김희상이 전달하려는 의도는 분명한 것이다. 여기서 중세국어의 '잇글-' 또는 '잇그-'(牽)로 소급되는 '잇-'의 오늘날의 표기에 '잉-'과 같은 'ㆆ'을 첨가하여 'ㅅ' 불규칙의 일종으로 간주하는 그의 해석은 매우 독특하며, 동시에 중세국어에 대한 상당한 이해를 전제로 한다. 또한, 김희상(1927 : 23)은 '낳-'(癒)과 '붛-'(注)이 모음어미 앞에서 보이는 일관성 있는 활용형 '낳은, 붛은'을 예로 들어서 'ㆆ' 받침의 사용에 대해서 다음과 같은 내용의 음운규칙을 설정하고 있다.

(4) 'ㆆ'은 '낳-'(癒)의 'ㄴ'를 덜은 남저지 솔애. 이 받침은 그 우에 있는 모음을 받치어 (ㄱ) <u>그 솔애를 달르게 옴기어지도록 도올 뿐이오</u> (ㄴ) <u>그 알애 있는 글자의 모음에 맞우치어 옴기어지는 남저지 솔애가 없다.</u> 곧, '밫은'→'바든', '좋은'→'조츤', '벗은'→'버슨', '붛은'(注)→'부은'.

　　　　　　　　　　　　　　　　　　　　　(밑줄과 번호는 글쓴이가 첨가)

이러한 설명은 글쓴이 나름으로 다음과 같이 해석해 볼 수 있다. 우선,

밑줄 친 (ㄱ)은 어간말 문자 'ㅎ'은 음절말 위치에서 미파음 [ㄷ]로 중화되어 실현된다는 음운론적 현상을 지적한 것이다. "ㅎ은 'ㄷ, ㅅ, ㅈ, ㅊ, ㅌ'의 받침처럼 옮기어진다."(김희상 1927 : 23). (ㄴ)은 'ㅎ'이 뒤에 오는 모음어미 앞에서는 자동적으로 탈락되는 음운규칙을 뜻한다. 자음어미와 모음어미 앞에서 'ㅎ'이 취하는 이와 같은 김희상의 음운론적 설명은 이것에 대한 1930년대와 1940년대로 이어지는 본격적인 표기법으로의 전개, 그리고 오늘날의 음운론의 기술에서까지 기본적으로 지속되어 온다(배주채 1998 : 99). 단지 'ㅎ'에 대한 시대적 인식 과정에 따라서 그 본질이 단순한 형태주의 중심의 형태음소에 가까운 문자, 음소체계에 포함되는 음소, 또는 기저/추상 음소 등으로 달리 파악되었을 뿐이다. 그러나 'ㄷ' 불규칙 활용에 나타나는 어간말음 'ㄷ∽ㄹ' 이형태들을 단일화한 표기 '뭃-(問), 듫-(聞)'에서 어간말 'ㅭ'에 대한 김희상의 인식은 현대국어의 일부 음운론 기술(정인호 1995; 임석규 2007)에서 그 설정 기준으로 類推와, 경음화 현상이 중심이 되고 있는 사실과 본질적인 대조를 보인다.[10]

김희상(1927)에서는 'ㅅ'과 'ㄷ' 불규칙 활용의 규칙화에 사용된 'ㅎ'의 음

---

10) 김희상(1927)에서 다른 유형의 불규칙 활용에 대한 표기상의 규칙화에 대한 시도는 등장하지 않았다. 그리하여 'ㅂ' 불규칙 활용의 경우에 그는 당시의 口語에 실현되고 있는 유추에 의한 어간의 단일화 양상을 그대로 표기에 반영하였다.

> 말이 말다웁지 몯하고 글이 글다웁지 몯하게(5쪽),
> 밥이 더운만치 국은 덜 더웁다(134쪽),
> 넓고 두터웁게(183), 치웁다(寒)--치우다, 도우다--도웁다(助), 곱다--고다(麗)(170쪽).

또한, 소위 '르' 불규칙 활용도 김희상(1927)은 모음어미 앞에서 나타나는 異形態가 유추에 의해서 자음어미 앞의 환경에까지 확대되어 있는 구어를 그대로 표기에 반영하였다.

> 새가 날르오, 물이 흘르오(40쪽),
> 울이 말을 발르게 옮기고 발르게 쓰기를 뜻하고(自序, 2쪽),
> 울이의 大局이 달르게 된 때이라(2쪽),

그리하여 김희상(1927 : 25)에는 'ㄹ' 받침을 가진 글자가 그 아래에 'ㄹ'행의 글자를 만나면 'ㄴ'으로 바뀌게 된다는 음운규칙이 풀이로 제시되어 있다.

> ㄹ : 불르-, 달르-, 굴르-, 길르-, 흘르→ㄴ : 불느, 달느, 굴느, 길느, 흘느

성학적 근거가 구체적으로 제시된 바 없다. 그러나 'ㆆ'이 자음체계에서 후두파열 무성음 [ʔ]에 대응된다는 사실이 1920년대에 이미 보편화되었을 것이다(小倉進平 1923). 'ㅅ' 불규칙 활용어간을 표의화하기 위해서 역시 'ㆆ'을 제안했던 1930년대 이탁(1932)과 이극로(1932)는 이것의 기능을 후속하는 자음어미의 두음을 경음화하는 행위에 두었다. 이와 마찬가지로 김희상(1927)에서 'ㆆ'의 설정 역시 경음화 요소와 관련되어 있다. 그렇지만, 'ㄷ' 불규칙 활용에서의 김희상이 제시한 어간말 'ㄽ'에는 당시의 경음화 현상과는 관계가 없었다.

그렇다면, 김희상(1927)에 등장하는 이러한 'ㆆ'의 부활은 어디에서 유래된 것일까? 여기에 대한 해석이 여러 가지일 수 있으나, 글쓴이는 몇 가지 근거에서 다음과 같은 가능성을 추정해 본다. 즉, 'ㅅ'과 'ㄷ' 불규칙 활용을 표기상으로 규칙화하는 데 이용된 옛 문자 'ㆆ'의 등장은 혹시 김두봉이 해외에서 고안해낸 새 문자와 어느 정도의 연관성이 있었을 가능성이 있다. 그리고 이러한 새 문자는 1930년 4월 이윤재가 조선어학회 월례 발표회에서 정식으로 소개한 것보다 시기상으로 훨씬 이전이었을 것이다. 그리하여 김희상이 『울이글틀』을 호수돈 여고에서 3년간 조선어 수업을 진행하면서 다듬고 있던 동안에 김두봉의 새 문자들이 어떤 과정을 통해서 이미 국내에 소개되어 있었을 가능성도 배제할 수 없다.11)

만일, 김희상이 자신의 1927년 문법서에서 형태주의 표기의 일환으로 'ㅅ' 불규칙과 'ㄷ' 불규칙 활용어간의 단일화 표지로 옛 문자 'ㆆ'를 최초로 다시 복원시킨 것이라면, 여기에 대한 적절한 소개와 근거가 제시되어

---

11) 그러나 김희상(1927)이 사용한 'ㆆ' 문자는 김두봉이 문자 개혁과 관련하여 고안했다고 하는 새 문자와는 상관이 없고, 그 대신 이탁(1928/1958, 1932)과 밀접하게 연계되어 있을 가능성을 이 글의 제4장에서 제시할 것이다. 1948년 북한의 <조선어 신철자법>에서 선보인 6 자모 가운데 매우 조잡한 'ㅌ(l), ㄹ(r), l(j)' 등의 3자 정도가 김두봉의 작품이었을 것으로 보인다.

있어야 했다. 그러나 그는 자신의 문법서의 본문과 예문에서 'ㆆ'의 표기를 이미 잘 알려진 당연한 대상인 것처럼 사용하고 있다. 이러한 사실은 그 당시 'ㆆ'과 관련된 형태주의 표기 방식이 이미 알려져 있었다는 것을 뜻한다.

김희상의 『울이글틀』이라는 제목도 자신의 이전의 문법 저술서와 비교하여 독특하려니와, 그 표지의 책 제목 위에 첨가되어 있는 "한빗만들울이글틀"이라는 주시경 방식의 가로 풀어쓰기 부제를 글쓴이는 주목한다. 책 표지의 원 제목 위와 아래에 부제 형식으로 붙이는 이와 같은 가로 풀어쓰기 글씨체는 당시의 학자들의 유행이었을 수도 있다. 그러나 이러한 양식이 먼저 김두봉의 『깁더 조선말본』(1922, 좋을글, 상해, 새글집)에서 비롯되어 1949년 평양에서 문자개혁과 새 6 자모의 운용법을 해설하기 위해서 조선어문연구회가 간행한 『조선어문법』(1949, 삼가드림) 등의 제목의 위나 아래 부분에 나타난다. 따라서 김희상의 문법서의 경우도 이와 같은 계열에 참여함으로써 김두봉의 방식을 의식적으로 따르려 했다는 한 표지가 될 수가 있다.

김두봉의 『깁더 조선말본』(1922)의 표기 방식과 기술 내용을 김희상은 그대로 따른 것은 아니었다. 김두봉의 『조선말본』(1916)에 비하여 그 개정본 『깁더 조선말본』(1927)에 나타난 표기상의 특질 가운데 하나는 형태주의 표기 원칙에 충실하여 다양해진 "거듭 받힘"의 제시에 있다. 특히 소위 존재사 '있-'(有)에 한정된 'ㅆ'이 여기서 공식화되었다. ㅆ(있-) : 있으면→ᅬ잇스면], 있고→ᅬ잇고](김두봉 1922 : 60, "거듭 받힘의 힘"). 따라서 김두봉의 문법서에 처음으로 받침의 표기로 사용되어 있는 이 'ㅆ'의 수용 여부는 <한글 마춤법 통일안>(1933)이 확정되기 이전까지 당시의 많은 학자들에 의해서 논란의 대상이 되어 왔다.

그렇기 때문에, 자신의 표기법에 존재사의 어간말음으로 전통적인 'ㅅ'을 고수하는가, 아니면 혁신적인 'ㅆ'을 수용하는가에 따라서 당시의 문법학자들의 표기법 체계를 크게 두 부류로 나누어 볼 수도 있다. 조선어학회의 기관지『한글』창간호에서부터 편집의 책임을 맡았던 이윤재는 편집의 원칙으로 받침 'ㅆ'을 표기에 인정하지 않았다.12) 조선어학회의 <한글 마춤법 통일안>의 원안이 거의 마무리되어 가는 과정에『한글』제3호(1932 : 7)에 일종의 중간 보고서로 실린 "새 받침에 관한 제 문제의 해결과 그 실례의 총람"(1932)에서 최현배는 원칙적으로 모든 자음들을 다 받침으로 써야 하는 근거를 명시적으로 제시하였다. 그러나 그는 여기에 포함된 'ㅆ' 받침에 관한 한, "ㅆ 받침---?"와 같은 언급을 보이며 용례를 제시하지 않고, 일단 유보적 입장을 취하였던 것이다.13)

이와 거의 같은 시기에 이희승은『조선어문학회보』(제3호, 1932)에 발표된 "ㅆ받침의 可否를 논함"이라는 논문에서 'ㅆ' 받침을 사용해야 하는 타당성과 유용성을 적극적으로 논증한 바 있다. 그는 궁극적인 단어의 표의화를 이루기 위해서는 종래의 존재사 '잇-'(有)에만 아니라, 과거와 미래의 시간을 나타내는 선어말어미 '-엇-'과 '-겟-'의 경우도 원래 '잇-'에서 문법화를 거쳐 형성된 형태이기 때문에 다 함께 받침으로 'ㅆ'을 써야 되는 합리적 근거를 제시하였다.14)

---

12) 이극로의 "조선말소리갈"(『新生』3-9)에서 제시된 "덧거듭닿소리 받침"에서도 역시 'ㅆ'은 제외되어 있었다.

13) 그러나 이보다 앞서 1929년에 간행된 최현배의『우리말본 첫재매』의 표기에서 존재사 '잇-'과 시제의 선어말어미 '-겟-', '-엇'의 받침에는 부분적으로 'ㅆ' 받침이 사용되어 있다. 따라서 필자의 원래의 표기 방식과, 여기에 개입된 편집의 문제 때문에 받침 'ㅆ'의 사용에 관한 사정의 전모를 쉽게 파악할 수는 없다.

14) <한글 마춤법 통일안>(1933.10.)이 발표되기 전에 이희승이『한글』에 기고한 "ㅎ 받침 문제"(제8호, 1932.5)에서 편집자의 개입으로 인해서 존재사 '잇-'과, 과거와 미래의 시제 형태소의 표기에 'ㅆ' 받침이 전부 제거되어 있다. 그 반면에, 1년 앞선 1932년『한글』(1932, 제2호)에 처음으로 실린 이희승의 또 다른 논문 "地名 연구의 필요"의 본문에서는 존재사에 'ㅆ' 표기가 필자의 의도대로 반영되어 있다. 그 논문의 끝 부분에 첨가 되어 있는 다음과 같은 편집자의 언급에서 필자와 편집자 사이에 있었던 저간의 사정을 추리해 낼 수 있다.

존재사의 받침 표기에 '씨'을 사용해야 할 필요는 이희승(1932) 이전의 시기에 이미 홍기문의 『조선문전요강』(1927, 현대평론 1권 1호-1권 5호까지)에서도 제기된 바 있다. 그는 「종성의 해방」이라는 기치 아래에 "종성을 제한하고서는 우리말의 사용방법의 정리와 통일은 기대되지 못할 것"이라 강조하면서 '잇서, 잇고'가 아닌 '있어, 있고'와 같은 '씨' 받침의 당위성을 제시하였다. 그러나 홍기문(1927)에서는 '씨' 받침 표기에 존재사 '있-'과 연관되어 있는 과거시제와 미래시제의 선어말어미 형태 '-엇/앗-'과 '-겟-'을 포함시켜야 된다는 사실은 미처 언급되지 않았다.

이러한 받침 '씨'이 종래의 'ㅅ'과 통용되어 왔던 1920년대의 경향을 살펴볼 때, 김희상의 『울이글틀』(1927)의 표기법에 존재사와 함께 시제 표시 문법형태들에서도 받침 '씨'이 구사되고 있었음은 특히 주목되는 사실이다. 받침 '씨'의 적극적인 사용은 김희상의 독자적인 형태주의 표기법의 원칙에서 파생되어 나왔을 가능성도 있다. 그러나 존재사의 받침으로 '씨'을 설정했던 김두봉의 『깁더 조선말본』(1922)에서의 주장을 따랐을 것으로도 보인다. 김두봉은 자신의 문법서에서 받침 '씨'에 대한 표기 원칙을 설정했으나, 정작 그는 문법서에 반영된 본문의 표기에서는 이 원칙을 철저하게 지키지 못하고 있다. 그 반면, 김희상은 받침 '씨'을 존재사에서뿐만 아니라, 시제의 선어말어미 형태들에까지 확대시켜 규칙적으로 사용하였다. 결국 받침 '씨'이 1930년대 초반 이희승(1932)에서의 논증을 거쳐 <한글 마춤법

"이 글에 '잇다'(有)를 '있다'로 쓴 것은 쓰신 이의 注意한 바가 <u>잇엇으므로</u>, 그대로 한 것입니다. -編輯者."(밑줄은 글쓴이).

본문에서 존재사 '잇-'은 필자가 당부한 대로 대부분 '씨' 받침으로 바뀌었으나, 수정이 완벽하게 제대로 이루어지지 않았으며, 특별한 언급이 없었던 것으로 보이는 과거시제 형태에 대한 받침 표기는 역시 그대로 두어 버렸다.

"여기에는 다만 數例만 보이<u>엇</u>으나, 地名 중에는 여러 가지 재미 잇는 고어가 많이 있다...地名을 아직 잊어버리지는 않<u>앗</u>으니.."(1932 : 49).

통일안〉(1933)의 규정으로 궁극적으로 수용되었음을 상기하면, 형태주의 표기법의 확립 과정에서 김희상의 위상은 위에서 언급된 문자 'ㆆ'의 적극적인 사용과 아울러 매우 특이한 것이다.15)

3. 1920-1930년대 표기법에서 불규칙 활용에 대한 표기의 규칙화 방안

3.1. 李鐸(1928/1958, 1932)이 제안한 3 문자 'ㆆ, ㅿ, ㆁ'와 음운현상

1930년대 초빈 조선어학회『한글』제1권 제4호(1932.9)에 새 문자와 관련된 형태주의 표기 원칙에서뿐만 아니라, 국어 음운현상의 기술에 비추어 중요한 자리를 차지한다고 생각되는 두 편의 연구 논문이 나란히 발표되었다. 이극로(1932 : 161-167)의 "조선말의 홋소리"(朝鮮語의 短音)와, 이탁(1932 : 161-167)의 "ㆆ, ㅿ, ㆁ을 다시 쓰자"가 그것이다. 여기서 다시 사용하자고 제안된 문자 가운데 각각 'ㆆ'('ㅅ' 불규칙 활용의 규칙화)과 'ㅿ'('ㄷ' 불규칙 활용의 규칙화)는 이탁(1928/1958)에서 먼저 선 보인 것이다. 그리고 반모음 [w]를 문자화하기 위해서 핵모음 '우'에서 약간 변형된 모습의 'ᄝ'('ㅂ' 불규칙 활용의 규칙화)는 이극로의 작품이다. 이러한 문자 'ᄝ'(→ᅌ)는 'ㆆ'와 더불어 1940년대 후반 북한의 문자개혁을 위한 새 문자 여섯 가운데 가장 핵심적인 성원으로 수용된다(이 글의 제4장 참조).

---

15) 1933년 제정된 〈한글 마춤법 통일안〉의 머리말에서나, 이윤재가 작성한 "한글 맞춤법 통일안 제정의 경과 기략"(『한글』제1권 제10호)을 참고하면, 김희상은 통일안 제정 위원이나 수정위원의 명단에 보이지 않는다. 또한,『한글』(제1권 제4호)을 통해서 문자 'ㆆ'의 사용을 적극적으로 주장하였던 이극로와 이갑과는 달리, 김희상은 1932년 당시에 조선어학회 회원의 명단에도 들어있지 않았다. 그러나 그는 나중에 표준말 사정 제2독회(1935.8)와 제3독회(1936.7)에 위원으로 참여하였다.

이탁(1932)에서는 당시의 음운체계의 분석을 거쳐서 완성된 음성 'ㆆ(여린 ㅎ), ㅿ(리읏), ◇(우읍)'에 대한 나름대로의 독자적인 이론이 명확히 제시되어 있으며, 이들 음성에 배당된 글자꼴에 대한 해설도 첨가되어 있다. 무엇보다도 그의 새 문자에 대한 연구 성과는 이미 5년여 전에 완성된 이탁(1928/1958)의 본격적인 음운론 연구로 소급된다.16) 이탁(1932)은 "준비 이론"과 새 문자들을 소개하는 "본론"으로 구성되어 있다. 준비 이론에서는 문자 'ㆆ, ㅿ, ◇'을 다시 사용해야 되는 근거를 제시하자면 먼저 음성학을 취급하지 않을 수 없다고 전제하면서, 3 문자와 직접 관련되는 자음체계에 국한하여 자신의 연구 결과를 간략하게 정리하였다. 그는 자음을 닫는 자리와 닫는 범위, 그리고 닫는 힘의 세 가지 기준으로 분류하여 아래와 같은 도표를 제시하였다.

(5) 닫소리씨의 일람표

닫는 자리 / 닫는 範圍 / 닫는 힘	聲門 통단이	後舌面과 軟口蓋 통단이	後舌面과 軟口蓋 코트인닫이	舌端과 통단이	舌端과 코트인닫이	硬口蓋의 前緣 옆트인닫이	上齒齦과 통단이	上齒齦과 가운트인닫이	前舌面 옆트인닫이	前舌面 코트인닫이	上唇과 통단이	上唇과 코트인닫이	下唇 가운트인닫이
살몃닫이	ㅇ	ㄱ	ㆁ	ㄷ	ㄴ	ㄹ	ㅈ	ㅅ	ㅿ	ɲ	ㅂ	ㅁ	◇
꼭닫이	ㆆ	ㄲ		ㄸ	ㄴㄴ	ㄹㄹ	ㅉ	ㅆ			ㅃ		
꽉닫이	ㅎ	ㅋ		ㅌ			ㅊ				ㅍ		ㅎ

---

16) 이탁(1932 : 161)의 서론에 의하면, 그는 이미 5, 6년 전에 조선어 음성학 초고와 함께, 새 문자 'ㆆ, ㅿ, ◇'에 대한 이론을 완성하였다고 한다. 그러다가, 머지않아 표기법이 통일안으로 나올 것 같고, 더욱이 『한글』이 조선어학회에서 창간됨을 보고, 맞춤법 통일 전에 원고 가운데 새 문자에 관한 일부분만 덜어내서 세상에 발표하여 이 문자들에 대한 선배 학자들의 의견을 물어보고 싶다고 하였다.
그가 이미 예전에 완성하였다고 하는 초고는 나중에 서울대 사범대 국어교육과 출신 제자들에 의해서 간행된 이탁(1958 : 352-381)에 실려 있다. 이 논문 말미에 첨가된 기록에 의하면 이것은 1928년 五山學校에서 등사본으로 간행되었다.

이 자음 일람표에 반영된 체계상의 특징을 1930년대 자음체계 연구사의 관점에서 여러 가지로 접근해 볼 수 있다(이진호 2009). 그러나 여기서는 성문음 'ㅇ, ㆆ, ㅎ'이 각각 평음과 경음, 그리고 격음으로 구성된 '통닫이'(폐쇄음)로 취급되어 있으며, 이탁(1928/1958)에서 w의 음가를 갖는다고 설명된 양순 마찰음 'ㅸ'와, 약간 성격이 애매한 'ㅿ'이 여기에 포함되어 있는 사실만 주목하려고 한다. 이탁(1932)과 『한글』지에 나란히 개재된 이극로(1932 : 158)의 "조선말 소리의 보기틀"에서 후음 'ㆆ'는 "터지소리"(파열음), 'ㅎ'는 "갈리소리"(마찰음)으로 분류되어 있는 사실과 대조를 이룬다.[17]

이탁(1932)은 자음과 모음이 산출되어 나오는 발음기관의 원리를 소개하면서, 발음기관이 닫고 열리는 조음 작용이 통합되어 소리가 만들어져 나오기 때문에 자음과 모음이라고 하는 것은 결국 소리가 아니라, 소리를 이루는 "소리씨"(音素)에 불과하다는 견해를 표명하였다. 그리하여 그는 자음을 "닫소리씨", 모음을 "열소리씨"라는 용어로 대치한다. 그가 사용한 술어 "소리씨"라는 용어를 다시 "音素"로 풀어서 제시한 사실이 주목된다. 그 당시에 음소라는 개념을 그가 유럽의 구조주의 언어학에서의 본격적인 phoneme으로 이해한 것으로 보이지 않는다.[18] 그러나 아래와 같이 조음

---

17) 그러나 이탁(1928/1958 : 362)에서 'ㆆ, ㅎ, ㅅ, ㅆ, ㅸ'은 "닫는 틀을 갈아내는 갈이소리" (마찰음)로 분류되기도 하였다.

18) 20세기 전반기에 나온 중요 문법서들의 음운론 부분을 분석한 이진호(2009 : 219)는 주시경을 포함한 김두봉 이후의 일련의 음운론 연구에서 음소의 목록을 제시하거나, 이로부터 발전하여 그 분류 기준을 정밀화한 것 이외에는 허웅의 『개고 신판 국어음운학』 (1965)의 본격적인 음운론 기술에 이르기까지 음소들의 대립 체계의 개념이 확립되지 못하였음을 지적하였다. 음소체계는 음소들의 상호 관계에 바탕을 두는 것이며, 이러한 개념은 음소들의 대립 관계를 중시하는 유럽 구조주의 음운 이론을 통해 파악될 수 있기 때문이라는 것이다.
Wartburg(1969 : 45)에 의하면, 유럽의 음운론 연구에서도 1920년 후반에 이르러야 음소 개념이 확립되어 음운 구조의 분석에 큰 혁신을 가져왔다고 한다.
그러나 1930년대 『한글』지에 개재된 몇몇 논문들은 "音素"(phoneme)에 대한 정확한 개념이 나타나 있다. 김선기는 『한글』 제1권 3호(1932)에 발표한 "綴字法 原理"(114-120쪽)에서 一字 一音素를 이상으로 하는 음소문자의 철자 원칙에 비추어, 일정한 변이음들을

장소와 방법에 준해서 그가 제시한 자음 목록 도표의 성격을 관찰하면, 기본적으로(ㄹ, ㄴ 및 ㄲ만 제외하면) 음소체계의 분류에 접근해 있다. 그는 이어서 자음 목록에서 경음으로 분류된 성문 폐쇄음("목청꼭닫이") 'ㆆ'이 관여하는 경음화 현상(ㆆ+ㄱ, ㄷ, ㅂ, ㅈ, ㅅ→ㄲ, ㄸ, ㅉ, ㅆ, ㅃ)과, 성문 유기음 'ㅎ'에 의한 유기음화 현상과의 체계적 대응을 관찰하였으며, 그리고 비음화 현상을 유형별로 예시하였다.

이탁(1932)이 "닫는 힘의 동화" 항목에서 열거한 경음화의 예들은 'ㅅ'과 일부 'ㄷ' 불규칙 용언(싫-)의 두 가지 활용에 각각 어간말 자음 'ㆆ'와 'ㅀ'으로 규칙화한 예들과, 중세국어 이래로 관찰되는 현상, 즉 관형사형 어미 'ㅀ'가 참여하는 다음과 같은 세 가지 통합적 현상이다.

(6) ㄱ. 짐을 **싫고**→짐을 실꼬,
　　ㄴ. 형보다 **낳다**→형보다 나따, 배를 **젛는다**→배를 저는다,
　　　　글을 **짛지**→글을 지찌, 불을 **붛소**→불을 부쏘,
　　ㄷ. **핥** 바를 모르고→할 빠를 모르고.

이탁(1932)은 본론에서 위와 같은 음운현상을 설명하기 위해서 'ㆆ'자를 반드시 다시 사용하여야 되는 근거를 다음과 같이 제시하였다. 즉, 표면적으로 동일한 어간말음 '-ㄹ'을 갖고 있는 용언들이 후속하는 자음어미에

한 덩어리의 음운학상의 단위로 인정하여 음소로 파악하는 원칙을 다음과 같이 피력하였다.

　"실상 어슷비슷한 소리는 그 言語上의 機能이 같아서, 서로 바꾸어 놓아도, 意味의 相違가 생기지 아니하므로, 그런 소리를 한 덩어리로 보는 것이니, 음성의 意味 방면을 고려하여 비슷한 소리들의 한 덩어리를 音韻學上의 單位로 하야 phoneme(音素)이라고 부르게 된 것이다."(1932 : 116).

　그리고 김선기는 "硬音의 本質"(1933, 『한글』 제1권 제9호)에서 [l]과 [r]이 한 소리겨레(phoneme)에 속하기 때문에 조선어에서 [l] 소리를 적는 문자를 따로 만들 필요가 없다는 견해를 피력하였다. 音素를 "소리겨레"로 번역하여 쓰는 사례는 이극로(1932 : 159)에서도 보인다.

실현시키는 경음화가 달리 나타나는 음운 현상을 표기상으로 구분하기 위해서 (6)ㄱ와 같은 예들의 어간 말음에 'ㅎ'를 첨가하여야 된다는 것이다. 그리하여 (6)ㄱ 예에서 연결되는 어미의 두음이 경음화되는데, 만일 '짐을 실지 않앗느냐' 등과 같이 어간말 자음에 'ㅎ'을 제거한 'ㄹ'만 사용하게 되면, '바람이 불더라, 떡이 설고, 화로의 불이 실지 않앗느냐' 등의 어간 '불-, 설-, 실-'의 말음 '-ㄹ' 다음에 연결되는 어미의 두음에 경음화가 일어나지 않는 예들의 'ㄹ'과 구분이 되지 않는다. 표면에 동일한 'ㄹ'로 실현되지만, 그 음운론적 행위가 서로 상이할 경우에 음소문자를 표의화하는 원칙에 비추어 동일한 문자로 표기할 수 없다. 따라서 후속하는 어미 두음에 경음화가 실현되는 (6)ㄱ과 같은 '싫-'(載)의 어간 말음 'ㄹ' 다음에 'ㅎ'를 첨가하여, 그러한 현상이 일어나지 않는 통상적인 'ㄹ'(불-, 吹)과 표기법상으로 구분하자는 것이다. 그렇게 하면 발음의 표기도 정확하게 된다고 한다.

'ㅅ' 불규칙 용언에 해당되는 (6)ㄴ의 '낫-'(勝), '짓-'(作), 붓-(注) 등의 어간 말음을 역시 'ㅎ'으로 대치시키는 이유는 후속하는 모음과 자음어미 앞에서 달리 실현되는 'ㅅ∞ø'과 같은 불규칙 교체를 제거하기 위한 것이다. 이탁(1932 : 164)의 형태주의 표기 원칙에 의하면, 이러한 교체는 "문법상의 불규칙이 생길 뿐만 아니라, 단어철의 表意化에 큰 방해"가 된다.19) 이탁(1932)이 제시한 (6)의 예들을 살펴보면, 'ㅎ'과 'ㅀ' 어간말음을 갖고 있는 용언에 평자음들이 연결되면 경음으로 실현된다. 특히 (6)ㄴ의 예 가운데

---

19) 이탁(1932)은 'ㄷ'과 'ㅅ' 불규칙 활용어간의 규칙화를 위해서 설정한 문자 'ㅎ'의 타당성을 강조하기 위해서 종래 다른 학자들이 주장하는 두 가지의 불규칙 활용에 대한 代案을 소개하고 다음과 같이 비판하였다.

  (ㄱ) 이들 단어의 발음이 원래 불규칙하니, 불규칙 그대로 표기하는 수밖에 없다. 이에 대해서 이탁(1932)은 'ㅎ' 받침을 쓰면 불규칙이 제거된다고 주장한다.
  (ㄴ) 남부지방의 방언에 'ㅅ' 정칙 활용이 존재한다. 이에 대해서 이탁(1932)은 그러한 발음은 소수이기 때문에 표준이 될 수 없다고 하였다.

'(배를) 젖는다'에서 'ㅎ+ㄴ'의 통합 과정에 나타나는 'ㄴ'이 경음으로 파악된 사실이 주목된다. 이탁(1932)에서 경음화된 'ㄴ'은 유기음화와 관련하여 예시된 'ㅎ+ㄴ'의 연결에서도 등장하였다. 총을 놓네→총을 노떼. 그 반면에, 받침 'ㅎ'이 모음으로 시작되는 어미와 연결되는 경우에 일어나는 'ㅎ'의 음운론적 행위는 그의 설명에 포함되어 있지 않다.

이탁(1932)은 위에서 언급된 '싫-'(載)을 제외한 'ㄷ' 불규칙 활용어간 유형을 원칙적으로 불규칙으로 인정하지 않는다. 그는 '듣-'(聽), '묻-'(問), '걷-'(步) 등의 소위 'ㄷ' 불규칙 용언들의 어간말음은 원래 'ㅿ'이었던 것으로 파악한다. 즉, 'ㅿ'이 자음어미 앞에서는 'ㄷ'('ㅈ')으로 변화하였으며(겄고→걷고, 듕자→듣지, 뭋더라→묻더라), 모음어미 앞에서 'ㄹ'로 변화하여(겄으니→걸으니, 듕어라→들어라) 오늘날에 이르렀다고 그는 단정한다. 이탁(1932)에서 제시된 자음 도표에서나, 5년여 앞서 이루어진 이탁(1928/1958)에서의 'ㅿ'에 대한 기술은 명료하지 않다. 즉, 'ㅿ'의 조음 위치는 치조로 배정되어 있으며, 조음 방식은 "옆트인닫이"이고, 한편 'ㄹ, ㄽ'과 더불어 "떨소리"로 분류되어 습관상 'ㄷ'('ㅈ')으로 변하여 발음된다고 하였다(이탁 1928/ 1958 : 363).

그 이후, 1948년 북한의 문자개혁에 등장하는 새 문자 여섯 자 가운데 'ㄷ' 불규칙 용언의 규칙화와 관련된 'ㅿ'에 대한 해설에서도 역시 이탁(1932)에 나타나는 모호성이 그대로 반복되어 있다. 글쓴이는 이러한 사실을 제4장에서 주목하려고 한다. 그러나 이탁(1932)에서 'ㄷ' 불규칙 용언의 기저형을 'ㅿ'으로 설정하여 규칙화하려 하였지만, 자음어미와 모음어미 앞에서 각각 실현되는 'ㅿ→ㄷ'과 'ㅿ→ㄹ'과 같은 음운 규칙에 대한 설명은 설득력이나 합리성이 크게 떨어진다고 생각한다.

끝으로, 이탁(1932)은 'ㅂ' 불규칙 용언어간을 규칙적으로 표기하기 위해서, 옛 문자 'ㅎ'과 'ㅿ'를 새롭게 사용하려는 방식과 그 성격을 달리하는 새 문자 '◇'을 제안하였다.[20] 여기서는 '◇'의 문자 꼴과, 이것이 반영하는 음성학적 위상이 매우 분명하게 기술되었다. 즉, 이탁(1928/1958, 1932)에 의하면, 자음으로서 [◇]는 입술을 가볍게 살짝 닫되 가운데에는 조금 간극을 두어 나오는 소리, 즉 양순 마찰음 [w]에 속한다. 문자로서 '◇'의 꼴은 입술을 둥그렇게 오므리고 입술 가운데에 해당되는 부분을 미세하게 터서 나오는 발음의 모습을 그대로 형상화한 것이다.

그리하여 종래에 'ㅂ' 불규칙 활용 어간이라는 부르는 말음을 모두 '◇'으로 설정하고, 자음어미 앞에서 '◇→ㅂ'으로(추◇다→춥다, 추◇고→춥고, 추◇지→춥지), 모음어미 앞에서는 '◇→ㅗ, ㅜ'으로(추◇어서→추워서, 추◇이→추위, 고◇아서→고와서)발음되는 현상으로 파악하면 발음은 물론이거니와, 표기상으로도 단어철의 ㅛ의화가 완성된다고 이탁(1932)은 주장한다. 또한, 그는 '◇→ㅂ'과 같은 현상은 음절말 위치에서 실현되는 "닫는 자리의 변화"에 있다고 하였다. 즉, 어간의 음절 말 '◇'(w)이 'ㅂ'으로 전환되는 음운규칙을 중화의 원리로 파악하는 것이다.

일련의 불규칙 활용어간의 규칙화 표기와 관련하여 1930년대에 이탁(1932)에서 독자적으로 제안된 이와 같은 시도는 1940년대 후반의 북한의 표기법 개혁에 근거한 새 문자 제정의 형태음소의 원리, 그리고 최근에 1970년과 1980년대를 풍미하였던 고전적 생성 음운론을 배경으로 이루어진 추상적 기저음소의 원리를 훨씬 시대적으로 앞서는 훌륭한 성과이다. 'ㅅ' 불규칙 용언어간의 단일한 표기 'ㆆ'의 경우도 그렇지만, 특히 'ㅂ' 불

---

20) 이탁(1932 : 164)은 문자 '◇'이 원래 최세진의 『訓蒙字會』 凡例에서 사용되었다고 하였으나(되◇), 실제로는 여러 異本들에서 이러한 표기 형태가 확인되지 않는다. 17·8세기 실학 시대 학자들의 연구에서 몇몇 새로운 문자들이 제기된 바 있는데, '◇'은 朴性源(1697-1767)의 『華東正音通釋韻考』(1749) 凡例에 있는 "五音初發聲表"에 나타난다고 한다.
羽脣音 : ㅂ, ㅍ, ㅁ, ◇.
강신항(1971)은 박성원의 저술에서 중국음 표기에 반영된 '◇'의 용례를 관찰해 보면, 이것은 아마도 원순 반모음 [w]를 표기하려고 한 것 같다고 추정하였다.

규칙 용언의 단일 기저형 'ㅇ'(w)의 설정과 중화 현상을 반영하는 'ㅇ→ㅂ'의 음운규칙을 제안한 이탁(1932)의 독창적인 연구는 1970년대 김진우(1971/1988 : 509-519)에서 이루어진 성과와 매우 유사하다. 김진우는 1970년대 미국의 생성 음운론 이론의 최첨단에서 활약하던 연구자였다. 그는 'ㅂ' 불규칙 활용어간의 기저형을 w로 취하고, w→p는 자음 앞에서 국어의 비파열음계 자음이 동일한 조음 위치(homorganic)에서의 미파열음으로 바뀌는 음운규칙으로 "소위 변격용언의 비변격성"을 제시하려고 하였다.21)

3.2. 李克魯(1932, 1935, 1936)가 제안한 불규칙의 규칙화 : 'ㆆ, ㅿ, ㅜ/ㅸ'

1929년 이극로가 유럽에서 귀국하고 조선어학회에 가입한 이후, 『新生』 3권 9호에 발표된 이극로(1930)에서 제시된 자음 목록과, 2년 후에 『한글』지에 실린 이극로(1932)의 "조선말 보기틀"에 체계적으로 분류된 23개 자음들의 유형은 몇 가지 관점에서 대조를 이룬다.22) 이극로(1932)는 23개 자음

---

21) 그러나 음운론 이론의 경향이 종래의 고전적인 추상 음운론에서 1980년대부터 구상, 자연 음운론의 방향으로 바뀌면서, 이와 동시에 국어의 불규칙 활용어간의 해결을 위해서 제안되었던 추상적인 기저형과 비현실적인 음운규칙에 대한 신랄한 성토와 반성(대표적으로, 최명옥 1985; 한영균 1990을 참조)이 뒤따랐음도 우리는 잘 알고 있다.
  국어의 불규칙 활용에 대한 연구사를 조감한 한영균(1990 : 157-168)에서 1930년대 이루어진 이탁(1932), 이극로(1932, 1936) 등의 성과에 대한 언급은 전혀 찾아 볼 수 없다.
22) 그 가운데 한 가지는 반모음 또는 활음에 해당되는 w와 j가 자음 목록에 포함되어 있는 사실은 이극로의 두 연구에서 동일하다. w와 j를 나타내는 문자의 꼴이 이극로(1930)에서는 'ㅜ' 또는 (ㅜ)으로 표시되었으나, 이극로(1932)에는 각각 특이한 'ㅜ'와 'ㅣ'로 교체되어 있다. 그는 "닿소리의 내는 법"에서 'ㅣ'는 반모음의 성질이 있는 유성음으로, 목에서 나오는 소리이며, 혀의 몸과 입천장 사이에서 약하게 마찰되어 발음된다고 기술하였다. 그러나 여기서 'ㅜ'에 대한 언급은 누락되어 있다.
  반모음 w와 j를 자음체계의 성원으로 기술하는 방식은 小倉進平(1923)에서도 관찰되지만, 이미 김두봉(1922 : 35)과 최현배(1929 : 29-30)에서 나타난 것이다. 그러나 김두봉(1922 : 35)에서 w와 j에 대한 문자 형태는 (ㅜ)와 (ㅣ)로 표시되었으나, 최현배(1929)에 와서 이것은 각각 'ㅜ, ㅗ', 그리고 'ㅣ'에 ^를 씌워 사용되기 시작하였다. 최현배(1929)에서 구사된 이러한 음성부호는 나중에 다시 수정되어 허웅(1965)으로 이어지는 系譜를 보인다.

목록 가운데 성문 무성 파열음(목청 맑은 터지소리)으로 분류된 'ㆆ'을 포함시켰다. 'ㆆ'는 이극로(1930)에서 아직 등장하지 않았던 자음이었다. 이극로(1932)에서도 'ㆆ'에 대해 구체적으로 소개하거나, 그 쓰임을 자세하게 설명하지 않았다. 단지 "조선말 소리와 만국표음기호와 맞대보기"(159쪽)에서 "ㆆ ? : 짖다(作)"와 같은 보기만 제시하였을 뿐이다. 이 보기에만 의존하면, 이극로는 'ㆆ'의 음가를 [ʔ]로 규정하였으며, 이것의 기능은 주로 'ㅅ' 불규칙 용언의 형태소를 단일한 형태로 표기하기 위한 것이었다.[23]

따라서 이극로(1932)에서 제시된 성문 폐쇄음 'ㆆ'과 그 쓰이는 범위는 1920년대 후반 김희상(1927)의 그것과 일치하게 되지만, 학문적 상호 영향의 관계는 특별한 언급이 제시된 바 없기 때문에 알 수 없다. 그러나 이극로(1932)는 지면의 세약 때문에, 후음 'ㅎ'과 'ㆆ' 등에 대해서는 다음 기회에 자세히 설명하겠노라고 하였다. 그의 이러한 약속은 나중에『한글』제1권 제5(1932.9)에 발표된 "훈민정음의 독특한 성음 관찰"에서와, 이극로(1936)에서 지켜지지만, 그 사이에 발표된 그의 "한글 바루쓰고 바루 읽는 법"(『朝鮮中央日報』, 1935.10)에서도 목청소리 'ㆆ'에 대한 기술이 어느 정도 이루어졌다. 이극로(1935)에서 'ㆆ'이 쓰이는 기능을 초성과 받침 두 가지로 분류하였다. 하나는 'ㆆ'이 초성으로 쓰이는 경우로 그는 함경도와 경상도 방언에서 적지 않게 실현되는 "된 모음"을 지적하였다. 이러한 된 모음의 구체적인 예는 여기서 그는 열거하지 않았으나, 나중에 간행된 그의 본격적인『실험도해 조선어음성학』(1947 : 44)에서 "조선어음과 만국 음성기호와의 대조" 가운데 다음과 같이 예시되어 있다.

---

23) 이극로(1932) 이후에 역시『한글』(제2권 제5호, 1934)에 실린 "조선말 소리"(朝鮮語 聲音)에 제시된 조선말 소리 보기틀에 'ㆆ'은 자음 목록에서 제외되어 있다. 그러나 여기서 그가 제시한 보기틀 가운데 주목되는 것은 양순 반모음 w의 글자 모양이 'ㅕ'로 변경되었다는 사실이다. 이러한 문자의 꼴은 1948년에 북한의 신철자법 개혁 과정에 이극로가 참여한 새 문자 여섯 가운데 하나로 이어지게 된다.

(7) ㄱ. ㅎ ?, 하니 ʔani 不 [함경도 방언],

짛고 作 jiʔgo.

　다른 하나는 받침으로 'ㅎ' 또는 'ㅀ'이 사용되는 경우인데, 여기에는 주로 'ㅅ' 불규칙과 일부 'ㄷ' 불규칙 활용 어간을 일관성 있게 나타내는 형태주의 표기와 관련되어 있다. 그러나 이극로(1935)는 이 위치에서 'ㅎ'이 통상적으로 나타나는 것이지만, <한글 마춤법 통일안>(1933)이 제정된 이후에 'ㅅ' 받침으로 통일되어 적는다고 밝혔다. '긓다→긋다(劃), 낳다→낫다(癒/勝), 조ㅎ다→좃다(啄),24) 붛다→붓다(注), 짛다→짓다(作), 잏다→잇다(繼)'. 그가 원래의 받침인 'ㅀ'을 통일안에서 'ㄹ'로 적기로 한 것으로 제시한 예들은 극히 한정되어 있다. '싫다→실다(載), 섫다→설다(悲)'. 이와 같이 이극로(1935)에서 받침 'ㅀ'의 예로 나오는 '싫-'(載)과 '섫-'(悲)은 'ㅎ' 다시 쓰기 주장과 관련하여 앞서『한글』(제1권 제4호)에 발표된 이탁(1932)에서 제시한 보기와 동일한 점이 주목된다. 그리고 이 두 예는 다음과 같은 사실을 알려주고 있다.

　즉, 어간말 자음 'ㄷ∽ㄹ'와 같은 비자동적 교체를 보이는 'ㄷ' 불규칙 활용어간들 가운데, '싣-∽실-'(載)과 같은 교체가 적어도 서울말에 있어서도 비교적 일찍이 유추적 확대 과정을 거쳐 '실-'로 단일화를 거쳐 불규칙성이 제거된 것이다. 그런데 재구조화된 어간 '실-'에 자음어미가 연결될 때 경음화가 부수적으로 실현된다. 이러한 음운과정은 이탁(1932)에서 관찰한 바와 같이, 통상적인 'ㄹ' 어간말음을 갖고 있는 '(바람이) 불-'(吹), (그림을) 걸-'(掛) 등이 보이는 음운론적 행위와 다른 현상이다. 따라서 두 부류의 어휘가 동일한 어간말음 '-ㄹ'로 나타나지만, 경음화를 자음어미에 수반하는 '실-'(載)의 'ㄹ'을 표기상 구분하기 위해서 성대 파열음 'ㅎ'을 첨가한 것이다. 짐을 싫고→짐을 실꼬.

---

24)『한글』제1권 10호(1934.1)에 실린 <한글 마춤법 통일안> 전문에 따르면, "제4절 변격용언"의 처리에서 불규칙을 인정하고 어간과 어미가 변하는 방식을 그대로 표기에 반영한다고 하였다. 그러나 이극로가 지적한 '좃다'(啄)의 경우는『사정한 조선어 표준말 모음』(1936 : 53)에서 'ㅅ' 활용형이 제거된 '쪼다'(쪼아)형으로 등록되어 있다.

그 반면에, 이탁(1932)과 이극로(1935)에서 'ᄚ' 받침의 예로 제시되어 있는 '앓-'(悲)의 경우는 후속되는 자음어미가 경음화를 수행하지만([설따]∽ [설우니]), 그것의 원인은 'ㅎ'에 있는 것이 아니다. 이 용언이 보이는 'ㅂ' 불규칙 활용의 기원은 순경음과 관련되어 있는 'ᄚ'으로 소급된다.

'ㅎ'의 쓰임과 관련하여 오늘날의 음운론 연구에까지 지속되어 있는 이극로(1932 : 160)의 중요한 관찰은 받침들이 수행하는 음절말 중화 현상이다. 그는 여기서 'ㅎ'과 'ㆆ'이 유기음화와 경음화 이외에 각각 'ㄷ, ㄸ, ㅌ, ㅈ, ㅊ, ㅉ, ㅊ, ㅅ'과 더불어 음절말 위치에서 'ㄷ' 소리로 난다고 지적하였다. 동시에 그는 'ㅂ, ㅃ, ㅍ, ㅱ'는 음절 말 위치에서 'ㅂ'으로 소리가 바뀐다고 하였다. 특히 'ㅱ'[w]가 자음 앞에서 중화되어 'ㅂ'으로 바뀐다는 언급은 'ㅂ' 불규칙 활용어간의 기저형을 'ㅱ'(이탁 1932)으로 설정하는 'ㅱ(w)→ㅂ'의 관점과 일치하며, 이것은 1950년대 Martin(1954)을 거쳐, 1970년대 고전적 생성 음운론자 김진우(1971/1988)에서 고안된 w→p와 같은 음운규칙으로 이어진다.

    (8) ㄷ, ㄸ, ㅌ, ㅈ, ㅊ, ㅉ, ㅊ, ㅅ→ㄷ,
        ㅎ, ㆆ→ㄷ,25)
        ㅂ, ㅃ, ㅍ, ㅱ→ㅂ.

이극로는 『신동아』 제6권 4호(1936)에 개재된 "訓民正音과 龍飛御天歌"에서 불규칙 활용어간의 규칙화를 위한 'ㆆ'과 'ㅿ'의 사용을 여기서도 반복하여 주장하였으며, 동시에 'ㅂ' 불규칙 활용에 대한 규칙적인 표기 'ㅸ'을 포함시켰다. 그는 훈민정음의 음가를 규명하면서 'ㅇ, ㆆ, ㅎ, ㆁ, ㆅ'에 대

---

25) 이극로(1932)에서 설정된 중화의 원리, 즉 'ㅎ, ㆆ→ㄷ'는 후속되는 자음어미와 축약되어 경음화와 유기음화가 일어나지 않는 치조비음 'ㄴ' 앞에서 적용되는 현상이다. 'ㅎ→ㄷ'의 중화 현상은 이극로(1934)의 받침 원칙으로 제시되었다. 현대국어의 지역방언 음운현상의 기술에서 정인호(1995 : 37-9)와 최명옥(2004)에서도 이러한 음절말 중화 규칙을 설정한 바 있다.

한 정밀한 논증과 기술을 하였으며, 한글의 고귀한 가치를 더 드러내려면 훈민정음의 자모를 모두 다시 사용하여야 된다는 논리를 전개하였다. 그 가운데 그는 특히 옛 문자 'Δ', 'ㅸ', 그리고 'ㆆ'를 불규칙 활용의 규칙화에 오늘날 이용할 수 있다는 근거와 예를 제시하였다.26)

먼저, 이극로(1936 : 678-679)는 'Δ'을 이용하여 위에서 언급된 '싫-'(載)을 제외한 대부분의 'ㄷ' 불규칙 활용어간의 받침으로 삼으려고 하였다. 즉, 뭇다(問), 듣다(聽), 겄다(步), 붓다(潤). 이와 같은 이극로의 제안은 그의 이전의 글(이극로 1932)에서는 나타나지 않았던 것이다. 이러한 방식은 'ㄷ' 불규칙 활용 어간에 받침으로 'Δ'을 사용하여 규칙적인 표기화를 시도한 이탁(1932)으로 소급된다. 그리고 'Δ→ㄹ'의 음운 현상에 대한 합리적인 해명이 이탁(1932)에서 설득력 있게 제시되지 못한 것과 같이, 이극로(1936 : 678)에서도 매우 애매하게 나타난다. 그에 의하면 'Δ'의 음가는 'ㅅ'의 유성음이며, "얼른 들으면 ㄹ(r)과도 비슷하다"는 것이다. 그렇다면, 'ㄷ' 불규칙의 규칙화와 관련된 'Δ'의 사용은 해당 논문들이 간행된 순서대로 이탁(1932)에서 출발하였으며, 나중에 형태주의 표기법과 같은 원칙에서 이극로(1936)가 이러한 동일한 제안을 차용한 것으로 보인다.

그러나 이탁(1932)과 이극로(1936)에서 제시된 새 문자 'Δ'와 'ㄷ' 불규칙 활용어간의 문제 해결은 당시에 두 학자들에게 동시에 학문적 영향을 줄 위치에 있었던 제3의 어떤 인물(예를 들면, 상해의 김두봉)의 이론에서 기원되

---

26) 이극로는 1930년대부터 조선어학회의 조선어사전 편찬위원회에 속해 있는 적극적인 핵심 위원이었으며, <한글 마춤법 통일안>(1933)의 완성에 시종일관 참여하였다. 그러나 자신의 이론, 즉 불규칙 용언에 대한 형태주의 표기 주장은 이윤재 중심의 표음주의 원칙에 밀려 뜻을 이루지 못한 것으로 보인다.
이극로는 조선어학회의 <한글 마춤법 통일안>이 제정된 이후에도 이극로(1936)에서 자신의 이론을 다시 내세우고 있는 것이다. 이러한 사실을 보면, 그는 끝내 자신의 이론을 옹호하고 있었으며, 1948년 북한의 <조선어 신철자법>에서 어느 정도 결심을 맺은 것으로 보인다.

었을 가능성도 있다.[27] 이와 같은 글쓴이의 추정에 대해서 당시의 기록 어디에도 확실한 해답을 찾아 볼 수 없다. 그러나 'ㆆ'을 포함한 'ㅿ' 역시 1948년 1월 조선어문 연구회에서 제정하여 발표한 북한의 형태주의 <조선어 신철자법>에서 새로운 자모로 그대로 채용되어 계승되었다는 사실을 글쓴이는 주목하려고 한다. 조선어 신철자법은 김두봉이 주도적 역할을 하였으며, 동시에 오래 전서부터 발전시킨 그의 철자개혁과 신철자에 대한 이론을 구체화시킨 산물이기 때문이다(김수경 1949).

또한, 이극로(1936)는 순경음 'ㅸ'의 음가를 w로 파악하고, 'ㅂ' 불규칙 활용어간에 옛 문자 'ㅸ'을 사용하면 어간의 단일화가 이루어질 것으로 판단하였다. '춣다(冷), 맵다(辛), 덥다(暑)'. 이러한 방식의 해결은 기저형으로 'ㅇ'(w)을 설정하는 이탁(1932)의 제안과 그대로 일치되는 점이 있다. 이극로는 반모음 w를 나타내는 문자 꼴을 처음에는 '누'(이극로 1932)에서 'ㆍ'(이극로 1934)로 바꿨다가, 최종적으로 옛 글자 'ㅸ'(이극로 1936)로 거듭 수정해 온 셈이다. 북한에서 1948년 제정된 <조선어 신철자법>에서 선보인 여섯 자모 가운데 하나인 'ㆍ'는 전적으로 이극로의 작품이다.

끝으로, 이극로(1936)는 옛 문자의 부활에서 'ㅅ' 불규칙 활용 어간의 규칙화와, 'ㄷ' 불규칙 가운데 일부 어간말음에 'ㆆ'을 이용하는 용례들을 보여주는데, 대체로 종전의 이극로(1935)의 보기들과 일치한다. 그는 주의할 사항으로 'ㆆ'이 "硬音素"가 되기 때문에 'ㆆ' 다음에 평음이 연결되면 그 평음들은 경음화하는 음운 과정을 제시하였다. 그리고 그는 이것과 "激音素"가 되는 'ㅎ' 다음에 연결되는 평음도 격음화가 이루어진다고 하여 후음 'ㆆ'과 'ㅎ'의 체계적 관계를 인식하였다. 그리하여 그는 'ㆆ'과 'ㅎ'이 연결

---

27) 북한에서 김두봉의 환갑을 기념하기 위해서 『조선어연구』 제1권 제3호(2-12쪽)에 실린 김수경의 "조선 어학자로서의 김 두봉 선생"을 참고하면, 김두봉이 해외에 망명하여 있는 동안 이윤재, 이극로를 통하여 국내 학자들에게도 부단히 자극을 주었다고 한다.

되는 자음어미들에게 부가시키는 음운 현상을 "언어 음절"(기저형)→"발음 음절"(표면형)과 같은 도출 방식으로 나타내고 있다.

(9) ㄱ. **언어 음절** : 낳고　낳다　낳소　낳지(癒); 좋고　좋다 좋지(好).

　　발음 음절 : 나꼬　나따　나쏘, 나찌;　　조코　조타 조치.

ㄴ. **언어 음절** : 싫고　싫다　싫소　싫지(載); 많고　많다 많지(多).

　　발음 음절 : 실꼬　실따　실쏘　실쩨;　　만코　만타 만치.

3.3. 불규칙 활용 어간의 형태주의 표기에 대한 조선어학회 회원들의 반응

『한글』 제1권 제3호(1932.7)에 개재된 특집 "한글 철자법의 이론과 실제"에 참여한 신명균, 김선기, 최현배, 이윤재, 김윤경 등의 글에서 1933년에 발표될 <한글 마춤법 통일안>의 구체적인 뼈대가 드러나게 된다.[28] 김선기(1932)는 "綴字法 原理"(114-120쪽)에서 철자법과 관련되어 있는 문자 자체의 문제를 제기하면서, 현재 사용하는 문자로서는 불편하다고 하여, 다음과 같은 제안을 하고 있는 두 부류의 학자들이 있다고 언급하였다. 즉, (ㄱ) 옛 글자를 다시 쓰자는 부류. (ㄴ) 새 문자를 만들 필요가 있다는 부류. 그는 첫째 부류에 드는 학자로 'ㆆ, ㅿ, ㅇ' 문자를 주장하는 이탁을, 둘째 부류에는 김두봉을 지적하였다. 이와 같은 김선기의 언급은 불규칙 활용의 형태주의 중심의 표기 문자 'ㆆ, ㅿ' 등의 고안과 관련하여 매우 주목

---

28) <한글 마춤법통일안> 본文에 실린 머리말에 의하면, 2개년 간 심의를 거듭한 맞춤법 원안은 1932년 12월에 완성이 되었다. 김선기와 이갑, 그리고 이탁은 최초의 한글 맞춤법 통일안 12 위원으로 참여하지 못하였으나, 그 원안을 축조심의하는 보강 위원으로 그 후에 참여하게 되었다.

된다.

우선, 김선기가 위의 글에서 불규칙 활용어간의 규칙적인 단일한 표기로 'ㆆ, ㅿ, ◇'의 문자를 제안한 이탁과, 김두봉 방식의 새 문자 형식을 전혀 다른 부류로 지적한 사실이 중요하고 생각한다. 김두봉의 새 문자에 대한 전모는 1930년 4월에 열린 조선어학회 월례회에서 이윤재의 강연을 통해서 소개되었기 때문에, 그 이후 학회 회원들에게 어느 정도 알려져 있다는 사실을 전제하면, 이탁의 옛 문자 살려 쓰기와 김두봉의 새 문자는 아무 관련이 없다는 것을 뜻하기 때문이다. 김선기의 글에서 간과할 수 없는 또 다른 사실은 이탁(1932)과 나란히 실린 이극로(1932)에서 제시된 'ㆆ'에 대한 언급이 전혀 없다는 점이다. 그리고 김선기의 글(『한글』 제1권 제4호, 1932.7)은 ㄱ 간행 시기의 순서만으로 본다면, 이탁의 논문(『한글』 제1권 제4호, 1932.9)보다 2개월여나 앞서 있는 것이다. 그렇다면, 이탁이 쓰기로 주장하는 'ㆆ, ㅿ, ◇' 문자가 이탁(1932) 이전에도 어떤 방식을 통해서라도 어느 정도 알려져 있었음을 뜻한다.[29]

이와 같은 사실을 전제로 하면, 일련의 이극로(1932, 1934, 1936) 등에서 아무런 언급이 없이 연속적으로 제시된 'ㆆ, ㅿ'의 문자와 불규칙 활용어간의 규칙적인 표기 방식은 이탁(1928, 1932)의 제안을 긍정적으로 수용한 결과로 보인다. 그렇다면 1948년 북한에서 김두봉이 적극적으로 주관하였다고 알려진 <조선어 신철자법>에 등장하는 새 문자 여섯 가운데 핵심적인 'ㆆ, ㅿ' 문자는 여기에 전문연구위원으로 참여한 이극로의 직접적인 중재를 거쳐 그대로 수용되었을 가능성이 높다.

이탁(1932)을 전후한 시기에 그의 'ㆆ, ㅿ, ◇' 문자에 대한 다른 학자들

---

29) 그러나 옛 문자 'ㆆ'을 다시 살려 쓰기의 원조에 대해서는 이탁(1928/1958, 1932)보다 1년 앞서 간행된 김희상(1927)에서의 실행이 있었기 때문에 쉽게 해결되지 않는다. 이 글의 §2를 참조.

의 인식이 어떠하였는가에 대한 의문은 그 당시 학자들의 논저들을 통해서 개략적으로 파악할 수 있다. 먼저, 이탁(1932)을 적극 옹호한 학자는 그의 동생인 이갑이었다.30) 이갑(1932 : 208)은 단어철의 표의화에 근거한 철자법의 이론을 체계적으로 제시하면서, 결론으로 올바른 音理와 語法의 정돈에 비추어 반드시 받침으로 써야 할 자모로 'ㆆ, △, ㆁ'를 제시하였다. 그리고 그는 이 문자들과 그 쓰임에 대해서는 자신의 家兄 이탁이 다년간 연구한 구체적 이론이 있는데, 곧 발표될 예정이라고 소개하였다.31)

그 반면, 『한글』제1권 제3호(1932.7)에 실린 "變格活用의 例"(133-137쪽)에서 이윤재는 우리말의 불규칙은 말의 성장과 발달을 해오는 과정에서 일어나게 되는 자연스러운 口音의 변천으로 인하여 형성된 것이라고 전제한다. 그리고 그는 이러한 불규칙에도 일정한 규칙을 내포하고 있기 때문에, 불규칙 활용어간들은 있는 그대로 인정하고 표기에 表音式으로 반영하면 된다는 원칙을 제시하는 것이다. 그리하여 불규칙 현상을 여러 가지의 방도로 규칙화하기 위해서 내세운 다양한 표기법들에 대하여 이윤재(1932)는 "이것이 얼마나 지저분한 것이냐"(134쪽)고 일갈한다. 이어서 그는 다양한 불규칙 활용어간들을 유형에 따라서 표음주의 방식으로 예시하고 있는데, 이러한 표기 원칙이 그대로 <한글 마춤법 통일안>(1933)으로 수용되어 있다.

---

30) 이갑은 이미 1932년에 조선어학회 회원으로 가입되어 있었으며, 주로 『한글』지와 『東亞日報』(1932.3.5-17) 등의 지면을 통해서 철자법의 이론과 실제, 특히 종성으로 'ㆆ, ㅆ' 사용을 적극 주장하였다. 그리고 그는 『한글』지의 "질의 응답"에 응답자로 활동하였다. 그는 이탁과 더불어 심의위원이 되어 1932년 12월에 끝난 <한글 마춤법 통일안> 원안에 대한 심의에 참여하였다.
이정식의 『구한말의 개혁·독립투사 서재필』(2003 : 257, 서울대출판부)에 의하면, 이갑은 1906년 독립운동과 민족운동의 선상에서 최전선에서 활동하였던 비밀 결사조직인 「신민회」의 회원 명단 가운데, 안창호, 이시영과 함께 그 이름이 포함되어 있다고 한다.

31) 또한, 이갑은 『한글』제1권 제6호(1932.12)에 실린 "질의 응답"(259-260쪽)에서 독자가 이탁(1932)에서 제안된 문자 'ㆆ, △, ㆁ'에 대한 질의에 대하여 이 글자들이 종성에서만 아니라, 초성에서 쓰일 수 있는 예들을 자세하게 제시하며, 근자에 만들어 쓰이고 있는 'ㅇ'와 같은 글자는 'ㆁ'로 써야 더 좋을 것 같다는 생각을 피력한 바 있다.

　　이러한 전반적인 흐름에도 불구하고, 이갑은『한글』제1권 제7호(1933.4)에 발표된 "철자법의 이론과 실제"[하](279-291쪽)에서 'ㅅ'과 'ㅂ' 그리고 'ㄷ' 불규칙 활용의 표기를 앞서 발표된 이윤재의 변격활용의 표기 원칙으로 제시하면서도, 이러한 유형의 불규칙 활용어간에 'ㆆ, ㅿ, ㆁ'을 다시 사용하여 변칙을 표기상으로 제거하게 된다면 더욱 좋을 것이라는 단서를 달았다. 따라서 맞춤법 통일안이 확립되기 이전까지 불규칙 활용어간의 표기 문제에 있어서 표음주의와 형태주의 지지자들 사이에 일련의 갈등이 존재했던 것 같다. 그러나 1930년대 전반기 당시 조선어학회 회원들의 대세는 표음주의로 기울어져 있었다.[32]

　　이와 같은 이윤재와 <한글 마춤법 통일안>(1933)의 논리는 맞춤법의 총론에 세1조로 명시된 "표준말을 그 소리대로 적되 어법에 맞도록 함"과 같은 원칙에 반영되어 있다. 이러한 부분적인 표음주의 원칙은 특히 'ㅅ'과 'ㅂ' 불규칙 활용어간에 형태주의 표기법을 도입했던 주시경과 김두봉의 문법에서 크게 이탈된 것이다. 주시경의 제자인 최현배는 불규칙 활용어간의 표기에 분명한 태도를 보이지 않았다. 그리하여 최현배(1929)에서는 'ㅂ' 불규칙 어간의 표기에서 종래의 주시경과 김두봉의 방식을 준수하려고 했다. 또한, 그는 모음어미 앞에서 실현되는 'ㅜ'로 "근본의 꼴"(표준)을 설정할 수 있는 가능성을 제시했으나, 적극적으로 추진하지 않았다. 그리고 최현배(1929 : 30)는 'ㆆ'은 예전에 있었으나, 이제는 더 이상 쓰이지 않는 문자로 인식하였다.[33]

---

32) 불규칙 활용어간의 규칙적 표기를 주장했던 이극로는 <한글 마춤법 통일안>이 제정된 이후에도 이극로(1936)에서 'ㆆ, ㅿ, ㅸ' 방식의 형태주의 표기에 대한 집착을 버리지 않았음은 이 글의 §3.2를 참조. 그의 노력의 일부는 1948년 북한의 <조선어 신철자법>에서 만들어진 새 문자 여섯 가운데 일부로 결실을 맺게 된다.

33) 불규칙 용언을 표기상 규칙화하기 위해서 1930년대 이탁(1923)과 이극로(1932, 1936)에서 비롯된 'ㆆ, ㅿ, ㅸ' 등과 같은 자음 문자에 대한 오늘날의 평가는 역시 차가운 편이다. 한국어의 표기법의 변천과 원리를 조감하는 자리에서 이기문(1983 : 64-65)은 1930년대

따라서 그 이후에 1940년대 후반 철저한 형태주의 표기법을 준수한 북한의 조선어문 연구회에서 제정한 <조선어 신철자법>(1949)에서 <한글 마춤법 통일안>(1933)은 그 기본 원칙이 형태주의에 있음에도 불구하고 중요한 사항(불규칙 용언의 표기)에서는 표음주의에 빠져 버렸기 때문에, 그 표기법의 원칙은 주시경의 학설을 계승하였으면서도, 이를 더 앞으로 발전시키지 못했다는 비난을 받게 된다(이극로 1949).34)

4. 1940년대 후반 북한 <조선어 신철자법>의 형태주의

4.1. 새 문자와 불규칙 활용의 규칙화 : 'ㆆ, ㅿ, ㆍ'

북한에서 당시 한글 전용, 풀어쓰기 등과 같은 혁신적인 어문정책의 효

초에 맞춤법 제정과 관련하여 제시된 이러한 제안이 채택되지 않은 이유는 표준어의 음성 실현에 나타나지 않는 추상적 자음들을 반영하는 문자를 인정하기 어렵다는 생각에서 나왔을 것으로 보았다.

허웅(1985 : 257-258)도 이 당시 일부의 학자들이 'ㅿ, ㅸ' 등의 복구를 제안한 적이 있었는데, 이것은 부당한 것이며, 이와 같은 문자가 음소 목록에 존재하지 않는 "가공적인 것"이므로 수용할 수 없다고 하였다. 또한 그는 이러한 방법이 지나치면 언어 표기와 기술이 지나치게 가공적인 것으로 변질될 것이기 때문에, 화자들의 언어 능력(랑그)으로서의 언어가 아닌 가공적인 언어를 잡고 희롱하는 유희로 타락할 위험성이 있음을 경계하였다.

34) 1940년대 후반에 조선어 신철자법에 적극적으로 참여한 홍기문(1927)은 1920년 당시에는 불규칙 활용어간에 대한 형태주의 표기 방식에 찬성하지 않았다는 사실이 흥미 있다. 그는 표기에 'ㆍ'를 폐지하여야 될 당위를 제시하며 다음과 같이 언급하였다.

"대개 이들은 實用의 不便을 무시하고 古典에 애착이 심한 까닭이다. 그러면 그들은 왜 一步 더 나아가 'ㅿ, ㆆ' 등의 글자의 復活을 부르짖지 않는가? … 우리는 그러한 무리한 주장에 肯定치 못할 것이다."(126쪽).

또한, 홍기문(1927 : 128)은 'ㄷ' 불규칙 용언의 규칙화를 위해서 어떤 문법서에서 'ㄷ∞ㄹ'의 교체를 단일화시킨 '묽-'(問)형의 불합리성을 지적하고, 이러한 유형의 용언들은 'ㄷ∞ㄹ'의 "종성 변환"을 갖는 동사이기 때문에 그대로 표기에 반영하여야 할 것을 주장하였다.

과적인 수행을 위해서 준비 작업으로 1948년 1월에 공포된 <조선어 신철자법>(줄여서 철자법)에 새로운 여섯 자모가 도입되었다. 즉, 'ㅌ[l], ㄹ[r], ㅿ[ʒ], ㆆ[ʔ], ㅥ[w], 1[j]'. 그러나 새 문자 여섯이 실제로 쓰였던 기간은 매우 짧았다. 이러한 사업을 주관했던 조선어문 연구회에서 간행한 학술지 『조선어연구』(1949)에서와, <철자법> 해설서(1950), 그리고 『조선어문법』 (1949) 등에서만 이 문자들이 실험적으로 사용되었다. 그 이후 북한 과학원 조선어 및 조선문학 연구소에서 다시 개정 공포된 <조선어 철자법>(1954)에서 새 문자 여섯은 혹독한 비판을 받고 폐기된다(고영근 1994).

글쓴이는 여섯 문자 가운데 지금까지 우리가 논의해 온 'ㆆ' 자모와, 이것과 불규칙 활용어간의 형태주의 표기에 있어서 긴밀한 관계를 맺고 있다고 생각되는 'ㅿ', 그리고 부차적으로 'ㅥ'를 중심으로 주로 1920년대와 30년대 형태주의 표기법 전통의 계승과, 1970년대 이후로의 발전이라는 측면에서 조감해 보려고 한다.

<신철자법>(1948)에서 제정된 여섯 문자들에 대한 성격과 그 운용의 특성에 대해서는 조선어문학회에서 간행한 일련의 "조선어 철자법의 기초"(1949), 『조선어문법』(1949), 그리고 <조선어 신철자법>(1950) 등에 상세하게 해설되어 있다. 또한, 고영근(1994)은 북한의 문자개혁의 측면에서 북한의 <신철자법>의 본질과 새 문자 여섯 자의 성격을 상세하게 소개하고 긍정적으로 검토한 바 있다(이승욱 1997, 熊谷明泰 2001을 참조).

조선어문 연구회에서 간행한 이러한 자료들을 전적으로 이용하여 새 문자 'ㆆ'과 'ㅿ' 등과 그 쓰임을 개략적으로 요약해 제시하면 다음과 같다.

새 문자 여섯은 다음과 같은 의식적인 명제 밑에서 탄생한 것이다. 즉, (ㄱ) 이것들은 조선어의 음운체계와 형태구조를 깊이 성찰한 결과 제정된 것이다. 따라서 조선어의 표기에 반드시 필요한 문자들이다. (ㄴ) 언어의 의미적 단위가 규정되는 최소의 요소는 음소이다. 여섯 문자는 조선어 음소체계에서의 여섯 음소를 반영한다. (ㄷ) 어음을 시각적으로 고정시킨 문자는 의사전달의 수단으로, 그리고 발전과 투쟁의 도구로서 보다 더 효과적인 매체가 된다. 어음과 문자 및 의미가 서로 통일될 수 있는 형태주의 표기법이 제정되어야 하는데, 이 여섯 자모가 그 기능을 담당하는 것이다. (ㄹ) 이와 같은 시대적 요구에 적절하게 부합되는 이론은 김두봉의 표기법과 새로운 문자에 대한 참신한 견해이기 때문에, 이 이론을 토대로 작성되었다.

새로 만들어진 여섯 자모의 주된 기능은 형태주의 표기법의 원칙에 근거하여 소위 불규칙 용언을 제거하고, 그 어간의 형태부를 일정하게 고정시켜 나타내는 데 있었다. 이 가운데 'ㆆ'이 대변하는 음가는 무성 후두 파열음이며, 발음부호는 [ʔ]이다. 경음 'ㄲ, ㄸ, ㅃ, ㅆ, ㅉ'는 이와 대립을 이루는 평음 'ㄱ, ㄷ, ㅂ, ㅅ, ㅈ'에 'ㆆ'이 섞인 음이다. 이러한 사실은 유기음 'ㅋ, ㅌ, ㅍ, ㅊ'가 평음 'ㄱ, ㄷ, ㅂ, ㅈ'에 'ㅎ'을 첨가하여 형성되는 음성학적 근거와 짝을 이룬다. 'ㅿ'는 유성 설단 마찰음 [ʒ]를 나타낸다. 이것은 단독으로 쓰이는 경우는 없고, 모음과 모음 사이에서는 'ㄹ', 자음 앞에서는 'ㄷ'으로 실현된다. '�'는 양순과 연구개에서 일어나는 유성 마찰음 [w]으로, 조선어에서 모음어미 앞에서는 'ㅸ'[w], 자음어미 앞에서는 'ㅂ'[p]으로 나타난다. 조선어의 자음체계는 이 여섯 자음을 포함하여 25 음소체계(반모음 포함)로 구성된다. 그러나 이 가운데 'ㅿ, ㆆ, ㅸ' 등의 여섯 자모만을 중심으로 조음방식과 조음위치에 따라 아래와 같은 도표로 나타내면 다음과 같다.

(10) 신문자 여섯의 音價

양식 \ 위치	량순	설단	경구개	연구개	성대
파열음					ㆆ(ʔ)
마찰음	ㅸ(w)	ㅿ(ʒ)	l(j)	(ㅸ)	

설측음	ㅌ(l)			
반전음	ㄹ(r)			
유성·무성	유성음			무성음

교체의 기능으로 본 새 자모 'ㆆ'의 명칭은 "히읗"이고 [히으]로 발음한다. 'ㅿ'은 "싀읏"이고 발음은 [리은]이다. 'ㅸ'의 이름은 "ㅸ읍, 반모음 ㅜ"이고 [우읍]으로 발음한다.35) 새 자모의 문자 꼴은 훈민정음의 제자 원리를 따라 발성기관을 상형하였다. 자모 'ㆆ'과 'ㅿ'는 현대 조선어의 음소 표기로 필요하여 옛 글자를 다시 복구시킨 것이라 한다. 즉, 'ㅸ'는 음성 환경에 따라서 'ㅂ∞ㅜ'로 교체하는 동시에 양순과 연구개에서 동시에 마찰되는 음이므로 'ㅂ'과 'ㅜ'를 합자하여 만든 것이다.36) 'ㅸ'자모를 사용하면 지금까지의 'ㅂ' 불규칙 용언은 규칙적으로 된다. 이 자모는 양순 마찰 반모음 [w]을 나타내며, 자음어미 앞에서 동일 조음 위치의 폐쇄음 [p]로, 'ㄴ, ㄹ, ㅁ, ㅂ, ㅅ'나 모음어미 앞에서는 [w]로 발음된다.

'ㆆ'을 복구시킨 주된 이유는 현대 조선어에서 이 音이 어중, 어말, 심지어 어두에까지 생산적으로 쓰이고 있기 때문에, 조선어의 형태구조에 필요한 것이다. 또한, 'ㅎ∞ø'의 교체에서 기저형으로 'ㅎ'이 설정되는 동일한 원리에 의하여, 'ㆆ∞ø'의 교체에 'ㆆ'이 소용된다. 그리하여 'ㆆ'는 종래의 소위 'ㅅ' 불규칙 용언어간에 받침으로 사용하여 형태부를 고정시킬 수 있는 문자로 부활된 것이다. 즉, 'ㆆ'는 (ㄱ) 후속되는 무성자음 'ㄱ, ㄷ, ㅅ, ㅈ'를 경음화하며, (ㄴ) 모음과 모음 사이, 그리고 (ㄷ) 'ㄴ, ㄹ, ㅁ, ㅂ, ㅣ,

---

35) 여기서 'ㅿ'의 발음 [리은]과, 'ㅸ'의 발음 [우읍]이 이탁(1932)에서의 'ㅿ'에 대한 명칭인 "리읏", 'ㅸ'의 "우읍"과 일치됨이 주목된다.

36) 여기서 글자의 꼴 'ㅸ'의 경우에 순경음 'ㅸ'을 복구시켜 사용하자는 <신철자법> 제정 조선어문 연구회 전문연구위원의 견해도 있었음을 밝히고 있는 사실이 주목된다. 우리가 이 글의 제3장에서 언급한 이극로(1936)의 논지를 상기하면, 그러한 주장을 제기한 위원은 이극로이었던 것으로 보인다.

시' 앞에서는 零으로 전환된다. 또한, 'ㅎ'는 '-는, -네, -늬? -나?'와 같은 'ㄴ'으로 시작되는 종결어미 앞에서는 [?]에 가깝게 발음된다.37)

    (11) ㄱ. 짛다→[지따], 짛고→[지꼬], 짛니→[지-니], 짛면→[지-면],
        ㄴ. 짛어→[지어], 짛면→[지-면],
        ㄷ. 짛는→[짇는], 짛네→[짇네], 짛느냐→[짇느냐],
        ㄹ. 'ㅎ' 받침의 예 : 긎다(劃), 낳다(癒, 優), 븧다(注), 묷다(組),
                        죻다(收),38) 잗다(紡), 짛다(作), 잋다(績) 등등.

    또한, 받침으로 'ㅎ'를 살려 표기하면 이와 대조되는 'ㆆ'과 'ㅅ' 받침을 갖고 있는 단어들의 굴절 형태와 다음과 같이 시각적으로 효과적으로 구분된다(『조선어문법』 1949 : 135).

    (12) 'ㅎ, ㆆ, ㅅ' 받침

例(意味)	表記	發音	表記	發音
낳 - (癒)	낳고	[나 꼬]	낳 아	[나 아]
낳 - (産)	낳고	[나 코]	낳 아	[나 아]
낫-(癒, 方言)	낫고	[낟 고]	낫 아	[나 사]
나 - (出)	나고	[나 고]	나 아	[나 아]

    또 다른 문자 'ㅿ'은 'ㄹ'로 교체될 수 있는 성질을 구비하고 있는 음을 나타낸다. 그리고 모든 마찰음들이 무성 자음 앞에서 동 위치의 미파음으

---

37) 이러한 현상은 'ㅎ' 받침의 용언의 'ㅎ'이 'ㄱ, ㄷ, ㅂ, ㅈ'와 연결되어 유기음화되며, 모음
    과 모음 사이, 'ㄹ, ㅁ, ㅂ, ㅅ' 앞에서 탈락되는 동시에, 역시 '-는, -네, -느냐?, -늬?' 앞
    에서는 [?]에 가깝게 발음되는 것과 동일하다고 하였다.

    넣다→[너타], 넣니→[너-니], 넣면→[너-면], 넣네→[넌네], 넣느냐→[넌느냐].
38) <조선어 신철자법>(1950, 조선어문 연구회)의 제5절 '받침' 'ㅎ' 항목에 예시된 '죻다(收)
    는 『사정한 조선어 표준말모음』(1936 : 53)에서 'ㅂ' 받침 '줍다(x 줏다)로 선정된 바 있
    다. 이 용언의 어간말음은 원래 'ㅿ'으로 소급된다는 점에서 주목된다.

로 실현된다. 즉, (ㄱ) ㅅ, ㅆ, ㅊ→ㄷ, (ㄴ) ㅎ→ㆆ, (ㄷ) ㅿ→ㅂ. 이러한 원리에 비추어 'ㅿ'도 역시 마찰음이기 때문에 같은 위치에서 내파음 'ㄷ'로 발음되는 것이다. 따라서 'ㅿ'은 종래에 소위 'ㄷ' 불규칙 용언의 범주에 드는 활용 어간을 단일하게 고정시켜 표기하는 받침으로 사용된다. 'ㄷ' 불규칙 현상은 음성 환경에 따라서 'ㄷ∞ㄹ'과 같은 교체를 나타내는데, 이러한 교체의 음소를 단일하게 나타낼 수 있는 문자가 예전에는 없어서 불규칙으로 간주하였다. 그리하여 자모 'ㅿ'는 이러한 'ㄷ∞ㄹ' 교체를 존중하는 동시에, 형태부를 고정시킬 수 있는 문자로 다음과 같은 용언들에 복구된 것이다.

> (13) ㄱ. 겄다(步), 깄나(汲), 늦다(聞), 뭇다(問), 붖다(殖),
>   깨닺다(覺), 닺다(走), 일컫다(稱), 겯다(編), 싲다(載).
> ㄴ. 겄다(步), 겄어→[걸어], 겄으니→[걸으니].

4.2. 〈조선어 신철자법〉(1948)에서 새 문자 'ㆆ, ㅿ, ㅸ'의 계보

북한의 〈조선어 신철자법〉에서 만들어진 여섯 문자 가운데 'ㆆ, ㅿ, ㅸ'가 1930년대 초반에 이탁(1932)과 이극로(1932, 1934, 1936)의 옛 글자 부활과 그 맥을 같이 하는 것임은 일찍이 고영근(1994 : 196)에서 지적된 바 있다. 고영근(1994 : 230)은 북한의 문자 개혁에서 비롯된 새 자모는 부분적인 문제점들이 없지 않지만, 음성과 문자를 1 : 1로 대응시켜 철저한 형태주의 표기법을 지향하였다는 점에서 긍정적인 평가를 내릴 수 있다고 보았다. 그리하여 그는 〈신철자법〉에서 선보인 새 문자는 영국의 언어학자 Bell의 시화법을 근거로 한 과학적 사고의 산물이며, 현대 구조주의 형태음운이나, 생성 음운론의 기저형과 유사한 것으로 간주하였다.

그러나 불규칙 용언의 규칙화를 위해서 추상적인 기저형을 문자로 환원하려고 하였던 <신철자법>의 새 자모 6개 가운데 'ㆆ, ㅿ, ㅏ'의 계보는 직접 이탁(1932)과, 부분적으로 이극로(1932, 1935, 1936)의 고안으로 소급될 수 있다(그 반면, 이승욱 1997 : 407을 참조). 그리고 나머지 3자, 즉 매우 조잡한 성격의 'ㄽ(l), ㄾ(r), 1(j)'는 김두봉의 문자 개혁에서 직접 나온 산물일 것이다. 특히, 이 글의 제3장에서 밝혀진 사실에 의하면, 이극로(1932, 1935, 1936)에서 'ㅅ'과 'ㄷ' 불규칙 용언과 관련하여 제안된 'ㆆ'과 'ㅿ' 자모는 이탁(1928/1958, 1932)의 영향을 받았을 가능성이 매우 높다.39) 따라서 여섯 자모 가운데 특히 'ㆆ, ㅿ, ㅏ'의 도입은 김두봉의 문자개혁을 위한 새 문자와는 관계가 없을 것이다.40)

그 대신, 신철자법 제정 과정에 전문위원으로 참여한 이극로의 중재와 역할이 주효하였을 것으로 추정된다. 특히 이탁(1932)에서 'ㄷ' 불규칙 활용의 규칙화에 'ㅿ'을 다시 써야 할 근거로 제시된 몇 가지 예 가운데 '四人轎→사린교'가 <신철자법>에서도 반복되어 인용되어 있다.41) 이러한 사실을 보면, 1940년대 후반 <신철자법>을 제정할 때, 이탁(1932)이 직접적인 참고의 대상이 되었을 가능성이 높다.

---

39) 옛 문자 'ㆆ, ㅿ, ㆁ'를 처음으로 체계적으로 소개한 이탁의 "우리 語音學"(1928, 352- 381)이 게재된 논문집인 『국어학 논고』(1958)에 실린 그의 序言이 자신의 학문의 독창성 또는 고립성을 잘 나타내고 있다고 생각한다.

"이 몇 편 되지 않은 논저는 거칠기 짝이 없지마는, 거기에는 만인의 所說을 답습한 것이 거의 없고, 모두가 나의 독특한 새로운 의견인 것이다."(4쪽)

40) <조선어 신철자법>에서 쓰이는 새 문자 가운데 'ㆆ'에 대한 연구를 『조선어연구』에 발표한 북한의 학자들도 김두봉과 이 옛 문자의 복구를 연관시키지 않았다. 김종오(1949.5)는 'ㆆ'음에 대하여 제기된 지금까지의 학설들을 조감하는 자리에서 김두봉은 언급하지 않았다. 또한, 전몽수(1949.6)는 <조선어 신철자법>에서 김두봉의 발의에 의하여 'ㅅ' 불규칙 용언을 인정하지 않고, 'ㆆ' 받침을 새로 사용하기로 결정을 보게 된 것으로 언급하였다.

41) <신철자법>에서 'ㄷ∞ㄹ'의 교체를 'ㅿ'으로 표기할 수 있는 사실을 증명하기 위해서 제시된 몇 가지 신뢰성이 떨어지는 주장에 대한 검토는 고영근(1994 : 179)을 참조.

새 문자 'ㅿ'와 'ㆆ'의 운용의 면에서는 1930년대 이탁(1932), 이극로(1932, 1936)와 북한의 <조선어 신철자법>에서 중요한 몇 가지 차이가 드러나기도 한다. 즉, 전자에서는 'ㆆ'과 합성된 'ㅀ' 어간말음을 인정한다. 여기에는 잘못된 예를 제거하여 버리면, '싫-'(載)의 예가 유일하게 속한다. 이러한 보기는 같은 'ㄷ' 불규칙 활용에 속하는 다른 종류의 어간 말음이 모두 'ㅿ'으로 표기되는 사실과 좋은 대조를 이룬다. 그것은 종전에 'ㄷ∽ㄹ'의 교체를 보여주었던 불규칙 활용형태 '싣-'(載)이 모음어미 앞에 실현되는 '실-'형을 기준으로 1930년대에는 제일 먼저 재구조화를 수행하였음을 뜻한다. 그리고 '실-'형 다음에 연결되는 자음어미가 된소리로 변하였기 때문에, 이러한 발음의 상태를 'ㆆ'[?]을 첨가하여 표기법에 나타내려고 했던 것이다. 싫고→[실꼬]. 최근에 국어 지역방언의 기술에서 'ㄷ' 불규칙 용언의 규칙화로 재구조화된 대부분의 용언의 어간말음을 /Xㅀ/으로 파악하는 입장과 일치한다(정인호 1995; 배주채 1998).

그러나 <신철자법>에서 종래의 '싫-'(載)의 활용형은 다른 부류의 'ㄷ' 불규칙 활용의 경우에서와 같이 'ㅿ' 받침으로 사용되었음이 특징이다. 싣다∽싣고∽싣어∽싣으니. 따라서 당시의 규칙적인 현실 발음을 존중하기 위해서 사용된 새 문자 'ㅿ'의 기능은 '싣고, 싣지'(載) 등에서 후속자음의 두음에 실현되는 된소리를 무시하였기 때문에 그 효력을 상실하게 된다. 이와 관련하여 『조선어 문법』(1949 : 66)에서 '듣고'를 [들꼬]로 소리 내는 것은 정확한 발음법이 아니라고 주의를 하고 있다.

<신철자법>에서 제시된 새 문자 여섯 가운데 특히 'ㆆ'에 대해서 당시의 몇몇 북한 학자들이 조선어문연구회 기관지인 『조선어연구』를 통하여 심도 깊은 연구를 개진한 바 있다. 김종오는 "ㆆ音攷"(제1권 제2호, 1949.5)에서 'ㆆ'음의 제자원리와 용례, 음가(音價) 및 이 음에 대한 지금까지 제기되었던 여러 학설을 점검하였다. 그는 이러한 'ㆆ'음이 오늘날 조선어에서 두

가지의 환경에 출현하고 있음을 다음과 같이 제시하였다(52-53쪽).

(가) 종전에 'ㅅ' 불규칙으로 취급하였던 용언들의 받침으로 'ㅎ'을 인정함으로써 규칙적인 활용 범주에 들어오게 된다. 여기에는 두 개의 음운규칙의 설정이 필요하다. 즉,

 (14) ㄱ. ㅎ→ㅅ : 잉고→[잇고]→[잇꼬],
    ㄴ. ㅎ→ø/V__V : 잉어서→[이어서].

(나) 특히 어두에 화자의 "놀램, 힘듬, 숨참" 등과 같은 감탄사 '하!, 허!, 히키!' 등에 그 음가가 분명하게 실현된다는 것이다.[42] 그리하여 김종오(1949)는 우리 음운사에서 'ㅎ'는 새 문자가 아니기 때문에, 이것을 다시 찾음으로 한글의 체계는 확립되고, 우리말의 음운체계는 과학적이 된다고 하였다.

또한, 전몽수는 "조선어 음운론"(1)(제1권 제3호, 1949.6)에서 'ㅎ'음은 조선어 음운체계 가운데 불가결한 의미적 단위를 구성하는 최소의 음소로서, 역사적으로 진화하여 왔음을 논증하고, 'ㅅ'불규칙 용언으로 취급되어 온 용언들의 어간말음의 역사를 아래와 같이 요약하였다(32쪽).

(15) △ → ㅅ(s) →   → ㅅ > ㅎ
  △ → ㅇ(j) →   → ㅇ > ㅎ
  15세기 16세기 부분적인 분열 17세기 초엽 18세기 중엽
  중엽 철자법 20년대   시 작

---

[42] 현대국어 공통어에서 성문파열음 ʔ의 음소 설정 가능성을 몇 가지 음운현상을 중심으로 논의한 조규태(2004)도 감정을 드러낸 감탄사나 명령어, 또는 힘주어 강조하는 표현에 말의 어두와 어말에 ʔ이 실현된다고 관찰한 바 있다.

5. 1970년대 이후 국어 음운론에서 (기저)음소 'ㆆ'/ʔ/의 재인식과 본질

5.1. 불규칙 활용의 규칙화와 ʔ의 등장

1970년대 국어의 음운론 연구는 구조주의의 기술언어학을 근간으로 출발하였으나, Chomsky & Halle(1968)의 고전적 생성 음운론의 강력한 영향권 내에 놓이게 되었다. 표면으로 나타나는 불규칙적이고 혼란스러운 음운 현상에 대한 기계적인 관찰과 기술을 지양하고, 정연한 규칙적인 체계를 갖고 있다고 추정되는 차원 높은 단일한 기저 표시와, 그 질서 체계를 표면으로 변형하여 도출시켜 줄 수 있는 음운규칙의 탐구와 정밀화가 그러한 생성 음운론이 구성하고 있는 핵심이었다(김완진 1972 : 273). 이와 같은 흐름 속에서 국어에 공시적으로 존재하고 있는 다양한 유형들의 불규칙 활용은 규칙화를 추구하기 위한 아주 적절한 연구 대상이었다.

따라서 1930년대에서는 맞춤법 문제와 관련하여 불규칙 활용을 형태주의 방식의 규칙적인 표기로 전환하려는 의도에서 단일한 기본형이 추구되었다면, 1970년대 현대국어에 대한 연구는 기저 음운체계의 확립과, 이러한 과정으로 이르는 적절한 음운규칙의 발견이었다. 그러나 국어의 불규칙 활용에 대한 1920년대와 1970년대 및 그 이후의 연구에서 구사된 연구자들의 방법론과 인식은 근본적으로 일치한다고 글쓴이는 판단한다. 오늘의 관점으로 보아도, 이 글의 제3장에서 언급된 1930년대와 1940년대 후반의 형태주의 맞춤법 학자들은 1970년대와 그 이후의 연구자들 못지않은 형태 음운론 또는 생성 음운론의 선구자였던 것이다. 'ㅂ' 불규칙 활용어간의 기저형을 w로 설정하고, 음절말 위치에서 w→p와 같은 음운규칙을 작성했던 이탁(1928/1958, 1932)과 이극로(1936)의 해석과, 1970년대 생성 음운론 이론에 근거해서 이끌어낸 김진우(1970/1988)의 그것과를 대조해 보면, 이러한 사실이 분명하게 드러난다. 특히 김차균(1971)은 국어의 'ㅂ'과 'ㅅ' 불규칙 활용을 규칙적으로 설명하기 위해서 어간말음으로 추상적인 기저형 'ㅸ' /β/과 'ㅿ' /z/을 설정하여 불규칙적인 교체를 완벽하게 기술할 수 있다고 주장했던 것이다.[43]

현대국어의 관찰과 기술에서 1970년대부터 등장하는 새로운 음소 /ㆆ/에 대한 점진적인 재인식의 과정도 역시 1920년대 후반 또는 1930년대 초반에 이루어진 'ㆆ'에 대한 인식과 전혀 동일한 바탕 위에서 출발하고 있다. 일정한 형태음소론적 현상을 설명할 때, 음소로서 /ʔ/의 개입을 이용하여 설명할 수밖에 없는 예들이 김완진(1972)와 이익섭(1972, 1992)에서 거의 같은 시기에 언급되었다. 즉, 형태음소론적 과정에서 표면적으로 동일한 음절 말음 '-ㄹ'로 실현되지만, 어떤 '-ㄹ'은 그 뒤에 후속되는 자음어미의 초성을 경음화시키는 반면에, 어떤 '-ㄹ'은 그러한 경음화를 실현시키지 못한다. 용언어간의 종성 '-ㄹ'이 굴절 과정에서 뒤에 연결되는 자음어미의 초성을 경음화하려면, 반드시 'ㄹ+C'와 같은 자음군의 결합이어야 가능하다. 된소리의 실현과 관련하여 '-ㄹ'과 결합되는 C에 해당되는 자음은 바

---

43) 이러한 설명 방식은 과도한 추상성으로 인하여 김영기(1973)에서 적절한 비판을 받게 된다. 즉, 김영기(1973)는 김차균(1971)의 분석에서 얻은 기저형 /ㅸ/과 /ㅿ/ 등에 대해서 세 가지 문제점을 지적한다. (1) 이와 같이 작성된 기저형이 비자동적 교체를 잘 설명해 줄 수 있을지라도 오로지 해당 불규칙성을 제거하기 위해서 설정된 것이다. (ㄴ) 이것은 다른 음운현상에 쓰임을 찾아 볼 수 없는 제약을 갖고 있다. (ㄷ) 따라서 한국어 화자들이 갖고 있는 심리적 실체(psychological reality)를 대변하지 못한다.
또한, 김영기(1973)는 김진우(1971/1988)에서 'ㅂ' 불규칙 활용어간을 규칙화하기 위해서 설정한 기저형 /w/에 대해서도 다음과 같은 문제를 지적한다. (ㄱ) 'ㅂ, ㅅ, ㄷ' 불규칙 활용에 대해서 규칙활용을 보이는 지역방언이 존재한다. 서로 다른 지역방언들은 상호 이해가 비교적 쉽게 이루어진다. 이러한 사실은 서로 다른 방언들의 화자들이 동일한 기저형을 보유하고 있으며, 단지 小規則 적용(minor rule application)에서만 차이가 난다는 것을 의미한다. (ㄴ) 이와 같은 관점에서 w→p와 같은 방식의 음운규칙은 존재하기 어렵다. 위와 같이 김영기(1973)에서 밝힌 기저형과 음운규칙에 대한 개념은 앞으로 전개되는 불규칙 활용의 규칙화의 시도에 매우 중요한 지침이 되었다.

로 /ʔ/이다. 이러한 음소 /ʔ/를 표시하는 문자가 바로 중세국어의 관형사형
어미 'ㅭ'에 등장하였던 'ㆆ'인 것이다.

(16) ㄱ. (옷을 못에) 걸 : 구, 걸 : 드나, 걸 : 제, 걸 : 문,   거 : 니,
     ㄴ. (걸음을)   걸 : 꾸, 걸 : 뜨나, 걸 : 쩨, 걸으문,   걸으니.

(이익섭 1972 : 102)

그리하여 이익섭(1972 : 102)은 (16)ㄱ과 ㄴ의 두 계열의 활용 체계를 설
명하기 위해서 [걸 : 꾸, 걸 : 뜨나] 등의 어간들은 종성에 'ㆆ'을 갖고 있다
고 해석한다. 그는 강릉방언의 자음체계에 성문 폐쇄음 /ʔ/를 독립된 음소
로 설정하게 된다. 또한, 김완진(1972 : 282)은 'ㄴ'에 선행하는 'ㄹ'이 언제나
예외 없이 탈락되는 데 반하여, '올+는지→[올른지]], 갈+는지→[갈른지]'와
같은 통합 과정에서는 유음화 현상이 일어나는 것은 각각의 표면 'ㄹ'이
갖고 있는 기저 구조의 상이에 있기 때문이라고 본다. 즉, '갈+는지→[갈른
지]'는 '앓+는다→[알른다]'의 경우에서와 같이 'ㄹ'과 'ㄴ' 사이에 현대 정
서법에 반영되지 않는 형태음소 'ㆆ'/ʔ/가 존재한다는 것이다.

그 이후, 경상방언의 기저 자음체계를 확립하는 과정에서 최명옥(1978)은
이익섭(1972)과 김완진(1972)에서 관찰된 'ㆆ' 음소의 실체를 다시 확인하고,
기저음소 /ʔ/에서 표면형을 이끌어내는 일련의 음운규칙을 구체적으로 설
정하였다. 그가 제시한 예는 경상방언에서 'ㄷ' 불규칙 용언에 속하는 '싣-
∞실-'(載)의 비자동적 교체가 유추적 확대에 의하여 '싫-'(Xʔ-)로 재구조
화를 수행한 사례이었다.44) 이어서 최명옥(1982)은 월성 지역방언의 통시와
공시 음운론을 기술하면서 일련의 'ㅅ' 불규칙 용언의 어간 말음을 ʔ으로

---

44) 경상방언을 기술하기 위해서 최명옥(1978)에서 설정된 '싫-'(載)형이 이미 형태주의 표기
법과 관련하여 1920년대 김희상(1927)과, 1930년대 이탁(1932), 이극로(1936)로 소급될 수
있음은 이 글의 제2장과 제3장을 참조.

설정하여 기술해야 된다는 결론에 이르게 된다.

그는 여기서 획득한 자신의 이론을 다른 지역의 방언의 'ㅅ' 불규칙 용언에도 확대시켜 전개하는 끊임없는 노력을 시작하게 된다. 또한, 용언 어간말 ?는 방언에서 표면적으로 'ㅅ' 불규칙 용언의 활용과 비슷한 모습을 보이는 일부의 'ㅂ' 불규칙 용언인 '굽-'(炙)과 '눕-'(臥)에도 적용된다고 본다. 즉, k'uʔ-(굽-/꾸-), nuʔ-(눕-/누-). 그리하여 음운론 개론서인 최명옥(2004)에서 그는 ?를 설정하는 근거를 현대국어의 중부방언에서 보이는 대부분의 'ㅅ' 불규칙 용언에까지 전개하게 된다.

먼저 'ㅅ' 불규칙 활용어간에서 그가 파악하는 어간말 ?의 성격을 이해하기 위해서 최명옥(1982 : 163-166)의 논지를 요약해서 고찰할 필요가 있다. 그가 관찰한 월성방언의 소위 'ㅅ' 불규칙 용언의 범주에는 두 가지 활용이 나타나 있다. 한 부류는 역사적으로 15세기 국어의 '잇-(連), 좃-(琢), 젓-(漕)'의 반사체들은 '잇-, 좃-, 젓-'으로 이미 재구조화되어 불규칙성이 존재하지 않는다. 그 반면에, 다른 부류, 즉 '짓-(作), 줏-(拾), 붓-(注/腫)'에서 기원된 공시적 방언형들은 't∞ø' 같은 전형적인 불규칙 교체를 나타낸다. 최명옥(1982 : 165)은 '붓-(注/腫)'의 월성방언의 불규칙 활용 형태 /붓+고/→[북꼬], /부+어도/→[바 : 도]에서 어간말음을 ?로 설정하여 아래와 같은 도출 과정을 보인다.[45]

(17) ㄱ. /puʔ+ko/(注/腫)
   put ko ←규칙(78b)
   puk k'o ←규칙(61a)
   [pukk'o]

 ㄴ. /puʔ+ato/
   pu ato ←규칙(37)
   pwa : to ←규칙(6)
   pa : to ←규칙(13a)
   [paado]

---

45) 최명옥(1982)에서 활용형을 인용하는 경우에 각각의 어형에 첨가되어 있는 성조 표시는 논지 전개에 큰 기여를 하지 않기 때문에 글쓴이가 편의상 생략하였다.

최명옥(1982)은 (17)에서 자음어미 앞에서 실현되는 표면형 [북끼]와, 모음어미 앞에서의 [바 : 도]를 적절하게 도출시키기 위해서 두 가지 음운규칙 (78b)과 규칙(37)을 따로 추가한다. 그가 (17)ㄱ에서 설정한 규칙(78b)는 자음 앞에서 음절말 ʔ와 h를 t로 전환시키는 내용이다. 즉, {ʔ, h}→t(156쪽). (17)ㄴ에서는 용언의 활용에서만 후음 ʔ와 h는 유성음 사이에서 삭제된다는 내용의 규칙에 해당된다. 즉, {ʔ, h}→ø/[+voiced]__[+voiced](129쪽).46) 그리하여 최명옥(1982)은 소위 'ㅅ' 불규칙 동사의 어간말음을 ʔ으로 설정하면, "s→ø/__]vst V [+변]"과 같은 형태음소 규칙을 세울 필요가 없다고 본다. 그 이유는 ʔ에 의하여 이들 'ㅅ' 불규칙용언은 이제 더 이상 불규칙 현상이 아니기 때문이다.47)

그는 이러한 주장을 보강하기 위해서 다음과 같은 두 가지 음운현상을 제시하였다.

---

46) 용언 어간말 ʔ와 h가 음절말 위치에서 'ㄷ'[t]로 바뀌는 음운현상에 대해서는 이극로 (1932 : 160)에서 지적된 바 있다. 이 글의 §3.2를 참조. 그리고 ʔ가 유성음 사이에서 탈락된다는 사실은 이 글의 제2장에서 제시된 김희상(1927)의 설명도 아울러 참조.

47) 'ㅅ' 불규칙 용언의 단일 기저형으로 어간말 q(ʔ)을 배정하는 방안이 1950년대에서도 시도된 바 있다. Martin(1954 : 30-31, 1992 : 52)은 'ㅅ' 불규칙용언의 형태음소론적 기술에서, 예를 들면 '짓-'(作)의 활용형 '짓-∞지-'의 교체 유형을 'cis-∞ci-'와 같은 교체 방식으로 기술하였으나, 본문의 각주의 형식을 이용하여 맞춤법에서 기본형을 s로 잡는 전통적인 표기 방식을 무시하고, 기본형(basic form)을 '모음+q'로 설정할 수 있는 대안을 제시하였다. 그에 의하면 q는 glottal stop이다. 즉, '짓-'(作)의 기저형으로 ci : q, '낫-'(癒)의 경우는 na : q. 그리고 그는 이러한 어간말 q는 다음과 같은 세 가지의 음운 과정을 수행한다고 설명하였다.

 (1) 모음과 모음 사이에서는 q는 默音으로 변한다.
 (2) 여타의 다른 환경에서는 q는 'ㄷ'[t]와 같이 행동한다.
 (3) 어간말 q는 후속되는 평자음들과 연결될 때에, 음운도치(metathesis)을 수행하여 경음화가 이루어진다. 즉, q+p, t, k, s, c→pq, tq, kq, sq, cq.

또한, Martin(1954)은 자신의 성문 폐쇄음 q가 1949년 북한의 문자개혁에 등장하는 'ㆆ'에 해당되는 것이라고 하였다. 그는 부단한 수정을 거쳐 1990년대에 완성된 『한국어문법총람』(A Reference Grammar of Korean, 1992 : 234-235)에서 Martin(1954 : 30)에서의 주장을 반복하였으며, 경상도 진주방언에서 쓰이는 방언형 [물끼](間)의 기저형으로 /-lq-/를 설정할 수 있다고 첨부하였다.

(18) ㄱ. 15세기 국어에 'Δ'을 어간말음에 보유한 적이 없는 월성방언의 '푸-'
(吸煙)와, 경상도 하위방언의 '눕-(臥), 굽-(炙)'의 활용형들이 위의
예문 (17)에서와 동일한 형태로 실현된다. 즉, [pʰukk'o, pʰaado,
pʰuumo]; [k'ukk'o, k'uudo, k'uumo]; [nukk'o, nuudo, nuumo].
따라서 이들의 기저형도 역시 ʔ를 갖고 있는 /푸ʔ-, 꾸ʔ-, 누ʔ-/으로
설정되어야 한다.

ㄴ. 경북 寧海의 大津방언에서 역사적으로 'Δ' 기원의 일련의 동사들이 h
어간말음으로 활용하고 있다.
즉, '긋-(引)>긍-, 붓-(注/腫)>붕, 짓-(作)>짖-'. 활용 예 : 긍+고→극
코, 붕+고→북코, 짖+고→직코. 여기서 'ㅎ'은 'Δ'의 변화에 의한 것이
다(최명옥 1982 : 166).

최명옥(1982)은 위에서 제시된 (18)ㄴ의 예에서 어간말 h는 15세기 국어
의 'Δ'에서 변화된 것(s>h)이기 때문에, 위의 (17)과 (18)ㄱ에서와 같은 ʔ
어간말음은 역시 'Δ>ʔ'의 변화를 수행해 온 것으로 판단하게 된다. 지금까
지 요약한 최명옥(1982)에서의 설명 방식에 글쓴이는 음운론 기술 자체의
내적 문제(추상성 등등)를 떠나서, 우선 세 가지의 외적 문제점이 분명하게
드러나 있다고 판단한다.

첫째는 순수 음성학적 타당성의 문제이다. 어간말 ʔ이 h의 음운론적 행
위와 동일하게 유성음 사이에서 삭제된다는 음운규칙은 실험을 거쳐서 확
인할 수 있는 음성학적 근거가 있는가? 과연 후두 무성폐쇄음 ʔ를 포함해
서 다른 계열의 무성 폐쇄음들도 역시 같은 원리에 의해서 동일한 환경에
서 탈락될 수 있는가? 혹시 ʔ만이 가능하다면, 그 근거는 후두음의 조음
음성학적 특성 때문인가? 동일한 음성 조건에서 h가 제거된다는 사실을
같은 계열의 ʔ에도 그대로 적용시킬 수 있는 것인가?[48]

---

48) ʔ에 대한 이러한 문제점은 과거에도 연구자들에 의하여 지적된 바가 있다. 김경아(1990 :
79-85)는 'ㅅ' 불규칙 용언에 대한 기저형 설정의 문제를 검토하면서 추상음소 'ㅎ'의 설
정이 국어 음운체계 내에서 정당한 지위를 차지할 수 없다고 결론지었다.
그는 '짓-'(作)의 활용형 [짇꼬∞지으면/지 : 면∞지어도]에서 이것을 'ㅎ' 정칙 활용으로

둘째는 일부 용언 활용의 역사성의 문제이다. 기원적으로 15세기 국어에 '뷩'을 어간말음으로 갖고 있었고, 오늘날 경상방언 일대에 지역에 따라서 'ㅂ' 정칙을 보이는 '굽-'(炙)과 '눕-'(臥)의 월성 방언형에 k'uʔ-(굽-/꾸-), nuʔ-(눕-/누-)와 같이 활용의 패러다임을 전적으로 벗어난 ʔ의 설정이 과연 타당한 것인가? 이들 용언의 어간말음으로 ʔ을 선정한 주된 근거는 지역방언의 활용형들이 역사적으로 'ㅿ'에서 기원된 (17)의 예들과 동일한 도출 과정을 보여준다는 단순한 표면적 사실에 있을 뿐이다.49)

셋째는 음성변화의 방향성의 문제이다. 탈락의 경우는 제외하고, 일반적인 결합적 음성변화의 형식 a>b에서 역사적으로 선행하고 후행하는 시기

파악하게 되면, 자음어미 앞에서 ʔ→ㅅ와 같은 음운론적 과정을 설정해야 되는 부담도 크지만, 특히 ʔ→∅/[+voiced]__[+voiced] 같은 음운규칙은 언어학적 기교에 의한 것으로 보인다고 하였다.

국어사에서 수행된 음운변화의 원인과 그 진행 과정을 고찰한 신승용(2003 : 70)에서도 /ʔ/의 음성적 특성을 논의하면서 이것은 결합 관계를 통하여 그 존재를 확인할 수밖에 없기 때문에, 음운론적 實在의 문제가 아니고, 다분히 해석과 관련된 이론적 문제로 파악하였다.

49) 이 글의 초고에 대한 논의에서 이진호 교수(전남대)는 다음과 같은 사실을 지적하였다. 즉, "불규칙 용언의 기저형으로 후두파열음 ㆆ을 설정하는 것은 공시적 기술의 측면이지, 어간 말음이 실제로 유성 마찰음 ㅿ 또는 뷩에서 ㆆ으로 바뀌는 통시적 변화가 있었다는 것은 아니므로 우선 이 부분을 구별해서 비판해야 된다. 따라서 후두파열음 ㆆ의 설정은 순수 음운변화의 결과가 아닌 기저형 설정을 효과적으로 하기 위한 것이라고 보는 편이 더 타당한 것이다."(2011.6.13. 글쓴이에게 보낸 전자 편지 일부).

또한, 이 글의 초고를 검토한 이혁화 교수(영남대)도 본문에서 제시된 둘째, 셋째의 문제는 아주 불합리한 것으로 지적하였다. 즉, 공시적 기술의 문제점을 통시적 변화를 통해서 반박한다는 것은 있을 수 없다는 것이다.

따라서 (1) 공시적으로 기저형을 /xㅎ-/ 또는 /xㆆ-/으로 파악한다는 관점과, (2) 이러한 어간말음이 선대형의 ㅿ에서 변화되었다는 견해는 전연 별개이기 때문에, 우리가 (1)의 주장을 한다고 해서 (2)의 사실을 주장하는 것으로 해석해서는 안 된다는 것이다 (2011.6.12, 글쓴이에게 보낸 전자 편지에서 요약).

그러나 글쓴이는 위와 같은 두 분의 지적에 이렇게 생각한다.

즉, 통시적 음운변화에서도 각각의 역사적 단계마다 토박이 화자들의 문법 속에 새로운 적절한 공시적 기저형과 음운규칙이 설정되어 왔을 것이다. 통시적 음운변화의 연속은 결국 공시적 기저형의 변화(재구조화)의 연속을 반영하는 자연스러운 과정이었다. 이러한 역사적 정보와, 화자들의 공시적 문법에 접근시키지 못하는 언어학자들의 기저형은 비록 기술의 편의에 근거한 것이라 수정될 필요가 있다.

의 a와 b가 서로 인과적으로 맺고 있는 관계는 체계 자체 내의 서열과 계열의 관계를 크게 도약하여 벗어날 수가 없다(Campbell 2000). 따라서 최명옥(1982)에서 설정된 z>h와 z>?와 같은 음성변화는 국어 음운사에서 자연스러운 발달의 방향을 가리키는 형식이 아니다.50)

현대국어에서 일어나는 전형적인 'ㅂ, ㅅ, ㄷ' 불규칙 용언의 음운현상에 대한 지금까지의 연구사를 검토하고, 새로운 설명의 대안을 제시한 최명옥(1985)에서 'ㅅ' 불규칙용언에 대한 해석의 代案으로 일단 불규칙성을 인정하여, 각각 어휘화된 이형태 /Xt-∞Xø-/로 설명되는 방안도 고려되었다. 그러나 최명옥(1985/1998 : 92)은 'ㅅ' 불규칙 용언 어간말음에 ?를 인정하여 기저형 /X?-/을 갖고 있는 정칙용언으로 설명하는 방식을 비중을 더 두어 제시하였다. 이러한 /X?-/의 설정을 보강하여주는 근거로 그는 다음과 같은 현상을 지적하였다.

(가) 일부 방언에서 'ㅅ' 불규칙 용언들이 /Xh-/로 재구조화되었으며, 대부분의 'ㄷ' 불규칙 용언들이 /Xl?-/, 또는 /Xlh-/로 재구조화된 점을 고려하면, 해당 지역방언을 사용하는 화자들이 'ㅅ' 불규칙 용언의 기저형을 /X?-/로 인식하고 있을 가능성이 높다.

(나) 재구조화된 'ㄷ' 불규칙 용언의 기저형 /Xl?-/, 또는 /Xlh-/은 전 단계의 비자동적 교체형 /Xt-∞Xl-/이 나타내는 음운론적 특징을 포괄함으로써 형성된 것이다. 이와 마찬가지로 'ㅅ' 불규칙 용언의 새로운 재

---

50) 또한, z>h와 z>?의 음성변화의 방향에 대한 문제 역시 신승용(2003)에서 거론된 바 있다. 즉, 그는 'ㅅ' 불규칙 용언의 어간말 자음이 최명옥(1985)의 설명대로 음소 'ㅎ'/?/라 하면, 이러한 과정은 'Δ>(ø)>ㅎ'와 같은 음운변화의 결과로 해석할 수밖에 없는데, 이러한 변화는 다음의 두 가지의 문제에 봉착하게 될 것으로 보았다.

(ㄱ) 역사적으로 /Δ/ 어간말 자음이 /ㅎ/으로 변화하였다는 어떠한 증거도 발견할 수 없다.

(ㄴ) 지역방언에 따라서는 일부의 /Δ/ 말자음 용언어간이 'ㅅ' 규칙 용언어간으로 변화했다는 사실로 보면, 이들 어간의 기저 말자음 /ㅎ/이 'Δ>ㅎ'의 직접적인 변화의 결과로 이해하기는 어렵다.

구조화형 /Xh-/도 전 단계의 교체형 /Xt-∞Xø-/의 음운론적 특징을 포괄하여 형성된 것이기 때문에 어간말음 h 역시 t와 ø의 교체에 대한 화자들의 심리적 실체가 반영된 것이다.

그런데 /Xh-/의 방언분포 지역은 매우 제한적이고, 'ㅅ' 불규칙 용언의 하나의 이형태 /Xt-/가 전국적으로 분포되어 있는데, 이것이 바로 /XʔX-/를 대변하는 것이다.[51]

그 이후, 'ㅅ' 불규칙 용언(나중에 'ㄷ' 불규칙의 경우도 포함하여)의 기저형에 ʔ을 이용하여 정칙 활용으로 간주하려는 해석이 일련의 후속되는 연구에서 긍정적으로 수용되어 왔다(정철 1986; 김성규 1988; 배주채 1989; 정인호 1995; 이혁화 2005; 임석규 2007). 특히 배주채(1989/2008 : 99-100)는 'ㅅ' 불규칙 용언의 전형을 보여주는 중부방언에서도 이 용언들의 어간말음이 ʔ이라는 견해를 받아들여 추상음소 'ㅎ'를 형태음소 체계에 포함시킨다. 그리고 예를 들면 '잇-∞이-'(續)와 같은 비자동적 교체를 반영하는 단일 기저형을 /XʔX-/, 즉 /잉-/ 한 가지로만 잡는다. 즉, '잉-+고→[이꼬], 잉-+으니, -어→[이으니, 이어]. 물론 이러한 과정의 도출에는 모음 사이의 'ㅎ'의 탈락과, 모음어미 앞 단모음화 규칙이 적용된다는 것이 배주채(1989/ 2008 : 100)의 논리이다.[52]

---

51) 최명옥(1985)에서 'ㄷ' 불규칙 용언의 기저형 /Xlʔ-/나 /Xlh-/가 전 단계의 비자동적 교체형 /Xt-∞Xl-/이 나타내는 음운론적 특징을 포괄함으로써 형성된 것이라는 방식의 특이한 설명을 글쓴이는 주목한다.

52) 고흥방언의 공시 음운론을 기술하면서 배주채(1998)는 이 방언의 자음체계에서 성문음에 'ㅎ'를 포함시키지 않았다. 그 이유는 ʔ는 표면에 독자적으로 실현될 수 없는 추상 음소이기 때문이다. 그는 추상 음소 ʔ가 'ㄷ' 불규칙 용언이 고흥방언에서 'ㄹ' 정칙 활용으로 재구조화되면서 후속되는 자음어미의 초성을 된소리로 전환시키는 경우에, 'ㄹㅎ'과 더불어 'ㄹㅎ'의 연속으로 그 존재가 드러난다고 기술하였다.
예를 들면, '걿-∞걿-'(步), '뭃-∞뭃-'(問), '싫-∞싫-'(載). 이어서 배주채(1998)는 어간말 'ㅎ'이 모음 앞의 환경에서 탈락하는 필수 규칙을 배정하였다. 그는 'ㅎ'이 이 위치에서 탈락하는 이유는 "이것이 표면에 나타나지 않는 추상 음소이기 때문이다."라고 지적하였다. 그렇다면 추상 음소 ʔ는 음운 현상의 기술에서 일종의 유령(ghost phoneme)과 같은 존재이다.

정인호(1995 : 9-10)는 和順 지역방언의 음운론을 기술하면서 자음체계에 'ㆆ'을 첨가하고, 이 지역방언의 화자들이 /ʔ/를 표면형으로 도출하여 내는 아래와 같은 규칙을 "훌륭히" 인식하고 있다는 증거를 제시한다.

(19) ㄱ. 짛-(作) : 지꼬(짛+고), 저 : 서(짛+어서), 진내(짛+내),

ㄴ. 걿-(步) : 걸 : 꼬(걿+고), 걸 : 어서(걿+어서), 걸 : 랴(걿+냐).

ㄷ. /ʔ/+ 평음→ø +경음 : (ㆆ 축약),

ㄹ. /ʔ/→ø/__+V : (ㆆ 탈락),

ㅁ. /ʔ/ →n/ V__+/n/ : (비음화),

ㅂ. n→ㄲ / lʔ +__ : (유음화).

이어서 그는 용언의 어간말음에서 후음 'ㅎ'과 'ㆆ'에 적용되는 규칙의 양상이 거의 비슷하다는 사실, 화순 지역방언에 어간말 'ㅀ'과 'ᄚ'의 수의적 교체가 나타난다는 증거(걿 : 다∾긿 : 다), 고립된 성문음 'ㅎ'에 'ㆆ'를 첨가하면 체계의 균형이 확립될 수 있음 등을 제시하여 음소 /ʔ/ 설정의 타당성을 보강하려고 하였다(정인호 1997 : 160도 참고).[53]

이와 같이 음운론의 기술에서 용언활용의 기저형으로 ʔ이 적극적으로 수용되면서 1980년대부터 이것을 과도하게 사용하는 경향도 나타나게 되었다. 예를 들면, 용언의 어간말음 'ㄴ'과 'ㅁ'에 후속하는 자음어미가 경음으로 전환되는 매우 제한된 통합적 음운 과정이 존재한다. 일반적인 여타의 경음화 현상과 관련하여 이러한 용언 범주에만 국한된 형태론적 제약을 극복하기 위해서 'ㄴㆆ'과 'ㅁㆆ'과 같은 자음군이 기저형으로 설정된 바도 있다(김성규 1988; 송철의 1991; 이익섭 1992; 정인호 1995).[54]

───────────

53) 그 반면, 정인호(1995)는 음소 목록으로 ʔ를 설정함으로써 치르는 비싼 代價, 즉, 추상음소 ʔ를 표면에서 제거시키거나, 축약시키고, 그리고 비음화와 유음화 등의 매우 개연성이 낮은 음운규칙을 음운문법에 4개나 따로 덧붙여야 되는 복잡성에 대한 언급은 하지 않았다.

54) 'ㆆ'을 포함한 새 문자를 이용하여 철저한 형태주의 맞춤법을 지향하였던 북한의 『조선

위에서 이미 언급된 k'uʔ-(굽-/꾸-), nuʔ-(눕-/누-)의 예도 ʔ의 과도 사용의 예에 포함된다(최명옥 1982).[55] 정인호(1995 : 37-39)는 어간말 'ㅎ'이 후속하는 ㄴ과 통합되어 ㄴ으로 바뀌는 현상을 설명하기 위해서 'ㅎ'의 중화 단계로 'ㆆ'을 설정하기도 하였다. 즉, '놓-+는'→(중화)노ㆆ는→(비성문화)논는→(비음화)[논는]. 또한, 그는 '짖+내(作)→진네→[진네]와 같은 과정을 제시하고, 'ㆆ'이 ㄴ앞에서 'ㄷ'으로 바뀌는 현상도 제시하였다(이극로 1932 참조).

경북 북부 지역방언의 음운론을 기술한 임석규(2007 : 75)에서도 대부분의 'ㅅ' 불규칙 용언어간들이 ʔ로 전사되어 있음은 물론, 심지어 '짖-'(吠)의 방언형 '짓-'에까지 '징-, 짓-'으로 확대되어 있다. 이 용언은 원래 어간말 마찰음화(ㅈ→ㅅ)를 수행하여 '짓-'으로의 재구조화를 거친 것으로 19세기 후기부터 대부분의 남부 지역방언에서 'ㅅ' 정칙 활용으로 편입되어 있다(최전승 2004 : 526). 지서∽지스니∽진따∽진꼬. 이러한 사실을 보면 임석규(2007)는 '짓-+-고, -지→[진꼬, 진/지찌]와 같은 경음화에 유추되어 어간말음으로 ʔ를 자동적으로 설정한 것으로 보인다. 'ㅅ' 불규칙 활용어간 다음에 연결되는 모든 자음어미들이 경음으로 전환되는 근거는 ʔ에 있지 않고, 바로 내파화를 거친 어간말음 'ㄷ'에 있다. 이러한 사실에도 불구하고 'ㅅ' 불규칙 용언의 어간말음으로 ʔ를 설정하는 주된 이유는 이것이 유성음 사이에서 마치 'ㅎ'처럼 탈락한다고 전제하여 결과적으로 'ㆆ' 정칙활용으로 해석

어 신철자법」(1950 : 16)에서도 경음화와 관련하여 용언의 어간말음 'ㄴ'과 'ㅁ' 아래에서 토의 첫소리에 실현되는 된소리를 인정하였으나, 원칙적으로 'ㄴㆆ, ㅁㆆ'과 같은 경음 표기를 하지 않았다. 그것은 받침의 유형에서 음소배열 제약을 벗어나는 예를 배제하려는 판단에서 나왔을 것이다.

55) 이익섭(1992 : 77)은 현대국어에서 [ʔ]음이 하나의 음소 자격을 갖고 있다는 사실을 제시하면서, 지역방언에서 '흙-(土), '읽-'(讀), '밟-'(踏) 등의 굴절 형태가 자음으로 시작되는 조사와 어미 '-도, -더라, -고' 앞에서 각각 [흘또, 일떠라, 발꼬]와 같이 된소리로 발음되는 현상을 주목하였다. 그는 이들의 어간도 역시 'ㆆ'를 이용하여 '흘ㆆ, 일ㆆ, 발ㆆ'로 분석하여야 된다고 판단하였다. 그러나 '흙+도→흘또, 읽+더라, 밟+고→발꼬'에서 실현되는 경음화는 전혀 'ㆆ'의 개입과 관련이 없는 통상적인 음운현상이다.

하려는 데에 있는 것이다.

5.2. 역사적 음운변화의 결과와 현대국어의 자음 음소 /ㅎ/(?)

지금까지의 연구에서 'ㅎ'의 신분은 지역방언의 음운론에서 공시적 음운 현상의 편리한 또는 경제적 기술을 위한 음소 또는 추상음소의 신분으로 파악되어 왔다. 그러나 1990년대 후반부터 'ㅎ'는 중부방언의 음운사에서 일련의 음운변화를 수행하여 온 구체적인 통시적 산물로 인식이 전환되기 시작하였다. 국어가 역사적으로 밟아 온 통시 음운론을 개관하면서 최명옥 (1997 : 375-376)은 현대국어에서의 'ㅎ'의 기원을 다음과 같이 두 가지로 나누어 기술하였다. 즉,

> (가) 'ㅿ>ø>ㅎ' : 15세기 국어에서 어간말음 'ㅿ'을 보유했던 용언어간들이
> 'ㅿ>ø'의 변화를 수용한 이후에 모음어미와 통합하는 과
> 정. 예 : 잇->이->이ㅎ(連).
> (나) 'Xㅅ->Xㄷ->Xㅎ-' : 15세기 국어에서 어간말음 'ㅿ'을 보유했던 용언
> 어간들이 자음 어미와 통합하는 과정. 예 : 잇->잇->읻->
> 이ㅎ.[56]

그리고 그는 위의 (가)의 변화 과정을 거쳐서 형태소 경계에서 일어난 'ㅿ→ø'에서 어간말 형태음소 ø가 ㅎ으로 변한 이유는 "모음과 자음으로 시작하는 어미와의 통합에서 발생되는 문제를 해결하기 위한 방안"(1997 : 375)에 있다고 밝혔다. 어떤 음운변화에 그 결과로 나타나는 추후의 문제를 해결하기 위해서 출현하는 목적론적 기능이 존재하는 것일까? 또한, 국어 음

---

56) 오늘날의 용언 어간 '잇-'(連)은 15세기 국어에서 '닛-'으로 소급되지만, 논리 전개에 아무 문제가 없으므로 최명옥(1997)의 기술을 그대로 따르기로 한다. 최명옥(2004 : 257-259)에서 '닛-'(連)으로 수정되어 나온다.

운사의 보편적인 관점에서 위의 (가) 'ㅿ>ø>ㆆ'과, (나)에서의 'Xㄷ->Xㆆ'와 같은 통시적 음운변화가 있을 수 있는 성질의 것이고, 동시에 타당한 변화의 통로를 반영하는 과정일까? 글쓴이는 이러한 음운변화의 유형을 있을 수 없는 것이라고 판단한다(이 글의 §6.3에서 후술).57) 그러나 최명옥(1997)에 의하면, 이러한 음운변화는 다음과 같은 근거로 가능하다고 한다.

즉, 15세기 국어에서 '잇-(連)+으면/어도→이스면/이서도'에서 'ㅿ>ø'의 변화를 수용한 어간 '이-'는 '이-으면/이-어도'가 되었는데, 당시의 생산적인 모음연결의 규칙을 받아서 결코 '*이면/여도'형으로 실현되지 않는다. 이러한 사실은 순수하게 '이-'로 끝나는 용언어간 '이-'(載)가 '이-으면/이-어도'로 통합되지 않고, 직접 '이-면, 여도'로 실현되는 현상과 대조를 이룬다. 이와 같은 사실은 '잇-'(連)에서 변화된 어간 '이-'가 순수한 개음절 어간이 아니라, 'ø>ㆆ'에 의해서 '잉-'와 같은 폐음절 어간으로 전환되었음을 뜻하는 것이다. 이와 같이, '잉-'의 어간말 'ㆆ'는 모음어미 앞에서는 탈락하는 동시에, 자음어미 앞에서는 자음의 초성을 경음화시키는 양면적 기능을 보유한다.58)

따라서 최명옥(1997 : 375-6, 2004 : 259)은 15세기 국어의 '잇(닛)-'(連)에서 고유한 음운변화를 밟아온 오늘날의 불규칙 교체 형태 '이-'(ㅿ>ø)와 '잇-'(잇->잍-)은 모두 '잉-'으로 단일화된 것으로 간주한다. 그리하여 현대국어에서 종래에 'ㅅ' 불규칙 용언으로 취급되었던 어간의 기저형은 /Xㆆ-/

---

57) 이 글의 초고를 검토한 배주채(가톨릭대) 교수는 이 변화는 기저형에서 일어나는 변화(즉, 재구조화에 나타나는 변화)이지, 표면형에서 일어나는 변화가 아니라는 사실을 지적하였다. 이렇게 판단하는 배 교수의 논지를 요약하면 다음과 같다.

"표면형에서 일어나는 변화는 음성적 개연성이 있어야 한다. 따라서 'ㅿ'이 'ㆆ'으로 바뀌는 것은 표면형에서 일어난 변화가 아니다. 그러나 표면형에서 일어난 어떤 변화의 결과로서 기저형의 변화에서는 충분히 나타날 수 있다."(2011.6.3, 전자 편지).

58) 이러한 방식의 'ㆆ' 설정의 당위가 최명옥(1995) 등의 일련의 생산적인 논문들에서 지속적으로 나타난다.

으로 전환되어 불규칙성이 제거되었다는 것이다.59) 이와 같은 논리 전개의
필연적인 결과로, 최명옥(2004 : 28-29)은 현대국어의 자음체계에 평음으로
분류된 무성 파열음 /ㆆ/(?)를 포함해서 20개의 자음 음소를 배정하였다.
그리고 /ㆆ/가 표면으로 구체적으로 실현되는 환경은 없으며, 뒤에 통합되
는 자음어미의 초성을 경음화함으로써 오직 그 존재가 인정된다고 하였다.
또한, 그는 /ㆆ/를 공시적 음소 판별 기준의 최소한의 척도가 되는 최소대
립쌍(minimal pairs) /ㆆ/(?) : /ㅈ/(č) : /ø/을 아래와 같이 제시함으로써 그
것의 음소적 신분을 확인하려고 하였다.

(20) ㄱ. 짛-(作) : 짖-(吠) : 지(負).
ㄴ. /ㆆ/(?) : [či : k'o](짛+고), [čiǝdo](짛+어도).

그러나 글쓴이는 음절말 위치에서 제시된 이와 같은 최소대립쌍이 음소
변별을 위한 적절한 보기가 되지 않는다고 생각한다. 국어의 음절말 환경
에서 일련의 자음들은 그 변별성이 중화되기 때문이다. 이러한 사실은 최
명옥(2004 : 129-130)에도 분명하게 인지되어 있다. 그는 최명옥(2004 : 129-
130)에서 다음과 같은 소위 "평파열음소화 규칙"을 열거하고 있다. /ㄷ ㅅ
ㅎ ㅈ ㅌ ㅆ ㆆ ㅉ/→ㄷ/X__]](C). 따라서 최소대립어로 설정된 '짛-(作) : 짖-'
(吠)의 예들은 의미가 없다.
글쓴이는 지금까지 이 단계에서, 현대국어와 각각의 지역방언에서의 공
시적 자음체계에서 결코 표면으로 실현되지 않는 음소 /ㆆ/를 많은 무리를
감수하고 설정하는 논리의 본질을 이 글의 §6에서 음미해 보려고 한다. 추
상적인 성격의 음소 /ㆆ/와, 이것을 표면으로 도출시키기 위해서 인위적으

---

59) 'ㅅ' 불규칙용언의 변화의 과정과, 그 결과 형성된 /Xㆆ-/와 같은 단일화에 대한 설명은
그 배경과 이론은 상이하지만, <조선어 신철자법>의 기초 작업으로 나온 전몽수(1949)
의 견해와 어느 정도 일치하는 사실이 흥미 있다. 이 글의 §4.2에서 (15)의 보기를 참조.

로 작성해야 되는 부차적인 서너 개의 음운규칙들의 근저에는 어떠한 배경이 있을까. 글쓴이는 1970년대 이후, 그리고 지금까지 국어 음운론 기술에서 부단히 지속되는 이러한 일단의 노력은 1930년대와 1940년대 후반의 형태주의에 근거한 맞춤법에서 추구된 이론, 즉 불규칙을 규칙화로 이해하려는 시도와 원칙적으로 일치한다고 생각한다.

6. ?에 대한 음운현상의 본질과 용언의 공시적 불규칙성

6.1. 어간의 변화와 어미의 非生成的인 성격

교착어인 국어의 형태론적 특성을 보면, 체언과 조사, 어근과 어근/접사, 그리고 용언의 어간과 어미와 통합이 이루어질 때 조음의 경제적 원리에 기반을 둔 다양한 조정이 수행된다. 이러한 음성학적 조정은 주로 일정한 보편적인 형태음소적 원리에 근거하고 있다. 동시에 이것은 공시적 또는 통시적 음운론적 과정과, 형태론적 제약을 통해서 구체적으로 표면으로 실현된다. 처음에 어근과 굴절어미와의 공시적 통합 관계는 조정의 관점에서 서로 협조적이지만, 여기에 시간의 성분이 개입되면 언어변화, 특히 음성변화에 대한 어근과 어미는 일치하지 않게 된다. 즉, 원래의 어근에 개입된 음운 또는 형태 변화에 의하여 재구조화된 개신 어근에 예전의 굴절어미는 대체로 당분간 순응하지 않는 경우가 흔하다.[60]

---

60) 이 글의 초고를 검토한 이진호 교수(전남대)는 용언의 어미는 비생성적인 성격도 일부 있으나, 어간의 변화에 맞춰 새롭게 바뀌는 일이 더 많음을 지적하였다.
   즉 "'밧고-'에서 변화한 '바꾸-'는 모음조화에서 '바꿔'와 같이 바뀐 어간에 맞춰 새롭게 바뀌기도 한다. 이런 예는 매우 많다. 또한 활용어미의 놀라운 생산성을 고려해야 할 것이다. 따라서 공시 음운론 기술에서 어간과 어미의 비생산적 성격만을 고려하면 아무 것도 할 수 가 없어지는 것이다."(2011.6.13. 글쓴이에게 보낸 전자 편지의 일부).

예를 들면, 현대국어의 '여' 불규칙 용언 '하-'(爲)의 존재는 어간과 모음 어미와의 통합의 관점에서 매우 특이한 것이다. 이것의 활용에 대해서 지금까지 제시된 어떠한 음운변화 또는 공시적인 설명도 현재로서는 만족스럽지 않다.61) 이 활용형은 그대로 15세기 국어의 활용체계에서 '야' 불규칙으로 소급된다. 그만큼 중세국어의 'ᄒᆞ-'용언이 보이는 불규칙성의 역사는 오래된 것이다. 그것은 당대의 화자들이 대동사 또는 형식동사로서 'ᄒᆞ-'형을 구사하는 높은 출현 빈도수에 근거한 것일지도 모른다. 그러나 글쓴이는 'ᄒᆞ-' 어간에 모음어미가 연결되어 형성된 어미 '야'의 불규칙성은 존재하지 않는다고 추정한다. 문제는 'ᄒᆞ-' 어간 자체에서 찾아야 할 것이다. 그 이유는 기원적인 'ᄒᆞ-'의 이전 단계 어근 x는 국어사의 어느 시기에 모종의 고유한 변화를 수용하였을 것으로 보기 때문이다. 즉, 'ᄒᆞ-' 어간의 역사적 이전 형태는 그 형태 구조가 어떠했던지 간에, 어간 말에 부음 -y를 일단 갖고 있었을 것으로 본다. 여기에 통합되었던 부사형 어미는 여러 가지의 가능성 가운데 '-야'로 자연스럽게 선택되었을 것이다. xy+ya. 그러나 기원적 어간 xy가 중세국어 이전 단계에서 지금은 복원하기 어려운 변화를 거쳐 'ᄒᆞ-'로 변화되었으나, 원래 여기에 선택되었던 활용어미 '-야'는 따라서 조정되지 않고, 어간의 변화 이전의 자리를 고수하고 있는 것이다. 그러한 어간과 어미와의 불일치 상태가 중세를 거쳐 오늘에까지 지속되고

---

61) 이와 같은 'ᄒᆞ야 또는 'ᄒᆞ여'(爲)형은 중세국어에서 -y로 끝난 하향 이중모음 '-ᄋᆡ'의 구조를 지닌 용언어간들이 모음어미와의 통합에서만 출현할 수 있는 형태이다. 따라서 중세국어에서 동사어간 'ᄒᆞ-'에 연결되는 부사형어미 '-야 또는 '-여'의 출현을 합리적으로 설명하기 위해서 그 이전 단계에서 *'ᄒᆡ-'를 재구하기도 하였다(이현희 1987). 그러나 *'ᄒᆡ-'의 단계로부터 15세기 국어에서 'ᄒᆞ-'로 재구조화되는 과정에 대한 설득력 있는 설명과 증거는 충분하지 않다.
　　현대국어 '여' 변칙을 취급한 김차균(1971 : 113)에서도 '하-'(爲)에 대한 기저형으로 /hay-/를 제안한 바 있다. 즉, 그는 '하다, 하여라, 해라' 등의 활용형들에서 '해-'의 /-y/를 어간으로 설정하여 그 다음 연결되는 '-여' 활용 어미를 정칙으로 파악하였다. 동시에 '해-' 어간의 말음 -y는 자음어미 앞에서 탈락하고 부사형 어미 '-아/어' 앞에서는 탈락하지 않는 부자연스러운 음운규칙을 작성하였다.

있는 것으로 글쓴이는 해석한다.

더 시대적으로 가까운 예로, '두외->되-'(化)의 발달 과정을 점진적으로 밟아 온 어간 '되-'에 연결되는 부사형 어미 '-야/여'를 제시할 수 있다. 자음 앞에서 '외' 모음이 이중모음 [oy]이었던 시기에 이 어간에 연결되는 부사형 어미는 예외 없이 '-야' 또는 '-여'이었다. 그러나 19세기 중기 또는 후반에 하향 이중모음의 점진적 단모음화 과정에 의해서 '외'가 oy> we>ö의 단계를 밟아 단모음 [ö]로 전환된 이후에도(최전승 1995), 어간 '되-'에 원래 연결되었던 부사형 어미는 '-아/어'로 조정되지 않고 일정한 기간 19세기 후기와 20세기 초반에 걸쳐 전반적으로 '-야/여'로 쓰이고 있었다.[62]

(21) ㄱ. 일도 잘 되야 갈거시라(독립신문,18965.5①),
　　　 가을이 되야도 봄 보다 더(상동.1896.5.12①),
　　　 팔십도를 맞고 방송이 되얏더니(상동.1896.7.21②).
　　ㄴ. 원앙조란 시가 되야...나는 죽어 나부 되야(완판 수절가,상.30ㄴ),
　　　 이 지경이 되야고나(상동,상.42ㄱ),
　　　 올타 그글 잘 되얏다(상동,상.14ㄴ).
　　ㄷ. 스람이 죽어 귀신이 되야 산 사롬에게(1908,구마검,4),
　　　 거진 호나잘이나 되야도(1912,고목화(상),4),
　　　 정오가 되야도 도라오지 안코(1911,동각한매,39),
　　　 며 모양이 되얏스니(1912,고목화(상),48).

또한, 현대국어의 남부 지역방언에서 '우'로 끝난 일음절 어간은 일반적

---

62) 전남과 전북의 지역방언에서도 '되-'(爲) 어간 다음에 연결되는 부사형 어미는 '-야 또는 '-아'로 여전히 사용되고 있다. 아래의 예는 『한국구비문학대계』(5-1, 남원군 편)에서 일부 추린 것이다.

　　나도 인제는 부자가 되야 석숭이 부자를 아니 부러하니,
　　인자 참 밤이 되야서 갔어,
　　도저히 안되야. 실력이 그 양반한테 모지래,
　　그럼, 내가 일모가 되야 잠깐 쉽게 만나 보고 갈란개.

인 모음조화 규칙에 따라서 음성모음인 부사형 어미 '-어'를 선택하지만, 이음절 이하의 '우' 모음 어간은 모음조화 규칙이 여기에 적용되지 않고 표면적으로 양성모음 '-아'가 압도적인 빈도로 사용되고 있다(최전승 2004 : 201-202). 가꾸+아→가꽈(남원), 가까(여수), 배우+아→배와, 배왔다(남원, 여수), 가두+아→가돠, 가돴다(남원, 고흥), 감추+아→감촤(남원) 등등. 이러한 유형들은 기원적으로 2음절 어간의 말모음 '-오'에 모음조화 규칙으로 연결되었던 부사형 어미 양성모음 '-아'가 속해 있다. 근대국어의 단계에 비어두음절의 '오'가 생산적인 '오>우'의 변화에 의하여 모음 상승이 이루어져 음성모음으로 전환된다. 그리하여 이들 어간의 말음이 자음어미 앞에서는 '우' 어간으로 재조정이 이루어진 이후에도, 모음어미 앞에서는 종전의 어미 '아'와 통합된 활용형이 그대로 지속적으로 사용되고 있는 것이다.63)

이와 같이 일정한 어간에 일어난 변화를 무시하고, 원래의 형태를 고수하려는 어미의 보수성은 매우 강력한 것이다. 이러한 어미의 보수성의 집착을 글쓴이는 형태구조 보존(structure preservation)의 원리로 이해하려고 한다(Paradis & La Charité 2011 : 1797-1798).64)

---

63) 이러한 '우' 어간에 대한 부사형 어미 '아'의 유지는 19세기 후기 전라방언의 자료에도 부분적으로 반영되어 있다.

 1. 가추-(備) :
  ㄱ. 예단을 갓추고(대봉,하.12ㄱ),
  ㄴ. 안장을 <u>갓추와</u>(대봉,상.43ㄱ), 예단을 <u>가츄아</u>(화룡,68ㄱ),
 2. 맛추-(相合) :
  ㄱ. 벽을 맛추고(화용,57ㄱ), 닙 맛츄고(판,박.326),
  ㄴ. 입 흔번 <u>맛츄와도</u>(판,퇴.314), 길게 <u>마츄와셔</u>(성두본,박.7), 밉시잇게 <u>마츄와셔</u>(성두본,박.22), 시죠사셜 쳑 <u>마츄와</u>(춘,남.86), 비위 <u>맛츄와셔</u>(춘,동.120).
 3. 바꾸-(換) :
  ㄱ. 박구것소(심쳥,상.4ㄴ;판,심.162),
  ㄴ. <u>박구와</u> 갈 슈 업고(춘,동.136), <u>박구와</u> 메고(봉계집.23ㄴ).
64) 특히, 현대국어에서 소위 '애' 불규칙 활용을 하는 일련의 용언들은 중세국어의 단계에서 기원적으로 '-ㅎ다'의 활용형으로부터 유래한다는 사실이 잘 알려져 있다(허웅 1975).

 노라ㅎ다>노랗다(黃), 파라ㅎ다>파랗다(靑), 하야ㅎ다→하얗다(白),

6.2. 'ㅅ' 불규칙 어간의 변화와 어미의 형태구조 보존의 원리

최명옥(1995 : 335)은 경남 합천 지역방언의 음운론을 기술하면서 이번에
는 동사어간 '지-'(負)와 '짓-'(作)이 활용에서 보여주는 상이한 음운현상을
통하여 이 방언에서도 'ㅎ'이 음소로 자음체계에서 인정하여야 할 당위를
제시하였다. 즉, 여기서 대조되는 중요한 사실은 '짓-'(作) 어간에 '-으며,
어서' 등과 같은 모음어미가 연결되면 순수한 모음어간을 갖고 있는 '지-'
(負)와는 달리(지+으며→지며, 지+어서→져서), '으'의 탈락이나 y 반모음화
를 거치지 않고 '지으며, 지어서'로 나타난다는 것이다. 이러한 어미는 개
음절 어간이 아니고, 폐음절 어간에 통합되는 것이 원칙이기 때문에, '지으
며, 지어서'의 어간은 모음 사이에 탈락할 수 있는 'ㅅ'이 아닌 어떤 자음을
설정해야 되는데, 그 조건에 맞는 대상은 오직 'ㅎ'밖에 없다는 논리이다.

그러나 15세기 국어의 어간 '짔-'(作)에 적용된 'ㅿ>ø'의 변화는 '지스며,
지ᅀᅥ'와 같은 모음 사이의 환경에만 적용되었다. 이러한 음운변화 이후에
도 이 용언의 활용형은 그대로 '지으며, 지어' 등으로 보존되어 오늘에까지
이르고 있다. '짓-'(作)의 어간이 모음어미 앞에서 '지-'로 바꾸어졌다고 하
더라도 연결되는 어미는 선행하는 재구조화된 어간을 예전의 음운변화 이
전의 폐음절 어간으로 인식하고 그대로 사용되고 있다.65) 이러한 이유로,
'ㅿ>ø'의 변화 이후에 '짓-'(作) 어간이 모음어미 앞에서 보이는 '지으니, 지
어' 등과 같은 활용 형태는 개신형 어간과 어미와의 불일치를 보이는 자연
스러운 현상이다. 따라서 재구조화된 '지-'에 모음 사이에서 흔적이 없이

부회여ᄒ다>부옇다, 둥그러ᄒ다→둥그렇다(圓).

이와 같은 일련의 색체어 및 비색체어들의 오늘날의 형태는 완전히 재구조화되어 'ᄒ-'
(爲)의 활용 대상에서 벗어난 것 같지만, 모음어미와 연결되는 경우에는 여전히 예전의
'ᄒ-'의 활용 형식을 강력하게 나타내고 있다.

65) 정영호(2009 : 97)도 이와 같은 현상을 관찰하고, 기저음소 /ㅎ/를 설정하지 않아도 어미
'-으'가 탈락하지 않는 것은 기원적 어간말음 'ㅿ'의 흔적 때문이라고 지적하였다.

탈락된다는 'ㆆ'을 인위적으로 삽입해서 해석하여야 할 이유가 없다.66)

'△>ø'의 변화 이후에 16세기의 문헌자료에 '지스며>지으며, 지서>지어' 등의 활용형들이 여전히 쓰이고 있다.67) 그렇다면 16세기부터 폐음절 기능을 하는 'ㆆ'를 어미 '-으며, -어'를 위해서 '지-'(作)의 어간말음으로 첨가하여야 된다는 논리가 된다. 16세기 국어에서 재구조화된 '짛-'은 모음어미 앞에서 'ㆆ'의 자동 탈락으로 문제가 없으나, 자음어미 앞에서 'ㆆ'는 자음어미의 초성을 경음화시켜야 할 것이다. 그러나 문헌에서 '짛+고→지꼬'와 같은 예는 적어도 16세기의 자료에 아직 등장하지 않는다. 국어 음운사에서 일어난 자음음소 목록의 변화를 제시한 최명옥(2004 : 265)에서 18세기 이후의 자음체계에서도 'ㆆ'는 아직 등장하지 않았다.

'ㅅ'과 'ㄷ' 불규칙 용언에서 음소 /ʔ/의 타당성을 주장하는 모든 연구자들이 내세우는 음운규칙은 모음 사이에서 이것의 필수적 탈락이다. 이러한 현상에 대한 추정은 이미 1930년대부터 1940년대 후반에 걸치는 맞춤법 학자들의 업적으로 소급되는 유서 깊은 관찰이다. 그러나 이러한 논리는

---

66) 또한, 어간 '짓-'(作)에 부사형어미 '-어'가 연결되면, 아간말 모음 '-이'의 순행동화를 받아 '-여'로 전환된다. 이러한 사실은 '짓-'의 어간에 ʔ과 같은 자음적 성분이 개재되어 있다면 일어 날 수 없는 것이다.

  (ㄱ). 동작더을 <u>지여</u>노코...<u>지여</u>쩌날(완판, 화룡,상:20ㄱ, 20ㄴ),
  (ㄴ). 글을 <u>지여</u> 노래ᄒ여(1894, 천로,하.164ㄴ),
  (ㄷ). 글을 <u>지여</u> 장편 시을 믄든고로(1886, 필사.잠상.40ㄴ),
  (ㄹ). 병원도 <u>지여</u>주며(1896, 독립신문,6.9),
  (ㅁ). 짓다, <u>지여</u>, 지은(1897, 한영ᄌ뎐 47).

67) 『17세기 국어사전』(홍윤표 외, 1995, 태학사)에서 '짓-'(作)의 문헌에서의 활용 예를 찾아 제시하면 다음과 같다. 즉, '△>ø'의 변화 이후에도 종성 △이 점유하고 있었던 폐음절 어간의 활용 양식을 그대로 보존하고 있다.

지으며∽지은∽지어도∽지어∽지으시며∽지엇ᄂ니(1995 : 2511-2514).

그러나 '짓-'(作)이 자음어미와 통합되는 경우에 어미의 초성이 경음으로 바뀌는 예들은 17세기 국어의 자료에 적극적으로 나타나지 않는다.

짓더니∽짓디∽짓고∽짓다가∽짓노라∽진ᄂ니라.
  cf. 영당 <u>짓꼬</u> 샹 그려두고(1581, 속삼강,중,효,25ㄱ).

같은 계열의 성문 마찰음 'ㅎ'가 이 조건에서 보이는 동일한 행위에 유추되었을 뿐이다. 세계 언어의 음성 패턴과 그 유형을 현장 연구를 통해서 분류하고 기술한 Ladefoged & Maddieson(1996 : 75)에 의하면, 모음과 모음 사이에서 무성 파열음 ʔ는 탈락되지 않는다. 즉, ʔ는 모음 사이에서 완벽한 폐쇄에 미치지 못하고, 진정한 폐쇄음 대신에 매우 압축된 형식의 끼익 울리는 소리가 모음에 얹혀 나오게 된다고 한다. 글쓴이는 만약 국어에 구체적으로 ʔ이 기저표시 층위에 존재한다면, 이것이 갖고 있는 무성 파열음의 성격상, 음성 실현 과정에서 모음 사이에서 탈락될 개연성이 전연 없는 것으로 생각한다.[68]

따라서 'ㅅ' 불규칙 용언어간의 말음에 /ʔ/를 설정하여 이것을 모음 사이에서는 탈락시키는 음운규칙의 음성학적 근거는 존재하지 않는다. 또한, '짓-'(作)에서 재구조화된 '지-' 어간 다음에 연결되는 '-으면, -어서' 등과 같은 모음어미는 활용 어미의 보수성, 또는 형태보존의 원리에 의해서 'ㅿ>ø'의 변화 이후에도 폐음절 어간으로 인식하여 자동적으로 지속되었을 뿐이다.

최명옥(1995 : 346-347)은 경남 합천방언에서 용언어간 '짓-'(作)이 자음어미 '-고, 더라' 등과 연결되어 [직꼬, 진떠라]와 같이 실현되는 경음화 현상을 역시 어간 말음에 'ㅎ'을 설정하여 설명하였다. 그는 이러한 경음화는 직접 수행된 것이 아니고, 'ㅎ'의 음절말 미파음화(중화) 단계를 거쳐 형성

---

68) 그러나 이 글의 초고를 검토한 배주채(가톨릭대) 교수는 모음 사이에서 'ㅎ'이 탈락하는 현상은 자연스럽다고 판단한다. 배 교수가 글쓴이에게 보낸 전자 편지(2011.6.3)에서 제시한 논리는 다음과 같다.
즉, "후두음은 모음 간에서 공통적으로 약화되거나 탈락할 수 있는 음성적 특성을 가지고 있다. 후두음인 'ㅎㅎ'은 모음 간에서 강화되어 'ㅋ'으로(일부 방언에서는 'ㅆ'으로) 바뀌었으나, 일부 단어에서는 탈락한 예(도ᄅ혀>도리어)가 있다. 'ㅎ'은 폐쇄음이기 때문에 모음 간에서 유성음화되는 것이 국어의 일반적인 현상일 것이다. 그리하여 후두 폐쇄음이 유성화 되면 그것은 앞뒤의 모음과 음성적으로 구별되는 음가를 가지지 못해 탈락한 것으로 인식될 수밖에 없는 것이다."

되었다고 하였다. 징+고→짇고→[직꼬], 징+더라→[찓떠라]. 그러나 글쓴이는 이와 같은 자음어미와 연결되어 일어나는 경음화 현상은 ʔ의 중재 없이 직접 '짓-→짇'에서 가능한 것으로 판단한다.69) '짓-'(作)의 어간말음은 모음 사이에서 탈락하는데, 그것은 이 용언이 자연스러운 통시적 음운변화를 밟아온 불규칙 어간이기 때문이다. '짓-'(作)이 보이는 이러한 공시적 비자동적 교체 'ㄷ∽ø'에 기저형으로 추상적 /ʔ/를 첨가하고, 여기에 몇 가지의 복잡한 음운규칙을 부가하여 표면으로 이끌어낸다고 해서, 이러한 어간 유형이 규칙적인 자동적 교체로 대치되지는 않는다.

또한, 최명옥(1982 : 166)이 월성방언에서([k'ukk'o, k'uudo, k'uumo]; [nukk'o, nuudo, nuumo]), 그리고 임석규(2007)가 경북 북부방언에서 예시한 '꾸ㆆ-'(炙), '누ㆆ-'(臥, 누'쩨, 눈'노, 눈^나)'의 활용형들도 역시 어간말 ʔ과는 아무런 관련이 없다. 월성방언에서 '꾸ㆆ-'의 활용형 '꾸ㆆ-+고→[국 : 꼬], 꾸ㆆ-+어도→[꾸 : 도]' 등과, 경북 북부방언에서 '누ㆆ-'의 활용형 '누ㆆ-+제→[누쩨], 누ㆆ-+노→[눈노]' 등은 이들 용언의 어간말음을 기원적인 'ㅂ'으로 설정해도 아무 문제가 없다.

예를 들면, 월성방언에서의 [꾹 : 꼬] 또는 [꾸 : 고]는 '꿉 : -+고→(조음위치 동화)꾹 : 고→(경음화)꾹 : 꼬→(동일 조음위치 자음탈락)[꾸 : 꼬]의 과정을 거친다. 경북 북부방언의 표면형 [눈 : 노]의 경우도 '눕- : +노→(비음화) 눔 : 노→(조음위치 동화)[눈 : 노]'와 같이 단순하게 설명된다. 물론 이 용언들에서도 모음어미 앞에서는 어간말음 'ㅂ'이 탈락되어 불규칙 활용을 나

69) 또한, 정인호(1995 : 37-38)는 "非성문화"의 항목에서 용언 어간말 성문음 'ㅎ'(쌓-)과 'ㆆ'(짛-)이 ㄴ 비음으로 시작하는 어미 앞에서 비음화하는 과정을 아래와 같이 제시하였다.

(ㄱ) '쌓-(積)+내→싸ㆆ내→싿내→[싼내]',
(ㄴ) '짛-(作)+냐→짇냐→[진냐],

그러나 이러한 용언어간의 말음에 ʔ을 배제하면, 'ㅎ→ㆆ'과 같은 중간 과정이 개입되지 않고, 직접 'ㅎ→ㄷ'과 'ㅅ→ㄷ'과 같은 일반적인 중화 현상으로 표면형을 도출할 수 있다.

타낸다. 만일 월성과 경북 북부방언에서 '꾸ㅎ-'(炙)와 '누ㅎ-'(臥)'를 인정한 다고 하면, 기원적으로 'ㅿ'을 어간말음으로 보유했던 'ㅅ' 불규칙용언과, 'ㅸ'을 보유했던 'ㅂ' 불규칙용언이 ʔ로 합류하게 되는 불합리를 피할 수 없 게 된다. 음운변화의 원리에서 볼 때, 'ㅿ>ㅎ'과 'ㅸ>ㅎ'과 같은 유형은 설명 하기 어려운 것이다.

'ㅅ' 불규칙 활용 용언들의 일부는 자음어미와 통합되는 경우에 경음화 를 수반하는 것이나, 지역에 따라서 또한 동일한 환경에서 유기음화가 나 타난다. 이 글의 §5.1에서 언급한 바 있는, 경북 寧海의 대진방언에서 관찰 된 '긋-(引)>긏-, 븟-(注/腫)>븣-, 짓-(作)>짗-'(최명옥 1982 : 166) 부류가 여 기에 속한다. 이러한 현상은 최명옥(1982)에서 지적된 바와 같이 'ㅿ>ㅎ'와 동일한 방식으로 'ㅿ>ㅎ'의 변화를 반영하는 것일까? 동시에 어간말 ʔ의 설정과 더불어 또한 h를 기저형의 어간말음으로 인정해야 되는 것일까? 글쓴이는 'ㅅ' 불규칙 활용용언의 어간말음으로 기원적인 'ㅅ' 이외에, 기저 형으로 어떠한 ʔ나, h도 인정하지 않으려고 한다.[70] 그 이유는 지역방언에 서 음절말 'ㅅ'의 미파음 [t]에 후속하는 자음어미의 초성이 경음화하는 동 일한 조건에서 유기음화도 아울러 실현될 수 있다고 판단하기 때문이다.

---

70) 배주채(2003 : 158)는 현대국어에서 'ㅅ' 불규칙 어간의 복수 기저형 가운데 하나의 성원 을 /Xㄷ/(자음어미 앞)으로 설정한다. 즉, 어간말음은 'ㅅ'으로 표기되지만 그 발음은 [ㄷ]이고 모음어미 앞에서 탈락하는 자음도 'ㅅ'이 아니라 'ㄷ'이라고 보아야 옳다는 것 이다. 따라서 발음을 기준으로 한다면 'ㅅ' 불규칙은 'ㄷ' 불규칙 용언이라고 한다.
이진호(2005 : 217)도 이 문제에 대해서 배주채(2003)와 일치한다. 그는 현대국어의 음운 론적 관점에서 'ㅅ' 불규칙 용언의 어간말 자음의 'ㅅ'은 표면에 실현되는 경우는 없기 때문에, 그 대신 이 위치에 나타나는 'ㄷ'으로 보는 것이 더 타당하다고 하였다. 역사적 으로 'ㅅ' 불규칙 용언의 어간말 자음 'ㅿ'이 음절말에서 'ㅿ>ㅅ>ㄷ'으로 변화하였기 때 문이라는 것이다.
그러나 글쓴이는 어간말 'ㅅ'이 비록 표면에 나타나는 일이 없어도, 다음과 같은 근거로 자음어미 앞에서의 기저형을 /Xㅅ/으로 설정하여야 된다고 생각한다. 즉,

(1) 어원적 지속성과, (2) 'ㅅ' 정칙 활용을 하는 다른 지역방언들과의 한국어 기저구 조에서의 상관성, (3) 어간말 'ㅅ'을 중화현상에 의하여 [ㄷ]으로 도출시킬 수 있는 생 산적인 음운규칙, (4) 기저형의 성격, (5) 동일 방언의 화자의 말의 스타일에 따라서 'ㅅ' 불규칙과 정칙 용언의 공존.

6.3. 'ㅅ' 불규칙 용언에서 유기음화와 경음화의 상보적 분포

국어의 음절말 장애음들이 단어 경계와 자음 앞에서 미파 현상을 보이며, 동기관적 중화를 파생시킨 다음에 중부방언을 포함한 일부의 지역방언에서 부수적인 효과로 경음화 또는 격음화를 이어서 실현시키고 있는 사실을 이병근(1981 : 80)이 지적한 바 있다. 음절말 위치에서 미파화된 폐쇄음들이 연결되는 자음어미의 초성을 된소리로 바꾸는 경음화는 조음 음성학적으로 쉽게 이해된다. 그러한 경음화는 17,8세기로 소급되기 시작하는 점진적인 음운과정으로, 오늘날의 지역방언에서는 일반화되어 나타난다. 그 반면에, 미파음들이 음절말 위치에서 후속 자음어미의 초성에 부가시키는 유기음화는 그러한 조음의 원리와 아울러, 그 유형들도 잘 알려지지 않은 편이다(최임식 1989를 참조).

오종갑(1997 : 6-9)은 기원적으로 어간말음 'ㅸ'과 'ㅿ'에서 유래된 'ㅂ'과 'ㅅ' 불규칙 활용 어간들의 지역적 분포와 그 변이형들을 조사하면서, 특히 '굽-'(炙)과 '붓-'(注)의 어간에 어미 '-고'와 연결되면 그 자음어미의 초성이 지역방언에 따라서 각각 경음화와, 격음화로 각각 실현되는 예들을 관찰하게 되었다. 그리하여 그는 '굽-'(炙)과 '붓-'(注)의 표면 활용형들과 그 도출 과정이 결과적으로 아래와 같이 동일한 형식으로 합류하게 되는 현상을 주목하였다.

(22) ㄱ. /굽 : -+고/→(경음화)굽 : 꼬→국 : 꼬→[구 : 꼬],
　　　　/굽 : -+고/→(격음화)굽 : 코→국 : 코→[구 : 코].
　　ㄴ. /붓 : -+고/→(중화)붇 : 고→(경음화)붇 : 꼬→북 : 꼬→[부 : 꼬],
　　　　/붓 : -+고/→(중화)붇 : 고→(격음화)붇 : 코→북 : 코→[부코].

글쓴이는 오종갑(1997)에서의 위와 같은 기술 방법이 기본적으로 옳다고 생각한다. 다만, 미파음 다음에 연결되는 자음어미의 초성에 실현되는 유기음화의 성격에 대한 이해가 어려운 것이 문제가 된다. 전북과 전남의 지역방언에서도 'ㅂ' 불규칙 용언어간의 자음이 표면적으로 볼 때에 'ㅂ→ㅎ'으로 전환된 것과 같은 예들이 종래에 관찰된 바 있다.71) 전라방언을 중심으로 'ㅂ' 불규칙 용언어간이 보이는 공시적 변화 유형을 검증하면서 정인호(1997)는 'ㅂ>ㅎ(ㆆ)의 변화를 거친 용언어간들의 형성 과정을 어간 단일화라는 의식적인 화자들의 개입을 통해서 규명하려고 하였다. 먼저, 그는 'ㅅ' 불규칙 용언어간의 말음이 자음어미 앞에서 'ㅅ>ㅎ'으로 변화된 '짛-'(作)의 활용 예가 이 방언에 이미 존재하고 있는 'ㅎ' 말음 용언을 모형으로 유추변화를 수행한 것으로 판단하였다. 그리고 그는 '짛-'(作)이 보여주는 활용 형식이 'ㅂ>ㅎ'의 변화 방향을 가리키는 일부 'ㅂ' 불규칙 용언어간의 활용과 부분적으로 일치하기 때문에, 역시 'ㅎ' 말음 용언의 활용을 기준으로 옮겨 간 것으로 추정하였다.

최근에 김현(2001)은 불규칙 활용어간에서 뿐만 아니라, 어간말음이 모음이거나 또는 비성문음이었던 용언어간이 'ㅎ' 또는 'ㆆ'로 재구조화되어 가는 경향을 관찰하면서, 이러한 현상도 청자 중심에서 이루어진 誤分析의 개입을 고려한 바 있다.72) 글쓴이는 모음으로 끝난 어간에 첨가되는 'ㅎ'에 관한 한, 정인호(1997)과 김현(2001)에서 제시된 가설을 어느 정도 수용한다.

그러나 글쓴이는 위에서 언급된 'ㅅ'과 'ㅂ' 불규칙 용언의 어간말음에서

---

71) 김옥화(2001)는 전북 부안방언의 음운론을 기술하면서, 이 방언에 등장하는 'ㅂ' 불규칙 교체의 몇 가지 유형 가운데 어간말 'ㅎ'로 재구조화를 거친 예들을 제시하였다.

   굽-(炙) : 굴 : 고∽구어라, 눕-(臥) : 눟고∽누어서, 집-(補) : 짛고∽지어서(짛-어서)∽지여(짛-어).

72) 'ㅅ'과 'ㅂ' 불규칙 용언 어간말 자음에서 일어난 'ㅂ/ㅅ→ㅎ/ㆆ'의 변화에 대해서 정인호(1997)에서의 "화자 중심의 유추", 그리고 김현(2001)이 제시한 "청자 중심의 재분석"이라는 해석은 음운변화의 영역을 벗어나서 어간 단일화를 추구하려는 화자와 청자의 적극적인 개입을 고려하였다는 점에서 주목된다.

관찰되는 'ㅂ/ㅅ→ㅎ'(자음어미 앞)과 같은 변화의 원인은 청자에 의한 오분석 또는 재분석이나, 화자들의 어간 단일화를 지향하는 유추 등과 같은 언어 외적 요인에서 찾지 않으려고 한다. 이들 불규칙 용언이 점진적으로 취하는 표면적인 'ㅂ/ㅅ→ㅎ'(자음어미 앞)의 경향은 어간말 'ㅂ'과 'ㅅ'(>ㄷ)에 자음어미가 연결될 때에 통상적인 경음화 대신에 유기음화 현상이 일어난 것으로 보이기 때문이다. 문헌자료에 반영된 표기 가운데 이와 같은 조건에서 유기음화가 수행된 예들을 찾기가 쉽지 않다. 그러나 초간/재간본 『교린수지』(1881, 1883)에 경음화 대신 등장하는 유기음화의 예들이 부분적으로 관찰된다.[73]

(23) ㄱ. 오늘도 머물 밧케 업수오(초간/재간 교린수지 3.37ㄴ),
　　　문 밧케 나와섯습네(초간 교린수지 4.39ㄴ), 문 박케(재간 교린수지 4.39ㄱ),
　　　년은 인군박케는 못튼는 거시라(초간/재간 교린수지 3.37ㄱ),
　　ㄴ. 처분은 당신케 잇습네다(초간/재간 교린수지 4.41ㄴ).
　　ㄷ. 장지는 안빡을 종희로 둑겁케 바르옵네(초/재간 교린수지 2.33ㄴ),
　　ㄹ. 술로 밥 먹키는 됴션만 잇는가 시브외(苗代川本 교린수지 3.11ㄱ),
　　　cf. 수까락으로 밥 먹기는(초간/재간 교린수지 3.23ㄱ),
　　ㅁ. 죵들이 잘 테가 업서(處, 초간/재간 교린수지 2.35ㄴ),
　　ㅂ. 손목 쥐고 흘케 가옵시(초간/재간 교린수지 1.47ㄱ),

위의 예들에서 후속하는 자음어미의 초성에 격음화를 촉발시켰다고 생

<hr>

73) 이와 같은 성격의 유기음화는 1882년 간행된 『正訂 隣語大方』의 표기 자료에서도 산발적으로 관찰된다.
　　ㄱ. 너무 욕심이 과흐야 단골 삼치 못허겟네(4.2ㄴ),
　　　cf. 단골 삼지 몯흐게 하열습니(1790. 인어대방 4.5ㄴ),
　　ㄴ. 각각 수르 뎡허여 맷키시니(4.7ㄱ).
　　ㄷ. 당신케 가셔 간쳥헐 밧게는(1.6ㄴ),
　　ㄹ. 자네쳐럼 흐다가는 시비 듯키 쉽사오리(3.6ㄱ).

각되는 어간말 자음의 유형은 장애음뿐만 아니라, ㄹ과 비음에까지 분포되어 있다. (23)의 유기음화 예들을 어떻게 수용하여야 될까.74) 초간본『교린수지』(1881)에 나타난 (23)의 예들의 표기 형태들이 재간본(1883)에서도 전연 교정되지 않고 그대로 반복되어 나타난다. 글쓴이는 오늘날의 입말에서 발견되는 동일한 조건에서의 몇 가지 유기음화 현상을 바탕으로, (23)의 예들은 그 당시 지역방언 화자들의 자연스러운 발화가 표기에 반영되었을 것으로 추정한다.75)

현대 전북방언의 'ㅅ' 불규칙 용언에서 특히 '짓-'(作)은 대부분 '짛-'으로 재구조화되었다(최태영 1983; 소강춘 1983; 김규남 1987). 짓-+고→직코→지코. 이러한 '짓->짇->짛-'에서의 어간말 'ㅎ'의 등장은 19세기 후기에 해당되는 지역방언을 반영하는 자료에서도 관찰된다. 따라서 이와 같은 변화의 시작과 확대 과정은 지역방언에 따라서 19세기 후기 이전으로 소급될 수 있다.

---

74) 19세기 후반에 간행된 부산 도서관본『交隣須知』(명치 14년, 1881)에 대한 전반적인 검토를 시도한 김정현(2005)은 본문의 (23)와 같은 예들을 고찰의 대상에서 제외하였다. 그 이유는 이와 같은 특이한 유형의 격음화는 국어의 일반적인 음운규칙으로 설명되지 않기 때문이라는 것이다.

75) 본문 (23)에서와 동일한 음성 조건에서 수행된 유기음화의 예는 산발적이지만, 아래와 같은 예들을 제시할 수 있다.

  (ㄱ)『한글』제5권1호(1937, 咸南 定平지방(1) 방언조사(池鳳旭, 16~22쪽)에 (23)ㄴ에 해당되는 방언형이 보고되어 있다.

   께→케 : (例 : 先生님께→先生님케, 17쪽),

  (ㄴ) 부안방언의 특수조사를 기술하면서 김옥화(2003 : 187)는 (23)ㄱ에 해당되는 유형과 동일한 유기음화를 관찰하였다.

   그것배키는 인 비는디, cf. 중핵교 배끼 못 댕깄어라우.

  (ㄷ) 본문의 (23)ㅁ에 해당되는 조건에서 실현된 유기음화도 19세기 후기 전라방언 자료에 드물게 확인된다.

   암만흔들 될 커시냐(판,적.502), 물 쓸 특기 나오눈듸(판,박.440).

  cf. 집비들키 우름운다(완판,심청,하.26ㄴ), 쌍거쌍닉 비들키 갓치(수절가,상.32ㄴ),

   비들기(鳩)→삐들키(『한글』,제5권1호, 전북정읍 사투리, 19쪽).

(24) ㄱ. 언제 밧바 옷 짓컷나(판.박.383),

　　ㄴ. 양나릭 쥬흥스가 흐로밤의 이 글을 짓코(99장 필사본 별춘.14ㄱ),

　　ㄷ. 농亽 짓키 일삼난대(병진본 필사 박흥보.1ㄴ),

　　　　흔 돌금은 져구리 짓고, 쏘 흔 돌금은 바지 짓코(상동.6ㄴ),

　　　　시집 짓코 왕토흐기(상동.8ㄱ),

　　　　닙구쏘로 집을 짓코(상동.13ㄱ),

　　　　졔비 집을 직코(상동.21ㄴ).

(25) 션흔 사롬의 일홈은 션흐게 지코 악흔 사롬의 일홈은 악흐게 지코

　　(1894.천로역,서,3ㄴ),

　　조흔 짜 일홈은 조케 지코 흉흔 짜 일홈은 흉흐게 지엿ㅅ니(천로역,

　　서,3b),

　　죄롤 지코 디옥에 쌔지는 거시 조흐냐(천로역,서,1b).[76]

　위의 예들은 오늘날 전북방언에 쓰이고 있는 재구조화된 어간 '짛-'의
어간말음은 통상적으로 경음화가 일어나는 조건인 '짇-+고' 등에서 유기음
화가 실현되었음을 알 수 있다. 이와 같은 음성 환경에 유기음화가 일어나
는 조음 음성학적 근거에 대해서 앞으로 면밀한 고찰이 필요하다. 박용후
(1988 : 80-81)는 제주도 방언에서 사이 시옷과 유성자음 다음에 평음으로
시작되는 어근 또는 어미가 연결되는 경우에 그 초성에 'ㅎ'이 첨가되어
격음화가 실현되는 다양한 범주를 제시하였다.[77] 그러나 이와 같은 격음화

---

76) 만해 한용운의 『님의침묵』(1926)의 표기에서도 다음과 같이 '짛-'(作)의 활용형이 나타난
다. 『님의침묵』(1926)에 반영된 1920년대의 시어에는 당시 충남 홍성방언의 특질이 드러
난다(최전승 2004 : 332-334).

　도포도 지코 자리옷도 지엇슴니다, 지치아니한 것은,
　지코십허서 다 지치안는것임니다(134, 수의비밀).

77) (ㄱ) 사이시옷과 관련된 경음화 대신에 일어나는 제주방언에서의 격음화;
　　고기+집→고기칩, 불미+집→불미칩, 드르+밭→드르팥, 소금+국→소금쿡, ㄴ물+국→
　　ㄴ물쿡,
　(ㄴ) 관형사형 어미 '-ㄹ' 다음에 일어나는 격음화;
　　짇을+것→짇을 커, 먹을 +것→먹을 커.
　(ㄷ) 합성명사에서 어근말 'ㄹ' 다음에 연결되는 평음에 수행되는 격음화;

현상에 대한 어떤 합리적인 설명도 제시된 바 없다(정승철 1996 : 77도 참조). 19세기 후기의 중부방언을 반영하는 『독립신문』의 표기에서도 어간말 장애음 다음에 연결되는 자음으로 시작하는 접사의 초성이 유기음화되는 예들도 관찰된다.[78]

(26) ㄱ. 어린 ᄋ희들이 부모를 의지ᄒ덧키 의지ᄒ고(독립신문, 1896.7.11.①),
ㄴ. 셰도 ᄒ던 지샹 대접ᄒ덧키ᄒ는거슨(독립.1896.9.8①),
ㄷ. 아니 지은 죄도 지은듯키 구축 ᄒ여(독립.1898.6.11),
ㄹ. 본국으로 도라 갈듯키 지니고(독립.1897.10.20.1),
ㅁ. 남의 일 보듯키 보고 잇시면(독립.1897.8.14),
ㅂ. 남의 일 보듯키들 ᄒ며(독립.1897.8.14).

현대국어 서울말의 구어에서도 유기음화를 수행한 '-드키'형이 통상적으로 쓰이고 있는 사실을 보면 위와 같은 유기음화의 표기는 당시 화자들의 입말을 그대로 반영하였을 가능성이 높다.[79]

(가) 그러구 옛날에는 흰떡 허드키 떡을 해서(54쪽),
(나) 두부 모 치드키 네모지게 썰어노셔(92쪽),
(다) 지사 허드키 그렇게 다 채려놔(63쪽). cf. 전에 우리 지내드끼 그릏게

모멀+ᄀ로→모멀ᄏ로, 오눌+저냑→오눌처냑, 믈+것→믈커, ᄀ슬+것→ᄀ슬커.
78) 『독립신문』에는 '짓-'(作), 낫-(勝), 낫-(癒)'에서 어간말음 'ㅎ'으로 재구조화된 '짛-, 낳-' 등이 모음어미 앞에서 'ㅎ'이 나타나는 표기 예를 생산적으로 보여준다. 참고로 용례 한 가지씩만 열거하면 다음과 같다(최전승 2010).

(ㄱ) '지흔' : 처음으로 정동에 새로 지흔 교당을 열고(독립.1897,5,11④),
'지흐며' : 풍류도 만들며 신도 지흐며 빅도 만들며(독립.1897.2.16①),
(ㄴ) '나흔'(勝) : 녀편네가 사나희 보다 빅빅가 나흔거시(독립.1986,4.21①),
(ㄷ) '나흘'(癒.勝) : 병원에셔 나흘 약을 붓치고 갓다더라(독립.1896.5.14②).
cf. 엇쩌키에 늬 형용이 곰보단도 나흘테요 표범보단 나을테요(판,퇴.288),
=엇더키의 늬 형용이 곰보단도 나을이요 표범보단 ᄂ울리요(완판본 퇴별가,12ㄱ).
79) 유필재(2001)에서도 서울말의 연결어미 목록 가운데 '-드키'형이 등록되어 있다.

"비들기들이 고추씨를 우리네 갈비탕 먹드키 먹어요."(221쪽).

지내는 집이거든(73쪽),

[<뿌리깊은나무 민중자서전> 18, 서울토박이 부인 한상숙의 한평생, 『밥해 먹으믄 바느질허랴 바느질 아니믄 빨래허야』(1992), 편집 목수현. 1918년 서울출생, 구술 당시 1991년 74세].

6.4. 'ㄷ' 불규칙 용언의 규칙화 : 'ㅀ∽ㅀ'

지금까지 §6.3에서 살펴본 19세기 후기의 다양한 방언자료에 나타나는 (23)-(26)에서와 같은 유형의 유기음화 현상이 'ㄷ' 불규칙 용언이 어간말 'ㄹ'로 규칙화하는 과정에서도 경음화와 함께 수의적으로 나타난다. 즉, 모음어미 앞에서의 어간말 'ㄹ'이 화자들이 수행하는 유추적 수평화에 의해서 자음어미 앞에서 'ㄷ'을 교체하여 확대되는 경우에 경음화와 더불어 유기음화가 19세기 후기의 자료에도 점진적으로 등장하기 시작한다. 특히, 19세기 후반 『독립신문』에 'ㄷ' 불규칙 용언 가운데 동사 '싣-'(載)의 활용형들이 어간말 'ㄹ'로 재구조화된 모습을 제일 먼저, 그리고 가장 생산적으로 보이고 있다.[80] 따라서 '싣-'(載) 활용형들의 규칙화는 1920-30년대에 이미 중부방언에서도 일반화되었을 것으로 보인다. 이러한 사실이 김희상 (1928)과 이탁(1928/1958)으로 하여금 'ㄷ' 불규칙 용언 가운데 유독 '싣-'의 경우에 한정하여 규칙적인 표기 형태 '싫-'을 설정하게 한 것이다.

『독립신문』에서 모음어미 앞에서 '싣-'(載)의 활용형은 세 가지 이형태들로 등장하였다. 이들은 어간 단일화의 과정이 일률적이 아니라, 각각 세 가지 점진적인 진로를 반영하는 것으로 파악된다. '싣-'(載)의 굴절 형태 가

---

80) 19세기 후반의 『독립신문』(1896.4.7-1899.1.7)의 성격과 여기에 반영된 언어 현상도 일반적으로 그 창간에서부터 서재필이 사직하고 떠난 기간(1896.4.7-1898.5.10)과, 윤치호가 그 독립신문을 맡고 폐간될 때(1898.5.17-1899.1.7)까지의 두 시기로 나뉜다. 글쓴이는 부득이한 사정에 의해서 서재필이 사장 겸 주필로 관여하였던 기간인 1896.4.10- 1898.5.10일 사이에 나타난 언어 특질만을 여기에 고려하였다.

운데, 특히 '싣-+고'의 연결을 중심으로 관찰하면 이들 3개 이형태의 출현
빈도수가 상이한 비율로 나타나는 사실이 주목된다. 즉, (ㄱ) '실고' 부류 : 43
회, (ㄴ) '실코' 부류 : 11회,[81] (ㄷ) '실쏘' 부류 : 3회.

> (27) ㄱ. 몸 묵에를 실고 능히 걸어 다니는 거시라(독립.1896.11.24),
> 슈뢰포 실고 다니는 군함이 수물 세시라(1896.12.1),
> 집을 몸에다 실고 다니며(1897.6.19①),
> 짐도 실고 다니며 슈레도 끌고 다니게 흐나니라(189.7.7.1),
> 라귀 등에 실고 셔울노 올나 오는(1897.11.11).
> ㄴ. 은시져 두벌을 쇼에 실코(1897.6.8③),
> 션긱과 짐을 실코 닷게드면(1897.5.13②),
> 물건을 마거로 실코 다니게 흐며(1897.1.30.①),
> 총 세 바리를 실코 동대문으로(1896.5.26③).[82]
> ㄷ. 텰거에 모리를 실쏘(1897.7.8),
> 챠에다 짐을 만히 실쏘(1896.2.23),
> 나무 흔바리를 실쏘(1897.4.24④).
> cf. 무연탄도 풍범션으로 만히 실어다가 파니(1897.9.16).

---

81) 『독립신문』에는 '실코'의 경우에 전설고모음화에 대한 과도 교정형 '슬코'도 아래와 같이
등장하고 있다.

슈뢰포 슬코 다니는 빅가 이쳑(독립.1897.1.30.②),
슈뢰포 슬코 다니는 빅가 흐나(1897.1.30.②),
아라샤 사롬의 물의 슬코 가는 물건을(1897.1.14③).

82) 또한, '싣-'(載)에서 재구조화를 거친 이 시기의 '싫-'은 모음으로 시작하는 굴절접사 앞
에서 어간말음 'ㅎ'을 표기상으로 나타내 보이기도 하였다(최전승 2010을 참조).

(ㄱ) 실허 : 그 짐을 화륜게에 실허 각쳐에 파송 흐기로(독립.1897,5,13②),
젹빅 동젼을 실허 드리는 고로(1898.8.11),
(ㄴ) 실흘 : 팔쳔 돈쓰지 실흘 빅들이요(8197,5,13②),
(ㄷ) 실흔 : 해상에 물화 실흔 빅들이(1897.4.13.③),
쇼에 실흔 금 은 픠물을(1897.6.8③).
무숨 봉물 실흔 물에 틱와(1898.4.28).
cf. 짐배에도 다 실흘 수 업습니다(日本語學, 음·어편, 268).

위의 예들은 원래 '싣-'(載)의 활용 형태들에서 어간 단일화가 이루어지는 단계가 동시적인 현상이 아니었음을 의미한다. 즉, 『독립신문』에서 아직 많은 출현 빈도수를 보유하고 있는 '실-'형이 어간 단일화로의 첫 단계를 가리키는 것으로 보인다. 그리하여 '싣->싫-' 또는 '싣->싫-'로의 자음어미 앞에서 일어난 재구조화는 시간상으로 먼저 '실-+고→[실고]'에서부터 출발하여, 나중에 각각 유기음화 '실+고→[실코]'와 경음화 '실+고→[실꼬]'와 같은 순서로 전개되어 왔다. 첫 단계 '싣->실-'에서 이루어진 '실-'의 어간말음 'ㄹ'은 '싣-'의 활용형 가운데 모음어미 앞에서 실현되는 어간말음이다. 이 위치에서 어간말 'ㄷ→ㄹ'의 전환은 어간의 단일화를 추구하는 화자들의 유추적 확대 또는 수평화를 거친 것이다.[83]

그렇다면, 그 다음 단계에 자음어미 앞에서 출현하는 '실+고→[실코]'의 유기음화나, '실-+고→[실꼬]'와 같은 경음화 현상은 화자들이 수행하는 어간 단일화와 관련된 본질적인 영역이 아니다. 그것은 재구조화된 어간말 '-ㄹ'음 다음에 연결되는 자음어미에 부수적으로 실현되는 이차적인 현상일 뿐이다. 문제의 본질은 화자들이 모음어미 앞에서의 어간말음 '-ㄹ'을 유추에 의하여 자음어미 앞으로 확대시켜 활용의 규칙화를 시도한 것이다. 여기서 어간말 '-ㄹ' 다음에 연결되는 자음어미의 초성에 이차적으로 수반되는 유기음화 또는 경음화는 어간의 재구조화는 관련이 없이, 특정한 음성 환경에서 수행되는 하위 음운 현상이다. 그것은 어간말 'ㄹ'이 뒤에 연결되는 자음을 유기음화 또는 경음화시킬 수 있는 새로운 음성적 특질을

---

83) 『독립신문』과 비슷한 시기에 간행된 중부방언 중심의 다른 성격의 자료들에서도 '싣>실-'(載)로의 규칙화는 보여주지만, 통합되는 자음어미의 초성에 유기음화는 아직 형성되지 않았다.

  (ㄱ) 실다, sil-ta, si-re, si-reun. 載,(『한불ᄌ뎐』(1880 : 423)).
     cf. 것다, ket-ta, ke-re, ke-reun, 步, marcher(상동, 149).
  (ㄴ) 술만 먹고 말짐 실기(경판 20장본 홍부전, 5ㄴ),
     cf. 말짐 실키(김문기 소장 26장본, 홍부전. 6ㄱ).

보유하고 있다는 사실을 의미한다.

'ㄷ' 불규칙 용언의 어간 단일화는 이 범주에 속해 있는 모든 활용형들에 시간적 차이를 두고 어휘 확산의 방식으로 점진적으로 확대하여 온 것이 분명하다. 이와 같은 유추적 확대 또는 수평화에 개입된 시간적인 완급의 차이는 화자들이 구사하는 사용의 빈도수, 그리고 친숙도, 음성적 조건 등과 같은 언어 외적 또는 내적 요인과 밀접하게 결부되어 있을 것으로 추정된다(Phillips 2006).[84] 19세기 후반『독립신문』에 출현하는 'ㄷ' 불규칙 용언 가운데 어간 단일화를 적극적으로 보여주는 또 다른 형태는 '걷->걸-'(步)이었다(최전승 2009 : 218-220).

> (28) 몸이 묵어워 잘 <u>설지</u>를 못ᄒ나(독립.1897.7.3),
> 잘 눌지는 못ᄒ나 <u>걸기</u>는 대단히 셜니 거르며(1897.7.8),
> 거름을 지어 <u>걸지</u> 말며(1896.11.14),
> 다라나다가 두거름을 <u>걸지</u> 못 ᄒ야(1896.8.4②),
> 거름은 변변히 못 <u>걸고</u>(1897.7.8),
> 거를 ᄲᅢ에 꼿꼿시 셔셔 <u>걸고</u> 두 다리로 걸고(1897.6.24.①),
> 다리 업는 사룸이 암문 <u>걸고</u> 십허도 걸을 슈가 업시며(1897.8.3).
> cf. 길에 <u>거러</u> 가는이와 타고 가는이가(1896.10.20②).

'ㄷ' 불규칙 활용이었던 '걷-∽걸-'의 비자동적 교체에서 모음어미 앞에서 실현되는 어간말 '-ㄹ'로 규칙화를 수행한 이 용언에 통합되는 자음어미의 초성은 (27)의 예에서와 같이 아직 경음화 또는 유기음화를 반영하고 있지 않았다. 즉, 19세기 후기 중부방언에서 화자들에 의한 '걷->걸-'(步)

---

84) 재구조화를 수용한 'ㅎ' 말음 용언어간의 지역방언 사이의 대응을 고찰한 권시현(2008 : 92)은 'ㄷ' 불규칙 활용에 속하는 일련의 어간인 '걷-(步), 듣-(聞), 묻-(問), 싣-(載)' 등의 부류가 자음어미 앞에서 지역에 따라서 [-ㄹㅎ-, -ㄹㅎ-, -ㄷ-]로 실현되는 비율을 제시한 바 있다. 그는 '듣->듫-'(聞)과 같은 재구조화가 일어나는 빈도가 매우 낮은 반면에, '싣->싫-∽싫-'(載)으로의 변화는 전국적으로 광범위하게 확산되어 있는 사실을 지적하고 그러한 분포상의 차이를 사용 빈도수의 차이에 기인된 것으로 추정하였다.

의 재구조화는 '싣->실-'(載)에 수행된 유추적 확대를 거친 변화보다 시간
상으로 뒤늦게 출발한 것으로 보인다. 이러한 현상은 우리가 '싣->실-'(載)과
같은 어간의 단일화에서 추정하였던 가정과 일치한다. 불규칙 어간말 'ㄷ'
에서 'ㄹ'로의 규칙화가 이루어지는 첫 단계에서는 아직 경음화 또는 유기
음화가 이 자료에 나타나지 않았다. 이어서 일정한 시간이 지나게 되면, 자
음어미 앞에서 재구조화된 '실-'에 연결되는 자음어미의 초성이 경음화 또
는 유기음화를 점진적으로 수용하게 될 것이다.85) 그렇기 때문에, 위의
(27)의 예에서 '싣->실-'에 연결된 자음어미의 초성에 일어나는 경음화와
유기음화는 단지 어간말 '-ㄹ'과 관련된 개별적인 음운현상일 뿐이고, 해당
어간의 재구조화는 무관하다는 사실이 확인된다.

19세기 후기 전라방언에서는 자음어미 앞에서 수행된 '싣->실->싫-/싫-'
(載)의 확산이 이와 같은 시기의 중부방언의 공시적 단계에서보다 앞서 진
행되는 것 같다.86)

---

85) 'ㄷ' 불규칙용언의 규칙화에 따른 이차적인 경음화 또는 유기음화의 실현 양상도 지역방
언에 따라서 상이하였을 것으로 보인다. 『한글』 4권 3호(1936 : 11-15)에 이강수가 전남
함평을 중심으로 조사 보고한 1930년대 함평방언 어휘 가운데 중부방언에서의 'ㄷ' 변칙
용언들은 모음어미로 시작되는 어간형태로 단일화된 모습으로 나타난다.

(ㄱ) 걷다(步)→걸따, 걷고→걸꼬, (ㄴ) 묻다(問)→물따, (ㄹ) 싣고(載)→실코, 싣다→실타.

여기서 주목되는 사실은 (ㄹ)의 표제어로 어간의 단일화가 이미 완료된 '실-고, 실-다'
(載)가 제시되었다는 점이다.
그 반면에, 같은 『한글』 5권 1호(1940 : 17-20, 지봉욱 조사)에 발표된 1940년대 함남 정
평방언에는 'ㄷ' 불규칙용언의 규칙화가 이루어진 후에 아직 경음화 또는 유기음화가 나
타나지 않고 있다.

(ㄱ) 걷고(步)→걸구, 걷다→걸다, (ㄴ) 결다(겯다, 編)→절다, (ㄷ) 듣다(聽)→들다,
(ㄹ) 긷다(汲)→질다, 푸다.

86) 'ㄷ' 불규칙 용언의 어간 단일화로 인한 규칙화 과정 이후에 첨가되는 경음화 및 유기음
화 현상의 확대에 관련하여 이와 같은 지역적 차이를 단순하게 대조할 수는 없다.
19세기 후기 전라방언을 반영하는 완판본 고소설 자료와 신재효의 판소리 사설이 보이
는 구어적 성격과, 같은 시기의 『독립신문』이 보이는 문어적인 격식성을 고려하지 않으
면 안 되기 때문이다.

(29) ㄱ. 술을 실코(병오,춘.29ㄱ), 비예 실코(판,심.192), 실코 갓다가(판,
　　　박.388),
　　　놉피 실코(충열,상.25ㄴ), 직물을 만이 실코(충열,상.20ㄴ),
　　　말 짐 실키(병진본 필사 박흥보.2ㄴ), 슈리 우의 실코(충열,하.17ㄴ),
　　　숨신손을 실코 잇셔(판,퇴.276), 숨신손을 실코 잇고(판,심.200),
　　ㄴ. 놉피 실고(심청,하.11ㄱ), 쥬뉵등물을 슬고(삼국 4.29ㄴ),
　　　슈리 우의 슬고(정사본 조웅 3.34ㄴ), 거름 실고(판,변.544),
　　　꼿슬 건져 비의 슬고(판,심.204),
　　ㄷ. 직물을 실쏘(길동.13ㄱ), 잔득 실쏘(판,적.486).

　위의 예는 이 시기에 '싫-'형이 주류를 이루고 있다. 그러나 동시에 어간
말 자음의 초성에 유기음화 또는 경음화가 나타나지 않는, 재구조화의 초
기 단계를 보이는 '실고'형도 여전히 잔존하고 있는 모습을 보인다. 현대
전북의 하위 지역방언에서 'ㄷ' 불규칙 용언은 '듣-'(聞) 하나에만 국한되어
사용된다. 나머지 불규칙 용언의 어간말 자음은 대부분 자음어미 앞에서
'ㄹㅎ'으로 재구조화되어 규칙적인 활용으로 전환되었다(최태영 1983; 김규남
1987; 김옥화 2001). 현대 전북방언의 이와 같은 공시적 상태는 19세기 후기
전라방언에서 아래와 같이 각각 상이한 발달의 단계로 소급될 수 있다.

(30) ㄱ. 걷-(步)→걸- : 한번 걸쏘 두 번 걸러(충열,상.8ㄴ),
　　　　　　　　거러라 걸는 틱도 보자(수절가,상.28ㄴ),
　　　　　　　　자라나셔 제 발노 걸거든(심청,상.6ㄴ), 금자리 걸듯
　　　　　　　　(성열.193).
　　　　　　　　(충열,상.8ㄴ), 거름걸기 조을시고(병오,춘.33ㄴ),
　　　　　　　　걸는 틱도(판,변.532).
　　ㄴ. 긷-(汲)→길- : 물을 찔고 쌀을 쓰러(汲-, 판,심.186), 물도 질고(삼국
　　　　　　　　3.33ㄴ),
　　　　　　　　물을 질다가(충열,상.19ㄴ), 물 질난 종(장경,하.18ㄱ).
　　ㄷ. 일컫-(稱)→일칼- : 일칼더니(수절,상.19ㄱ), 스람이 다 일칼더라(판,

심.156),

ㄹ. 겯-(編)→절- : ᄯᅡ가리를 <u>졀뜬지</u>(판,박.330), cf. 덕셕을 결을 젹의(판, 박.330).

ㅁ. ᄭᅵ닫-(覺)→ᄭᅵ달- : 이졔야 <u>ᄭᅵ달</u>난이다(구운,하.50ㄱ), cf. 마암을 ᄭᅵ닷게 ᄒᆞ오니(구운,하.50ㄱ).

19세기 후기 전라방언에서도 (30)ㄱ의 예는 '걷->걸-'(步)의 어간 단일화 이후에 연결되는 자음어미 초성에 수행된 경음화 또는 유기음화가 보편적인 현상이 아니었음을 보여준다. 이러한 예들은 19세기 후기 중부방언에서 추출된 (28)의 예들과 어느 정도 비슷한 발달의 단계를 보여준다. 그리고 19세기 후기 중부방언의 자료에서 관찰되지 않는 (30)ㄴ의 '긷->길-'(汲) 등의 예들은 유추적 확대에 의한 어간의 재구조화 단계만 실현시키고 있다.

그렇다면, 19세기 후기 지역방언에 나타난 (27)ㄴ에서와 (29)ㄱ의 '실-+고→실코/실ᄭᅩ' 에서 '실코∽실어' 또는 '실ᄭᅩ∽실어'와 같은 공시적 교체의 기저형을 어떻게 설정하여야 할까. 재구조화된 어간말 '-ㄹ'에 의하여 촉발된 이차적인 유기음화와 경음화 현상까지 모음어미 앞에 출현하는 기저형에 포함시켜야 할 것인가. 지금까지 'ㄷ' 불규칙 용언의 규칙화를 취급한 지역방언의 기술에서 재구조화를 거친 이러한 어간들의 기저형은 단일한 /Xㅀ/ 또는 /Xㄹㆆ/으로 설정되어 왔다. 예를 들면, 김옥화(2001 : 102- 103)는 부안방언에서 원래 /X{ㄷ∽ㄹ}-/와 같은 불규칙 교체를 보유했던 어간들이, '듣-'(聽)의 활용형들만 제외하고, 대부분 /Xㅀ/ 어간으로 재구조화를 수행하여 왔다고 관찰하였다. /짏-/(汲), /붏-/(增), /싫-/(載), /눓-/(눋-), /뭃-/(問). 여기서 기저형 /Xㅀ/는 모음어미 앞에서도 배당되었다. 즉, /짏-+어서/→[지러서], /짏-+고/→[질코], 등등.[87] 그는 이와 같은 활용 형식이 기원적으

87) 김옥화(2001 : 102-103)는 부안방언에서 '듣-'(聞)은 여전히 불규칙 용언으로 남아 있어서, /드{ㄷ∽ㄹ}-/와 같은 어간 기저형을 설정할 수 있다고 보았다. 그러나 그는 매개모음

로 어간말 /Xㅀ/를 갖고 있는 '잃-'(失) 등의 어간 부류의 그것과 모든 면에서 일치한다는 사실도 아울러 예시하였다. /잃-+어서/→[이러서], /잃-+고/→[일코].

그러나 'ㄷ' 불규칙 용언에서 규칙화된 어간말음 'ㄹㅎ'의 'ㅎ'는 모음어미 앞에서는 원래 해당이 없다. 그 이유는 여기에 수행된 어간의 단일화는 자음어미 앞에서만 일어났기 때문이다. 자음어미 앞에서 유추적 확대에 의하여 이루어진 어간 단일화의 기준은 바로 모음어미 앞에서 실현되는 이형태 [Xㄹ-]인 것이다. 그리고 모음어미 앞에서 등장하는 이형태 [Xㄹ-]에 통합되는 어미는 형태구조 보존의 원리에 의하여 'ㄷ' 불규칙 용언이었던 단계 그대로 유지되어 있다. 화자들이 수행하는 유추적 수평화의 원리에 의해서, 모음어미 앞에서 실현되는 이형태 [Xㄹ-]가 자음어미 앞으로 확대되어 온 것이다. 그 결과, /X{ㄷ∽ㄹ}-/와 같은 종전의 불규칙 교체가 /Xㄹ-/로 어간의 단일화를 수행하게 된다. /Xㄹ-/은 종전에서와 같이 매개모음 어미와 결합한다. 그러나 자음어미 앞에서 새 어간 [Xㄹ-]의 말음 'ㄹ'이 연결되는 자음어미의 초성에 이차적으로 유기음화를 촉발시키게 되었을 것이다. 따라서 불규칙 교체인 /X{ㄷ∽ㄹ}-/의 규칙화 형태는 일단 /Xㄹ-/이지만, 이것이 자음어미의 초성을 유기음화시킨다는 음운론적 정보를 첨가시킬 필요가 있다. 이러한 정보는 모음어미 앞에서는 전혀 해당이 없다. 그렇기 때문에, 'ㄷ' 불규칙 용언의 규칙화 형태는 사실상 복수 기

앞에서 어간말 'ㄹ'이 탈락되지 않는 현상을 설명하기 위해서 모음어미 앞에서 '듫-'을 선택하는 방안이 좀 더 일반성을 띤다고 지적하였다.

/듫+어라/→[드러라], /듫+응개/→[드릉개], /듫+으야/→[드르야].

이와 같은 통합적 현상은 원래 'ㄷ' 불규칙 용언의 '듣-'(聞)이 15세기 국어 이래로 모음어미 앞에서 수행하였던 음운현상과 동일한 모습을 보이고 있다. 즉, 모음어미 앞에서 실현되는 불규칙 교체형 '실-'의 어간말음은 표면상으로 'ㄹ'이지만, 여기에 통합되는 모음어미는 형태구조 보존의 원리에 따라서 이 어간을 여전히 폐음절로 인식하고 있는 것이다.

저형, 즉 /Xᅘ-/(자음어미 앞)과 /X르-/(모음어미 앞)으로 설정되는 것이다.

이와 같은 관점에 의하면, 전북방언에서 재구조화를 거친 '짏-'(汲) 부류는 기원적으로 어간말 자음군 'ᅘ'을 갖고 있었던 /잃-/(失) 어간이 모음어미 앞에서 h를 탈락시키는 자연스러운 음운과정에 참여하지 않는다.88)

'ㄷ' 불규칙 용언이 규칙화되어 일차적으로 단일 어간 /X르-/로 확립된 이후에 자음어미 앞에서 일어난 'X르-→Xᅘ'와 같은 유기음화 현상은 기원적으로 어간말 '-ㄹ'를 갖고 있었던 일련의 용언의 발달에서 관찰되는 변화와 시대적으로 개략적인 일치를 보인다. 즉, 19세기 후기 지역방언의 여러 자료에 등장하기 시작하는 '꿀-(跪)>꿇-', '뚤-(穿)>뚧w->뚫-', '골-(腐)>곯-' 등의 변화가 그것이다. 따라서 어간말 '-ㄹ'에 연결된 자음어미의 초성이 유기음화되는 변화의 성격이 음성학적으로 아직 이해되지 않지만, 위의 (29)에서 제시된 '신-(載)>실->싫-'(자음어미 앞) 부류의 변화가 고립된 것은 아니다.89)

(31) ㄱ. 무릅 꿀다, agenouebler(『불한사전』 필사본, 9쪽, 1869년 2월 이전에 완성),
     꿀다 : 跪 (꿀어안줄-*跪)(1897, 한영자, 238쪽),

---

88) 배주채(1988 : 99)는 고흥방언에서 'ㄷ' 불규칙 용언에서 규칙용언으로 재주조화를 거친 자음군 어간 'ᅜ'과 'ᅘ'이 모음어미나 매개모음어미와 결합할 때 후음 'ㅎ'과 'ㆆ'은 필수적으로 탈락한다는 음운규칙을 설정한 바 있다.
89) 제주도 방언에서 체언 'ㄹ' 말음 다음에 연결되는 보조사 '-도'의 초성이 유기음화로 전환되는 현상이 관찰된다. 또한, 박용후(1998 : 80-81)를 인용한 이 글에서의 각주 (77)을 참조

   (ㄱ) 그젠 ᄌᆞ손들토 할 수 엇이(진성기, 『남국의 민담』, 1977 : 134),
       사름들토 출세혼뎅 ᄒᆞ는 말이(상동. 91),
          cf. 바룻쾨기들이(상동. 87).
   (ㄴ) -덜토(-들+도), 『제주어사전』(1995 : 132), 물코기∞물퀘기(1995 : 233).
   이 글의 초고를 검토한 서형국 교ᄉᆕ(전북대)는 제주도 방언에서 유기음화를 보여주는 복수접미사 '-들'은 중세국의 단계에서 'ㆆ' 종성체언이었음을 지적하였다.

집에 두 무릎 단정히 <u>꿀고</u> 도학 공부나 홀것이지(독립.1898.6.25),

cf. 어린 아히들을 <u>꿀여</u> 안치고<독립.1897.710),

무룹흘 <u>꿀고</u> 긔여 올나가니(텬로력뎡, 44ㄱ),

두 무릎 마조 <u>꿀고</u> 아미를 수기리고(수절가,상.23ㄱ),

ㄴ. 두 무릎 정이 <u>꿀코</u> 좌우를 둘너보니(병오,춘.30ㄴ),

두손 합장 무릎 <u>꿀코</u> 비는 말이(임형택소장 26장본.박흥보전, 3ㄱ).

(32) ㄱ. '쏧고' : 송곳스로 <u>쏧고</u> 노흐로 꿰여 미여라(苗대쳔, 교린수지 3.16ㄱ),

송곳스로 <u>쏧고</u> 녹슨으로 꿰여미라(초/재간 교린수지 3.27ㄴ),

송곳스로 <u>쏧고</u> 노슨으로 미여라(교정 215).

ㄴ. '쏧코' : 엇더흔 놈이 벽을 <u>쏧코</u> 드러 가셔(독립.1897.4.27④),

담을 <u>쏧코</u> 집을 넘은 즈국도 업고(독립.1898.2.24),

'쏧케' : 짜 속을 잘 <u>쏧케</u> 싱겻는듸(독립.1897.6.29②),

cf. 구멍들을 <u>쏧어</u>(독립.1896.4.18②),

ㄷ. '쏧키' : 담벼락을 <u>쏧키</u>는(관성제군.破壁,17ㄴ),

쑤렁의 구먹 <u>쏧키</u>(경판 20장본. 흥부전),

=구먹 <u>쏧기</u>(필사본.26장본. 흥부전),[90]

ㄹ. '쏧쏘' : 쏠가가 즁방 미슬 <u>쏧쏘</u> 쏠을 도적흐야(독립.1897.7.8),

군역을 <u>쏧쏘</u>(장자백 창본 춘향가, 12ㄴ).

(33) ㄱ. 卵殼 알 <u>골다</u>(광재물, 介蛤.1ㄱ),

알이 다 <u>골고</u> 다만 호늑흘 씨엿는지라(경판본 20장. 흥부전,10ㄱ),

<u>골다</u> : kol-ta, kol-E ou kol-a, kon(1880, 한불즈뎐.194),

ㄴ. 손독이 올느 다 <u>골코</u> 흔기 게우 짜노왓네(임형택 소장 필사본 26장본

박흥보전, 21ㄴ)∞어불스, 이놈 <u>골아</u>구느. 계란이관듸 고라요(상동.11ㄱ).

위의 용언어간의 경우에도 용어 어간말 '-ㄹ' 다음에 연결되는 자음어미

---

90) 김문기 소장 필사본 26장본 <흥부전>은 1901년이 필사연도로 추정된다. 이 이본의 내용
은 경판 20장본을 모본으로 하여 필사한 것이다. 김문기 편 『고전문학정선』(태학사,
1982)에 영인 및 김진영 외 『흥부전 전집』 2(1990, 박이정 출판사)에 수록되어 있다.

의 초성에만 유기음화가 적용되어 '꿇-, 뚫-, 곯-'과 같은 이형태를 형성하게 되었을 것이다. 그러한 유기음화는 모음어미 앞에서는 적용될 수 없었다. 그러나 형태 중심의 맞춤법에서 자음어미 앞의 'ㅀ'을 모음어미 앞으로도 표기하게 되어, 결과적으로 단일한 기저형 'ㅀ'으로 단일화가 이루어지게 되었다고 생각한다.

또한, 19세기 후기 전라방언 자료에서 '짜르-'(逵)에 어미 '-고'가 연결되는 경우에 어간이 '짤-'로 축약된 다음에 자음어미의 초성에 유기음화가 일어나는 예가 관찰된다. 비힝 뒤를 짤코(수절가,하.3ㄱ), 스람 짤코 히 업는 게 제비로다(판,박.442).[91] 이러한 유형의 변화는 오늘날의 전북과 전남방언에 확대되어 있다(이기갑 외 1997 : 189).

'ㄷ' 불규칙 용언이 규칙화되어 자음어미 앞에서 단일화된 어간 'Xㄹ-'의 말음 '-ㄹ'에 자음어미가 연결되는 경우에 실현되는 초성의 경음화 현상(실-+고→실꼬, 載) 역시 충분한 음성학적 근거를 쉽게 구하기 어렵다. 그러나 'ㄹ'과 자음어미와의 통합 관계에서 일어나는 경음화는 동일한 위치에서의 유기음화의 예보다 근대국어 단계의 문헌자료와, 현대 지역방언의 공시적 현상에서 더 쉽게 관찰되는 변화이다.

국어사에서 '물'(馬) 부류와 같은 특정한 체언에 연결되는 여격형태 '-게'는 17세기에서부터 어간말 '-ㄹ'에 연결되는 자음으로 시작되는 조사의 초성이 부분적으로 경음화되어 간다. 즉, '물게>물쎄'.

(34) ㄱ. 이 물쎄 실은 져근 모시뵈도(1670.노걸언,상,7ㄴ),

---

91) '물것'(昆蟲)의 형태적 구성에서도 관형사형 '물-' 다음에 경음화와 더불어 유기음화도 실현되어 있다.

   (ㄱ). 검위는 날ᄂ 다니는 물것과 비스름 호여(독립.1897.6.17.②),
   (ㄴ). 물컷 업고 밥 만흐여 모족의 죠흔 쩌난 일년즁 제일이나(판,퇴.294),
   (ㄷ). 一身이 사쟈흔이 물쩟 계워 못 견딀쇠(해동가요, 96).

馬躐了 몰쩨 볼피다(1690.역어유,하,23ㄱ),
불 혈 째에 다 듯게야 ㅈ 몰쩨 느리니<1765박신해,2,049a>
官員이 몰쩨 느리거든(1790.몽노중7,13ㄴ),
살로 쏘아 몰쩨 느리치고(1790.몽노중2,13ㄴ),
ㄴ. 사름들이 썰메롤 몰쩨 메어트고(1889.사민필,18),
여러 빅냥을 물쯰 실니고(1881.한어문전 수준별 학습편 22 : 16),
쟈갈은 몰쩨 씨여 제오 허거니(초간 교린수지 3.29ㄱ),
cf. 마함은 몰게 씨어 제어ᄒᆞᄂᆞᆫ(묘대천 3.16ㄱ),
열살 된 아돌이 물쯰 붉혀(1896.독립.11.3),
ᄋᆞ희가 물쯰 치이고(1896.독립.9.8).

또한, 19세기 후기 전라방언 자료에서 복수접미사 '-들'의 초성이 이간
말 자음 '-ㄹ'와 연결되는 경우에 경음화가 실현되기 시작한다. 셰상의 사람
덜쏘 츔심의리 잇난이난(판,퇴.264). 이와 같은 조건에서 적용된 경음화는 현대 전
북방언에서 더욱 확대되어 나타난다. 부안 지역어를 기술한 김옥화(2001 : 29,
2003 : 189)는 특수조사들의 초성이 어간말 '-ㄹ'과 통합되어 각각 [선생들-
또, 애들-뽀고, 사람들-끼다, 조카덜-뽀고] 등에서와 같이 경음으로 실현
되는 예들을 관찰하고, 복수 접미사의 기저형으로 '-뎗'을 설정할 수 있다
고 기술하였다.[92] 그 뿐만 아니라, 다른 유형의 19세기 후기 지역방언 자
료에서 어간말 자음이 '-ㄹ' 이외에, 다른 공명음의 환경에서도 경음화가
확대되어 나타나는 예들도 찾을 수 있다.

---

92) 김옥화(2001 : 29)는 부안방언에서 공명자음 아래에 연결되는 조사 초성의 경음화 현상(/
부안+가/→[부앙까](부안에), /부안+다가/→[부안따가], [사무실+다/→[사무실따], /임실+
가/→[일실까])의 예에서 기저형을 'ㅎ'이 참여한 /사무싫/, /임싫/ 등으로 설정하기보다
는 'ㄹ' 다음에 적용되는 수의적인 경음화 규칙으로 간주한다고 하였다.
또한, 임석규(2004ㄱ : 79~83)는 경상도 방언의 음운론을 점검하면서 이 지역방언에서 생
산적으로 확대되어 나타나는 경음화 현상을 굴절 범주를 포함하여 단어 내부, 단어 경계
등의 환경을 고려하면서 그 환경을 일반화하여 기술하여야 될 당위를 지적한 바 있다.

(35) ㄱ. 졈졈 훗터져 알미 업스며 <u>망영쐬</u>이 질박ᄒᆞ믈 지으미(1881.조군령,4ㄱ),

　　　ㄴ. 간증은 참이오 그 스사로 말이 <u>참쐬</u>물 안 거시(1887.예수성,요한복
　　　　　음.19 : 35절),

　　　ㄷ. 금슈<u>만쏘</u> 못 ᄒᆞ오니...파리<u>만쏘</u> 못 ᄒᆞ구나(판,박.444).

　　그리하여 소강춘(1983 : 84-85)은 남원방언의 음운현상 가운데 공명자음
'ㄴ, ㅁ, ㅇ, ㄹ'로 끝나는 체언에 자음으로 시작되는 조사가 연결되면 수의
적으로 경음화 현상이 실현되는 예들을 주목한 바 있다.[93] 그리고 그는 이
지역방언에서 어간말 'ㄹ'이 점진적으로 경음화의 요인으로 기능하고 있음
을 지적하였다.

　　따라서 오늘날의 지역방언에서 'ㄷ' 불규칙 용언의 규칙화 경향에서 실현
되는 (ㄱ) '걸꼬(步)∽거르니' 등과 같은 자음어미 초성의 경음화 유형과,
(ㄴ) '걸코∽거르니'에서와 같은 유기음화 유형에 대해서 종래에 제시된 단
일한 기저형으로 (ㄱ) /걸ㅎ-/, 또는 (ㄴ) /겷-/은 재고되어야 한다. 여기서
지금까지 제시된 그 이유를 요약하면 다음과 같다.

(36) 가. 화자들이 수행하는 'ㄷ' 불규칙 용언의 규칙화의 발단은 어간말에
　　　　서의 비자동적 교체 'ㄷ∽ㄹ'을 지양하고, 모음어미 앞에서의 어간
　　　　말 '-ㄹ'을 기준으로 자음어미 앞으로도 유추에 의하여 평준화시
　　　　킨 것이다. 그리하여 불규칙 어간의 말음이 /-ㄹ/로 단일화가 수
　　　　행되었다.

　　　나. 그렇기 때문에, 어간말음 '-ㄹ'이 모음어미와 통합되는 과정에서는
　　　　활용어미의 보수성 또는 형태보존의 원리에 의하여 그 전의 활용
　　　　과 비교하여 아무런 변동이 일어나지 않았다.[94]

---

93) (ㄱ) /낼 : +도/(來日)→[낼 : 또], /암 : 말+도/→[암 : 말또], /시골+도/→[시골또].

　　(ㄴ) /시방+도/→[시방또], /부평+다가/→[부평따가], /내년+보팀/→[내념뽀팀], /애 : +들+
　　들이/→[애 : 들뜨리]. (소강춘 1983 : 85).

94) 무주, 영동, 김천방언의 음운론을 대비한 이혁화(2005 : 83-84)는 세 방언에 나타나는 'ㄷ'
　　불규칙 어간에서 '싣-'(載)을 제외하면 다음과 같은 복수 기저형을 설정한다.

다. 그러나 새로 교체된 어간말 자음 '-ㄹ' 다음에 연결되는 자음어미
의 초성은 해당 지역방언에 작용하고 있는 음운규칙, 즉 경음화
또는 유기음화를 점진적으로 수용하게 된 것이다.[95]

단일화된 용언 어간말 '-ㄹ' 다음에 연결되는 자음어미에 수행되는
경음화 또는 유기음화 현상을 방언지역에 따라서, 혹은 말의 스타
일에 따라서 예측하기 어렵다면, 그 과정을 각각 보조적 수단인 부
호 'ㆆ'과 'ㅎ'을 이용하여 복수 기저형의 성분으로 표시할 수 있다.
즉, 재구조화된 용언어간 '-ㄹ' 다음에 경음화가 실현되는 경우는 /
곯-/(자음어미 앞)∽/걸-/(모음어미 앞)이 될 것이다. 그 반면에,
동일한 조건에서 유기음화가 실현되는 경우에는 /곯-/(자음어미
앞)∽/걸-/(모음어미 앞)로 설정된다.

여기서 재구조화된 어간말음 /-ㄹ/ 다음에 연결되는 자음어미의 초성에
실현된 경음화와 관련하여 설정한 기저형 /ㅀ/에서 'ㆆ'의 신분에 대하여는
몇 가지의 부가적 설명이 요구된다. 이 표시 'ㆆ'는 어간말 '-ㄹ' 다음에 자
음어미의 초성이 경음화된다는 중요한 음운론적 정보를 알려주는 일종의
경음화 "부호"에 불과한 것이다. 따라서 'ㆆ' 자체는 아무런 기능이 없고,
그 대신 특정한 음운·통사론적 환경에서 음절말 'ㄹ'이 보유하게 되는 폐
쇄음의 경음화의 특질을 나타내주는 역할을 담당한다.

이와 유사한 기능을 15세기 국어의 표기법에서 관형사형 어미 'ㅭ'로 나

(ㄱ) /Xㄷ-/(자음어미 앞), (ㄴ) /Xㅀ-/(그 밖).

예 : 걸 : 뜨라/거르면/거러.

여기서 /Xㅀ-/(그 밖)은 모음어미 '-으면/어' 등을 이끌어내기 위해서 과도하게 설정된
것이다.

또한, '싣-'의 활용형들에 대하여 그는 무주방언에서 /싫-/과 /싫-/과 같은 두 가지 기저
형이 공존하고 있다고 기술하였다. 이것은 재구조화된 어간 '실-'에 자음어미의 초성이
유기음화 또는 경음화를 수의적으로 수용한 것이다. 이러한 정보를 개입시키려면 자음
어미 앞에서만 허용된다.

95) 또는 재구조화된 용언 어간말 /-ㄹ/ 다음에 연결되는 자음어미 초성의 경음화 또는 유
기음화는 활용어미의 보수성의 원리에 의하여 기원적인 불규칙 어간 'ㄷ' 다음에 각각
실현되었던 경음화와 유기음화의 상태를 그대로 유지하고 있을 개연성도 높다.

타냈던 것이 분명하다.[96] 어간말 '-ㄹ'이 뒤따르는 폐쇄음을 경음화 또는 유기음화하는 음운론적 기능이 특정한 통사적 환경에서부터 출발하여 오랜 시간을 두고 다른 영역으로 확대되어 오늘날의 지역방언에서 '걸꼬∽걸코'(步) 등과 같은 활용형으로 수용된 것이다.[97]

7. 논의와 결론

7.1. 1920·30년대의 고전적인 생성 음운론자들

1920년대와 1930년대를 거쳐 'ㅅ'과, 부분적으로 'ㄷ' 불규칙 용언을 하나의 단일한 어간으로 규칙화하여 표기하려는 형태주의 맞춤법의 관점에서 제시된 옛 글자 'ㆆ'에 대한 명시적 이론을 최초로 제시한 학자는 이탁 (1928/1958)이었다. 그리고 김희상(1927)과 이극로(1932, 1936)는 불규칙 용언의 규칙화 표기로 'ㆆ'을 지지하고 이것을 적극적으로 사용하였다. 특히 이극로(1932)는 'ㆆ'을 /ʔ/ 음소로 분석하고, 'ㅎ, ㆆ→ㄷ'과 같은 음절말 중화의 원리를 제시하였다. 이탁(1932)과 이극로(1932, 1936)에서 제시된 'ㅂ' 불규칙 활용의 기저표시 '◇'(w)와 '누/ᅀᅡ'(w)의 설정은 1950년대 Martin (1954)와, 1970년대의 김진우(1970)의 성과를 시대적으로 앞선 업적이었다.

---

96) 이기문(1972 : 28)은 世宗과 世祖代의 문헌에서 사용된 동명사 어미 '-ㄽ'에서 'ㆆ'은 된소리의 요소, 즉 하나의 음성자질을 나타낸 것으로 파악하였다.

97) 박창원(1984, 1986)은 국어사에서 고대에 공통으로 존재하였던 음운 목록을 작성하기 위한 하나의 가설로서, 'ㄹㆆ'을 재구하고, 그 변화과정을 논의 한 바 있다.
최근 소신애(2004)는 어간 기저형의 混淆(blending)를 통한 어간의 단일화 현상으로 용언 어간말에 출현하는 'ㄹㆆ'을 기술하였다.
예를 들면, 琿春 지역어에서 '시꼬, 시떠라'(載)와 같은 표면 활용형으로부터 화자들에 의하여 재분석된 어간 /시ㆆ-/과, '시러, 시르니'와 같은 표면형에서 재분석된 어간 /실-/이 혼효되어 /시ㄹㆆ-/이라는 단일 어간이 형성되었다는 해석이다.(소신애 2004 : 130).

따라서 이들은 고전적인 생성 음운론자들의 선구자인 셈이다.

1940년대 후반 북한의 급진적인 문자개혁에서 이탁과 이극로의 'ㆆ', 'ㅿ', 'ᅌ' 세 문자가 신문자 여섯 가운데 수용되었다. 따라서 이것은 김두봉이 고안한 새 문자와는 직접적인 관련이 없으며, 북한의 문자 개혁 작업에 연구위원으로 참여한 이극로의 노력이 개입되었던 것이다. 당시의 북한 학자들은 새 문자와 음소 'ㆆ'의 당위를 확인하기 위해서 음운변화의 관점에서 'ㅿ>ㆆ'과 'ø>ㆆ' 같은 발달의 과정을 통시적으로 설정하려고 하였다 (김종오 1949; 전몽수 1949). 이러한 시도가 최근까지 최명옥(1997, 2004)에서도 지속되어 있음이 특이하다.

주로 1970년대 이후부터 'ㅅ'과 'ㄷ' 불규칙 활용에 대한 단일한 기저형 설정의 문세와 관련하여 다시 'ㆆ'(?)이 등장하게 된 것은 전혀 고전적인 생성 음운론의 영향에 근거한 것이다. 그리하여 추상 또는 기저음소로서 /ㆆ/이 설정된 다음, 이것을 표면에서 제거시키는 복잡한 음운규칙이 공시적으로 설정되었는데, 이것의 대부분은 'ㅅ'과 'ㄷ' 불규칙 용언의 규칙화의 과정에서 그 본질을 크게 벗어난 작업이었다고 판단하였다. 더욱이 용언의 음절말 위치에 가정된 [?]는 모음어미 앞에서 음성학적으로 탈락되지 않는다. 글쓴이는 이러한 문제들을 이 글의 제6장에서 자세히 제시하려고 하였다.

7.2. 현대 지역방언에서 진행 중인 불규칙 용언의 규칙화의 방향

'ㅅ' 불규칙 활용의 경우 허구적인 음소 'ㆆ'을 용언 어간말에 첨가하여 단일 기저형 /Xㆆ-/으로 기술하려는 방식은 토박이 화자들의 언어 능력을 올바르게 반영한 것으로 생각되지 않는다. 동일 방언지역, 예를 전남 장흥 방언에서 토박이 화자들은 상이한 연령과, 교육의 수준 또는 말의 스타일 등과 같은 사회언어학적 가변 요인(variables)에 따라서 다음과 같은 세 가지의 활용 패턴을 적절하게 구사하고 있다(강희숙 1994 : 84-86).

<pre>
(37) 잇-(連) : ㄱ. 읻 : 따   읻 : 꼬   이스면   이서서,
            ㄴ. 이스다   이스고   이스면   이서서,
            ㄷ. 읻 : 따   읻 : 꼬   이으면   이어서∞여 : 서.
     젓-(濟) : ㄱ. 젇따   젇꼬   저스면   저서서,
            ㄴ. 저스다   저스고   저스면   저서서,
            ㄷ. 젇따   젇꼬   저으면   저어서∞저 : 서.
     짓-(作) : ㄱ. 짇 : 따   짇 : 꼬   지스면   지서서,
            ㄴ. 지스다   지스고   지스면   지서서,
            ㄷ. 짇 : 따   짇 : 꼬   지으면   지어서.
</pre>

위의 활용 유형에서 (37)의 ㄱ과 ㄴ은 전통 지역방언의 토착형을 반영하고 있다. (37)ㄴ의 활용 형태는 모음어미 앞에서 실현되는 어간을 기준으로 /X스-/로 재분석되어 자음어미 앞에서의 중화 현상을 탈락시키는 어간의 투명화 경향을 나타낸다. 따라서 이 활용형들의 기저형은 'ㅅ' 규칙 활용을 하는 /Xㅅ-/와 /X스-/이다. 그 반면에 'ㅅ' 불규칙 활용을 보이는 (37)ㄷ의 활용 패턴은 규범형에서 유래된 것으로 방언 차용의 결과이다. 만일 'ㅅ' 불규칙 활용을 보이는 (37)ㄷ 유형의 기저형을 /ㅎ/를 첨가하여 /Xㅎ-/으로 단일화하여 설정하게 된다면, 다음과 같은 문제가 파생된다.

첫째, 동일 지역방언의 화자들 또는 동일 화자의 언어 사용목록에 두 개의 상이한 기저형 /Xㅅ-/과 /Xㅎ-/가 공존하고 있음을 나타낸다. 이 두 기저형은 활용의 규칙화를 나타내기 위해서 설정된 것인데, 방언의 화자들이 표준어에서의 음소 /ㅎ/과, 이것을 표면으로 도출시키는 탈락 규칙 등을 차용하여 파악하고 있다는 증거는 찾기 어렵다. 둘째, 상호 밀접한 동계 방언에서, 또는 동일한 화자의 언어능력 내에서 사회적 상황에 따라서 쉽

게 교체될 수 있는, 기저형의 어간말음에 상이를 보이는 /Xㅅ-/과 /Xㅎ-/ 계열은 매우 이질적이다.

또한, 각각의 개별 지역방언의 음운 현상을 기술한 김규남(1987), 강희숙(1994), 정인호(1997)와 이혁화(2005) 등에서 'ㅂ' 불규칙 활용의 경우에 몇 가지 교체형 가운데 대체로 [돕-∽도웁-∽도우-] 등과 같은 유형이 관찰되었다. 특히 [도웁-]과 [도우-]형은 자음어미 앞에서 출현하고 있는데(도웁꼬∽도우고), 이와 같은 사실은 화자들이 'ㅂ' 불규칙 활용의 규칙화를 시도하는 실제적 진행 방향을 가리킨다고 생각한다. 주갑동(2005)의 전라도 방언사전에서도 '굽-'(炙)에 대하여 단일한 형태 '구-' 또는 '꾸-'(24쪽, 28쪽)가 등록되어 있다. 따라서 인위적인 'ㅎ'의 개입이 없어도 어간의 단일화가 자연스럽게 이루어지고 있다.

7.3. 현대 지역방언의 굴절 과정에 진행 중인 유기음화와 경음화

'ㅅ'과 'ㄷ' 불규칙 용언의 규칙화에 동원된 음소 /ㅎ/의 기능 가운데 하나는 연속되는 자음어미의 초성이 된소리로 실현되는 과정을 반영하기 위해서이다. 현대국어에서 경음화 현상을 일으키는 동화주에 대한 지금까지의 인식은 매우 한정되어 있기 때문에, 어간말 유성음 다음에 통합되는 자음어미의 초성이 경음화를 수행하는 음성학적 근거를 규명하기 어렵다. 그러나 설측음 '-ㄹ' 다음 환경에서 폐쇄음의 경음화는 현대국어의 한자어에도 확대되어 있는 동시에(배주채 2008 : 504), 그 출발은 15세기 국어의 관형사형어미 'ㅭ'로 소급된다. 이 글에서 글쓴이는 매우 단편적이지만, 다양한 방언 자료를 인용하여, 어간말 '-ㄹ'을 포함한 유성음들이 후속되는 폐쇄음을 경음화하는 음운론적 기능을 점진적으로 확대하여 오고 있는 음성변화의 일종이라는 사실을 제시하려고 하였다.

또한, 용언 어간말에서의 일정한 유성음과 폐쇄음들은 경음화가 수행되는 동일한 조건에서 수의적으로 유기음화의 동화주가 되기도 한다. 이와 같은 유기음화 현상도 역사적으로 진행되어 오고 있는 점진적인 음성변화로 간주된다. 유기음화의 경우에서도 이러한 현상을 촉발시키는 음성학적 근거를 아직 명확히 규명하기 어렵다.[98)]

그러나 지역방언의 공시적 형태 음운론적 굴절 과정에서 유기 마찰음 'ㅎ'이 출현하기 시작하여 점진적으로 확산되어 가는 현상을 나타내고 있다. 이러한 'ㅎ' 첨가의 대상으로 활용과 곡용의 문법 범주가 여기에 속한다.

(가) 먼저, 역사적으로 형성되어 표준어에까지 진입한 사례; 용언의 활용 과정에서 실현되는 'ㅎ'은 음성 환경에 따라서 몇 가지 하위 영역으로 분류된다. (ㄱ) '-뙇' 어간 말음 : '뚧-(穿)>뚫-', (ㄴ) 단일 '-ㄹ' 어간 말음 : '꿀-(跪)>꿇-', '골-(腐)>곯-. 이러한 유형의 발달 역시 19세기 후기의 중부와 남부방언 자료에 부분적으로 확대되어 나타나기 시작한다.

(나) 지역방언의 개별적인 음운현상으로서, 'ㄷ' 불규칙 용언 부류를 중심으로 어간 규칙화로 단일화된 말음 '-ㄹ' 다음에 연결되는 폐쇄음 계열이 경음화와 유기음화를 실현시킨다. 예를 들면, '걷(步)+고→걸꼬∽걸코, 싣(載)+고→실꼬∽실코'. 이와 같은 현상은 이미 19세기 후기의 지역방언 자료에서 산발적으로 관찰된다.

(다) 'ㅅ' 불규칙 용언 어간 부류에서 기대되는 경음화 현상 대신에 유기음화가 특히 19세기 후기 중부방언 자료에서부터 빈번하게 시작하여 지속적으로 확대되기 시작한다. 예를 들면, '짓(作)+고→짓코→지코'. 이와 같은 유기음화는 19세기 후기 북부방언 자료에서도 확인되며, 오늘날의 지역방언

---

98) 이 글의 초고를 검토한 박종희 교수(원광대)는 어간말 유기음화 현상에 대한 정밀한 음성학적 논거를 제시한 그의 미간행 논문 "어간말 위치의 후두음화 현상에 대하여"를 글쓴이에게 보내주었다. 그러나 글쓴이는 시간이 촉급하여 박 교수의 논지를 여기에 반영할 수 없었음을 죄송스럽게 생각한다.

에서도 생산적으로 확대되어 있다. 특히 『독립신문』자료에 나타나는 '지허∽지혼'(作) 등의 표기 예가 주목된다.

(라) 공시적 지역방언의 경우에 체언의 굴절 과정에서 특히 어간말 자음 'ㄹㄱ'을 갖고 있는 '닭(鷄), *돐(石), 흙(土), 칡(葛)' 등과 같은 어간들은 모음으로 시작되는 조사와 통합되어 유기음화 현상이 실현되어 있다.[99] 남원방언의 예를 들면 다음과 같다.

    (38) ㄱ. 닭+을→다클, 닭+이나→대키나, 닭+이 운다→대키 운다, 닭+이라구
            →다키라구,
        ㄴ. 돌(石)→도캐다∽도클∽도크로,
        ㄷ. 흙(土)→흐클∽흐키∽흐크로(전광현 2003 : 103).

이러한 유형 가운데, 특히 '닭+이', '돐+이' 등에서 실현되고 있는 유기음

---

99) 『한국방언자료집』(한국정신문화연구원) 가운데 「전북 편」(1987), 「전남 편」(1991), 「경남 편」(1993) 및 「경북 편」(1989)을 이용하여 체언의 굴절에 나타나는 유기음화를 추출하면 다음과 같다.

    ㄱ. 흙(土)-이/-을/-에다→전북 : 히키∽히기, 흐걸, 흐케다가.
                        전남 : 흐기∽흐케다(나주,승주,고흥), 흐키∽흐클∽흐케다가
                            (광양), 흐키∽흐케(여천).
                        경북 : 흘컬∽흘케(청도), 흐키∽흐컬∽흐케(고령), 흘키∽흘
                            컬∽흘케(칠곡), 흐키∽흐컬∽흐케(금릉), 흘컬∽흘케
                            (선산).
                        경남 : 흐키∽흐컬∽흐케(거창, 합천, 창녕, 함양, 산청, 의령,
                            하동, 진양, 함안, 의창, 사천, 고성, 남해, 통영, 거제).
    ㄴ. 닭(鷄)-이/-을→전북 : 대키∽다걸(남원),
                    전남 : 다클∽대키(여천), 다글∽대키(고흥), 다클∽다키(광양), 다키
                        (승주).
                    경북 : 달컬∽달기∽달(영풍), 다키∽다걸(안동), 다키(금릉), 달기
                        (성주), 달키∽달컬(칠곡), 달키(경산), 대키∽다키∽다컬(고
                        령). 달키(청도).
    ㄷ. 돐(石)-이/-에→경북 : 돌기라∽돌게(영풍), 돌기∽돌게(문경), 도키(상주), 도키∽도
                    케(금릉), 돌키라∽돌키∽돌크로(선산), 돌기∽돌게(군위), 도
                    키(고령).
                    경남 : 돌∽도키∽도케(합천, 진양, 의창), 돌∽도리∽도케(밀양).

302 제2부 음운현상의 통시성과 공시성의 만남

화 현상은 적어도 19세기 후기의 방언 자료에까지 소급될 수 있다. 여기에 통상적으로 '집+옹'로 분석되는 '지붕'의 곡용 형태도 지역방언에 따라서 포함되는 경우가 있다. 예를 들면, '지붕+에→지붕케'(『한국방언자료집』(1993), 경남, 경북 편을 참조). '지붕+게'의 형태는 19세기 후기 중부방언 자료에서도 출현하였다.

(39) ㄱ. 첨미 밋틱 황게 <u>닥카</u> 쑥교ᄒ고 우지마라(21ㄴ, 박순호 소장본 68장 필사본 <춘향가>),

ㄴ. <u>닭키</u> 홰에 올으다 鷄栖于特(1895,국한회,73),
   닭키 홰을 치다 膈)(국한회,73).

ㄷ. 힝낭 <u>지붕게</u> 기와 혼쟝 씨여졋ᄉ니(Gale, 사과지남,173, 504),
   둙 <u>집붕게</u> 올으지 못ᄒ게 ᄒ여라(상동,25),
   <u>집붕글</u> 뜻고 구녕을 닌 후의(이수정 역, 신약마가젼복음셔언히, 2 : 4),

ㄹ. 무죄ᄒ거던 <u>섭돌키</u> 빅키 주옵소서 ᄒ고 공중을 힝ᄒ여 옥잠을 쩌지니 옥잠이 나려와 <u>섭돌케</u> 박히ᄂ지라(필사본 수겡옥낭좌전 23ㄴ).

(마) 용언어간 가운데 원래 말음 'ㄹ'을 갖고 있거나, 음절 축약의 과정을 거쳐 어간말음 'ㄹ'을 형성한 어간에 폐쇄음이 연결되는 경우에 유기음화가 실현되는 현상이 확산되기 시작한다. 예를 들면, '(계란이) 골-+고→골코, '(말을) 몰+고→몰코, 따르(隨))+고→딸코', 데리(與)+고→델코∽델꼬. 이와 같은 유기음화도 역시 19세기 방언자료에 산발적으로 나타난다.

그리고 굴절 범주 이외의 환경에서 나타나는 유기음화의 또 다른 유형으로는 다음과 같은 예들이 일부의 지역방언 자료에서 19세기 후기에서부터 관찰된다. 첫째는 전형적인 경음화 현상이 유도될 수 있는 음성 환경에서 경음화 대신에 유기음화가 실현된다. 예로서, '밖(外)+에→박케∽밧케, 당신+께→당신케, (의존명사)듯+이→득키, 둑겁-(厚)+게→둔겁케' 등을 제시할 수 있다. 둘째는 단어형성론에서 'ㄹ' 자음 다음에 연결되는 폐쇄음이 유기음화되는 단편적인 사례가 19세기 후기 방언 자료에서부터 발견된다. 물+것→물컷. 어간말음 'ㄹ'은 곡용의 환경에서 특히 여격조사 '-게'와 통합되면 전통적으로 경음화를 실현시키는데, '말(馬)+게'의 경우에 실현되는 경음화는 일찍이 17세기로 소급되는 것이다. 이러한 사실과 관련하여 체언 어간말 'ㄹ' 다음에 보조사 '-도'가 연결되면 경음화가 일어나는 현상이 부분적으로 19세기 후기 전라방언 자료에서부터 확인되며, 오늘날에는 지역 방언의 입말에 전면적으로 확대되어 있다. 그러나 이와 같은 환경에서의 유기음화는 아직 관찰되지 않는다.

　이 글에서 글쓴이는 지금까지 불규칙 용언의 단일화 과정과 관련하여 뒤이어 나타나는 특히 유기음화의 유형들을 분석하면서, 공시적 지역방언에 실현되고 있는 이러한 현상이 유추(類推)나, 청자 중심의 재분석의 과정을 거친 것이 아니고, 실제로 그 통합 과정에서 유기음화를 산출시키는 음운현상일 수밖에 없음을 제시해 보려고 하였다.

참고문헌

강신항(1971), 「한국어학사」(상), 『한국문화사대계』 9, (언어·문학사), 고려대학교 민족
　　　문화 연구소, 489-569쪽.

강희숙(1994), 「음운변이 및 변화에 관한 사회언어학적 연구」, 전북대 박사학위논문.

고영근(1994), 「북한의 한글전용과 문자개혁」, 『통일시대의 어문문제』, 길벗, 167-234쪽.

고영근(1997), 「중세어의 'ㅸ, △' 규칙활용론에 대하여」, 『국어학연구의 새지평』(이돈주
　　　선생 화갑기념), 태학사, 731-760쪽.

고영근(1999ㄱ), 「중세어에는 과연 'ㅂ, ㅅ' 불규칙활용이 없을까」, 『증보판 국어형태론
　　　연구』, 서울대 출판부, 687-715쪽.

고영근(1999), 『북한의 언어문화』, 서울대 출판부.

고영근 편(2000), 『북한 및 재외교민의 철자법 집성』, 북한 및 해외교민의 어문자료총서
　　　1, 역락.

고영근(2010), 「이극로의 어학사상의 위치」, 『이극로의 우리말 연구와 민족운동』, 이극
　　　로 박사 기념사업회, 선인, 273-297쪽.

권시현(2008), 「'ㅎ' 말음용언 어간의 방언간 대응에 대한 연구」, 서울대학교 석사학위논문.

김경아(1990), 「활용에서의 기저형설정과 음운현상」, 『국어연구』 94호, 서울대 국어연구회.

김경아(1998), 「용언어간말 'ㅎ'의 교체에 대하여」, 『언어』 23.1, 한국언어학회, 1-27쪽.

김경아(2000), 『국어의 음운표시와 음운과정』, 국어학 총서 38, 국어학회.

김규남(1986), 「부안 지역어의 음운론」, 전북대 석사학위논문.

김규남(1987), 「전북방언의 'ㅂ' 불규칙활용과 재구조화」, 『어학』 제18집, 전북대 어학연
　　　구소, 95-124쪽.

김민수(1987), 「국어 표기법 논쟁사」, 『국어생활』, 통권 9호, 여름. 국어연구소, 6-14쪽.

김성규(1987), 「어휘소 설정과 음운현상」, 『국어연구』, 77호, 서울대 국어연구회.

김성규(1988), 「비자동적 교체의 공시적 기술」, 『관악어문연구』, 제13집, 서울대 국문과,
　　　25-44쪽.

김수경(1949), 「조선어 어학자로서의 김두봉 선생 : 선생의 탄생 60주년을 맞이하여」, 『조
　　　선어 연구』 제1권 제3호, 2-10쪽.

김영기(1973), 「'Irregular' verbs in Korean Revisited」, 『어학연구』 9-2, 서울대 어학연구소.

김옥화(2001), 「부안지역어의 음운론적 연구」, 서울대 박사학위논문.

김옥화(2003), 「부안지역어의 특수조사」, 『관악어문연구』 제28집, 183-205쪽.

김완진(1971), 『국어음운체계의 연구』, 일조각.

김완진(1972), 「형태론적 현안의 음운론적 극복을 위하여」, 『동아문화』 11, 서울대 동아
　　　문화연구소, 273-299쪽.

김정우(1994),「음운현상과 비음운론적 정보에 관한 연구」, 서울대학교 박사학위논문.

김정현(2005),「『교린수지』의 표기와 음운현상에 대한 연구」, 국민대학교 석사학위논문.

김종오(1949),「ㆆ음고」,『조선어연구』제1권 2호, 44-53쪽.

김진우(1971/1988),「소위 변격용언의 비변격성에 대하여」,『한국언어문학』8・9호, 한국
　　　　언어문학회.

김충배(1974), Tensification Revisited,『어학연구』제10권 2호, 서울대 어학연구소, 129-
　　　　142쪽.

김　현(2001),「활용형의 재분석에 의한 용언어간 재구조화」,『국어학』37호, 국어학회,
　　　　85-114쪽.

김　현(2003),「활용상에 보이는 형태음운론적 변화의 원인과 유형」, 서울대학교 박사학
　　　　위논문.

김차균(1971),「변칙용언 연구」,『한글』149호, 한글학회.

박숙희(2004),「어간 재구조화의 두 요인」,『한글』265호, 한글학회, 135-169쪽.

박용후(1988),『제주방언연구』(고찰편), 과학사.

박창원(1984),「중세국어의 음절말 자음체계」,『국어학』제13집, 국어학회, 171-197쪽.

박창원(1986),「국어 *d, *ɾ의 재구 및 그 변화」,『국어학 신연구』, 탑출판사, 103-113쪽.

배영환(2011),『'ㆅ' 말음어간의 재구조화』, 지식산업사.

백은아(2009),「전북 방언 [?]의 음운론적 처리」,『한국 언어문학』제67집, 61-79쪽.

배주채(1992),「음절말 평폐쇄음화에 대하여」,『관악어문연구』17, 서울대 국문학과,
　　　　181-204쪽.

배주채(1998),『고흥방언 음운론』, 국어학총서 32, 국어학회.

배주채(1989/2008),「음절말 자음과 어간말자음의 음운론」,『국어연구』91,『국어 음운론
　　　　의 체계화』에 재수록, 한국문화사, 57-153쪽.

배주채(2003),『한국어의 발음』, 삼경문화사.

소강춘(1983),「남원지역어의 음운론적 연구」, 전북대 석사학위논문.

소신애(2004),「어간 재구조화의 진행 과정 : 훈춘 지역 세대별 화자들의 활용어간의 차
　　　　이를 중심으로」,『어문연구』32-4호, 어문연구회, 117-139쪽.

송철의(1991),「국어 음운현상에 있어서 체언과 용언」,『국어학의 새로운 인식과 전개』,
　　　　민음사.

송철의(2008),『한국어 형태음운론적 연구』, 태학사.

신승용(2002),「표시층위 재론」,『어문학』75집, 한국어문학회.

신승용(2003),『음운 변화의 원인과 과정』, 국어학 총서 43, 국어학회, 태학사.

안병희(2001),「북한의 맞춤법과 김두봉의 학설」,『정신문화연구』제24권 제1호, 97-115쪽.

엄태수(1997),『한국어의 음운규칙 연구』, 국학자료원.

연구부(1950),「새자모 ㄹ, ㄾ, ㅿ,ㆆ,ㅑ, ㅣ에 대하여」,『조선어연구』제2권 2호, 31-54쪽.

오종갑(1997),「어간 '줍-'의 방언분화와 표준어의 문제」,『인문연구』제18집 2호, 영남대
　　　　인문과학연구소, 1-32쪽.

여은지(2011),「활용 어간의 후음 말음 재구조화 문제」, 전북대대학원 월례 발표 원고

유필재(2001), 「서울지역어의 음운론적 연구」, 서울대학교대학원 박사학위논문.

이 갑(1932), 「철자법의 이론과 ㅎ, ㅆ의 종성문제」, <동아일보>, 3.6-17.(『역대한국문법 대계』 제3부 제10책에 재수록, 192-208쪽).

이극로(1930), 「조선말 소리갈」, 『新生』 3-9, 『역대』 3-23에 재수록, 669-687쪽.

이극로(1932.9), 「조선말의 홋소리」, 『한글』 제1권 4호, 조선어학회.

이극로(1932.10), 「훈민정음의 독특한 성음 관찰」, 『한글』 제1권 5호, 조선어학회.

이극로(1934), 「조선 말소리(朝鮮語 聲音)」, 『한글』 제1권 15호, 조선어학회, 156-160쪽.

이극로(1936), 「訓民正音과 龍飛御天歌」, 『신동아』 6-4, 『역대』 3-23에 재수록, 669-687.

이극로(1947), 『실험도해 조선어음성학』, 아문각.

이극로(1949), 「조선어 신철자법의 기본 원칙」, 『조선어연구』 제1권 8호, 124-126쪽.

이기문(1963), 『국어표기법의 역사적 연구』, 한국연구 총서 18, 한국연구원, 47-77쪽.

이기문(1972), 『국어 음운사 연구』, 한국문화연구 총서 13, 한국문화연구소.

이기문(1983), 「한국어 표기법의 변천과 원리」, 『한국어문의 제 문제』, 일지사.

이기갑 외(1997), 『전남 방언사전』, 전라남도.

이동림(1974), 「훈민정음 창제 경위에 대하여」, 『국어국문학』 64호, 국어국문학회, 59-62쪽.

이병근(1981), 「음운규칙과 비음운론적 제약」, 『국어학』 제3집, 『음운현상에 있어서의 제약』에 재수록, 국어학 연구선서 8, 탑출판사, 59-95쪽.

이숭녕(1961/1981), 『중세국어문법』, 을유문화사.

이승욱(1997), 「북한 철자법의 체계와 변천」, 『국어형태사 연구』에 수록, 태학사, 401-426쪽.

이승재(1980), 「구례지역어의 음운체계」, 『국어연구』 45, 서울대 국어연구회.

이승재(1990), 「방언 음운론」, 『방언학의 자료와 이론』, 국어국문학회, 49-78쪽.

이익섭(1972), 「강릉방언의 형태음소론적 고찰」, 『진단학보』 34, 진단학회, 99-119쪽.

이익섭(1992), 『국어표기법 연구』, 한국문화연구 총서 28, 서울대 출판부.

이준식(2008), 「최현배와 김두봉」, 『역사비평』 통권 82호, 41-67쪽.

이진호(1997), 「국어간말 자음군과 관련 현상에 대한 통시음운론」, 『국어연구』 147, 서울대 국어연구회.

이진호(2003), 「국어 ㅎ-말음 어간의 음운론」, 『국어국문학』 133, 국어국문학회, 167-195쪽.

이진호(2005), 『국어 음운론 강의』, 삼경문화사.

이진호(2008), 「일제 시대의 국어 음운론 연구」, 『한국어학』 40집, 93-126쪽.

이진호(2009), 『국어 음운교육 변천사』, 박이정.

이혁화(2005), 「무주·영동·김천 방언의 음운론적 대비 연구」, 서울대학교 박사학위논문.

이현희(1987), 「'ㅎ다' 어사의 성격에 대하여」, 『한신논문집』 2집, 한신대학교.

이희승(1932), 「<ㄹㄹ> 바침의 誣妄을 論함」, 『조선어문학 회보』 제2호, 1-4쪽.

이 탁(1928/1958), 「우리 語音學」, 『국어학 논고』, 정음사, 352-381쪽.

이 탁(1932), 「ㆆ ㅿ ㆁ를 다시 쓰자」, 『한글』 제1권 4호, 조선어학회, 161-167쪽.

이필영(1992), 「김두봉의 국어연구에 대하여」, 『주시경학보』, 10.

임석규(2004), 「음운규칙 간의 위계 검토」, 『관악어문연구』 29, 서울대 국문과, 301-327쪽.

임석규(2004ㄱ), 「동남방언 음운론 연구를 위한 몇 가지 제안」, 『국어학』 제43집, 국어학회.

임석규(2007), 「경북북부 지역어의 음운론적 연구」, 서울대학교 박사학위논문.

전광현(2003) 「남원지역어의 기초어휘 조사 연구」, 『국어사와 방언』 2에 재수록, 월인, 77-144쪽.

전몽수(1949), 「조선어 음운론(1)」, 『조선어 연구』 제1권 3호, 11-36쪽.

정승철(1995), 『제주도 방언의 통시음운론』, 국어학 총서 25, 국어학회, 태학사.

정승철(1996), 「제주도 방언 'ㅎ' 말음 용언어간의 통사론」, 『이기문교수 정년퇴임 기념 논총』, 신구문화사.

정영호(2009), 「국어용언어간의 기저형 'X(C)ㅎ-/X(C)ㅎ-」, 『국어국문학』 151, 91-116쪽.

정인호(1995), 「화순지역어의 음운론적 연구」, 『국어연구』 134호, 서울대 국어연구회.

정인호(1997), 「ㅂ-불규칙 용언어간의 변화에 대하여」, 『애산학보』 20, 145-178쪽.

정인호(2004), 「'자음-ㅎ' 連鎖에서의 음변화」, 『한국문화』 34, 21-41쪽.

정 철(1991), 『경북 중부지역어의 연구』, 경북대 출판부.

조규태(2004), 「성문파열음의 음소 설정 가능성에 대하여」, 『어문학』 제85집, 111-126쪽.

조남호(2010), 「이극로의 학문세계」, 『이극로의 우리말 연구와 민족운동』, 이극로 박사 기념사업회, 선인, 139-166쪽.

조선어문연구회(1949), 「조선어 철자법의 기초」, 『조선어연구』 제1권 5호.

조선어문연구회(편, 1949), 『조선어 문법』, 평양.

주갑동(2005), 『전라도 방언사전』, 수필과비평사.

지춘수(1986), 「국어 표기사연구」, 경희대학교 대학원 박사학위논문.

최명옥(1978), 「동남방언의 세 음소」, 『국어학』 7, 국어학회.

최명옥(1982), 『월성지역어의 음운론』, 영남대 출판부.

최명옥(1985), 「변칙동사의 음운현상에 대하여」, 『국어학』 14, 국어학회.

최명옥(1993), 「어간의 재구조화와 교체형의 단일화 방향」, 『성곡논총』 24.

최명옥(1995), 「경남 합천지역어의 음운론」, 『대동문화연구』 30, 성균관대 대동문화연구소.

최명옥(1997), 「국어의 통시음운론 개관」, 『국어사 연구』, 국어사 연구회, 태학사, 363-385쪽.

최명옥(1998), 『한국어 방언연구의 실제』, 태학사.

최명옥(2004), 『국어 음운론』, 태학사.

최명옥(2008), 『현대 한국어의 공시형태론』, 서울대 출판부.

최임식(1989), 「국어 내파화에 관한 연구」, 계명대학교 박사학위논문.

최전승(1986), 『19세기 후기 전라방언의 음운현상과 그 역사성』, 한신문화사.

최전승(1995), 『한국어 방언사 연구』, 태학사.

최전승(2004), 『한국어 방언의 공시적 구조와 통시적 변화』, 역락.

최전승(2009), 『국어사와 국어방언사와의 만남』, 역락.

최전승(2010), 「역사적 방언자료와 현대 지역방언에 출현하고 있는 'ㅎ' 첨가의 상징성 과 실체성」, <2010년도 전북대학교 국어연구회 여름 세미나 발표집>, 전 북대 국문과, 35-63쪽.

최태영(1983), 『방언 음운론』, 형설출판사.

최현배(1929), 『우리말본, 첫째매』, 연희전문학교 출판부, <대계> 제1부 17책에 수록.

최현배(1932), 「새 받침에 관한 제 문제의 해결과 실예의 총람」, 『한글』 제1권 3호, 조선
어학회, 120-132쪽.

하동호 편(1986), 『한글 논쟁 논문집』(상), <역대한국문법대계> 3-22, 탑출판사.

하동호 편(1986), 『한글 논쟁 논문집』(하), <역대한국문법대계> 3-23, 탑출판사.

한영균(1991), 「불규칙활용」, 『국어연구 어디까지 왔나』, 동아출판사.

허 웅(1965/1979), 『개고신판 국어 음운학』, 정음사.

허 웅(1975), 『우리 옛말본』, 샘문화사.

허 웅(1985), 『국어 음운학』, 샘문화사.

홍기문(1927), 『조선문전 요강』(현대평론 1권 1호-5호), 『역대』 3-23에 재수록, 669-687쪽.

황국정(2001), 「김희상(1909, 1911, 1927) 다시 읽기」, 『형태론』 3권 2호, 401-416쪽.

古加 聰(2001), 「김두봉의 「소리갈」과 일본 음성학」, 『형태론』 3권 2호, 359-367쪽.

熊谷 明泰(2001), 「1940년대 말기 북한에서의 형태주의 표기」, 『한일 어문학논총』(梅田博
之 교수 고희기념), 태학사, 575-603쪽.

小倉進平(1923), 「國語及 朝鮮語 발음개설」, 小倉進平博士 著作集(三), 경도대학 국문학회,
1-152쪽.

Campbell, L.(2000), *Historical Linguistics*, The MIT Press.

Chao, Y. R.(1934/1968), Non-uniqueness of Phonemic Solution of Phonetic Systems,
pp.38-54, in *Readings in Linguistics*, 1. Edited by M. Joos, The Univ. of
Chicago Press.

Chomsky, N & M. Halle.(1968), *The Sound Pattern of English*, Harper & Row
Publishers.

Hock, Hans, H.(1996), Language History, Language Change, and Language Relationship,
Mouton de Gruyter.

Hopper, Joan, B.(1976), *An Introduction to Natural Generative Phonology*, Academic
Press.

Hopper, Joan, B.(1979), Substantive Principles in Natural Generative Phonology, 106-125,
in *Current Approaches to Phonological Theory*, edited by D. A. Dinnsen,
Indiana Univ. Press.

Ladefoged, P & I. Maddieson(1996), *The Sounds of the World's Languages*, Blackwell
Publishers.

Martin, E. Samuel(1954), *Korean Morphophonemics*, Linguistic Society of America.

Martin, E. Samuel(1992), *A Reference Grammar of Korean*(한국어문법총람), Charles E.
Tuttle Company.

Martin, E. Samuel(1996), *Consonant Leniton in Korean and the Macro-Altaic Question*,
Center for Korean Studies Monograph 19. Univ. of Hawai'i Press.

Paradis & D. La Charité.(2011), Structure Preservation : The Resilience of Distinctive

Information, in *The Blackwell Companion to Phonology*(Edite by Ewen et.als.) pp.1787-1810, Wiley-Blackwell.

Phillips, Betty S.(2006), *Word Frequency and Lexical Diffusion*, Palgrave, Macmillan.

Skousen, R.(1975), *Substantive Evidence in Phonology*, Series Minor 217, Moutons.

Trask, R. L.(2000), *The Dictionary of Historical and Comparative Linguistics*, Edinburg Univ. Press.

Vennemann, T.(1974), Restructuring, *Lingua* 33, pp.137-156.

Wartburg, Walter. V.(1969), *Problems and Methods in Linguistics*, Oxford, Basil Blackwell.

제4장

국어 방언사에서 성문 마찰음 'ㅎ'의 개입과 언어변화의 보상적 기능*

1. 서론

이 글에서 글쓴이는 근대국어의 후기 단계에 속하는 지역방언의 문헌자료들을 중심으로 굴절 영역의 통합적 과정 가운데 특정한 형태·음운론적 환경에서 부수적인 현상으로 출현하고 있는 성문(후두) 마찰음 'ㅎ'의 개입 사례들에 대한 유형을 주목하려고 한다. 그리고 이러한 예들에 언어변화의 관점에서 내재되어 있는 몇 가지 의사소통상의 보상 또는 치유적 기능을 추출하고, 그 의미를 새롭게 부여하려고 한다.

* 이 글은. "역사적 방언 자료에 등장하는 'ㅎ' 첨가의 상징성과 실체성"이라는 제목으로 한글학회 광주·전남 지회 공동학술회의(2010.2.22, 조선대학교)에서 발표한 초고를 수정한 것이다. 그 자리에 참석하여 자료와 이론 중심으로 건설적인 논평을 하여준 이기갑 교수(목포대), 이진호 교수(전남대학교)와 최재희 교수(조선대학교)에게 감사드린다.
다시 수정한 원고는 <전북대학교 국어연구 여름 세미나>(2010.7.16-17, 부안 학술림 연수관)에서 발표되었다. 지정 토론자인 고동호 교수(전북대)와, 홍윤표 교수(연세대), 윤석민 교수(전북대)의 많은 지적과 진지한 논의에 깊은 감사를 드린다. 그리고 최종 원고에 대하여 세분의 익명의 심사위원들과, 김양진(고려대), 신승용(영남대), 서형국(전북대), 여은지(전북대) 교수가 제시해 준 많은 문제점과, 개선점 제안에 감사한다.

국어 방언사에서 이러한 환경에서 일어나는 'ㅎ'의 개입 현상은 공시적으로 또는 통시적으로나 매우 산발적으로 출현하였기 때문에, 지금까지 이루어진 방언사 또는 공시적 방언 연구에서 이것은 순수한 표기상의 문제 또는 단순한 우발적인 현상으로 간주되어 왔다. 따라서 여기에 내재된 어떤 구체적인 언어 기능적 위상이 최근에 이르기까지 관심의 대상이 되어 본 적이 없다. 자연스러운 음성변화의 관점에서나, 모음 또는 유성음 간의 환경에서 매우 유표적인 후두 마찰음 'ㅎ'의 출현은 불가능하거나, 쉽게 이해되지 않았던 것이다. 체언의 곡용과 용언의 활용 과정에서 어중의 'ㅎ'은 필수적으로 또는 말의 스타일에 따라서 수의적으로 탈락하는 것이 원칙이기 때문이다(김경아 1998).[1]

글쓴이가 여기서 주로 취급하려는 대상은 근대국어, 특히 19세기 후기의 남부와 중부 지역방언 자료이다. 이 시기의 자료는 선행 시기의 경우보다 각 지역방언에 걸쳐 비교적 풍부하게 분포되어 있다. 그러나 그 종류의 다양성과 이질성, 분포의 불균형, 텍스트의 문헌학적 해석상의 미해결, 특히 정제되지 않은 표기의 혼란 등의 문제 등이 뒤섞여 당시의 언어 현실과 표기와의 거리를 측정하기 어려운 사례가 많다(최전승 1986; 2008). 이러한 문제를 어느 정도 극복한다고 하여도, 문헌자료의 동일한 문면, 심지어 같은 문장 내부에까지 부단히 등장하는 다양한 표기상의 변이현상을 통해서 일관성 있는 보편적인 원칙을 찾아내기가 쉽지 않다.

---

1) 국어 음운사의 관점에서 유성음 사이에 개재된 후두 유기 마찰음 'ㅎ'는 단일어의 내부에서나 굴절 과정에서 매우 불안정한 존재이어서 점진적으로 약화되거나 완전 탈락되는 역사적 과정을 거쳐 왔다. 'ㅎ' 말음체언 부류의 일부가 15세기 후기에서부터 문헌자료에서 부분적으로 제거되기 시작하는 과정도 이와 같은 경향을 반영하는 하나의 예이다. 그렇기 때문에, 지나간 시대에 형성된 혼란스러운 방언 표기 자료에 의외의 환경에서 산발적으로 나타나는 'ㅎ'의 존재는 자연스러운 음운변화의 방향을 거스르는 현상으로 이해되어 온 것이다.
이와 같은 약화와 탈락의 과정을 거치는 h의 음운론적 신분과, h>ø의 보편적 진로에 대한 논의에 대해서는 Bybee(2006 : 191-194)를 참조.

글쓴이가 주목하려는 모음 사이의 'ㅎ' 첨가 현상이 바로 이러한 상황에서 예외가 아니다. 국어 방언사의 자료에 일정한 원칙 없이 수의적으로 등장하는 'ㅎ'의 첨가가 단순한 표기상의 관습 또는 유추, 그리고 과도교정에 근거한 현상일 수도 있다. 그러나 문헌자료에 특정한 음성 환경에서 나타나는 'ㅎ' 첨가형과 그렇지 않은 형태 사이에는 반드시 당시 서사자 또는 화자들이 표출하고자 하는 일정한 심리적 태도의 유무가 반영되어 있을 것으로 간주하려고 한다.2) 공명음 또는 모음 사이에서 'ㅎ'의 출현은 두드러지는 유표적 현상이다. 이러한 유표성이 'ㅎ' 탈락이라는 경제 원리에 근거한 무표성을 압도하여 출현하려면 여기에 대응되는 화자의 분명한 의식적인 태도가 개입되어야 한다.

한 가지의 보기로 글쓴이는 중세국어의 단계에서 굴절 형태로부터 점진적으로 각각 어휘화(lexicalization)를 수행하여 온 현대국어의 단어 '올해'(今年)와 '아내'(妻)의 발달 과정에서 모음 사이의 'ㅎ'의 첨가와 탈락의 관점에서 화자들의 인식 내용을 식별해 낼 수가 있다. 두 단어 모두 중세국어에서 시간명사 '올ㅎ'(今年)과 공간명사 '안ㅎ'(內)에 특이 처소격 조사 '-의'가 연결된 굴절형 '올희'와 '안희'에서 출발한 것이다.3) 그러나 역사적 발달 과정에서 각각 둘째 음절에 위치한 'ㅎ'은 현대국어에 이르는 과정에서 유지와 탈락이라는 상이한 경로를 수행하게 된다. 남광우(1983 : 358)의 지적에 의하면, '안해'가 '妻'의 뜻으로 완전하게 정착되어 사용되기 시작하는 예는

---

2) 일찍이 유창돈(1964 : 1)은 언어 變遷史를 기술하기 위해서 스스로 설정한 몇 가지의 원칙을 제시한 바 있다. 이 가운데 다음과 같은 관점은 글쓴이가 이 글을 통해서 그대로 따르려고 한다. 즉, 국어의 역사에서 일어나는 생성, 소멸, 변형의 모든 현상들은 "어디까지나 그 언어를 구사하는 언어 주체자의 언어 행위에 의해 실현되는 제 양상이기 때문에 國語史란 곧 주체자의 인식의 변천에 불외하다는 사실을 확신하고, 이런 관점에서 국어사를 고찰하는 태도"를 견지하여야 된다는 것이다.

3) '올희'의 역사적 어휘화 과정은 최전승(2010)을 참조. 남광우(1983)는 중세국어 문헌어에 나타난 고유어와 한자 대역어에 관한 연구에서 '안해'가 '안'(內)의 처격형 '안희'에서 유래되었음을 제시하였다. 이러한 해석은 Ramstedt(1949 : 10)로 소급된다.

16세기의 『소학언해』(1587) 이후에서부터 등장한다.4) '안해' 형태에서 제2
음절 위치의 'ㅎ'는 18세기 후반부터 자연스럽게 탈락되어 '아내'로 재구조
화를 수행하였다. 그러한 과정은 화자들이 모음 사이의 'ㅎ'에 대한 어떤
기능적 표지도 감지하지 못했기 때문이다. 그러나 '올해'의 경우에는 화자
들이 제2음절의 '-해'를 유추에 의하여 '해'(年)로 재해석함에 따라서 격식
어와 표기에서 모음 사이의 'ㅎ'이 탈락되지 않고 있다. '올해'에서의 유표
적인 'ㅎ'이 자연스러운 탈락의 경향을 거부하고 현대국어에까지 존속되는
근거는 화자들의 의도적인 변별 태도에 있다고 글쓴이는 이해한다.

이 글의 구성은 다음과 같다. 제2장에서 국어 방언의 기술에서 Ramstedt
(1939; 1949; 1957)가 제시하였던, 모음 사이에 'ㅎ'이 개입된 예들에 대한 지
금까지의 부정적인 관점을 극복할 수 있는 대안과, 그 실체가 당시 화자들
의 의식적인 관여로 형성되었다는 사실을 제시하였다. 제3장에서는 '녁>
녘'(方向)과 '곳>꽃'(花) 등과 같은 어간말 자음에 일어난 부자연스러운 변화
가 'ㅎ' 말음체언의 탈락에 근거한 반작용으로 언어변화에 화자들이 주도
적으로 참여함으로써 형성되었음을 지적하고, 모음 사이의 'ㅎ'의 산발적인
출현을 화자의 어형 강화라는 의도를 나타내는 표지로 이해하려고 하였다.
아울러 지금까지 피상적으로 관찰되어 온 '교육(敎育)>교휵'과 같은 'ㅎ' 첨
가 단어의 출현과 점진적 쇠퇴의 과정을 검증하였다.

제4장에서는 무조건적으로 작용하는 음성변화 이후에 보상적 수단으로
개입되는 장치와, 음성변화에 대한 형태론적 제약 등을 국어 음운사에서

---

4) 그러나 <한민족 언어정보화>의 "국어어휘의 역사"를 참고하면 '妻'의 뜻으로 '안해'의
  쓰임은 15세기 국어에서부터 나타난다. 그곳에서 해설된 바와 같이, 15·6세기에서 '안
  해'는 공간을 뜻하는 '內'에 사람이나 물건을 지칭할 때 연결되는 접사 '-해'와 통합된 파
  생어의 신분일 가능성도 있다.
  여기서 글쓴이가 지적하려는 논지는 15세기의 '안ㅎ'(內)에 파생접사 '-해'가 연결되었거
  나, 아니면 처소격 조사 '-의'가 통합되었거나, 그 발달 과정에서 어중의 'ㅎ'이 당대의
  화자들의 의식에 초점의 대상이 못되었기 때문에, 흔적 없이 탈락되었다는 사실이다.

잘 알려진 예들을 통해서 다시 점검하였다. 아울러, '아옥(葵)>아혹'과 '나시(蓂荢)>나이>나히' 등에서 관찰되는 'ㅎ' 첨가형을 후대에 개입된 것으로 판단하였으며, 각각의 음성변화에 대한 일종의 치유책으로 모음 사이에 'ㅎ'이 의도적으로 첨가된 현상임을 제시하였다. 제5장에서는 19세기 후기 전라방언 자료의 굴절과 형태소 내부에 'ㅎ'이 첨가된 유형들을 검토하고, 인명 '장요(張遼)→장효>장회' 등과, '여우(狐)'에 대한 이 시기의 지역 방언형 가운데 '여희'와 '여히' 부류에 개입된 'ㅎ'의 기능과 실체를 구체적으로 논증하였다.

제6장에서 19세기 후기 중부방언, 특히 『독립신문』에 등장하는 다양한 유형에서의 'ㅎ' 첨가의 예들과, 'ㅅ'과 'ㅂ' 변칙용언의 활용어간 '짓-'(作), '낫-'(優/治癒), 및 '쉽-'(易) 등에 실현되기 시작하는 'ㅎ' 첨가의 양상과 그 기능을 논의한 다음, 현대 지역방언과의 연계성과, 그 지속적인 확대 과정을 논의하였다. 그리고 제7장에서는 용언 활용에서의 적극적인 기능을 발휘하는 'ㅎ'의 첨가가 지속되어 오늘날 모음으로 끝난 일부 용언 어간말음으로 재구조화되는 과정('ㅂᄉ-(碎)>ㅂᄋ>ㅂ으->밯-')과 밀접한 연관을 맺고 있다는 가정을 설정하였다.

2. 유령으로서의 h?

최근 성문 마찰음 'ㅎ'이 보이는 특이한 존재와 위상은 공시적 자음체계의 기술과, 이것이 관여하고 있는 구체적인 음운현상의 기술의 관점에서 각별한 주목을 받아 왔다(이승재, 1980; 배주채, 1992, 2004; 김경아, 1988; 이진호, 2003; 임석규, 2004). 이러한 논제는 "국어 ㅎ-말음 어간의 음운론"(이진호,

2003)으로 대변된다. 여기서 취급된 'ㅎ'과 관련된 논의, 즉 (ㄱ) 'ㅎ'의 활음 또는 유기음으로서의 본질 규정의 문제, (ㄴ) 체언과 용언 어간의 말음 'ㅎ' 의 상이한 활용 유형, (ㄷ) 그리고 용언 어간말 'ㅎ'이 실현시키는 중화 현상(평폐쇄음화)과 관련된 비음화와 경음화 현상에 대한 해석의 차이 등이 'ㅎ'이 보여주는 특이성을 잘 반영하고 있다. 또한, /놓-+-는/→[논는]의 공시적 도출 과정에서 김경아(1988 : 4)는 'ㅎ→ㄷ'과 같은 중화 단계를 수용하지 않으나, 일찍이 이극로(1932 : 1934)는 일종의 "받침 원칙"으로 'ㅎ→ㄷ'의 중화를 인정하였음을 볼 때, 'ㅎ'의 대한 진지한 논의의 시작은 그 출발이 자못 길다고 할 수 있다.

그 반면, 유성음과 모음 사이에 산발적으로 출현하는 'ㅎ'의 개입형을 1930년대와 그 이후 국어 방언의 기술에서 처음으로 적극적으로 제시하고, 이것의 의미를 해석하였던 업적은 Ramstedt(1939, 1949, 1952)로 소급된다. Ramstedt가 구체적으로 제시한 몇몇 방언형은 아래와 같이 정리될 수 있다.

(1) ㄱ. 가을(秋)-방언 : 가훌, 가을, 가슬(dial. kahil, kahir, kasir),
　　　 겨울(冬)-방언 : 겨슬, 겨을,
　　　 웃다(笑)-우슴, 방언 : 우훔, 우음(uhim, uim),
　　　 마흔(四十)-발음은 [마은].(Ramstedt, 1939 : 17).

ㄴ. kail : G.8 'autumn', kahil hata 'to harvest', N.K. kasil, kahil< *kasi-, or *kas-.
　　 kim G.147, 'weeds', <kiim, dial. kisim kim meda.(Ramstedt, 1949 : 86).

ㄷ. Ko. tahim, taim(다훔, 다음, das Folgende)<tah- '닿-'(nahe sein).
　　　　　　　　　　　　　　　　　　　　　　　　 (Ramstedt, 1952 : 92).

Ramstedt는 그의 *Korean Grammar*(1939 : 17)에서 한국어의 h에 대해서 큰 관심을 표명하였다. 그는 h는 남한어에서 어중의 강세 제거 환경에서 통상적으로 탈락하지만, 지역방언을 포함한 일부 북한어에서는 둘째 또는 셋째 음절 위치에서도 실제로 들을 수 있다고 기술하였다("…but in local dialect it is to be heard also in the second or third syllables, where the south Koreans seems to have lost it long ago").5) 이와 같은 Ramstedt의 언급과 제시된 예들에 대해서 최근 Miller(2002)는 부정확하거나, 존재하지 않는 형태가 분명하기 때문에, 일종의 "ghost words" 부류로 판정한 바 있다.

또한, Ramstedt가 한국어 연구에서 이용한 당시의 한국어 방언 자료의 성격을 규명하려는 곽충구(1986 : 35-71)의 흥미 있는 논의에서도 위의 (1)의 예들은 부정적으로 논의되었다. 그리하여 곽충구(1986)는 위의 예들에 대한 검토 과정에서 해석상의 두 가지의 분열된 태도를 다음과 같이 나타내었다.

(ㄱ) 이러한 'ㅎ' 개입 방언형들을 분포하는 지역을 확인할 수 없으나, 1930년대의 북한의 함북 정평과 황해도 일대에 이와 유사한 성격을 보이는 '두을, 두흘(二); 너희(四)' 등의 방언형들의 분포로 미루어 실제로 존재하였을 가능성도 있다.6)

(ㄴ) 위의 'ㅎ' 개입형들은 Ramstedt가 제시한 가설, 즉 한국어의 발달 과정에서 설정된 *s>h 발달의 진로를 확인하기 위한 단순한 추정에 불과한 것이다. Ramstedt(1939 : 17)는 오늘날의 '김(雜草)'의 두 가지 유형의 방언형 [김 :]과 [기 : 슴]을 제시하면서, [김 :]은 kisim>kihim>ki : m의 음운론적 변화의 과정을 밟은 것으로 기술하였으며, 중간단계의 h는 역사적으로 s으로 소급된다고 해석하였다. 그러나 그가 제시한 '가흘, 우훔' 등과 같은 형태는 지역 방언형으로 당시에 존재하지 않았을 것이다(곽충구 1986 : 61, 각주 33).

글쓴이는 h이 지역방언의 일부 단어에서 둘째 또는 셋째 위치의 음절에

---

5) 밑줄은 글쓴이가 따로 첨가한 것이다.
6) 곽충구(1986 : 58)는 Ramstedt가 제시한 '우훔'(笑), 기흠(雜草), 가흘(秋) 등과 같은 방언형들은 실제로 존재하였던 것인지 의심스러운 예들이며, 동시에 어디서 어떻게 수집된 형태인지 확인되지 않는다고 보았다.

서 출현하는 발음을 들을 수 있다는 Ramstedt(1939 : 17)의 언급을 어느 정도 신뢰하려는 입장을 취한다. 그와 동시에, 그의 언급은 '가흘'(秋), '우훔'(笑) 등과 같은 어중 'ㅎ' 표기 형태가 실제로 1930년대 화자들의 구어에서 말의 스타일(격식어)에 따라서 발음되었을 가능성을 증언한다고 이 글을 통해서 제시하려고 한다.

우선 Ramstedt(1939)가 제시하는 (1)ㄱ의 예 가운데에서 '마흔'(四十)의 형태가 실제로는 [마은]으로 발음한다는 그의 언급을 글쓴이는 주목한다. 이 단어는 원래 '마순>마은'의 역사적 과정을 밟아온 형태로, 대체로 18세기 국어 자료에서부터 둘째 음절에 'ㅎ'이 첨가된 '마흔'형이 등장하기 시작한다. 마흔 四十(동문유해, 하.20), 대되 마흔다숫 學生이(박통사신석, 1 : 47), 마흔 나라히 다 베호더(십구사략언해, 1 : 18), cf. 마은 환 머그면(태산집요, 5ㄱ). 이와 같은 '마은>마흔'의 대치는 둘째 음절에 'ㅎ'을 갖고 있는 '셜흔'(三十)에 연상되어 이끌린 유추 현상에 의한 것으로 파악되어 왔다(유창돈, 1971 : 67, 이숭녕, 1981 : 82). 그렇지만, 비어두음절 위치에 개입된 '마흔'의 'ㅎ'는 모음 사이의 환경이었기 때문에 지역방언들의 구어에서는 대체로 반영되지 못했다. 예를 들면, 19세기 후기 평안도방언의 모습을 부분적으로 나타내는 Ross의 *Korean Speech*(1882 : 19)에서 '둘'은 고유한 방언형 '두흘'(二)로 등장하였으나, 이와 대조적으로 '마은'형은 'ㅎ'의 개입과 관련 없는 그대로의 모습을 보인다. 한나, 두흘, 서이, 너이, 쉬은, 쉬은 한나(50쪽), 셜은, 마은, 마은 한나(40쪽). 따라서 Ramstedt(1939)에서 역사적 표기 '마흔'은 그의 *s>h 가설을 위한 적절한 예가 될 수 있었으나, 여기에 이끌리지 않고 실제의 구어적 발음 [마은]을 지적했다는 것은 그가 당시 언어의 실제적인 모습을 존중했음을 뜻한다. Ramstedt(1952)가 제시한 위의 (1)ㄷ에서 '다음→다흠'의 예는 19세기 중기에 안동에서 작성된 한글편지 가운데 등장하고 있는 사실이 주목된다.

다홈의 가는 하인(下人)편 즈시 ᄒ오리다(아내→남편, 1948.07, 0-46, 義金-MF35
-3715-9675,『의성김씨 김성일파 종택 한글간찰』, 한국학중앙연구원 편, 2009, 태학사).

글쓴이는 위의 (1) 예문에서와 같은 단어들에서 공명음 또는 모음 사이
에 'ㅎ'이 표기와 발음에 걸쳐서 의식적으로 실현될 수 있는 가능성을 다
음과 같은 사례에서도 부분적으로 제시해 보일 수가 있다고 생각한다. 즉,
역사적으로 15세기 'ᄀᆞᆶ'(邊)에서 △>ø의 음성변화를 수용한 'ᄀᆞ'의 곡용 형
태들이 주로 근대국어의 마지막 단계, 즉 19세기 후반의 일부 자료에서 어
간 말음 'ㅎ'이 첨가된 'ᄀᆞᆶ/갏-'와 같은 모습으로 전환되어 나타난다.

(2) ㄱ. ᄀᆞᆶ-+-이;
　　일홈이 스탁홈이니 나라 동편 볼딕 하슈 ᄀᆞ히오(1889, 사민필, 19),
　　바리스니 영국 셔울 대읍에 뎨일 크니라 셴이란 강 ᄀᆞ히오
　　쏘 남편 디즁히 ᄀᆞ혜 마셸스란 큰 촌이 잇스니(사민필, 39),
　　일홈이 가이로니 북편 나일강 ᄀᆞ히요(사민필, 143),
　　하ᄂᆞ님이 이ᄀᆞᆺ치 ᄀᆞ히 업시 크시나(1894, 훈아진, 7b),

ㄴ. ᄀᆞᆶ-+-에;
　　디형은 바다 ᄀᆞ혜 산과 화산이 잇고(사민필, 158),
　　라인강 ᄀᆞ혜 미우 험준ᄒᆞᆫ 산이 잇스니(사민필, 26),
　　우믈 ᄀᆞ혜는 얼마 동안 류디가 잇서(사민필, 93),
　　훈 안즌방이 길ᄀᆞ희 잇서 빌어 먹거늘(1865, 쥬쳠광, 76b),

ㄷ. ᄀᆞᆶ-+-을;
　　바다의는 묘연ᄒᆞ야 가흘 알 길이 업스니(1875, 이언해, 3, 44ㄴ),
　　쏘 강가흘 ᄇᆞ라보니 조흔 나무가 만은디(1894, 천로역, 하, 134ㄱ),
　　혼자 믈ᄀᆞ흘 쏠와 오더니(17??, 낙일오, 73),

ㅁ. ᄀᆞᆶ-+-으로;
　　셰ᄌᆞ 힝ᄎᆞ롤 보내려 챵능 길ᄀᆞ흐로 나가시더니(1636, 산성일, 135),
　　몬져 쩌 흐린 거슬 ᄀᆞ흐로 부어가면(1869, 규합총, 5ㄴ).

위의 곡용 형태들은 어떤 표기상의 이유로 'ᄀᆞᆶ>ᄀᆞ>갏'(邊)와 같은 명목

상의 발달 과정을 나타내는 것이나, 과연 당시의 실제에서도 개입된 어중의 'ㅎ'이 발음되었을 것으로 생각할 수는 없다는 것이 상식적인 판단이다. 이러한 'ㅎ' 첨가의 굴절 형태들 가운데 18세기로 소급되는 예들이 주목된다. 이 시기는 'ㅎ' 말음체언들이 모든 음성 환경에서 거의 소멸되어가는 상황과 맞물려 있기 때문이다(정연찬 1981 : 33). 근대국어 단계에서 'ㅎ' 말음체언의 표기 유형을 검토한 홍윤표(1994 : 239-240)는 중세국어에서 'ㅎ' 말음체언 범주에 들지 않았던 단어들이 17-8세기에 와서 'ㅎ' 첨가 굴절 형태를 과도교정의 형식으로 나타내는 예들을 찾아서 제시한 바 있다. 이러한 예 가운데, 위의 (2)ㄷ에 속하는 형태가 포함되어 있다. 홍츙 전라도 바다 マ홀 니르신 말숨이라(1783, 김재인, 1ㄴ). 따라서 18세기에 등장하는 'マ홀'과 같은 형태는 'ㅎ' 말음체언의 소실과 연관되어 당시 화자들의 보수적인 규범의식에 근거한 과도교정이 작용하였을 가능성이 높다.7)

그렇지만, 유성음 사이에서 'ㅎ' 탈락이 탈락되는 자연스러운 음운 과정에서 볼 때, 'ㅎ' 말음체언들이 거의 사라진 19세기 또는 그 이후에까지 어떤 특별한 근거로 '갸'(邊)의 굴절에 'ㅎ'이 유지되었을 것으로 생각되지 않는다.8) 이와 같은 사실에도 불구하고 글쓴이는 위의 대부분 19세기 후기의 자료에서 추출된 (2)에서와 같은 굴절 표기 형태들이 일부 특정 화자들

---

7) 'マ'(邊, <ㄱ)의 곡형 형태가 'ㅎ' 말음체언으로 과도교정된 예는 한글편지 글에서는 16세기에서부터 등장하고 있다. 아래의 예는 서형국 교수(전북대)가 제시하여 준 것이다.

  함챵 가셔논 하 マ히업서 니저(1565, 순천김, 20),
    cf. 깃브미 マ이 업서 ᄒ거니와(상동.17).
8) 19세기 후기 자료에는 '갸'(邊)의 굴절 형태가 예전에 'ㅎ' 말음체언 부류들과 유사하게 어간말 'ㅎ' 탈락의 흔적을 표기상으로 보이는 예들이 관찰된다.

  (ㄱ) 년전에 그 길갸이 문어졋더니(독립신문.1898, 4, 23①),
      바다 갸이 영리로 일쳔 칠빅리 가량이요(상동.1897.8.19),
      여긔가 길갸이니 좀 감안히 말 ᄒ오 혼즉(상동.1898.3.1).
  (ㄴ) 나무를 셩 갸으로 다니며 모도 슴어 노커드면(상동.1896.10.29),
      뒤간을 모도 길 갸으로 내엿시니(상동.1897.8.28).

의 말의 스타일에서 당시에 출현하였을 것으로 판단한다. 이러한 사실은
다음과 같은 1930년대 한글 맞춤법 토론의 과정에서 엿볼 수가 있다. 1930
년대 최초의 『한글마춤법 통일안』(1933)이 확정 공표되기 이전에 <동아일
보>사에서 서로 다른 맞춤법의 원칙을 주장하는 조선어학회(신명균·이희
승·최현배)와 조선어학연구회(박승빈·정규창·백남규)에 속하는 대립되는 두
진영의 학자들을 내세워 맞춤법 전반에 관한 "조선어 철자법 공개 토론회"
를 실시하고, 이것의 속기록을 1932.11.11에서부터 11.29에 걸쳐 발표한 바
있다.9)

토론회 제2일의 논제는 'ㅎ'을 포함한 "받침 문제"이었는데, 겹받침을 주
장하는 이희승이 내세운 (ㄱ)어법상의 편리, (ㄴ)성음학상의 원리, (ㄷ)역
사적 근거에 대하여, 겹받침 쓰기를 반대하는 입장에서 정규창이 제시한
몇 가지 주장 가운데, 다음과 같은 예들에 대한 설명이 주목된다.

	(ㄱ)	(ㄴ)	(ㄷ)
(3-1) 脈 :	맥시 푸러려,	맥이…	맸이..
色 :	색시 난다.	색이…	샜이…
頂 :	목세 안저서,	목에…	몫에…
怯 :	겁슬 나히고,	겁을…	겂을…
週 :	돌셋돈	돌에…	돐에…
(3-2)	우게(上에)	우에	욱에,
	겨울게(冬에)	겨울에	겨욹에,
(3-3)	나히(年이)	나이	나히,
	<u>가헤(邊에)</u>	가에	갛에.

겹받침의 논리를 반박하는 정규창은 '넉시'(넋이), '갑슬'(값을)와 같은 굴

---

9) <역대한국문법대계> 제3부 제10책. 3-22. "조선어철자법 토론회", 『한글논쟁 논설집』
(상), 하동호 편, 263-332쪽 참조. 토론회는 제1일은 쌍서 문제, 제2일은 겹받침과 'ㅎ' 받
침 문제, 제3일은 어미 활용의 문제 등으로 배분되어 있었다.

절형에 나타나는 조사 '-이, -을'이 각각 '-시'와 '-슬'로 연음되는 것은 와전되었다는 사실을 예증하기 위해서 위의 (3)과 같은 도표를 제시하였다. 즉, (3-1)에서 통용되는 '맥시, 색시, 겁시' 등의 '-시'는 원래 겹받침 '맸이, 샜이, 겂이' 등에서 나온 연음이 아니라는 것이다. 그에 의하면 이러한 '-시' 발음은 와전음이다. 그리하여 점잖은 사람은 '겁이 난다'고 하지 '겁시 난다'고는 하지 않으며, '겁시'라는 발음은 하등계층의 말이라고 규정한다.10) 이러한 원칙이 '갑시'(값이)에도 적용된다고 정규창은 주장한다. 또한, 그는 위의 (3-2)의 예는 원래 '우에, 겨울에'이고, '우게, 겨울게'는 전라도 방언이라고 지적한다. 그리고 (3-3)의 예에서도 그는 역시 '가헤'의 발음이 '가에'의 와전음이고, '갏에'의 연음은 아니라고 본다.

따라서 정규창은 위의 도표에 제시한 와전음들은 "재미를 느끼기 위하여 화자들이 그렇게 변화시킨 것"으로 규정하였다. 이러한 논거에 의하여 정규창은 겹받침 표기 '값'(價), '넋'(魂) 등은 발음하기 불가능한 것으로 조선어에는 원칙적으로 과거에도 둘받침을 쓴 적이 없고, 그렇기 때문에 있을 수도 없다는 결론을 내리게 된다.11)

이와 같은 당시의 증언 가운데 특히 '가'(邊)의 처격형으로 'ㅎ'이 개입된 '가헤'와 같은 당시의 발음이 점잖은 사람은 쓰지 않는 하등계층의 말로써 그 쓰임이 어느 정도 관심의 대상이 될 정도로 일반화되어 있었다는 사실을 알 수 있다. 따라서 앞서 제시된 19세기 후반의 예문 (2)의 '가히, 가헤,

---

10) 정규창이 언급한 (3-1)에서의 '샜'(色)은 1936년에 시행된 <사정한 조선어 표준말모음>의 [ㄱ과 ㄱㅅ의 통용] 항목에서 '색'으로 선정된다. 그러나 같은 항목에서 역사적으로 '샀'(芽)은 단일 받침 '싹'으로 교체된다. 19세기 후기에서도 굴절 형태 '샜'(色)의 쓰임이 나타난다.

   (ㄱ) 이 별은이 쇠시 죠치 못ᄒ니(segshi, *Korean Speech*, 1882 : 7),
     cf. 각 쇠이 잇ᄂ니라(상동. 71).
   (ㄴ) 져 통 쇠시 놓은 슈가 속의 경영 금 들엇졔(판, 박.406).
11) 또한 정규창은 이어서 발음의 편의를 위하여 와전음이 생기는 현상은 어떤 나라에서도 있는 것으로, 영어의 idea of를 '아이디알오브'로 발음한다는 예를 제시하였다.

가흘' 등과 같은 표기가 이러한 1930년대의 상황과 깊은 연관이 있을 것으로 판단한다. 그렇다면, 당시에 규범적인 굴절 형태 '가+에, 가+을, 가+이' 대신에, 형태소 경계 사이에 개입되어 출현하는 표기와 발음으로서 '가헤, 가흘, 가히' 등이 등장하게 된 원인이 어디에 있을까. 또한 이와 같은 산발적인 'ㅎ' 개입 현상은 굴절에만 국한되지 않고, 형태소 내부에서도 가능하다면, Ramstedt(1939, 1949, 1952)가 예시한 국어의 지역 방언형들에서도 예외가 아닐 것이다. 이러한 유형들은 화자들의 어떠한 언어 의식을 반영하는 것일까. 또한 언어변화의 측면에서, 이와 같은 'ㅎ' 개입 예들이 어떻게 개인 화자들의 언어에서 개신되어 이어서 다른 화자들로 수용되고, 경우에 따라서는 언어사회로 지속적으로 확산될 수 있을까.

이와 같이 국어사와 지역방언들에서 산발적으로 출현하는 'ㅎ' 개입과 관련된 예들을 정리하여 보고, 여기에 관한 위에서 제기했던 몇 가지의 의문점들에 대한 대안적 해결 방안을 글쓴이는 이 글에서 잠정적으로 제시하려고 한다.

3. 화자들의 의식적인 참여와 언어변화

3.1. 과도교정에 의한 'ㅎ' 어간의 형성과 재구조화

공명음과 모음 사이의 환경에서 일어나는 'ㅎ'의 탈락과, 이것의 첨가는 작용과 반작용의 원리에 근거하고 있다. 따라서 이 글에서 취급하려는 산발적인 예들에 나타나는 대부분의 'ㅎ'는 釋의 상태에서 형성된 것이 물론 아니다. 즉, 일정한 위치에서 'ㅎ'이 탈락되어 간다는 사실을 화자들이 인식하고 있기 때문에, 상실된 또는 있어야 할 위치의 'ㅎ'을 의도적으로, 아니면 잘못 복원한 결과로 나타난 일종의 과도교정에 해당된다.12) 그러한 화자들의 의식적인 태도가 'ㅎ' 탈락의 결과로 형성된 모음충돌(hiatus)의 상황을 극복하기 위한 하나의 수단으로 'ㅎ' 첨가의 방식으로 실현되었을 것으로 보인다.13)

이러한 'ㅎ'의 첨가는 일정한 규칙성을 띠고 지속되거나, 반복되는 현상은 아니다. 그렇기 때문에, 개인어의 내부에 수행된 하나의 개신에 국한되어 언어사회의 다른 구성원들이 이러한 개신형을 모방 또는 차용하여 언어변화에 이르는 단계에 도달하지 못하는 경우가 일반적이다. 즉, 특정한 환경에 삽입되어 나타나는 'ㅎ'는 변화의 잠재 가능성만을 내포하고 있을 뿐이다. 그러나 다음과 같은 예들의 경우는 국어사에서 폭넓은 확산을 거쳐 드디어는 기저형의 변화를 초래하게 되었다. 근대국어 단계에 일어난 매우 예외적인 음성변화 가운데 하나는 '녁(方向)>녘', '곶>꽃'(花)에서 관찰할 수 있는 어간말 자음의 변화, 즉 'ㄱ>ㅋ'와 'ㅈ>ㅊ'와 같은 유기음화다. 이와 같은 변화는 음운론의 영역에서 자연스러운 음운론적 과정이 아니다. 개별 단어의 어두음절 위치에서 수행되는 유기음화는 예상할 수 있

---

12) 성문 마찰음 'ㅎ'이 일정한 환경에서 탈락되어가는 자연스러운 국어 음운사의 경향 속에서도 특정한 위치에 이것이 발화자의 적극적인 의도에 의해서 출현하는 예들은 비단 국어에서만 국한된 현상이 아니다. 청자 중심의 입장에서 일종의 과도교정도 여기에 포함될 수 있다.
   Ohara(1989, 1993, 2003)에 의하면, 음성변화를 야기하는 주체는 어떤 언어음을 지각하고 청취하는 청자들인데, 과도교정은 이들이 화자가 산출한 언어음을 정확하게 청취하지 못함으로 인해서 발생하게 되는 일련의 언어변화를 지칭한다. 청자들이 자신이 들은 언어음을 다시 복원하여 내는 경우에 원래의 언어음이 갖고 있는 표적보다 더 높게(더 정밀하게) 지각하게 되어 그대로 발음하려는 상황을 과도교정이라고 한다. 예를 들면, h-탈락 현상이 비표준어인 지역에서 egg를 h-탈락에서 결과된 것으로 잘못 청취하고 h를 의도적으로 삽입하여 hegg형을 산출케 된다는 것이다.

13) Casali(2011)에 의하면, 세계의 언어에서 모음충돌(hiatus)을 해결하기 위해서 구사하는 다양한 유형론적인 전략, 즉 모음 융합, 모음 탈락, 활음 개입 등 가운데 자음 삽입(consonant epenthesis)이 가장 보편적이다. 여기에 관여하는 자음으로 성문 폐쇄음 [ʔ]와 성문 마찰음 [h]이 대표적이다. 모음 충돌 중재자로 출현하는 이러한 [ʔ]와 [h]는 해당 언어체계에서 대부분 ㅎ에서 출발하는 것으로 보인다.

는 현상이지만(갈>칼, 고>코, 불무>풀무), 중화를 전제로 하는 종성 위치에서 이러한 음성변화는 일어날 수 없기 때문이다. 그러나 '녁>녘'과 '곶>꽃'의 과정에 음운론적으로 근거 없는 성문 마찰음 'ㅎ'이 비교적 이른 단계에서부터 과도교정에 의해서 개입되었을 가능성이 있다.

(4) ㄱ. 녁>녘(方向);
    안잣 올혼 <u>녁희</u> 경계ᄒᆞᄂᆞᆫ 그를 서 닐어슈티(1517, 번소학, 8.21ㄱ),
    올혼 <u>녁킈</u>ᄂᆞᆫ 徵와 角을 ᄒᆞ고, 왼 녁킈ᄂᆞᆫ 宮과 羽를 ᄒᆞ야(1586, 소학언, 3, 17ㄴ),
    東<u>녁킈</u> 쟈근 집이 잇더니(소학언, 8.94ㄴ),
    무덤 <u>남녁킈</u> 지실을 짇고(1617, 동국신, 동삼효1, 64ㄴ),
    <u>븍녁킈셔</u> 사ᄂᆞᆫ 張三을 의빙ᄒᆞ여(1670, 노걸언, 하, 15ㄱ),
    cf. 븍녁의셔 사ᄂᆞᆫ 張三을 의빙ᄒᆞ야(번역노, 하, 16ㄴ),
    北<u>녁희</u> 사ᄂᆞᆫ 張가롤 訂人 삼아(1790, 몽노중 5, 20ㄴ).
ㄴ. 곶>꽃(花);
    이 남기 <u>쏟치</u> 이시면 디쥐 크게 근심이 잇다 ᄒᆞ더니(1758, 종덕해, 상, 13ㄴ),
    텽 압회 조협 남기 <u>쏟티</u> 퓌면(종덕해, 상, 13ㄴ),
    아츰의 그 남기 믄득 <u>쏟티</u> 퓌거늘(종덕해, 상, 13ㄴ),
    동산 가온대 <u>꼿치</u>오 지지혼 시니 ᄀᆞ의 솔이라(1761, 경세언, 35ㄴ),
    술을 두고 <u>꼿츨</u> 두어 眼前에 즐기믈 삼ᄂᆞᆫ다 ᄒᆞ고(1765, 박신해, 1, 7ㄴ),
    홀연 꼿치 퓌여 사롬의 얼골 ᄀᆞᆺ치 되엿거놀(1852, 태상해, 3, 3ㄱ).

위의 예에서 '녁>녘'으로의 음절말 자음 'ㄱ'의 유기음화는 이른 단계 16세기 초반의 문헌자료에서 등장하기 시작하여 그 이후 점진적으로 확대하여 온 것이다. 그리하여 재구조화를 거친 '녘'형이 드디어는 1930년대 「조선어 표준말 모음」(1936 : 3)에서 규범어의 지위를 차지하게 된다.14) 또 다른

---

14) 「조선어 표준말 모음」(1936 : 3)에서 '녘'(날샐 녘)과 더불어 어간말 자음 【ㄱ과 ㅋ의 통용】 항목에서 '부억'형을 누르고 규범어로 선정된 '부엌'형의 구체적인 쓰임은 20세기 초반이나 19세기 후반의 자료에서 확인되지 않는다. 따라서 '부억>부엌'으로의 변화는 어

형태 '곶>꽃'에서 'ㅈ'의 유기음화는 그보다 늦은 시기 18세기부터 문헌에 집중적으로 출현하고 있다. 이러한 예들에서 음절말 자음 위치에서 어두의 경우에서와 같은 자생적인 유기음화 현상을 기대할 수 없기 때문에, 여기에 당시의 화자들의 의식적인 참여에 의한 'ㅎ'이 개입되어 왔을 것이다.[15] 즉, 'ㅎ+ㄱ→ㅋ, ㅎ+ㅈ→ㅊ'과 같은 유기음화이다. 이러한 유기음화 과정에 개입된 'ㅎ'은 중세와 근대국어를 통하여 음성 조건에 따라서 꾸준히 제거되어가는 'ㅎ' 말음체언과 밀접한 연관을 맺고 있을 것이다. 'ㅎ' 말음체언의 어간말 'ㅎ'은 15세기부터 이것을 선행하는 공명음 'ㅁ'과 'ㄹ'에서부터 변이의 과정을 거쳐 단계 별로 탈락되기 시작하여, 18세기 중반을 기점으로 'ㅎ' 말음체언의 대부분은 소멸되어 버린다(정연찬, 1981).[16] 물론 'ㅎ' 말음체언의 표기 형태 가운데 일부는 19세기 후기에까지 지속된 것처럼 외관상

떤 기제에 의한 것인지 구체적으로 알 수 없다.

15) 기원적으로 체언 어간말 유기음 'ㅊ'을 갖고 있는 단어들 '낯'(面), '빛'(色), '돛'(帆) 등이나, 어간말 'ㅌ'이 주격조사 앞에서 구개음화되어 'ㅊ'으로 전환되어 유추에 의한 수평화로 확대된 '솥'(釜), '밭'(田), '끝'(末), '뭍'(陸) 등의 자음이 19세기 후기에서부터 점진적으로 마찰음화를 수용하여 평음 'ㅅ'으로 발달되는 과정을 고려하면(최전승, 1986 : 282-284), 사실상 동일 위치에서 평음의 유기음화는 음성변화의 관점에서는 일어나기 어려운 과정인 것이다.

16) 국어사에서 'ㅎ' 말음체언이 사라지게 되는 원인에 대해서 유성음 사이의 'ㅎ'의 자연스러운 약화 탈락이라는 통상적인 견해에 대하여 최근 역사적 관점에서 'ㅎ'-말음 어간의 재구조화를 조감한 배영환(2011 : 173)은 이와 같은 음운변화의 관점을 배제하고 다른 해석을 제시하였다.

즉, 'ㅎ' 말음체언이 갖고 있는 두 가지 이형태, 예를 들면 '하늘∞하늘ㅎ'(天)의 공시적 교체에서 어간말 'ㅎ'이 등장하지 않는 '하늘'로의 어간 단일화(재구조화)로의 변화는 패러다임 속의 교체형을 단일화시켜 one form-one meaning(Anttila, 1972 : 100-101)이라는 궁극적인 상태로 환원하고자 하는 화자의 의지에서 나온 유추에 의한 평준화의 결과라는 것이다.

글쓴이의 관점으로는 유성음 사이의 'ㅎ'의 약화 탈락이라는 음운변화와, 유추에 의한 어간 단일화라는 형태론적 절차는 동전의 양면에 해당되는 것이다. 그러나 'ㅎ' 말음체언의 소멸을 음운변화로, 아니면, 유추에 의한 어간 단일화로 이해하든지 간에, 여기서의 문제는 왜 이러한 과정이 중세국어 이전이나 15세기의 국어에 전면적으로 확대되어 완료되지 않았을까이다. 또한, 'ㅎ' 말음체언의 말음 'ㅎ'을 소멸로 이끄는 최초의 원인으로 "語末 平聲化"라는 성조의 변화에서 추구하려는 정연찬(1981)의 논증 역시 충분히 음미할 만하다고 생각한다.

보이지만, 그 실체는 더 이상 구어에 등장하지 않았다고 보는 것이 적절하다.

근대국어 단계에서 확대된 'ㅎ' 말음체언의 어간말 'ㅎ'의 점진적인 탈락 현상이 변이의 과정을 통해서 이루어지는 동안에 보수형과 개신형 사이에서 어느 정도의 혼란이 지속되었을 것으로 예상할 수 있다. 근대국어에서 t-구개음화의 확대와 함께 이에 대한 반작용으로 일련의 소위 역-구개음화 또는 과도교정이 등장하기 시작하였음은 잘 알려진 사실이다. 위의 (4)ㄴ의 예에 출현하는 18세기의 '꼳티'형 역시 어간말 자음 'ㅈ>ㅊ'의 유기음화를 수행한 '꽂치' 형태에 대한 구개음화의 과도교정을 보이고 있다. 따라서 소멸되어가는 'ㅎ' 말음체언의 변화의 과정에서도 그 이전의 형태로 복원시키려는 화자들의 일정한 과도교정의 노력이 예상되는 것이다. 이러한 과정에서 기원적으로 'ㅎ' 말음체언에 해당되지 않는 체언 어간에까지 잘못 교정되어 'ㅎ'을 부가하는 현상을 생각할 수 있다. 홍윤표(1994 : 240)에서 열거된 10여 가지의 고립된 예들이 이러한 범주에 속한다. 샹(床)ㅎ, 아둘(子)ㅎ, 똘(女息)ㅎ, 쎼(骨)ㅎ, ᄀ(邊)ㅎ, 초(醋)ㅎ, 뿔(米)ㅎ, 등등.

이와 같은 관점에서 16세기부터 등장하는 '녁>녘'(方向)과, 18세기에 집중적으로 보이는 '꽂>꽃'(花)으로의 어간말 자음의 유기음화는 소멸되어가는 'ㅎ' 말음체언에 대한 일종의 과도교정에서 이루어진 부수적인 형태일 것으로 추정한다.[17] 즉, '녁→녁ㅎ→녘, 꽂→꽂ㅎ→꽃'. 그렇지만, 이러한 글쓴이의 해석에는 몇 가지의 문제가 뒤따른다. 한 가지는 'ㅎ' 말음체언에서 어간말 'ㅎ'을 선행하는 음성들의 조건은 (ㄱ) 'ㄹ, ㅁ, ㄴ' 등과 같은 공명음, 그리고 (ㄴ) 모음에 한정되어 있다. 더욱이, 기원적으로 'ㅎ' 말음체언

---

17) 'ㅎ' 말음체언으로 과도하게 잘못 교정된 형태로 추정되는 '닉년ㅎ'(明年)형이 16세기의 구어체 자료에서 등장하고 있다. 흣다가 닉년희 믈어디거든(明年倒了, 번역박, 상, 10ㄴ). 유창돈(1964 : 115)은 위의 예에서, 원래 이 한자어 어간에는 'ㅎ' 말음이 없기 때문에, 이 곡용형에 'ㅎ'이 첨가된 것으로 해석하였다. 그 반면에, 'ㅎ' 말음 체언과 용언어간이 수행하는 변화와 그 재구조화의 과정을 통시적으로 고찰한 정영호(2006 : 50-51)는 "형태소 경계에서 음절 말음의 절음화를 거쳐 발생한 'ㅎ'를 표기에 반영한" 결과로 파악한다.

의 범주에 속하지 않았던 체언들의 어간 말음에 'ㅎ'이 잘못 첨가되는 과도교정의 예에까지도 이와 같은 통합적 조건이 적용되어 있다. 따라서 이러한 출현 조건을 보이는 통합적 제약 때문에, 어간말에서 "무성 장애음+ㅎ"의 연결은 엄격하게 배제된다. 그 이유는 음성학적 근거에 있다. 즉, 이러한 통합 관계는 먼저 유기음화를 촉발시키게 되기 때문이다(홍윤표, 1994 : 235, 이진호, 2003 : 174, 배영환, 2011 : 93).

글쓴이는 'ㅎ' 말음체언이 소멸되어 가는 오랜 역사적 과정 속에서 문어로서의 보수형과 구어로서의 개신형 간의 대립과 갈등, 그리고 여기에서 비롯된 약간의 혼란의 와중에서 화자들이 'ㅎ'을 선행하는 통합적 조건들을 준수하지 못하게 되는 상황도 출현하게 되었을 것으로 추정한다. 그리하여 '녘'의 경우는 당시의 화자들이 'ㅎ' 말음체언으로 과도교정을 수행한 '녁ㅎ'에서, 또한 '꽃'은 '꽂ㅎ'에서부터 어간말 자음에 유기음화가 형성되어 굴절 형태에서 지속되어 결국에는 재구조화가 수행된 것이다.18)

'녁>녘'과 '꽂>꽃'의 발달을 'ㅎ' 말음체언에 대한 과도교정으로 해석하려는 데 제기되는 또 다른 하나의 문제는 어떠한 사회언어학적 조건에서 개인의 개신(innovation)에서 출발한 과도 교정형이 해당 언어사회의 규범으로까지 확대되어 기저형의 변화를 초래한 기제가 무엇인가를 자세하게 제

---

18) 이 글에 대한 익명의 심사위원 가운데 한 분은 글쓴이가 위에서 제시한 'ㅎ' 말음체언의 과도교정 형태의 제약 때문에 '곶'(花)과 '녁'(方向) 부류의 굴절 형태에 'ㅎ'이 과도하게 잘못 첨가되었을 가능성에 대해서 의문을 표시한다. 글쓴이는 물론 타당한 지적이라고 생각한다. 그러나 다음과 같은 요인을 고려할 필요가 있다.
'ㅎ' 말음체언에서의 'ㅎ'이 곡용형태에서 소실되어가는 자연스러운 과정에서, 이러한 경향에 대한 반작용으로 의식적으로 형성된 일부의 과도교정 형태들의 'ㅎ'도 역시 다음 단계에서 흔적 없이 사라지게 되었다. 그러나 '꽂>꽃'과 '녁>녘'으로의 점진적인 확대는 'ㅎ' 첨가의 과도교정의 혼란 가운데 그 제약을 벗어나서 'ㅎ'이 첨가되었고, 그 결과가 'ㅈ+ㅎ→ㅊ'과 'ㄱ+ㅎ→ㅋ'과 같은 유기음화로 고착되어가는 경향이 강했기 때문에 어간 말음이 평음에서 유기음으로 재구조화를 수행하였을 가능성이 있다.
이와 같은 해석이 아니고는 음절말 위치에 수행된 고립된 변화인 '꽂>꽃'과 '녁>녘'과 같은 극히 비정상적인 발달을 설명할 수 있는 대안은 찾기 어렵다.

시하기 어렵다는 것이다. 이러한 변화는 기원적으로 화용론적으로 동기화된 개신 또는 "잠재적 변화 가능성"(Smith, 2007)에서부터 출발하는 것이 일반적이다. 즉, 효과적인 의사소통을 추구하는 일부 화자들의 개인어로부터 과도정을 거친 '녁'(方向)과 '곶'(花)형이 산발적으로 등장하게 되었을 것이다. 이러한 개신은 같은 시대의 언어사회 구성원들에 의해서 주목 받지 못하거나, 아니면 어떤 유리한 조건 하에서 수동적으로 용인되거나 또는 자신의 말에 능동적으로 수용하게 되는 상황으로 발전하게 된다(Anderson, 2001 : 225). 후자의 상황에서 '녁→녘'과 '곶→꽃'과 같은 대치는 전면적인 재구조화와 확산의 출발점으로 작용한다.

3.2. 감정 표출적(expressive) 장치로서 'ㅎ'

자연어에서 발화의 연쇄는 화자의 관점에서 전달하려는 언어적 의미가 손상되지 않는 한에 있어서 동화와 축약 그리고 탈락을 통해서 조음상의 노력을 가능한 줄이려는 경제적인 경향을 반영한다.19) 이와 동시에, 이것

---

19) 발화 연쇄에서 가장 강력한 조음상의 경제적 노력은 특히 'ㅎ'의 탈락 현상에서 관찰된다. 문법화 과정을 거쳐 19세기 국어에 '-한테'로 정착된 여격 조사는 체언과의 결합에서 어두의 'ㅎ'을 지속적으로 탈락시키는 경향을 보인다. 즉, '-한테→안테'. 어두에 'ㅎ'이 제거된 예들은 19세기 후기의 신문, 문법서 부류의 격식어에서도 아래와 같이 출현하였다.

(ㄱ) 졈잔흔 부인네들안테 의론ㅎ엿더니(독립.1897.3.30②),
바얌안테 일부러 물녀(상동.1897.7.10),
아라샤 안테 북방을 쏏기고 덕국안테 교쥬만을 쏏기고 영국안테 위해위를 밧치고 법국안테 쌧기는 것이(상동.1898.6.16),
일본 공ㅅ안테로 젼보를 ㅎ얏ᄂᆞᆫ듸(상동.1897.7.6).

(ㄴ) 더러, 드려, 안테', 뉘안테 드럿ᄂᆞ냐, 뉘게 드럿ᄂᆞ냐.
류월에 포교안테 잡히엿다(한어문전, 121), 뉘안테 드럿ᄂᆞ냐(한어문전, 142),
『한어문젼』(1881), 제12장 '젼치사에 대해서'(142-145쪽),
박셔방안테 드럿소(『한영문법』1890, Underwood, II, 422쪽).

(ㄷ) 져놈흐테 속았다(1894, 『ᄉᆞ과지남』, 7쪽).

은 화자가 청자에게 자신의 정보와 표현하려는 의도를 가능한 분명하게 전달하려는 지각적 강화와 같은 또 다른 장치가 서사와 구두언어에 등장하는 경우가 관찰된다. 이와 같은 장치가 어두와 비어두의 음절에서 'ㅎ' 첨가의 현상으로 실현되는 일부 사례는 드물지만, 아래와 같이 구비문학 자료에서 확인된다.20)

(5) ㄱ. 숭어→숭에→숭해;
전에 한 놈이 <u>숭해</u>(숭어)장시를 하는디 말이여.[조사자 : 예]괴기 장시를 하는데, 괴기를 한조락(바지게)을 <u>숭애</u>를 담어 짊어지고 가느라고 가는 것이, (전남 의신면 설화 12.625), cf. 어, 숭어 좀 삿시요 (지산면 33.443),
생선을 가상 요새 같으변 <u>민해</u>(민어) 큰놈 하나 사고(772쪽).
ㄴ. 울타리→홀타리→후타리;21)
"그러먼은 그 집의 <u>홀타리</u>허고 우리집 <u>홀타리</u>허고 진 간드깨를 하나 걸처 주시요." 그러드리야.(755쪽),
자다가 꿈을 뀐게, 아, <u>홀타리</u> 밑이서 막 청룡 황룡이 틀어 올리드래.(194쪽),
어디 <u>홀타리</u> 밑이나 처박혀가지고 술 먹고 떨어져 자.(485쪽),
<u>후타리</u> 여기다가 움막을 지어놓고(울타리, 전북 남원 산동면4.369).
ㄷ. 수염→시험;
젊은 총각이 굴레<u>시험</u>(수염)이 펄펄 나 갖고는(남원, 금지면 34/ 517).

(ㄹ) 여우<u>안테</u> 홀려서(『일본어학』 음·어 편, 임규, 1912 : 257),
진에 독사 갖흔 것<u>안테</u> 물이면(상동.267).
　　cf. 등에흔테 물녀서(1881, 초간/재간 교린수지 2.12ㄱ).
20) 여기서 제시된 예들은 『한국구비문학대계』(한국정신문화연구원) 가운데 전남과 전북 편에 수록된 자료에서 검색하여 낸 것이다.
21) 통상적인 '울타리'에 어두 'ㅎ'이 첨가된 방언 형태는 전남과 전북에 걸쳐 분포되어 있다.

홀타리→[전북] : 남원, 정읍, 김제, 전주, 임실.
후타리→[전남] 담양. 최학근(1978 : 464).

위의 예에서 실현된 'ㅎ'의 성격은 불규칙하고 일정한 예측 가능성이 없기 때문에 화자가 의사전달의 어떤 화용론적 상황에서 단순한 표현적 효과를 목적으로 의도적으로 첨가시킨 것으로 이해할 수밖에 없다. 글쓴이는 이와 같은 유형의 'ㅎ' 첨가를 경음화와 유사한 일종의 감정 표출적인, 또는 "표현적"(expressive) 강화라고 해석하려고 한다(Trask, 2000 : 115). 이와 같이 개별 단어들에 대해서 화자가 표출하는 심리적 작용은 (5)의 예에서와 같은 'ㅎ' 첨가 이외에 다른 방식으로 실현되기도 한다. 예를 들면, 유창돈 (1964 : 103-110)에서 논의된 '빼다>뛔다'(貫), '게>궤'(蟹)로의 의식적인 모음 첨가 현상도 소규모적이지만 이러한 범주에 속한다고 생각한다. 19세기 후기 평안방언을 반영하는 Ross의 *Korean Speech*(1882)에서도 '언제>원제'의 예들이 나타나 있다. 지금은 일이 만아 원제 아지 못하갓다(19), 너 원제 왓나냐(50).[22]

(5)ㄱ의 '숭해'형은 동일한 화자의 말 가운데에서도 '숭에'로 바뀌지기도 한다. 이러한 대치 과정은 화자의 초점 이동이나, 청자의 반응, 그리고 구술의 분위기 전환 등과 같은 말의 스타일의 교체와 관련이 있는 것 같다. 같은 자료에 보이는 '숭어∽숭에'의 교체도 역시 이러한 범주에 귀속된다. (5)ㄴ의 '울타리→훌타리'와 같은 예는 'ㅎ' 첨가가 개인적, 또는 대화가 전개되는 상황에 따른 부수적 산물이 아니라, 반복되어 확산을 거침으로 하나의 지역 방언형으로 확립될 수 있음을 보여준다. 그렇기 때문에 표현적 장치로서 'ㅎ'의 첨가 현상이 해당 지역방언에서 단어들의 특성에 따라서 시간적으로 소급될 수 있는 가능성을 나타낸다.

19세기 평북방언 자료에서부터 등장하기 시작하는 '잃다>훓다'(失)의 확대 과정이 시간적 지속과 어느 정도의 역사성을 반영하고 있다고 생각된

---

22) 주갑동의 『전라도 방언사전』(2005)에서 확대된 이러한 유형들을 찾아 볼 수 있다.

  (ㄱ) 워치케(어떻게), 워체사꼬, 워쩐 일, 월마(얼마)(271쪽),
  (ㄴ) 꾀(깨), 꽷입, 들꽤, 꽷묵(55쪽).

다. 1940년대 『한글』 제5권 7호(1940 : 29)에 전몽수가 연속적으로 소개한
흥미있는 '平北 俚諺' 가운데, "큰 소 흙구 쇵애지 텡겠테" 라는 예문에 "잃
다(失)→흛다"와 같은 'ㅎ' 첨가의 예가 등장한다. 그리고 '흛다'의 형태가 『한
글』 제4권 4호에 보고된 평북 宣川 지방의 고유한 방언으로 등장하는 사실
을 보면, 해당 지역방언에서 넓은 분포를 갖고 있었을 것으로 보인다. 동시
에 '흛다'의 다양한 활용형들이 19세기 후기 평북방언의 자료에서도 생산
적으로 등장하고 있다.23)

> (6) ㄱ. 길에 세 쟐를 <u>힐어슴</u>메(hiru summe, on road bag, I have lost,
>   Corean Primer, 45)
>   ㄴ. <u>힐엇던</u> 은돈을(1887, 예슈셩교젼셔, 누가 15 : 9), 그 맛슬 <u>일흐면</u>(누
>   가 14 : 35),
>   한나롤 <u>힐으면</u> 그 힐은 거슬(누가 15 : 4). 그 맛슬 <u>힐으면</u>(말코 9 : 50),
>   셩명을 <u>힐은</u> 쟈는…셩명을 구완코쟈 ᄒᆞ년 쟈는 <u>힐코</u>(초역 누가 9 : 24),
>   하나님의 은총올 <u>힐으물</u> 면ᄒ라(예수셩, 히브리서12 : 15),
>   죵의 쥬인이 바리던 지리 <u>힐으물</u> 보고(상동.사도행전16 : 19).

19기 후기 평북 방언에 등장하는 이와 같은 '흛-'(失)의 쓰임이 어떤 이
유로 이 지역방언에서만 확대되어 있는가 하는 사회언어학적 배경은 규명
할 수 없으나, 기원적으로 '잃-'의 어두에 'ㅎ'이 첨가된 구성인 것은 분명

---

23) 유창돈(1964 : 140)에 의하면, 평북방언에서 '잃다'(失)를 '흙다'로 발음하고 있는데, 문헌
상으로 이와 같은 어휘는 『譯語類解, 補』(1775)에 처음 나타나기 시작한다고 한다.

　　니즘 힐혼이, 忘魂大的(19ㄱ).

　그러나 해당 자료(人品, 補)를 살펴보면, "니즘 헐혼이"로 판독된다. 또한 아래의 예들을
참조.

　　이제는 니즘 힐고 이리 늘거디니(1565, 순천김, 153),
　　忘魂大, 니즘ᄒᆞ다(1778, 방언유, 신부방언, 24ㄴ),
　　忘性人 니즘 헐혼 이(1790, 몽유보, 5ㄱ),
　　忘性 : 니즘 헐혼이(漢淸文鑑, 8.29ㄴ).

하다. 그리고 이러한 'ㅎ' 첨가형은 오늘날까지 그 사용이 지속되어 있다. 욿다(잃다), 돈을 욿다, 욿어 버리다/히리 삐리다(김이협, 1981 : 552). 또한, 19세기 후기 평북방언 자료에 용언 '잃다→욿다'와 함께, 그 성격을 달리하는 것으로 보이는 '두흘(二), 서히(三)' 같은 예들도 쓰이기 시작하였다. 이 형태들은 '두을→두흘, 서이→서히'와 같은 변화의 방향을 보이기 때문에 역시 'ㅎ' 첨가형으로 귀속된다. 그러나 이들 단어에는 'ㅎ'이 비어두음절에 첨가되어 있는 사실이 앞서 예시했던 어두음절 위치의 '욿다'(失)와 대조되는 것이다.

(7) ㄱ. 한나, 두흘, 서이, 너이(doohul, Korean Speech 1882 : 41),
   ㄴ. 열두흘이니(1887, 예슈셩교젼셔, 말코 8 : 19)∞둘이 일체가 되느니 (말코 10 : 8),
   갈아되 열두흘이니이다(상동, 마가 8 : 20).
   셔히롤 서워(말코 9 : 5)∞셰번(상동, 말코 14 : 31),
   ㄷ. 둘(二)→두울, 두흘, 둘;
   셋(三)→서히, 셋(『한글』 4권2호, 9쪽, 함북 碧潼지방).

특히, 오세준이 『한글』 제1권 9호에 咸北 穩城의 고유한 방언을 중심으로 제시한 <사투리 조사>(1933 : 371-375)에는 '하나'(한나, 한내)와 '둘'(두-ㄹ)의 경우는 'ㅎ' 첨가와 무관하지만, '다섯'(五)과 '여섯'(六)은 각각 '다스, 다흐', '여스, 여흐'로 쓰이는 사실이 매우 특이하다.[24] 수사 형태 '둘 : '의 경우에 장모음을 두 음절화하여 동일 모음 사이에 'ㅎ'을 개입시키는 원리는 분명하게 파악되지는 않는다. 그러나 이와 같은 과정에서도 의미의 변별성을 높이기 위한 표현적 'ㅎ'가 여기에 관여한 것으로 추정된다. 또한, '서이→서히'와 '너이→너히'와 같은 'ㅎ' 첨가형은 비단 북부방언 자료에서 뿐만 아니라, 19세기 후기 중부방언을 반영하는 자료에서도 나타난다.[25]

---

24) 그러나 김태균의 『함북방언사전』(1986 : 147, 374)에서 이들 수사 형태는 각각 '다섯, 다스, 다슷'과 '여섯, 여스, 여슷'으로만 등록되어 있다.

3.3. '교육(教育)>교흌'

'ㅎ' 첨가와 관련하여 한자음 '교육→교흌'(教育)의 변화와 그 확산은 특정 지역에 따라서 16세기의 단계로 소급되는 특이한 과정을 반영하고 있다. 16세기의 광주본『千字文』에 사용된 특이한 한자음 가운데 '學 비흘 획(13ㄴ), 育 칠 흌(5ㄴ), 州 고을 쥐(26ㄴ)' 등에서 일부는 지역 방언적 요소를 생각할 수 있다. 이 가운데 한자음 '획'(學)의 반사체는 다른 자료에서 반복되어 나타나지 않기 때문에 그 실체를 확인하여 볼 수는 없다. '흌'(育)과 '쥐'(州)의 경우는 후대의 방언 자료에서 지속적으로 반복되어 등장하였기 때문에, 그 실체가 분명하다. 즉, '育'과 '州'의 한자음으로 '흌'과 '쥐'는 당시의 현실음을 반영한 것이나.

우선 '흌'(育)은 광주본『천자문』과 동일한 계통에 속하는 대동급본『천자문』에서는 다른 계열의 천자문들과 같은 '육'으로 수정되었다. 최세화(1986)에서 호남의 지방판으로 추정된 병자본『천자문』(1696)에서 한자음 '흌'이 다시 한번 확인된다.[26] 育 양흌 흌(4ㄱ). 여기서 한자음 '흌'은 원래의 발음에 'ㅎ'이 첨가된 것으로 이해될 수밖에 없는데, 이러한 예는 근대국어

---

25) 19세기 후기『독립신문』등의 언어에 빈번하게 쓰이는 '서히'(三)와 '너히'(四)의 형태는 'ㅎ' 말음체언으로 어간 말음 'ㅎ'을 보유했던 시기로부터의 흔적일 가능성이 있다. 중세국어의 단계에서 '세히'와 '네히'는 각각 주격형태의 표시였으나, 'ㅎ' 말음체언이 사라진 19세기 후기에 '세히→서히'와 '네히→너히'와 같은 변화를 거쳐, 다시 독립형으로 재조화 되었을 가능성을 나타내는 것으로 파악되지는 않는다.

    (ㄱ) 아둘 형뎨 쫄 <u>서히</u> 잇더니 큰 아둘은(독립, 1896, 10.1),
        사룸 <u>너히</u> 봉화둑에 셧는 누빅년 된 귀목을 쟉벌ㅎ여(상동.1896.4.28, 2),
    (ㄴ) 머구리 갓탄 거시 <u>서히</u> 나아오물 보니(1887, 예수성, 요한묵시록 16 : 14),
        쳐네 쌀 <u>너히</u> 이스니(상동.사도행전 21 : 10절).

26) 최세화(1986 : 204-228)는 대마역사민속 자료관 소장본『千字文』의 字釋을 검토하면서 '育, 양흌 흌'(다른 異本에서의 새김은 모두, '칠-')에 대해서 다음과 같이 언급하였다.

    "'양흌'은 '養育'의 표음이나 '육'의 음이 '흌'임이 이상한데, 이는 관습적 訛音이 아닌가 여겨진다. 光州本도 음이 '흌'(칠 흌)인데, 이 丙子本이 이를 따르고 있는 점이 흥미롭다."(207쪽)

와 현대에 걸친 다양한 방언 자료에 산발적으로 출현하고 있다.

평북방언 『천자문』(김이협, 1981)에도 한자음 '휵'(育)을 포함한 몇몇의 다른 한자의 새김에 'ㅎ'이 첨가되어 있다. 章 글할 장(559), 葉 닢 협(566).[27] 여기서 새김 '글할' 또는 '글혈'이 19세기에 가까운 모습을 보이는 宮內廳書陵部本 『천자문』과, 19세기 후기 전라방언을 반영하는 杏谷本 『천자문』(1862)의 한자음에도 지속되어 있는 사실을 보면, 이러한 'ㅎ' 첨가의 전통이 그리 짧지 않았던 것으로 생각된다.

(8) ㄱ. 文 글할 문(宮內廳, 1a),
　　ㄴ. 文 글혈 문(杏谷, 83), 章 글혈 중(杏谷, 112).[28]

18세기의 국어를 반영하는 『지조번방지』(1759)에 대한 면밀한 국어학적 고찰을 시도한 백두현(1992)은 이 자료에 등장하는 '育'에 대한 한자음 '휵'의 쓰임을 주목한 바 있다. 낙휵(樂育)(5.17ㄴ), 성성함휵(生成涵育)(7.88ㄴ). 이와 같은 '육→휵'의 과정을 백두현(1992)는 두 가지의 관점에서 파악하였다. 즉, (ㄱ) 일종의 'ㅎ'의 첨가, 또는 (ㄴ) 남광우(1973 : 167)의 관찰에 의거하여 '칠 휵, 畜'와 같은 새김과 한자음에서의 관련성.[29] 그러나 글쓴이는 '畜'과

----

27) 평북방언 『千字文』의 '章 글할 장'의 새김에 대해서 김이협(1981)은 日常語로는 '글얼'로 쓰이는 사실을 각주에서 밝히고 있다. 천자문의 보수적인 새김과 한자음은 일상어와 그 보조를 같이 하지 않았음을 알 수 있다. 그 반면, 한자음 '엽'에 'ㅎ'이 첨가된 '협'(葉)은 고립되어 출현하지 않은 것으로 보인다. 즉, 평북방언에서 '낙협송(落葉松)과 같은 복합어에도 'ㅎ'이 실현되어 있다(김이협 1981 : 85).
　　또한, "平北 博川 천자문 해설"(이기문, 외, 1995 : 251-257)에서 金履弘은 이 지방에서 원래 '葉'과 '育'의 한자음이 각각 '엽'과 '육'인데, 박천 천자문에서는 그 한자음이 '협'과 '휵'이었다고 증언하고 있다. 그에 의하면, '葉, 育'의 어두음절은 博川에서 전래되는 千字文에서 'ㅎ'이었다는 것이다. 『천자문』의 한자음의 전통이 보수적인 사실을 전제하면(이기문, 1972), 이와 같은 특정한 단어에 'ㅎ'이 첨가되는 전통은 오래된 것으로 보인다.
28) 『千字文』(행곡본)의 에들은 손희하(1991)에서의 "부록"과, 첨부된 배열 번호에 의거하였다.
29) 16세기의 『新增 類合』(1576)에는 '畜'(튝)에 광주본 『千字文』에서의 '育'(휵)과 동일한 새김 '칠'이 배정되어 있다. 畜, 칠 튝(下, 16ㄴ). 조선 한자음을 연구한 남광우(1973 : 67-68)는

'育'이 경우에 따라서 한자 학습서에 동일한 새김 '칠-'을 갖고 있었다 하더라도, 한자음 '튝'(>츅)과 '육(→흌)'이 연상 작용과 관련하여 상호 간섭을 일으켰을 충분조건이 되지 않았을 것으로 본다. 그렇기 때문에, '畜'의 한자음이 19세기 후기까지도 부분적으로 예전의 '흌'을 유지하고 있는 사례들은 오히려 '育'의 한자음 '육→흌'에서 유추되었을 가능성이 있다. 18-19세기의 자료에서 '싱육∞싱흌'(生育), 그리고 '양육∞양흌'(養育)와 같은 부분적인 교체가 일어나고 있는데, '양흌'과 '싱흌'을 각각 '養畜'과 '生畜'으로 표기한 예들도 등장하고 있다.

(9) ㄱ. 즈이훈 ㅁ음은 싱흌ㅎ는 근본이요(1852, 태상해, 2, 51ㄱ),
　　　 잔인훈 ㅁ음은 싱흌지 못홀 장본이어눌(태상해, 2, 51ㄱ),
　　　 텬디 형태훈 긔운을 교합ㅎ야 만믈을 싱흌ㅎ고(1884, 관셩륜, 7ㄱ),
　　　 집안을 보호ㅎ고 즈식을 싱흌ㅎ자 ㅎ면(독립신문, (1896.6.6),
　　　 cf. 다른 녀즈롤 기드려 싱육ㅎ리오(1758, 종덕해, 중, 37ㄱ),
　　　　 일만 품믈이 싱육ㅎ여 사롭이 어더(1839, 유척윤, 1ㄱ).
　　ㄴ. 부모의 양흌을 도라보디 아니ㅎ믈(養慉, 1765, 경세편, 9ㄴ),
　　　 능히 만믈을 양흌혼다 ㅎ거눌(태상해, 2, 51ㄱ),
　　　 노모롤 셤기며 어린 아올 양흌ㅎ여(1797, 오륜행, 효, 41ㄴ),
　　　 양흌ㅎ다 養畜(1880, 한불자, 14),
　　　 양흌 養畜(1895, 국한회, 209).[30]

이와 같이 한자음 '育'에 'ㅎ'이 첨가된 '흌'이 다른 어근과 합성어를 형성하는 경우에도 유지되어 있다. '교육→교흌'(敎育)의 예가 여기에 속한다. '교흌'형은 1940년대 함경도 定平 방언에 분포되어 있는 것으로 보고된 바 있다. 교육-교흌(『한글』 제5권 1호, 지봉욱 조사, 18쪽). 또한, 이와 함께 보고된

'畜'의 한자음이 '흌'으로도 사용되었는데, 나중에 '튝'(>츅)과 '흌'의 대립에서 '흌'이 소멸된 것으로 판단하였다.
30) 이와 유사한 'ㅎ'첨가형은 '양흌'은 19세기 후기 전라방언을 반영하는 완판본 『홍길동젼』에도 등장하고 있다. 부모의 양흌지은을(養育之恩, 20ㄴ).

정평 방언의 자료 가운데에는 위의 (7)의 예에서 'ㅎ' 첨가와 관련하여 살펴본 바 있는 '두흘'(二)과 '서히(三), 너히(四)' 형도 아울러 출현하고 있다. 너히, 너이, 넉(四), 두흘, 두을(二)(『한글』제5권 1호, 22쪽), 서히, 서이(三)(『한글』제5권 2호, 26쪽).31) 따라서 이 지역방언에서도 'ㅎ'의 첨가가 일정한 단어에 따라서 적용되어 있는 것이다.

그러나 '교육'형이 특히 적극적으로 쓰이고 있는 예들은 19세기 후기 중부방언을 반영하는 『독립신문』(1896.4.7-1899.12)의 논설과 잡보 등의 여타의 기사 부분에서 관찰된다. 이러한 사실은 개화기 국어를 논의하는 과정에서 김형철(1984, 1999)에서 관찰된 바 있다. 그는 '教育'이라는 개화기 단어가 『독립신문』에는 '교휵'으로만 표기되어 있는 사실이 특이하다고 지적하였다 (1999 : 125). 『독립신문』의 논설 가운데 이기문(1989)에서 서재필이 작성한 것으로 규명된 제2권 92호(1987.8.5)의 유명한 "국문론"에 관한 전문에 3회 출현하는 '教育'은 모두 '교휵'으로만 쓰이고 있었다.

(10) 데일 급션 무는 교휵인디 교휵을 식히랴면,
교휵홀 사롬이 몃이 못 될지라,
죠션 교휵ㅎ는 긔초로 알고.

또한, 『독립신문』의 논설 가운데 당시 조선의 학교 교육의 당위와 필요성을 주창한 제1권 16호(1986.5.12)의 논설에서 모두 13회나 출현하는 '教育'이라는 단어는 예외 없이 '교휵'으로만 표기되어 있다.32) 그 일부의 예들만

---

31) 19세기 후기 평안도 방언의 음운론적 특질을 고찰한 최임식(1994 : 53)은 Ross의 『예수셩교젼셔』(1887)에 등장하는 '서히, 너히'(三, 四)의 예들은 모음충돌을 회피하기 위해서 먼저 음절분화가 수행된 다음에, 곧 이어서 음위전환(metathesis)이 개입된 것으로 기술하였다.

32) 『독립신문』에는 또한 '싱육→싱휵(生育)과 같은 유형도 등장하고 있다.

집안을 보호 ㅎ고 ㅈ식을 <u>싱휵</u>ㅎ자 ㅎ면셔(1896.6.6①).

제시하면 다음과 같다.

> (11) 학교를 지여 인민을 교휵 ᄒ는거시,
>   정부에셔 인민 교휵은 ᄒ여야,
>   무론 남녀ᄒ고 교휵을 식히랴고,
>   만일 ᄌ식들을 교휵을 아니 식히면, 등등.

그렇다면, 19세기 후기 중부방언의 모습을 반영하는『독립신문』의 언어에 부단히 사용된 '교휵'이라는 단어의 쓰임이 서재필에게만 고유한 것인가, 아니면, 그 당시의 전형적인 현상인가를 살펴 볼 필요가 있다.『독립신문』에 서재필과 같이 참여한 주시경 역시 '敎育'이라는 용어를 달리 발표한 글에서 '교휵'으로 사용하고 있다. 지금 유지ᄒ신 이들이 <u>교휵교휵</u>ᄒ니 이왕 학문을 빈혼사룸만 <u>교휵</u>코겨홈이 아니겟고("국어와 국문의 필요", 쥬시경, 1907년『西友』, 33쪽).

또한,『독립신문』제3권 1호(1898.1.4)에 게재된 졔손(서재필)의 연설 부분에도 '교휵'이 쓰였고(학문으로 교휵ᄒ고…교휵시키고), 이어서 실린 윤치호의 연설에서도 '교휵'이 역시 사용되었다(남녀를 ᄀᆺᄒ 학문으로 교휵식히고…). 이어서 후속되는 "여러 분인네들"의 다른 연사들의 연설에서도 역시 '교휵'이 사용되어 있다(녀ᄌ도 남ᄌ의 학문을 교휵 밧고).

『독립신문』에서 한자음 '교육'은 1896.4.7. 창간호에서부터 1898.6.30.까지 모두 6회 정도 출현하는 반면에, '교휵'형은 191회에 걸쳐 압도적인 출현 빈도수를 보인다.[33] 그러나 서재필이『독립신문』의 사장직을 물러난 이후(1898.05)에 간행된 "논설" 부분에서부터 '교휵'의 한자음 쓰임이 급격히 감소되기 시작한다. 이어서 제3권 10호(1898.8.9)에서부터 본격적으로 '교육'

---

33) 앞으로『독립신문』의 언어에서 제시하는 단어들의 출현 빈도수는 글쓴이의 사정으로 1896.4.7부터 1898.6.30까지의 기사문에 국한되는 제약을 갖는다.

으로 단일화된 것 같다. 대한 사롬의게 교육은…교육이라 ᄒᆞᄂᆞᆫ 것은. 그리하여『독
립신문』제3권 127호(1898.8.30)에 실린 "논설" 부분에서 이 단어는 결국 '교
육'으로만 통일되어 나타난다. 이러한 사실을 보면, 개화기 용어 '敎育'에
대한 한자음 '교휵'과 '교육'의 사용은 당시 화자들의 말의 스타일에 따라
서 어느 정도 선택된 것으로 보인다.34)

이와 같은 '교휵'형은『독립신문』과 동 시대의 다른 신문 자료에서는 매
우 드물게 출현하였다. 어두은 것슬 열게 ᄒᆞ자면 교휵이 아니고는 홀슈 업슬터인즉
만일 한문으로 교휵ᄒᆞ려다가는(1898, 매신문, 6.17). 20세기 초반에 간행된 일련의
『신소설』부류에서도 '교휵'형은 모두 5종에서 등장하였으며 그 출현빈도
는 19회에 한정된 반면에, '교육'은 총 131회로 증가되어 있다. 따라서 '교
휵→교육'으로의 대치가 그 당시에 점진적으로 일반화된 것으로 보인다.35)

4. 무조건적인 음성변화의 저지와 보상적 수단

4.1. 형태론적 제약과 음성변화

언어변화, 특히 음성변화는 예외 없이 무조건적으로 작용하는가. 일정한

---

34) 개화기 용어 '교육'이 19세기 후반에 공식적으로 처음 쓰인 예는『한불ᄌᆞ뎐』의 표제어이
다. 교육ᄒᆞ다 敎育(1880, 한불자, 198). 그 반면, 이 용어는 그 이후의 외국 선교사들이 편
집한 사전류에서는 등장하지 않았다.

　　Educate : 기ᄅᆞ오, ᄀᆞ라치오, 교양ᄒᆞ오, 교훈ᄒᆞ오;
　　Education : 교훈, 교양(Underwood의『한영ᄌᆞ뎐』(1890 : part Ⅱ, 92).

35) 20세기 초반『신소설』부류에 사용된 '교휵'의 몇 가지 용례를 제시하면 다음과 같다.

　　가정교휵과 여러 션싱님의 훈계를(1914, 금강문, 14),
　　포부롤 앗기지 말고 교휵으로 목적을 삼아(1913, 금국화(상), 6),
　　교휵은 무슨 교휵을 바닷스며(1912, 현미경, 74),
　　녀자라도 교휵을 밧지 아니ᄒᆞ면(1912, 재봉춘, 22).

음성변화가 적용되어 의사전달의 과정에서 혼란 내지는 큰 불편을 초래하게 되는 상황에서 화자들은 어떠한 반응을 보이게 되는가. 이러한 문제에 대하여 Kiparsky(1982 : 190)는 결과가 어찌 되었건 변화는 진행되는 것이며, 여기서 문제 또는 피해가 발생하는 경우에 이것을 교정하기 위해서 후속적인 다른 유형의 변화가 뒤따르게 된다고 주장한다. 즉, 언어는 변화에 대한 "치유"(therapeutic)를 부가하는 경우가 있지만, 해당 변화를 미리 "예방"(prophylactic), 또는 저지하지 않는다는 것이다.[36] Campbell(1993), Harris & Campbell(1995 : 317-320)은 변화의 결과가 문법에 가해지는 기능상의 목적을 유지하는 방향으로 보상되어 갈 뿐만 아니라, 몇몇 구체적인 사례에서는 기능상의 필요에 의해서 일정한 변화를 예방하는 경우가 존재한다고 역설한다. 즉, 일정한 형태론적 조건은 해당 문법 환경에서 일어나는 음성변화를 저지시킨다는 것이다. 그리하여 음성변화는 본질적으로 규칙적이지만, 그 결과가 중요한 형태・통사적 기능에 대한 화자들의 인식에 장애를 일으키게 되는 상황이 발생할 때 저지될 수가 있다고 한다. 그 반면, 언어변화에 대한 모든 기능적 설명을 부정하려는 Lass(1980, 1997)는 Campbell (1974, 1996)이 제시하는 부류의 형태론적으로 조건된 제약들은 post-hoc(사건의 선후와 인과 관계가 뒤바뀐)한 관찰이기 때문에 의미가 없다고 간주한다.[37]

국어 음운사에서 중세국어에서부터 소위 특수어간 교체를 보이는 단어

---

36) 이러한 관점은 일찍이 19세기 비교-역사언어학의 이론가 Paul(1960 : 251)이 제시한 "음성변화가 보이는 일반적인 제약"으로 소급될 수 있다.

"언어에는 (변화의 결과로) 개입되는 불편에 어떠한 예방도 하지 않는다. 그 대신, (변화의 결과로) 이미 존재하고 있는 피해에 반작용이 뒤따르게 된다."("Es gibt in der Sprache ueberhaupt keine Praekaution gegen etwa eintretende Uebelstaene, sondern nur Reaktion gegen schon vorhandene.")

37) 언어변화에 대한 "예방"과 "저지" 또는 "보상"의 적극적인 기능을 긍정적인 입장에서 취급하는 최근의 새로운 논의는 Anderson(2001 : 225)을 참조.

들의 독립형들이 보이는 일련의 변화 과정, 즉 '느ᄅ(津)>느로>느루>나루' 부류와 'ᄒᄅ(一日)>ᄒ로>ᄒ루' 부류, 그리고 '아ᅀ>아으>아오>아우' 등이 제2음절 위치에서 수행하는 특이한 변화, 즉 'ᄋ/으>오'에 대해서 지금까지 합리적인 설명이 구체적으로 제시된 바 없다. 이와 같은 음성변화의 기제는 음운체계의 관점에서나, 조음 음성학의 영역에서 쉽게 파악되지 않기 때문이다. 일찍이 이숭녕(1939/1998)은 이와 같은 부류에 속하는 체언어간에 수행된 변화를 이화작용의 범주에서 취급하였으며, "형태 유지와 관련된 어형 강화"로 파악하였다.38) 또한, 이숭녕(1947/1998)은 이러한 변화 유형들을 모음 충돌의 관점으로 다시 점검하였고, 규칙적인 음성변화의 적용으로 일어나게 되는 "어형의 극도의 단축을 의미론상 방지하기 위하여 모음 강화"를 시도한 화자들의 심리적인 반작용으로 형성되었음을 확인하였다.39)

또한, 후기 중세국어의 형태론에서 '-이'(의존명사도 포함하여)로 끝나는 체언 다음에 속격조사 '-ᄋᆡ/의'가 연결되는 음성 환경에서 당시에 적극적인 모음 연결의 규칙이 적용되지 않는다는 사실이 일찍이 관찰된 바 있다(허웅 1975 : 320-321). 여기서 문제가 되는 당시의 모음 연결의 규칙은 다음과 같이 두 가지 유형으로 요약된다(이기문 1972 : 140; 안병희·이광호 2006 : 64). (ㄱ) v1+v1→v1, (ㄴ) ᄋ/으+v→v, 또는 v+ᄋ/으→v. 즉, 활용에서 동일한 모음과 연속되면 그 중 하나의 모음만 남고, 'ᄋ'와 '으'가 다른 모음과 앞뒤로 결합되는 경우에 이 모음들은 일반적으로 탈락한다. 이기문(1972)에서의 보기를 그대로 인용하면 다음과 같다. "'ᄑ'(掘), 'ᄡ-'(用)에 '-오/우-', '-어/아'가 연결되면 '포', '파' 그리고 'ᄲᅮ', 'ᄺᅥ'가 된다."(140쪽).

---

38) 河野六郎(1945/1979 : 141-142)도 'ᄀᄅ(紛)>ᄀ르>ᄀ로>가루'와 같은 변화 경로에 대하여 일종의 이화작용이 여기에 관여하였을 것으로 추정하였다.

39) 이러한 관점은 허웅(1965/1975 : 494)과, 허웅(1985 : 544-545)에서 그대로 수용된다. 즉, "두 모음의 연속이 동화되어 축약되는 것을 막기 위하여", 그리고 "앞으로 있을 어형 파괴 작용을 회피하기 위해서" 이화작용이 일어난 것으로 본 것이다.

(12) ㄱ. 아기+-익→아기 : 아기 비디(월석 8 : 81),

　　　 어미+-의→어믜 : 어믜 恩慈(초간 두시 8 : 47),

　　　 올ᄒ+-익→올힉 : 올힉 그르메(두시 6 : 20),

　　　 곳고리+-익→곳고릭 : 곳고릭 놀애(두시 8 : 46),

　　　 가히+-익→가힉 : 가힉 모미(월석 23 : 91).

　　 ㄴ. 늘그니+-의→늘그늬 : 늘그긔 허튈 안고(월석 8 : 10),

　　　 져므니+-의→져므늬 : 져므늬 이리오(두시 11 : 21),

　　　 어디니(賢者)+-의→어디늬 : 어디늬 後子孫(두시 8 : 16).[40]

　위의 곡용 형태들을 살펴보면, 모음 연결의 음운규칙이 용언의 경우와는 달리 체언의 곡용 형태에는 면제되어 나타난다. '아기+-익'의 연결에서 모음으로 시작되는 속격조사 '-익'의 핵모음 'ᄋ'가 탈락되지 않고, 오히려 체언말 모음 '-이'가 탈락된 것이다.[41] 따라서 허웅(1975 : 320)은 이러한 부류의 체언에 속격조사가 연결될 때, 오히려 체언말 모음 '-이'가 탈락하는 것을 "개별적, 형태적" 규칙으로 파악하였다.[42] 그러나 모음 연결의 규칙은 위의 (12)의 예들과 같은 음성 연결을 형성하지 않는 체언의 곡용 형태에서는 그대로 적용된다. 시간명사 'ᄢ'(時)에 주격조사 '-이' 또는 처격조사 '-의'

---

40) 본문의 (12)에 제시된 예문은 허웅(1975 : 320-321)에서 부분적으로 가져온 것이다.

41) 또한, '-이'로 끝나는 체언에 속격조사가 연결되는 경우에 어떠한 통합적 변화도 여기에 적용되지 않는 예들도 후기 중세국어에 등장하고 있다(허웅 1975 : 322를 참조).

　(ㄱ) 아비의 便安히 안존 둘 알오(1463, 법화경, 2, 138ㄴ),
　　　 아비의 豪貴 尊嚴호몰 보고 너교디(법화경, 2, 239ㄱ).
　(ㄴ) 고기의 얼구른 모미오 모미 아로몬 곧 觸이니(1461, 능엄언 3, 44ㄱ).
　(ㄷ) 한 가히의 주검 드톼 자보매(법화경, 2, 113ㄴ).
　(ㄹ) 艱難ᄒ니의 福과 智와(1465, 원각경, 9, 하3, 1 : 43ㄱ).

42) 『金剛經三家解』(1482)를 바탕으로 15세기의 언어 사실을 검토한 김주필(1993)에서도 이 자료에 등장하는 '곳고릭 우룸(2.23ㄱ), 져믜와 져믜 마리(2.23ㄴ), 어믜 佳ᄒ뇨(4.2ㄱ), 늘그늬 그리(5.49)' 등의 속격 형태를 관찰하였다.
　여기서 그는 체언어간말 '-이' 모음 탈락 현상은 형태소 구성의 일부, 통사론적 구성 요소 하나를 제거해 버리는 사실을 주목하였다. 그리하여 김주필(1993 : 201)은 이러한 현상은 "당시에 존재하던 일종의 음운규칙이 통사론적 구성의 층위에도 작용하고 있음을 보여주는 예"로 간주하였다.

가 연결되면 여기에 모음 연결의 규칙이 수용되어 있다. ᄢ+-이→ᄣ, ᄢ+-의→ᄥ. 또한, 중세국어의 의존명사 'ᄉ'와 'ᄃ'는 모음으로 시작되는 격조사와 연결되는 경우에 언제나 모음 연결의 규칙이 적용된 모습만을 보인다. (ㄱ) ᄉ+-이→시, ᄉ+-올→술, ᄉ+-의→싀; (ㄴ) ᄃ+-이→디, ᄃ+-올→돌, ᄃ+-의→듸. 따라서 (12)의 예에서 보이는 굴절 형태들은 모음 연결의 규칙의 관점에서 매우 특이한 행위를 보이는 것이다.

만일, (12)의 체언들에 속격조사 '-이/의'가 연결되어 일반적인 모음 연결의 규칙이 적용되면 다음과 같은 출력이 도출되었을 것이다. 아기(兒)+-이→*아기, 어미(母)+-의→*어미, 늘그니(老人)+-의→*늘그니. 체언에 첨가된 처격조사의 형태가 음운규칙에 의하여 제거되어 표면으로 실현되지 못하게 되는 상황이 파생된다. 그렇게 되면 중요한 형태론적 정보, 즉 처격조사 '-이/의'가 상실되어 버린다. 따라서 이와 같은 특정한 환경에서 일어나는 형태론적 제약이 후기 중세국어에서 일반적으로 작용하던 모음 연결의 규칙의 수용을 거부한 것으로 파악된다.[43]

이와 같은 형태론적 제약에 의한 일반적인 음운규칙의 수용 거부는 '-이'로 끝나는 체언에서 뿐만 아니라, '-ᄋ'로 끝나는 체언에서도 일어났다. 중세국어의 '(눉)ᄌᅀ'(睛, 核)는 굴절 과정에서 이와 음성 환경이 동일한 특수 어간 부류와 달리 규칙적인 자동적 교체를 나타낸다. '눉ᄌᅀ'에 주격조사

---

43) 이 글을 검토하면서 신승용 교수는 예문 (12) 부류에서 보이는 현상은 형태론적 제약에 의한 것이 아니라, 모음연쇄의 제약 때문에 형성된 것으로 해석하였다. 신승용 교수의 논지는 다음과 같다.

즉, aki + ʌy 또는 aki + iy 연쇄에서 ʌ나 i의 탈락은 iy라는 음운연쇄를 발생시키는데, 이는 당시 이중모음 구조에서 허용되지 않았기 때문으로 볼 수 있다. 물론 논자에 따라서 iy 이중모음을 설정하기도 하지만, 설령 그렇다 하더라도 실제 표면에서 iy가 실현되었다고 보기는 어려우므로 표면에서 iy는 분명 제약되었다고 해야 한다.

실제 속격 구조에서 '아기 나히', '아기 ᄯᅡ리'처럼 속격 조사가 생략되어 쓰이기도 하는 것으로 미루어, 형태론적 제약으로 해석하는 것은 과도하다.(2012년 1월 6일에 글쓴이에게 보낸 전자 메일에서 요약.)

와 서술격조사 '-이'가 연결될 때 어간말 '-ᄋ'는 모음 연결의 규칙에 의하여 자동적으로 탈락되지 않는다.

(13) ㄱ. 눖ᄌᅀᅵ 감ᄑᆞᆯ며 ᄒᆡᆫ 디 블근 디 조히 分明ᄒᆞ시며(1459, 월인석, 2, 41ㄱ),
　　　　눈 ᄌᅀᅵ 뮈디 아니ᄒᆞ면 곧 몸과 ᄆᆞ숨괘 다 寂靜ᄒᆞ리니(1467, 몽산법_간, 25ㄱ),
　　ㄴ. 내 머릿바기며 눖ᄌᅀᅵ며 骨髓며 가시며 子息이며(월인석, 1, 13ㄱ),
　　ㄷ. 곧 뎌 눈ᄶᅀᅵ 바ᄅᆞ 뻐 잇부미(능엄경 3.1ㄴ),
　　cf. 돌기알 ᄒᆡᆫ ᄌᅀᅢ ᄆᆞ라(1489, 구급간, 7, 73ㄱ),
　　　　녀허 ᄌᅀᅢ 다하고(1466, 구급방, 하, 37ㄱ),
　　　　두 눈ᄌᅀᆞᆯ 위여내니라(월인석, 21, 218ㄱ).

위의 예에서 주격조사 또는 서술격조사 '-이'와 연결되어 나온 '(눖)ᄌᅀᅵ' 형은 'ᄌᅀᆞ+-이'와의 연쇄 과정에서 체언 어간말 'ᄋ'가 탈락되지 않고, 주격조사 '-이'와 결합하여 이중모음을 형성하고 있다. 만일 이러한 연쇄에 모음 연결의 규칙이 적용되는 경우에 'ᄌᅀᆞ+-이→*ᄌᅀᅵ'와 같은 표면형을 통상적으로 실현시켰을 것이다.

글쓴이의 이러한 해석에 대하여 신승용 교수(영남대)는 음절의 관점에서 V+V 연쇄 현상은 단순히 /ᄋ/나 /으/가 음절핵을 이루는 음절과 이 모음들이 이중모음의 핵음인 음절을 구분해서 취급해야 될 것으로 지적하였다. 즉, 음소배열 상으로는 동일하지만, 음절이라는 관점에서는 동일한 연쇄라고 볼 수 없다. 그리하여 위의 (13)의 예에서 특히 체언의 경우에 체언의 어간말 모음 '아, 어, 오, 우'에 주격조사 '-이'가 연결되면 각각 ay, əy, oy, uy로 축약되는 방식과 동일하게 ʌ+i, ɨ+i의 연쇄도 역시 ʌy, ɨy로 축약된 것으로 보는 것이 당시의 일반적인 음운 현상이다. 따라서 (13)의 통합적 현상은 굳이 형태론적인 제약이 개입된 것으로는 볼 수 없다.44)

---

44) 그러나 글쓴이는 15세기 국어의 음운론에서 V1+V2의 모음 연결에서 V1 또는 V2가 'ᄋ'

4.2. 음성변화의 작용 이후 보상 수단으로서 'ㅎ'

중세국어의 단계에서 수행된 순경음 'ㅸ'과 반치음 'ㅿ'의 음운변화는 이들 음소를 형태소 내부에서와 어간말 위치에 보유하고 있었던 일련의 체언과 용언, 그리고 이들의 굴절 형태에 심각한 영향을 끼치게 되었음은 잘 알려진 사실이다(이숭녕, 1955; 남광우 1975). 우선, 'ㅸ'의 규칙적인 변화 β>w와 관련하여 중세국어 '아옥'(葵菜)형의 발달 과정에 15세기부터 18세기에 걸쳐 꾸준히 등장하는 '아혹'형이 주목된다.

(14) ㄱ. 몬져 나ᄂᆞᆫ 아옥 ᄡᅵ 두 홉과(1466, 구급방, 하, 84ㄱ),
　　　ᄒᆞᆫ 兩을 움 앗고 아옥 ᄡᅵ ᄒᆞᆫ 홉과(구급방, 하, 91ㄱ),
　　　ᄀᆞᆺ숨 아오글 글히니(초간 두시언해 7 : 38ㄱ),
　　　葵 아옥 규(1527, 훈몽자, 상, 8ㄱ).
　　ㄴ. 아혹ᄡᅵ 반 되롤(1489, 구급간, 3, 81ㄴ),
　　　아혹 줄기 스론 지롤 디허(구급간, 7, 70ㄴ),
　　　葵 아혹 규(1576, 신유합, 上, 10ㄴ),
　　　슌과 아혹과 양의 고기를(1653, 벽온신, 18ㄱ),
　　　부로 아혹 비치 시근치(1677, 박통해, 중, 33ㄴ),
　　　부로 아혹 비치 시근치(1765, 박신해, 2, 39ㄴ).

위의 예에서와 같이, 이 형태는 '아옥'과 '아혹'형으로 일찍이 15세기부터

나 '으' 와 같은 약모음일 경우, 이 모음들이 자동적으로 탈락되는 음운론적 과정은 (ㄱ) 단모음 또는 이중모음의 핵음의 신분에서도, (ㄴ) 형태소와 형태소가 연결되는 음절의 경계에서도 동일한 음운론적 과정이 수행되는 것으로 파악한다.
예를 들면, 15세기 국어에서 '나'(我)의 주격형이 '내'(거성)로 축약됨은 a+i→ay의 과정이지만, 속격 형태 '내'(상성)의 출현은 '나+의'의 통합에서 속격조사 '-의'의 음절 핵음 '으'가 어간말 모음 '아'에 후속되어 자동적으로 탈락된 결과로 보이기 때문이다. '너'(汝)의 주격형과 속격형의 형성 역시 동일한 과정을 수행하여 결과된 것이다. 같은 시기의 '쇼'(牛)의 속격 형태 '쇠'의 경우도 특별한 속격조사의 유형 '-ㅣ'가 관여한 것(안병희·이광호(2006 : 172-173)이 아니고, syo+ᶺy의 연쇄에서 모음 연결의 규칙에 의한 ᶺ의 탈락에서 형성된 것으로 판단한다.

공시적으로 공존하고 있는 사실을 나타낸다. '아옥'의 어휘사에 대한 기술은 아직 이루어지지 않았으나, 최근 <2007, 한민족 언어정보화 프로그램>에 부속되어 있는 「국어 어휘의 역사」에서 이 단어가 밟아온 역사적 발달에 관한 간략한 설명이 제시된 바 있다. 여기서는 기원적인 '아혹'에서 모음 사이의 'ㅎ'이 탈락되어 15세기부터 '아옥'으로 발달되었다는 견해가 피력되었다. 유성음 사이에서 'ㅎ'의 소실은 15세기 국어에서도 '막다히(丈)>막대'에서와 같이 일반적인 자연스러운 음운론적 과정이었기 때문에, 이러한 견해가 가능했던 것으로 보인다. (ㄱ) 막다히 딥고 가거늘(1447, 석보상, 3 : 16ㄴ), (ㄴ) 막대 업스면(1464, 선종영,상, 99ㄴ).

15세기 초반에 간행된 『鄕藥救急方』(1417)에 반영된 전통적인 식물 명칭에 대한 치자표기를 해독하는 과정에서 남풍현(1981 : 48)은 '葵子 : 阿夫實' 항목에서 '아보ᄢ'로 해독하였다.[45] 그리고 그는 또 다른 차자표기 "阿郁 : 冬葵子(月슈, 十二月)와의 대조에서 '아봇', 또는 '아ᄫᅵ'를 복원할 수도 있으나 'ㅸ'을 반영하는 표기를 분명히 확인할 수 없기 때문에, '阿郁'는 '아옥'의 표기로 β>w의 발달이 훈민정음 창제 이전의 시기에 이미 전개되어 있었음을 나타내는 사실이라고 해석하였다.

小倉進平(1944/2009 : 90-91)은 '아욱'형의 1940년대 지역 방언형들의 분포에서 함경도 방언의 전체와 경상도 방언의 일부 지역에 어중에 'ㅂ'이 개입된 '아북'형들을 수집한 다음, 언어 지리학, 음운사, 그리고 비교언어학적 관점에서 어중에 'ㅂ'을 포함한 형태가 더 고형에 속한다고 추정하였다. 이러한 사실을 보면, 오늘날의 '아욱'형은 대체로 어중에 'ㅸ'을 보유했던 역

---

45) 현대 지역방언 가운데 어간 음절말 자음 '-ㄱ'이 반영되지 않는 '아우'형이 경남의 김해 의령 등지에 분포되어 있다. 또한, 어간말음 자음이 통상적인 '-ㄱ'이 아닌 방언형들도 존재한다. '아웁'(경남 산청), '아웃'(경암 거창), '아웅'(전남 나주 외 5개 지역), 최학근(1978 : 848)을 참조. 따라서 이 단어의 어간말 자음들은 기원적인 형태가 아니었을 가능성이 있다.

사를 갖고 있었으며, 비교적 이른 시기, 15세기 전반에 일찍이 '*아복>아옥'과 같은 변화를 거쳐 15세기 중엽으로 이어지는 것 같다. 그렇다면, 같은 시기의 자료에 등장하는 '아혹'은 기원적인 '*아복'에서 β>w의 결과 형성된 모음 연속의 환경 '아옥'에 대한 어형 강화 또는 일종의 보상적 작용으로 'ㅎ'이 개입된 것으로 판단된다. '아혹'의 경우는 모음 충돌의 상황에서 비교적 일찍이 'ㅎ'의 첨가를 수용한 형태이다.46)

이와 같은 'ㅎ' 첨가를 통한 '아옥>아혹'의 전개는 음성변화의 적용 이후 형성되는 어간내부에서의 모음 충돌 현상을 제거하기 위한 하나의 대안적 수단이었을 것이다. 그러나 이와 유사한 상황에서 언제나 'ㅎ' 첨가만 유일하게 채택된 것은 아니었으며, 또한, 'ㅎ' 첨가가 필수적인 현상이 아니었다.47) 여타의 단어들의 고유한 발달 과정에 따라서 모음 충돌의 환경에서

---

46) 이 글에 대한 익명의 심사의원 가운데 한 분은 위의 예문 (14)ㄱ→(14)ㄴ에서와 같은 'ㅎ' 첨가 현상을 부인하였다. 그 근거는 'ㅂ'이 'ㅎ'으로 약화되는 경우가 'ㄱ>ㅎ'만큼 흔하지는 않아도 일부 예가 존재하기 때문에 '아복'의 단계에서 어중의 'ㅂ'이 'ㅎ'으로 약화되었다고 해석할 수 있기 때문이라는 것이다. 더욱이 PK-교체에 의하여 어중 자음이 'ㅂ' 대신 'ㄱ'으로 남아 있는 지역방언도 있으므로 이 단어의 역사적 발달 과정에서 'ㅸ'의 변화 이후에 'ㅎ'이 첨가되었다고만 해석될 필요가 없다는 논지이다.

이러한 지적에 대하여 글쓴이의 판단은 부정적이다. 일정한 단어에서 어중의 'ㅂ'이 약화되어 'ㅎ'이 될 수 있는 음성학적 근거는 전연 찾을 수 없다. 또한 자연스러운 음성변화도 아니다. 따라서 (14)의 예에서 어중의 'ㅂ'이 'ㅎ'으로 약화되었다는 음운사적 근거는 존재하지 않는다.

47) 15세기의 '디히'(짠지)형의 경우에, 'ㅎ' 탈락에 의하여 '디이'로 전환된 이후 오늘날까지 축약 형태 '지'로 지속되어 있다.

長安엣 겨슰 디히는 싀오 쏘 푸르고(1481, 두시초. 3, 50ㄴ),
쟝앳 디히 밥흐야 먹다가(번역박, 상, 55ㄴ).

그리고 '너싀'(鴇)는 '너이'로 변화되었으나, 그 이후 '너새', '너시', 이어서 19세기 후기에는 '너홰'로의 특이한 발달을 나타내고 있다.

(ㄱ) 너이(五字本 훈몽자회 8ㄴ),
(ㄴ) 너새(동문유해, 하.34; 한청문감 13 : 48; 국한회어 420),
(ㄷ) 너시(몽어유해, 하.28),
(ㄹ) 너홰(사류박회, 하.25). 너홰 : A kind of wild turkey(Underwood, 1890 : 91).

그 반면에, '죠히'(紙)의 후대 발달형들은 어중 'ㅎ'이 개입되어 있어도 개재자음

다른 해결 방안들도 다양하게 구사되었다.

예를 들면, 15세기의 '사뷔'(蝦)의 변화형이 당대에 '사이'로 어떤 해결책도 강구되지 않고 그대로 지속되기도 하지만, 16세기에 이르러 '새요', 그리고 17세기부터 '사요∞새오' 등과 같은 다양한 형태들이 출현하기 시작하였다. 이러한 변이형들은 당시의 지역적 변이형들을 반영하는 동시에, 모음 충돌을 극복하기 위한 다른 차원의 음운론적 방안이 추구된 결과를 반영하는 것이다. 즉, '사뷔'로부터 19세기 중부방언에 등장하는 '새우'로 확립되기 이전까지 개입되어 있는 변화의 중간 단계들이 자연스러운 음운 현상으로 설명되지 않는다.

  (15) ㄱ. 水母類눈 믌더푸므로 體롤 삼고 <u>사이</u>로 누늘 삼ᄂ니(以瑕로 爲目ᄒ
        ᄂ니, 능엄경 7.89ㄱ),
        <u>사이</u> 하, 蝦(1664, 유합_원, 9ㄴ),
     ㄴ. 蝦 새요(1527, 훈몽자, 상, 10ㄴ), 고기와 새요왜오(번역박, 상, 70ㄴ),
        蝦兒 새요(1748, 동문해, 하, 42ㄱ),
     ㄷ. 냇믈에 효근 <u>사요</u>롤 즛디허(1608, 태산집, 74ㄱ),
        鰕 사요(1613, 동의보, 2, 12ㄱ),
     ㄹ. 蝦 <u>새오</u>젓(1690, 역어유, 하, 38ㄴ), 蝦 새오(1778, 방언유, 해부방언,
        20ㄱ),
     ㅁ. 새우(1880, 한불자, 367).

그 반면에, '나싀(薺)>나이>낭이∞나히'와 같은 변화의 과정은 △>ø의 음성변화 이후에 형성된 모음 연속을 회피하기 위해서 당시의 화자들이 적극적으로 개입한 몇 가지 대안을 동시에 보여주고 있다. 즉, 'ㅎ'이 첨가된 '나히'형과, 매개자음 'ㅇ'이 첨가된 '낭이'형, 그리고 이 두 가지의 방안이 혼합된 '낭히'형들이 17세기부터 서로 경쟁적으로 출현하고 있다.

───────────

  'ㅇ'의 첨가되었다. 죵히(박통사언해, 중.58), 죵히심(역어유해, 하.6).

(16) ㄱ. 17세기 : 나이∞나히∞낭이,

　　　나히(薺菜, 譯語, 상. 11ㄴ),

　　　낭이 비름을 키여 오라(朴通, 중.34ㄱ),

　　　薺蕵子 굴근 나이 삐(1613, 동의보, 2, 43ㄱ),

ㄴ. 18세기 : 나이∞나히∞낭이∞낭히,

　　　나히(同文解, 하. 4ㄱ), 나히, 野薺菜(漢清 12 : 40ㄱ),

　　　낭이 졔 薺(왜유해, 하, 5ㄴ),

　　　낭히(野薺菜, 方言集石 3.28ㄱ; 華語 47)∞나이(薺, 詩經 1, 物名),

　　　野薺菜 낭히(1778.방언유, 성부방언, 28ㄱ).

　‘냉이’(薺菜)의 어원론적 접근은 자료의 제약으로 투명하게 이루어질 것 같지는 않지만, ‘나히’ 부류의 ‘ㅎ’ 첨가형이 비교적 후대에 출현하는 역사적인 연대기적 순서로 미루어보면, 최초의 중세국어의 문헌 형태 ‘나ᅀᅵ’를 시대적으로 선행하였을 가능성은 희박하다고 생각한다(신중진, 2007).[48] 위의 (14)ㄴ에서 ‘아혹’형이 15세기에 일찍이 출현하는 사실과는 대조적으로 ‘나이’에 ‘ㅎ’이 첨가된 ‘나히’형이 17세기부터 등장하는 이유는 ‘ㅸ’의 변화가 16세기에 수행된 ‘ㅿ’의 변화보다 시간적으로 앞서 일어났다는 역사적

---

48) 17세기에 비로소 등장하는 ‘ㅎ’ 첨가 형태 ‘나히’형을 어원적인 출발점으로 추정하려는 관점도 있다.
　신중진(2007 : 239-261)은 ‘냉이’(薺菜)의 어원과 방언 분화를 기술하면서, 이 단어는 기원적으로 동사 어간 ‘낫-, 낳-’에 명사파생 접미사 ‘-이’가 통합된 결과이며, ‘냉이’로 직접적으로 소급되는 어원적인 형태는 지금까지 통상적으로 파악되어 왔던 ‘나ᅀᅵ>나이>낭이’의 발달을 보여주는 것이 아니라, ‘낳-+-이→나히(>낭히>낭이)의 과정을 밟아 온 것으로 추정하였다. 그의 설명에 따르면, ‘냉이’는 ‘낫-’계와 ‘낳-’계로 분류되는데, 오늘날 ‘냉이’는 ‘낳-’계로 소급된다는 것이다. 그리고 그 뜻은 “生, 出, 進” 정도인데, ‘나ᅀᅵ’는 봄날 들판 산야에서 무수히 나는 나물류임을 생각할 때 충분히 어의적으로도 개연성이 있을 것으로 판단하였다. 신중진(2007 : 247)에서 설정한 이 단어의 역사적 변화를 인용하면 아래와 같다.
　(ㄱ) 낫-∞낳-(生/出)+-이→나ᅀᅵ>나이---나이,
　　　　　　　　　　　　　-나시-------나시.
　(ㄴ) 낳-(生)+-이→나히>낭히>낭이>냉이---냉이,
　　　　　　　나히>나이------------나이.

사실에서 찾을 수 있다.

5. 'ㅎ' 첨가와 확산 과정 : 19세기 후기 전라방언의 경우

5.1. 형태소 내부와 굴절 형태

주로 전주지역에서 간행된 완판본 고소설 부류는 19세기 중반과 20세기 초반에 걸쳐 지속적으로 간행되었으며, 그 문학작품 속에는 19세기 후기의 전라방언을 여러 언어 층위에 걸쳐 반영하고 있다. 또한, 전북 고창 출신 신재효가 개작한 신재효의 『판소리 사설집』에도 19세기 후기 당시 그 지역 서민들의 일상적인 구어가 풍부하게 구사되었다(최전승 1986). 이들 자료의 표기에서도 역시 모음 사이의 위치에 'ㅎ'이 다양하지만, 산발적으로 출현하고 있다.

그러나 이와 같은 'ㅎ' 첨가의 예들에서 일정한 음성 환경에서 반복되어 지속되는 규칙성이 발견되지는 않는다. 동일한 자료의 같은 문면에서도 'ㅎ' 첨가형과 그렇지 않은 원래의 형태가 공존하는 모습을 보이는 경우가 많다. 동시에 모음 사이의 유표적인 환경으로 인하여 이러한 유형들이 오늘날의 전남과 전북방언에서 구체적으로 실현되는 것도 아니다.

    (17) ㄱ. 어느 <u>시히</u>예(間, 대성, 26ㄱ), 숑빅 시히로(용문, 10ㄱ)
        ∞시이길(초한, 하.2ㄱ), 숑빅 시이로(용문, 9ㄴ),
        두 <u>누희</u> 이시되(妹, 구운, 하.26ㄴ), 스랑ㅎ는 누희라(구운, 하.17ㄱ)
        ∞뉘와 결의형졔ㅎ야(구운, 상.52ㄴ), 49)

---

49) 19세기 후기 필사본 자료에 고립되어 출현하는 '마흠'(心), '마홀'(洞) 등도 이와 같은 범주에 귀속될 수 있다.

여희쥬(如意珠, 丁巳 조웅 3.7ㄱ)∽여으쥬(丁巳 조웅 2.3ㄱ), 여의주
(충열, 상.8ㄱ),

네 모향을 보니(模樣, 고대본 춘.24ㄱ)∽모양(丁巳 조웅 2.11ㄱ),

기히훈 바람(奇異, 구운, 상.5ㄱ), 마음의 기히 역여(초한, 상.31ㄱ),

괴히 여겨(怪異, 丁巳 조웅 3.7ㄴ), 고히ㅎ나(수절, 상.11ㄱ), 고히훈
물건(대봉, 하.17ㄴ),

　　니렴의 괴히ㅎ야(충열, 상.22ㄱ)∽그 목소리 고이하다(수절,
　　하.33ㄱ), 50)

ㄴ. 뒤을 이흘 ㅈ식(繼, 대성, 1ㄱ)∽뒤를 이을 ㅈ식(대봉, 상.1ㄴ),

긔치 검극을 뉘히고(丁巳 조웅 3.2ㄴ), cf. 졋바 뉘이고(1489, 구급
간, 1.16ㄴ),

고흔 얼골, 고훈 굴네(수절, 상.5ㄴ), 고흔 머리, 고흔 티도(수절, 상.7ㄱ),
고흔 티도(초한, 하.35ㄱ)∽고은 사랑(수절, 상.27ㄴ), 고은 얼골
(별춘, 2ㄱ),

솔 속으로 여허보니(窺, 남원고사2, 13ㄱ), 여허보지도 못홀소냐(남
원고사1, 27ㄱ)

∽가마니 여어보니(춘, 남. 64), 51)

셔찰을 쩌혀 보니(적성, 상.36ㄴ), 화상을 쩌혀 간수ㅎ고(조웅, 1.5ㄱ)52)

그 마흠을 올케 홈이(경판본 전우치전, 23ㄱ),
마흘 뒤예 왓시리라 마은(필사본 옹고집전, 375).
　cf. 네 고흘 광한루ㄹ 경기가 유명타니(고을, 판, 춘.16).

50) '괴이(怪異)→괴히'와 같은 현상은 19세기 후기 전라방언 자료에 국한되어 출현하는 예는
아니다.

부인이 괴히 녀기나(18a?, 졍을션젼, 32),
어시 괴히 넉여(18a?, 소현셩녹1, 36ㄴ),
사령관이 괴히ㅎ야 대좌를 도라다 보며(18a?, 소상강, 60).

51) '여서->여어->여허-'(窺)와 같은 'ㅎ' 첨가형은 다른 유형의 자료에서도 관찰된다.

문 틈으로 여허본즉(18a?, 빅학션젼, 9ㄴ),
문 틈으로 한림을 여허보고 싱각ㅎ되(18a?, 일디용녀, 383),
긔우싱의 의향을 여허 보건디(1875, 이언해, 易긔跋, 8ㄴ),
감히 여허보지 못ㅎ게 ㅎ면(1898, 매신문.7.4, 2).

52) '쩨여→쩨혀, 쩌혀'와 같은 예는 19세기 후기에 간행된 전형적인 간본 자료에서도 나타
난다.

　(ㄱ) 그 글을 쩌혀보니 과연(1852, 태상해, 3, 30ㄴ),

∽그 서를 쩌여 보니(조웅 3.2ㄱ),
남 우힐 줄 젼혀 잇고(笑, 남원고사4, 25ㄱ), 크게 우흐며 왈(길동, 17ㄱ)
∽셔로 우어 왈(길동, 17ㄴ).

위의 (17)ㄱ의 예들은 'ㅎ' 첨가가 형태소 내부에 일어난 경우이다. 즉, 어떤 형태소가 일정한 음성변화를 거치는 동안에 모음이 연속되어 축약될 가능성이 있는 환경에 'ㅎ'이 개입된 것으로 보인다. 또한, (17)ㄴ은 굴절 과정에서 첨가된 'ㅎ'이 첨가된 사례로, 어간과 어미와의 통합에서 모음축약을 야기하여 형태론적 구분이 모호하게 되는 위치에 주로 나타난다. 따라서 이에 대한 대응책으로, 안정된 형태론적 구조를 유지하기 위하여 모음 사이에 'ㅎ'을 첨가하여 표현적 강화를 추구한 결과인 것으로 추정한다. 그러나 'ㅎ' 첨가형과 원래의 형태가 공시적으로 공존하고 있는 것을 보면, 이러한 형태론적 장치는 수의적인 동시에 선택적이었을 것이다. 또한, 모음 사이의 'ㅎ'의 첨가 현상은 모음 충돌의 환경에서 표현의 강화를 위해서도 수의적으로 출현하였다. 즉, '서왕모(西王母)→서황모'와 같은 사례가 여기에 포함된다. (ㄱ) 셔황모(완판, 심청, A본, 3ㄴ; 41장본 완판 무술본 심청가 2ㄴ; 수절, 상.10ㄱ), (ㄴ) 셔왕모(판, 심.160; 1852, 태상해 5.34ㄴ).

이러한 (17)의 유형들과, 우리가 이 글의 제2장에서 열거한 Ramstedt (1939, 1949, 1952)에서의 '가흘'(秋) 또는 '우훔'(笑) 등은 그 성격을 같이 하는 것 같다. 즉, (17)ㄴ의 활용형 '우흐며'(웃으며)의 사용은 명사형 '우훔'의 존재를 가능케 한다. 따라서 Ramstedt는 실제로 'ㅎ' 첨가 형태를 당시의 1930-40년대 화자들이 구사하는 격식어를 통해서 직접 청취하였으며, 이것을 자신의 가설에 이용하였을 것이다.

밥 솟츨 쪄혀 상 아리 감초고(태상해, 4, 25b),
(ㄴ) 펴 담고 쪄혀 가며 분ㄱ로을 노하(1869, 규합총, 13ㄴ),
cf. 썩을 쪄여 줄 제야(1894, 훈아진, 38ㄴ).

그렇다면, 위의 (17)에서와 같은 부류의 'ㅎ' 첨가형들이 당시의 단순한 표기 형태로만 존재하는 것이 아니고, 실제의 발화에서도 실현되었을까? 글쓴이는 다음과 같은 두 가지의 근거를 바탕으로 적어도 19세기 후기 전라방언 자료에 출현하는 위의 'ㅎ' 첨가형들은 단순한 표기 형태만은 아니었을 것으로 판단한다. 한 가지는 15세기의 '어버싀'(父母)형이 △>ø의 음성변화를 수용하여 '어버이'로 전환된 이후에 'ㅎ'이 첨가된 '어버히'형이 16세기부터 19세기에 이르기까지 반복하여 출현하고 있는 사실이다.

(18) 당시의 <u>어버히</u> 남진 엇고져ᄒ더니(1581, 속삼강, 중, 열, 2ㄱ),
아모리 <u>어버히</u> 듕ᄒ여 살오고져 혼들(16??, 계축일_형, 상, 17ㄱ),
두 <u>어버히</u> 어엿비 녀기샤(염불보권문, 흥율사본, 4ㄱ),
<u>어버히</u> 잇슬 쩌에서 더ᄒ더라(18a?, 권용션젼, 68),
그 <u>어버히</u>가 산을 맛흘 터인디(1894, 천로역, 하, 156ㄱ).

'어버이'에서 'ㅎ' 첨가형의 출현이 시대와 장소, 그리고 사용되는 장르의 성격에 구애되지 않고 어느 정도 시간적으로 지속되었다는 사실은 형태 보강이라는 동일한 심리적 장치에 근거한 실제의 발음을 반영하였을 개연성을 높인다고 생각한다.

위에서 열거된 (17)의 예들에서 어느 정도 'ㅎ'이 발음으로 실현될 수도 있었다는 다른 한 가지의 투명한 근거는 완판 83장본 『화룡도』에 등장하는 인물의 이름이 '장요(張遼)∽장효∽장회'와 같은 변이현상으로 반영되어 있는 사실이다.

(19) ㄱ. 승상ᄒ의 누룬 노루는 장젼 <u>장효</u>ᄅ…필연 호위군 <u>장회</u>가 황긔을
죽이고(49ㄱ, ㄴ),
왕닉감쳔ᄉ는 허졔, 장회라(49ㄴ),
ㄴ. <u>장효</u>, 허졔, 하우돈(46ㄴ),

ㄷ. <u>장요</u> 더분ᄒᆞ야(59ㄱ), <u>장요</u>, 서황 등으로 마그라ᅟ 흐고(62ㄴ).

　cf. 장요는 활만 남고 허제는 몸만 남어(판, 적.490).

완판본 『화룡도』의 독자들에게 친숙한 名將의 이름 '장요'(張遼)가 당시의 입말에서 '장회'로 실현되기 위해서는 먼저 '장요→장효'와 같이 'ㅎ' 첨가를 전제로 하여야 된다. 한자음 '효'는 19세기 후기 전라방언에 생산적인 음성변화 "C+요>C+외"에 의하여 '효>회'의 과정을 수행하게 된다(최전승, 1986 : 182-185). 오쵝괴(烏鵲橋, 수절, 상.2ㄴ)∽오작교(丁巳 조웅 1.23ㄴ), 괴틱(嬌態, 병오, 춘.4ㄱ)∽교틱(심청, 하.9ㄴ), 신통뫼술(妙術, 丁巳 조웅 1.24ㄴ)∽신통묘술(조웅 1.24ㄴ), 무효(無效)>무회(조웅 3.3). 그리하여 완판본 『구운몽』에 등장하는 인물 '심효연'(沈梟烟)도 이러한 이중모음의 단모음화 음성변화를 수용한 '심회연'으로 등장하기도 하였다. 빅능파 격경홍 <u>심회연</u> 가츤운도 갓다마는(수절, 하.29ㄱ).[53] 따라서 (19)의 예에 등장하는 '장회'는 '장요'에 'ㅎ'이 첨가된 형태가 당대의 화자들에게 익숙하였음을 의미하기 때문에, 자연스럽게 '장효>장회'와 같은 이중모음의 단모음화 음성변화의 충분한 입력이 되었을 것이다.

특히, 위의 (17)ㄴ의 활용 형태들 가운데 '고흔'(麗)의 예는 19세기 후기 전라방언의 자료에서 생산적으로 출현하였음이 주목된다. 완판본 84장본 『열여춘향수절가』에서만 '고흔'은 12회에 걸친 출현 빈도를 보인다. 'ㅎ'이 첨가되지 않은 '고은'의 경우는 이 자료에서 단지 8회에 한정되어 있다. 이와 같은 높은 빈도수를 보이는 'ㅎ'의 첨가는 '곱-'(麗)의 관형사형에만 치우쳐

---

53) 그러나 19세기 후기 전라방언에서 모음 사이의 'ㅎ'은 人名의 경우에도 화자들의 표현적 강화 의식이 의도적으로 개재되지 않는 한에 있어서는 예외 없이 탈락되어 가는 과정을 밟았다.

　(ㄱ) 심요년(沈梟烟, 구운, 상. 目錄), 심요연(판, 변.590).

　(ㄴ) 왕으지(王羲之, 29장본 완판 별춘, 1ㄱ), 왕이지(김일근 소장 필사본 성열전, 12ㄱ)∽왕흐지(수절, 상.2ㄱ), 왕히지(수절, 하.29ㄱ).

　　cf. ᄒᆞ나흔 심효연이오 ᄒᆞ나흔 꿈의 보던 빅능파라(구운몽, 京.32, 28ㄴ).

나타나는 반면에, 모음으로 시작되는 다른 활용형에는 매우 드물게 실현되어 있다. 눈이 가늘고 얼골이 고흐니(18a?, 옥누몽2, 17ㄱ). '고은→고흔'으로의 최초의 문헌자료상의 등장은 19세기 후기 이하로는 소급되지 않는다.54) 그러나 이와 같은 '고흔'형의 출현 분포는 19세기 후기 전라방언 자료에 특유한 현상이 아니었다. 19세기 후기 중부방언을 반영하는 『독립신문』의 1898년대 후반부에서도 '고은'에 'ㅎ'이 첨가된 형태가 나타나 있으며, 그 이후도 지속되어 20세기 초반의 신소설 부류에서도 확대되어 있음이 주목된다.

(20) ㄱ. 그 고흔 옷이 져질가 그 조흔 ㅅ인교와 안쟝이 샹홀가(독립, 1898. 6.18),

고흔 옷 ㅈ랑이나 ㅎ고(독립, 1898.6.18),

닷호ㄴ디 고흔 말 업다(독립, 1898.8.03, 각국명담).

ㄴ. 쏫이 고흔데 향긔조차 만하다(日本語學, 音·語篇. 1912 : 268).

ㄷ. 시베닙던 몸에 고흔 필목을 보고(1908, 구마검, 48),

혜경은 안자 고흔 주먼이를 깁다가(1912, 두견셩(상), 99),

아모리 고흔 쏫이라도 바람에(1912, 재봉춘, 129).

cf.곱고 고은 각식화쵸는(1912, 두견셩(상), 11).

특히, 신소설 부류에서는 'ㅎ'이 첨가된 '고흔'형의 출현 빈도수가 총 35회에 달했으며, 원래의 '고은'의 사용은 12회에 한정되어 있었다. 'ㅂ' 변칙 용언 가운데 유독 '곱-'(麗)의 활용형에만, 그리고 활용형 가운데 관형사형에만 'ㅎ'이 첨가되어 나타나는 사실이 특이하다. 그러나 '곱-'에 다른 모음 어미가 연결되는 경우에도 'ㅎ' 첨가 역시 가능하였던 것으로 보인다. (ㄱ) 눈이 가늘고 얼골이 고흐니 반다시(18a?, 옥누몽2, 17ㄱ), (ㄴ) 미워흐든지 고화하든지 친뎡집밧끠 업는지라(1912, 삼각산, 66).55)

─────────

54) '고은'에 'ㅎ'이 첨가된 형태는 19세기 후기 간본 자료에서도 등장하였다.

치식구름과 류리와 고흔 쏫과(1883, 명성경, 11ㄴ),

극히 됴코 쏘 고흔 분이(1894, 훈아진, 8ㄱ).

5.2. '여우'(狐)의 지역 방언형 'ㅎ' 첨가 형태 : '여희, 여히'

19세기 후기 전라방언의 자료에서 'ㅎ' 첨가와 관련하여 주목되는 다른 형태는 '여우'(狐)의 방언형 '여희'와 '여히'의 공시적인 출현이다. 통상적으로 19기 후기에 이루어진 '여오→여호'로의 전환은 한자 '狐'와의 부분적인 유연성 또는 유추에 기인된 것으로 해석되는 것이지만(이숭녕, 1961/1981, 허웅, 1981 : 363-4), 모음 사이의 'ㅎ' 첨가로서 이루어지는 어형 강화와 같은 당시의 관행의 도움 없이는 그 확산과 지속력이 짧았을 것으로 보인다.56) 19세기 후기 전라방언의 자료에서 '여우'의 방언형은 전형적인 '여수'와 '여시'형 이외에, (ㄱ) '여의', (ㄴ) '여위', 'ㅎ'이 첨가된 (ㄷ) '여희'와 (ㄹ) '여히'형이 공시적으로 공존하고 있다(최전승, 1995 : 326-327).57)

---

55) 이와 같은 'ㅎ' 첨가형 '고흔'은 20세기 초반에 들어와서 『조선어 맞춤법 통일안』(1933)이 제정되기 이전까지 일종의 文語 또는 순수한 문학어로 일정한 기간 수용되어 있다.

　　(ㄱ) 내 마음 고요히 <u>고흔</u>봄 길우에(김영랑, 『시문학』 2호, 1930.5),
　　(ㄴ) 담 밋헤 어느 <u>고흔</u> 못한송이를 심엇드니(황석우, 伴頌(5) <조선일보> 1931.11.25),
　　　　바다人가 저기핀 <u>고흔</u> 해당화은 누가 나-노신 짜님인가요(황석우, 伴頌(4) <조선일보> 1931.11.17),
　　(ㄷ) 그얼굴, 그맵시 얼마나 더<u>고흐랴</u>?(황석우, "첫겨울의눈", 『신생』 제5권 제12호, 1932.12),
　　　　눈은 모양도 <u>고흐려니</u>와 그성갈도 <u>고흡니다</u>(황석우, "곱게내리는눈들", 『신생』 제5권 제12호, 1932.12).

(ㄷ)의 예는 이순선의 『황석우 문학연구』(2010, 전북대대학원 박사학위논문』 가운데 "전집 미수록 수집 황석우 詩歌"(249-302쪽)에서 추출한 것이다.

56) '여오→여호'(狐)로의 전환은 18세기 후기 단계로 소급된다. 18세기 국어를 전후로 하여 '여으>여오'로의 발달이 수행되었을 것이고, 이 시기에 한자 '狐'와의 유연성이 형성되기 시작하였을 것이다.

　　(ㄱ) 져녁마다 여호와 숢이 좌우의 라열ᄒ엿다가(1797, 오륜행, 효, 48ㄱ),
　　(ㄴ) 부헝이며 여호 너구리며(1796, 인과곡, 4ㄴ),
　　(ㄷ) 여호(野狐)(1810, 몽유편, 상, 17ㄱ).

그리하여 河野六郎(1945 : "방언 어휘", 30쪽)은 1940년대에 '여호'형을 당시의 표준형으로 간주한 바 있다.

57) 전라방언의 전형적인 '여수' 또는 '여시'도 19세기 후기의 자료에 출현하고 있음은 물론

(21) ㄱ. <u>여의</u>, 샥, 등물이 제추로 안즌 후의(완판,퇴.9ㄴ)=<u>여의</u>, 속 등무리
     (판,퇴.280),

　　　 맷돗시 분이 느셔 <u>여위</u>을 씨무즌들(완판,퇴.11ㄱ)=여우를 씨무즌들
     (판,퇴.284),

　　　 <u>여의</u>ㄱ 셕 느셔며(완판,퇴.10ㄴ),

　　　 <u>여흐</u> 눈에 못 고인놈(토斗本, 판,퇴.11ㄱ)=여우눈에 못괴인 놈(판,
     퇴.284),

　　　 여의가 츠져와서(판.퇴, 298), 여의ᄒ고 톡기ᄒ고(판,퇴.296),

　　　 여의놈이(판, 퇴.296), 여의가 나셔며(판,퇴.282),

　　　 사슴 노로 톡기 여의(판,퇴.280),

　　　 여의가 슬퍼ᄒ고(판,변.554),

　　　 몹실 여의놈이 방정을 부려쑤ᄂ(완판,퇴.15ㄱ),

　　　 여의ᄒ고 톡기ᄒ고 이간을 썩 부쳐(완판,퇴.15ㄱ),

　　　 여의다려 욕을 ᄒ며(완판,퇴.15ㄱ).

　　　　 cf. 방정마진 여우식기(완판,퇴.14ㄴ).

　　ㄴ. <u>여위</u>룰 씨무즌들(완판,퇴, 11b)=여우를 씨무즌들(판,퇴.284),

　　　 쥐와 <u>여외</u> 다람이도(완판,퇴.11ㄴ)=쥐와 여의 다람이도(판,퇴.286),

　　ㄷ. 삭과 <u>여희</u> 발자최요(판.변.542),

　　ㄹ. <u>여히</u>와 톡괴(길동.11ㄱ),

　　　 앗쇼, 빅<u>여히</u>갓게 불근 비단 가물나네(판.박, 382),

　　ㅁ. 권영철 소장 62장본 필사본 <톡기젼>

　　　 <u>여희</u>가 엽헤 안즈(31ㄴ), 여희가 셕 나셔며(29ㄴ),

　　　 <u>여희</u>가 곰을 비루고 잇다가(32ㄱ),

　　　 <u>여희</u>를 씨무잔들 엇지 홀슈업고(30ㄱ),

　　　 <u>여희</u>를 욕을 ᄒ다(47ㄱ), <u>여희</u> 친구 츠자와셔(46ㄴ).58)

이다.

　(ㄱ) 불여수(수절, 상.33ㄴ), 방정마진 여슈년(병진.박, 40ㄴ),

　(ㄴ) 여시식이(판.적, 552).

58) 서울대 도서관 소장본 가운데 『톳기젼』의 한 사본(가람 문고본, 필사. 44장본(1887년 필
　사로 추정)에는 '여회'형도 출현하고 있다.

　쇠마는 <u>여회</u>, 날닌 노로, 쐴 됴흔 사심(22ㄴ).

'여우'(狐)형의 1940년대 지역적 분포를 검토한 小倉進平(1944/2009 : 158)은 두 번째 음절이 'ㅎ'로 시작하는 방언형 '여호', '영호', '여후' 및 '여히'형을 주목한 바 있다. 이 조사에 의하면, '여히'형은 제주도의 대부분과 경북의 동부지역에 한정되어 있다. 또한, '여위'형은 경기도 북부와 황해도 일부지역에 쓰이고 있었다.59) 小倉進平(1944)은 이러한 사실에 근거하여 근대의 문헌자료에서나 지역 방언형들의 분포에 출현하는 'ㅎ'-계열의 방언형이 가장 후대에 형성된 형태이기 때문에 따로 특별한 설명을 필요로 하지 않는다고 하였다. 그 반면에, 河野六郎(1945/1979 : 180-188)은 제 2음절에 -h-를 갖고 있는 [jə-hi]형이 그 당시 차지하고 있는 지리적 분포 상황으로 보아, '여우'의 여러 가지 유형의 방언형 중에서 최고로 오래된 형태일 것으로 추정하였다.60)

1920-1940년대에 수집된 이러한 방언형 가운데, 특히 '여위'형은 1920년대 대역사전에도 복수 표제어로 등록되어 있다. 여위 : 여호와 같다'(1920, 조선어사전, 602쪽). cf. 여위 오줌풀(833쪽). 또한, 『조선어사전』(1920 : 602)에서 '여우'의 이형태들에 각각의 사회언어학적 평가 가치를 부가하여 분류 제시한 점이 흥미 있다. 여호(狐), 여위(野狐), 여씽이(鄙語). 또 다른 형태 '여이'형이 19세기 후반에 외국인 선교사들에 의하여 간행된 두 가지 사전 부류에 등록되어 있다.

---

59) '여위'형은 19세기 후기 국어로 소급될 수 있다.

　　沙狐狸 불여위(18??, 광재물, 獸獸, 3).

　河野六郎(1945 : 방언어휘, 30쪽)의 1940년대 방언 조사에 의하면, '여위'형의 지역적 분포는 황해도 대부분과 경기도 가평 외 5개 지역에 걸쳐 나타난다.

60) 현대국어의 지역방언에 있어서도 주로 제주도와 경상북도의 동부 지역에 국한된 분포(최학근 1978 : 931)를 보이는 '여히' 계열은 19세기 후기 전라 방언의 자료 외에는 문헌상으로 확인되지 않는다.

　河野六郎(1945/1979 : 182)은 제2음절에 -s-를 갖고 있는 [jəsi] 또는 [jasi] 형들은 가장 이른 시기의 형태인 [jəhi]에서 발생한 것임을 그 지리적 관계에서 추정하고, '여히' 또는 '여희'형이 경상도 동해안과 제주도에 잔존해 있는 사실은 주목에 값한다고 하였다.

(22) ㄱ. 여호, YE-HO, 狐 v. syn. <u>여이</u>, YE-I(1880, 한불, 26쪽),
　　cf. 여회란 놈이(한어문전, 1881 : 178),
　　여호가 얼는 붓들고(ye ho, 한어문전, 180).
ㄴ. <u>여이</u>, 狐(Prov). see 여호(39쪽),
　　여호 see 여이(40쪽, Gale의 1897, 한영ᄌ뎐).

이러한 '여이'형은 小倉進平(1944ㄱ)에서는 전혀 관찰되지 않았다. 河野六郎(1945)에서 또 다른 이형태들 '여회', '여히' 등과 함께 '여이'의 분포지역이 제주도 일부에만 사용되는 것으로 조사되었다.[61] 『한불ᄌ뎐』(1880)의 편집자는 '여이'를 '여호'와 동급의 유의어로 간주하였지만, Gale은 그의 『한영ᄌ뎐』(1897)에서 '여이'형을 지역 방언형으로 처리하였다. 그러나 이 사전부류에 등록된 '여이'형이 19세기 후기에 제주도 방언에서만 쓰이지 않았을 것으로 보인다. 김영돈・현용준・현길언의 『제주설화 집성 1』(제주대학교, 탐라문화연구소, 1985)를 중심으로 이 방언형들이 사용되는 분포와 그 유형들을 조사해 보면 제주도 방언에서 '여이'형이 '여희, 여시, 여호, 여우' 등의 변이형들과 함께 사용되고 있는 사실을 확인할 수 있다.

(23) ㄱ. 여이 : <u>여이</u>가 와서(300쪽), <u>여이</u>가 몇 천 년 묵은 <u>여인</u>줄 몰라(300
　　쪽, 한경면 용수리),
　　<u>여이</u>놈들안티 욕을 봤지요(390쪽), 그 <u>여일</u> 잡아(392쪽, 한림읍 옹
　　포리).
ㄴ. 여희 : 그 놈의 <u>여희</u>가(593쪽), <u>여희</u>를 잡아서(595쪽, 대정읍 보성리),
　　영장 생각에 <u>여휜</u> 줄은 알았거든(534쪽, 애월읍 하가리).
　　cf. 여호재비(535쪽).

제주도 방언의 통시 음운론적 고찰에서 정승철(1995 : 94)은 이 지역의 고

---

61) 河野六郎(1945 : "방언어휘", 30쪽)에 따르면, [여희]형의 분포는 제주도 이외에, 경북의 경주, 포항 외 5개 지역과 경남의 1개 지역에 걸쳐 있다.

유한 방언형 '여의'(狐)는 역사적으로 '여ᅀ'에서 △>ø의 변화를 거친 다음
단계에서 어간말에 접사 '-이'가 연결되어 형성된 것으로 파악하였다. 즉,
'여ᅳ→여ᅳ+-이>여의'. 그리고 그는 현평효(1962)에 제주도 방언으로 등록
되어 있는 '여희'와 '여호'형과의 대조를 통하여 '여희'는 '여의'와 '여호'에서
생겨난 일종의 혼효형(contamination)으로 파악하였다.

그러나 글쓴이는 '여ᅀ'의 단계에서 파생접사 '-이'의 형태론적 조정을
받은 형태인 '여싀'(여ᅀ+-이→여싀)에서 순차적인 발달의 과정, 즉 '여싀>여
의>여외>여위'의 진로를 밟아서 '여위'형이 형성되어 나왔을 것으로 가정
한다. 이러한 발달의 방향은 파생접사 '-이'의 간섭을 받지 않은 중부방언
에서의 '여ᅀ>여ᅳ>여오>여우'의 그것과 일치한다. 그리고 이러한 변화의
유형은 오늘날의 '(눈)자위'의 형성 과정에서도 확인된다. 즉, 'ᄌᅀ(核, 睛)→
ᄌᅀ+파생접사 '-이'>ᄌ싀>ᄌ의>자외>자위'. 따라서 제주도 방언의 '여의'형은
'여싀>여의'의 단계에서 출현할 수도 있고, 또는 '여우'형에 파생접사 '-이'
가 나중에 첨가되어 '여우+-이→여위'가 된 이후에 제2음절 위치에 적용된
비원순화로 형성되었다. 즉, 여위>여의. 그리고 '여이'형의 경우는 두 가지
의 발달 진로를 상정할 수 있다. (ㄱ) '여싀>여의>여이'(단모음화), 아니면,
(ㄴ) '여위>여의>여이'.

그렇다면, 19세기후기 전라방언 자료에 등장하는 '여우'(狐)의 토착 형태
'여희'와 '여히', 그리고 오늘날의 제주도 방언에서 쓰이고 있는 '여희'형들
은 어느 정도 당시의 '여오→여호'의 유추와는 상관없이 각각 '여의'와 '여
이'의 단계에서 모음 사이에 'ㅎ'이 개입된 현상으로 파악될 수 있다.62) 즉,

---

62) 또한, '여이'형에서 모음 사이의 'ㅎ'을 첨가하여 모음 충돌을 회피하는 대신에 통상적인
개재자음 ŋ을 삽입시키는 방언형도 1940년대에 사용되었다.
'영이'(함남 정평, 『한글』 제5권 3호), '옝이'(평남 개천, 한글, 제7권 5호).
河野六郎(1945 : 방언어휘, 31쪽)에 의하면, [영호](함남과 평남 일대), [영이](함남 일부),
[옝이](평남과 평북 일대) 등도 1940년대의 지역방언에서 쓰이고 있음을 알 수 있다.

'여의→여희', 그리고 '여이→여히'. 또한, 오늘날의 제주도 방언에서 모음 사이에 'ㅎ'이 첨가된 '여희' 형태는 19세기 후기 전라방언에 나타나는 이와 동일한 형태의 'ㅎ'의 실체를 확인시켜 준다. 동시에 '여희∞여의' 및 '여히∞여이' 등과 같은 지역적 분포는 19세기 후기에는 현대와는 달리 제주도 방언에만 국한되어 있지 않았다는 사실을 가리키고 있다.63)

6. 'ㅎ' 첨가와 용언어간의 재구조화 : 19세기 후기 중부방언의 경우

6.1. 형태소 내부와 굴절 형태

19세기 후기 중부방언을 반영하는 자료는 동 시대의 전라방언의 자료들과는 매우 판이한 언어적 성격을 띠고 있다. 이 시기의 전라방언 자료는 대체로 농촌과 서민층 중심의 구어성이 강한 완판본 고소설 부류와 판소리사설 및 필사본, 그리고 그 잡다한 異本들로 구성된 문학 작품이 대부분이다. 따라서 이러한 유형의 자료에는 그 시대를 살았던 서민들의 애환과 더불어 그들의 순수한 토착어가 그대로 반영되어 있다. 그러나 같은 시기에 출현한 중부방언 자료는 보수성이 강하고 전통적인 일정한 간본 부류를 제외하면, 나머지 대부분은 개화기의 시대적 산물로 출현한 것이다. "개화기 국어"로 대변되는 이 시기의 중부방언 자료는 문체에 있어서 국한문 혼용체에서부터, 순국문체, 또는 대화체 등과 같은 다양성을 띠고 있다. 그와 동시에 그 유형도 잡지 부류, 신문 부류, 기독교 관련 성경 부류, 문

---

63) '여의'형은 19세기 후기 경상도 방언 자료에서도 등장하였다.

　　(ㄱ) 여의게 흘리다(경도대본 필사본 교린수지 2.9ㄱ),
　　(ㄴ) 여후의게 흘닌다(초간, 재간 교린수지 2.22ㄴ).

법 연구서, 사전 부류, 그리고 1907년부터 1910년대에 걸치는 신소설 부류 등으로 그 범위가 매우 광범위하면서, 동시에 서로 이질적이다(국립국어연구원 1999).

이 글에서 글쓴이는 19세기 후기 중부방언의 대상으로 자료를 제약하여 주로 19세기 후기에 간행된『독립신문』과, 외국인 선교사들에 의해서 간행된 한국어 문법서와 대역사전 일부를 이용하였다. 이들 자료에서도 우리가 19세기 후기 전라방언 자료 등에서 추출하였던 부류와 동일한 기능을 갖고 있는 'ㅎ' 첨가 유형들이 형태소 내부에서보다, 형태소 경계에서 적극적으로 관찰된다.『한영ㅈ뎐』(1890, Underwood, part 2) 등의 사전 부류에 등록된 표제어 가운데 모음중출의 환경에서 개별적 단어와 굴절 형태에 매우 산발적으로 '시원→시훤, 스이→스히, 고은→고흔, 넘어트리->넘허트리-, 쉬이→쉬히' 등과 같은 'ㅎ' 첨가 예들이 등장하고 있다.

> (24) ㄱ. dismal : 갑갑ㅎ오, 시훤찬소(80쪽), diversion 시훤흔 것(II.83),
> 고흔 숫돌(II.132),
> hoot : 업수히 녁여 소리 지르오(II.133),
> 너홰(91쪽) : a kind of wild turkey, 너홰와 ㄳ흔 미국새, 더기
> (II.264),
> 넘허터리오(91쪽). (『한영ㅈ뎐』, 1890, Underwood, part 2).
> ㄴ. 쉬, 수이, 쉬히 易, 쉬이(1880, 한불자, 437),
> 수이, 쉬히, soui-hi(상동. 140),
> Amitie : 스히, 됴흔 스히, 의, 져의 길이 스히 됴타, 의가 됴다(불
> 한사전, 1880 : 14).

위의 예에서 '너싀(鵂鳥)>너이'의 변화로 촉발된 것으로 보이는 '너홰'는 '너새'와 '너시'를 거쳐 19세기 전기 국어에서부터 출현한 것으로 매우 특이한 발달을 보인다.[64) 너홰, 鵂鳥(1810, 몽유편, 상, 016b), 잉무와 너홰와(1889, 사

민필, 112), 너해, 鴨(1908, 아학편, 16ㄴ). (24)ㄱ의 '업수히'의 예는 15세기의 '업시뵈-'로 소급될 수 있는데, 순경음 'ㅸ'의 변화 이후에 형성된 모음충돌을 해결하기 위한 방안이 16세기부터 제시되어 왔다. '업슈이-' 또는 '업시위-'(남광우 1997 : 1070-1을 참조). (24)의 예들 가운데 '업슈이'형에 'ㅎ'이 첨가된 '업슈히'의 예들이 18-9세기 국어에 확대되어 생산적으로 나타난다. 따라서 (24)ㄱ의 형태는 19세기 후기 당시의 언어의 모습을 사실적으로 반영한 것이다. 특히, '업슈히'의 형태는 19세기 후기『독립신문』등에서도 부단히 사용되었다. 'ㅎ'이 첨가되지 않은 '업슈이'형은 이 신문 자료에서 2회 사용되었으나, '업슈히'형은 모두 34회에 걸쳐 등장하였다.65)

(25) 욕보고 <u>업슈히</u> 넉임 밧을(독립.1896.8.1,1),
관령을 <u>업슈히</u> 넉임이라 종금(독립.1896.8.25,2),
엇지 <u>업슈히</u> 넉이고 쳔히 넉이는(독립.1896.10.29).
사롬들의게 <u>업슈히</u> 넉임을 당ᄒ야(1894, 천로역, 하, 117ㄴ),
우리룰 <u>업슈히</u> 너기고(1875, 이언해, 易言跋, 5ㄴ).

(24)ㄴ에서 공시적으로 공존하고 있는 이형태들 '쉬, 수이, 쉬이, 쉬히'의 존재로 미루어 보면, 모음중출의 조건에서 개입되는 'ㅎ'의 첨가는 화자의 감정적인 표출과 관련하여 수의적인 현상이었던 것으로 보인다. 그러나『독립신문』(1896.4.7-1899.12.4)에서는 'ㅎ'이 첨가된 '쉬히'형이 35회 사용된 반면에, '쉬이'형은 전혀 보이지 않기 때문에 그 출현 빈도에 큰 차이를 나타낸다. 또한, '수이→수히'의 과정을 반영하는 예들도 이 자료에 '쉬히'와 부분

---

64) 이 글의 §4.2의 각주 (47)을 참조.
65) 20세기 초반의 신소설의 부류에서도 '업수이' 또는 '업슈이'형이 각각 1회씩 등장하는 데에 비하여 'ㅎ'이 첨가된 '업슈히'는 모두 13회 사용되어 있다.

우리가 사롬의게 <u>업수히</u> 넉임을 밧을 까닭이(1908, 금슈회, 14),
나갓치 잔약혼 사롬을 <u>업슈히</u> 넉이는구나(1908, 구마검, 51).

적으로 공존하고 있다. 이와 같은 과정은 원래 '쉽-'(易)에 부사파생 접사 '-이'가 연결됨으로써 형성된 것인데, '쉬이→쉬히'와 같은 파생접사 '-이'에 대한 형태 강화의 실현은 18세기 후기의 단계로 소급된다.

(26) ㄱ. 평화 홀 약죠가 <u>쉬히</u> 될터인디(독립.1897.5.29③),
　　　넉넌이 <u>쉬히</u> 올터이라(1896.12.26,①),
　　　글씨가 미우 <u>쉬히</u> 되얏는지라(1897.7.1),
　　ㄴ. 내가 <u>수히</u> 써나 감을(1898.5.5),
　　　<u>수히</u> 본국에 다니로 가거니와(1896.5.23②),
　　　긴 머리 보다 편리ᄒ다고 <u>수히</u> 단발 ᄒ기에(1897.5.4④).
　　ㄷ. 쓸는 물에 더여도 그 갓치 <u>쉬히</u> 니디 아니ᄒ야(1792, 증수해, 3, 49ㄴ),
　　　판본이 <u>쉬히</u> 만환ᄒ믈 가히 알지라(1796, 경신석, 85a).

위의 '쉬이→쉬히'의 과정은 부사파생 접사 '-이'가 어간말 하향 이중모음 uy와의 결합에서 축약되어 표면으로 실현될 수 없는 상황을 극복하기 위해서 'ㅎ'이 의도적으로 첨가됨으로써 형태 강화가 이루어진 현상을 반영한다. 따라서 15세기에 일어난 '쉬ᄫㅣ>쉬이'와 같은 변화를 거치면서, 18세기에까지 여기서 파생된 모음충돌의 상황을 용인하여 냈다는 것은 이해하기 어렵다.[66] (ㄱ) 밥 쉬ᄫㅣ 어드리라 호ᄆᆞ(1459, 월인석, 13, 15ㄱ), (ㄴ) 正受롤 쉬이 일ᄂᆞ니(1461, 능엄언.6, 89ㄱ). 그러나 이와 같은 부사파생 접사 '-이'의 형태

---

66) 용언어간 '쉬-'(休息)의 활용형에서 의도적으로 'ㅎ'을 개입시키기 위해서 모음을 부가하는 '쉬히'와 같은 예도 19세기 후반, 또는 20세기 초기의 국어에 관찰된다.

(ㄱ) 일요일은 <u>쉬히</u>고 월요일은(1898, 매신문.6.15, 1),
　　벼술을 <u>쉬히</u>고져 ᄒ며 뜻은 묽고져 홈이여(1898, 매신문.614, 3),
　　교군을 놋코 <u>쉬히</u>는디(19??, 설중매, 41),
　　닐ᄋ샤디 이제는 자고 <u>쉬히</u>라(1900, 신약전, 막14, 41).

이와 같은 '쉬-→쉬히, 쉬이' 유형은 19세기 후기 전라방언 자료에서도 산발적으로 등장하였다.

(ㄴ) 잠간 <u>쉬히</u>라 한이…군사 연장을 지버던지고 <u>쉬일</u>시(완판 83장본 화룡도, 66ㄴ).

론적 강화는 이미 15세기 국어에서도 가능한 현상이었다. 따라서 (26)ㄷ의 '쉬히'의 예들이 18세기에 비로소 출현한다는 것은 자료 출현상의 우연한 연결 고리의 부재 또는 역사적 빈칸으로 추정된다.[67]

'쉽-'(易)에 연결된 부사파생 접사 '-이'가 'ㅎ' 첨가에 의하여 '-히'로 실제 발음상으로 실현되었다는 사실은 다음과 같은 예에서도 확인된다. 즉, 일본문자 전사 자료인 18세기의『舟—道人』(1729)에 '쉽-'의 활용형 '쉬온'의 발음에 대한 일본 문자로 대응된 전사에 모음 사이에 h이 개입이 출현하고 있다(송민, 1986 : 55). "쉽- : su'ihongosira=쉬온(113)." 이러한 예에서 주목되는 점은 일본 전사 su'ihon에서와 같이 형태소 경계에서 h을 개입시켰으나, 한글 표기에는 '쉬온'으로 'ㅎ'이 나타나지 않았다는 사실이다. 송민 (1986 : 55)은 이러한 h 첨가 현상을 경상도 방언의 특징인 '쉬븐'에 대한 표기가 아니라, 모음충돌 환경에 무의식적으로 끼어들 수 있는 국어에서의 'ㅎ'과 같은 존재일 것으로 판단하였다. 그렇다면, 한글 표기 '쉬온'에 대한 당시 화자들의 실제 발음은 '쉬혼'이었을 것으로 보인다. 이러한 모음충돌의 환경에서 개입되는 'ㅎ'의 역사는 자료상으로 15세기 국어로 소급시킬 수 있다.

지금까지 언급된 '쉬이→쉬히'와 유사한 음성 환경에서 부사파생 접사 '-이'에 'ㅎ'이 첨가되어, 표면적으로 '-이'에 대한 일종의 이형태와 같은 기능을 발휘하는 것으로 파악될 수 있는 예가 아래와 같이 15세기 국어에서 일부 쓰이고 있다.

---

67) 16세기에 작성된『순천김씨묘 출토 간찰』(조항범, 1998)에서 '슈히'형이 사용되었다.

　　몸도 슈히 되고 나 병 드니 만수 이리 우이 되건마는(1565, 순천김, 71).

　　위의 예에서 '우이'의 경우는 '웃-'(笑)에 부사파생 접사 '-이'가 연결된 '우싀'에서 '우이'로 변화된 형태로 보이는데(조항범, 1998 : 364-5), 'ㅎ' 첨가 현상이 예상되는 음성 환경에서 실현되지 않았다. 따라서 'ㅎ' 첨가 현상은 예측 가능성이 없는 셈이다. 또한, 이 한글 편지 자료에서 위의 '슈히' 이외에 'ㅎ'이 첨가되지 않은 '쉬이'(청언 15), '수이'(청언 72), '쉬'(청언 114) 등과 같은 형태도 공존하고 있다.

(27) ㄱ. 그듸롤 猛虎行올 주고 미해 나가거놀 고홀 <u>싀히</u> ㅎ노라(酸鼻, 초간/
　　　중간 두시언해 16 : 20ㄱ),
　　　　　믌ᄀ술 구버서 너롤 爲ㅎ야 고홀 <u>싀히</u> ㅎ노라(1481.두시초, 16, 71ㄱ),
　　　　　ᄒᆞᆫ디 가는 사ᄅᆞ미 爲ㅎ야 고홀 <u>싀히</u> 너기ᄂᆞ다(爲辛酸, 중간 두시언
　　　　　해 4 : 9ㄱ).
　　　cf. 다ᄆᆞᆺ 주거 여희요매 녜로브터 고홀 싀이 ㅎᄂᆞ니라(초간 두시
　　　　　언해 22 : 56).
　ㄴ. 고홀 <u>싀혀</u> ㅎ사 未央宮의셔 朝會 바ᄃᆞ시니라(중간 두시언해 2 : 44ㄱ),
　　　　　고홀 싀여 ㅎ며 ᄂᆞᆺ므를 숫디 아니 ㅎ리 업스며(선조 내사본 내훈
　　　　　3 : 38),
　　　　　고홀 싀여 아니 ㅎ리 업더라(교정청 소학언해 6 : 57).

　　15세기 국어 파생법에 대한 고찰에서 구본관(1998 : 317)은 파생접미사
'{-이}'와 관련하여 위의 '싀히'의 예에서 '-히'를 일종의 형태론적 이형태
로 해석할 수 있다고 기술한 바 있다. 그는 {-이}와 '-히'를 별개의 접사로
기술할 수도 있지만, 두 개의 접사 똑같이 형태론에서 파생접사와 활용어
미로 참여하는 동시에, 의미 기능이 거의 동일하기 때문에 하나의 형태소
로 묶을 수 있는 가능성도 제시하였다. 또한, 김유범(2007 : 103-105)은 중세
국어 문법형태소들에 대한 이형태의 분포를 검토하면서, 구본관(1998 : 317)
에서와 동일한 예들에 나타난 '-이'와 '-히'를 각각 독립된 개체로 파악하
였으며, 이들은 15세기 국어에서 접사와 구별되는 어말어미의 신분으로 판
단하였다.[68]

---

68) 부사파생 접미사 '{-이}'에 대한 공시적 기술 과정에서 구본관(1998)과 김유범(2007)에서
　　제시된 15세기 국어에서의 또 다른 예들은 '둘히'와 '니르히'에서 '-히'이다. 우선, '둘히'
　　에 대한 15세기 국어의 용례를 다시 검토해 볼 필요가 있다.
　　'둘히'는 형용사어간 '둘-(甘)'에 부사파생 접사 '-이'가 통합된 형태로, 오늘날에는 부사
　　형어미 '-게'로 대치된 것이다. 여기서도 '둘히'에 대한 '둘이'형이 그 출현 분포가 낮지
　　만 공시적으로 쓰이고 있다. 그렇기 때문에, 이 형태에서도 '둘-+-이→둘히'와 같은 'ㅎ'
　　첨가가 개입되었을 것으로 보인다.
　　　(ㄱ) 孔聖이 나죄 주구믈 <u>둘히</u> 너기니(1463, 법화경, 6, 145ㄱ),

그러나 위의 (27)ㄱ에서 사용된 부사파생 접사 '-이'와 '-히'의 이형태들은 하나의 기저형에서 나온 이형태들로 볼 수 없다. 이들은 이형태의 요건 가운데 하나인 상보적 분포를 형성하지 않았기 때문이다. 또한, '-이'와 '-히'는 동시적 분포를 이루는 동시에 일종의 수의적 교체를 나타낸다. 그렇기 때문에, 이 둘을 각각 별개의 독립된 공시적 형태소로 목록화하기 어렵다. '고홀 싀이∽고홀 싀히(酸鼻)' 등의 표현은 현대국어로 "(주로, 슬픈 감회가 올라와) 코를 시큰하게 한다"에 해당된다. (27)ㄴ의 예에서 '싀-'에 부사형 어미 '-어'와 통합된 '싀여'가 'ㅎ'이 첨가된 '싀혀'로도 등장하고 있다. 이러한 사실을 보면, '싀이→싀히'와 같은 과정도 우리가 취급하는 'ㅎ' 첨가의 범주에 귀속될 수 있다. 즉, '싀히'는 '싀-(酸)+-이'의 형태론에서 야기된 모음충돌의 환경에서 형태소 강화를 위해서, 즉 축약되어 표면에서 상실될 예정의 문법형태소 '-이'를 보존하려는 의도에서 화자들이 의식적으로 형태소 경계 사이에 'ㅎ'을 첨가한 결과로 형성된 것이다.

19세기 후기의 『독립신문』에 반영된 언어 현상 가운데에서도 용언 어간 말 모음에 모음으로 시작하는 어미와 통합되는 환경에서 'ㅎ'이 첨가되는 유형들이 생산적으로 출현하고 있다. 그리하여, 예를 들면, '보-'(見)에 피·사동의 '-이'가 연결된 활용형들은 형태소 경계에 'ㅎ'이 첨가되어 쓰이고 있다.

(28) 뜻슬 <u>보히고</u> 군부 각디 병졸은 조례ᄒ야(독립.1897.3.9②),
    쳐를 잡아 욕을 <u>보히며</u> 말ᄒ되(상동.1897.4.20④),
    먼디서 보기에 미우 죠하 <u>보히더라</u>(상동.1897.4.29①),
    넘어 젹어 눈에도 잘 <u>보히지</u> 아니ᄒ나(상동.1897.7.17),

        ᄠᅳ데 늘거 셰요믈 <u>돌히</u> 너기노니(1481, 두시초.5, 7ㄴ),
        주리며 치우믈 <u>돌히</u> 너기고(1632, 두시중.19, 45ㄴ).
    (ㄴ) 묽고 조호믈 <u>돌이</u> 너기디 아니ᄒ야(1517, 번소학, 6, 18ㄱ),
        묽고 조홈을 <u>돌이</u> 너기디 아니ᄒ야(1586, 소학언, 5, 16ㄴ).

보ᄌ ᄒᄂᆫ디 아니 내<u>보</u>혓다 ᄒ기로(상동.1897.7.10),

자셔혼 말을 드른즉 즉시 내<u>보</u>혓다더라(상동.1897.7.10).

　사동어간 '보이-'에 'ㅎ'이 첨가된 '보히-' 형태는『독립신문』에서 총 94
회 출현 분포를 보이는 반면에, '보이-'의 경우는 78회 등장하였으며, 과거
시제형 '보혓-'과 '보엿-'은 각각 3회 출현의 분포를 나타내었다.[69] 이 자
료에서도 형태소 내부에 'ㅎ' 첨가가 적용된 예들이 관찰되는데, 보조사 '-ᄂᆫ
시로에'(新反)의 변이형의 경우가 대표적인 사례이다. 19세기 후기의 국어
자료 가운데 특히『독립신문』을 검토한 이기문(1980 : 265)은 이 개화기 자
료에서 근대국어의 'ᄏ니와'와 오늘날의 '-커녕' 계통이 보이지 않고, '시로
에'형으로만 사용된 사실을 지적한 바 있다. (ㄱ) 나라이 잘 되아가기<u>ᄂᆫ 시로에</u>
정부에 변란이 자조나고(독립. 1896.4, 23①), (ㄴ) 인민을 보호 ᄒ기<u>ᄂᆫ 시로에</u> 숑ᄉ ᄒ
ᄂᆫ 계집의게 교군 셰 팔십냥과 쥬식가를 무슈히 토식 ᄒ엿다니(1896.10.1②).

　이 자료에 등장하는 '시로에'형에서 두 가지의 특징을 추출해 낼 수 있
다. 첫째, 이 보조사는 '시로외'에서 마지막 음절의 모음이 비원순화한 상
태를 반영하는 것으로, 이어서 모음 상승 '-에>-이'에 적용되어 '시로이'로
바뀌어 간다.[70] 둘째, '시로에'형은 대부분『독립신문』 제1권(1896.4.7-10.1)

---

69) 모음으로 끝난 용언어간에 모음어미가 연결될 때 형태소 경계에서 실현되는 'ㅎ'의 첨가
　는 19세기 후기 중부방언을 반영하는『독립신문』자료에서 용언들의 유형에 따라서 그
　출현 분포가 일정하게 나타나지는 않는다. 예를 들면, 용언 '지-'(負)에 사동의 접사 '-이'
　가 연결되는 경우에 'ㅎ' 첨가는 이 자료를 통해서 단 1회 출현하는 반면에, 'ㅎ'의 비실
　현형이 대부분이다.

　　(ㄱ) 길짐을 <u>지히고</u> 심지어 억지로 위협ᄒ야(독립.1897.7.6),
　　(ㄴ) 싱쇼나무 두짐을 지이고 시고문으로(상동.1897.1.5③).

　또한, '미-'(束)에 사동의 '-이'가 연결된 경우에는 '미이→미히-'의 'ㅎ' 첨가형이 이 자
　료에 17회 출현 빈도를 보이는 데 비하여, 'ㅎ'의 비첨가형은 21회 출현하였다. 그러나
　'미이-'의 사동 활용형 '미혀'의 예는 2회 출현하였고, 'ㅎ' 비첨가형인 '미여'가 대부분 사
　용되었다.

　　풍쇽에 <u>미혀</u> 이 망신들을 아니 ᄒᄂᆫ거시(독립.1897.2.2.②),
　　지판쇼에 <u>미혀</u> 지금 갓친 죄인 슈효가(상동.1897.1.30.④).

에 한정되어 출현하고 있다.[71] 그 이후에 이 보조사는 '시로이'형으로 전환되는데, 언제나 'ㅎ'이 끝음절의 모음에 첨가된 형태로만 나타난다.

(29) 도아 주기는 <u>시로히</u> 서로 잡아 먹으랴 들문 ㅎ니(독립.1897.3.16①),
빅셩들을 보호 ㅎ야 주기는 <u>시로히</u> 엇어 ᄆ진 놈을 ᄯ 갓다 가두엇다니(상동.1897.5.22④),
무슴 ᄉ업 ㅎ기는 <u>시로히</u> 그 ᄆᄋᆷ 속 일 알 여가도 업셧는지라(상동.1898.4.21),
쥬션ㅎ기는 <u>시로히</u> 도로혀(상동.1898.4.9, 1),
고호 ㅎ기는 <u>시로히</u> 셰샹에 용랍지를 못ㅎ게 ㅎ니(상동.1898.5.10).

6.2. 변칙용언의 활용에 등장하는 'ㅎ'과 그 점진적 확대

중세국어의 단계에 안정된 활용체계를 나타냈던 'ㅿ'과 'ㅸ' 정칙용언들은 그 이후 차례로 일어난 무조건적인 순경음 'ㅸ'의 변화 β>w와, '반치음 'ㅿ'의 변화 ㅿ>ø의 과정을 음성 환경에 따라서 거치면서 각각 불규칙 용언으로 전환되었다. 그러나 '웃-'(笑)와 '앗-'(奪) 등과 같은 용언어간은 모음으로 시작되는 어미와 연결되는 경우에 '우ᅀᅥ>우어, 우ᅀᅳ니>우으니', '아ᅀᅳ->아ᄋᆞ-, 아ᅀᆞ니>아ᄋᆞ니'와 같은 모음연속의 환경에 이르게 되었다. 그 결과, 당시의 생산적인 음운규칙에 의하여 어간 형태의 변별성이 유지되기 어려운 상황에 봉착하였을 것이다. 여기에 화자들이 적극적으로 개입하여 안정된 형태를 15세기에서부터 보존하고 있는 'ㅅ' 정칙 활용형을 지역 방

---

70) '시로에>시로이'의 과정은 19세기 후기 전라방언 자료에서도 생산적으로 등장하고 있다.
적장을 잡부려 ㅎ더니 잡귀는 <u>시로이</u> 긔운이 쇠진ㅎ야 거의 죽게 되어더니(완판, 충열, 하.6ㄴ).
cf. 간 먹고 살기 <u>시로이</u> 병이 극듕ㅎ여 고이 못 둑으리라(경판본 토생전, 8ㄱ).
71) 『독립신문』의 제2권에 '시로에'형이 단 1회 출현하였다.
네가 내목 질으기는 <u>시로에</u> 네목 몬져 질너 보아라(독립.1897.1.9④).

언에서 차용해 옴으로써 형태의 안정성을 다시 복원시키게 되었다. 순경음 '병'을 어간말음으로 갖고 있던 '붋-'(踏)의 활용형 역시 β>w 이후에 형성된 '불바>불와, 불보니>불우니' 등의 활용에서 당시의 화자들이 안정된 '붋-' 정칙 어간으로 합류시켰다.72) 이와 같은 사례는 용언의 활용체계에서 화자들이 의사소통의 어려움이 발생하게 되었을 때 적극적으로 개입하여 문제를 해결하여 온 역사적 과정을 보여주는 것이다. 따라서 무조건적인 음성변화를 수용한 이후에, 파생되는 형태적 불안전성을 방언차용으로 치유하는 하나의 특성을 지적할 수 있다.

19세기 후기 중부방언을 반영하는 『독립신문』에는 'ㅅ'과 'ㅂ' 변칙용언의 활용형 가운데 모음충돌이 일어나게 되는 형태소 경계에서 'ㅎ'이 개입되어 등장하는 다양한 예들을 보여준다. 우리가 이 글에서 취급해 온 'ㅎ' 첨가 현상과 관련하여, 이러한 범주에서도 의사소통에 참여하는 화자들의 적극적인 노력이 반영된 것으로 판단된다.

먼저 'ㅂ' 변칙용언들의 예들 가운데, '쉽-'(易)에 모음으로 시작되는 어미가 연결되는 환경을 검토하기로 한다. 이 자료에서 '쉽-+-은'의 통합에서 형태소 경계에서 'ㅎ'이 첨가된 '쉬흔'형이 모두 33회 출현하는 데 비하여

---

72) 이러한 재조정은 각각의 음성변화 이후 역사적으로 오랜 기간을 소요한 것으로 보인다. '웃-'(笑)의 정칙 활용은 17세기부터 문헌자료에 점진적으로 나타나기 시작한다.

　　(ㄱ) 우숨 우스며셔 주규믈 行ᄒᆞ니(1632, 두시중6, 39ㄱ),
　　　　놀라고 우스며 춤 처셔(상동.15, 53ㄱ),
　　　　趙壽 우서 골ᄋᆞ디(1736.여사서, 4, 16ㄴ).

　그 반면, '붋-'(踏)의 정칙 활용의 경우는 15세기에서도 변칙 활용을 줄곧 고수하다가 18세기에 와서야 부분적으로 등장하였다.

　　(ㄴ) 다시 불바손 지 미혹ᄒᆞ야(1752, 지장해, 중, 23ㄴ),
　　　　堅實치 못ᄒᆞ니 불바 째이지 말아야(1765, 박신해, 2, 46ㄱ),
　　　　ᄌᆞ쵀를 보고 ᄆᆞ음애 깃거 불바 기롤 나흐니(1772, 십구사 1, 42ㄴ).
　　cf. 軌ᄂᆞᆫ 뎌 자쵀롤 불와 힝ᄒᆞ단 말이라(1736, 여사서, 3, 48ㄱ),
　　　　위의ᄒᆞᆫ 더롤 불으시되(1756, 천의해, 진천의쇼감차ᄌᆞ, 2ㄴ).

'ㅎ'의 비실현형 '쉬은'이 단지 5회 사용되어 있다. 그리고 '쉽-+-을'의 연결에서는 '쉬흘'형이 13회 사용된 반면에, 'ㅎ'이 첨가되지 않은 원래의 '쉬을'은 단지 1회만 쓰이고 있다. 또한, '쉽-+-으니'의 연결에서 '쉬흐-'형과 '쉬으-'형이 쓰임이 각각 모두 7회에 걸쳐 있다. 이와 같은 'ㅎ' 첨가형과 비첨가형 간의 출현 분포상의 대비를 살펴보면, 어간말 모음 '-위'와 같은 음성 환경을 갖고 있는 '쉽-' 어간이 모음어미와 결합해서 'ㅎ'이 첨가되는 확률이 자료상 더 높게 나타나고 있다.73)

(30) ㄱ. 쉬흔(易)∽쉬은;
    a. 그젼에 잇는 물건 샹ᄒ기가 <u>쉬흔</u> 연고라(독립.1897.4.21②),
       그나라 풍쇽과 ᄉ정을 빗호기가 <u>쉬흔지라</u>(상동.1897.4.15.①),
       집이 문허지기가 <u>쉬흔지라</u>(상동.1896.5.23①),
    b. 보기 <u>쉬은</u> 일노 말을 ᄒ노니(상동.1897.4.1①).
  ㄴ. 쉬흘∽쉬을;
    a. 보고 알어 보기가 <u>쉬흘</u>터이라(독립.1896.4.7①),
       아마 죽이기가 <u>쉬흘듯</u> ᄒ더라(상동.1896.5.9②),
       싸홈 되기가 <u>쉬흘듯</u> ᄒ지라(상동.1897.1.21①),
    b. 츙신노릇 ᄒ기가 이럿케 <u>쉬을것</u> ᄀᆺᄒ면(상동.1897.8.26).
  ㄷ. 쉬흐-∽쉬으;
    a. ᄋ희들이 샹ᄒ기가 <u>쉬흐니</u> 금ᄒᄂ 법이요(독립.1897.4.21②),

---

73) 어간말음 '-위'에 모음어미의 연결은 불규칙용언이 아닌 경우에도 표현의 강화를 위해서 'ㅎ'이 첨가되어 있는 사례는 이 글의 각주 (67)을 참조. 용언어간 '쉬-'(休)의 활용형에 'ㅎ'이 개입된 예들은 20세기 초반의 신소설 부류에까지 확산되어 있다.

  (ㄱ) 김승지가 다릴룰 <u>쉬흐려</u>고 고목 밋헤 안졋더니(1908, 귀의성.하, 54),
    교군 두 치를 나란히 놋코 <u>쉬흐면셔</u>(1908, 은세계, 72),
    교군을 놋코 <u>쉬히</u>ᄂ디 엇더ᄒ 졀문 여자가(1908, 셜중매, 41).

  또한, '(한숨을)쉬-'의 경우에도 이와 같은 형태론적 조정이 확인된다.

  (ㄴ) 한숨을 휘-<u>쉬흐</u>며 도라눕더니(1908, 치악산.상, 169),
    불을 켜고 안지며 훈숨을 <u>쉬흐니</u>(1908, 치악산.상, 98)
    부인은 한숨을 휘 <u>쉬히고</u>(1908, 귀의성.하, 72),
    강동지가 한숨을 휘 <u>쉬히</u>더니(1908, 귀의성.하, 119).

독립을 흥기가 <u>쉬흐리요</u>(상동.1897.2.20①),

흉년들기가 첩졍 <u>쉬흐나</u> 쏠은 슈한을 심히 타는고로(상동. 1898. 8.24),

b. 빅호기가 쉬으며 글ᄌ가 멋시 못되는(상동.1897.4.22①).

'ㅂ' 변칙용언의 활용 가운데 §5.1에서 살펴 본 '곱-'(麗)의 활용형에서 사례만 제외하면 모음어미 앞에서 'ㅎ'의 첨가는 '쉽-'(易)에 유일하게 실현되어 있다. 이러한 조정이 '쉽-' 용언어간에 부사파생 접사 '-이'가 연결되는 형태론적 과정에서도 관찰되는 동시에(§6.1을 참조), 모음으로 끝나는 용언 '쉬-'(休) 등에도 역시 이러한 현상이 실현되는 사실을 보면, 어간말 '-위'에 모음어미가 연결되는 특수한 음운론적 조건이 형태상의 변별성을 위한 'ㅎ'의 개입을 촉진시킨 것이다.

'ㅅ' 변칙용언 가운데, '낫-'(優)의 어간에 모음어미들이 연결되는 상황에서 역시 'ㅎ' 이 첨가되어 있는 예들이 『독립신문』 자료에서 관찰된다. 이 활용형에서는 모음어미가 연결되어 'ㅎ'이 개입되는 형태가 주로 관형사형 어미에 집중되어 있고, 부사형 어미 '-아'와의 연결에서는 전혀 나타나지 않는다. '낫-+-은→나흔'의 용례가 이 자료에서 17회 사용되었으나, 'ㅎ'이 첨가되지 않은 '나은'의 형태는 보이지 않는다. 또한, 미래 관형사형 어미와 결합되어 'ㅎ'이 개입된 '나흘'형이 3회에 걸쳐 사용된 데 비하여, '나을'형이 쓰인 예는 여기서 찾을 수 없다. 그리고 '낫-+-으니'의 결합에서는 '나흐니'형이 총 10회 사용되었으나, 원래의 '나으니'형은 역시 나타나지 않았다. 따라서 '낫-'이 모음어미와 연결되는 경우에 이 자료에는 'ㅎ' 첨가형만이 쓰이고 있는 셈이다. 그러나 이 용언어간에 자음으로 시작되는 어미와 통합되는 환경에서는 통상적으로 기대되는 경음화, 또는 유기음화 현상은 전혀 반영되지 않았다. 다음의 예문은 '낫-'에 자음어미와 모음어미와의 연결에서 대조되는 'ㅎ' 첨가의 양상을 잘 보여주고 있다. 빅년젼이 지금 보다

낫고 이빅년 전이 빅년전 보다 <u>나흔지라</u>(독립.1986.7.25).

(31) ㄱ. 낫-(優)+-은→나흔;
　　　빅비나 <u>나흔</u> 국문을 내버리고(독립.1897.8.5),
　　　만히 쟝만ᄒᆞ여 주는 것 보다 <u>나흔</u> 거시라(상동.1896.4.30①),
　　　힝셰 잘 ᄒᆞ다는 사롬 보다는 <u>나흔</u> 사롬이라(상동.1897.8.24),
　　　갑오 이젼에 보다 죠곰치도 <u>나흔것</u>이 업눈지라(상동.1897.8.7).
　　ㄴ. 낫-+-을→나흘;
　　　그져먹는이 보다 얼마나 <u>나흘터이니</u>(독립.1896.5.2①),
　　　가난 혼 빅셩이 살기가 <u>나흘터이요</u>(상동.1896.5.9①),
　　　법률 모로는 사롬 보다는 얼만큼 <u>나흘터이니</u>(상동.1896.6.20.②),
　　ㄷ. 낫-+으니→나흐니;
　　　쇠고기로 조린 국이 졋 보다 빅비가 <u>나흐니라</u>(상동.1896.5.2①),
　　　아죠 파라 갑슬 갑다이 밧으면 그거시 <u>나흐니</u>(상동.1896.5.14②),
　　　벙거지를 새로히 ᄆᆞᆫ드는디 전 것 보다 <u>나흐니</u>(상동.1896, 4.18②),
　　　규칙도 이왕에 비교 ᄒᆞ거드면 십빅가 <u>나흐며</u>(상동.1896.7.2.①).

'낫-'(優)의 활용형들에 모음 사이의 형태소 경계에서 실현되는 이러한 'ㅎ' 첨가는 19세기 후기의 『독립신문』의 언어에서만 출현하는 현상이 아니다. 19세기 후기의 전통적인 간본 자료에서도 이와 동일한 조건에서 'ㅎ' 첨가가 확인되는데, 그 출현 빈도가 적을 뿐이다. (ㄱ) 복분ᄌᆞ도 이더로 허면 잉도보담 <u>느흐니라</u>(1869, 규합총셔, 18ㄱ),[74] (ㄴ) 강북이 엇지 강남에서 <u>나흐랴</u>(1881, 조군령, 33ㄱ). 그리고 이수정이 한글로 번역한 『마가의 젼ᄒᆞᆫ 복음셔언ᄒᆡ』(1885)에서도 그러한 예가 일부 확인된다. 너예 뒤셔 한 스람이 오되 나보다 <u>나흔지라</u>(마가 1 : 7). 또한, 19기 후기 전라방언 자료에서도 '낫-'의 활용형 가운

---

74) '낫-(優)+-으니→나흐니'와 같은 'ㅎ' 첨가를 반영하는 『규합총셔』(1896)에는 또 다른 'ㅅ' 변칙용언 '(국을) 젓-'에 모음어미가 연결되면 '져허'와 같은 예도 아울러 사용되어 있다. 이와 같은 용례는 같은 시기의 『독립신문』에서 출현하지 않았다.

　약과을 기름에 너코 나무져로 ᄌᆞ주 <u>져허</u> 빗치 검누르거든(17ㄴ).
　cf. 몬져 쩌흐린 거슬 <u>구흐로</u> 부어가면(5ㄴ).

데 'ㅎ' 첨가형이 일종의 변이현상으로 출현하고 있다. 니 형용이 곰보단도 <u>나흘테요</u> 표범보단 나을테요(판, 퇴.288)= 니 형용이 곰보단도 나을이요 표범단도 <u>늣을리요</u>(완판본 퇴별가, 12ㄱ).

(32) 나보다 <u>나흔</u> 사롬을 시긔흐지 말 것이니(1913, 금국화.상, 4),
우리 갓흔 무지인보다 무당이 <u>나흐니</u>(1911, 목단화, 134),
남에 집보다 <u>나흘</u> 터이오(1912, 고목화.상, 75),
죠선에 잇는 것 보다 월등히 <u>나하</u>겟지(1913, 금국화.상, 6),
로성흔 사롬이 년소흔 사롬보다 <u>나흘</u> 터이오(1908, 계명성, 27),
죽어도 그 마당에셔 죽는 것 보다 <u>나흘</u>가 흐야(1912, 행락도, 81).

'낫-'(優)과 모음어미와의 통합에서 실현되는 'ㅎ'의 첨가는 위의 (32) 예문에서 보여주는 바와 같이 20세기 초반에까지 지속되어 나타난다. 따라서 이러한 현상이 당시의 문법학자들에까지 인식되어 규범적인 언어 사실로 수용되기도 하였다. 즉, 1920년대 김두봉은 그의 『깁더 조선말본』(1922)에서 모음과 자음에 대한 설명 가운데 '낳으므로'(←나으므로)와 같은 표기를 사용하였다. 따라서 형태주의 표기방식을 선호하는 김두봉은 '낫-'(優)의 기본형 어간을 '낳-'으로 교체시켜 제시한 셈이다. 이러한 사실은 1920년대 당시 '낫-'의 어간말음이 곡용에서 'ㅎ'으로 거의 대치되어가는 경향을 나타낸 것이다. 1930년대 허영호는 당시의 조선어 발음법에 대한 기술에서 '낳은'(←나은)과 '낫은'을 상호 교체될 수 있는 관용적인 현상으로 파악한 바 있다.75)

(33) ㄱ. [홀소리·닿소리]의 일홈은 [한힘샘]님의 짓으신 배라…또 [자음]이니 [모음]이니 하는 것보다 매우 낳으므로 아직 그대로 좇으

75) 허영호 : "梵巴 兩語의 發音法에서 본 조선어 발음법에 관한 일 고찰(속)", 『佛敎』, 제8권 2호. 1931.2(역대한국문법대계 제3부 제11책. 『한글논쟁 론설집』(하), 하동호 편, 탑출판사, 420~438쪽.

며…(김두봉, 1922 : 25).
ㄴ. 모음과 ㅎ음은 ㅅ음과 서로 바뀌는 수도 있나니,
예) 낳-(勝)→낳은∽낫은.(허영호 1931).

19세기 후기의 『독립신문』에서와 20세기 초반의 신소설 부류에서도 '낫-'(優)과 동음어를 이루고 있는 '낫-'(治癒)의 용언어간도 역시 모음어미와의 연결에서는 'ㅎ'의 첨가가 실현되어 있었다. 이러한 사실은 'ㅅ' 변칙용언의 '낫-'(優/癒)의 어간에 모음어미와 통합되어 형성하는 활용형에 의사소통의 장애가 개재되어 있었음을 가리킨다. 따라서 여기서 파생된 음운론적 환경에, 표현의 강화 또는 변별력을 유지하기 위해서 치유적 장치인 'ㅎ'이 첨가된 것이다.

(34) ㄱ. 그 병이 나흐니 이것 혼 굿지몬 보아도(독립.1897.7.17),
돈도 밧지 안혼다고 병 나흔 사룸이 와셔(상동.1896.10.8③),
병원에서 나흘 약을 붓치고 갓다더라(상동.1896.5.14②),
병이 나흘 가망이 업는 후에(상동.1898.6.16),
병이 나흔 것은 업스나 죠곰은 나흔지라(상동.1898.6.23).
ㄴ. 인제 몸이 아죠 나허가니(1913, 금국화.상, 87),
병이 나흐나 다름업시 됴화ᄒ며(1912, 고목화.상, 106),
마음도 편ᄒ고 병도 나흘 듯 ᄒ닛가(1912, 재봉춘, 120),
걱정이나 더러 병이 좀 나흘가 하야(1912, 류화우.하, 62).

20세기 초반의 신소설 부류가 반영하는 이와 같은 'ㅎ' 첨가와 관련하여 글쓴이가 특히 주목하는 예는 '낫-'(治癒)의 활용형 가운데 'ㅎ'의 개입이 모음어미 앞에서만 한정되지 않고, 자음어미의 두음을 유기음화시키는 현상이다. 병이 낫코 아니 나은 것을(1912, 비행선, 65). 이 예문에서는 'ㅎ'의 첨가 현상이 용어어간에 모음어미와의 연결에서는 면제되어 있는 데 비하여 오히려 자음어미의 두음에 첨가되어 있다. 이러한 '낫코'(←낫-+-고)의 실현

은 어간 말음이 기원적으로 'ㅎ'을 보유하고 있는 용언에 장애음 계열의
자음어미의 두음이 통합되는 환경에서 나타나는 것이 원칙이다.76) 그렇기
때문에 위의 '낫코'(癒) 활용형의 어간은 '낳-'으로 전환되었음을 말한다. 현
대 지역방언에서 'ㅅ' 변칙 용언어간들이 'ㅎ' 정칙 용언어간으로 재구조화
되어 가는 경향이 강력하다. 따라서 20세기 초반 신소설 부류에 우연하게
등장하는 유일한 예인 '낫코'는 이러한 경향과 관련하여 의미심장한 표지
이다.

20세기 초반의 '낫-'(癒)의 활용형 가운데 자음어미와의 연결에서도 극히
일부에 국한되는 현상이지만 유기음화를 동반하기 시작하였다는 사실은
이 시기에 모음어미와의 연결에서 'ㅎ'의 출현이 말의 스타일에 따라서 상
대적으로 생산적으로 진행되고 있었음을 뜻한다.77) 그리하여 20세기 초반
당시 林圭가 작성한 개화기 문법서인 『日本語學 音·語 編』(1912)에서 예시
된 규범적인 국어 예문에서도 이러한 현상이 적극적으로 나타나 있다.78)

---

76) 예를 들면, '낳-'(生)의 활용형들은 19세기 후기 『독립신문』에서 자음어미와 연결되는 경
  우에 예외 없이 유기음화 현상을 나타내었다.

  닷시날 계집 ᄋ희 셋슬 낫코(독립.1896.5.12②),
  새논 모도 알을 낫코 대개 집을 짓고(상동.1897.7.6),
  숨 쉬고 낫코 죽기를 다른 즘승과 쪽 ᄀᄎ치(상동.1897.6.17.②).

  그 반면, '낳-'에 모음어미가 연결되는 환경에서 대부분 모음 사이에서 'ㅎ'이 탈락되는
  '나으니'와 같은 예도 출현하기 시작하였다.

  아희들을 나으니 이것은 어린 아희들안테(독립.1898.2.12).
77) 용언어간 '낫-'(治癒)에 모음어미가 연결되는 환경에서 개입되는 'ㅎ'는 19세기 후기의 전
  통적인 간본 자료와, 이와 성격이 판이한 기독교 계통의 자료에서도 등장하고 있다.
  (ㄱ) 병이 즉시 나흐니라(1876, 남궁계, 17ㄴ),
      먹으면 맛당이 나흐리니 빅의셔 ᄒᄂ히 부족ᄒ여도 효험이 업스리라(1852, 태상
      해, 5, 12ㄴ),
      연믹탕을 쓰면 즉시 나흐리라 <1881조군령, 022a>
  (ㄴ) 셩인이 ᄒ번 도라보시매 즉시 나흐니(1865, 쥬쳠광, 78ㄴ),
      내 죵이 더긔 잇서 그 병이 나흐리이다(1892, 셩경직, 2, 33ㄱ),
      드듸여 나흐믈 어더 왼갓 物을 밝키보는지라(1885, 신약마가젼복음셔언히, 8 : 25).

나핫다고(癒, 454), 곳 나허 버립니다(548), 매우 <u>나흐신</u> 양으로(454), <u>나흘가요</u>(548), cf. 낫는…낫지(548). 그 반면에, 이 자료에서 '낫-'(癒)에 자음어미가 뒤따르는 경우에 유기음화는 실현되지 않았다.79)

6.3. 'ㅅ' 변칙용언 '짓-'(作)의 '짛-'으로의 재구조화의 발단

'ㅅ' 변칙용언 '짓-'(作)의 활용형에서도 모음어미 앞에서 'ㅎ'이 적극적으로 개입되어 나타난다. '짓-'에 관형사형 어미가 연결되는 경우에 'ㅎ' 첨가형은 『독립신문』의 언어에서 모두 49회 출현하는 반면에, '지은'형은 44회에 걸쳐 분포되어 있다. 또한, '지흐며/니/면/랴(←짓-+-으며/니/랴)의 예는 단지 7회 출현하는 데 비하여 'ㅎ' 첨가가 개입되지 않는 형태는 '지으-'형은 23회 사용되었다. 그리고 미래 관형사형 어미와 연결된 형태로, '지흘'의 용례는 출현 빈도수가 8회에 한정되어 있으나, 'ㅎ' 첨가가 이루어지지 않은 원래의 '지을'형들은 31회 출현의 분포를 보이고 있다. 따라서 '짓-'(作)에 모음어미와의 통합에서 'ㅎ'이 출현하는 확률이 제일 높은 환경은 관형사형 '-은'과의 결합 구조이다.80) 이 용언어간에 부사형 어미 '-어'가 연

---

78) 『일본어학 음·어편』(1912)의 예문 가운데에는 'ㅎ'의 첨가 현상이 다른 용언의 활용형에서도 부분적으로 출현하였다.

   쏮이 <u>고흔</u>데 향긔조차 만하다(麗, 112),
   짐배에도 다 <u>실흘</u> 수 업습니다(載, 268).

79) 林圭의 문법서에 반영된 언어 내용을 20세기 초반의 서울방언의 관점에서 고찰한 백두현(1991 : 142)은 이와 같은 'ㅎ' 첨가 예들을 주목한 바 있다. 그는 15세기의 '낳-'의 어간말음 'ㅿ'이 바로 'ㅎ'으로 변화하였다고 보기 어렵기 때문에, 모음 사이에서 'ㅎ'이 발생하는 예들을 고려하면 '낳-'은 '낳->나->낳-'와 같은 'ㅎ' 모음 첨가 현상으로 간주하였다.

80) '짓-'(作)의 활용형 가운데 자료상으로 출현하고 있는 'ㅎ' 첨가형 빈도수를 계산할 때에 중세국어에서 기원적으로 어간말 'ㅎ'를 보유하였으나, 나중에 유추에 의하여 '짓-'(作)으로 합류된 형태로 소급되는 예들은 일단 제외하였다. 그러나 15세기의 '(이름/한숨/동전/기르마) 짛-'으로 소급되는 활용형들이 19세기 후기나 20세기 초반에 이르기까지 여전히 원래의 어간말음을 'ㅎ'으 보유하고 있었을 것으로는 생각되지 않는다.

결될 때에는 'ㅎ'의 첨가가 이 자료에서는 전혀 출현하지 않았다. 병원을 <u>지</u>여 병든 사룸을 치료 혼다든지(독립.1896.5.7①).

(35) ㄱ. 지흔∞지은;
　　　a. 정동에 새로 <u>지흔</u> 교당을 열고(독립.1897.5.11④),
　　　　 남의게 <u>지흔</u> 죄논(상동.1897.7.29),
　　　　 새로 <u>지흔</u> 벽돌 집이라(상동.1898.3.10).
　　　b. 법률샹에 죄 지은 증거가 분명ᄒ여야(상동.1896.8.18①),
　　ㄴ. 지흐며∞지으며;
　　　a. 신도 <u>지흐며</u> 비도 만들며(독립.1897.2.16.①),
　　　　 쏘 혹 그즁에 란 <u>지흐랴</u>는 빅셩이 잇스면(상동.1897.5.25②),
　　　　 새 군함들을 <u>지흐되</u>(상동.1897.10.7).
　　　b. 집을 지으며 마당과 화쵸를 정히 ᄒ여(상동.1897.9.23),
　　　　 악박골 근쳐에 병막을 지으랴 사룸들은(상동.1896.6.2②).
　　ㄷ. 지흘∞지을;
　　　a. 밥 <u>지흘</u> 쌔보다 죠곰 나흔 듯 ᄒ나(독립.1897.4.10.③),
　　　　 셰샹에 쥭을 죄 <u>지흘</u> 놈도 몃이 업슬터이니(상동.1898.3.1),
　　　　 아라샤 사룸이 셕탄고 <u>지흘</u> 터를 쳥ᄒ여(상동.1898.3.10).
　　　b. 농ᄉ지을 량식이 요긴ᄒ련마는(상동.1986.4.18②).

　'짓-'(作)의 활용형에 실현되는 'ㅎ'의 첨가는 20세기 초반의 신소설 부류에서도 등장하였으나, 『독립신문』에서와 같은 생산성에는 미치지 못하였다. 역시 『독립신문』에서 모음어미 앞에서 'ㅎ' 첨가의 제일 높은 분포를 보여준 '지흔'형이 신소설 부류의 언어에서도 총 15회에 걸쳐 있다. 그 반면, 같은 자료에서 '지흘'과 '지흐며/니'의 경우에는 보다 약화되어 각각 출

　(ㄱ) 지난 십월 쵸일일 브터 올 일월 이십일 ᄭ지 금젼 <u>지흔</u>것이 일쳔 칠빅 삼만 륙천구빅 칠십원이요 은젼 <u>지흔</u>것이 삼빅(독립.1898.2.8),
　　cf. 은젼을 <u>짓기</u> 시작ᄒ 후로 이십팔년 동안에 <u>지은</u> 은젼이(1898.08.16).
　(ㄴ) 부모가 옥년 일홈 <u>지흘</u> 쩌에(1907.혈의누, 35),
　　치악산은 야만의 산이라고 <u>일홈지흘</u> 만훈 터이러라(1908, 치악산.상, 1),
　(ㄷ) 한심을 <u>지흘</u> 쩌가 만핫스며(1914, 금국화.하, 58).

현 빈도가 6회로 한정되어 있다.[81] (ㄱ) 니가 <u>지흔</u> 죄눈(1912, 재봉춘.177), (ㄴ) 이것은 하날이 <u>지흐신</u> 일이런가, 스롬이 <u>지흔</u> 일이런가(1907, 혈의누.12), (ㄷ) 만일 그 신셰를 아니<u>지흘</u> 지경이면(1907, 혈의누, 74).

19세기 후기의 『독립신문』과 20세기 초반의 신소설 부류의 언어에는 '짓-' 어간에 자음어미들이 연결될 때에는 모음어미와의 연결과는 대조적으로 'ㅎ'이 개입된 유기음화 현상이 어미의 두음에 실현되지 않았다. (ㄱ) 독립문을 <u>짓고</u> 그안을 공원디로 꿈여(독립.1896. 7.4 ①), (ㄴ) 그런 엄청는 죄를 <u>짓고도</u> (1912, 재봉춘, 128). 그렇다고 해서 이들 자료에 '짓-+-고'와 같은 결합에서 유기음화 현상이 실제의 발음과, 이것을 반영하는 표기에서 전혀 실현되지 않았을까?

글쓴이는 이와 같은 음성 환경에서 가장 보편적인 경음화 현상도 이들 자료에서 표기상으로 반영되지 않았음을 주목한다. 여기에 자연스러운 경음화도 반영하지 않는다면, 또한 당시에 실제로 하위 음성층위에서 유기음화가 실현되었다 하더라고 표기상으로 억제되었을 가능성이 있다고 본다. 당시에 점진적으로 확대되어가는 형태소 중심의 표기 경향으로 미루어 보면, 특별한 음성적 표출의 동기가 결여되어 있는 한, 형태소 결합 구조에 의사소통의 관점에서 아무런 이상이 없는 경음화와 또는 유기음화를 표기에 반영할 만한 근거를 찾을 수 없다. 그 반면에, '짓-'(作)에 모음어미와 결합될 때에는 어미 형태소의 기저형을 반영하는 것보다, 여기서 파생되는 의사소통의 장애가 더 지대하였을 것이기 때문에 구어에서 실현되는 표현

---

81) '짓-+-은'의 연결에서 일어나는 'ㅎ' 개입은 19세기 후반 제정 러시아 페테르브르크 대학의 한국어 강사 김병옥이 1898년에 Saint. Petersburg에서 편집하고 간행한 *Koreiskie Teksty*(한국어 독본)에 실려 있는 고소설 필사본 『츈향뎐』 가운데에서도 출현하였다(최전승, 2004 : 567).

네의 글 <u>지흔</u> 거슬 보니 보국듕신이라(김병옥의 『츈향뎐』(1898 : 41쪽 5째줄).

제정 러시아에서 20세기 초반에 작성된 다양한 한국어 방언자료를 분석하고 기술한 King(1991 : 324)은 위의 예문에 등장하는 h의 실제 발음 가능성을 의심한 바 있다.

강화적 'ㅎ'를 그대로 반영시켰을 것이다.

글쓴이가 이와 같은 추청을 하는 근거는 다른 유형의 19세기 후기 일부의 중부방언과, 이와 거의 비슷한 시기의 산물인 전라방언의 자료에서 '짓-'(作) 어간에 자음어미가 연결되는 환경에서 어미의 두음에 유기음화가 반영되어 나타나기 시작한다는 사실에 있다(최전승, 2011 : 308-309).

> (36) ㄱ. 일홈을 지엿ᄉ디 션혼 사ᄅᆞᆷ의 일홈은 션ᄒᆞ게 <u>지코</u> 악혼 사ᄅᆞᆷ의 일
> 홈은 악ᄒᆞ게 지코(1894, 천로역, 서, 3ㄴ),
> 조흔 ᄶᅡ 일홈은 조케 <u>지코</u> 흉혼 ᄶᅡ 일홈은 흉ᄒᆞ게 <u>지엿ᄉ니</u>(상동.
> 서, 3ㄴ),
> 죄롤 <u>지코</u> 디옥에 ᄲᅡ지는 거시 조ᄒᆞ냐 ᄒᆞ거눌(상동.서, 1ㄴ),
> cf. 원슈 짓기 조화ᄒᆞᄂᆞᆫ ᄯᅳᆺ시라(상동.7ㄱ).
> ㄴ. 언제 밧바 옷 <u>짓컷나</u>(판, 박.383),
> 양나리 쥬흥슈가 ᄒᆞ로밤의 이 글을 <u>짓코</u>(99장 필사본 별춘.14ㄱ),
> 농ᄉ <u>짓키</u> 일삼난더(병진본 필사 박흥보.1ㄴ),
> 혼 돌금은 져구리 짓고, ᄯᅩ 혼 돌금은 바지 <u>짓코</u>(상동.6ㄴ),
> 시집 짓코 왕토ᄒᆞ기(상동.8ㄱ),
> 납구ᄶᅥ로 집을 <u>짓코</u>(상동.13ㄱ),
> 졔비 집을 <u>직코</u>(상동.21ㄴ).[82]

19세기 후기의 단계에서 보여주는 Gale의 『텬로력뎡』(1895)과, 신재효의 판소리 사설과 고소설 필사 이본들이 반영하는 지역방언들의 성격은 서로 상이한 것이지만, 위의 (36)에서 추출된 '지코' 또는 '짓코∽짓컷나∽짓키' 등의 활용 형태는 '짓-'(作)의 어간말음이 'ㅎ'으로 재구성되었음을 뜻한다는 사실은 동일하다. 그러나 (36)의 예들은 비록 단편적이기는 하지만 두

---

82) 이 필사본은 임형택 소장 26장본 「박흥보전」으로 『고전소설선』(형설출판사)에 수록되어 있으며, 『흥보전』(김진영 외, 1977)에서 소개되고, 역주되어 있다. 필사 시기는 표지에 적힌 기록(丙辰 9월20일 謄, 김의관 군현댁 入納)으로 보아 1856년, 아니면 1916년으로 추정된다.

가지의 경향을 가리키고 있다. 하나는 '짛-'으로의 전환은 연결되는 어미 두음의 자음적 특성에 따라서 완급의 시간적 차이를 두고 점진적으로 수행된 현상이다. 다른 하나는 19세기 후기의 단계에서도 동일한 화자의 말에서도 구사하는 스타일의 차이에 따라 보수형 '짓-'과 개신형 '짛-'과의 부단한 변이의 과정을 반영하였다.

그렇다면, '짓->짛-'으로의 진행 방향을 촉진시키는 동기는 어디에 있을까.[83] 여기서 글쓴이는 이 어간에 모음어미와 결합할 때에 부단히 첨가되는 (35)의 예들과 연관을 지어야 한다고 생각한다. 즉, '짓-+-은' 등의 연결에서 출현하는 'ㅎ'의 첨가의 높은 빈도수가 당시의 화자들로 하여금 'ㅅ' 불규칙 용언어간의 자음을 'ㅎ'으로 지속적으로 연상케 한 결과, 자음어미와의 결합에서 '짓-+-고→짛-+고'와 같은 어간말음의 유기음화를 초래하였을 가능성이 높다. 따라서 '짓-'(作)의 기저형은 점진적으로 유추에 의해서 'ㅅ' 변칙용언의 범주를 벗어나서 'ㅎ' 어간말음을 보유하는 /짛-/으로 재구조화가 진행된다. 그렇다면, 이러한 재구조화의 발단은 이미 19세기 후기부터 부분적으로 형성되기 시작하였으며, 그 진행 과정은 20세기 이후로 들어오면서 점차 확대되어 간다.

그러나 이러한 글쓴이의 해석에 심각한 제약이 뒤따른다. 19세기 후기의 『독립신문』과 20세기 초반의 신소설 부류에서 추출된 위의 (35)의 예들과, 이와 비슷한 시기의 산물인 『텬로력뎡』(1895)과, 신재효의 판소리 사설과 고소설 필사본 등에서 이끌어낸 (36)의 예들은 'ㅎ' 첨가와 관련하여 서로 대조되는 현상을 나타내고 있기 때문이다. 즉, (35)의 예들은 '짓-' 어간에 모음어미와 연결되는 상황에서 'ㅎ' 첨가를 반영하였으나, 같은 자료에서

---

83) 이와 동일한 19세기 후기 자료를 검토하면서 최전승(2011 : 308-309)은 '짓-+-고'와 같은 결합에서 '짓-'(作)의 어간 말음이 중화되어 지속적인 구강내의 압력으로 뒤따르는 자음어미의 두음을 경음화시키는 대신에, 유기음화시키는 음운론적 조정이 개입되었을 것으로 추정한 바 있다.

자음어미 앞에서는 어간말 'ㅎ'과 연관된 유기음화를 전연 보여주지 않는다. 그 반면에, (36)의 경우는 자음어미의 두음을 유기음화시킴으로써 어간말 'ㅎ'의 존재를 부각시키는 데 비하여 역시 동일한 자료 내에서 모음어미와의 연결에서 'ㅎ'의 존재는 반영된 예를 찾을 수 없다.

이와 같은 대조적인 현상은 '짓-→짛-'의 재구조화에 개입된 두 가지의 상이한 성격의 발달과 관련이 있는 것으로 추정된다. 즉, (ㄱ) 'ㅅ' 불규칙 용언어간에서 'ㅎ' 규칙용언으로의 전환을 위해서 먼저 어형 강화의 수단으로 (35)에서와 같은 'ㅎ'의 첨가가 확대되어 자음어미의 환경에까지 파급되었던 선행 단계와, (ㄴ) 어간말음이 'ㅎ'으로 재조정 된 이후에 모음 사이에 'ㅎ'을 탈락시키는 경향이 강화되는 (36)와 같은 단계. 따라서 위의 두 가지 유형의 예들은 '짓-→짛-'의 재조정이 순차적으로 수행하여 온 시간적 순서, 즉 (35)>(36)의 과정을 반영하는 것으로 보인다. 그리하여 위의 (34)의 발달 단계는 20세기 이후 지역방언에서 지속적으로 확대되어 간다. 이와 같은 사정이 1920년대 만해 한용운의 『님의침묵』(1926)에 등장하는 '짛-'(作)의 출현에서도 나타나 있다.

(37) 도포도 <u>지코</u> 자리옷도 지엇슴니다,
<u>지치</u>아니한것은, 짓다가 노아두고,
<u>지코</u>십허서 다 <u>지치</u>안는것임니다(134, 수의비밀).

오늘날 전북 지역방언에서 '짓-'(作)이 전면적으로 '짛-'으로 재구조화가 수행된 것은 아니다. 예를 들면, '짓-+-고'의 결합에서 화자들의 출신과 사회언어학적 變項(variables)에 따라서 연결어미의 두음에 경음화와 유기음화가 뒤섞여 실현되고 있다. 이와 같은 수의적 변이현상은 전북의 하위방언을 구사하는 동일한 화자의 발화 내부에서도 관찰될 수 있다.

7. 결론 : 현대 지역방언에서 재구조화된 'ㅎ' 어간말음의 형성

7.1 지금까지 §6에서 취급된 'ㅅ' 변칙용언의 활용형에서 모음어미와의 연결에서 개입되는 'ㅎ'의 등장은 19세기 후기 지역방언 자료에서 집중적으로 관찰되는 현상이다. 그러나 이러한 굴절 과정에서 첨가되는 'ㅎ'의 존재는 그 이전 시기의 다른 장르에 속하는 자료 유형인 한글 편지에서도 산발적으로 나타나고 있었다.

(38) ㄱ. 고-+-아→고와→고화;
       아마도 출기장으로 <u>고오면</u> 전쓸 곧나니라. 쟝보리 기룸 서되 진국 호흅과 믈을 누근 죽만치 <u>고화</u> 섯거 ㅈ조 뒤저ㅇ면, (『조선후기 한글간찰(언간)의 역주 연구, 3』, 2005 : 147, 이광호, 외, 한국중앙연구원 편.),
     ㄴ. 붓-+-은→부은→부흔;
       대셰는 잠간 <u>나으신</u> 둧ㅎ고 아젹이면 퍽 <u>나으시다가</u> 오후면 아젹만 못ㅎ셔 <u>부흔</u> 몸을 셜워 ㅎ시나… (『조선후기 한글간찰(언간)의 역주 연구, 3』(2005 : 5-6, 이광호, 외, 한국중앙연구원 편.) 고령 박씨 <先世言蹟>, 증조 할머니 청송 심씨→증손자 박성환).

위의 예에서 (38)ㄱ는 어간 '고-'(烹)의 어간에 부사형 어미 '-아'와 결합되어 '고화'로 사용된 형태이다. 이 활용형이 쓰인 한글 편지는 1660년 이전에 작성된 것으로 보인다(이광호 외 2005 : 167). 이 형태는 15세기의 '고오-' 또는 '고으-'로 소급되어서 기원적으로 순경음이나 반치음을 보유했던 흔적을 나타내지 않았다. (ㄱ) 사스미 쌸로 <u>고온</u> 갓플 석 량올(1489, 구급간, 3, 99ㄱ), (ㄴ) 爩 <u>고을</u> 오(1527, 훈몽자, 하, 6ㄴ), 쩍 밍글며 양육 <u>고으며</u>(번역노, 하, 53ㄴ). 또한, (38)ㄱ의 '고화'형은 같은 문면에서 '고오면'과 같은 공시적 변이현상을 반영하고 있다. 따라서 '고오-'에 부사형 어미 '-아'의 연결에서 형태소 경계에서 'ㅎ'의 첨가는 수의적인 과정으로 생각된다.

그러나 글쓴이는 현대 지역방언 가운데 모음으로 끝난 용언어간 '고 : -' (烹)의 기저형이 '곻-'로 재구조화를 겪은 현상과 (38)ㄱ의 수의적인 활용형 '고화' 간에 맺고 있을 수 있는 유기적 관계를 생각한다. 주갑동의『전라도 방언사전』(2005 : 24)에 의하면, '곻다'가 '고다'의 전남 방언형으로 수집되어 있다. 경상도 방언에서 용언어간들의 활용형에 수행된 재구조화를 기술한 김현(2001)에서도 '오' 말음어간으로 '곻-/고ㅎ-'(烹)형이 '꽇-/꼬ㅎ-'(索)와 함께 분류되었다. 여기서 김현(2001 : 85-114)은 이와 같은 부류의 후음 말음으로 재구조화는 역사적 음운변화의 원리로 합리적인 설명을 구할 수 없기 때문에, 그 원인을 화자의 도출 과정과는 상이한 청자 중심의 재분석 과정에서 추ㅓ해야 한다는 당위를 제시한 바 있다.[84]

특정한 유형의 음성변화의 기원을 청자의 관점에서 이루어지는 오분석 또는 과도분석으로 해석할 수 있다. 그러나 이러한 접근 방법과 그 대상, 특히 모음으로 끝나는 용언어간에 모음어미가 연결되는 조건에는 Ohara (1989, 2003)에서 시도된 것과 같은 정밀한 실험 음성학적 분석과 기술 절차가 지원되어야 할 것이다. 물론 화자의 발화 연속체 속에서 유성음 사이에 이루어지는 'ㅎ' 탈락에 대한 반작용으로 청자가 잘못 추정된 환경에 'ㅎ'을 과도하게 첨가시킬 가능성은 높다. 그러나 개인어에서 개신으로 출발한

---

84) 김현(2001)에서 정리된 어간말 'ㅎ/ㅎ'로 재구조화를 수행했다고 하는 동남방언의 용언들은 아래와 같다.

  '우' 말음어간 : 가둥-/가두ㅎ-(囚), 바꿍-/바꾸ㅎ-(換),
  '으' 말음어간 : 이숭-/이스ㅎ-(繼), 지룽-/지루ㅎ-(育), 궁-/구ㅎ-(炙), 중-/주ㅎ-(拾),
                땋-/딸ㅎ(따르-, 從/注), 짛-(기르-育), 끙/끄ㅎ-(人).
  'ㅂ' 변칙어간→눙-/누ㅎ-(臥),
  'ㄷ' 변칙어간→싥-/실ㅎ-(신-, 載), 걿-/걸ㅎ-(걷-, 步), 뭃-/물ㅎ-(묻-, 問).

또한, 경북 중부지역의 방언을 기술하면서 정철(1991, 부록 : "어휘수집자료")에서 아래와 같은 용언 어간에 'ㅎ'을 말음으로 하는 재구조화가 수행된 예들이 정리된 바 있다.
끟다(선을), 낭궁다(남기다), 꽇다(고기를 오래 고다), 고롱다(고루다), 뺳다(찧다).

그러한 음운론적 행위가 수정 되지 않고, 계속 반복되어 다른 화자들에게 차용되어 전파되는 과정에 대한 사회언어학적 동기가 분명하게 제시되어야 한다.

그렇기 때문에, 현대 지역방언에서 구사되는 활용 패턴을 통해서 재구조화를 수행하기 시작하는 '곻-'의 초기의 부분적인 출발을 17세기의 한글편지 속에 우연하게 수의적 현상으로 등장하는 '고화'로 소급시킬 수 있다면, 그 동기는 청자 중심의 재해석 또는 오분석에 있지 않았다고 판단된다. 즉, 17세기의 '고화-'형은 우리가 §6.2에서 19세기 후기의 중부방언과 전라방언 자료에서 추출하였던 '낫-'(優/治癒), '쉽-'(易), 및 '짓-'(作) 등의 어간이 모음어미와 연결되었을 때 적극적으로 개입되었던 'ㅎ' 첨가와 그 성격이 동일한 것이다. 이와 같은 음성 환경에서 화자들의 의식적인 개입에 의해서 첨가되는 'ㅎ'은 음성변화 이후에 발생하는 모음충돌을 회피하고, 의사소통을 원활하게 하려는 화자 자신들이 추구하는 일종의 치유 또는 보상적 장치이었다. 이와 같은 'ㅎ'의 적극적인 첨가가 모음어미와의 연결에서만 아니라, 자음어미와의 연결에서도 확대되어 유기음화를 19세기 후기에 부분적으로 초래하였다. 따라서 19세기 후기의 일부 방언자료에서 등장하기 시작하는 '짓코∽지코'와 같은 활용형들은 '짓-'에서 '짛-'으로의 어간 재구성의 출발을 알리는 것이다.

새로운 어간말 'ㅎ'으로 재조정된 용언들은 활용 체계에서 형태적 안정성을 복원한 대신에 모음사이에 개입되었던 'ㅎ'은 당시의 강력하고도 자연스러운 음운론적 과정에 참여하기 위하여 자동적으로 탈락시키게 되었을 것으로 추정한다. 이와 같은 'ㅎ'의 첨가와, 어간말 자음으로의 점진적인 확대와 이어서 수행되는 유기음화는 역사적으로 오랜 전개의 과정을 확산과 전파의 방식으로 거쳐 왔을 것이다. 또한 용언 어간의 유형, 연결되는 활용어미들의 음운론적 특질 등에 따른 완급의 내적 시간 차원을 'ㅎ'

말음으로의 재구조화는 보유하였다고 생각된다.

위의 (38)ㄴ에서 '부흔'은 '붓-(浮腫)+-은'의 연결에서 'ㅎ'이 첨가된 형태로 15세기의 '븟-'으로 소급된다. 그 반면에, '부흔'형이 등장하는 같은 한글 편지의 문면에 사용된 '낫-'(治癒)의 활용형들에서 이와 같은 'ㅎ'의 첨가가 아직 실현되지 않았다.[85]

중세국어의 비자동적 어간 교체를 보였던 단독형 어간 'ㅂ슿-'(碎)의 후대의 반사체들은 의미의 분화에 따른 형태의 분화를 수반하여, 오늘날 '빻-'(가루로)와 '부수-'(破壞)로 발달하여 왔다(곽충구, 1998). 15세기의 'ㅂ슿-'에서 현대국어의 '부수-'로의 발달의 경로도 특이한 점이 있다. 'ㅂ슿-'의 직접 후속형인 '빻-'가 어간 말음으로 모든 음운론적 설명을 벗어나는 'ㅎ'을 발전시킨 과정은 지금까지 쉽게 이해되지 않았다.[86] 그러나 현대국어의 용언 어간 '빻-'는 적어도 19세기의 중부방언 자료에서 'ㅎ'을 보유하고 있는 '바흐다'와 그 피동형 '바히다'로 소급된다. 또한 이 형태는 같은 모습으로 20세기 초반으로까지 지속되어 있다.

> (39) ㄱ. 바흐다, 碎, (바셔질-쇄) : 바하, 바흔 to smash up; to grind up
>   바히다, 碎, (바셔질 -쇄) : 바혀, 바힌, to be ground, to be broken
>   up. (Gale의 영한ᄌᆞ뎐, 1897 : 380).
> ㄴ. 바다(바하, 바흔) : 「부수다」와 같다(조선어사전 1920 : 348).

---

85) '낫-'(治癒)에 모음어미가 연결될 때 'ㅎ'의 첨가는 나중에 19세기 후기의 전통적인 간본 자료에까지 확대되어 있다. 또한, 이 글의 §6.2에서의 예문 (33)을 참조.

   (ㄱ) 풍담병으로 혼미ᄒ더니발원ᄒ고 슈일만에 즉시 <u>나흐니라</u>(1880, 과화존, 19ㄴ),
   (ㄴ) 졍셩으로 비러 즉시 <u>나흔이라</u>(1881, 조군령, 16ㄴ),
     연믹탕을 쓰면 즉시 <u>나흐리라</u>(샹동.22ㄱ).

86) 'ㅂ슿-'(碎)의 역사적 발달 과정을 논의하면서 곽충구(1998 : 53)는 '빻-' 어간에서 'ㅎ'의 생성이 15세기의 '굴-'((跪))에서 '꿀->꿇-'와 같은 변화의 유형인지, 아니면 기원적으로 'ㅎ'을 갖고 있던 '찧-'의 활용상의 간섭을 받은 것인지 분명하게 밝히기 어렵다고 언급하였다.

위의 보기에서 19세기 후기 국어의 사전 표제어로 등록된 '바흐다'와 그 활용형 '바하, 바흔, 바혀'와 같은 존재는 지금까지 거의 동일한 시기의 지역방언 자료에 출현하고 있는 다양한 (30)~(38)의 활용 예들과 일치한다. 따라서 15세기의 'ㅂᅀᆞ-'(碎)는 △>ø의 음성변화를 수용하여 'ㅂᆞ-'로 전환되면서부터 모음어미와의 결합에서 모음충돌로 인한 축약의 과정을 거쳐 형태의 약화가 자연적으로 수반되었을 것이다. 여기서 파생되는 의사소통의 불편을 치유하기 위해서 화자들은 그 당시의 통상적인 치유 방안인 'ㅎ'을 개입시켜 형태상의 강화를 시도한 것이다. (39)에서의 '바하∞바흔 ∞바혀∞바힌' 등과 같은 모음어미 앞에서의 활용 체계는 결국 자음어미 앞으로까지 확대되어 갔을 것이다. 여기에 나타나는 19세기 후기 중부방언의 표제어 '바흐다'는 이러한 과정을 그대로 반영하고 있다. '바흐다>밯다'.

19세기 중부방언에서 이와 같은 유형의 발달이 '바흐-'(呼)의 활용형에서만 나타나는 현상은 아니었다. 15세기에 기원적으로 모음 어간인 '(상투를) 똊-'의 활용형들이 『독립신문』의 언어에 '짱-'로 재구조화되어 등장하고 있다. 鬢髻는 머리 뿔씨라(능엄경언해 7 : 21ㄱ), 髻는 똔 머리니(월석 8 : 34), 縮頭髮 마리 똊다(역어유해, 상.47). 남광우(1997 : 789).

(40) 샹투를 짜코 망건을 쓰고(독립.1896.5.26①),
　　　샹투를 짜코 망건을 써서(샹동.1896.5.26①),
　　　샹투를 짜코 도포를 닙는거시(샹동.1896.6.11①),
　　　머리 짜근 사롬은 샹투를 짜코 녯적 옷슬 닙게(샹동.1896.6.11①),
　　　양복 훈 사롬을 샹투를 짜코 네 복식을 닙으라 ᄒ며(샹동.1896.6.11①),
　　　죠션 사롬 모양으로 샹투롤 짜코 다니는듸(샹동.1897.1.12②).
　　cf. 샹투를 짜고 망건을 쓰고(샹동.1897.9.2),
　　　이왕에 샹투 짜던 사롬을(샹동.1896.5.26①).
　　　싹썻든 머리가 즈라 상토를 짜코 관망을 갓초니(1913, 한월,
　　　하.75).

또한, 19세기 후기 중부와 전라방언 자료에는 지금까지 우리가 취급한
용언 어간의 'ㅎ' 첨가와 본질적으로 성격을 달리 하는 'ㅎ'의 개입 현상이
발달되어 있었다. 그것은 용언 어간말 '-ㄹ'이 점진적으로 '-ㄹㅎ'으로 전환
되어 가는 경향인데, 동일한 조건에서 '-ㄹ>-ㄹㅎ'으로의 발달도 아울러
공시적으로 나타낸다. 19세기 후기 지역방언의 여러 자료에 등장하기 시작
하는 '꿀-(跪)>꿀ㅎ-∽꿀ㅎ-', '뚤ᄫ-(穿)>뚤w->뚤ㅎ-∽뚤ㅎ', '골-(腐)>곯-'
등의 변화의 방향이 그것이다. 특히 이러한 변화를 주도하는 용언 어간의
적극적인 발달은 '싣-(載)>실->싫-∽실ㅎ' 부류에서 볼 수 있다. 이와 같
은 성격의 용언 어간의 재구조화에 대한 설명은 전혀 다른 관점에서 최전
승(2011)에서 시도된 바 있다.

7.2. 지금까지 논의된 모음 어간말 용언의 'ㅎ' 첨가, 또는 일부 'ㅅ'과
'ㅂ' 변칙용언의 'ㅎ'으로의 재구조화는 현대 지역방언에서 최근에 형성된
현상이 아니라, 여기에 오랜 시간 심층이 개입되어 있다. 동시에 이러한 현
상의 역사적 확대와 전개의 과정은 언어변화를 "보이지 않는 손"의 원리로
파악하려는 Keller(1994 : 94-99)가 제시한 언어행위의 기본적인 원칙을 연
상케 한다.

(41) ㄱ. "가능한 한 오해받지 않도록 의사소통 하라."
    또는 "청자가 화자를 이해하도록 의사소통 하라."
ㄴ. "이해 받도록 의사소통 하라."
    또는 "청자가 화자의 의도를 파악할 수 있도록 명확하게 말하라."[87]

의사소통에 지장이 없었던 안정된 형태 구조를 보유하고 있었던 예전의

---

87) 이 원칙은 원래 Grice(1975)에서 대화가 성공적으로 이루어지기 위한 "협동의 원리" 가
운데 분명하게 말하라는 태도의 격률에서 비롯된 것이다.

단어들에 일정한 음성변화가 무조건적으로 적용되어 버렸다고 하자. 그 결과, 형태소의 내부에서나, 특히 굴절 과정에서의 형태소 경계에서 모음충돌이 형성되어 축약, 탈락 또는 기타의 부수적인 변화를 계기적으로 동반함으로써 의미를 전달하는 형태 구조의 불안정을 초래하게 되었을 것이다. 일부의 화자들이 위의 (41)과 같은 의사소통의 행위에서 지켜져야 할 원칙을 위해서 해당 위치에 유표적인 'ㅎ'을 의식적으로 또는 무의식적으로 첨가하게 된다. 일종의 hiatus의 해결책으로 'ㅎ'의 선택은 동일한 음성조건에서 같은 시대에 일어나는 성문 마찰음 'ㅎ'의 지속적인 탈락에 근거한 일종의 반작용에서 근거하였다. 이와 같은 관점에서, 'ㅎ' 첨가는 일종의 치유적 변화(remedial change, Anderson 2001 : 229)에 해당된다.

일부의 개인들에 의해서 첨가된 수의적인 'ㅎ'는 어떤 유리한 사회언어학적 조건 하에서 (41)과 같은 의사소통의 원칙을 준수하려는 다른 사회 구성원 화자들에 의해서 무작위로 모방되거나 차용되어 갔을 것이다. 개개의 화자들이 이러한 'ㅎ' 첨가를 구사하면서도 구체적으로 용언의 어간을 재구조화하려는 의도는 처음 단계에서는 찾을 수 없었다.

곽충구(1986), 「람스테트의 한국어연구에 있어서의 한국어 방언」, 『동천 조건상선생 고희기념논총』, 형설출판사, 35-71쪽.

곽충구(1998), 「어의분화에 따른 단어의 형태분화와 음운변화」, 『방언』 국어학 강좌 6, 태학사, 37-68쪽.

구본관(1998), 『15세기 국어 파생법에 대한 연구』(국어학총서 30), 태학사.

국립국어연구원(편, 1999), 『국어의 시대별 변천 연구 4』, 개화기, 국립국어연구원.

김경아(1998), 「용언어간말 'ㅎ'의 교체에 대하여」, 『언어』 23.1. 한국언어학회, 1-27쪽.

김경아(2000), 『국어의 음운표시와 음운과정』, 국어학총서 38, 국어학회.

김유범(2007), 『중세국어 문법형태소의 형태론과 음운론』, 도서출판 월인.

김이협(1981), 「평북방언 <천사문>, 『평북방언사전』, 부록, 한국정신문화원, 557-581쪽.

김주필(1993), 「金剛經三家解」, 『국어사 자료연구』(안병희선생 회갑기념논총), 문학과지성사, 187-208쪽.

김현(2001), 「활용형의 재분석에 의한 용언어간 재구조화」, 『국어학』 37호, 85-114쪽.

김형철(1984), 「19세기 말엽의 국어에 대하여-독립신문을 중심으로」, 『어문논총』 제1집, 경남대, 15-44쪽.

김형철(1999), 「개화기 국어어휘」, 『국어의 시대별 변천 연구 4, 개화기』, 115-162쪽.

남광우(1973), 『조선(이조)한자음 연구』, 일조각.

남광우(1975), 『국어학논문집』, 일조각.

남광우(1983), 「중세어 문헌에 나타난 순 우리말과 한자대역어 연구」, 『어문연구』 제38호, 어문연구회, 102-134쪽.

남광우(1997), 『교학 고어사전』, 교학사.

남풍현(1981), 『차자표기법연구』, 단국대출판부.

백두현(1991), 「20세기초의 서울방언에 대한 일 고찰」, 용연어문논집 제5집, 127-151쪽.

백두현(1992), 「『진조번방지』의 서지·국어학적 연구」, 『성곡논총』 제23집, 재단법인 성곡학술문화 재단, 1831-1877쪽.

배영환(2011), 「'ㅎ' 말음어간의 재구조화』, 지식산업사.

배주채(1992), 「음절말 평폐쇄음화에 대하여」, 『관악어문연구』 17, 서울대 국문학과, 181-204쪽.

배주채(1989/2008), 「음절말 자음과 어간말자음의 음운론」, 『국어연구』 91, 『국어 음운론의 체계화』에 재수록, 한국문화사, 57-153쪽,

배주채(2003), 『한국어의 발음』, 삼경문화사.

손희하(1991), 「새김어휘 연구」, 전남대학교대학원 박사학위논문.

송 민(1986), 『전기 근대국어음운론연구』(국어학총서 8), 태학사.

신중진(2007), 「냉이(薺菜)의 어원과 방언분화 분석」, 『우리말글연구』 제21집, 2007, 239-261쪽.

안병희·이광호(2006), 『중세국어문법론』, 학연사.

유창돈(1964), 『이조국어사연구』, 선명문화사.

유창돈(1971), 『어휘사 연구』, 선명문화사.

이광호 외(2005), 『조선후기 한글간찰(언간)의 역주 연구 3』, 한국중앙연구원 편, 태학사.

이극로(1932), 「훈민정음의 독특한 성음 관찰」, 『한글』 제1권 5호, 조선어학회.

이극로(1934), 「조선 말소리(朝鮮語 聲音)」, 『한글』 제1권 15호, 조선어학회, 156-160쪽.

이기문(1972ㄱ), 「한자의 釋에 관한 연구」, 『동아문화』 11, 230-269쪽.

이기문(1972), 개정판 『국어사 개설』, 탑출판사.

이기문(1980), 「19세기 말엽의 국어에 대하여」, 『남광우박사 화갑기념논총』, 일조각. 255-266쪽.

이기문·손희하(1995), 『천자문 자료집』(지방 천자문편), 박이정.

이기문(1989), 「독립신문과 한글문화」, 『주시경학보』 제4집, 주시경연구소, 7-21쪽.

이숭녕(1939/1988), 「조선어 이화작용에 대하여」, 『진단학보』 11, 1-42쪽; 『이숭녕선생 국어학논총』 (1), 민음사, 11-41쪽에 재수록.

이숭녕(1947/1988), 「국어의 Hiatus와 자음발달에 대하여」, 『진단학보』 15, 50-89쪽; 『이숭 녕선생 국어학논총』 (1), 민음사, 133-163쪽에 재수록.

이숭녕(1955), 「脣音攷−특히 순경음 'ㅸ'을 중심으로 하여」, 『음운론연구』, 민중서관, 165-320쪽.

이숭녕(1961/1981), 『중세국어문법』, 을유문화사.

이승재(1980), 「구례지역어의 음운체계」, 『국어연구』 45, 서울대 국어연구회.

이진호(1997), 「국어어간말 자음군과 관련 현상에 대한 통시음운론」, 『국어연구』 147, 서 울대 국어연구회.

이진호(2003), 「국어 ㅎ-말음 어간의 음운론」, 『국어국문학』 133, 국어국문학회, 167-195쪽.

이현희(1999), 「개화기 국어 자료」, 『국어의 시대별 변천 연구 4』, 개화기, 235-279쪽.

임석규(2004), 「음운규칙 간의 위계 검토」, 『관악어문연구』 29, 서울대 국문과, 301-327쪽.

장승철(1995), 『제주도 방언의 통시음운론』, 태학사.

장승철(1996), 「제주도 방언 'ㅎ' 말음 용언어간의 통사론」, 『이기문교수 정년퇴임기념논 총』, 신구문화사.

정연찬(1981), 「근대국어 음운론의 몇 가지 문제」, 『동양학』 제11집, 단국대동양학 연구 소, 1-34쪽.

정영호(2006), 「ㅎ말음의 변화와 어간 재구조화」, 『한민족어문학』 제49집, 35-64쪽.

정인호(1997), 「ㅂ-불규칙 용언어간의 변화에 대하여」, 『애산학보』 20.

정 철(1991), 『경북 중부지역어의 연구』, 경북대 출판부.

조항범(1998), 『순천김씨묘 출토간찰』, 태학사.

최명옥(1993), 「어간의 재구조화와 교체형의 단일화 방향」, 『성곡논총』 24.

최세화(1986), 「대마 역사민속자료관 소장본 千字文의 字釋에 대하여」, 『일본학』 제5집, 동국대학교일본학연구소, 204-228쪽.

최임식(1994), 『국어방언의 음운사적 연구』, 문창사.

최전승(1986), 『19세기 후기 전라방언의 음운현상과 그 역사성』, 한신문화사.

최전승(1995), 『한국어 방언사 연구』, 태학사.

최전승(2008), 「방언자료 텍스트의 유형에 따른 방언 의식 실현상의 상이와 진행 중인 언어변화의 양상」, 「제2회 이재 황윤석 연구 학술발표논문집」, 이재 학술연구소, 125-170쪽.

최전승(2010), 「역사적 방언자료에 등장하는 'ㅎ' 첨가의 상징성과 실체성」, <2010년도 전북대학교 국어연구회 여름 세미나 발표집>, 전북대 국문과, 35-63쪽.

최전승(2011), 「불규칙 활용의 규칙화와 'ㅎ'[?]에 대한 인식의 전개와 음운현상의 본질」, 『교과교육연구』 제4호, 전북대학교 교과교육연구소, 241-337쪽.

최학근(1990), 『증보 한국방언사전』, 명문당.

허 웅(1975), 『우리 옛말본, 15세기 국어 형태론』, 샘문화사.

허 웅(1965/1979), 『개고신판 국어음운학』, 정음사.

허 웅(1981), 『언어학』, 그 대상과 방법, 샘문화사.

허 웅(1985), 『국어 음운학―우리말 소리의 오늘·어제』, 샘문화사.

홍윤표(1994), 『근대국어연구』 (1), 태학사.

小倉進平(1944/2009, 이진호, 역주) 『한국어 방언연구』, 전남대출판부.

河野六朗(1945), 『朝鮮方言學 試攷』, 東都書籍.

Anderson(2001), Actualization and the (Uni)directionality of change, In *Actualization*, Linguistic change in Progress, edited by Anderson, H., John Benjamins Publishing Company, pp.225-248.

Anttila, Raimo.(1972), *An Introduction to Historical and Comparative Linguistics*, Macmillan Publishing Co. Inc.

Bybee, Joan.(2006), Language change and universals, in *Linguistic Universals*, edited by Mairal Ricardo et al., Cambridge University Press, pp.179-196.

Campbell, Lyle.(1974), On conditions on sound change, In *Historical Linguistics*, Ⅱ, North- Holland, pp.89-97.

Campbell, Lyle.(1993), The Explanation of Syntactic change : a historical perspective, In *Historical Linguistics* 1991, edited by Marle, von Jaap, John Benjamins Publishing Company, pp.49-69.

Campbell, Lyle.(1996), On Sound change and challenges to Regularity, In *The Comparative methods Reviewed*, edited by Durie Mark et al., Oxford Univ. Press, pp.72-89.

Casali, Roderic. F.(2011), Hiatus Resolution, In *The Blackwell companion to Phonology*, edited by Oostendorp van Marc et al., Wiley-Blackwell, pp.1434-1460.

Grice, H. L.(1975), Logic and conversation, In *Syntax and Semantics*, vol. 3 : speech acts, edited by Cole, D. et al. Academic Press. pp.41-58.

Harris, A. & Lyle, Campbell.(1995), *Historical Syntax in cross-linguistic Perspective*, Cambridge University Press.

Keller, Rudi.(1994), *On Language Change*, The invisible hand in language, Routledge.

King, J.R.P.(1994), Russian Sources on Korean Dialects, a thesis presented to Harvard University for the degree of Doctor of Philosophy.

King, J.R.P.(1994), Dialect Elements in Soviet Publications from 1920s, Howard I. Aronson (ed.), NSL 7 : *Linguistic Studies in the non-Slavic languages of the Commonwealth of Independent States and the Baltic Republics*, Chicago Linguistic Society, pp.151- 183.

Kiparsky Paul.(1982), *Explanation in Phonology*, Foris Publication.

Lass, Roger.(1980), *On Explaining Language change*, Cambridge University Press.

Lass(1997), *Historical linguistics and Language change*, Cambridge University Press.

Miller, Andrew.(2002), Remembering Professor Kim Bang-han, 『알타이학보』 제12호. 211-222쪽.

Ohara, J. J.(1981), The Listener as a source of sound change, CLS 17, No.2, *Papers from the Parasession on Language and Behavior*, pp.178-203.

Ohara, J. J.(1993), The Phonetics of sound change, In *Historical Linguistics*, edited by Jones, Longman, pp.237-278.

Ohara, J. J.(1993), Phonetics and Historical Phonology, In *The Handbook of Historical Linguistics*, edited by Joseph Brian D. et als, Blackwell Publishing, pp.669- 686.

Paul, H.(1960), *Prinzipien der Sprachgeschichte*, sechste, unveraenderte Auflage, Max Niemeyer Verlag.

Ramstedt, G. J.(1939), *A Korean Grammar*, Helsinki. Suomalais-Ugrilainen Seura.

Ramstedt, G. J.(1949), *Studies in Korean Etymology*, Helsinki. Suomalais-Ugrilainen Seura.

Ramstedt, G. J.(1952), *Einführung in die Altaische Sprachwissenschaft*, II, Formenlehre, Helsinki. Suomalais-Ugrilainen Seura.

Smith, Jeremy.(2007), *Sound Change and the History of English*, Oxford University Press.

Trask, R. L.(2000), *The Dictionary of Historical and Comparative Linguistics*, Edinburg Univ. Press.

제3부
역사화용론 시론

제5장　현대국어 시간·양태부사 '드디어'(遂)의 통시적 발달 과정

제5장
현대국어 시간·양태부사 '드디어'(遂)의
통시적 발달 과정

1. 서론

이 글에서 글쓴이는 중세국어의 단계에서 구상적인 행위를 나타내는 동작동사 '드듸-'(踏, 蹈)의 활용형 '드듸여'가 특정한 통사적 위치에서 일어난 화용론적 추론을 거쳐 의미변화를 수행하여 재분석된 다음, 시간·양태부사로의 연속적인 이동을 통과하여 현대국어에 이르는 통시적 발달 과정을 고찰하려고 한다.1) 고찰의 방식은 구체적인 언어 사용과 담화 맥락을 중심으로 하는 역사 화용론의 입장을 원용한다.2) 이와 같은 과정에 참여한 통

1) 이 글의 초고는 2013년 7월 17-18일에 있었던 <전북대학교 국어연구회 하계 세미나> (부안 학술림 연수관)에서 발표되었다. 그 자리에서 건설적인 비판과, 좋은 대안을 제시한 고동호, 윤석민 두 교수와, 이진병 선생에게 감사를 드린다. 그리고 이 초고를 작성하는 긴 과정에서 참을성 있는 토론의 상대가 되어주고, 이 글을 통독하고 문제점들을 지적한 전북대 서형국 교수와, 이 글의 초고를 읽고 적절한 보완과 문제점들을 지적해준 전북대 이정애 교수와 조선대 석주연 교수에게도 깊은 감사의 뜻을 전한다.
그러나 이 글에 내재되어 있는 모든 잘못된 판단과, 부족은 오직 글쓴이에게만 있다.
2) 역사 화용론(historical pragmatics)은 역사 언어학과 화용론의 방법론을 결합시킨 영역이다. 역사 언어학은 언어가 시간의 흐름에 따라서 변화해온 방식과 그 원인을 탐구한다.

시 음운론과 형태론의 측면도 아울러 논의하게 될 것이다.

현대국어에서 부사 '드디어'(遂)는 기원적 근원형태인 동사 '딛-'과 형태론적 유연성을 완전히 상실하지는 않았다. 그러나 이 형태는 부사형에서 단순부사로 신분이 이동하여 갔으며, 그 의미도 "무엇으로 말미암아 그 결과로, 그것으로 인하여, 마침내"(참조, 『표준국어대사전』) 등과 같은 개념 영역에 접근해 있다. 글쓴이는 문법화(grammaticalization) 또는 어휘화(lexicalization)의 관점에서 중세국어 단계에서 용언의 활용형 '드듸여'가 은유와 환유를 거쳐서 점진적으로 추상적 의미를 다의로 첨가하게 되면서, 계기성을 나타내는 접속부사와 시간부사 및 인과성 부사의 단계로 발달되어 가는 경로를 복원하려고 한다.

그리고 이러한 과정을 거친 '드디어'가 역사적 어느 단계에서 선행절에서 표시된 명제에 대한 화자의 내적인 주관적인 평가와 판단을 지닌 양태부사로 발달하고, 이어서 화용표지와 간투사의 영역으로 접근해 갈 수 있는 잠재성을 관찰하려고 한다(문법화, 또는 제2단계 문법화). 또한, 근원적인

그 반면에, 화용론은 단어와 문장의 의미가 아닌 화자가 의도하는 의미를 고찰한다. 그리하여 이 영역은 과거의 역사적 단계에서 당시의 화자들이 일정한 담화가 일어나는 환경에서 청자와 실제로 구사했던 의사소통의 방식에 초점을 두고 있다. 종래의 문헌 중심의 전통적인 역사 언어학의 방법론과 기본적으로 중복되는 영역이기도 하다. 즉, 예전 화자들의 언어 사용을 관찰함으로써 언어변화의 원리를 추구하는 것이다. 그러나 역사 화용론은 특히 의미변화와 관련하여 다음과 같은 관점을 견지한다. 즉, 언어가 변화하는 이유는 당시 화자들 사이의 상호간 의사소통 과정에서 일어나는 직접적인 필요에서 찾을 수 있다는 것이다.

역사 화용론에서는 (1) 과거의 언어적 맥락 속에서 구사된 언어의 용법, (2) 화자와 청자의 대화 원리에서 어떻게 새로운 의미가 생성되어 나오는가의 문제, (3) 언어 사용의 역사적 발달의 원리를 규명함에 중점을 둔다(Traugott 2004; Taavitsainen & Fitzmaurice 2007; Taavitsainen & Jucker 2010).

글쓴이는 언어 사용의 통시적 발달에 주목하여 "언어 형태에서 시작하여 시간의 흐름에 따라서 기능의 역사적 발달을 추적"(Jacobs & Jucker 1995)해 보려는 의도에서, 15세기에 사용되었던 '드듸여'의 구체적인 용법을 관찰의 출발로 삼는다. 그리하여 이 형태의 초기의 화용론적 기능이 16세기와 근대국어의 단계로 들어서면서 어떠한 변화를 점진적으로 전개하여 왔는가를 언어 맥락 중심으로 조감해 보려는 것이다.

동작동사 '드듸-'(踏)와, 여기서 분기된 부사 '드디어'(遂)가 국어 통시 음운론에서 보이는 각각의 이질적인 통시적 발달 과정과, 이어서 개입된 형태론적 분화도 19세기 후기에 생산적이었던 움라우트 현상과 관련 지어 설명해보려고 한다.

지금까지 현대국어에서 성분부사로서 '드디어'는 "때의 번수"(頻度), 시간의 앞뒤 관계를 나타내는 "차례", 또는 사건 전말의 "도달"(至)을 뜻하는 시간부사의 범주로 간단하게 분류되어 왔다(최현배 1937/1994; 박선자 1984; Martin 1992; 김상태 2005). 국어사의 관점에서 민현식(1991 : 185)은 중세국어의 시간부사 부류 유의어 '무춤내, 내죵내(終, 末, 畢竟), 드듸여(遂)' 등이 어휘의미로 내포하고 있는 동작상을 추출한 다음에, 이 형태들은 양태성을 지니고 있는 後行相(posterior aspect)에 속한다고 이해하였다. 또한, 민현식(1990 : 94)은 현대국어의 부사 범주에 대한 하위분류를 시도하면서, 시간부사로 분류된 '드디어'를 포함하여 '마침내, 비로소' 등의 부류는 화자의 심리적 판단이 반영된 양태부사로 볼 수도 있다고 기술하였다.

현대국어의 유의어 관계의 유형을 설정하고 의미를 분석하는 자리에서 문금현(1989 : 77)은 '드디어'와 '마침내'를 부사류 유의어로 분류하고, [結局]이라는 영역에서 서로 일치되지만, [必然]에서는 각각 대립되어 있음을 예문들을 제시하면서 기술한 바 있다.

이 글의 §2에서는 현대국어 '드디어'를 포함한 일정한 부류의 부사 유형들이 단어형성 과정에서 보여주는 부사 파생의 공시성과 통시성의 성격을 부분적으로 점검하려고 한다. 이어서 §3에서 글쓴이는 중세국어의 용언의 활용형 '드듸여'가 쓰이는 통사적 환경에 따라서 의미가 은유화를 거쳐 추상화되어 [踏∽躎]으로 다의어를 형성하는 절차를 15세기에 간행된 불경언해 부류와, 이두문의 자료를 주로 이용하여 제시하려고 한다. 그리고 이와 같이 화용론적으로 환기된 '드듸여'(躎)의 용언적 쓰임이 15세기 이전부터

19세기 후기에까지 간헐적으로 지속되어 사용되는 현상을 조감할 것이다.

이 글의 §4에서 추상적인 의미로 발달된 동작동사 '드듸여'(踰)가 부사 '드듸여'(遂)로의 탈범주화의 시작이 15세기 국어에서부터 시작되어 선행절의 명제에 관련됨으로써 후행절의 성분으로 전환되어 가는 과정과 그 원리를 규명하려고 한다. 이 단계에서 '드듸여'의 의미가 환유화를 거쳐 [踰→遂]로 전개됨에 따라서, 그 형태론적 기능도 용언의 성격을 점진적으로 상실하고, 후행절의 용언을 한정하는 부사의 범주로 접근하여 문법화의 단계로 진입하게 되는 과정을 제시할 것이다. 동시에, 부사 '드듸여'의 의미에 주관화가 이루어져 근대국어에서부터 양태성(modality)이 강화되어 가는 경로도 추출하려고 한다.

§5에서는 계기성과 시간적 인과성, 그리고 여기서 환기된 최종적 결과로의 초점 이동을 부여하는 부사 '드듸여'(遂)형이 15세기에 더 포괄적인 의미를 구축하고 있던 동사 '넓-'(踏, 踐)에서 파생되어 발달하지 않고, '드듸-'(踏)에 기원을 두었던 근거를 찾아보려고 한다. 그리고 16세기를 전후하여 부사 '드듸여'와 유의어를 형성하였던 일련의 부사 유형들과의 관계도 조망해 볼 것이다.

이어서 §6에서 근원동사 '드듸-'와 여기서 문법화를 밟아서 파생된 부사 형태 '드듸여'가 19세기 후기의 단계에서 생산적으로 확산되어 있던 움라우트 현상을 그대로 수용한 모습을 그 당시의 지역방언 자료를 이용하여 제시한다. 움라우트 현상의 적용상의 제약으로 알려져 있는 개재자음의 제약을 동작동사 '드듸-'와 부사 '드듸여'가 극복하고 있는 음운론적 근거도 규명해 볼 것이다. 또한, 20세기 초반의 규범화 운동에서 규정된 동사 '디디-/딛-'과 부사 '드디어'의 형태론적 분화에 언어 외적 요인이 개입되었을 가능성도 제기한다.

끝으로, §7장, 결론과 논의 부분에서는 먼저 현대국어에서 '드디어'가 보이는 새로운 발달의 경향, 즉 화용표지와 간투사로의 접근을 제시한다, 그 다음, 용언의 활용형이 부사화되는 통시적 과정을 반영하는 부사 '드디어'를 문법화가 아닌, 어휘화의 측면에서 해석해 볼 수 있는 가능성을 점검해 보기로 한다.

2. '드디어'(遂)와 부사 형성의 통시성과 공시성

현대국어 부사 범주에 속하는 단어들은 그 형성 과정에 반영된 형태론적 특징에 따라서 단순부사와 합성부사, 그리고 파생(전성)부사 등으로 분류된다(유창돈 1971; 김경훈 1990; 서정수 1996, 2005). 또한, 단어형성 규칙에 의한 합성부사나 파생부사 부류에 속하지 않고, 통사적 구성체에서 단일어화를 거쳐 공시적으로 부사 범주에 들어온 다양한 유형들도 존재한다(이금희 2011).

현대국어의 공시적 관점에서 이 가운데 일정한 부류의 단순부사만 제외하면, 다른 부사 형태들은 역사적 화석형들로서 단일어화를 수행하여 온 유형들이 많다. 그 기원은 명사와 동사, 그리고 형용사, 부사 어간으로 소급된다(과학원 언어문화연구소 1961 : 453-474). 서정수(1996 : 771-772)에서 예시된 단순부사의 종류 가운데에서도 상징부사는 제외하면, '잘, 곧, 또, 못' 등과 같이 단일 음절로 구성된 순우리말 부사들은 이미 15세기 국어에서도 쓰여 왔으나, 그 기원은 투명하게 추적되지 않는다. 그러나 3음절 또는 4음절로 이루어진 단일한 형태소들인 단순부사에서도 '비로소', '어렴풋이' 등의 경우는 정도성(gradience)에 관한 문제이기는 하지만, 15세기 국어의 단어형성에서 생산적인 각각 부사파생 접사 '-오'와 '-이'로 분석될 수 있을 것 같다. 서정수(1996 : 773)는 파생부사의 종류 가운데 파생접사 '-오/우'가 일부 한정된 형용사 어간에 연결되어 부사를 형성하는 공시적인 예로 다음과 같은 과정을 제시했다.

(1) ㄱ. 잦-+우→자주, 고르-+우→고루, 겹-+우→겨우,
ㄴ. 바르-+오→바로.

위의 예에서 '겹-+우→겨우'(僅)의 파생 과정에서 대해서는 글쓴이가 할 말이 없다. 오늘날의 부사 '겨우'는 16세기부터 사용되는 '계우, 계요'형으로 소급되는 동시에, 어간으로 추정된 *겹-'을 역사적으로나, 공시적으로 확인할 수 없기 때문이다(남광우 1997). 그러나 (1)과 같은 단어형성 규칙은 현대국어의 형태론에서 더 이상 생산적인 것으로 생각되지 않는다. 현대국어의 파생부사 '자주, 고루, 바로' 형태는 이미 15세기 국어의 단어형성 과정을 거쳐 나왔기 때문이다(유창돈 1971; 허웅 1975). 줏-→ᄌ조(數), 고ᄅ-→골오, 고로(調), 바ᄅ-→바ᄅ>바로(正).3)

서정수(1996)에서 단순부사로 파악된 '비로소'의 경우도 위의 파생부사들과 동일한 역사적 과정을 밟아 온 것이다(비롯-(始)→비로소). 따라서 현대국

3) 허웅(1975 : 248-250)은 15세기 국어 형태론에서 부사파생 접사 '-오/우'는 가장 생산적인 접사 '-이' 다음으로 많이 쓰이고 있다고 지적하였다. 이 시기의 접사 '-오/우'는 용언어간의 모음 유형에 따른 모음조화 규칙에 의해서 자동적으로 선택되었다. 따라서 오늘날의 부사 형태 '자주, 고루' 등은 근대국어 후기에 발생한 비어두음절 '-오>우' 변화와 같은 모음상승에 의한 것이다.
또한, 15세기 국어에서 부사 '바ᄅ'(正)는 형용사 어간에서 零-파생을 거쳐 부사로 품사 전환된 형태이다. 이렇게 파생된 '바ᄅ'는 나중에 '바로'로 대치되었는데, 규칙적인 접사 '-오/우'의 첨가를 거친 부사파생어 형태에 유추되었을 것으로 해석된다(이숭녕 1981). 물론 서정수(1996)에서와 같이 역사적 정보를 고려하지 않고, 순수하게 현대국어의 공시적 분석에 근거할 수도 있다. 위의 본문의 예문 (1)을 파생접사 '-오/우'에 의한 부사파생이 여전히 생산적인 공시적 단어형성이라고 전제한다면, '바르-(正)+오→바로' 등과 같은 기술을 할 수 있다. 그 반면, 예문 (1)의 파생부사들이 역사적 화석형이라고 간주한다면, 역사적 정보에 충실할 것이다.

어 부사의 형태론적 분석에 관찰자의 자의성이 개입될 여지가 있다고 생각한다. 또한, 단순부사로 설정된 '어렴풋이'의 예도 적어도 근대국어의 형태론에서 만들어졌을 것으로 보인다. 이 시기에 '어렴풋ᄒ다'와, 여기서 파생된 부사 형태 '어렴프시'(어렴프시 아다, 影影知道, 역어유해 하,3ㄱ)가 사용되고 있었다.

이와 같은 단어형성에서 파생되는 공시성과 통시성의 문제를 조정하는 방안을 생각할 수 있다. 하나는 형용사어간에 파생접사 '-오/우'가 연결되어 형성되는 부사파생 규칙이 중세국어의 형태론에서도 현대국어에서도 생산적으로 계속하여 작용하고 있다는 가정이다. 음운론의 영역에서도 현대국어에서 예외 없이 적용되는 '으' 탈락 규칙은 15세기의 단계에서도 역시 강력하게 활동하였다. 단지 음운체계상으로 약모음으로 '으'와 짝을 이루었던 'ᄋ' 모음의 탈락으로 오늘날에서는 적용 환경이 '으' 모음 하나로 축소되었을 뿐이다. 그러나 어떤 음운론 연구자들도 '으' 탈락 현상을 통시적인 규칙으로 파악하지 않는다.

다른 한 가지의 가정은 파생부사들의 단일어화, 즉 단순부사로의 진행되어 오는 속도를 개별 항목에 따라 차등을 두어 구별하는 것이다. 이러한 태도에 의하면, 서정수(1996)에서 제시된 단순부사 '비로소' 등은 어간과 파생접사 사이에 형태소 경계가 소실되고, 그 이후 융합이 이루어져서 파생어의 신분에서 단일어 부사로 도달한 반면에, 파생부사로 언급된 '자주, 고루, 바로' 등은 현대국어에서 여전히 파생어의 신분을 유지하고 있다고 해석하게 된다.

여기서 두 번째의 가정은 서정수(1996 : 777, 2005 : 8-18)가 단순부사와 파생부사의 형태론적 특질을 구별하기 위해서 제시한 조건, 즉 공시적으로 어원 분석의 가능성 여부에 비추어 보면 성립하기 어렵다. 그는 용언어간에 부사형 어미 '-아/어'가 연결된 활용 형태('참-(忍)+아→차마', '넘-(越)+어→

너머')와, 접사 '-래'가 붙어 부사로 전성된 부류들('모르-→몰래, 다르-+-래→달래')은 상당한 음운변화를 거쳐서 형성된 것이 있기 때문에 공시성이 문제가 될 수 있으나, 어원 분석을 쉽게 할 수 있기 때문에 공시적인 파생어로 간주하였다. 그러나 이들 파생부사에 개입되었다고 하는 상당한 음운변화 가운데 '모르-+래→몰래, 다르-+달래' 등의 부류는 통시적으로나, 공시적으로 불투명하다.

또한, '참→차마', '넘→너머'와 같은 파생부사의 예들은 어원적으로 근원 어간과 투명하게 연관되어 있다. 그러나 특히 '차마'는 일찍이 중세국어의 단계에서부터 부사로 발달하여 가면서 부정사와 통합되어 근원적인 용언의 의미를 크게 이탈하여 점진적으로 상호 불투명하게 변화되어 버렸다.[4] 따라서 서정수(1996 : 777)에서 현대국어 공시적 파생어로 기술된 파생부사의 일부 형태들은 통시적 화석형인 단순부사로 판단된다. 여기서 취급하려는 '드디어'(遂)의 경우도 16세기에서부터 부사의 신분으로 발달하여 근대국어 형태론에 확립되었기 때문에, 현대국어에서는 파생어가 아닌 단

---

4) 현대국어에서 부사 '차마'는 일차적으로 부정사와 통합되어 원래의 기원적 의미 [忍]에서, 뒤따르는 동사를 부정하는 뜻으로 전환되어 쓰인다. 이와 같은 통사적 배합은 16세기 국어의 문헌에 나타나지만, 그 의미는 원래대로 '不忍'에 가까웠을 것으로 보인다.

　(ㄱ) 이윽고 갓시 다 자펴나거늘 혼 쳔회 구틱여 어루려커늘 소겨 닐오더 남지니 이실시 츠마 몯ᄒ노니 보낸 후에야 그리 호링이다(1579, 삼강행,열.22ㄱ),

　(ㄴ) 엄이 업스시거든 잔과 그릇슬 <u>ᄎ마 먹디 몯홈</u>은 입김 긔운이 이실시니라(1586, 소학언.2,16ㄴ),

　(ㄷ) <u>ᄎ마 못ᄒ다</u>, 不忍 : 젼더라쿠, 一云 텁치라쿠(동문유해,상. 31ㄴ),

　cf. 懺은 츠몰씨니 내 罪를 츠마ᄇ리쇼셔 ᄒ논 ᄠ디오(석보.6 : 9ㄱ).

위에서 (ㄴ)의 'ᄎ마 먹디 몯홈'에 해당되는 원문은 "不能飲焉"이다. 그리고 『同文類解』에서 추출된 예문 (ㄷ)에 해당되는 만주어 jenderaku/tebeiraku는 한문 대응어 '不忍' 그대로 "마음이 모질지 못해서 하지 못 한다"에 해당된다(Erich Hauer 1952 : 529). 그렇기 때문에 오늘날과 같은 부사 '차마'의 의미는 후대에 점진적으로 발달한 것으로 보인다. 또한, 현대국어에서 '차마'가 긍정의 뜻으로 쓰일 때는 수사의문문의 형식을 취하는 경향이 있다. 이러한 통사적 배열 역시 일찍이 중세국어에 나타난다.

　(ㄹ) 그 父母ㅣ 늘거 브툻 더 업스니 엇뎨 츠마 背叛ᄒ리잇고(1481, 삼강행_런.烈.29).

일어로 처리되어야 한다.

중세국어의 단어형성에서 일정한 용언의 어간에 부사형 어미 '-아/어'가 연결된 부사형들이 문법화를 수행하여 부사로 재구조화되기도 하였다.5) 이와 같은 과정은 어간과 어미 사이에 개입된 형태소 경계가 소실되어, 단일 형태소 어간으로 재분석되는 단계를 거쳐 이루어진 것이다. 현대국어의 '드디어'도 아래의 일부 예들과 같이 중세국어에 생산적인 부사 파생법으로 만들어져 나온 형태이다(유창돈 1971 : 411; 허웅 1975 : 251-252).

(2) 남-(餘)→나마, 구틔-/굳히-(凝固)→구틔여, 더블-(與)→더브러,
    신-(得/載)→시러, 및-(到)→미쳐, 비릇-/비롯-(始發)→비르서/비로서,
    춤-(忍)→츠마, 좇-(從)→조차, 가시-(更)→가시야, 몯-(集會)→모다.

그러나 중세국어의 단계에 위의 (2)와 같은 부사류를 파생하였던 단어형성 규칙 "용언어간+-아/어"는 현대국어에서는 공시적으로 생산성을 상실한 것 같다. (2)의 범주에 속하는 중세국어의 예들 가운데, (ㄱ) 일부는 현대국어에서 용언 어간이 탈락된 경우, (ㄴ) 용언 어간과 여기서 파생된 부사가 같이 탈락된 경우, (ㄷ) 용언 어간의 어휘적 의미로부터 의미변화를 수행하여 크게 이탈된 경우 등으로 분류될 수 있다. 그렇기 때문에, (2)의 부사류 가운데 오늘날까지 잔존하여 쓰이는 몇몇 유형들은 일종의 역사적 화석형들이다. 따라서 이들은 공시적으로 새로운 구성원이 만들어져

---

5) 15세기 국어에서 일부 용언어간에 부사형 어미 '-아/어'가 연결된 활용형이 특정한 환경에서 문법화를 수행하여 보조사 또는 격조사로 전환된 사례도 있다(허웅 1975 : 261-262).

붙-(添)+-어→브터, 좇-(從)+-아→조차, 드리-(率)+-어→드려.

그러나 15세기에서도 NP와 결합되는 '-을 브터/-로 브터', 또는 '-을 드려' 등의 통사적 구성도 공존하고 있다. 이러한 현상은 문법화의 과정에서 먼저 의미변화가 일어나고 이어서 기능의 변화가 수반되어도 형태적 변화가 아직 일어나지 않았던 단계가 있음을 반영하는 것으로 이해된다.

첨가되지 않는 문법 범주, 즉 폐쇄 부류를 형성하고 있다.

특히 현대국어에서 부사 '드디어'(遂)와 근원동사인 '딛-/디디-'(踏)형과 형태적 유연성이 어느 정도 불투명하게 되었다. 이러한 현상은 근대국어에서 용언 '드듸-'(踏)가 '부사 '드듸여'와 별도로 독자적으로 밟아 온 특이한 음성변화에 기인한다. 이러한 과정을 거쳐서 동사 '드듸-'와, 여기서 문법화를 거친 부사 '드듸여'는 19세기 후기에서부터 형태상으로 분열되었다. 그러나 파생부사 '드듸여'의 관계적 의미는 근원동사 '드듸-'의 지시적 의미 영역의 한계를 크게 벗어날 수는 없다.

3. 구상 동사의 활용형 '드듸여'(踏)의 제1단계 발달 : 의미의 은유화

3.1. 15세기 국어와 그 이전 단계에서 '드듸여'의 개신적 용법

15세기 중세국어에서 타동사 '드듸-'(踏)와 공기하는 명사구인 목적어나 부사어 성분들의 의미 자질에는 두 가지 유형이 통사적 환경에 따라서 사용되고 있다. 먼저 첫 번째 유형은 기원적인 용법으로, 동작성 동사 '드듸-'와 호응하는 행위의 구체적 대상인 목적어 '땅'이나 '산' 그리고 '걸음'(步) 등이거나, 수단인 부사어 '발'(足)과 같은 구체적 사물이었다. 이러한 현상은 현대국어 '딛-/디디-'(踏)가 쓰이는 전형적인 구상적 용법과 대체로 일치한다.

> (3) ㄱ. 밠가라ᄀ로 짜ᄒᆞᆯ 드듸여든 짜히 즉재 震動ᄒᆞ며(월석. 25 : 104ㄴ),
>   ㄴ. 正히 거르믈 나사 드듸여 漸漸 程節에 드롤 디니(몽산법. 38ㄴ),

ㄷ. 恭敬ᄒᆞ샤 ᄒᆞᆫ 발로 고초 드듸여 셔샤 부텨 向ᄒᆞᅀᄫᅡ(월석. 1 : 52ㄱ),

ㄹ. 바미 길 녀다가 ᄇᆞ롤 그릇 드듸여눌(능엄. 7.62ㄱ),

ㅁ. 발로 갏 山올 드듸니 즈믄 ᄆᆞ뎌 다 글희여디거늘(월석. 23 : 79ㄱ).

이 시기에 '드듸-'가 쓰이는 두 번째 유형은 해당 문장의 명사구 의미 자질에 구상성이 제거되고, 일정한 단계의 추상성이 가미되어 있는 부류와 호응하는 예들이다. 이러한 용법은 15세기 국어에서 간행된 격식체 중심의 문헌자료, 특히 불경언해 부류의 언해체 문헌어에 집중적으로 등장하고 있다.

(4) ㄱ. 阿難의 ᄠᅳ들 드듸샤 너비 불기시니라(躡阿難之義ᄒᆞ샤, 능엄. 2.25ㄴ),

ㄴ. 서르 上文을 드듸여 詰難을 니ᄅᆞ와(遞躡上文ᄒᆞ야, 능엄. 4.64ㄱ),

ㄷ. 너 아니라 ᄒᆞ샨 마롤 드듸샤 다시 ᄀᆞᆯ히시니라(躡上앳 咸物非汝之言ᄒᆞ야, 능엄. 2.36ㄱ),

ㄹ. 能히 初禪 본 이롤 드듸여 묻ᄌᆞ와 보미 너브며(躡承佛神力ᄒᆞᅀᄋᆞ와, 능엄. 2.40ㄴ),

ㅁ. 牒은 우흘 드듸여 니롤 씨라(법화경. 2.24ㄱ),

ㅂ. 알ᄑᆡᆺ 功用올 드듸샤 시러 드로몰 불기시니(원각경.5,상.2. 2 : 53ㄱ),

ㅅ. 前段ㅅ 그를 드듸샤 이엣 疑心 根本올 사ᄆᆞ시니라(원각경.6,상.2. 3 : 3ㄱ),

ㅇ. 後ㅣ 반ᄃᆞ기 알폴 드듸ᄂᆞᆫ 젼ᄎᆞ로(後必躡前故, 원각경.6,상.2. 3 : 2ㄱ).

위의 예문에 나타나는 용언 '드듸-'의 대상이 되는 목적어 부류는 'ᄠᅳᆮ(義), 上文, 말(言), 일(事), 우(上), 글(文), 功用' 등이다.6) 또한, 여기에 '알ᄑᆡᆺ 그레 자최'(능엄 2.76ㄱ), '앒'(前, 능엄 2.46ㄱ), '알ᄑᆡᆺ 標ᄒᆞ샨 解'(원각경.8,하.2. 1 : 26ㄱ) 등과 같은 추상적 사건이나 개념을 나타내는 어휘들도 포함된다. 이러한 목적어들이 집중적으로 등장하는 『능엄경언해』(1461)의 이두문에서 언해문의 동사 '드듸-'에 해당하는 한자어는 모두 '躡'으로 대응되어 있다. 여기서 '躡'의 새김은 구상적인 행위 '밟다/딛다'와, 여기서 발달된 추상적

---

6) '功用'은 불교 용어로, 몸과 입과 뜻으로 짓는 행위, 말, 생각 따위를 이르는 말이다.

인 행위 '뒤를 이어 받다, 이어 계속하다'에 해당되는 다의어이다.[7]

일반적으로 추상적인 뜻은 구상적인 의미에서 출발한다는 의미변화의 제1의 원칙(Traugott 1982 : 159)에 비추어 볼 때, 한자어 '躡'과 이것과 대응하는 언해문에서 사용된 '드듸-'의 의미는 '추상→구상' 방향으로 전개해온 다의를 형성하고 있다. 즉, 15세기 국어의 용언 '드듸-'는 쓰이는 일정한 언어적 맥락에 따라서 화용론적으로 환기된 함축적 의미를 보유하는 다의어인 것이다. 이러한 과정에 참여한 의미 추이의 속성은 대체로 개념의 인접성보다는, 두 개념이 나타내는 구상적 행위와 추상적 행위 간의 인지적 유사성에 근거한 은유적 확대에 있다(Haser 2000 : 173-175). 15세기 국어의 동작동사 '드듸-'의 기원적 의미는 "구상적인 대상을 밟거나 디디는 주체적 행위"에서, 은유에 의하여 "선행하는 사건이나 내용을 다음 단계에서 이어서 지속시키거나, 근거로 삼는 추상적 행위" 와 같은 계기성을 띤 개념 영역으로 연상에 의하여 이전하게 된 것이다.

그러나 15세기 국어에서 동사 '드듸-'가 이와 같은 추상적 개념으로 사용될 때, 여기에 연결되는 활용어미의 유형 빈도에 심한 차이가 드러난다. 위의 예문 (4)와 같은 맥락이 집중적으로 등장하고 있는 초기 불경언해 가

---

7) 유창돈(1971 : 411)은 "副詞史"의 연구에서 동사의 활용형 가운데 부사형 어미의 연결은 부사로 쓰이게 되는데, 그 중에서 어떤 것은 완전히 부사로 굳어진 예들이 있음을 지적하고 중세국어의 다음과 같은 '드듸여'의 용법을 열거한 바 있다.

드듸여 슌을 니르와드샤(원각경5.상, 2, 1 : 42ㄱ).

여기서 '드듸여'가 쓰인 구문과 그 맥락을 다시 검토하여 보면, 여전히 용언의 활용형의 신분을 유지하고 있다. 그러나 이 활용형의 의미는 추상화된 [앞의 일을 뒤에 이어 받아서]와 같은 접속과 계기성을 나타내는 동시에, 여기서 파생되는 인과적 관계를 아울러 함축하고 있다. 이 글의 §4.1을 참조.

"...흋을 니르며 眞을 닐오미 幻 아니니 업스니라 서르 드듸여 슌을 니르와드샤 勢 세 굴배 至極ᄒ시니라 그럴 시 幻滅호미 일후미 뭐디 아니 호미라."

그러나 여기서 '드듸여'가 출현하는 통사적 환경이 위의 본문 (4)의 예들과 구분된다. 중세국어에서 다음 단계로 '드듸여'가 취하게 되는 이러한 통사적 환경의 특질에 대해서는 이 글의 §4.1에서 취급하게 된다.

운데 주로 『능엄경언해』(1461), 『원각경언해』(1465), 그리고 『법화경언해』의 본문을 이용하여 추상적 다의를 갖고 있는 '드듸-'의 활용형들의 출현분포를 추출해 보면 대략 아래와 같다.

(5) ㄱ. 『능엄경언해』;
    드듸-+여 : 12회,   드듸-+샤 : 4회,
    드듸-+며 : 1회,   드듸-+움 : 1회,   드듸-+신 : 1회.
  ㄴ. 『원각경언해』;
    드듸-+여 : 15회,   드듸-+샤 : 9회,
    드듸-+니라 : 1회,   드듸-+면 : 1회.
  ㄷ. 『법화경언해』;
    드듸-+여 : 3회,   드듸-+샤 : 2회.

위의 예에서 새로 첨가된 "(앞의 사건이나 내용을) 이어 받아서, 근거로 하여" 등과 같은 계기성을 포함한 부가적 의미를 갖고 있는 용언 '드듸-'에 통합되는 연결어미 가운데   부사형어미 '-어'가 압도적으로 높은 빈도를 나타낸다. 주체높임의 선어말어미 '-시-'가 개입된 '-샤'의 용례들도 역시 부사형어미 '어'의 연결로 계산된다. 따라서 용언의 활용형 '드듸여'가 특정한 맥락에서 은유를 거쳐 첨가된 추상적 의미의 구사를 거의 전담하게 되었다고 말 할 수 있다. 용언 '드듸-'의 어간에 부사형어미 '-어'와의 빈번한 결합이 은유적 의미로 향하는 의미변화의 한 가지 요인으로 작용한 것이다. 그렇다면, 이와 같은 은유적 용법의 용언 '드듸-'(蹋) 어간에 주로 부사형 어미가 연결되어 쓰이는 이유가 어디에 있을까. 그것은 '드듸-'가 수행한 화용론적 추론을 강화하는데 연결어미 '-아/어'가 적극적으로 기여하였기 때문이다. 연결어미 '-아/어'는 여타의 다른 연결어미 유형보다 후행하는 사건이나 행위의 전개를 위한 개방성을 포용했을 것이다.

현대국어에서 연결어미 '-아/어'가 동작동사에 연결되면, 이것은 특히 동일 주어문일 경우에 [계기]의 의미를 나타내는 동시에, 선행절과 후행절 사이에 인과관계가 성립되면 [이유·원인]의 의미도 포함하게 된다(이은경 1990 : 31; 이익섭 2005 : 364). 이와 비슷한 의미 기능을 갖고 있는 연결어미 '-고'의 경우도 '드듸-'에 통합되는 후보로 선택될 수 있을 것도 같다. 그러나 위의 (5)의 예들은 용언 '드듸-'가 나타내는 새로운 파생 의미를 보강하기 위해서 주로 부사형 어미 '-어'를 취하였음을 보여준다.

선행절과 후행절 사이의 사건이나 행위에 대한 시간적 또는 인과적 계기성을 전제로 하는 활용형 '드디여'가 보유하는 다의성은 불경언해와 같은 특정한 양식에서만 등장하였던 것은 아니다. 그뿐 아니라, '드디여'는 기타의 다양한 문서 유형에까지 추상적인 의미로 확대되어 당시 대중들에 보편적으로 확산되어 쓰였던 것으로 보인다. 위에서 제시된 불경언해 부류와 비슷한 시기인 15세기 후기에 작성된 고문서 吏讀文에 등장하는 문자 '導良'의 용법이 이러한 추정을 뒷받침하고 있다(박성종 2006).

(6) ㄱ. 05. 家翁願意導良 同孝蘆矣身乙...(드디아, 금번에 家翁의 소원을 좇아...<金孝蘆繼後禮曺立案>(1480), (박성종 2006 : 405),

ㄴ. 35. 母氏遺書導良 亡未妹裵哲仝妻條分給爲齊(드디아, 어머님의 유서에 따라 죽은 막내누이인 배철동의 처의 것으로 나누어준다. <金光礪姪妹和會文記>(1480), (박성종 2006 : 628-9).

ㄷ. 050. 家舍導良 租陸拾...(드디아, 집에 따라서 租 60섬, <權邇姪妹和會文記>(1470-1473), (박성종 2006 : 590-1),

조선초기 고문서 이두문을 판독하고 주석한 박성종(2006)은 위의 이두 '導良'을 전통적인 방식대로 15세기 중세국어 '드디아'로 대응시켰다. 그리고 그는 '導良'을 선행하는 명사들의 유형에 따라서 이것을 "--을 좇아" 또는 "따라(서)"로 풀이하였다. 위의 불경언해 부류의 (5)에서 쓰인 활용형

'드듸여'는 선행하는 명사에 목적격조사를 대부분 요구하고 있지만, (6)의 이두문서의 '導良'에는 그것이 생략되어 나타나는 사실이 주목된다.[8]

이두문자 '導良'에서 용언의 어간으로 '導'가 차자(借字)로 선택된 것은 이것이 "이끌 導"의 새김을 갖고 있기 때문인 것으로 보인다.[9] 따라서 "導良 =드듸여"의 대응은 선행하는 사건이나 행위를 이끌어 지속하여 전개시키는 계기성에 초점이 놓인 것이며, 15세기 당시 전개되었던 활용형 '드듸여'의 의미적 속성과 적절하게 일치한다. 그리고 다른 차자 '-良'은 이미 고려의 이두에서부터 부사형 연결어미로 사용되었다(서종학 1995 : 45).

(6)ㄱ의 목적어를 이루는 명사 '願意'와 (6)ㄴ의 '遺書'의 쓰임은 15세기 불경언해에서의 환경과 동일하다. 그러나 (6)ㄷ에서 구상명사 '家舍'에 통합된 '導良'의 경우는 15세기 '드듸여'의 쓰임과 대조할 때, 특이하다고 생각한다. 이러한 사실은 15세기 후기에 '드듸여'가 "선행하는 NP(사건이나 행위 또는 개념)을 이어 받아서, 그것을 근거로 하여"와 같은 의미로 추상화된 다음, 사용 범위가 확대되면서 그 의미가 더욱 보편화되어 있었음을 가리킨다. 활용형 '드듸여'는 "선행하는 NP를 의거해서→NP를 쫓아서→NP에 따라서" 등으로 문맥에 따라서 재해석된 것이다. 15세기 후기 이두문의 경우에 이렇게 재해석된 추상적 의미의 '導良'이 다시 구상명사와 통합되기도

---

8) 15세기 일부 불경언해에 등장하는 개신적 '드듸여'(躡)의 용법에서도 선행하는 목적어 기능을 하는 명사에 격조사가 탈락된 사례가 '자최'(迹)에 한하여 드물게 나타난다.

　(ㄱ) 十信 브터 오무로 位 다 자최 드듸여 서르 도아 바르 妙覺애 가디(皆躡迹相資, 8.44ㄴ),
　(ㄴ) 이런드로 이제 略히 ᄒᆞ고 바르 자최 드듸여 서르 돕는 ᄠᅳ들 取ᄒᆞ야 사기노니(直取 躡迹, 8.44ㄴ),
　(ㄷ) 몬져 자최 젼츠롤 니르시니 그러나 그 자최 서르 드듸여 닐 시(원각경.5.상, 2. 2 : 49ㄴ).

9) 중세국어에서 '導'의 새김은 '길 알욀 導'(신증 유합.하. 8ㄴ)이다. 이 구문은 "길을 안내하다" 정도의 뜻으로서, 15세기의 불경언해의 협주에서도 사용된 바 있다. 引導ᄂᆞᆫ 혀아 길 알욀씨라(석보.9 : 8ㄱ).
따라서 '드듸여'에 해당되는 이두문자 '導'의 쓰임은 선행하는 사건이나 행위를 이어서 다음으로 안내한다는 계기성과 인과 관계를 표출하기에 적합하였을 것이다.

하였을 것으로 추정된다. 이러한 이유로 15세기 국어에서 전형적인 'NP을/를 드듸여'의 구문을 이탈하여, "家舍導良"과 같은 구문이 등장하였다.

글쓴이는 (6)ㄷ의 이두문에 쓰인 재해석된 '드듸여' 활용형이 추상명사가 아니라, 구상명사 다음에도 연결되어 용언으로 사용되었다는 사실을 주목한다. 이러한 현상은 15세기에 이두 '導良'으로 표출된 '드듸여'는 서술의 기능을 갖고 있는 용언의 신분을 유지하고 있었지만, 의미의 분화에 따른 기능상의 분화를 초래하게 되었을 것으로 보기 때문이다. 한 가지 '드듸여'[1]는 원래의 기원적인 구상적 의미 '踏'과, 여기서 문맥에 의해서 환유적 확대를 거쳐 계기적인 추상적 의미 '躡'(앞에서 일어난 사건이나 행위를 뒤에서 이어받다)을 다의로 발달시킨 형태이다.

다른 한 가지의 '드듸여'[2]는 세기적인 의미에서 더욱 일반화되어 "선행하는 NP를/에 따라서, 좇아서"의 방향으로 발달된 형태이다. 나중에 언급할 예정이지만(이 글의 §4.2를 참조), 후자의 형태 '드듸여'[2]는 16세기에 들어와서부터 선행하는 목적어나 부사어와의 통합에서 이탈하여, 유추에 의하여 선행절의 명제를 계기적으로 이어 받으면서, 그 결과 인과적으로 파생되는 우발적 또는 필연적 사건이나 행위를 수식하는 부사의 범주로 점진적으로 옮겨오게 되었다.

校訂 『大明律直解』(1936, 중추원 편)의 부록 "吏讀略解"에서 이두문자 '導良'은 목적격 조사와 부사격 조사와 통합된 형태로 예시되어 있으며, 다음과 같은 해설이 첨부되어 있다.

(7) ㄱ. 乙導良→ -을 드듸여 : "-을 좇아서, --에 근거하여"의 뜻(26쪽),
　　ㄴ. 良中導良→ -아히 드듸여 : "--에 따라서, --에 좇아서, -에 근거하여"의 뜻(61쪽),
　　ㄷ. 良中→아히, 아에, 아의 : "조사 '-에'의 뜻을 표시"(60쪽).

태조 4년(1395)에 간행된『大明律直解』의 이두문에서는 '드듸'에 해당되는 '導良'이 선행하는 명사의 격조사와 관련하여, 세 가지의 통사적 환경을 나타낸다. 즉, '導良' 앞에 명사가 목적격조사를 취한 환경(8ㄱ), 조사가 생략된 환경(8ㄴ), 그리고 부사격조사가 연결된 환경(한상인 1998 : 83).

(8) ㄱ. 前罪乙 導良 後罪良中 拼計論齊(1 : 29ㄴ),
　　　前罪를 좇아 後罪에다 합하여 논한다(統計前罪以充後).
　ㄴ. 合決杖一百是去乙 已決七十杖 導良 餘三十杖乙 充數爲(1 : 30ㄱ)
　　　仗一百의 刑에 판정되거늘 이미 집행한 仗七十(을) 조차 나머지 30장을 보충하여,(該杖一百合貼杖三十). (한상인 1998 : 83).
　ㄷ. 前矣已決罪數乙 通計後 罪良中 導良 充數決罪齊.
　　　전에 이미 판결한 罪의 수효를 합한 후, 그 罪에 따라서(小倉進平 1929 : 330).[10]

이와 같은 이두문에서 '導良'의 쓰임은 19세기 후반『儒胥必知』의 "吏頭彙編"에까지 지속되어 있다. '導良 드ᄃ여'(43ㄴ). 그 반면에, 16세기 이후의 국어에서 구상적인 의미에서 은유화를 거친 "앞의 사건이나 행동을 뒤에서 이어 받다, --에 근거하다", 그리고 이어서 더욱 일반화된 "--을/에 좇아서, 따라서" 등의 의미를 나타내는 용언 '드듸여'는 더 이상 쓰이지 않았다. 16세기 국어 이후에는 구상적인 [踏]의 뜻을 갖고 있는 용언의 활용형으로서의 '드듸여'와, 재구조화를 거쳐 부사 범주에 새로 편입된 '드듸여'(遂)형이 주로 사용되었다. 16세기 이후에서 또 다른 형태인 부사 '드듸여'(遂)는 15세기에서 문맥에 따라서 은유적 용법으로 사용되었던 '드듸여'(踏)의 직

---

10) 일찍이 小倉進平은『鄕歌及吏讀의 硏究』(1929)에서 이두문자 '導良'을 '드듸여(儒), 드듸여(典, 語), 드듸아(古)'로 제시하고, "--에 좇아서, --에 따라서"의 뜻으로 풀이하였다. 그리고 그는『원각경언해』(1465)의 언해문 가운데 "그 브튼 고돌 드듸샤미라"(踏其所依) 등의 구문에서 '踏'을 '드듸-'로 訓한 것이나, '導'의 이두문자를 '드듸여'로 읽은 것도 그 뜻에 그대로 해당된다는 사실을 지적하였다.

접 후속형으로서, 제2단계의 의미변화 [踏→躑>遂]를 거쳐 용언 범주에서 부사로 탈범주화를 수행한 것이다.

이렇게 15세기 국어에서 은유적 용법으로 사용되었던 '드듸여'(躑) 형태가 16세기 이후에서 완전히 자취를 감춘 것 같았다. 이러한 사정은 대체로 17·8세기 국어에서도 동일하였다. 그러나 거의 2세기에 걸친 공백기를 거쳐 19세기 후기에 간행된 개화기의 특정한 신문 언어에 예전 15세기에 쓰였던 비유적 용법을 그대로 계승한 '드듸여'(躑)형이 다시 출현하고 있다.

3.2. 19세기 후기 단계에서 '드듸여'(躑)의 재등장과 그 이후의 탈락

개화기의 시대적 산물인 『독립신문』(1896-1898)에 반영된 당시의 언어는 매우 특이한 지역방언의 양상을 보여주기도 하지만, 대체로 근대국어의 마지막 단계인 19세기 후기 중부방언의 특질을 충실하게 나타낸다.[11] 이러한 가운데 15세기에 우리가 관찰하였던 용언 활용형 '드듸여'의 은유적 용법이 19세기 후기의 『독립신문』의 텍스트에 다시 생산적으로 등장하고 있어 주목된다. 여기서 '드듸여∽드더여∽듸뎌여' 등과 같은 표기 형태로 다양하게 사용된 예들을 문맥과 함께 부분적으로 정리해 보면 다음과 같다.

> (9) ㄱ. 쏘 슌검들도 판윤의 명령을 드더여 ᄌ긔의 직무를 ᄒ는거시오 9(1896.11.7),
> 셔졍순의 보고셔를 드더여 쟝ᄎ 심판 홀 ᄎ로 임의 라치 ᄒ엿습는 디(1897.3.20②),
> 윤영렬씨의 비밀ᄒ 편지를 드더여 리쥬샹씨의 션산에 분묘를 파고 (1897.11.11),

---

11) 이 자료에 생산적으로 출현하는 조건의 연결어미 '-거드면'에 대한 용례와, 부분적인 해석은 이기문(1980; 김형철 1984; 이현희 1994; 최전승 1995) 등을 참조.

　　　　김포군 량쥬봉의 쇼쟝을 드듸여 스실 흐즉(1898.1.27),
　　　　전라남북도 관찰스의 보고를 드듸여 다 면 본관 흐엿고(1897.4.10②),
　　ㄴ. 군슈는 광쥬부 훈령을 드듸여 양시화를 방송 흐엿더니(1897.9.25),
　　　　군부에 보고 흐기를 탁지부 죠회를 드듸여 흔 훈령을 이어(1897.1.16③),
　　ㄷ. 양화도 화젹을 잡아 왓는디 그 구초를 듸듸여 쟝일보 김귀셩을 잡앗
　　　　더니(1896.5.26).
　　　　아라샤 스관등의 청원홈을 듸듸여 홍인문 츌입 흐눈디(1897.10.5),
　　　　샹민 빅경삼의 청원셔를 듸듸여 완도군과 돌산군에 쇽흔 모든 셤음
　　　　에셔 나눈 가사리 회샤를 인가 흐엿스니(1897.2.11③),
　　　　죵인으로 뎡영히 눈으로 보앗노라고 흐눈 말을 듸듸여 북셔에셔 쟝
　　　　가를 잡아 경무쳥으로 보내엿눈디(1897.4.29③),
　　ㄹ. 경무쳥 훈령 드듸여 각 방곡에다 방을 부쳣눈디(1897.3.9③),
　　　　슌검들은 너부 훈령 드듸여 본쳥에셔 신칙흔 직무 흐나도 봉힝치 못
　　　　홀 디경이면(1898.6.25).

　　위의 예에서 용언의 활용형 '드듸여'(遂)를 선행하는 체언의 어휘들은 "訓
令, 命令, 訴狀, 청원홈, 口招, 말, 청원셔, 보고, 편지" 등에 분포되어 있다.
따라서 이러한 19세기 후기의 '드듸여'의 용법은 "--을 근거로 하여, 이어
받아서, --을/에 따라서"와 같은 의미로 전이되어 쓰였던 15세기의 언해문
에서의 용법 및 15세기 이전의 이두문에서 쓰였던 '導良'의 용법과 완전히
일치한다. (9)ㄱ과 (ㄴ)에서 보이는 '드듸여∽드듸여'와 같은 부분적인 혼
기는 순전히 표기상의 문제이다. 그러나 (ㄷ)에서의 '듸듸여'형은 표기의
문제가 아니라, 이 시기에 일어난 중요한 음성변화인 움라우트를 수용한 형
태이다.12) 또한, (9)ㄹ에서 '드듸여'를 선행하는 체언에 격조사가 생략된 예
가 드물게 관찰된다. 이러한 격조사 생략 유형 역시 우리가 살펴보았던 15세
기 국어에서의 언해문과 이두문 (6)에서 추출된 예에서도 확인된 바 있다.

---

12) 이와 같은 19세기 후기 중부방언에서의 움라우트 현상과 관련된 음성변화에 대한 구체
　　적인 검토는 이 글의 §6에서 취급하기로 한다.

19세기 후기 『독립신문』에서 추출된 위의 (9)의 예들은 일찍이 이기문 (1980)에서 각별한 주목을 받았다. 19세기 후반의 국어의 전반적인 모습을 점검하면서 이기문(1980 : 265)은 이 신문 자료의 언어에 출현하는 '듸디여 ∽드디여'의 용례들을 일부 찾아서 정리하였다. 그리하여 이러한 '듸디여' 의 용법은 중세국어의 '드듸-'(躡)의 그것을 계승한 것으로 매우 흥미 깊은 현상으로 지적되었다. 이어서 김형철(1984 : 21)에서도 『독립신문』에서 '듸디 여∽드디여'의 예들이 일부 언급된 바 있으나, 대체로 이기문(1980)의 관찰 에서 크게 벗어나지 못했다.13)

최근에 민현식(2002)은 개화기 국어 어휘에 대한 전반적인 특징을 점검 하는 자리에서 '드디-'(踏, 攝, 收)형이 『데국신문』(1898-1910)과 신소설 『치악 산』(1912)에 등장하는 예문을 아래와 같이 제시한 바 있다.

(10) ㄱ. 드디다¹ : 고등지판쇼에서 독립협회 쳥을 드디여(데국 1),
ㄴ. 드디다² : 곡비도 길면 드디는 법이다(치악 하,3).

민현식(2002)은 위에서 (10)ㄱ의 '드디여'는 "받아들여"의 의미인 반면에, (10)ㄴ의 '드디는'의 경우는 통상적인 [踏]의 의미를 갖고 있다고 보았다. 또한, 그는 두 가지 형태는 이미 공시적인 중세국어에서도 두 가지의 뜻으 로 공존하였으나, 서로 의미가 상당히 이질적이기 때문에 동음어의 차원으 로도 볼 수 있다고 하였다. 이어서 그는 15세기 국어의 "後ㅣ 반다기 알 폴 드듸는 젼ᄎ로"(원각경언해,상. 2-3 : 2)와 같은 예문에서 '드듸-'는 "이어 받다"(躡)의 뜻이므로, 개화기의 (10)ㄱ에서의 '드디여'가 갖고 있는 의미

---

13) 그러나 움라우트와 관련하여 19세기 후기에 많은 문헌자료들에서 수행된 일련의 특이한 변화 '드듸->듸디-'(踏)와, 여기서 문법화를 거쳐 파생되어 나온 부사어 '드듸여>듸디 여'(遂)의 변화는 개화기의 음운론(정승철 1999 : 7-59)과, 형태론(김동언 1999 : 61-114)에 관한 종합적 고찰에서 전연 주목받지 못했다.

"받아들여"와 다소 차이를 보이기 때문에 의미변화가 여기에 개입된 것으로 추정하였다.

통시적인 의미 분화와 관련하여 동음어(homonymy)와 다의어(polysemy)의 구분이 언제나 명확한 것은 아니다(Sweetser 1990 : 9-12; Geeraert 1997 : 183). 그러나 중세국어에서부터 구상적인 동작동사 '드듸-'(踏)에 부사형어미 '-어'가 연결된 '드듸여'형이 쓰이는 일정한 계기성과 인과적 맥락에서 재해석된 [蹋]이라는 2차적 의미는 기원적인 '드듸여'(踏)와 다의관계에 있다고 해석하는 것이 옳다. 공시적으로 '드듸여'가 보이는 구상적인 [踏]과 추상적인 [蹋]과의 다의적 관계는 은유라는 인지적 원리로 설명할 수 있기 때문이다. 용언의 활용형 '드듸여'에서 기원적인 구상적 의미와 개신적인 추상적 의미가 다의를 이루어 공존하면서 중세국어에서부터 19세기 후기에까지 수백 년 동안 유지되어 온 것이다.14)

따라서 위의 예문 (9)에 등장하는 '드듸여'는 쓰이는 맥락에 따라서 "踏>踏∽蹋"과 같은 일종의 의미변화를 수행한 셈이다. 그러나 "NP을/를+드듸여"의 통사적 환경에 개입된 이러한 의미변화의 방향은 "踏>踏∽蹋>踏"과 같은 공식을 취하게 된다. 그것은 '드듸여'의 다의를 이루던 새로운 추상적 [蹋]의 쓰임이 어떤 이유로 용언의 신분으로는 16세기 이후부터 점진적으

---

14) 사실, 개신적인 용법으로 쓰이는 활용형 '드듸여'(蹋)의 예는 16세기 이후의 대부분의 문헌자료에서 더 이상 출현하지 않았다. 따라서 이 형태의 용법은 §3에서 우리가 관찰했던 몇몇 불경언해 중심의 예문 (4)와, 이두문서에서의 예문 (6)과 (8)에 한정된다. 『17세기 국어사전』(1997, 홍윤표 외, 태학사)을 참조하면, 이 시기에 출현하는 '드듸여'는, 그 기원적 용법만 제외하면, 전부 부사의 신분으로 전환되어 있으며, 그 의미도 [遂]로 바뀌어져 있다. 이러한 상황은 18세기의 문헌자료에서도 동일할 것으로 보인다.
그렇기 때문에, 19세기 후기의 『독립신문』과 같은 특정한 자료에만 치우쳐 나타나는 중세국어의 전통을 그대로 계승한 '드듸여'(蹋) 형태는 매우 의외의 현상으로 생각된다. 그리고 그것도 20세기 초반 신소설 부류에 일부 잔존하여 있다가 곧 소멸되어 버린다.
그 반면에, 중세국어적 용법으로 이두문에서 '導良'이 19세기 후반에 이르기까지 공용문서 중심으로 지속된 사실을 보면, 『독립신문』에서 구사된 '드듸어'(蹋)의 용법은 현실어와 거리가 있는, 매우 擬古的인 표현 방식으로 의심되기도 한다.

로 사라지게 되었기 때문이다. 19세기 후기 단계에서 특정한 문헌자료의 유형에서 생산적으로 다시 사용되었던 은유적 용법의 '드듸여'(驪) 활용형의 출현 빈도가 20세기 초엽에 들어서면 모든 종류의 文語에서 급격하게 떨어지게 되었다. 그리하여 현대국어에서는 용언의 활용형의 신분으로서 '드듸여'가 갖고 있었던 은유적 용법은 언어 사용에서 완전히 사라지게 되었다.

> (11) ㄱ. 최씨의 <u>유언</u>을 드듸여셔 관머리는 흐양을 향흐고(1908, 은세계,78),
> 관찰부 <u>비훈</u>을 드듸어 당장에 나를 잡으러 나온다니(1912, 현미경,25),
> 법부디신 <u>지휘</u>를 드듸여셔 그리흔 일이올시다(현미경,128),
> 그 <u>보고셔</u>를 드듸여 참위 김용필을 셔울 본디로 상환식히고(1915, 공진회,79).
> ㄴ. 그졔야 져으 <u>모친 영</u>을 듸듸여셔 삿창을 반기하고 나오난듸(수절가, 상:20ㄴ).

위의 (11)ㄱ은 <신소설> 부류의 전체 전산자료 가운데 추출된 근소한 예들이다. 그리고 (11)ㄴ은 19세기 후기에 간행된 고소설 완판본 자료에 출현하는 유일한 예이다. 선행하는 명사의 지시내용을 "이어 받아서, 근거로 하여, ---따라서/좇아서" 등을 뜻하는 '드듸여'의 용법과 기능은 15세기와 19세기 후기 단계에서의 사용과 일치를 보인다.

그러나 중세국어 단계에서 기원적인 '드듸-'(踏)에서 파생되어 계기적 의미로 확대된 '드듸여'(驪)는 그 형태상으로만 보면 현대국어에서 완전히 자취를 감춘 것은 아니다. 현대국어에서 동작동사 '디디-/딛-'(踏)과 유연성을 어느 정도 유지하고 있는 새로운 '드디어'(遂)형이 부사의 신분으로 쓰이고 있기 때문이다. 국어사의 어느 단계에서 '드듸-'(踏)에 기원을 갖고 있던 개신형 '드듸여'(驪)에 다시 의미변화와, 아울러 형태 통사적인 변화가 개입되었던 것이 분명하다.

4. 동사의 활용형 '드듸여'(蹋)의 제2단계 발달 : 부사화 과정

4.1. 동작동사 '드듸여'(蹋)에서 부사 '드듸여'(遂)로의 탈범주화의 발단

일정한 통사적 환경에서 용언의 활용형 '드듸여'에 선행하는 명사가 지시하는 어떤 사건이나 행위를 그러한 동작의 주체가 "딛고/밟고" 나면서 부수적으로 또는 필연적으로 일어나게 되는 계기적 상황이나, 인과 관계 또는 그 결과를 함축하는 화용적 의미가 관습화 또는 고정화되는 단계가 이미 중세국어의 시기에 확립되었을 것으로 본다. 그와 동시에 추상적 '드듸여'(蹋)를 선행하는 목적어 명사의 종류도 이 시기에 확대되어 다양해졌을 것이다. 이와 같은 점진적인 사용영역의 확대와 확산의 과정을 거치면서, '드듸여'의 용언적 용법에 미세한 전환점이 중세국어 자료 자체에 부분적으로 미세하게 드러나기 시작한다.

우선 그 전환점의 일부는 선행하는 명사에 목적격조사가 때로는 탈락 또는 생략되는 상황으로 표출된다(이 글의 예문 6을 참조). 이러한 과정을 통해서 동사의 활용형으로서 '드듸여'가 갖고 있는 용언의 신분이 부분적으로 동요되거나, 약화되기 시작하였을 것이다. 그 결과로 파생된 범주 신분의 미세한 변동에 직접적인 기여를 한 요인은 궁극적으로 여기에 다시 개입된 환유에 의한 의미변화에 있다. 구상적으로 지시성을 나타내는 동작성에서 계기성을 띤 추상적인 관계의미의 방향으로의 의미적 추이는 '드듸여'(蹋)에서 용언의 기능을 약화시켰을 것이다.

15세기 국어에서 이러한 상황이 지속되어 전개되면서, '드듸여'형이 여전히 용언의 신분으로 선행하는 목적어 성분의 지배를 벗어난 또 다른 통사적 전환점을 일부 노출시키게 된다.

(12) ㄱ. 十願과 十地로 漸次롤 사마 等妙애 ᄆ초더 다 서르 <u>드듸여</u> 펴시니
　　　　(皆相躡而設, 능엄.8.22ㄴ),

　　ㄴ. 알픳 法을 여희디 아니 ᄒᆞ야 다 서르 <u>드듸여</u> 各別히 펴샤ᄆᆞᆫ(而皆相躡
　　　　別設者, 능엄.8.33ㄴ),

　　　　이런ᄃᆞ로 이제 略히 ᄒᆞ고 바ᄅᆞ <u>자최 드듸여</u> 서르 돕ᄂᆞᆫ ᄠᅳ들 取ᄒᆞ야
　　　　사기노니 (直取躡迹, 능엄.8.44ㄴ),

　　ㄷ. 훚올 니ᄅᆞ며 眞을 닐오미 幻 아니니 업스니라 서르 <u>드듸여</u> 숭을 니르
　　　　와ᄃᆞ샤(相躡起念, 원각경.5.상,2. 1 : 42ㄱ),

　　ㄹ. 그러나 그 자최 서르 드듸여 닐 시 ᄯᅩ 서르 <u>드듸여</u> ᄢᅥ르시니(원각
　　　　경.5.상,2. 2 : 49ㄴ),

　　ㅁ. 七段이 알 時節에 ᄒᆞ마 서르 <u>드듸여</u> 淸淨홀 시 迷홀 時節에도 ᄯᅩ 서르
　　　　<u>드듸여</u> 더럽ᄂᆞ니(원각경.6.상,2. 2 : 132ㄴ).

　위의 예들에서 용언 '드듸여'에 대응되는 이두문에서의 한자어는 역시
"이어 받-"과 같은 추상적인 계기성 의미를 취하는 '躡'에 해당된다. 그러
나 여기서 '드듸여'가 출현하고 있는 통사적 환경은 목적어를 선행하는 §3
에서의 예문 (4)와 구분된다. 앞선 15세기 국어의 (4)의 예에서 '드듸여'는
목적어를 앞세운 단일문장의 구성성분 신분이었다. 즉 선행절에서　목적어
가 지시하는 사건이나 행위를 "이어 받은" 또는 "근거로 삼는" 용언의 활
용형 '드듸여'가 표출하는 계기적인 사건의 연속 또는 결과가 후행절에 배
당되어 있었다. 그리하여 단일문장의 성분으로 사용된 예문 (4)에서 용언
어간 '드듸-'에 연결된 부사형 어미 '-어'가 선행절의 연결어미로서 기능을
발휘하였다.

　그 반면에, (12)의 예문에서 일부의 '드듸여'는 접속문의 새로운 통사 구
조에서 출현하고 있다. '드듸여'는 선행절의 연결어미로 접속되는 후행절에
내포되어 있는 구성성분으로 출현 위치가 이동하였다. 선행절에서 언급된
사건이나 행위, 그리고 여기서 파생되는 인과적 및 시간적 결과를 후행절
에서 계기적으로 '드듸여'가 이어받게 된 것이다. (12)ㄱ의 예에서 선행절

은 "---十願과 十地로 漸次롤 사마 等妙애 모초디"이다. 그리고 후행절은 "다 서르 드듸여 펴시니"이다. 후행절에서 용언은 '드듸여+펴시-'와 같은 복합동사의 구성으로 전환되어가는 과정을 보인다.

또 다른 예문 (12)ㄷ의 경우에 종결어미에 의하여 선행절의 문장이 완결된 다음, 뒤이어 연속되는 독립된 후속 문장의 새로운 구성성분으로 '드듸여'가 이동하였다. 이번에는 선행문에서 지시된 사건이나 행위에 대한 명제의 시간적 또는 인과적 계기성을 후행문에서 '드듸여'가 결과적으로 이어받는 기능으로 전환되어 있다. 이와 같은 '드듸여'가 출현하는 새로운 통사적 환경과, 여기에 따라서 전환된 기능은 아래와 같이 정리된다.

(13) ㄱ. 접속문;
    선행절의 명제+ 연결어미(오/우)디   후행절 '드듸여'+VP,
                    -아/어   후행절 '드듸여'+VP,
                    -(ㅎ)고   후행절 '드듸여'+VP.
  ㄴ. 독립된 두 개의 문장;
    선행문의 명제+종결어미 '-(업스)니라'.   후행문 '드듸여'+VP.

위의 (13)ㄱ과 ㄴ에서와 같은 '드듸여'의 통사적 환경은 이 형태가 16세기 국어에서부터 탈범주화를 수행하여 부사의 영역으로 접근해 오는 계기를 마련하였을 것으로 글쓴이는 이해한다. (13)의 맥락에서 지속적으로 용언으로서 '드듸여'에 기능의 약화가 일어나게 되었을 것이 분명하다. 먼저 후행절과 후행문에서 '드듸여'에서 어간 '드듸-'에 연결된 부사형어미 '-어'는 절 연결어미로서의 기능이 약화되기 시작하였을 것이다. 후행절에서 '드듸여'에 직접 후속되는 다른 유형의 동사어간과 연속되면서 부사형어미 '-어'는 '드듸-여+VP'와 같이 두 개의 동사어간을 연결하는 어미로 전환되어 간다. 이와 같은 '드듸+여'의 "절 연결어미→두 개의 동사어간을 연결하는 어미"로의 점진적인 추이를 촉발시키는 계기는 우선 선행절 연결어미가 나타내는 의미 기능에서 찾을 수 있다.

예를 들면, 선행절의 명제를 후행절로 연결하는 연결어미 '-아/어'는 15세기 국어에서 "원인, 조건, 수단, 상황, 설명의 계속"(허웅 1975 : 532) 등을 나타낸다. 15세기 국어에서 '-아/어' 연결어미가 갖고 있던 기본적 기능과 의미가 현대국어에서도 그대로 지속되어 있다면, 시간상의 선후 관계 또는 인과 관계 등의 영역까지 함축된다. 그렇기 때문에, 용언 '드듸여'가 보유했던 시간적, 여기에서 파생된 인과적 계기성이 선행절의 연결어미 '-아/어'에 의해서 부가적으로 대변되었다.

그러나 위의 (13)과 같은 과정에서 어떤 기제에 의하여 용언 '드듸여'가 후행설의 위치로 이동하였을까. 또한, 후행절로 옮겨진 '드듸여'의 신분에 어떤 변화가 일어나게 되었을까.

이와 같은 '드듸여'의 후행절 이동의 과정에서, 선행절의 명제를 시간적으로 이어 받아서 필연적으로 파생되는 후속적인 결과와 사건을 수행하는 후행절의 동작성은 "드듸여^1+VP^2"로 나타나게 되었을 것이다. 그리고 후행절의 주된 용언적 기능은 추상화된 '드듸여^1'보다는 뒤에 연접된 제2의 동사 VP에 점진적으로 치중되었을 것 같다. 후행절에서 "드듸여^1+VP^2"의 연쇄적 구성에서 추상동사 '드듸여^1'는 용언 기능이 약화됨과 동시에, 선행절의 명제를 이끌어 VP^{2}를 수식하게 되는 성분으로 그 위상이 점진적으로 변모 되었을 것으로 가정한다. 이와 같은 글쓴이의 추정의 근거는 §4.2에서 다시 구체적으로 검증될 것이다.

(13)ㄱ의 "선행절 명제+-고"와 후행절의 '드듸여'의 통합에서도 이와 비슷한 언급을 할 수 있다. 현대국어에서 연결어미 '-고'의 의미는 [동시성]과 [대립성] 이외에, 통사적 특성에 따라서 [계기성]과 [인과성]이 두드러진다(김진수 1989 : 83).[15] 15세기 국어에서도 연결어미 '-고'의 쓰임을 개관

해 보면, 앞뒤의 두 사건 또는 행위 사이에 계기적인 관계가 있음을 나타내었다(허웅 1975). 이러한 '-고'의 의미 기능은 15세기 당시에 일정한 맥락에서 은유화를 거쳐 사용된 '드듸여'(踵)의 추상적인 용법과 어느 정도 일치한다.

그리하여 쓰이는 상황과 통사적 조건에 따라서 선행절에서의 사건이나 행위에 대한 전후의 시간 및 인과 관계를 나타내는 후행절 위치에서의 어휘적 동사 '드듸여'(踵)가 수식의 기능을 갖는 부사적인 [遂]의 의미 영역으로 이동하게 된다. 이와 동시에 선행절의 문법적 연결어미의 유형 '-(오/우)디, -아/어, -고' 등과 그 의미 영역 [계기성·인과성]에서 부분적인 중복을 초래하게 되었을 것이다. 16세기 국어의 초기의 일부 언해문 가운데에는 번역의 태도에 따라서 구결문의 '遂'에 해당되는 당시의 부사 형태가 전연 반영되지 않은 경우가 있다. 그 대신 선행절의 연결어미만으로 그 부사적 기능을 전담시켜 사용한 것이다. 거의 비슷한 성격의 한문 원전을 시대를 달리 해서 두 번 번역된 『번역소학』(1517)과 『소학언해』(1586)에서 구결문에 '遂'가 포함된 언해문을 서로 대조해 보면, '드듸여'의 쓰임에 관하여 이와 같은 서로 상이한 번역 태도가 드러난다. 두 문헌은 각각 16세기의 전기와 후기에 해당되는 언어 자료로서, 『번역소학』은 당시 독자들과의 의사전달에 비중을 두어 의역에 치우친 반면에, 거의 70년 후에 간행된 『소학언해』는 구결문에 충실한 직역을 번역 양식으로 선택하였다.16)

---

15) 이은경(1990 : 19)은 현대국어의 연결어미 '-고'는 동일 주어와 동작동사의 통사적 조건에서 [계기성]의 의미 기능을, 선행절의 명제와 후행절에서 인과관계가 성립하면 [이유·원인]의 의미 기능을 갖게 된다고 분석하였다.

16) 『번역소학』(1517)과 『소학언해』(1586)의 언해문에 대한 형태·통사적 측면을 대상으로 비교한 체계적인 연구는 이현희(1988)에서 시도된 바 있다. 또한, 두 문헌자료에 나타난 의역과 직역이라는 번역 양상의 차이가 보이는 성격과, 국어학적 연구에 대해서는 이숭녕(1973), 이현희(1988, 1993)를 참조.

(14) ㄱ. 샹해 어딘 도리를 가져 이쇼미 하놀 삼긴 셩으로 브터 나니 혜아
　　　리는 무슨미 사오나온 이레 달애여 곧텨 도의야 ø 그 졍혼 이를
　　　업시 ᄒᆞᄂᆞ니라(--知誘物化ᄒᆞ야 遂亡其正ᄒᆞᄂᆞ니라(번역.8,9ㄴ),
　　　=사롬이 잡안늘 덛덛호 거슬 둠은 하놀 삼긴 性에 믿드리여시니 아는
　　　거시 物의게 달애이여 고텨 되여 드듸여 그定혼 거슬 일룻니라(언
　　　해.5,90ㄱ).

　　ㄴ. 아슨돌콰 모든 겨집돌히 듣고 다 머리롤 싸해 두드리고 그르 호라 샤
　　　죄ᄒᆞ야 ø 다시 화동혼 ᄒᆡᆼ뎍을 ᄒᆞ니라(--叩頭謝罪ᄒᆞ야 遂更爲敦睦之行
　　　ᄒᆞ니라, 번역.9,68ㄱ),
　　　=아ᅌᆞ와 믿 모든 겨집돌히 듣고 다 머리롤 좃고 謝罪ᄒᆞ야 드듸여 다
　　　시 도탑고 화동혼 ᄒᆡᆼ실을 ᄒᆞ니라(언해.6,62ㄴ).

　　ㄷ. 郭林宗이 디나가다가 보고 느미게셔 다른 주놀 긔이히 너겨 ø 더브러
　　　말ᄒᆞ여 보고 인ᄒᆞ여(--而奇奇異ᄒᆞ야 遂與共言ᄒᆞ고, 번역.10,6ㄴ),
　　　=보고 그 다른 줄을 긔특이 너겨 드듸여 더브러 혼가지로 말ᄒᆞ고 因
　　　ᄒᆞ야(언해.6,106ㄱ),

　　ㄹ. 昭ㅣ 로ᄒᆞ여 닐오딕 司馬는 내게 죄를 다완고쟈 ᄒᆞᄂᆞ냐 ᄒᆞ고 ø 자바
　　　나여 주기다(司馬는 慾委罪於孤邪아ᄒᆞ고 遂引出斬之ᄒᆞ다, 번역.9,26ㄱ),
　　　=昭ㅣ 怒ᄒᆞ야 골오딕 司馬ㅣ 내게 罪를 밀고쟈 ᄒᆞᄂᆞ냐 ᄒᆞ고 드듸여 ᄭᅳ
　　　어내여 죽이다, 언해.6,24ㄱ).

　　ㅁ. 닐오딕 내 셩이 병을 저티 아니ᄒᆞ노라 ᄒᆞ고 ø 병혼 형을 친히 븓티자
　　　바(--性不畏病ᄒᆞ노라 ᄒᆞ고 遂親自扶持ᄒᆞ야, 번역.9,73ㄱ),
　　　=내 性이 病을 저티 아니ᄒᆞ노라 ᄒᆞ고 드듸여 친히 스스로 븓들어 낫
　　　밤을 조으디 아니ᄒᆞ며(언해.6,67ㄴ).

　　위의 예문 (14)에서 우선 두드러지는 사실은 16세기 후기의 『소학언해』
에서 구결문 한자어 ‘遂’에 부사 ‘드듸여’가 대응되어 있는 현상이다.17) 이

---

17) 중세국어에서 어휘상의 시간부사를 검토하면서 민현식(1991 : 185-190)은 ‘무ᄎᆞ매, 내종
　　내(終, 末, 畢竟)∽드듸여(遂)∽이슥고(俄然)∽그제사∽과연, 과연히(果然)’ 등이 “樣態 後行相”
　　을 보유하고 있는 사실을 규명하였다. 그리고 그는 ‘무춤내’의 유의어로 동사 ‘드듸-’의
　　부사형이 부사로 파생된 ‘드듸여(遂)’가 공존하는 사실도 지적하였다.
　　또한 민현식(1991 : 189)은 16세기 초엽의 『번역소학』의 언해문에는 『소학언해』의 경우
　　와는 달리, 원문 ‘遂’에 대응되는 분명한 번역어를 보여주지 않는다는 사실을 지적하면

러한 사실은 15세기의 동사 활용형 '드듸여'(踊)가 이 시기에는 이미 문법화를 수행하여 재분석되어 단일한 부사 형태 '드듸여'(遂)로 신분이 이동되어 왔을 개연성을 의미한다. 그러나 구결문의 한자어 '遂'는 『번역소학』에서 여기에 해당되는 적절한 당시의 대응어로 번역되지 않았다.

『번역소학』에서 구결문에 '遂'를 갖고 있는 번역문 후행절에 앞서는 선행절에서의 연결어미의 유형은 위에서 추출된 예문 (14)만 대상으로 하면 크게 두 가지로 압축된다. (ㄱ) '-아/어'와, (ㄴ) '--고'.18) 이와 같은 선행절의 연결어미 부류는 우리가 위에서 관찰하였던 15세기 국어의 (13)ㄱ의 예들에서의 연결어미와 대체로 일치한다.

이러한 사실을 전제하면, 『번역소학』(1517)이 간행된 시기에 일정한 조건 아래 생략된 '드듸여'가 보유하였던 의미는 예문 (14)에서와 같은 연결어미의 의미특성 [계기성·인과성]에 접근하여 있었을 것이다. 그리고 '드듸여'의 형태론적 신분도 재구조화를 거쳐 부사 범주에 도달하였다고 추정된다. 이러한 조건을 16세기 초기의 '드듸여'가 의미와 형태상에서 충족시키고 있었기 때문에, 의역 중심의 번역문에서 구결문의 '遂'에 대한 의미전달 기능을 선행절의 연결어미에 넘겨주고 수의적 문장성분으로 전환된 부사 '드듸여'(遂)는 생략될 수 있었던 것이다.19)

서, 두 문헌에서 이러한 차이를 반영하고 있는 3 가지 예문을 추출해서 제시한 바 있다. 글쓴이는 이러한 '드듸여'(遂)에 관한 민현식(1991)의 지적과 설명을 여기서 참고하였다.

18) 이유와 원인을 의미하는 연결어미 '-니' 다음에 후행절에서 '드듸여'가 오는 용례가 한 가지가 있다(소학언해 4.29ㄱ). 그리고 『소학언해』의 언해문에서 원문의 '遂'에 해당되는 '드듸여'가 체언에 부사격조사 '-애'가 연결된 통사적 환경에서도 연결되어 있다. 그 반면에, 해당 위치에서 『번역소학』의 언해문에는 역시 '드듸여'에 해당되는 부사어가 생략되어 있다.

　普明 兄弟 머리롤 ᄣᅡ해 두드리고 밧긔 가 다시 싱각ᄒᆞ여지라 빌오 닫 나건 디 열 ᄒᆡ 만애 ø 도로 ᄒᆞᆫ디 사니라(分異十年애 遂還同住ᄒᆞ니라, 번역.9.69ㄱ),
　=普明의 兄弟 머리롤 두드려 밧긔 가 다시 싱각ᄒᆞ여지라 빌어 눈화 닫난디 열 ᄒᆡ만애 드듸여 도로 ᄒᆞᆫ디 사니라(언해.6.64ㄱ).

19) 번역문이 이두문에서 비교적 자유로운 『번역소학』에서 이두문의 부사성 성분의 성격을

4.2. 16세기 국어에서 ‘드듸여’의 [躡]>[遂]로의 추이와 부사어 발달의 절차

16세기 국어에 들어와서 ‘드듸여’가 오늘날과 같은 [遂]의 의미를 획득하게 되어, 15세기에서와 같은 용언의 활용형에서 이탈하여 부사 범주로 확립되어 쓰이기 시작하였다. 한자어 ‘遂’가 표출하는 의미 기능도 맥락에 따라서 다음과 같이 다양하게 실현되었으나, 역시 유연적인 관계를 맺고 있는 영역에 서로 다의의 형식으로 걸쳐 있었다(박재연 2002 : 597-599, <遂> 항목의 용례 참조). ㄱ. 사무칠 수(達也), ㄴ. 이룰 수(成就從志), ㄷ. 마침내 수(竟也), ㄹ. 인할 수(因也), ㅁ. 마칠 수(結果).

‘드디어’(遂)의 부사 자격은 16세기 후반에 간행된 ㅠ범적인 한자 학습서 『新增類合』(1576)에 정식으로 등록되어 있다. 肆 드듸여 ᄉᆞ, 베플 ᄉᆞ(상.13ㄱ),[20] 遂 쇠올 슈, 드듸여 슈(하.29ㄴ). 부사로서 ‘드듸여’의 적극적인 쓰임은 우리가 §4.1에서 개략적으로 살펴본 『소학언해』(1586)에 집중적으로 반영되어 있다. 15세기 또는 그 이전 단계에서 일정한 맥락에서 은유화를 거쳐 동작동사에서 제1단계 발달을 거쳐 추상화된 ‘드듸여’(躡)가 밟아 온 용언 활용형에서 제2단계 부사로의 변형의 절차는 다음과 같이 요약될 수 있다.

(15) (A)선행절 : NP을 ‘드듸여’+후행절 → (B)선행절 명제-연결어미+후행절 ‘드듸여’+VP.

선행절과 후행절의 관계 속에서 ‘드듸여’가 보이는 자리 이동은 이미 15

떤 한자어 ‘宜’와 ‘可’ 등이 번역되지 않은 문장들이 우세하게 출현하는 사실에 대해서는 이현희(1988 : 30-31)에 자세하게 소개되어 있다. 그 반면에, 이두문에 근거하여 충실한 번역을 한 『소학언해』에서 이 한자어들은 각각 언제나 ‘맛당히’와 ‘可히’로 대응되었다.

20) 한자어 ‘肆’는 현대국어에서 “(ㄱ) 드디어, (ㄴ) 마침내, (ㄷ) 그렇기 때문에, 고로” 등과 같은 의미 영역을 갖고 있다(또한, 박재연 2002를 참조).

세기 국어에서부터 일정한 통시적 환경에서 산발적으로 출현하였다는 사실은 위에서 언급한 바 있다(§4.1에서 예문 {12}와 {13}을 참조). 그렇다면, 실재의 언어 사용에서 선행절의 용언 활용형이었던 '드듸여' 성분(A)을 점진적으로 후행절의 구성성분(B)으로 끌어당긴 힘, 또는 원리는 어디에서 유래되는 것일까.

먼저 이와 같은 추이(A→B)는 15세기 국어에서 해당되는 문장주어의 목적어 '말(言), 뜯(義), 일(事), 上文, 글(文)' 등을 "근거로 하여, 이어 받아서, --에 따라서" 등과 같은 의미로 한정되어 쓰였던 용언 '드듸여'(蹈)의 용법이 다음 단계에서 동일한 의미 기능을 유지하면서 선행절 전체의 명제로 확대되었음을 가리킨다. "NP+드듸여→선행절의 명제+드듸여"의 추이 방향은 '드듸여'가 문법화의 과정을 수용하였기 때문에, 그 출현 환경의 확대, 즉 전형적인 숙부-부류(host-class)의 확장을 초래한 것이다(Brinton & Traugott 2005 : 99). 그리고 이와 같이 '드듸여'형이 후행절로 이동이 가능하게 되는 발단은 당시 화자들의 "유추적 연상"에서 나온 화용론적 힘 또는 추론의 강화가 작용하였기 때문이었다. 여기서 유추에 의한 관습적인 연상은 화자들의 인지구조에 근거한 창조적 언어사용 능력에서 비롯되었다. 따라서 15세기에서부터 등장하기 시작하는 '드듸여' 사용의 추이(A→B)는 더욱 효과적인 담화 구조를 결성하며, 동시에 적절한 의사전달을 이루고자 하는 화자들의 정보전달 방법의 끊임없는 추구에서 유래한다(Traugott 1990).

그렇다면, 위의 (15)와 같은 추이의 방향(A→B)에서 후행절로 옮겨간 추상적 용언 '드듸여'의 형태론적 신분과 의미에 어떠한 과정이 개입되어 이 형태의 용언적 성격에 2차적 변화인 부사화를 초래하였을까. 이러한 문제에 접근하기 위한 방안으로 먼저 『소학언해』(1586) 4권과 5권 일부에서 후치된 '드듸여'의 구체적인 용법을 중심으로 선행절과 후행절의 통사적 환경을 정리하면 다음과 같다. 이러한 접속문에서 선행절과 후행절에서의 주

어는 전부 동일 인물이다.21)

(16) ㄱ. (A)--ᄒᆞ도다 ᄒᆞ고   (B)드듸여 사ᄂᆞ니라(4.4ㄴ),

　　　 --인ᄂᆞᆫ냐 ᄒᆞ고   드듸여 王子 比干을 죽여(4.26ㄴ),

　　　 --거시라 ᄒᆞ고   이예 드듸여 나가ᄂᆞ니라(4.27ㄴ),

　　　 --命이라 ᄒᆞ고   드듸여 도망ᄒᆞ야 니거늘(4.38ㄱ).

　　 ㄴ. --글ᄒᆞᆨ기예 나아가   드듸여 큰 션ᄇᆡ 되시니라(4.5ㄴ),

　　　 --죵이 되야   드듸여 숨어서...(4.25ㄴ),

　　　 --고뎌 되어   드듸여 그 定혼 거슬 일ᄅᆞ니라(5.90ㄱ),

　　　 ---더블어 가   드듸여 이우러(5.16ㄱ),

　　 ㄷ. --키야 먹더니   드듸여 주려 죽으니라(4.29ㄱ).

이와 같은 ‘드듸여(遂)’ 성분 사용의 추이(A→B)를 거쳐 후행절로 후치된 이 용언(VP^1)은 후행절의 서술어를 담당하고 있는 또 다른 용언(VP^2)과 직접 연접되거나, 또는 목적어나 부사어를 사이하여 결합하게 된다. 선행절과 후행절의 접속에서 특히 대조 또는 계기 및 인과관계 등의 명제를 이어받아서 표출하는 경우에 접속문 서술어의 초점은 후행절의 용언에 집중되기 마련이다. 그리고 ‘드듸여’는 이미 동작성 의미가 추상화되어 선행절의 명제를 계기적으로 접속하거나, 그 명제에서 시간적으로 파급되는 인과성 등을 나타내는 관계 의미 기능으로 전환된 단계에 있다. 따라서 후행절로 후치된 ‘드듸여’는 “드듸여^1+VP^2”의 구성에서 용언적 기능이 약화되면서 ‘드듸-+-여’의 ‘-여’는 부사형 어미의 기능을 상실하고 어간과 융합되어 단일어 형태로 재구조화를 수행하게 되었다. 이와 동시에 후행절에서 “드듸여^1”에게 남겨진 기능은 선행절의 명제와의 계기적, 시간적 및 인과적 선

---

21) 16세기 후기 『소학언해』(1586)에 사용된 “연결어미+드듸여”의 구문에서 선행절의 연결어미 유형의 출현 빈도수는 다음과 같다.

　　(ㄱ) “--고+드듸여” : 8회, (ㄴ) “-아/어+드듸여” : 7회, (ㄷ) “-니+드듸여” : 1회.

후의 관계에서 파생된 부가적 의미를 VP²에게 한정하여 주는 수식어의 역할이었다.22)

수식어로서 부사 '드듸여'가 동작동사에서 문법화를 밟아서 얻게 되었던 원래 가장 기본적인 의미 기능은 선행절과 후행절 사이에 연속적인 접속 관계가 있음을 나타내는 [계기성]에 있다.23) 이와 같은 관점에서 『소학언해』(1586)에서 추출된 '드듸여'가 등장하는 통사적 환경을 요약한 예 (16)들을 살펴보면, 여기에 사용된 부사는 맥락에 따라서 단순한 기본적인 [계기성] 이상의 화용론적 의미가 첨가되어 있다. (16)ㄱ에서 연결어미 '-고' 다음에 접속된 '드듸여'의 의미는 사건이나 행동의 연속의 계기성이다. 그러나 여기에 그 원인이 되는 계기(sequence)에서 필연적으로 파생되는 사건이나 행동의 최종적 결과를 나타내는 "끝내, 마침내, 결국에는" 등과 같은 상황적 의미도 수반되었다. 사건이나 행위에 대한 전후의 원인적 계기에서 발화자의 초점이 최종적인 결과로 이동하여 간 것이다.

더욱이 (16)의 통사적 환경은 일정한 사건이나 동작의 주체인 선행절의 주어와 '드듸여' 성분이 포함된 후행절의 주어가 동일한 인물임을 상기할 필요가 있다. 그렇기 때문에, 후행절에서 선행절의 명제에 대한 계기성에서 환기된 최종적 결과를 내포하는 '드듸여'의 "마침내, 결국에는" 등과 같

---

22) 英語史에서 since의 의미 발달은 시간적 전후의 계기 또는 연속으로부터 시간의 흐름에 따라 인과 관계가 추론되어 시간과 원인 접속사로 발달하였다. 즉, [X후에 Y]의 구조에서 [X 때문에 Y]의 의미가 형성된 것이다(Hopper & Traugott 1993; 이성하 2000 : 154).
23) 다음과 같은 『소학언해』에서의 예문은 부사 '드듸여'(遂)가 선행절 연결어미에 이어 후행절로 후속되지 않고, 한 문장 내부에서 직접 서술부를 수식하고 있다. 그러나 이 문장의 통사구조를 살펴보면, 선행절의 '-어더는'에 연접되었던 '드듸여'가 역시 [계기성]을 유지하면서 후행절의 주어와 도치된 것으로 보인다. 역시 여기서의 '드듸여' 성분도 이 부분에 해당되는 『번역소학』의 번역문에는 생략되어 있다.

　각각 안해 어더는 모든 겨집둘히 드듸여 눈화 닷살기를 求ᄒ고(언해 6.62ㄴ),
=형뎨 네히 다 혼티 이셔 사더니 각각 겨집ᄒ여는 모든 겨집둘히 ø 셰간 눈화 닫 살오쟈ᄒ며(各娶妻ᄒ야 諸婦ㅣ 遂救分異ᄒ며, 번역.9.67ㄴ).

은 상황에 따른 화용론적 의미는 해당 복문의 주어가 표출하게 되는 의미
는 아니다. 그렇다면 선행절과 후행절에서 수식적 기능을 하는 '드듸여' 성
분은 문장 주어의 행위와는 직접적인 관련이 없다. 이러한 사건이나 행위
를 기술하거나 말하는 제3의 화자, 즉 담화 구성자의 시선에서 나온 것이
다. 또한, 위의 (16)ㄴ이 보여주는 통사적 환경, 즉 선행절의 연결어미 '-아
/어'에 연접되는 후행절에서 '드듸여'의 구성은 시간적 계기에서 파생된 선
후 관계를 나타내기도 하지만, 쓰이는 상황에서 원인이나 근거 등을 나타
내는 인과 관계적 의미도 형성되어 있다.24)

위의 (16)ㄷ에서 요약된 연결어미 '-(으)니'에 뒤따르는 후행절에서의
'드듸여' 구문을 구체적으로 인용하면 다음과 같다.

> (17) 叔齊 붓그려 義예 周ㅣ 나라 곡셕을 먹디 몯홀 거시라 ᄒᆞ야 首陽山애
> 숨어셔 고사리ᄅᆞᆯ 키야 먹더니 드듸여 주려죽으니라(소학언해 4.29ㄱ).

이 구문에서 주어인 주인공 叔齊가 선행절에서 했던 행위 "--고사리를
캐여 먹더-"가 연결어미 '-(으)니'의 중재를 거쳐 후행절에서 이루어진 사
건 "주려 죽-"을 부사 '드듸여'가 계기적으로 이어주고 있다. 그러나 이러
한 계기성은 어떤 선행 사실을 앞에서 기술하고 이와 관련된 그 후의 사실
을 이어서 접속시키는 객관적이고 단순한 성격만을 나타내지 않는다. (17)
의 구문에 등장하는 부사 '드듸여'의 의미에는 앞에서와 뒤에서 일어난 두
사건 사이의 연속에서 원인과 결과라는 인과 관계가 함축되어 있다. 또한,
선행절의 사건으로 인해서 파생된 최종적인 결말에 대한 담화 구술자의

---

24) 남기심 & 루코프(1994 : 7)는 "A어(서) B"의 문장 형식은 계기성(sequence)으로부터 원
   인 밝힘(assertion of cause)으로 전개될 수 있음을 제시하였다. 즉, A와 B 사이에 필연
   적 관련성이 형성되어, B는 A의 단순히 연속일 뿐 아니라, A의 결과이기도 하게 된다
   는 논리적 형식이 추론된다는 것이다.

시점이 '드듸여'의 의미에 투영되어 있기도 하다. 그뿐 아니라, 예문 (17)에서의 부사 '드듸여'에는 이러한 인과적 상황에 대한 담화 구술자의 심리적이고 주관적인 평가를 반영하는 양태성이 추출되기도 한다.25)

16세기의 (17)의 구문에 등장하는 부사 '드듸여'(遂)의 기본 의미와, 여기서 파생된 화용론적 함축을 통한 몇 가지의 위와 같은 다의는 공시적으로 공존하여 맥락에 따라서 선택된다. 그러나 여기서 형성된 공시적 다의는 통시적인 의미변화의 시간적 순서를 따라서 기본 의미에 첨가되었을 것으로 글쓴이는 가정한다. 이러한 사실을 고려하면, 16세기 국어에서 공시적 부사 형태 '드듸여'가 그 통사적 환경에 따라서 수행하여 온 통시적 의미변화의 방향은 다음과 같이 개략적으로 정리될 수 있다.

(18) 객관적인 사건 연속의 계기→인과관계의 계기→원인과 결과의 계기에서 결과로의 초점 이동→최종적 결과에 대한 말하는 화자의 주관적 감정의 개입 또는 판단.

이와 같은 연속적인 단계가 한자어 '遂'의 다의에도 내포되어 있을 것이며, 이 한자어에 대한 16세기 번역문에서 역시 다의를 갖고 있었던 '드듸여'가 적절하게 배당될 수 있었다. '드듸여'가 갖고 있는 기본적 의미 [계기성]에서 (18)에서와 같은 일련의 화용론적 의미들이 환기되어 다의로 첨가되는 과정에 관여하였던 기제로 두 가지를 지적할 수 있다. 하나는 부사 '드듸여'가 쓰이는 상황적 맥락(context)이고, 다른 하나는 선행절의 연결어미 가운데 주로 인과 관계, 원인과 결과 등을 나타내는 '-고, -니, -아/어'

---

25) 민현식(1991 : 185)은 중세국어의 시간부사 '드듸여'(遂)는 같은 속성의 부류 'ᄆᆞᄎᆞᆷ내(종, 말, 필경)∞이윽고(俄然)∞과연, 고연히(果然)∞그제ᅀᅡ(爾時)' 등과 함께 종반의 상황을 단순하게 표현한 것이 아니고, 사건 상황에 대한 평가를 동반하면서 화자의 의지나 주관 및 심리적, 서법적 양태적 종반 지시의 성격을 지니고 있다고 관찰하였다. 그리하여 그는 이 부류의 시간부사를 "양태적 후행상" 범주로 설정하였다.

등에 있다. 또한, 선행절에서의 원인이 제기되고, 이어서 후행절에서의 우발적 또는 필연적 결과를 연결하는 '드듸여'의 의미 기능에서 초점이 최종적인 결과로 집중되는 현상은 문장 밖에 있는 담화 구성자의 시선이 능동적으로 이동하였음을 뜻한다. 이러한 과정에는 선행 사건과 후행 사건 간의 인과적 관계에 기초를 둔 시간적 환유 과정(metonymic process)이 작용한 것이다(Hopper & Traugott 1993 : 80-87; 김종도 2005 : 132-138).

4.3. 17세기 국어에서 '드듸여'의 제3단계 발달 : 주관화(subjectification)

우리는 16세기 후기 『소학언해』의 번역문에서 새로운 부사의 기능으로 확립되면서 후행절의 위치로 후치된 '드듸여'(遂)형이 시간적 선후의 계기성과, 여기서 파생된 인과성 등을 나타내는 연결어미의 중재를 걸쳐서 선행절의 명제를 이어받아서 후행절의 동사를 한정하게 되는 과정을 지금까지 관찰하였다. 그렇기 때문에 선행절의 다양한 연결어미와 통합되어 용언을 수식 한정하는 '드듸여'의 의미 기능은 이 시기에는 어느 정도 맥락, 또는 상황 의존적인 성격이 강하였다.

그러나 17세기에 이르면 부사 '드듸여'(遂)의 출현 환경이 한 단계 확대 발전하는 모습을 보여주기 시작한다. '드듸여'형이 쓰이는 환경이 연결어미에 의한 접속문에서 뿐만 아니라, 단일 문장 내부에서도 독자적으로 확인된다. 종래에 연결어미를 중재로 하는 선행절과 후행절이라는 '드듸여'의 계기적 구성이 이번에는 종결어미로 대치되어 선행문과 후행문으로 따로 독립하게 된 것이다. '드듸여'가 취하는 이와 같은 통사적 구성은 선행문의 종결어미에 직접 연속되는 후행문에서 '드듸여'는 예전의 선행절의 연결어미의 상황 의미적 강화에 더 이상 의존하지 않게 되었음을 나타낸다. 그리

하여 '드듸여'는 독자적으로 선행문 명제의 시간적, 그리고 인과적 계기의
관계를 연계하고, 여기서 화용론적으로 환기된 담화 구성자 또는 발화자의
양태성을 해당 문장의 용언으로 넘겨주는 기능을 얻게 되었다.

17세기 초기의 대표적인 문헌자료인 『동국신속삼강행실도』(1617)를 중심
으로 단독문의 앞머리에 등장하고 있는 '드듸여'의 용법을 가능한 전부 추
출해서 아래에 제시하면 다음과 같다.26)

(19) ㄱ. 네 내 아비를 머거시니 내 당당이 너를 머구리라 <u>드듸여</u> 버혀 비
　　　롤 헤텨(삼강효.1ㄴ),27)

ㄴ. 신이 ᄀ쟝 셜워ᄒᆞᆼ이다 <u>드듸여</u> 통곡ᄒᆞ고 나오다(--臣切愍焉 遂痛哭而
　　出, 속삼충.3ㄴ),

ㄷ. 이예 거우로를 ᄣᅥ려 신을 ᄒᆞ여 ᄒᆞ나홀 머므루다 <u>드듸여</u> ᄒᆡᆼᄒᆞ야 여슌
　　ᄒᆡ예 도라오디 아니ᄒᆞ니(열여 1.2ㄴ),

ㄹ. 주근 지아븨 병든 어미를 그 뉘라셔 봉양ᄒᆞ링읻고 <u>드듸여</u> 졷디 아니
　　코 싀어미 셤기믈 더옥 브즈런이 ᄒᆞ고(열여 1.42ㄴ),

ㅁ. 니시 우디 아니코 굴오디 주그면 반ᄃᆞ시 지아비를 조ᄎᆞᆯ 거시니 내 엇
　　디 울리오 <u>드듸여</u> 다 지믈을 흐터 권당을 주고(열여 2.28ㄴ),

ㅂ. 허시 굴오디 지아비 죽고 ᄌᆞ식이 ᄯᅩ 후리이니 내 엇디 홀로 사라시리
　　오 <u>드듸여</u> 스스로 목 졸라 죽다(열여 5.16ㄴ),

ㅅ. 나ᄂᆞᆫ 텬디 간디 ᄒᆞᆫ 죄인이니 사ᄅᆞᆷ을 죽기로ᄡᅥ 허ᄒᆞ여시니 엇디 ᄲᅥ곰
　　사라시리오 <u>드듸여</u> 낟츨 그치기를 셜흔 날롤 ᄒᆞ야(열여 4.74ㄴ),

ㅇ. 내게 아니 오면 도라오디 아니호리라 <u>드듸여</u> 신나 사ᄅᆞᆷ으로 더브러

---

26) 『東國新續三綱行實圖』(1617)는 근대국어의 초기를 대표하는 문헌자료이면서, 당시 근대성
　　을 띤 언어의 모습을 다양하고 풍부하게 보여주지만, 그 자체 어느 정도 이질적인 지역
　　방언적 특질도 포함하고 있다. 이 문헌자료에 대한 가장 충실한 국어학적 고찰은 김영
　　신(1980)을 참고. 또한 일찍이 이숭녕(1978)에서는 이 자료에 대한 폭넓은 음운사적 고찰
　　이 이루어졌다. 이 자료 자체의 서지적 및 어학적 고찰은 홍윤표(1993)를 참조.
27) 본문의 (19)ㄱ의 예문은 『삼강행실도』(1579)에서의 비슷한 원문의 번역문과 아래와 같이
　　대조된다.

　　네 내 아비를 머그니 내 모로매 너를 머구리라 <u>ᄒᆞ야ᄂᆞᆯ</u> ᄭᅩ리 젓고 업데여늘 베터(효
　　자. 32ㄱ).

(충신 1.13ㄴ),

ㅈ. 녜로브터 그러ᄒᆞ니 엇디 죡히 슬허ᄒᆞ리오 드듸여 말 아니코 가셔 (충신 1.5ㄴ),

ㅊ. 셤이 ᄀᆞ로디 오늘 이룰 주글 ᄯᆞ롬이라 드듸여 갑투구룰 ᄀᆞ초고(충신 1.56ㄴ),

ㅋ. 당당이 ᄒᆞᆫ 죽기로ᄡᅥ 나라홀 가포리라 드듸여 스스로 먹 디ᄅᆞ되(충신 1.55ㄴ).

위의 예문에서 선행문에 후속되는 후행문의 문두에 위치한 '드듸여'의 통사적 환경이 (19)ㄷ의 경우만 제외하면 대부분 동일한 사실이 주목된다. 즉, 선행문이 직접 인용문으로 구성되어 있는 것이다. 이와 같은 통사적 구성은 16세기 『소학언해』(1586)의 '드듸여'가 쓰인 접속문들의 예문에서 "인용절-ᄒᆞ고+드듸여"로 사용되었음은 우리가 지적한 바 있다(§4.2의 (16)ㄱ을 참조). 따라서 '드듸여'가 독립된 문장의 앞머리에 위치하게 된 계기는 선행절의 인용의 '-ᄒᆞ고'가 탈락되었다는 데 있다. 위의 예 가운데, (19)ㅇ의 구문을 이용하여 이러한 과정을 제시하면 다음과 같다. (a)내게 아니오면 도라오디 아니 호리라ø. (b)드듸여 신나 사ᄅᆞᆷ으로 더브러 아됴셩아래 사호다가...(我則不還也 逐與羅人戰於...충신 1 : 13ㄴ). 이러한 두 개의 독립된 문장은 이전 단계의 『소학언해』의 번역문에서는 연결어미 '-ᄒᆞ고' 또는 '-ᄒᆞ야'가 개입된 접속문의 구성이었을 것이다.

(19)의 예들을 추출한 같은 자료에서 인용의 'ᄒᆞ고'가 여전히 유지되어 있는 사례들도 역시 적극적으로 등장하고 있다. 내 상ᄉᆞ ᄆᆞᄎᆞ믈 기드리라 ᄒᆞ고 드듸여 보내니라(以待吾終喪 遂遣之, 효자 3.33ㄴ). 17세기 초엽의 『동국신속삼강행실도』(1617)에 구사된 접속문 구성에서 '드듸여'가 쓰이는 통사적 환경을 선행절의 연결어미 유형과 그 출현 빈도를 중심으로 조사하면 다음과 같다.

(20) ㄱ. 인용절-ᄒᆞ고+드듸여 : 17회,　　ㄴ. -ᄒᆞ니+드듸여 : 11회,

ㄷ. -아/어+드듸여 : 6회,　　　　ㄹ. -거늘/어늘+드듸여 : 3회,

ㅁ. -ᄒ며+드듸여 : 1회,　　　　ㅂ. -혼대+드듸여 : 1회.

　위의 (19)예문에서 추출된 "인용 내포문+드듸여"의 구성이 전체 11회 출현하는 분포와 대조해 보면, "인용절-ᄒ고+드듸여"와 같은 통사적 환경의 출현 빈도가 여전히 높게 나타난다. 그러나 위의 (19)의 예들은 선행절의 연결어미와 연접되었던 후행절의 부사 '드듸여' 성분이 독립된 문장의 첫머리 위치로 자동적으로 이동하게 되는 최초의 첫 단계를 17세기 국어에 드러내고 있다.

　위의 (19)의 예들 가운데, 특히 (19)ㄷ은 여타의 예들과는 달리, 인용의 'ᄒ고'가 생략된 과정과는 관련이 없음이 주목된다. (a)이예 거우로롤 ᄲᆞ려 신을 ᄒ여 혼나ᄒᆞᆯ 머므루다. (b)드듸여 ᄒᆡᆼᄒᆞ야 여슷 ᄒᆡ예 도라오디 아니ᄒ니...(乃分鏡爲信 留―焉 遂行六年未還, 열여 1.2ㄴ). 여기서 선행문(혼나ᄒᆞᆯ 머므루다.=留―焉)은 하나의 명제를 완전히 종결짓는 독립문으로 끝났다. 또한, 후속되는 문장의 서술어 'ᄒᆡᆼᄒᆞ야'의 주어(嘉實)와 선행문의 주어(薛氏女)는 동일 인물이 아니다. 여기에 사용된 부사 '드듸여'는 종래의 연결어미를 대신하여, 선행문과 후행문 사이의 계기적 인과성을 연계하여 주는 텍스트 접속 기능, 또는 담화 구성의 결집력(cohesion)을 독자적으로 강화하는 차원으로 발전하게 되었다. 그와 동시에 문두 위치의 '드듸여'의 출현 방식이 점진적으로 확대됨에 따라서, 텍스트 구성의 단순한 접속의 기능에서 두 명제의 시간적 및 인과적 관계를 향한 담화 구성자의 주관적 감정이 개입된 양태적 속성이 그 이전보다 두드러지게 출현하였다. 이러한 과정을 거쳐서 후행문 문두에 위치하게 된 '드듸여'의 일부는 양태성이 강화된 문장부사의 기능으로 발달하게 되었다.

　『동국신속삼강행실도』(1617)의 언해문 가운데에는 접속문에서 연결어미

다음에 직접 통합되었던 '드듸여'(遂)형이 후행절의 주어와 도치되어 출현하는 사례가 산발적으로 관찰된다. 이러한 예들은 16세기 『소학언해』에서 사용된 '드듸여'의 용법에는 아직 실현되지 않았던 유형이다.

(21) ㄱ. 지아비 사오나온 병 어덧거늘 손가락 버혀 구긔 빠 뻐 나오니 병이 드듸여 됴흐니라(--以進 疾遂愈, 열여 1.91ㄴ),

ㄴ. 지아비 범의게 자피미 되거늘 돌흘 더디고 블러 뿔오니 범이 드듸여 브리고 가니라(--虎遂棄去, 열여 2.9ㄴ),

ㄷ. 칼 쌔야 위 쟝슈룰 딜러 더브러 훈가로 주그니 위군이 드듸여 난흐거늘 왕이 군을 혀 뽓다(--魏軍遂亂, 충신 1.14ㄴ),

ㄹ. 도적기 어즈러이 티거늘 고시 몸으로 뻐 더퍼 ᄀ리오니 어미 드듸여 죽기롤 면흐다(--母遂免死, 효자 5.44ㄴ).

그러나 이와 같이 후행절에서 수행된 '드듸여'와 주어와의 도치 현상은 한문 대본의 어순과 그대로 일치한다. 그렇지만, "연결어미+드듸여-주어"에서 "연결어미+주어-드듸여"와 같은 통사적 절차가 이미 17세기 국어의 문법에서 어느 정도 관용화되어 있었기 때문에 번역문에서도 가능했던 것으로 보인다. 비록 한정된 사례이지만, 위의 예문에서 도치 현상은 주로 선행절의 연결어미 '-니' 앞에서 수행되었다.[28] (20)의 예문에서와 같은 도치 현상을 통해서 '드듸여'는 후행절의 용언과 직접 통합하게 되어 성분부사로의 입지를 확립해 나가는 것으로 보인다.

17세기 근대국어에서 『동국신속삼강행실도』(1617) 다음으로 '드듸여'의 다양한 용법을 보여주는 자료는 『가례언해』(1632)이다. 이 문헌자료에 등장하는 부사 '드듸여'의 출현 빈도는 총 34회에 걸쳐 있으며, 그 통사적 환경

---

28) 18세기 후기에는 이러한 유형의 도치 현상이 나타나는 연결어미의 유형은 부분적으로 확대되어 나타난다.

훈 로인이 니르러 특별이 날을 명흐야 집으로 도라오게 흐니 꿈이 처음 씬듯흐여라 흐고 병이 드듸여 나흐니라(1796, 경신석.55ㄴ).

은 다음과 같은 유형으로 분류된다.

 (22) ㄱ. 인용절-ᄒᆞ고+드듸여 : 13회, ㄴ. 종결어미+드듸여 : 13회,
    ㄷ. -아/어+드듸여 : 3회, ㄹ. -ᄒᆞ니+드듸여 : 2회,
    ㅁ. -거든+드듸여 : 1회, ㅂ. 시간명사-부사격조사+드듸여 : 2회.

 17세기 초엽의 『동국신속삼강행실도』(1617)와 『가례언해』(1632)가 보유하고 있는 언어 자료의 성격은 전혀 일치하지 않기 때문에, 부사 '드듸여'의 출현 환경과 분포를 동일한 차원에서 단순히 비교할 수는 없다. 이러한 언어 외적 사실을 감안하더라도, 『가례언해』에 등장하는 "종결어미+드듸여"의 구문은 (22)ㄱ의 통사적 환경만 제외하면, 비교적 매우 높은 분포를 보이고 있는 셈이다. 또한, "종결어미+드듸여"의 구문에서도 단독문의 문두에 있는 '드듸여'와 후속하는 주어와의 도치 현상이 실현되어 있다. 그러나 아래의 (23)ㄷ과 ㄹ의 경우는 그 이전의 문헌자료에서 아직 출현하지 않았던 예들이다.

 (23) ㄱ. 힘뼈 簡略고 쉽살호믈 조츨디니라 <u>冠者ㅣ 드듸여</u> 나와(가례,3.17ㄱ),
    ㄴ. 壻ㅣ 揖ᄒᆞ고 西階로브터 ᄂᆞ리거든 主人은 ᄂᆞ리디 말라 <u>壻ㅣ 드듸여</u> 나오나든(가례,4.17ㄴ),
    ㄷ. 賓ㅣ 東向ᄒᆞ야 答拜ᄒᆞ고 <u>冠者 드듸여</u> 贊者의게 拜ᄒᆞ여든(가례,3.12ㄴ),
    cf. -ᄒᆞ니 그後에 드듸여 뼈곰 規例되여(가례,1.14ㄴ),
    ㅁ. 意義 업슨 둧 ᄒᆞ도다 <u>그러나 드듸여</u> 變ᄒᆞ여(가례,9,18ㄴ).

 (23)ㄷ의 예는 후행절에서 일어난 '드듸여'와 문장 주어와의 도치가 선행절의 연결어미 '-고' 앞에서도 이루어져 있다. 종래에 이와 같은 유형은 주로 결과의 상황 관계를 나타내는 연결어미 '-니'와 통합되는 경우에 한정되어 있었다. 이와 같은 예는 '드듸여'와 주어와의 자리바꿈이 다른 연결

어미 앞에서도 실현되는 확대 과정을 가리킨다. 그리고 (23)ㅁ의 예는 단독문에서 '드듸여' 성분 앞에 접속부사 '그러나'가 나서 있다. 이러한 경향은 '드듸여'가 성분부사로 문장 속에서 이미 확립되어 있었음을 나타낸다.

17세기 초기 이후의 대부분의 문헌자료에 등장하는 부사 '드듸여'(遂)의 용법과 그 출현 빈도수는 다양한 텍스트들의 가변적 속성에 따라 일정하지 않다. 그러나 우리가 17세기 초기의 두 가지 유형의 문헌에서 추출한 통사적 환경이 그대로 계승되거나, 부분적으로 확대되어 가는 모습을 반영하고 있다.29) 그리하여 19세기 후기 외국인들이 간행한 일종의 대역사전 부류에서 '드듸여'(遂)의 의미는 다음과 같이 설명되어 있다.

(24) ㄱ. 드듸여(遂) : 1. de suite, 2. en consequence de, selon que,
　　　　　　　 3. a cause de, 4. par(『한불ᄌ뎐』1880 : 482),30)
　　　 ㄴ. 드듸여, 遂 Accordingly, consequently(Underwood의 『한영ᄌ뎐』 1890 : 153),
　　　　　　　 Accordingly : 드듸여, 이에, 인ᄒ여(상동. part II, 3).
　　　 ㄷ. 드듸여, 遂(드딀-슈) : then, thereupon, subsequently,
　　　　　　　 see 이에(Gale의 『한영ᄌ뎐』 1897 : 663).31)

---

29) 18세기 중엽의 『종덕신편언해』(1758)에 사용된 '드듸여'(遂)의 통사적 환경은 다음과 같다.

　　(ㄱ) 종결어미+드듸여 : 3회, (ㄴ). 인용절-ᄒ고+드듸여 : 1회,
　　(ㄷ) -ᄒ니+드듸여 : 2회, (ㄹ) -거늘+드듸여 : 1회,
　　(ㅁ), -(으)매+드듸여 : 1회.

　위의 통사적 환경에서 접속문의 후행절에서 '드듸여'와 문장 주어와의 도치가 일어난 예들은 다음과 같다. 여기서 선행절과 후행절의 주어는 동일하지 않다.

　　1. 믄득 꼳티 뛰거늘 <u>단이 드듸여</u> 벼슬을 굴고(상.13ㄴ),
　　2. 돌희녕을 사겨 ᄒ여곰 그 안희 므드라 ᄒ니 <u>사롬들이 드듸여</u> 시톄 술오기롤(상.28ㄱ), 굴오디 일노뼈 셩업을 ᄒ라 ᄒ니 <u>모진 드듸여</u> 서로 주의ᄒ고(상.31ㄱ).
30) 『한불ᄌ뎐』(1880)의 자매편이라고 할 수 있는 문법서 『한어문전』(1881 : 139-140)에 제시된 다양한 "시간부사"의 목록에 '드듸여'(遂) 항목은 누락되어 있다.
31) 19세기 후기의 단계에서 '드듸여'(遂)가 갖고 있던 다의 가운데, '이어서, 이어'와의 접근성은 다음과 같은 두 가지 유형의 번역문에서 확인된다.

위의 예시들 가운데 가장 이른 시기에 간행된 『한불ᄌ뎐』(1880)의 풀이가 19세기 후기 단계에서 '드듸여'가 갖고 있었던, 통시적으로 축적된 공시적 다의를 가장 상세하고 포괄적으로 보인다. 이 사전에 따르면, '드디여'의 다의는 1. "계속하여, 이어서", 2. "따라서, 그러므로, 그 결과", 3. "그런 원인 또는 이유로", 4. "끝내, 마침내" 등으로 정리된다. 그 반면에, Underwood (1890)와 Gale(1897)의 『한영ᄌ뎐』에서 제시한 이 항목의 의미는 "따라서, 그 결과, 이에, 그 후에, --로 인하여" 등이다.[32]

19세기 후기 단계에서 '드듸여'에서 관찰된 이와 같은 다의는 다음과 같은 통시적 발달 단계를 거친 것이다. 먼저 전후의 시간적 [계기성]을 나타내는 "이어서, 이에"에서, 이러한 계기적 사건에서 말하는 담화 구성자가 환기한 [인과성]이 첨가되어 "因하여, 그런 원인/이유로"의 단계로 발전하였다. 그 다음, 전후의 연속적인 관계에서 파생되는 행위나 사건의 최종적 결과로 환유에 의하여 화자의 시점 또는 화제의 초점이 강조되어 "마침내, 그 결과로"의 방향으로 전개되었다. 이와 동시에 '드듸여'는 전후 사건의 결과에 대한 담화 구성자의 내적, 심리적 태도와 관점 및 평가와 같은 양태적 요소가 개입되었다.

이와 같은 관점에서 '드듸여'가 15세기 국어에서 동사의 활용형으로 출

(ㄱ) --주기면 산업이 우리히라 ᄒ고 <u>이여</u> 잡아 주겨 동산밧게 버리니(1887, 예수셩교 젼셔, 말코 12 : 8),
(ㄴ) --죽인즉 이 긔업이 너게 도라오리라 ᄒ고 <u>드듸여</u> 잡아 죽여(1885, 이수정 역 <신약마가젼 복음셔언히> 12 : 8).
32) 19세기 후기 '드듸여'에 대한 이와 같은 사전적 정의는 현대국어의 국어사전 부류에서 제시한 다분히 직감적 정의보다 더 우수하다고 판단한다.
『조선어사전』(문세영 1938 : 413) : "마침내, 필경, 종내, 생각했던 바와 같이".
『큰사전』(1956, 한글학회) : "무엇으로 말미암아, 그 결과로".
『연세한국어사전』(언어정보개발원) : "(여러 고비를 거치고) 끝에 이르러, 결국에 가서, 마침내".
『표준국어대사전』(국립국어연구원) : "무엇으로 말미암아, 그 결과로."

발하여 16세기 국어에서 부사 범주로 이동하여 가는 과정에서 통시적으로 수행하게 되는 일련의 의미변화의 진로는 문법화와 의미변화 이론에서 Traugott(1989, 1995, 2002, 2010)가 의미 화용론적 변화에 근거하여 설정한 주관화(subjectification)의 개념과 어느 정도 일치한다. 이것은 의미변화의 단일방향을 보여주는 보편적인 경향으로, 일반적인 어휘 또는 문법화를 수행하는 단어는 시간이 경과됨에 따라서 (ㄱ) 명제적, 객관적 의미에서, (ㄴ) 텍스트를 구성하는 담화 중심적 의미로 바뀌고, 이어서 (ㄷ) 화자의 주관적 태도와 판단을 나타내는 감정 표출적(expressive) 의미, 즉 주관화의 방향으로 진행된다.

5. '드듸여'의 문법화 입력 조건과 공시적 유의어

5.1. '드듸여'(遂)의 근원동사 '드듸-'(踏)의 의미 특질

다양한 문법 기능을 나타내는 의존 문법형태소들의 통시적 출발점에 있는 근원 어휘는 어떤 의미 속성을 보유하고 있는가에 대한 의문이 문법화 연구에서 제기되어 왔다. 그리고 일련의 문법화 과정을 초래하게 되는 근원 어휘들은 범언어적으로 일정한 유형으로 한정되어 있다는 사실도 관찰된 바 있다(Heine & Kuteva 2002). 그리하여 주로 의미 층위에서 근원어는 일반적이고 기본적인 개념 영역을 대변하며, 동시에 언어 사용의 측면에서 출현 빈도수가 높아야 한다는 조건이 제시되기도 하였다(Bybee & Pagliuca 1985 : 72). 따라서 일정한 어휘 항목이 출현하는 사용 빈도수와 문법화는 밀접한 관계를 맺고 있다(Bybee 2003). 또한, 문법화는 그 자체 구상적인 개념을 이용하여 추상적인 문법 관계와 기능을 표현하는 통시적 절차이기 때문에, 근원어는 Swadesh(1971)의 어휘-연대학(glottochronology)에서 설정된, 구상적인 기초 어휘에 해당된다고 한다(Heine et als 1991 : 32-35).

국어에서 문법화의 출력인 과거시제 범주의 선어말어미 '-었/았-'의 역사적 입력의 대상, 즉 근원어는 중세국어의 존재사 '이시/잇-'(有)로 소급되며, 미래시제 문법형태소 '-겠-'의 경우도 그 기원이 가장 보편적인 대동사 'ᄒᆞ-'(爲)가 형성하는 특정한 통사적 환경으로 소급된다.33) 본용언의 신분에서 보조동사와 보조형용사로 문법화를 수행한 예들의 경우도 근원어는 '가다, 오다, 있다, 주다, 보다, 되다' 등과 같은 가장 일상적이고 사용빈도가 높은 기본 어휘에 포함되어 있다.34)

시간적 계기, 즉 텍스트 접속 과정에서 환기된 화용적 추론에 의해서 인과관계, 그리고 담화 구성자의 양태성이 부여된 파생부사 '드듸어'(遂)의 문법화 근원어는 일반적인 동작동사 '드듸-'(踏)로 소급되는 것이지만, 여기에 한 가지 문제가 내포되어 있다. '드듸-'와 유의어를 형성하고 있는 또 다른 기본 어휘 '볿-'(踏, 蹈)은 어떤 이유로 동일한 통사적 환경에서 '遂'로의 문법화 과정에 참여하지 못하였을까. 의미의 일반성과 사용 빈도수의 측면에서 동작동사 '볿-'형이 '드듸-'보다 훨씬 더 문법화의 입력 후보가 되었을 가능성이 더 높았을 것이다.

---

33) 미래시제 형태 '-겠-'의 기원, 즉 근원어의 통사적 구성이 '-게+잇/이시-'으로 소급된다는 견해는 Ramstedt(1939 : 71)에서부터 안병희(1967 : 212), 이기문(1972), 이승욱(1973)으로 이어져 있다. '-게+잇/이시-→겠'으로의 방향은 음운론적으로 자연스러운 변화이지만, 근대국어의 자료에서 근원적인 구문이 확인되지 않는 난점이 있다.
그 반면에, 근원어로 'ᄒᆞ-'(爲) 동사가 관여한 통사구조 '-게+ᄒᆞ엿→겠'의 견해는 나진석(1953), 허웅(1982), 그리고 최근 이병기(1997) 등에서 폭넓은 지지를 받고 있다. 이와 같은 문법화 과정 '-게+ᄒᆞ엿→겠'은 18.9세기의 문헌자료에 쉽게 관찰되지만, 여기서 축약으로의 합리적인 음운변화를 이끌어내기 어렵다는 문제가 있다.

34) 이성하(2000)는 국어의 동의어들을 대상으로 의미적 일반성이 높은 어휘는 그보다 일반성이 낮은 어휘보다 문법화의 입력이 되는 개연성이 높다는 사실을 확인하였다. 그리고 그는 이러한 현상은 의미의 일반성이 그 어휘의 사용빈도를 높게 하고, 높은 빈도수를 가진 단어는 그만큼 문법화에 들어올 기회가 커지기 때문인 것으로 파악하였다.

구상 동작동사 '볿-'(踏)도 중세국어에서부터 '드듸-'의 경우와 동일하게
은유에 의한 인지적 연상 작용을 거쳐 추상적인 맥락에서 전용되어 왔다.

(25) ㄱ. ᄒ마 ᄀ줄씨 後엔 오직 알폴 볼봐 行德을 일우시고(월인,18.13ㄴ),
　　　　 스못 볼기디 몯ᄒ면 後ㅅ行ᄋᆯ 볼봐 일우디 몯ᄒ리니(월인,18.14ㄱ),
　　　　 ᄒ다가 다시 볼봐 손직 迷惑ᄒ야 아리 드렛던 險道ㅣ돌 아디 몯ᄒ
　　　　 야(월인,21.120ㄴ),
　　　　 正道ᄅᆯ 得ᄒ야 부텻 位ᄅᆯ 볼봘릴씨(월인,13.58ㄱ),
　　 ㄴ. 이 妙心을 볼와 眞實ㅅ 터흘 사모미 일후미(履是妙心ᄒ야, 능엄경,8,23ㄱ),
　　　　 或이 외다 ᄒ니 그듸 또 볼와 困호몬 엇뎨오(법화경,3,156ㄱ).
　　 ㄷ. 이 길홀 볿디 말라 이 길헤 들면 나미 어려봅며 쏘 목수믈 ᄆᆞ츠리라
　　　　 (월인,21.119ㄱ),
　　　　 能히 부텻 行ᄋᆯ 볿디 몯ᄒ면 곧 福德性 아니라(금강경,46ㄱ),
　　 ㄹ. 禮 아니어든 볿디 말며 義 아니어든 말미암디 말고(1736, 여사서,3.11ㄴ),
　　　　 언약을 볼부며 남의 ᄒ 비골프믈 구제ᄒ며(1796, 경신석,81ㄱ),
　　　　 오직 그 말을 볿지 못ᄒᆯ짜 저허ᄒ노라(1746, 어자해,35ㄱ),
　　　　 악인이 쇼경과 ᄀᆞ치ᄒ야 바른 길흘 볿지 못ᄒᆯ_뿐더러 다른 사름을 잇그
　　　　 러 그른 길흘 볿아 홈끠 디옥에 ᄂᆞ림이라(1892, 성경직,6.9ㄱ).

　　그러나 중세국어의 단계에서 추상적인 '볿-'의 쓰임을 보여주는 (25)ㄱ-
ㄷ의 예들은 '드듸-' 활용형들의 사례들보다 훨씬 다양하지 못하며, 그 출
현 빈도도 낮게 나타난다. 용언 '볿-'을 선행하는 목적어 기능을 하는 추상
명사들의 유형은 '앒, 後ㅅ行, 妙心, 길, 부텻 行/位, 언약' 등임을 알 수 있다.
따라서 우리가 §3.1의 예문 (4)에서 관찰한 바 있는 추상적인 '드듸-'의 쓰임
과 어느 정도 일치한다. 또한, (25)의 예문에 등장하는 추상적인 '볿-'은 대
응되는 원문에서 주로 한자어 '履'에 해당되어 있는 사실이 주목된다. 이
한자어의 추상적인 은유적 쓰임은 "履行한다, 實踐한다"에 가깝다.
　　예문 (25)ㄴ에서 『능엄경언해』의 예문 '妙心을 볼와'의 구결문은 한자어

'履'로 나와 있는 반면에, 같은 문헌에서 추상명사 '뜯, 上文, 말, 일' 등에 연접하는 동사 활용형 '드듸-'는 예외 없이 '蹋'으로 대응되어 있다. 원문에서 한자어 '蹋'과 '履'의 추상적 쓰임이 불경언해에서 각각 '드듸-'와 '넓-'의 활용으로 번역된 것이다. 추상적으로 쓰인 '드듸-'(蹋)의 활용형은 구결문에서 의도한 바와 같이 선행절의 명제를 후행절에서 이어 받아서 이루어지는 필연적 또는 우연적 사건이나 행위를 접속하는 의미적 속성 [계기성]을 나타낸다. 그 반면에, '넓-'(履)의 은유를 거친 활용형의 용법에서 이와 같은 접속의 의미 기능이 없고, [실천성]이라는 행위의 추상적 영역만이 강조된다. 궁천신덕(躬踐信德), 몸소 신덕을 <u>넓아</u> 힝홈이라(1892, 성경직,2.39ㄴ).35)

이와 같이 동작동사 '드듸-'와 '넓-'이 갖고 있는 본질적인 의미 속성의 차이, 즉 이차적으로 일정한 문맥에서 환기된 [계기성]의 유무가 문법화의 개입에 직접적으로 작용한 것이다.36) 문법화 원리에서 제시된 "의미 지속성"(persistence)의 관점에서(Hopper 1991 : 22) 용언에서 부사로 탈범주화를 거쳐 발달해 온 오늘날의 '드디어'는 근원어 '드듸-'(踏)의 이차적 어휘의미의 흔적을 부분적으로 유지하고 있다.

또한, 형태론의 관점에서 부사형어미 '-아/어'의 통합에서 '드듸-'의 활용형 '드듸여'와 '넓-'의 '넓아'는 차이를 드러낸다. 후자의 경우는 순경음

---

35) 그러나 원문의 '本'(근본으로 삼다, 근거하다, 남광우 1997 : 616)에 대하여 '믿넓-'이 번역어로 선택되지 않고, '믿드더-'형이 사용된 경우도 있다.

　(ㄱ) 세가짓 친혼더 <u>믿드더</u>엿느니(皆本於三親焉ᄒ니, 번역소학,7.38ㄴ), 세 가짓 親에 <u>믿드더</u>연느니(소학언해,5.70ㄱ),

　(ㄴ) 어딘 도리를 가져 이쇼미 하눌 삼긴 셩으로브터 나니(번역소학,8.9ㄴ), 하눌 삼긴 性에 <u>믿드듸여</u>시니(소학언해,5.90ㄱ).

36) 위의 본문 (25)에서와 같은 "추상명사+넓-"(이행하다, 실천하다)의 쓰임은 근대국어 이후에서는 "추상명사+드듸-" 계통으로 점진적으로 대치되었다. 따라서 19세기 후기의 단계에서 이와 같은 통사적 환경에서 '넓-'이 사용된 예는 드물게 나타난다.

　인의례지와 오륜삼강에 실상으로 <u>넓어</u> 힝홀 모음은 츄호도 업시니(데국신문, 제3권 11호, 1900년 1월 17일 논셜 1면).

'ᄫ'의 음성변화 β>w에 의한 형태적 불안정을 15세기에 나타내게 되었다. 그러나 동작동사 '드듸-'와 '넓-'이 함축하고 있는 이러한 의미 속성의 차이에도 불구하고, 기본적이고 구상적인 의미로 역시 '踏, 蹈'를 공유하고 있다. 그렇기 때문에, 소학언해 계통의 언해서에서 '蹈'와 '履'에 대한 번역어로 합성용언 '넓드듸-'가 사용되기도 하였다.

(26) ㄱ. 샹해 ᄀᆞᆯ치샤더 일일마다 법다이 ᄒᆞ게 ᄒᆞ시더라(事事를 循蹈規矩ᄒᆞ더시다, (번역소학,9.2ㄱ),
공을 ᄀᆞᆯ츄더 미ᄉᆞ를 規矩를 조차 넓드듸게 ᄒᆞ더라(소학언해 6.1ㄴ),
공을 ᄀᆞᆯ쵸더 일일마다 規矩를 조차 넓드듸게 ᄒᆞ더니(1737, 어내훈,3.13ㄴ).

ㄴ. 거름거리며 넓드듸기를 모로매 안셔히 샹심ᄒᆞ야 ᄒᆞ며(步履를, 번역소학,8.16ㄴ),
거ᄅᆞ며 넓기를 반ᄃᆞ시 안셔코 샹심ᄒᆞ야 ᄒᆞ며(소학언해,5.96ㄴ).

또한, 동작동사 '넓-'의 경우에도 은유적인 '履'의 의미가 더욱 확대되어 "준수하다, 따르다, 지키다" 등과 같은 발단의 단계를 보이는 경우도 있다. 그리하여 18 · 9세기의 단계에서 동일한 원문이 번역자의 의도에 따라서 다른 간본에서 '넓-'와 '드듸-'의 교체를 보이기도 한다. 이러한 사정을 보면, 이 시기에는 문맥적 상황에서 전후의 시간적 및 인과적 [계기성]이 요구되지 않는 경우에도 '넓-' 대신 '드듸-'가 사용될 수 있다.

(27) ㄱ. 그른 도여든 물너나며 샤특ᄒᆞᆫ 길올 넓지 아니며(경신석,1ㄴ),
ㄴ. 그른 도여든 물너가게 ᄒᆞᄂᆞ니 요ᄉᆞᄒᆞᆫ 길을 드듸지 말며(태상해,2ㄱ).

5.2. '드듸여'(邃)의 유의어(synonyms) : '트록∽이미셔∽쇠와∽지즈로'

우리는 §4.1에서 16세기 후기에 간행된 『소학언해』(1586)의 언해문에서 원문의 '邃'에 해당하는 번역어로 거의 현대국어에서와 같은 단계로 발달한 부사 '드듸여'가 배당되었으며, 이 부사어는 동일한 원문에 대한 『번역소학』(1517)에서의 언해문에서는 대부분 생략되어 있음을 관찰하였다. 그리고 의역 중심의 『번역소학』(1517)에서 '드듸여'의 의미 기능은 선행절의 계기적, 인과적 연결어미에 위임되었기 때문에 수의적인 부사의 신분으로 생략되었을 가능성을 제시한 바 있다. 또한 16세기 초엽의 『번역박통사』에 '드듸여'형이 역시 부사의 형태로 출현하고 있다. 그러나 피상적으로 보면, 그 쓰이는 맥락이 종래의 16세기 후반의 그것(§4.2에서 예문 (16)을 참조)과 약간 상이한 점이 있다.

> (28) ㄱ. 오늘 황촌이라 홀 싸해 가 자시고 이틋날 드듸여 게셔 분토애 제
> 흥시고(明日就那裏上了墳 喫宴席, 번역박통사,상:65ㄱ),
> ㄴ. 오늘 황촌에 가 자고, 닉일 임의셔 게셔 上墳ㅎ고(언해박통사,상:57ㄱ).

위의 (28)ㄱ에서 '드듸여'는 여전히 용언으로 해석될 수도 있는 중의성을 갖고 있다. 즉, "오늘…자시-고+드듸여 이틋날.."과 같은 구문으로 분석하면, 여기서 '드듸여'는 선행절의 행위를 후행절에서 "이어 받아서, 이어서"와 같은 통상적인 의미, 즉 시간적 계기성으로 파악된다. 그러나 『번역박통사』에 쓰인 '드듸여'는 원문 '就'에 대한 대응어로 선택된 것이다. 한자 '就'에 대한 번역어 '드듸여'와의 대응은 또한 최세진이 관여한 같은 계통의 『번역노걸대』와 『老朴集覽』에서도 거듭 나타난다.

> (29) ㄱ. 플 활시울 잇거든 가져오라 내 임믜셔 흥나 사 드듸여 예셔 화를

지후리라(我一發買一條, <u>就</u>這裏上了這弓着, 번역노걸대,하.32ㄱ),
=내 <u>훈번의</u> 훈 오리 사 <u>임의셔</u> 예셔 이 활을 짓쟈(언해노걸대,하.29
ㄱ).37)

ㄴ. 就行 : 드듸여셔 ᄒ다(노박집람, 단자해,5ㄴ).

就 : 則也, 就將來, 즉재 가져오라, 就有了, 就去了. <u>又遂也</u>.

就那裏睡了, 게셔 자다, 就便, 곧, 又就便, 드듸여셔 ᄒ다(상동).38)

(29)ㄴ의 『老朴集覽』의 주석에서도 확인된 바와 같이, (28)ㄱ에서의 '드듸여'는 '곧, 즉시'라는 의미로 쓰인 것이다. 이와 같은 16세기의 '드듸여'는 17세기에 간행된 『노걸대언해』에서는 '임의셔'로 대치되어 나타난다. 여기서 '임의셔' 형태는 16세기 초엽의 『번역노걸대』와 『老朴集覽』 등에 '이믜셔'로 일찍이 사용되고 있었으며, 의미 또한 같은 계통의 자료에서 등장하는 '곧, 바로'의 뜻으로 쓰인 '드듸여'와 일치한다.

(30) ㄱ. 一就 : 이믜셔(노박집람, 단자해,8ㄴ),39)

ㄴ. 이믜셔 그 구은 고기 가져오라(<u>就將</u>那燒肉來, 번역박통사,상.6ㄱ),

이믜셔 쟝조처 가져오라(<u>就將</u>, 번역노걸대,상.41).

cf. 一就 : 이믜셔 , 一就 : 홈믜(1657, 어록해_초,23ㄱ).

---

37) 같은 『노걸대』 계통의 후대의 자료에서 동일한 원문은 아래와 같이 번역되어 있다.

(ㄱ) 활과 시위룰 홈믜 사쟈(1790, 몽어노걸대. 6,14ㄴ),

(ㄴ) 활시위 <u>아오로</u> 사쟈. 시위룰 네 任意로 굴희여 사라(청어노걸대.6,20ㄴ).

38) 정광·양오진(2011 : 66)에서 다음과 같이 역주되어 있다.

"'就(취)'는 "즉시"라는 뜻이니 [예를 들면] "就將來,-즉재 가져오라, 就有了-곧 있다, 就去了-곧 가다'와 같다. 또는 '곧, 드디어'의 뜻도 있으니 [예를 들면] "就那裏睡了-곧 그 곳에서 자다, 就便-, 곧, 바로', 또는 "就便-드디어 하다"와 같다".

39) 민현식(1998 : 84)은 "시간어의 어휘사"를 정리하는 자리에서 "이믜셔 그 구은 고기 가져오라(<u>就將</u>那燒肉來, 번역박통사,상.6ㄱ)"의 예를 제시하면서, 여기에 쓰인 형태 '이믜셔'는 직후 미래인 '곧, 즉시'의 뜻으로 쓰인 것으로 파악하였다. 또한 『노걸대』와 『박통사』의 언어에 등장하는 '이믜셔'(一發)와 '홈믜'(一發)의 용법에 대한 자세한 논의는 석주연(2003 : 310-312)을 참조.

이러한 사실을 참고하면, 16세기 초엽의 '드듸여'는 당시의 "곧, 바로, 장차" 등의 의미영역을 갖고 있었던 '이믜셔'와 일종의 유의어를 형성하고 있다.[40] 원래 '드듸여'가 갖고 있던 시간적 계기성에 "곧, 바로" 등의 시간적 인접성 또는 "이어서 곧"과 같은 의미가 첨가된 것이다. 이와 같은 의미의 형성에는 '드듸여'가 쓰이는 앞뒤의 행위 또는 사건을 나타내는 시간적 접속의 맥락에 화자의 주관적 판단이 개입되었다. 중세국어의 시간부사 '이믜셔' 역시 과거 완료적 의미 '已, 旣'에서 가까운 미래 "곧, 바로"로의 의미 추이를 수행하여 왔다. 따라서 후속되는 행위나 사건을 가까운 미래로 지정하는 '드듸여'의 다의와 '이믜셔'는 이 시기에 부분적으로 유의어를 형성하게 된 것이다.

그렇지만, 『번역노걸대』에서 추출한 위의 (20)ㄱ의 예문에서 '이믜셔'와 '드듸여'는 서로 일치하지 않은 의미로 사용되었다. 여기서 '이믜셔'는 '一發'에, '드듸여'는 '就'에 배당되어 있는 것이다. 동일한 원문에 대한 『노걸대언해』의 번역문에서 '一發'은 '훈번의', '就'는 '임의셔'로 교체되어 나타난다. 노걸대와 박통사의 번역문에서 '이믜셔'와 '홈끠'가 사용된 용례들을 관찰한 석주연(2003 : 312)은 『老朴集覽』에서 '一發'에 대한 주석이 '이믜셔'와 '홈끠'로 같이 등록되어 있는 사실을 근거로, 『번역노걸대』에서 '이믜셔'로 쓰인 예문들은 문맥에 따라서 '홈끠'의 부사 형태로 번역되어야 적절하다고

---

40) 중세국어의 시간부사 '이믜셔'의 원래의 의미는 15세기 단계에서는 지나간 과거의 '旣'가 중심이었다. '이믜셔'는 부사 '이믜'(已, 旣)에 존재사 '이시-'(有)의 변이형 '시-'에 부사형 어미 '-어'가 연결된 형태이다(유창돈 1971 : 422).

   (ㄱ) 徒衆올 보내요매 이믜셔 長上이 잇고(送徒旣有長, 1481, 초간, 두시 5.27ㄴ),
   (ㄴ) 이믜셔 世間애 얽미여슈믈 免티 몯홀식(旣未免, 상동.9.22ㄱ).

그러나 이와 같이 과거 완료상을 나타내었던 '이믜셔'의 의미는 16세기 특정한 문헌자료, 즉 『노걸대·박통사』 부류에서부터 '곧, 즉시' 등과 같은 가까운 미래로 전환되어 있다. '이믜셔'가 수행한 과거 완료상으로부터 가까운 미래로의 의미 전환에 대해서는 민현식(1991 : 112-113)을 참고.

지적하였다.

위의 (28)ㄱ의 예문에서 시간명사 '이튿날' 다음에 '드듸여'가 연결되어
선행절에서 행위 다음에 후속되는 계기적 행위에 '즉시, 곧'과 같은 시간적
으로 가까운 미래성을 부여하는 상황적 의미의 파생은 중국어 학습서『노
걸대·박통사』부류 이외의 16세기 후기 자료에서도 출현하고 있다.

> (31) 孔子ㅣ 對ᄒᆞ야 굴ᄋᆞ샤ᄃᆡ 俎豆의 事ᄂᆞᆫ 일즉 드럿거니와 軍旅의 事ᄂᆞᆫ 學
>   디 몯ᄒᆞ얀노이다 ᄒᆞ시고 明日에 <u>드듸여</u> 行ᄒᆞ시다(1590, 논어초.4,1ㄴ).

그러나 16세기 국어의 단계에서 '드듸여'가 문맥에 따라서 환기된 다의
가운데 이와 같은 '즉시, 곧'과 같은 시간적 미래는 19세기로 계승되지 못
한 것 같다. 18세기에 간행된『동문유해』(1748)에서는 '드듸여'에 '즉시'와
같은 의미가 등록되어 있다.

> (32) 就是 : 즉시 ○ 온해, ○又 드듸여(하.47ㄱ),
>   cf. 畢竟 : ᄆᆞ춤내, ○나랑기(하.49ㄱ),
>   到底 : 나죵내, ○지두지(하.49ㄱ).

위의 예에서 표제어 '就是(즉시)'에 대응되는 만주문어의 어휘 'uthai'는
Erich Hauer(1952 : 976)의 만주어사전을 참조하면, 다음과 같은 3가지 다의
를 포함하고 있다. (ㄱ) dann, darauf, danach(그래서, 그런 다음에, 그 후에), (ㄴ)
alsbald, (즉시, 당장에), (ㄷ) also(그러므로, 따라서). 여기서 (ㄱ)은 '드듸여'의 전
형적인 의미 영역인 계기성을, 그리고 (ㄴ)은 우리가 위에서 관찰한 16세
기 '드듸여'의 가까운 시간적 미래를 나타낸다. 특히 '드듸여'에 포괄된 제
3의 (ㄷ) "그러므로, 따라서"의 경우는 선행절에서 야기된 후행절의 명제
를 화자, 즉 담화 구성자가 직접 개입하여 최종적 상황을 주관적으로 판

정하고 결론을 내리는 감정 표출적(expressive) 단계로 발전되어 있음을 가리킨다.

또한, 18세기 중반의 『동문유해』(1748)에서 '드듸여'가 포괄하고 있음직한 최종적인 의미 영역을 대변하는 'ᄆ춤내'(畢竟)와 '나종내'(到底) 등과는 분리된 표제어로 등록되어 있는 사실이 주목된다. 이와 같은 근거로 18세기에서도 부사 '드듸여'는 '즉시'와 같은 가까운 미래를 지시하는 범위에서 유의어 관계를 유지할 수 있었다.

16세기 초엽의 『번역노걸대』의 번역문 가운데에는 원문의 '遂將'에 대한 '튼록'이라는 일종의 부사어가 쓰였는데, 이것은 17세기의 『노걸대언해』에서는 '드듸여'로 대치되어 있다.

(33) ㄱ. 이제 돈 쓰고져 ᄒ야 튼록 내 본디 사 온 졀다악대물 ᄒᆞᆫ 피리 쉬
    다숫 서리오(遂將自己元買到, 번역,하.16ㄴ),
    ㄴ. 이제 돈 쓰고져 ᄒ야 드듸여 내 본디 사온 졀다 악대물 ᄒᆞᆫ 필이
    나히 다숩이오(언해,하.14b).

중세와 근대국어를 통하여 위에서 쓰인 '튼록'의 용례가 더 이상 등장하지 않기 때문에 그 의미를 확인할 수 없다. 그러나 이 부사 형태는 16세기 당시에 '드듸여'(遂)가 획득하고 있었던 다의 가운데 의미 발달의 제3단계인 "마침내, 결국에는"의 의미에 접근했을 것으로 추정한다.[41] 또한, 원문 '遂+將'으로 미루어 보면, "곧, 바로"와 같은 가까운 미래를 나타내는 시간적 계기성도 여기에 부가되었을 것이다.

---

41) 원문 '遂將'에 대한 번역어는 18세기에 간행된『노걸대』계통의 자료에서는 생략되어 있다.
그 대신, 선행절과 후행절 명제의 시간적 및 인과적 접속은 연결어미 '-아/어'와 부사격
조사 '-애'로 전담시키고 있다.

    (ㄱ) 돈을 쓰고져 ᄒ야 ø 제 사온 졀짜 불친물 ᄒᆞᆫ 匹 나히 다숩이오(몽어노걸대, 5.20ㄱ),
    (ㄴ) 돈이 업슴애 ø 제 사셔 가져온 왼편 다리예 印 친 보람잇는(청어노걸대, 6.1ㄱ).

한자어 '遂'에 대한 '드듸여'가 16세기 단계에서 확립되기 이전에 또 다른 형태 '쇠와'가 『경민편언해』(1579)에 출현하고 있다. 그러나 '쇠와'(遂)형은 17세기에 간행된 규장각본(1658)에서는 '드듸여'로 교체되어 있다.

(34) ㄱ. 죠고만 니해롤 둗토와 사와셔 화동티 아니ᄒ야 <u>쇠와</u> 원슈롤 삼ᄂ니(遂爲仇讐, 동경교육대학본, 6ㄱ),

ㄴ. 죠고만 利며 害를 드토와 싸홈ᄒ며 不和ᄒ야 <u>드듸여</u> 仇讐ㅣ 되ᄂ니(규장각본, 4ㄴ).

cf. 人倫大義로 ᄀᆞᆮ치니 <u>드듸여</u> 孝子ㅣ 되고(遂爲孝子, 규장각본, 21ㄱ),

엇기 쉬온 거슨 밧과 집이라 ᄒ대 <u>드듸여</u> 감동ᄒ여 씨ᄃᆞ라(遂感悟, 규장각본, 23ㄴ).

(34)ㄱ의 '쇠와'(遂)와 관련하여 『신증유합』(1576)에 제시된 다음과 같은 '遂'의 새김이 주목된다. 遂 쇠올 슈, 드듸여 슈(하.29ㄴ). 따라서 16세기 후기의 국어에서 '遂'에 대한 의미영역에 동사 '쇠오-'와 부사 '드듸여'가 접근하여 있는 것이다. (26)ㄱ에 쓰인 '쇠와'는 '쇠오-'에 부사형어미 '-아'가 연결된 부사형으로 분석되기 때문에, 이것과 '드듸여'는 같은 품사범주에 속하는 유의어는 아니다.[42]

'드듸여'가 16세기 단계에서 부사로서 '遂'의 의미를 확립하기 이전에, 이 한자어에 대응되는 15세기의 번역 어휘로 '지즈로' 또는 '지즈루'형이 주로 『두시언해』(1481) 부류에 한정되어 쓰이고 있었다. 이와 같은 '지즈로/루'가 포괄하는 당시의 의미는 "因하여, 말미암아, 드디어"(남광우 1997 : 1274)에 해당된다.

─────────────

42) 남성우(2006 : 477-478)는 1580년대 국어의 동의어 연구에서 주로 『소학언해』(1586)에서 원문의 '遂'에 대한 번역어 '드듸여-되다' 구문과 『경민편언해』에서의 '쇠와-삼다' 구문을 대조하고, 두 부사 '드듸여'와 '쇠와'가 동의 관계에 있음을 제시하였다.

(35) ㄱ. 구러뎟ᄂᆞᆫ 버드른 절로 가지 냇도다 지즈로 山陽애셔 글 지수미 잇ᄂᆞ니(遂有山陽作...초간 두시,24.61ㄴ),
ᄠᅳᆮ 알퓌 모딘 버디 누엣거늘 지즈로 文公ᄋᆡ 지블 어두다(遂得文公爐, 상동, 9.18ㄱ),
수프렛 곳고리ᄂᆞᆫ 지즈로 놀애 브르디 아니ᄒᆞᄂᆞ다(林鶯遂不歌, 중간 두시,10.3ㄴ),
ㄴ. 큰 義ᄅᆞᆯ 너피도다 지즈로 縣尹의 ᄆᆞᅀᆞᄆᆞᆯ 보리로소니(因見縣尹心, 초간 두시,6.22ㄱ),
廉頗ㅣ 지즈루 彼敵ᄋᆞᆯ ᄧᅩᄎᆞᆫ ᄃᆞᆺᄒᆞ며(廉頗仍走敵, 상동,5.41ㄴ).

위의 부사 '지즈로/루'는 일찍이 15세기 이두문서에서 '乙因于'와 '乙仍于'로 사용되고 있었다.[43] 이두문자 '乙因于'와 '乙仍于'에는 목적격조사 '-을/를'이 연결되어 있으나, 언해문에서는 그 용법이 발달되어 "(ㄱ) 종결어미, (ㄴ) 주격조사, (ㄷ) 연결어미"에 후접하고 있다. 그렇기 때문에 이러한 쓰임이 오랜 것으로 생각되지만, 국어에서 '지즈로/루'의 구체적인 용법은 16세기 이후의 여타의 문헌자료에는 더 이상 출현하지 않는다.

지금까지 구체적 동작동사 '드듸-'(踏)의 활용형 '드듸여'가 일정한 통사적 환경에서 은유에 의한 연상 인지작용에 의하여 의미의 추상화가 이루

43) 15세기 후기에 작성된 고문서 吏讀文에 등장하는 문자 '乙因于'와 '乙仍于'의 용법을 박성종(2006)에서 해독과 함께 해당 구문을 제시하면 다음과 같다.

(ㄱ) 懇說乙仍于(-올 지즈로, 간절하게 말씀하기 때문에, <金孝蘆繼後禮曺立案>, 1480), (박성종 2006 : 405),
(ㄴ) 請乙仍于(請함으로 인하여, <상동>(박성종 2006 : 406-407),
(ㄷ) 子息迷少乙仍于(자식이 어리고 미혹함으로 말미암아, <金准妻盧氏成化十五年許與文記>, 1479), (박성종 2006 : 610-611).

또한, 校訂『大明律直解』(조선총독부 중추원)의 부록 <吏讀略解>에서 이두문자 '乙仍于'에 대해서 다음과 같은 해설이 첨가되어 있다.

(ㄹ) 乙仍于 : -을지즈로, -을지조로, -을지즈루, "-- 때문에"의 뜻,
乙因于 : -을 지즈로, '乙仍于'와 同義.
(ㅁ) 因于, 因乎 : (音) 지즈로, (義) 1. 그러므로, 이에, 2. --을 근거로 하여, --의 이유로(『吏讀集成』(1937 : 64).

어져 일련의 문법화 단계를 거치게 되었음을 기술하였다. 그리고 문법화가 진행되면서 '드듸여'는 숙주 부류를 확대하여 환유를 거쳐 선행절의 명제를 후행절로 계기적, 인과적, 시간적으로 추론하여 '遂'의 의미 영역에 이르는 부사화 과정을 관찰하였다. 그러면서, 글쓴이는 어떤 내적 그리고 외적 필요성에 의해서 '드듸여'가 문법화를 거쳐 이른바 '遂'의 의미 기능에 부사의 신분으로 접근하게 되었는가 하는 의문을 갖게 되었다.

이러한 궁금증을 해결하기 위한 하나의 방안으로, 중세국어에서 의미 영역 '遂'를 개략적으로 반영하였던 단어들의 유형을 조사하게 된 것이다. 여기서 검토된 '드듸여'와 관련이 있는 유의어(synonyms)인 '투록, 이믜셔, 쇠와, 지즈로' 등은 비록 그 분포가 특정 자료에 국한되어 있었으나 한자어 '遂'가 대변하는 몇 가지 多義의 영역을 적절하게 내포하고 있었다. 그렇기 때문에, '遂'에 해당되는 '드듸여'의 문법화를 특별하게 요구할 필요는 없었을 것으로 보인다. 당시의 화자들이 추구했던 감정 표출 또는 의사전달의 풍부성과 다양성이 일정한 담화 구조와 여기서 환기된 화용론적 추론을 야기한 것이다. 이렇게 '드듸여'(遂)가 문법화를 거쳐 부사 범주에 편입하면서, 여타의 유의어들이 점진적으로 사라지게 된다.

6. 동사어간 '드듸-'(踏)와 부사 '드듸여'(遂)의 형태 분화와 그 원리

6.1. 움라우트 현상과 '드듸-〉듸듸-'(踏)의 지역적 확산

지금까지 우리가 검토한 부사 '드듸여'(遂)의 근원어인 동사어간 '드듸-'(踏)의 19세기 후기 활용 형태들은 기본적으로 큰 변화를 아직 받지 않았던 것으로 보인다. teu-teui-ta, teu-teui-ye, teu-teuin(『한불ᄌ뎐』 1880 : 482). 이러한 사정은 1920년대 서울의 규범적 발음에서도 동일한 모습으로 나타난다. 드듸다(踏, 드듸여, 드듼), 드딀방아, 드딈ㅅ돌(『조선어사전』(총독부), 1920 : 242). 그러나 1930년대 이루어진 최초의 규범집인 『사정한 조선어표준말 모음』(1936 : 32, 조선어학회)에서 전통적인 '드듸-' 대신에 '디디-'형이 선정되어 처음으로 공식적인 선을 보이기 시작하였다.

그리하여 1989년 3월 1일부터 시행된 <한글 맞춤법> 제32항에서 자음 어미와 연결된 어간 '디디-'는 준말 '딛-'(디디고→딛고, 디디지→딛지)의 사용을 허용했으나, 모음어미와 연결된 경우에는 준말의 활용형을 인정하지 않는다(<표준어 규정>의 사정원칙 제16항 참조). 따라서 오늘날 '디디-/딛-'의 활용 일람표(paradigm)는 아래와 같은 규칙적인 일치를 외견상 보인다.

(36) 디디다 디디고 디디지 디딘다 : 디뎌 디뎌라 디뎠다

　　　딛다　딛고　딛지　딛는다 : *디뎌 *디뎌라 *디뎠다

　　　　　　　　　　　　　　　　　(송철의 2008 : 111을 참조).

그러나 표준 발음을 구사하는 화자들의 구어에서나, 대부분의 지역방언에서 모음어미 앞에서도 '딛-'으로 어간의 축소가 이루어졌다(배주채 2008 : 98). '디디-+어→디뎌→[디데]'와 같은 자연스러운 음운현상으로 인하여 화자들이 표면형 [디데]를 '딛-+어'로 재해석함에 따라서 어간의 재구조화가 수행된 것이다. 이러한 변화를 야기한 원래의 '디디-'는 역사적인 형태 '드듸-'에서 직접 계승한 형태일까.

만일 그렇다면, 오늘날의 용언 '디디-/딛-'은 근대국어의 어느 단계에서 '드듸->디디-'로의 음성변화를 수행한 결과로 잠정적으로 가정할 수밖에 없다. 일찍이 김완진(1963/1971)은 움라우트 현상의 기술과 관련하여, 이 동

화작용의 적용조건을 공시적으로 설정하는 자리에서 '드디다(踏)>드듸다>디디다'의 변화를 주목한 바 있다. 김완진(1963/1971 : 19)은 후행하는 '-i'가 순수한 기저의 '-이'로 소급되지 않을 때에는 동화주로서 기능을 하지 못한다는 원칙을 제시하면서, '드듸->디디-'의 움라우트 현상은 "예외" 항목으로 처리하였다. 그리고 이어서 단서 항목으로 '드디어'(期於히)의 경우에는 움라우트가 실현되어 '디디어'라고 발음되는 일이 없다고 지적하였다.44)

이와 같이 움라우트와 관련하여 이루어진 서울말 중심의 공시적 관찰을 바탕으로, 역사적인 용언어간 '드듸-'와, 여기서 문법화를 거쳐 파생된 부사 '드듸여'형이 19세기 전기와 후기에 걸쳐 여러 지역방언들에서 어떠한 모습으로 사용되었는가를 검토할 필요가 있다. 먼저, '드듸->듸듸-'와 같은 음성변화를 수행한 것으로 보이는 개신형이 19세기 중기에 작성된, 격식을 갖춘 한글 편지 글 묶음인『의성김씨 김성일과 종택 한글 간찰』가운데 처음으로 발견된다(최전승 2012 : 331).45)

---

44) 또한, 김완진(1971 : 116-142)은 음운현상에 가해지는 형태론적 제약을 형태음소론의 차원에서 논의하면서 움라우트 현상(i의 역행동화)의 문제점들을 제시하였다. 여기에서도 '드듸->디디-'와 같은 부류의 움라우트 현상에 대한 기본적인 관점이 제시되어 있다. 이 글에서 논의의 전개상, 그 원문의 일부를 아래에 그대로 인용하기로 한다.

"어원상으로 이중모음을 가지고 있는 語詞에서 i의 逆行同化를 보는 일이 있다. 가령 '참외'의 俗形 '차미'에서 '채미' 라는 발음을 듣게 되는 경우가 그 한 예이다. 平安道 방언에서 '여기<여괴', '고기<고괴' 가 '예기, 궤기'(=괴기) 등으로 발음되는 것도 비슷한 예다. 이런 예들에 있어서 i의 역행동화가 가능하다는 것은 形態音素의 차원에서까지 이중모음의 i로의 移行이 완성된 것을 의미한다 할 것이다.
文獻語의 예로서는 '부븨다>비비다, 드듸다>디디다' 같은 것을 둘 수 있겠는데, 둘째 예 '디디다'는 같은 語源에 유래하는 부사 '드듸어'와 軌를 달리하여, 혹은 한 걸음 앞서 이 현상에 말려 든 것도 이상한 일이지만, 현대국어의 音韻論 내지 形態音素論的 처리에 있어서 여러 모로 말썽을 빚는 존재다. 本稿에서도 이 어사에 대하여 여러 모로 검토할 기회가 있을 것이다."(김완진 1971 : 134).

45) <조선후기 한글 간찰(언간)의 역주 연구> 제6권, 『의성김씨 김성일과 종택 한글 간찰』(2009, 한국학 중앙연구원 편)에서 제시된 판독문과 그 주석, 그리고 이 한글편지 묶음을 그대로 영인한『부록』(2009, 『조선후기 한글 간찰(언간) 영인본』 3)에서 추출한 예들이다. 이 편지 묶음에 반영된 19세기 전기 경북 사회방언의 언어적 면모에 대한 부분적 검토는 본서의 제1장을 참조

(37) ㄱ. 답답 넘녀 츈빙(春氷)을 듸딘온 듯 두립습고(1847, 033. 아내→남편
      /김진화, 242),

   ㄴ. 급급 두립ㅅ온 용녀(用慮) 츈빙(春氷)을 듸딘온 듯 아모려나(1848,
      039. 아내→남편/김진화, 272),

   ㄷ. 병환이 나실듯 답답 용녀 츈빙을 듸딘온 듯(1850, 059. 아내→남편/
      김진화, 432),

   ㄹ. 쥬야 울울 두립ㅅ온 용녀 츈빙을 듸딘온 듯(1850, 061. 아내→남편/
      김진화, 447).

이 한글편지 묶음은 19세기 전기에 의성김씨 김성일파 30세손 金鎭華
(1793-1850)를 중심으로 안동에 본가가 있는 가족 간에 주고받은 일련의 가
정사 내용이 주류를 이룬다. 그 가운데 그의 부인인 아내 驪江 李氏(1792-
1862)가 남편 김진화에게 1829년부터 1850년에까지 보낸 한글편지가 모두
60통으로 제일 분량이 많다. 위의 (37) 예문은 1850년대에 여강 이씨가 남편
김진화에게 보내는 편지 글의 일부에서 인용해 온 것이다. 여기에 '드디-'
(踏)에서 변화된 '듸디-'와 같은 표기가 반복되어 확인된다.

그렇다면, 위의 예들은 '드듸->디디-'에 이르는 변화의 중간 단계로 '드
듸->듸듸-'의 음성변화가 19세기 중기에 개입되었음을 뜻하는 것으로 이
해된다. 그리고 (37)의 예들은 이와 같은 과정을 거친 개신형 '듸듸-'가 당
시 안동지역 사대부 집안의 50대 부인의 격식을 차린 편지 글에까지 채용
되어 있다. 그렇다면 개신형 '듸듸-'는 당시의 화자들의 구어와 비격식어와
같은 말의 스타일에서에서 어느 정도 일반화되어 있음을 전제로 한다.

'드듸->듸듸-'와 같은 유형의 변화에 대한 성격을 규명하기 위해서, 『의
성김씨 김성일파 종택 한글 간찰』에 반영된 또 다른 변화 '드리->듸리-'
(獻)의 사용 예들을 제시하면 다음과 같다.

(38) ㄱ. 답빈ᄂᆞᆫ 아니 와ᄉᆞ오니 듸리잔의 못 온듯 ᄒᆞ옵(1948, 041. 아내→남

편/김진화, 286),

ㄴ. 일품 담비 아바님긔 듸리려(1847, 092. 맏며느리→시아버지/김진화,
607),

ㄷ. 누가 미음 한 그랏신들 잡숩게 ᄒ여 듸리올가(상동. 605).46)

현대국어의 입말에서나 지역방언에서 일어나는 '드리->디리-'(獻)의 변
화는 통상적으로 움라우트 현상으로 기술된다. 그러나 위의 예들은 이와
같은 과정에서도 19세기 중기의 단계에서는 '드리->듸리-'와 같은 중간
단계가 존재하였음을 보이고 있다. 따라서 오늘날의 '디리-'형은 이중모음
의 단모음화 '의>이'를 거쳐서 도출되었음이 분명하다. 그렇다면 19세기
중기의 안동방언에 등장하는 '드디->듸디-'의 보기들은 움라우트를 수용
한 피동화음 '으'가 직접 전설 단모음 '이'로 전설화된 것이 아니라, i→iy와
같은 이중모음화를 수행한 것이다.47)

국어사에서 일찍이 16세기의 단계에 '으'의 일차적 움라우트에 적용되어
피동화음 '으'가 이중모음 '의'[iy]로 전환되고, 근대국어에서 '의>이'의 단
모음화를 거쳐 형성된 전형적인 예로 오늘날의 '기러기'(雁)형의 단계적 발

---

46) 19세기 후기 지역방언에서 '드리->듸리-'와 같은 움라우트 실현형들은 넓은 분포 지역
을 나타냈다. 그리하여 그 당시 서울에서 간행된 『독립신문』(1896년 4월 7일부터 1898년
6월 30일까지 조사)에서만 해도 개신형 '듸리-'는 모두 총 41회 사용된 반면에, 움라우트
를 반영하지 않은 보수형 '드리-'의 출현 횟수는 124회이었다.

　학도들이 힘을 다 듸려 다름박질을 ᄒ더라(1897.4.15),
　이젼과 ᄀᆞ치 힘을 아니 듸리고(1897.3.6③),
　머리에 갑스 당긔 듸리고(1897.3.23④),
　물건은 일톄로 문 안으로 듸려 놋코(1897.3.23③),
　목쟝 몰 세필을 듸리라 혹즉 나라 몰을 군슈가 듸리라 ᄒ니 본 군슈의게 듸려 보내
　엿더니(1897.4.29④),
　　cf. '쑤드리->쑤듸리-' :
　　　외국 사롬의게 쑤듸려 맛는거설(196.8.18①).

47) 15세기 이후 19세기 국어와 지역방언에 산발적으로 실현된 역사적 움라우트 현상에서
피동화음이 이중모음으로 실현되는 예들과, 이러한 통시적 음운론적 과정에 대한 해석
은 최전승(1986 : 149-169)을 참조.

달 과정을 제시할 수 있다. 즉, '그력, 그려기>긔려기>기려기>기리기'.48)

이와 같은 사실을 고려하면, 위의 (37) 예문에 실현된 '드듸->듸듸-'(踏)와 같은 개신형들의 존재는 움라우트 현상이 19세기 중기 경북 안동 지역과 사회방언에서 이미 생산적으로 발달하여 있음을 보이는 것이다. 동시에 (37)의 개신형들은 움라우트의 엄격한 개재자음의 제약을 극복하고 있다. 이러한 사실은 공간적으로 움라우트 현상의 일반적인 확산과, 또한 시간적으로 깊은 심층(time depth)을 함축하고 있다. 따라서 이와 같은 움라우트를 거친 변화 유형이 19세기 중기 경북지역에서만 고립되어 출현한 것은 아니었다고 전제한다.

19세기 후기 전라방언의 구어를 반영하는 완판본 고소설 부류들과 신재효의 판소리 사설집에서 우리가 위의 19세기 중기 경북 지역어에서 관찰했던 '드듸->듸듸-'의 변화 형태들이 생산적으로 등장하고 있는 것은 자연스러운 현상이다. 19세기 후기 전라방언에서도 생산적인 움라우트 현상의 공간적 확대와 오랜 시간적 깊이를 보이고 있었기 때문이다.49)

   (39) ㄱ. 압발을 휘여들고 뒷발을 잣듸듸고(완판, 퇴가.18ㄴ),
        두 발은 발감기 흉듯기 듸듸고(판,박.384),
        발부리를 듸듸고(판,변.570), 두 다리를 빗듸듸고(판,변.598),
        cf. 두 다리는 빗드듸고(판,변.570),

---

48) (ㄱ) 鴈王온 그려기라(월석. 7 : 34ㄱ), 雁 그려기 안(1583, 석봉 천자문, 27ㄱ),
    (ㄴ) 鴻 긔려기 홍, 鴈 긔려기 안(1527, 훈몽,上.8ㄴ),
      鴈 긔려기 안(1576, 신증 유합,上.11ㄴ),
    (ㄷ) 기려기 雁(1576, 백련초해,7ㄴ),
      늘근 기려기는 보미 주류믈 견듸여(1632, 중간 두시,8.21ㄱ),
      鴻 기려기 홍, 鴈 기러기 안(1700, 유합영.8ㄱ),
    (ㄹ) 나 ᄀ툰 이룰 기러기톄로 돈니고(1586,소학언해,2.64ㄴ),
      鴈 기러기(1690,역어유해,下.27ㄱ).
49) 19세기 후기 전라방언 자료에 출현하고 있는 움라우트에 대한 기술과 정리는 최전승(1986)을 참고.

ㄴ. 등자 <u>뭇고</u> 션 듯 올나(수절가,상.5s),
　언덕의 압볼 <u>뭇고</u> 물속의 뒷발 너어(완판, 퇴가.30ㄱ),

ㄷ. 불똥 <u>듸된</u> 거름으로(남창, 춘. 70),

ㄹ. 짜의 발을 <u>듸듸지</u> 못ᄒᄂᆞᆫ지라(정사 조웅 3.3ㄱ),

ㅁ. 기암미 안 발퓌게 가만가만 가려 <u>듸더</u> 들어올졔(가람본 신재효 박
　타령, 19ㄴ),

ㅂ. 모친 영을 <u>듸듸여서</u>(수절가,상. 20ㄱ),
　혼번도 문턱박기 발 <u>듸듸여</u> 본 일 업고(가람본 신재효본 박타령.14
　ㄱ; 판.박.346).

　위의 예를 보면 19세기 후기 전라방언에서 쓰였던 동작동사 '드듸-'(踏)
의 활용 일람표는 다음과 같이 추출된다. '듸듸-고, 뭇-고∽듸된∽듸듸-지∽듸
더∽듸듸 여'. 이와 같은 활용형들의 출현은 이 시기의 대중들의 일상어에
서 '드듸->듸듸-'로의 전환, 또는 재구조화가 적극적으로 수행되어 있음을
보여준다. 따라서 (39)의 활용형들은 용언어간에서 이중모음 '의'의 존재만
제외하면, 나중에 단모음화 '의>이'가 수행된 현대국어의 입말 또는 전라
방언에서 사용되고 있는 '딛-/디디-'와 접근하고 있다.

　또한 이 단계에서 '듸듸고>딛고'와 같은 축약이 일어나기 시작한다(39ㄴ).
위의 예들 가운데 (39)ㅁ의 활용형 '듸더'의 경우도 피상적으로 '듸듸-여→
듸더'의 축약 과정으로 보인다. 그러나 이러한 축약에 참여한 음운론적 원
리를 적절하게 설명하기 어렵다. 19세기 후기의 단계에서 '드듸-'의 어간이
활용 일람표 체계의 압력을 받아 이미 부분적으로 축약형 '딛-'으로 바꿔
지고 있었다고 판단하는 것이 더 합리적이다. 따라서 '듸더'의 출현은 축약
형 어간 '딛-+-어'의 결과이고, (39)ㄷ에서 관형사형 '듸된'의 경우는 아직
축약이 이루어지지 않은 '듸듸-+(으)ㄴ'의 결합으로 볼 수 있다.

　19세기 후기 전라방언에서 추출된 (39)에서와 같은 활용형들에 비하여,
거의 동일한 시기의 서울말 중심의 『한불ᄌᆞ뎐』(1880 : 482)에서 이 용언어간

은 다음과 같은 선동적인 활용 일람표로 제시되어 있음은 앞에서 언급한 바 있다. 즉, teu-teui-ta(드듸-다)∽teu-teui-ye(드듸-여)∽teu-teuin(드듼). 이와 같은 보수적인 활용 형태들이 Gale의 『한영ᄌ뎐』(1987 : 648)에서도 그대로 반복되어 있다.

Gale의 사전에 방언형으로 표시된 '듸듸', 履(shoes, see 신발, 656쪽) 항목이 등록되어 있는 사실이 특이하다. 이 형태는 나중에 『큰사전』(1947 : 936, 한글학회)에서 '디디미'로 나와 있는데, '신발'에 해당하는 심마니의 말이라는 해설이 첨부되어 있다. 이러한 표제어로 유추하면, 19세기 후기에 만들어진 심마니들의 은어인 '듸듸'형에도 역시 용언 '드듸->듸듸-'(踏)의 변화가 적용되어 있는 셈이다. 이 시기의 규범적인 표제어 '드듸-' 활용형 가운데에서도 위의 두 사전 부류에는 '벗듸듸다' 항목과 그 활용형들이 동시에 개재되어 있다. 이와 같은 사실은 당시의 구어에서 '드듸-'의 활용형들은 그 모습이 실제로는 상이하였음을 보인다.

(40) ㄱ. 벗듸듸다, pet-teui-teui-ta, -teui-ye, -teuin,
　　　벗듸듸여 기ᄃ리다(『한불ᄌ뎐』 1880 : 318),
　　　벗듸듸다(距踏, 막을-거, 붋을-답), -듸듸여, -듸듼(『한영ᄌ뎐』 1897 : 410)
　　ㄴ. 헷듸듸다 : 듸듸여; 듸듼→to make a false step; to slip(『한영ᄌ뎐』 1897 : 133).

19세기 후기 중부방언에서 확인된 이와 같은 '(벗/헷)듸듸-'의 활용형들은 규범적인 '드듸-'의 그것들과 다른 이야기를 하고 있다. 움라우트를 수용한 이 단어는 우리가 이 시기의 전라방언에서 관찰하였던 '듸듸-'(踏)의 활용형들에 어느 정도 접근하여 있기 때문이다.50) 그렇다면 규범적인 사전

---

50) 이와 같은 '벗드듸->벗듸듸-' 등의 변화는 20세기 초엽의 신소설 부류에도 지속되어 나

부류가 아닌 19세기 후기 중부방언에서 이 동작동사의 활용형들은 어떠한
발달 단계를 구체적으로 보이고 있는가를 검토해 볼 필요가 있다.

(41) ㄱ. 아모더를 듸듸여도 검은 진흙이... 발자국을 임의로 듸듸일 슈가
업눈지라(독립신문,1897.2.2.①),

ㄴ. ᄌ근 즘싱은 듸듸여 죽게 되논지라(삼설기, 노셤 샹좌기, 27,三,22ㄱ),
늙으니롤 몰나 보고 듸듸고 단니니(상동. 27,三,26ㄴ),

ㄷ. 현긔증이 나셔 발을 헷듸듸면 왼몸이 ᄲᅡ지는 거술(1895, 천로역정,
상.11ㄱ).

위의 예들을 보면, 19세기 후기 중부방언에서도 '드듸->듸듸-'(踏)로의
변화가 격식어의 차원에 부분적으로 수용되어 있다. 그러나 그 당시의 구
어에서 개신형 '듸듸-'가 막강한 세역으로 확산되어가는 과정에 있었음을
1920년대 권덕규의 문법서 『조선어문경위』(1923)에 제시되어 있는 아래와
같은 예문에서 확인할 수 있다.

(42) ㄱ. 파리가 어떤 놈은 앉어서 뒤ㅅ발로 듸이고 앞발을 싹싹 부비는....
또 어떤 놈은 앉어서 앞발로 듸이고 뒤ㅅ발을 싹싹 부비는 것이
있으니(제17과 44쪽),

ㄴ. 대숲으로 들어가아 沙伐沙伐한지라. 듸이어 방언이 되니(132쪽).

지금까지 우리가 관찰한 '드듸->듸듸-'의 변화와 그 확산의 방향을 보
면, 1930년대에는 서울말에서도 개신형 '디디-'(踏)형이 드디어 보수형 '드
디-'를 누르고 표준어 사정에서 선택된 것은 우연하고, 갑작스러운 일은
아니었음을 알 수 있다.

타난다.

(ㄱ) 발을 뒤로 벗듸듸고 평싱 긔운을 다 쓰니(1912, 고목화(상),70),

(ㄴ) 발을 문박그로 다시 넙더듸듸더니(1912, 재봉춘,135).

6.2. 부사 '드듸여〉듸듸여〉디디어-'(遂)의 변화와, 움라우트 실현의 어휘적 개별성

현대국어에서 용언 '디디-/딛-'은 개신형이 표준어의 지위에까지 올라와 있으나, 여기서 파생된 부사 '드듸여'는 피상적으로 보면 움라우트와 전혀 관련이 없는 것처럼 보인다. 그리하여, 이미 언급한 바와 같이, 김완진 (1963/1971 : 19)에서 부사 '드듸어'형에는 움라우트가 실현되어 '디디어'로 발음되는 적이 없다는 지적이 가능하였다. 그렇다면, 동일한 음성 조건에서 근원어인 용언 '드듸-'는 움라우트와 같은 음성변화를 19세기 어느 단계에서 수용한 반면에, 여기서 문법화를 수행하여 온 부사 '드듸어'(遂)는 그러한 변화가 면제되었다는 사실은 음성변화의 측면에서 쉽게 이해할 수 없다. 용언어간 '드듸->듸듸->디디-'와 같은 음성변화가 가능했다면, 현대국어에서 부사 '드듸여'에서도 보조를 맞추어 동일한 과정을 보이는 *'드듸여〉듸듸여〉디디여'의 변화가 어떤 근거로 수용되지 않았을까.

이와 같은 관점에서, 근대국어의 마지막 단계인 19세기 후기의 다양한 지역방언들에서 부사 '드듸여'의 쓰임을 움라우트의 실현과 관련하여 살펴보면 아래와 같다.

(43) ㄱ. 깃부물 이긔지 못ᄒᆞ야 <u>듸듸여</u> 죠군알피 분향ᄒᆞ고(1881,죠군령젹지.14ㄱ),

ㄴ. 원두한을 도지(賭地)쥬고 <u>듸듸여</u> 원방(遠方)의 가셔(1885,이수정譯 신약마가 12 : 1),
　　cf. --도라 오리라 ᄒᆞ고 드듸여 잡아 죽여(상동. 12 : 8),

ㄷ. 젼 대신 안경슈씨가 <u>듸듸여</u> 뜻 ᄒᆞ기 젼 ᄒᆞ두 사롬으로 더부러(독립신문, 1897.2.6),
　　일이 탈노 되겟는 고로 졍가가 <u>듸듸여</u> 식칼을 집어(상동.1897. 2.13. ④).

위의 예들을 보면 지금까지의 예상과는 달리, 용언어간에서 수행되었던 '드듸->듸듸-'(踏)의 음성변화, 즉 움라우트가 부분적으로 부사 형태에도 실현되어 있다. 종래의 19세기 후기 국어의 고찰에서 당시 모음체계의 확립과 관련하여 (43)ㄱ의 '듸듸여'(遂)형이 예전에도 각별한 주목을 받은 바 있다(이병근 1970).51) 여기서 '드듸여>듸듸여'와 같은 움라우트의 실현형이 문헌어에 반영되어 있다는 것은 두 가지의 사실을 함축하고 있다.

하나는 19세기 후기의 중부방언의 비격식어에는 움라우트 현상이 상당한 수준으로 확대되어 있다는 전제이다. 다른 하나는 움라우트 실현형 '듸듸여'의 등장은 동화주와 개재자음의 측면에서 이보다 훨씬 위계가 낮은 다른 단어들에 적용될 수 있는 움라우트 실현형들이 이 시기에 잠재적으로 사용되고 있었을 가능성을 제시한다.52)

---

51) 모음체계와 관련하여 움라우트에 대한 이병근(1970)의 이해는 이중모음의 단모음화가 이루어진 다음에 가능하였던 음운론적 과정이었다. 이기문(1972 : 167)을 참조. 이병근 (1970)은 19세기 후기에 간행된 간본 자료를 중심으로 다양한 움라우트의 용례를 추출하면서 여기에 포함된 '듸듸여'에 대하여 다음과 같이 언급하였다.

"-- '듸듸여'는 문헌상에서 더욱 드문 경우인데, 이는 'ㅡ'의 움라우트가 결국 모음들 가운데서 가장 강력하였던 'ㅣ'에 흡수되어 버린다는 사실과, ㅟ>ㅌ>ㅣ 등의 'ㅢ' 기피 현상(예. 쮜->픠->피-, 發)을 미루어 생각하면 쉽사리 이해가 될 줄 안다. 즉 직접적인 움라우트에 속하는 예가 아니고 '듸>디'의 과정이 제2음절과 제1음절에서 차례로 있었던 것이라고 볼 수 있다."(382쪽).

52) 그리하여 19세기 후기 전형적인 간본 중심의 자료에 아래와 같은 움라우트의 실현형들도 등장하고 있다.

(ㄱ) 텬하슈를 자바 뎡계다가(1883, 관성제군명성경언해,16ㄴ).
(ㄴ) 한나라 한자를 더 식계 드리니(상동. 刻, 18ㄱ),
    cf. 나모 식긴 거(상동. 28ㄴ).

위의 예에서 '뎡계'는 움라우트와 이중모음 yə>e의 변화를 순차적으로 수용하여 왔거나, 아니면 그 반대의 순서로 적용된 연대기적 사실을 보이는 것이다. 즉, 시간적으로 먼저 움라우트에 의하여 '당겨>뎡겨', 그 다음 자음 앞 이중모음 yə>e의 변화에 의하여 '뎡겨>뎡계'. 또는 근대국어의 이른 단계에서 먼저 자음 앞 yə>yəy의 변화에 의해서 '당겨>당계, 그 다음 움라우트를 거쳐서 '당계>뎡계'가 형성되고 끝으로 여기에 yə>e의 변화.
이와 같은 움라우트와 자음 앞 이중모음 yə>e의 상대적 적용 순서를 반영하는 예들은 그리하여 19세기 후기에 산행된 『독립신문』과 『매일신문』의 언어에 부사로 이행되기 이전의 용언의 성격을 유지하고 있는 의고적 단계를 보여주는 '드듸여'의 쓰임에 움라우트를 수용한 '듸듸여'형이 적극적으로 등장하고 있다(§3.2에서 예문 9의 일부도 아울러 참조).

> (44) ㄱ. 아라샤 ㅅ관등의 청원 홈을 듸듸여 홍인문 출입 ᄒᆞᆫ눈디(1897.10.5),
>   샹민 빅경삼의 청원셔를 듸듸여 가사리 회샤를 인가 ᄒᆞ엿스니
>   (1897.2.11③),
>   --보앗노라고 ᄒᆞᆫ는 말을 듸듸여 북셔에셔 쟝가를 잡아(1897.4.29③),
>   군부에셔 대뎌쟝 리겸졔씨의 보고를 듸듸여 지령 ᄒᆞ기를(1897.1.16③),
>   겨을을 만나 공역을 듸듸여 멈물너(1897.2.13②),
>   경무쳥 영을 듸듸여 요샤훈 귀신 화샹들을 금 ᄒᆞᆫ는디(1896.6.4②).
> ㄴ. 니부 공찰을 듸듸여 보내엿눈디 보지 안이ᄒᆞ고(매일신문, 1898.
>   9.8,4),
>   판찰ㅅ 보고를 듸듸여 면본관 ᄒᆞ엿숩더니(상동.1898.8.19,2),
>   관찰ㅅ가 그 사샹을 듸듸여 니부에 보고 ᄒᆞ얏고(상동.9.23,3).

위와 같은 예들의 구체적인 용법을 참고하면, 19세기 후기 중부방언에서도 '드듸여>듸듸여'와 같은 움라우트 현상이 용언 '드듸-'(踏)의 경우와 마찬가지로 실현되어 있음을 알 수 있다. 또한, 이 시기의 전라방언에서 움라우트 현상이 중부방언의 경우보다 한 단계 더 확산되어 있었다. 이러한 근거로, 19세기 후기 전라방언 자료에서 움라우트를 수용한 부사어 '드듸여>듸듸여'(遂)의 변화가 빈번하게 출현하고 있는 것은 당연히 예측되는 현상이다.[53]

19세기 후기 전라방언 자료에서도 쉽게 찾을 수 있다.

　(ㄷ) 셩에도 곱게 ᄒᆞ고(喪輿, 장자백 창본, 춘향가. 23ㄴ),
　　조촐한 셩예 우의(수절가,하.34ㄱ),
　　　cf. 샹예를(판,박.434).
53) 또한, 21세기 세종계획 <한민족언어 정보화>에 속한 "역사어휘자료"를 검색하면 19세기

(45) 엇지 천명이 안이랴 ᄒ거날 <u>듸듸여</u> 한신을 죽기더라(완판, 초한,하.44ㄱ),
　　　 자경의 말이 올토다 하고 <u>듸듸여</u> 잔치을 비셜하야(완판, 화룡.83ㄱ),
　　　 것짓 허락ᄒᆫ 말이로다 ᄒ고 <u>듸듸여</u> 장ᄒ 졔장의게 문왈(상동.76ㄱ),
　　　 --ᄒ고 <u>듸듸여</u> 법졍을 보너라 하더니(완판, 삼국지.4,15ㄱ),
　　　 --ᄒ고 <u>듸듸여</u> 회군ᄒ야(상동.3.17ㄱ),
　　　 --ᄒ고 <u>듸듸여</u> 장비를 불너(상동.3.22ㄴ).

　　 19세기 후기 전라방언을 반영하는 완판본 고소설과 신재효의 판소리 사
설집과는 자료의 성격이 기본적으로 상이하지만, 20세기 초엽 전남 고흥에
서 간행된 것으로 추정되는 중간본『여사서언해』의 언어에도 위의 (45)의
예들과 같은 '드듸여>듸듸여'(※)의 예들이 등장하고 있다. 중간본『여사서
언해』에 반영된 당시의 언어의 모습이 완판본 고소설 부류에서 관찰된 19
세기 후기 전라방언의 특질을 그대로 나타내고 있음을 생각할 때, 아래의
예들 역시 이 지역어에서 보편적인 음운론적 과정을 나타내는 것이다(최전
승 2004 : 532).

(46) ㄱ. 밀이 감동ᄒ야 울어 <u>듸듸여</u> 큰 션비를 일위니라(4.31ㄴ),
　　　 ㄴ. 인군을 발우어 군사 다흠을 <u>듸듸여</u> 근치니라(4.52ㄱ),
　　　 ㄷ. 너로써 아니 홈이 가ᄒ다 ᄒ고 <u>듸듸여</u> 시집 보너니(4.41ㄴ),
　　　 ㄹ. 쥬례 글이 쇠잔ᄒ야 <u>듸듸여</u> 그 학을 일은지라(4.52ㄴ),
　　　 ㅁ. 긔셰가 셩ᄒ야 도라 보아 꺼린 바 업다가 <u>듸듸여</u> 망흠을 일위니

　　 필사본 고소설 부류에서도 부사 '드듸여>듸듸여'의 변화가 적용되어 나타난다. 그러나 아
래에 추출된 몇 가지 자료들에 대한 글쓴이의 직접적인 확인은 이루어지지 못하였다.
　　 (ㄱ) 귀신이 밋지 못 ᄒ리소이다 ᄒ고 <u>듸듸여</u> 본국 병마을 거나려 가아니(김희경젼,
　　　　 266),
　　　　 --아니 ᄒ시오릿가 ᄒ고 <u>듸듸여</u> 궐하에 나아가(상동.284),
　　 (ㄴ) 놀나믈 마지 아니 ᄒ고 <u>듸듸여</u> 웃고 왈(권용션젼.73),
　　 (ㄷ) 현비논 과려치 말나 <u>듸듸여</u> 황후 타실 위의롤 드리시니(소현셩녹 5.99ㄴ),
　　　　 명을 엇지 거녁ᄒ리오 <u>듸듸여</u> 셰명의 죽엄을 ᄎ조 쥬니(상동.5.107ㄱ),
　　 (ㄹ) 엇지 감히 상좌을 당ᄒ오릿가 하며 <u>듸듸여</u> 말셕에 졍좌ᄒ니(녀즁호걸.103).

(2.56ㄴ).

　지금까지의 예들을 조감해 보면, 부사 '드듸여'에 적용된 움라우트 현상
은 19세기 후기의 단계에서 남부와 중부방언에 걸쳐 동작동사의 어간 '드
듸->듸듸-'와 거의 비슷한 수준으로 확대되어 있었던 것이 분명하다. 그
당시 전개된 움라우트의 전개와 확산 과정에서 남부에 못지않은 강도를
보여주었던 19세기 후기 북부방언에서는 '드듸여>듸듸여'의 변화에서 이중
모음의 단모음화와 관련하여 한 단계 진보된 형태인 '디디여'를 보이고 있
다. 아래의 예들은 19세기 후기 평안방언을 반영하고 있는 Ross본『예수
성교젼셔』(1887)에서 추려온 것이다.

(47) ㄱ. 십지틀에 붓티게 ᄒ니 디디여 ᄭ을고 가다라(요한,19 : 17),
　　 ㄴ. 시긴 즉 키리쓰토라 디디여 인도ᄒ여 예수의게 가니(요한,1 : 42),
　　 ㄷ. 올니기롤 의논ᄒ고 디디여 ᄯ글 버려(뎨자,27 : 40).
　　 cf. 거긔 잇지 안으물 보고 드디여 비에 올나(요한,6 : 24),
　　　　 우리롤 갈아칠나ᄂ냐 ᄒ고 드디여 닉 쫏더라(요한,9 : 34).

　『예수성교젼셔』(1887)의 언어에서 이중모음 '의'는 대부분 단모음화되어
'이'로 나타난다. 그리하여 우리가 § 6.1의 예문 (38)에서 관찰하였던 '드리->
듸리-'(獻)와 같은 움라우트 실현형에서나 기원적으로 '-의'를 유지하고 있
던 단어들에도 이중모음화를 거쳐 단모음화를 밟은 형태로 출현한다.54) 딕

_____

54) Ross본『예수성교젼셔』에서 '으'의 움라우트 실현형들은 대부분 '의'를 거치고 단모음화
　　되어 나타난다.
　　(ㄱ) 글옷슬 디리지 말고(로마서 6 : 13), 방빅의게 디리고(제자힝젹 23 : 32), 영에 ᄭᆯ
　　　　어 딜여(제자 22 : 24),
　　　　키리쓰토의게 딜이니라(코린.후 11 : 2), 몸올 쥬의게 들이고..디리물 볼지니(코
　　　　린.후 8 : 13).
　　(ㄴ) 집분올 맛티미니(맛틈+이니, 코린.젼 9 : 17).

글(<틔글, 塵) : 오슬 버스며 딕글올 공중에 헷치는디(뎨자,22 : 23), 헌디(<헌듸) : 모딜고 독흔 헌디가 나고(묵시록,16 : 3), 찌(<쯰, 帶) : 스사로 찌롤 찌고 임으로 쥬류ᄒ되 (요한,21 : 18), 티(<틔) : 티와 허물 되어(베드로 후서,2 : 13). 『예수셩교젼셔』(1887)를 중심으로 19세기 후기 서북방언의 모음체계를 고찰한 최임식(1994 : 44)은 자음 앞에서 '의>이'의 단모음화는 서북방언에서 상당히 이른 시기에 일어난 변화로 간주한 바 있다. 그리고 그는 이 방언 자료에 출현하는 '디디여' (遂)를 19세기 후기에 생산적으로 적용된 움라우트 현상에 적용을 받아서 '드듸여>드디여>디디여'와 같은 과정을 거친 유형인 것으로 파악하였다 (1994 : 45).

19세기 후기 서북방언에 등장하는 움라우트 실현형 '디디여'의 예들에 비추어, 우리가 지금까지 관찰해온 동작동사 '드듸->듸듸-'(踏)와, 여기서 문법화를 거쳐 발달된 부사 '드듸여>듸듸여'(遂)가 밟아 온 특이한 변화와 관련된 몇 가지의 문제를 다시 음미해 볼 필요가 있다.

첫째, 19세기의 자료에 생산적으로 나타나는 용언 '드듸->듸듸-'와 부사 '드듸여>듸듸여'에서 움라우트의 동화주 '-의'의 표기 문제이다. 이와 같은 움라우트 현상의 실제적 동화주는 19세기 중기의 안동 사회방언에서나(§6.1에서 예문 37), 그 이후의 여타의 19세기 후기의 남부와 중부방언에서도 단모음 '이'일 수밖에 없다. 이 시기에 이중모음 '의'는 선행하는 자음의 유형 또는 음절의 위치 등과 같은 음성 조건에 따라서 일정하지는 않지만, 부단히 단모음화를 수행하여 왔다. 그러나 당시의 모음체계에서 이중모음 /iy/

이러한 과정은 『예수셩교젼셔』(1887)을 선행하는 Ross 목사의 일련의 다른 저작물인 초역본 『누가복음』(1882)에서와, *Corean Primer*(1877)에도 동일하게 나타난다.

(ㄷ) 쥬게 디리고(초역 누가 2 : 23),
    제물을 디리넌데(초역 누가 2 : 24).
(ㄹ) 집안으로 딜여 오시(Primer, 48),
    cf. 집안으로 지려 오나라(Speech, 32).

의 신분은 그대로 유지되었기 때문에, 움라우트 과정에서 '으'의 피동화음은 특히 어두음절 위치에서 '의'로 실현되었을 가능성이 높다.55) 따라서 지금까지 우리가 19세기 후기의 다양한 자료에서 관찰한 동작동사의 '듸듸-'와, 부사 '듸듸여'의 두 번째 음절의 동화주 '의'는 당시의 보수적인 표기와는 달리 실제로는 단모음 [i]였을 것이다.56)

19세기 후기에 확산되어 있었던 움라우트 현상의 생산성과 적극적인 힘, 그리고 해당 단어들이 화자들에 의해서 보유하고 있었던 사용 빈도와 친숙도 등과 같은 외적 요인이 이중모음의 단모음화를 거친 이차적인 '이'도 이러한 동화과정에 참여시키게 기여했을 것이다.

둘째, 용언어간 '드듸->듸듸-'와 부사어 '드듸여>듸듸여'의 변화가 움라우트 현상과 관련된 것이라면, 개재자음 'ㄷ'이 제기하는 문제이다.

통상적으로 움라우트를 저지하는 설정성 개재자음 'ㅅ, ㅈ, ㅊ, ㄴ' 가운데(김완진 1963/1971 : 19) 치조 파열음 'ㄷ'의 위계가 매우 높기 때문이다. 그러나 움라우트가 확대되어 있던 19세기 후기의 남부와 중부방언, 그리고 중부방언에서는 부분적으로 그 실현 강도와 어휘적 특질에 따라서 이러한 제약이 극복되어 나타나는 사례가 등장하고 있다.57) 19세기 후기 서북방언

---

55) 19세기 중엽의 『의성김씨 김성일파 종택 한글 간찰』의 한글편지 가운데에서도 '그리우 ->긔리우-'(慕)의 움라우트와 축약 과정을 거친 '긔루-'형에서 제1음절 위치에서 '의>이'의 단모음화가 적용되어 있다.

　　무산 체로 일싱 나무 뒤만 기루시며 그럴지라도(1850, 098. 맏며느리→시아버지).
　　cf. ㄱ. 긔루다 만난 임(신재효의 "방이 打令", 686),
　　　　 긔루던 회포(심청,하.35ㄱ),
　　　ㄴ. 임도 날을 기루련만(수절가,하.1ㄴ),
　　　　 도련임도 날과 갓치 기루신지(수절가,상.40ㄴ).

56) 움라우트와 관련하여 동화주 [i]에 대한 보수적인 표기는 오늘날의 관습에서도 쉽게 찾을 수 있다. 예를 들면, 『千字文 資料集』(지방 천자문 편, 이기문 외. 1995 : 91)에서 '爻'에 대한 서로 다른 지역어에서 사용되는 새김 가운데, '새길 교'(하동, 마산)와 함께 '새귈 교'(제주 애월)가 수집되어 있다. '사귀-'(爻)의 움라우트 실현형은 먼저 비어두 음절 위치에서 '-위>-이'와 같은 비원순화가 이루어진 다음에 가능하였을 것이다.

에서 '쑤드리->쑤듸리-'의 변화와 관련되어 있을 것 같은 '쒸디(리)-'와 같은 방언형도 이러한 범주에 귀속된다. 그렇지만, 동작동사 '드듸->듸듸->디디-'(踏)의 경우에는 한정된 분포를 갖고 있는 다른 여타의 지역 방언형들과는 달리 19세기 후기의 지역방언을 거쳐 전역으로 확산되어 1930년대 현대국어의 규범어로 수용되는 원리는 여기서 쉽게 규명하기 어렵다.

(48) ㄱ. 문을 쒸딘 즉(1882, 초역 누가 11 : 9),
    쒸디넌 쟈(초역 누가 11 : 9),
    문을 쒸딜면(초역 누가 12 : 36),
ㄴ. 문올 쒸지는 쟈는 열닐지니라(1887, 예수성교.누가,11 : 10),
    문올 쒸진 즉 열어 주리니(상동.누가,11 : 9).

셋째, 지금까지 우리가 제시한 19세기 후기의 지역방언과, 20세기 초반에서 부사 '드듸여'에서 일어난 움라우트의 실현형들이 동작동사 '드듸->듸듸-'의 경우보다 더 확대되어 있음을 알 수 있다. 이러한 사실에도 불구

---

57) 19세기 후기 전라방언 자료에서 움라우트를 저지시키는 설정성 개재자음을 보유하고 있는 일정한 단어들은 그 사용 빈도수나, 언중들과의 친숙성으로 인하여 움라우트를 적용시킨 예들이 출현하고 있다.

(ㄱ) 웬슈, 웬수(怨讐), (ㄴ) 쇠쥬, 쇠주(燒酒), (ㄷ) 왼셩(穩城), (ㅁ) 미디(節).

이와 같은 개재자음의 제약을 극복하고 있는 움라우트 실현형들은 그 적용 범위를 확산시켜 19세기 후반의 서울말에까지 분포되어 있었다(최전승 2004 : 73).

(ㅂ) 딘츄(한영ᄌ뎐, Gale, 1897 : 644),
(ㅅ) 투젼>튀젼(投錢) : 우리가 노름 ᄒ거시 아니라 쇼일노 튀젼을 하여 보았다고(독립신문 1권 42호),
    튀젼 ᄒ는 사롬 잇스면(상동).
cf. 투졍>튀졍 : 져 아희가 발 구르고 밥 튀졍헌다(1884, 재간 교린수지 4.7ㄱ),
    붓드막에 안저서 밥 튀졍하다가 죽엇다네(조선일보, 1934년 3월 23일 4면),
    잠투세, 잠튀졍(김태균 1986, 함북방언사전, 423),
죠션>되션(朝鮮) : 되션은 디여슷 가지 입쌀 난다(Corean Primer, 64),
    되션 쇼를(doeshun, 상동. 64), 되션 사람(상동. 72).

하고, 현대국어에서 부사 '드듸여>듸듸여>디디여'의 발달은 그대로 계승되어 수용되지 않았다. 1930년대 『사정한 조선어 표준말 모음』(1936, 조선어학회)에서 동작동사 '드듸-'의 후속형은 표준어로 수용되었으나, 이와는 대조적으로 부사 '드듸여'의 후속형들에 대한 언급은 찾을 수 없다. 나중에 보강된 『큰사전』(1947 : 912)에서도 표제어 '드디어'만 등록되어 있을 뿐이다.

그리하여 오늘날 동작동사 '디디-/딛-'과 부사 '드디어'는 형태적으로 분화되어 버린 셈이지만, 음성변화의 진로와 관련하여 쉽게 이해되지 않는다. 1930년대의 언어정책(형태소의 분화 원리)이 여기에 개입되어 부사 '드디어'의 19세기의 발달의 지속적인 방향을 저지시킨 것이다.

7. 결론과 논의

7.1. 지금까지 우리가 논의한 오늘날의 '드디어'(遂)가 역사적으로 밟아온 발달의 경로를 정리하면 다음과 같다.

(1) 15세기 국어 전후의 시기 : 구상동사 '드듸-'(踏)의 부사형 '드듸여'가 특정한 맥락에서 인지적 유추 또는 은유를 거쳐 의미가 추상화되어 구상성이 제거된다. 이 단계를 '드듸여'의 제1단계 발달이라고 보았으며, 중세 자료의 주로 구결문에서 한자어 '躡'에 대응되어 있었다. 제1단계의 발달, 즉 은유화에서 파생된 의미는 근원동사의 의미에 기초하여 "NP를 이어받아서, --를 근거하여"에서 더욱 일반화되어 목적격조사가 생략되거나, 처소격 조사로 대치되기도 한다. 즉, "NP+에 따라서".

이 단계에서 '드듸여'는 여전히 용언적 속성을 유지하고 있으나, 관용적 표현의 일반화를 통해서 어간과 어미의 형태소 경계는 약화되어 하나의 단위로 융합되어 버린 것으로 판단된다. 이와 같은 용법은 15세기에 吏讀 文에서도 확대되어 있었으나, '드듸여'의 기능의 점진적인 변화로 16세기부터 문헌자료에 더 이상 출현하지 않는다. 그러나 19세기 후기 일부의 신문 언어에서 이와 같은 용법이 재등장하였지만, 20세기 국어로 계승되지 않고, 단절되어 버린다.

(2) 16세기 국어 : 이 시기의 후반기에 '드듸여'는 용언범주에서 부사범주로 탈범주화가 완료되었다. 동시에 '드듸여'는 하나의 단어로 단일어화된 것으로 보인다. 여기서 '드듸여'는 주로 구결문의 한자어 '遂'에 대응되는 번역어로 전담되었다. '드듸여'의 의미와 그 기능이 용언적인 [蹋]에서 파생부사 [遂]로 부사화가 이루어지는 과정을 제2단계의 발달로 파악하였다.

이와 같은 부사화 과성의 발단은 15세기 국어에서부터 부분적으로 마련된 것이었다. '드듸여'가 같은 문장 내에서 목적어의 직접 지배를 이탈하여 후행절로 자리 이동하여 이번에는 선행절의 명제를 이어 받게 되는 것이다. 그 통사적 구성은 대략 다음과 같다. "선행절의 명제-연결어미+후행절-드듸여". 이러한 현상은 '드듸여'의 출현 환경을 단순한 추상명사에서 선행절로 확대시키는 생산성에 기여한 것이었다. 당시 화자들의 화용론적 연상기능, 또는 추론의 창조적 확대에서 기인되었을 것으로 해석하였다.

'드듸여'가 후행절로 이동하게 되면서 원래 후행절의 용언과 복합용언 구성을 이루게 되는 결과가 형성된다. 그러나 선행절의 명제를 이어 받는 계기성과, 여기서 파생되는 시간적 및 인과적 결과성을 대변하는 '드듸여'는 점진적으로 용언적 기능이 점진적으로 약화되면서 해당 용언을 한정하는 수식의 기능이 강화되었다.

부사 '드듸여'의 초기 단계에서 이 형태는 선행 명제의 [계기성]이라는 기본적 의미를 보유하고 있었으나, 구체적으로 실현되는 구체적인 화용적 의미는 선행절의 연결어미가 실현시키는 의미 기능에 따른 상황적 의존성이 강했을 것으로 추정하였다. 이 시기에 사용되었던 '드듸여'의 용법은 연결어미의 유형과 선행 명제의 의미 속성에 따라서 [시간적 계기성]→[원인과 결과의 계기성]→[최종적 결과로의 초점 이동성] 등의 多義를 화용적 의미로 형성하였다.

(3) 17세기 국어 : 초반기에서부터 종래의 상황 의존적인 '드듸여'는 후속되는 문장의 문두 위치에 출현함으로써 자체적으로 독립된 부사 항목으로 발달하기 시작한다. 이러한 통사적 환경의 구체적인 출발은 인용절의 '-ᄒᆞ고'의 탈락에서부터 발견된다. '드듸여'의 문두 위치의 이와 같은 출현은 부사로서 '드듸여'의 의미 기능에 새로운 전환이 이루어졌음을 뜻하는 제3단계의 발달로 설정한다. 또한 문두의 '드듸여'가 동일 문장 내에서 주어와 도치됨으로써 용언을 한정하는 성분부사로서의 기능이 강화되었다.

이 시기의 문헌자료에서 '드듸여'는 역시 한자어 '遂'의 대응어로 번역되어 이전 시기에 확립된 화용적 의미를 다의로 포용하고 있다. 그러나 이제는 '드듸여'가 선행절 연결어미의 의미로부터 독립하여 계기성에 근거한 시간적, 인과적으로 추론된 화용적 다의를 의미론적 의미로 재구조화시킨 것이다. 그리고 이어서 개입된 환유화에 의하여 계기적 사건의 결과로 초점이 강화되었으며, 그러한 결과를 바라보는 담화 구성자인 화자의 감정과 태도(stance), 또는 평가 등의 주관적 요소가 개입된 주관화가 수행되었다.

이 시기에 확립된 부사 '드듸여'의 이와 같은 의미 기능이 18-19세기를 거쳐 현대국어로 그대로 계승된다고 판단한다. 현대국어에서 '드디어'의 용법을 21세기 세종계획 <말뭉치 용례 검색> 등을 이용하여 관찰하면, 다음과 같은 새로운 경향이 나타난다.

(49) ㄱ. 골인! 골인! 드디어 우리가 넣었습니다!(TV 아나운서와 해설자의 대화, 2002, 동아일보).

ㄴ. A : 야, 오늘부터 여름방학이다!

B : 드디어!

위의 (49ㄱ)에서 '드디어'는 표면상으로 직접 선행하는 발화, 즉 절이나 문장과 계기적인 연속이 생략되어 쓰인 것 같다. 그러나 여기서 '드디어'의 쓰임은 화자가 전후의 맥락을 통해서 '드디어'의 선행 명제, "골이 들어가지 않아서 우리가 애를 태웠다."는 정보를 추론해서 복원하도록 유도하고, 또한 청자가 이것을 이해하는 것이다. (49ㄴ)의 대화는 글쓴이가 대학생 두 화자간의 대화를 우연히 청취한 것이다. A의 발화에 B가 '드디어'로 응답하였는데, 여기에 등장하는 '드디어'의 단독적 쓰임은 선행하는 담화 구성 전체를 추론하도록 한다.

국어사의 발달 과정을 통해서 '드디어'는 "NP+드듸여⟹S+드듸여⟹(담화)+드디어"와 같은 경로에 들어선 것이다. 이와 같은 추이의 진로를 고려하면, 오늘날의 입말에서 사용되는 '드디어'는 부사적 속성에서부터 화용표지(pragmatic marker)의 범주를 거쳐서, 그 다음에는 발화자의 의지적 감탄이 첨가된 간투사(interjection)에까지 걸치는 다-기능적 면모를 보이기 시작한다.58)

7.2. 우리는 개방 또는 대범주에 속하는 동작동사 '드듸-'(踏)에서부터 폐쇄 또는 소범주에 속한다는 부사 '드디어'로의 의미와 형태 통사론적 발달 과정을 은연중에 문법화 이론의 개념으로 설명하여 왔다.59) 그렇다면,

---

58) 화용표지 또는 담화표지(discourse marker)의 정의에 대해서는 Brinton 1996 : 29-40), 이정애(2002 : 제3장)을 참조. 국어의 간투사에 대해서는 신지연(1998) 및 Gehweiler(2010)을 참조.

59) 15세기 국어 동작동사 '드듸-'(踏)에서 발달한 오늘날의 부사 '드디어'(遂)의 역사적 형성 과정은 Hopper(1991)에서 제시된 다섯 가지의 문법화의 원리를 충족시킨다. (1) 층위화, (2) 분화, (3) 특수화, (4) 의미의 지속성, (5) 탈범주화. 이 가운데 '분화'(dirvergence)와 '층위화'(layering)의 개념은 경우에 따라 약간 상이하게 설명되기도 한다(Hopper & Traugott 2003).

부사 '드디어'는 문법형태소인가.

문법화라는 영역은 어휘 항목(내용어)에서 문법 항목(기능어)로의 역사적 발달과정에 참여하는 일련의 형태 통사적, 의미적, 음운론적 변화를 포함한다. 전통적으로 사물, 행위 및 성질을 기술하는 명사와 동사, 형용사는 어휘 항목에 귀속되며, 문법화의 입력 대상이 된다. 그 반면에, 문법형태에 대한 정확한 정의는 없지만, 전치사, 접속사, 대명사 지시사, 접어, 굴절어미, 파생접사 부류들이 문법성의 연속적인 발달 단계를 보여주며, 여기에 포함된다(Hopper & Traugott 2003 : 7). 그리하여 문법화의 방향은 다음과 같이 단일 방향적이라고 한다. 내용어 항목>문법 단어>접어>접사. 따라서 문법화 과정에서 문법성 정도의 연속적인 변화를 인정하더라도, 부사의 신분은 불분명한 점이 있다.

최근, 이성하(2000 : 106-109)는 부사가 어휘성에 근접해 있으면서도 전적으로 어휘적 단어라는 범주에 포함시킬 수 없다는 점에서 내용어와 기능어 사이에 경계가 명료하지 못하다고 보았다. 그 반면에, Givon(2001)은 대-어휘부류(major lexical word-class)의 범주에 "동사/명사>형용사>부사"와 같은 순서를 포함시켰다. 그러나 그는 이 가운데 부사가 의미와 형태 통시적으로 동질성이 가장 낮다고 지적하였다(2001 : 87).

지금까지 국어에서 수행되어 왔다고 제시된 문법화 유형들에 관한 전체 목록을 조감해 보면, 전형적인 문법형태들인 접사화, 조사화, 어미화 등이 주류를 이룬다(이태영 1988; 이현희 1993; 최동주 2007). 여기에 보조용언화, 의존명사화도 문법화의 전형적인 유형에 포함된다(안주호 1997).

Heine et al(1991 : 167)은 문법형태들이 문법화를 거치면서 변화하는 경로를 "어휘적 단어>(부사)>전·후치사>격 접사>영-형태"로 명시한 바 있다. 또한, 이들은 개방부류에 속한 단어가 부사와 같은 폐쇄부류로 발달하여 갈 때, 이러한 과정은 문법화의 사례에 속한다는 사실은 대부분의 학자들이 동의한다고 언급하였다(1991 : 3).60) 그러나 Antilla(1972 : 149-152)는 개방부류 명사에서 폐쇄부류 부사가 분열되어 나올 때, 그 부사는 단일어인 동시에, 따로 개별적으로 습득되어야 하는 새로운 어휘 항목으로 간주되기 때문에 어휘화(lexicalization)의 사례로 해석하였다. 그는 어떤 언어 형식이 문법의 생산적인 규칙으로부터 이탈되어 나오는 경우는 언제나 어휘화된 것으로 취급한다(1972 : 151).

최근에는 많은 혼란을 거친 후에, 문법화와 어휘화가 보유하고 있는 일정한 공통점과, 변별되는 차이점들이 부각되기 시작하였다.61) 최근에, 어휘화와 문법화의 개념을 일괄적으로 정리하는 자리에서 Brinton & Traugott (2005b : 16)는 다음과 같이 요약한 바 있다. "단일어화(univerbation)가 어휘화와 문법화의 특징이다. 이 두 과정은 공통점들을 갖고 있으나, 여기서 나오는 결과에는 중요한 차이점이 있다. 그렇기 때문에, 어휘화와 문법화는 서로 대립되는 영역으로 간주된다. 즉, 본질적으로 어휘화는 그 결과가 대범주의 구성원(명사, 동사, 형용사)이 된다. 그 반면에, 문법화는 기타의 문법 표지로 발달되어 나오는 것이다." 이와 같은 기준에 따르면, 부사는 문법화의 범주에 속하게 된다. 또한 Brinton & Traugott(2005 : 96-7)는 어휘화의 개념을 매우 한정시켜 규정한다. 즉, (ㄱ) 변화의 점진성, (ㄴ) 俠義의

---

60) Hopper(1991)는 '탈범주화'(decategorization)을 설명하는 자리에서, 이것은 명사와 동사같은 일차적 문법범주의 특성을 점진적으로 상실하고 형용사, 부사, 전치사, 후치사와 같은 이차적 문법범주의 특성을 띠게 되는 현상이라고 하였다. 이와 같은 변화는 연속적인 발달 과정을 거치는데, "명사/동사>형용사/부사>전·후치사>접속사>조동사>대명사>지시사"와 같은 단일 방향을 거친다는 것이다. 따라서 그의 설명 방식에 따르면 형용사와 부사로의 발달 역시 문법화에 속하는 셈이다. 이와 비슷한 분류는 Heine(1997 : 81-82)를 참조.

61) 문법화와 어휘화 개념에 대한 혼란은 문법화 이론의 원조인 Meillet(1912)에서부터 있어왔다고 한다. 즉, 그는 재구를 거친 고대고지 독일어 *hiutagu '이 날+처격'이 현대 독일어 heute '오늘'로 변화한 것을 문법화의 예로 제시하였다(1912 : 139). 그러나 최근 문법화 연구에서 Hopper & Traugott(1993 : 23)는 단일어 heute의 출현을 새로운 어휘 항목의 형성, 즉 어휘화의 예로 간주한다(이성하 2000 : 57; Lightfoot 2011).

어휘화, (ㄷ) 그 결과가 의미적으로 어휘성(lexical, 실질의미)을 획득, (ㄹ) 출력은 단일어화, (ㅁ) 숙주-부류의 축소, (ㅂ) 입력의 대상이 통사적 구성체 또는 복합어와 파생어. 그 반면에, 문법화의 가장 중요한 특질은 그 출력이 문법적 성격의 항목이어야 하며, 개체 생산성의 증가로 숙부-부류의 증가를 초래하여야 된다는 것이다.[62]

현대국어에서의 경우, 부사부류의 형태론적 특질은 단순하지 않지만, 특히 통사적 구성에서 융합과 축약 등의 과정을 거쳐 점진적으로 단일어로 정착된 부사 유형은 "협의"의 어휘화에 해당된다(이금희 2011). 또한, 공시적으로 '드디어'와 같은 단순부사의 부류에도 어휘화와 문법화의 구분이 획일적으로 이루어지지 않는다.[63] 부사 '드디어'는 단어형성규칙이 예전에 생산적이었으나, 지금은 그 규칙이 탈락되었기 때문에 불투명한 형태 구조를 보여준다. 그리고 '드디어'의 어원적 유연성을 동작동사 '디디-/딛-'과 맺을 수 있지만, 공시적으로 이미 형태상으로 분화되었다. Ramat(2011 : 508-509)는 부사가 수행하여온 어휘화와 문법화의 기준을 공시적 단어형성 규칙의 유무로 설정하려고 한 바 있다. 그 기준에 따르면 단순부사 '드디어'는 어휘화의 범주에 속한다.

문법화와 변별되는 어휘화의 특질 중 하나로 Brinton & Traugott(2005 : 107-109)에서 제시된 [-탈범주화]라는 항목의 정의는 문법화만을 설명하기 위한 장치이다. 탈범주화(decategorization)는 명사와 동사의 실질 형태들이

---

62) Brinton & Traugott(2005 : 110)는 어휘화와 문법화 사이의 공통점과 차이점을 몇 가지 특질의 유무를 이용하여 다음과 같이 규정하였다(+는 특질의 있음, -는 해당 특질의 없음).

    (ㄱ) 어휘화--[+점진성], [+단일 방향성], [+융합], [+탈동기화], [+은유화/환유화],
        [-탈범주화], [-의미 탈색], [-주관화]], [-생산성], [-빈도수], [-유형론적 일반성];
    (ㄴ) 문법화--[+점진성], [+단일 방향성], [+융합], [+탈동기화], [+은유화/환유화],
        [+탈범주화], [+의미 탈색], [+주관화]], [+생산성], [+빈도수], [+유형론적 일반성].
63) 국어의 부사와 부사화 과정을 기술한 김경훈(1990)은 용언의 활용형이 부사로 전성되는 과정을 어휘화로 파악하였다. 또한, 부사화의 의미 기능을 논의한 심재기(1982 : 410)를 참조. 물론 여기서 논의된 "어휘화"라는 개념은 서로 일치하지 않는다.

형용사, 전치사 등과 같은 이차적 범주의 문법적 특질을 취하게 되는 현상
이라는 것이다(Hopper 1991). 그러나 '드디어'가 동사 범주에서 통시적 변화
를 거쳐 점진적으로 부사 범주로 옮겨온 것도 역시 탈범주화임에 틀림없
는 것이다. 또한 어휘화의 특질로 [-의미 탈색]이 거론되지만, 이것은 의미
가 단순히 탈색된 것이 아니고, 실제 언어 사용의 맥락에 따른 화용적 추
론이 강화되어 새로운 의미로 관용화된 것이다. 은유와 환유를 거친 의미
의 추상화는 문법형태로의 발달 과정에서만 일어나는 것이 아니고, 일반
어휘적 단어의 의미변화에도 관찰된다.

이와 같은 의미변화와 관련하여, 어휘화를 구분하는 또 다른 [-주관화]
에 대해서도 같은 언급을 할 수 있다. 문법화의 많은 사례들이 의미의 주
관화를 수반하는 것은 분명하다. Brinton & Traugott(2005 : 108)이 지적한
바와 같이, 문법화 과정에서 추상적이고, 지시성이 떨어지는 표지로 이동
이 일어나기 때문에 해당 상황에 대한 화자의 주관적인 관점이 실현되기
쉽다. 그 반면에, 어휘화는 전형적으로 구상적이고, 지시적인 의미를 수반
하는 것이므로 여기에 주관화가 개입될 여지가 없다는 것이다. 그러나 주
관화는 문법화에서만 일어나는 고유한 의미변화 유형은 아니다(Traugott &
Dasher 2002).

지금까지의 사실을 고려하면, 현대국어의 단순부사 '드디어'는 동사의 활
용형에서 통시적 변화를 밟아서 단일어로 어휘화를 수행하였을 것으로 판
단된다. 어휘화의 특질로 또한, [-생산성]과 [-빈도수] 등이 첨가되지만, 부
사 '드디어'가 근원동사의 활용형 '디디어'와 비교하여 생산성과 출현 빈도
에 어떤 가감이 있어왔는지 쉽게 결정하기 어렵다.

참고문헌

과학원 언어문화 연구소 편(1961), 『조선어 문법』, 학우서방.

김경훈(1990), 「부사 및 부사화」, 『국어연구 어디까지 왔나』, 동아출판사, 442-451쪽.

김경훈(1996), 「현대국어 부사에 대한 연구」, 서울대학교박사학위논문.

김동언(1999), 「개화기 국어 형태」, 61-114, 『국어의 시대별 변천 연구 4 : 개화기 국어』, 국립국어연구원.

김상태(2005), 『현대국어 시간표현 어휘』, 학고방.

김영신(1980), 「『東國新續三綱行實圖』의 국어학적 연구」, 『부산여대 논문집』 제9집, 부산여대, 1-60쪽.

고영진(1997), 『한국어의 문법화 과정 : 풀이씨의 경우』, 국학자료원.

김완진(1963/1971), 「국어 모음체계의 신고찰」, 『국어음운체계의 연구』, 일조각, 2-44쪽.

김완진(1971), 「음운현상과 형태론적 제약」, 『국어음운체계의 연구』, 일조각, 116-142쪽.

김종도(2005), 『인지문법적 관점에서 본 환유의 세계』, 경진문화사.

김진수(1989), 『국어 접속조사와 어미연구』, 탑출판사.

김태곤(2008), 『국어어휘의 통시적 연구』, 박이정.

남풍현(2000), 『이두연구』, 태학사.

김형철(1984), 「19세기 말엽의 국어에 대하여」, 『어문논집』 제1집, 경남대학교, 15-44쪽.

나진석(1953/1971), 『우리말의 때매김 연구』, 과학사.

남광우(1997), 『교학 고어사전』, 교학사.

남기심·루코프(1994), 「논리적 형식으로서의 '-니까' 구문과 '-어서' 구문」, 『국어의 통사·의미론』(고영근/남기심 공편), 탑출판사, 1-27쪽.

남성우(2006), 『16세기 국어의 <동의어> 연구』, 박이정.

문금현(1989), 「현대국어 유의어의 연구」, 『국어연구』 제88호, 국어연구회.

민현식(1990), 「부사 연구사」, 『강신항 교수 회갑기념 국어학 논문집』, 태학사, 79-96쪽.

민현식(1991), 『국어의 시상과 시간부사』, 개문사.

민현식(1998), 「시간어의 어휘사」, 『국어어휘의 기반과 역사』, 태학사, 33-92쪽.

민현식(2002), 「개화기 국어어휘 방법의 재검토」, <동약학 학술회의 강연초>, 『동양학』 32집.

박금희(2011), 「통사적 구성에서 어휘화한 부사에 대하여」, 『어문연구』 제39권 제1호, 어문연구회, 117-134쪽.

박선자(1983), 『한국어 어찌말의 통어의미론』, 세종출판사.

박성종(2006), 『조선초기 고문서 이두문 역주』, 서울대학교출판부.

박재연(2002), 『中朝大辭典』, 선문대학교.

박희식(1984), 「중세국어 부사에 대한 연구」, 『국어연구』 63, 국어연구회.

배주채(2008), 「고흥방언의 용언어간의 축소」, 『국어 음운론의 체계화』에 수록, 한국문화사, 273-303쪽.

서정수(1996), 『국어문법』(수정증보판), 한영대학교출판원.

서정수(2005), 『한국어의 부사』, 서울대학교출판부.

서종학(1995), 『이두의 역사적 연구』, 영남대학교출판부.

석주연(2003), 『노걸대와 박통사의 언어』, 구구어학총서 47, 국어학회.

손남익(1995), 『국어 부사 연구』, 박이정.

송철희(2008), 「준말에 대한 형태·음운론적 고찰」, 『한국어 형태음운론적 연구』, 태학사, 85-123쪽.

신지연(1988), 「국어간투사(interjection)의 위상연구」, 『국어연구』 제83호, 국어연구회.

심재기(1982), 「부사화의 의미기능」, 『국어어휘론』, 집문당, 410-쪽.

안병희(1967), 「한국어 발달사」(문법사), 『한국문화사대계』 5, 고대민족문화연구소.

안주호(1997), 『한국어 명사의 문법화 현상 연구』, 한국문화사.

유창돈(1971), 『어휘사 연구』, 선명문화사.

윤평현(1989), 『국어이 접속어미 연구』, 한신문화사.

윤평현(2005), 『현대국어 접속어미 연구』, 박이정.

이금희(2011), 「통사적 구성에서 어휘화한 부사에 대하여」, 『어문연구』 제39권 제1호, 어문연구회, 117-134쪽.

이기문(1972), 『국어사 개설』, 탑출판사.

이기문(1980), 「19세기 말엽의 국어에 대하여」, 『난정 남광우박사 화갑기념논총』, 일조각, 255-266쪽.

이병근(1970), 「19세기 후기 국어의 모음체계」, 『학술원논문집』(인문, 사회) 9, 375-390쪽.

이병기(1997), 「미래시제 형태의 통시적 연구」, 『국어연구』 제146호, 국어연구회.

이성하(2000), 『문법화의 이해』, 한국문화사.

이성하(2000b), 「의미적 일반성과 문법화 : 한국어 동의어쌍을 중심으로」, 『언어과학연구』 18, 언어과학연구회, 187-208쪽.

이성하(2007), 「문법화 연구의 현황과 전망」, 『우리말연구』 21집, 우리말 연구회, 35-50쪽.

이숭녕(1978), 「소학언해의 무인본과 교정청본의 비교연구」, 『진단학보』 36, 진단학회.

이숭녕(1981), 『중세국어문법』, 을유문화사.

이승욱(1973), 『국어문법체계의 사적 고찰』, 일조각.

이은경(1990), 「국어의 접속어미 연구」, 『국어연구』 제97호, 국어연구회.

이익섭(2005), 『한국어의 문법』, SNU Press.

이정애(2002), 『국어화용표지의 연구』, 도서출판 월인.

이태영(1988), 『국어 동사의 문법화 연구』, 한신문화사.

이현희(1988), 「『小學』의 언해에 대한 비교연구」, 『한신논문집』 제5집, 한신대학교, 205-247쪽.

이현희(1993), 「『小學』의 언해본」, 『국어사 자료와 국어학의 연구』, 문학과지성사,

231-251쪽.

이현희(1994),「19세기 국어의 문법사적 고찰」,『한국문화』제15집, 57-82쪽.

임유종(1999),『한국어 부사 연구』, 한국문화사.

정광·양오진(2011),『노박집람 역주』, 태학사.

정승철(1999),「개화기 국어 음운」,『국어의 시대별 변천 연구 4 : 개화기 국어』, 국립국어연구원, 7-59쪽.

최동주(2007),「문법화의 유형과 기제」,『민족문화논총』제37집, 영남대 민족문화연구소, 521-550쪽.

최임식(1994),『국어방언의 음운사적 연구』, 문창사.

최전승(1986),『19세기 후기 전라방언의 음운현상과 그 역사성』, 한신문화사.

최전승(1995),『한국어 방언사연구』, 태학사.

최전승(2004),『한국어 방언의 공시적 구조와 통시적 변화』, 역락.

최전승(2012),「19세기 전기 경북 사회방언 발달과정에서 개별성과 보편성에 대한 일 고찰」,『교과교육』제6호, 전북대학교 교과교육연구소, 277-375쪽.

최현배(1937/1994),『우리말본』, 정음문화사.

한상인(1998),『조선초기 이두의 국어학적 연구』, 보고사.

허 웅(1975),『우리 옛말본』, 샘문화사.

허 웅(1987),『국어 때매김법의 변천사』, 샘문화사.

허 웅(1989),『16세기 우리 옛말본』, 샘문화사.

홍윤표(1982),「번역소학 해제」,『번역소학』(8·9·10) 영인본, 홍문각.

홍윤표(1993),「『동국신속삼강행실도』」, 252-270,『국어사 자료와 국어학의 연구』, 문학과지성사.

홍윤표 외(1995),『17세기 국어사전』, 한국정신문화원.

小倉進平(1929),『鄕歌 及 吏讀의 硏究』, 경성제국대학.

Anttila, Raimo.(1972), *An Introduction to Historical and Comparative Linguistics*, Macmillan Publishing Co.

Brinton, Laurel J.(1996), *Pragmatic Markers in English*, Mouton de Gruyter.

Brinton, L & E. C. Traugott.(2005), *Lexicalization and Language Change*, Cambridge Univ. Press.

Brinton, L & E. C. Traugott.(2005b), Lexicalization and grammaticalization all over again, 5-31, in *Historical Linguistics*, edited by Salmons et al. John Benjamins Publishing Company.

Bybee, Joan.(2003), Mechanism of Change in Grammaticalization, 602-623, in *The Handbook of Historical Linguistics*, edited by Joseph & Janda, Blackwell Publishing

Fitzmaurice Susan & Irma Taavitsainen.(2007), *Methods in Historical Pragmatics*, Mouton de Gruyter.

Geeraert, Dirk.(1997), *Diachronic prototype semantics*, Clarendon Press, Oxford.

Gehweiler, Elke.(2010), Interjection and Expletives, 315-350, in *Historical Pragmatics*, Mouton de Gruyter.

Givon, T.(2001), *Syntax*, volume 1, John Benjamins Publishing Company.

Haser, Verena.(2000), Metaphors in semantic change, 171-194, in *Metaphor and Metonymy at the Crossroads*, edited by Barcelona, A. Mouton de Gruyter.

Hauer, Erich.(1952-1955), *Handwoerterbuch der Mandschussprache*, Otto Harrassowitz Verlag.

Heine B. & Ulrike Claudi and Huennenmeyer.(1991), *Grammaticalization*, The University of Chicag Press.

Heine B. & Tania Kuteva.(2002), *World Lexicon of Grammaticalization*, Cambridge Univ. Press.

Hopper, Paul.(1991), On some principles of grammaticalization, in Traugott & Heine, eds., vol.1:17-35.

Hopper & Traugott.(1993), *Grammaticalization*, Cambridge Univ. Press.

Hopper & Traugott.(2003), *Grammaticulization*, Second Edition. Cambridge Univ. Press.

Jacobs & Jucker(1995), *Historical Pragmatics*, John Benjamins Publishing Company.

Jucker, A. & Irma Taavitsainen.(Ed. 2010), *Historical Pragmatics*, Mouton de Gruyter.

Lightfoot, Douglas.(2011), Grammaticalization and Lexicalization, 438-449, in Narrog, H & Bernd Heine.(Ed. 2011).

Martin, Samuel. E.(1992), *A Reference Grammar of Korean*<한국어문법총람>, Charles E. Tuttle Company.

Narrog, H & Bernd Heine.(Ed. 2011), *The Oxford Handbook of Grammaticalization*, Oxford Univ. Press.

Ramat, Paolo.(2011), Adverbial Grammaticalization, 502-510, in in Narrog, H & Bernd Heine.(Ed. 2011).

Swadesh, Morris.(1971), *The Origin and Diversification of Language*, Aldine·Atherton.

Sweetser, Eve.(1990), *From etymology to Pragmatics*, Cambridge University Press.

Taavitsainen, I & S. Fitzmaurice.(2007), Historical Pragmatics: What it is and how to do it, 11-36, in *Methods in Historical Pragmatics*, edited by Fitzmaurice S. M et al. Mouton de Gruyter.

Taavitsainen, I & A. Jucker.(2010), Trends and developments in historical pragmatics, 3-30, in *Historical Pragmatics*, Mouton de Gruyter.

Traugott, Elizabeth. Closs.(1982), From Propositional to Textual and Expressive meanings : Some semantic-pragmatic aspects of grammaticalization. In *Perspectives on historical linguistics,* edited by W. P. Lehmann and Y. Malkiel. Amsterdam: John Benjamins, 245-271.

Traugott, Elizabeth. Closs(1989), On the Rise of Epistemic Meanings in English: An example of subjectification in semantic change. *Language* 65: 31-55.

Traugott, Elizabeth. Closs(1990), From Less to More situated in language: the undirectionality of semantic change. 496-517, In *Papers from the Fifth International Conference on English Historical Linguistics,* edited by Sylvia Adamson, Vivien Law, Nigel Vincent and Susan Wright. Amsterdam : John Benjamins Publishing Company.

Traugott, Elizabeth. Closs(1995), Subjectification in Grammaticalization, In *Subjectivity and Subjectivisation,* edited by Dieter Stein & Susan Wright, 31-54. Cambridge Univ. Press. John Benjamin.

Traugott, Elizabeth. Closs(2004), Historical Pragmatics, 538-560, in *The Handbook of Pragmatics,* edited by Horn R. Laurence et al. Blackwell Publishing.

Traugott, Elizabeth. Closs(2010), (Inter)subjectivity and (inter)subjectification, 29-71, in *Subjectification, intersubjectification and grammaticaluzation,* edited by Davidse, K. et al. Mouton de Gruyter.

Traugott, Elizabeth, and Ekkehard Koenig(1991), The Semantics-Pragmatics of Grammaticalization revisited, In E. Traugott & B. Heine(eds) *Approaches to Grammaticalization,* Vol. 1, 189-218.

Traugott, E. & Richards B. Dasher.(2002), *Regularity in Semantic Change,* Cambridge Univ. Press.

제4부
형태에서 기능으로

제6장

시간과 공간 표시 명사의 역사적 어휘화 과정과 처소격 조사와의 상관성

−'올해'(今年)의 형성을 중심으로−

1. 서론

이 글은 현대국어의 '올해'(今年)의 어휘적 형성에 관한 일종의 어휘사 일부에 해당된다.[1] 종래에 많은 언어학자들에 의해서 이 어휘의 형태론적 구성은 '올(?)+해(年)'로 분석되는 경향이 있어 왔다. 이러한 해석은 '올해'의 두 번째 성분인 '해'가 '年'을 뜻하는 '해'와 표면적으로 일치하고 있으며, 중세국어의 '올ㅎㅣ'로 투명하게 소급될 수 있기 때문에 가능하였다고 생각된다. 그러나 최근에 최전승 외(2008 : 252-253)에서 중세국어 단계의 '올ㅎㅣ'는 'ㅎ' 종성을 갖고 있던 '올ㅎ'(今年)의 굴절 형태이며, 그 당시에 지시 또는 방향을 주로 가리키는 처격 형태 '올ㅎㅣ'의 출현 빈도가 사용의 특성상

---

1) 이 글에 대한 초고를 상세하게 검토하고 건설적으로 논평하여 준 이진호 교수(전남대)와 강희숙 교수(조선대), 그리고 서형국 교수(전북대)에게 감사드린다. 수정된 원고는 또한 <전북대학교 국어연구 여름 세미나>(2010.7.16-17, 부안 학술림 연수관)에서 발표되었다. 이 자리에서 지정 토론자인 고동호 교수와, 홍윤표 교수, 윤석민 교수의 많은 지적과 관심 있는 논의에 감사를 드린다.

단독형 자체나 여타의 다른 격 형태들보다 높았기 때문에 화자들에 의해서 재분석을 거쳐 단독형으로 재구조화를 일으킨 것으로 간단하게 언급된 바 있다. 또한, 『고려대 한국어대사전』(2009 : 4528)에서도 현대국어 '올해'에 대한 <부가정보>에서 이 어휘는 중세국어에서 '올ᄒ'이었으며, 이 형태의 굴절형 가운데 처격형 '올희'가 어원 의식을 상실하면서 단일 명사로 변화하게 되었다는 사실을 제시하고 있다.2) 글쓴이는 이러한 전제 위에서 중세국어의 단계에서 처격형의 신분이었던 '올희'가 어떠한 원리와 역사적 과정을 거쳐서 현대국어의 단독형 '올해'로 확립되었으며, 동시에 '올(?)+해(年)'로 재해석되었는가 하는 실증적인 문제를 검토해 보려고 한다.

원래 이 글은 현대국어의 '올해'(今年)형이 중세국어에서와 동일하게 '올(?)+해(年)'에 기원을 두고 있을 것이라는 일반적인 분석(Martin 1992 : 741, 2002)에 회의를 품으면서 작성된 것이다. 이러한 종래의 전제를 그대로 수용하게 되면, 공시적으로 그리고 통시적인 관점에서 현대국어와 지역방언에서 쉽게 해결하기 어려운 몇 가지 문제와 만나게 된다.

첫째는 '올해'의 또 다른 공시적인 형태 '올'에 대한 합리적인 설명을 하지 못하게 된다. 한글학회지은 『큰사전』(1957 : 2229)에 따르면, 표제어 '올'은 '올해'의 준말이라고 기술되어 있다.3) 또한, 국립국어연구원 편 『표준국

---

2) 이러한 해석은 최근 <2007 한민족언어 정보화 프로그램>에 속해 있는 「국어어휘의 역사」, '올해'의 항목에서 간략하게 기술된 바 있다. "결국 '올해'는 '올ᄒ+-의(처격조사)>올희>올해'의 변화 과정을 거쳐 형성된 것이다. 'ᄒ'이 탈락한 '올' 형태는 관형사로 변하였는데, 16세기에 처음 나타나 현재까지 쓰이고 있다."
그러나 이 글의 논지는 위의 정보들과는 무관하게 독립적으로 도출된 것이며, 동일한 인식 위에서 국어사와 방언사의 영역에서 '올해'의 형성 과정을 통해서 몇 가지의 새로운 사실을 첨가하여 논의하려고 한다.

3) 그 이외에도 표제어 '올'을 '올해'의 준말이라고 설명해 놓은 국어사전은 글쓴이가 직접 확인해 본 바로는 비교적 최근에 간행된 금성판 『국어대사전』(김민수 외, 1991 : 2414)과 『연세 한국어사전』(1998 : 1345) 등이다. 그리고 표제어 '올해'는 『고려대 한국어대사전』(2009 : 4528)을 포함해서 대부분의 국어사전에서 "지금 지나가는 이 해"로 기술되어 있다. 그러한 설명의 원조는 『큰사전』(한글학회, 1957 : 2229)의 '올해' 항목으로 소급된다. 이와 같은 한결같은 풀이는 '올해'의 '해'가 '年'에 해당된다는 것을 각각의 국어사전에서 명시

어대사전』(1999 : 4518)에 의하면, 이 '올'은 '올해'의 관형사로 등록되어 있다. 그렇다면 '올해'에서 어떠한 음운 형태론적 과정을 거쳐서 '올'형이 준말과 관형사형으로 각각 공시적으로 사용되는 것인가를 밝혀야 한다.

둘째, 표준어 '올해'와 대응되는 지역 방언형 '올개'를 역시 동일한 방식으로 '올(?)+개(年)'로 분석하게 된다(최명옥 1982, 신승용 2003). 그리하여 표준어 '해'(年)가 해당 지역방언에서 '개'로 출현하는 것으로 해석되기 때문에, 특정한 음성 환경에서 수행된 '히>개'와 같은 통시적 변화 과정이 설정될 수밖에 없다. 그러나 글쓴이는 방언형 '올개' 또한 '*올'의 처격 형태에서 단독형으로 재구조화된 것으로 해석함으로써 이러한 유형의 h>k의 통시적 음운변화가 해당 지역방언에서 자연스럽지 못한 방향을 가리키는 것으로 이해하려고 한다(신승용 2003).

셋째로, 중세국어의 단계에서 'ㅎ' 종성을 갖고 있었던 '올ㅎ'형이 '今年'의 의미로 '올히∽올흔∽올힉' 등과 같은 굴절 형태로 사용되었던 사실을 현대국어의 '올해'는 적절하게 설명해 줄 수 없다. 따라서 '今年'에 해당되는 단어가 중세국어에서는 '올ㅎ'로, 현대국어에서는 '올해'로 각각 달리 대표된다. 중세국어의 '올ㅎ'와 현대국어의 '올해' 사이에는 어떠한 통시적 과정이 내재되어 있기에 이러한 불일치가 자연스럽게 수용되는 것일까.

장소와 시간을 표시하는 지시 또는 방향성 명사에 출현 빈도가 높은 처소격 조사가 연결되어 하나의 단위로 융합되어 단일어로 어휘화되는 경향이 강하다는 사실은 지금까지의 국어사와 공시적 방언연구에서 어느 정도 확인되어 있다(양주동 1947, 유창돈 1960, 남광우 1975, 허웅 1979, 박진호 외 2001). 또한, Bybee(2007 : 218)가 제시하는 단어 또는 굴절 형태들이 보이는 출현 빈도수 효과 가운데 하나는 보존성의 원리이다. 그것은 지속적인 반복 출현이 해당 형태에 대한 기억을 강화시키기 때문에, 화자의 인지 과정에서

적으로 전제하는 것이다.

쉽게 각인되어서 기억이 용이하게 되는 효과이다. 따라서 빈도수가 높은 특정한 굴절 형태가 빈도가 낮은 여타의 굴절 형태들을 제치고 표상의 힘이 확대되는 과정은 자연스러운 현상이다.

이 글에서 글쓴이는 이러한 가설을 전제로 하여 현대국어의 표준어 '올해'(今年)의 역사적인 어휘화 형성 과정을 복원하려고 한다. 또한, 여기에 어떤 일반적인 원리를 추구하기 위해서, 처소격 조사가 관여하여 하나의 독립된 단위로 어휘화를 수행했다고 판단되는 시간과 공간 표시의 어휘 유형들을 검증해 보려고 한다. 그와 동시에, 높은 출현 빈도수로 인하여 굴절에 일어난 음성변화와 연관되어 개입되는 유추변화(analogy)의 진행 과정에 적극적으로 관여하는 처소격 조사의 역할을 역사적으로 그리고 지역방언의 분화 과정을 통하여 다시 논의해 보기로 한다.

2. 재분석과 어휘화의 해석

'어휘화'(lexicalization)는 원래 합성어와 파생어의 형성을 취급하는 단어 형성론에서 통시적 과정으로 통용되어 오는 개념으로, 그것의 유형은 각각 음운론적, 형태론적, 그리고 의미론적 및 통사론적 어휘화로 구분된다 (Bauer 1983). 그러나 최근의 문법화 이론에서 어휘화는 통사적 구 또는 구성체가 내부적으로 축약되어 단일한 어휘 항목으로 점진적으로 확립되는 과정을 뜻한다. 즉, 여기서 말하는 어휘화에 대한 정의는 "영어의 up과 같은 문법 형태가 완전한 지시적 어휘 의미를 획득하게 되어 점진적으로 어휘 범주의 구성원으로 옮겨오는 과정"이다(Hopper · Traugott 1993 : 49). 따라서 이러한 정의에 따르자면, 어휘 항목이 일정한 조건에서 문법 형태로 변화되는 과정은 문법화인 반면에, 문법 형태가 어휘 항목으로 변화하는 과정은 어휘화인 셈이다. 그리하여 Lehmann(2002 : 3)은 문법화의 반대가 되는 거울 모습은 어휘화 또는 탈문법화이며, 문법화가 적용되기 위해서는 먼저 어휘화가 선행되어야 한다고 판단한다. 이와 같이, 문법화의 영역에서 어휘화는 통사적 단위에서 자립적인 어휘 항목을 창조해 내는 일종의 '탈통사화'(desyntacticization)의 과정이다(Wischer 2000 : 364).

역사언어학에서 통상적인 의미로 사용되는 어휘화라는 술어도 역시 단일한 성격의 것은 아니다. 언어변화와 연관된 어휘화에 대한 광범위한 정의를 다섯 가지로 분류하여 제시한 Brinton · Traugott(2005 : 20-22)를 참고하면, 이 술어의 해석은 의미 변화의 영역에까지 확대되어 있다. 즉, 대화상에 나타나는 함축된 의미에서 관습된 의미, 화용론적 다의에서 의미론적 다의(polysemy)로의 추이도 역시 어휘화의 범주에 귀속된다는 것이다. 아마도 이러한 의미 변화를 주도하는 기제가 화자와 청자가 시도하는 의미의 재분석에 있기 때문에 어휘화의 범주에 들어올 수 있다.4)

그러나 글쓴이가 이 글에서 원용하려는 개념은 제한된 것으로, 새로운 어휘 항목의 출현 그 자체에 관여하는 모든 언어 분석 층위에서의 역사적 과정에 초점을 두려고 한다. Trask(2000 : 192)의 사전적 정의에 의하면, 어휘화는 "통사적 구성 또는 합성어, 그리고 굴절형태나 파생 형태에서 그 이전의 형태소 경계나 단어 경계가 사라지게 되어 그 결과 단일한 어휘 항목으로 축소되는 변화"를 말한다. 그 예로 중세영어의 전치사구 bi cause (by cause, 원인 또는 결과에 의해서)가 because로 전환된 변화가 제시되어 있다.5) 이러한 설명에 따르면 어휘화는 통사 변화와 형태 변화에 두루 적용

___

4) 그러나 Brinton · Traugott(2005)는 의미 변화에 적용되는 이러한 과정에는 어휘화라는 용어 대신에 의미화(semanticization)라는 용어를 사용할 것을 권장한다.
5) Trask(2000 : 192)에서 제시된 '어휘화'의 두 번째의 정의는 '형태론화'(morphologization) 의 한 가지 유형으로, 그 이전에 생산적인 교체가 일정한 어휘 항목들에게만 한정되어

되는 것으로, 앞의 예는 기원적인 통사적 구에서 점진적으로 축약 또는 융합의 절차를 밟아서 기존의 어휘부의 목록에서 존재하지 않았던 새로운 어휘 항목의 출현을 나타낸다. 또한 어휘화의 진행 과정에서 통사론에서 하나의 어휘 항목으로 이르기 위해서는 의미의 추이는 물론이고, 음운론적 변화(즉, 융합 또는 축약의 절차)를 거쳐야 할 것이다. 따라서 여기서 파생된 단일한 어휘 항목의 형태론적, 그리고 의미론적 구성은 예전의 투명성에서 공시적으로 불투명하게 변화되는 예들이 많다.

현대국어에서 "언행이나 태도가 의젓하고 신중하다" 정도의 사전적 의미를 갖고 있는 형용사 '점잖다'는 '졈다'의 의미가 아직 '어리다'(幼)의 뜻을 갖고 있었던 역사적 단계에서 '졈지 아니 ᄒ다'와 같은 통사적 구문에서 출발하여 이휘부로 편입된 어휘 항복이다.[6] 다음의 예를 보면, 18세기 후기의 단계에서도 이러한 구성은 아직 통사적 신분으로 사용되고 있었다. 여기서 '졈지 아니 ᄒ다'의 등장은 기원적인 의미인 "(나이가) 어리지 않다"와 (1ㄱ), 문맥에 따라서 어리지 않기 때문에 의젓하고 어른스러운 언행을 연상하게 되는 통로로 전이되는 환유화(metonymy)를 거친 화용론적 의미가 고정화되어 가는 모습을 보인다(1ㄷ, ㄹ).

> (1) ㄱ. 졈지 아닌 사롬이 졀믄 사롬과 詰亂ᄒ여 무얼ᄒ올고(1790, 인어대, 2.11ㄴ),
>
> ㄴ. 나히 졈지 아닌 사롬을 草虫쳐로 아라셔 져리 薄待ᄒ니(상동. 6.16ㄱ),
>
> ㄷ. 우리 친히 가 빌고져 ᄒ되 졈지 아닌 사롬이 염치업논 둘ᄒ매(상동. 9.8ㄴ-b),
>
> ㄹ. 졈지 아닌 ᄋ희년이 들낙날낙 별별 즈시 무슈ᄒ니(경판 35장본 춘향전,4ㄴ).

버리는 변화이다. 이러한 어휘화의 설명은 어떤 언어 형태가 문법의 생산적인 규칙에서 벗어나게 되었을 때에 그것은 어휘화된다는 Antttila(1989 : 151)의 기술과 일치한다.
6) 또한, 홍윤표(2009 : 387-390)에서 '점잖다' 항목을 참조.

그러나 19세기 후기의 단계에서 '졈지 아니 ᄒ다'의 통사적 구성은 화자
들이 괄호 치기를 재해석함에 따라서 단어 경계의 삭제로 인하여 '졈잖-'
형으로 축약되는 동시에, 통사적 구에서 하나의 어휘 항목으로 전환되어
쓰이고 있다. 따라서 새로 형성된 '졈잖-'의 형태 구조는 더 이상 분석될
수 없는 단일 형태소가 되었다.7) 또한, 이 축약형에 부여된 의미 역시 기
원적 의미에서 완전히 이탈하여 화맥에서 추출된 이차적 의미로 대치되어
있다. 이와 같은 재분석 현상은 매우 점진적으로 파급된 것 같으며, 대체로
19세기 후기에는 대부분의 지역방언에까지 확대되어 나타난다.

   (2) ㄱ. 졈다 少年. jeune, etre jeune. Syn. 졂다.
        졈잔타, 長者. non jeune. qui n'agit pas comme un jeune homme;
        qui estplus raisonnable que ne le comporte son âge ordinairement.
        Etre grave, posé, digne.(1880, 한불자전, 546).
     ㄴ. 셰계에 <u>졈잔ᄒ</u> 사ᄅᆞᆷ과 쳔ᄒ 사ᄅᆞᆷ을 우리가 긔지 ᄒ야(1897, 독립신
        문. 2.18①),
        몸 가지기를 <u>졈즌히</u> 안코 뎌렷타시 지극히 쳔비 ᄒ게 ᄒ니(1898, 독
        립. 5. 31),
        지니 가는 엇더ᄒ <u>졈잔ᄒ</u> 사ᄅᆞᆷ이 보고 그리 말나고 만류 ᄒ거놀
        (1897, 독립. 8. 31),
     ㄷ. 큰갓 쓰고 거름도 <u>졈잔케</u> 드문 드문것는 시골 량반들이(1898, 매일
        신문. 6. 6, 4),
     ㄹ. 방지 듯고 여보 도련임 <u>졈잔이</u> 쳔자는 웬 이리요(수절가, 상. 15ㄴ),
        슛시럽고 <u>졈잔하계</u> 발막을 쓸어 나오난듸(수절가, 상. 19ㄴ),
        <u>졈잔하신</u> 도련임이 이거시 웬 이리요(수절가, 상. 36ㄴ).

위의 예 가운데 (2)ㄴ과 (2)ㄹ의 부사어 '졈잔(히)이'는 '졈잖-'형이 예전
의 관습을 벗어나서 단어 파생을 위한 새로운 어간으로 설정되었음을 보

---

7) 그리하여 19세기 후기에는 다음과 같은 부정문도 등장하고 있다.
    무신 우슘을 <u>졈즌찬케</u> 웃는잇가(박순호 소장본 99장, 필사본 별츈향가 7ㄱ).

인다(홍윤표 2009).[8] 이와 같이 '졈지 아니 ᄒ다>졈잖-'의 변화에서 형성되는 역사적 과정을 글쓴이는 어휘화의 전형적인 예로 생각한다.[9] 따라서 어휘화의 과정에는 문법화의 사례에서와 같은 동일한 일련의 통시적 변화들이 관여할 수 있다. Brinton・Traugott(2005 : 104-107)은 문법화와 어휘화에서 그 역사적 진행 과정에서 공통으로 출현하는 특질을 여섯 가지로 제시한 바 있다. 즉, (ㄱ) 점진성, (ㄴ) 단일 방향성, (ㄷ) 융합(일종의 관습화 또는 화석화의 과정을 포함하여 구성성분이 連語的 성격을 취함),[10] (ㄹ) 축약(융합의 단계를 거쳐 수행되는 음운 형태론적 축소), (ㅁ) 기원적 동기화의 상실(의미 복합성의 상실 이후, 특수한 이차적 의미의 획득), 그리고 (ㅂ) 은유화와 환유화의 기원.[11]

그렇다면 화자들이 의사소통 과정에서 시도하는 어휘화의 기원적 출발은 어디에서 찾아야 할까. 그것은 일정한 구성성분이 갖게 되는 애매성 또

---

8) 그리하여 '졈잔ᄒ->졈잖-'의 과정에서 'ᄒ-(爲)는 그 활용상의 기능을 상실하고, '만ᄒ->많-(多)'의 경우에서와 같이 용언어간의 종성으로 정착되는 절차가 이미 19세기 후기의 단계에서부터 나타난다.

  (ㄱ) 보기에 미우 <u>졈잔</u>은 젼도라 ᄒ눈 사름이(1894, 천로역정, 상, 13ㄱ),
      샤특ᄒ 교롤 져러ᄒ <u>졈잔</u>은 사름들이(상동. 하, 113ㄴ).
  (ㄴ) <u>졈잔</u>은 량반들의게 정신을 차리고(1898, 매일신문. 5. 14, 1),
      cf. 죠션 사름을 진실ᄒ고 졈잔ᄒ 쥬인으로 디졉홀 터니(1896, 독립신문. 4. 9, 2),

  현대국어에서 한 단계 더 진전되어서 '졈잔'은 단독 명사로 확립되어 '-을 빼다, -부리다, -빼다' 등의 용언과 관용적으로 연결되어 쓰인다. '졈잖다'가 '졈지 않다'가 아닌 '졈잔ᄒ다'에서 형성된 것이라는 해석에 대해서는 박보연(2005 : 75)을 참조.

9) 이지양(1993 : 137)은 융합에 의한 선어말어미화의 유형 가운데 '-잖-'의 범주에 속하는 '귀찮다, 졈잖다, 괜찮다' 등은 형식의 축소에 이어 의미의 진전이 수행된 진전된 융합형들로 간주하였다. 또한, 이지양(2003 : 287)에서 '졂지 않다→졈잖다'의 예는 둘 이상의 형태소나 단어로 이루어진 연결형에서 융합으로 형성된 "준말"로 취급된 바 있다.

10) 예를 들면, 영어에서 over-the-hill(탈영하다, 증발하다, 사라지다) 유형은 일종의 어휘화의 단계에 들어섰으며, 기원적인 구상적 의미가 제거된 대신에 주관화를 거친 비유적 의미가 확립되어 있다고 한다(Hansen 2006 : 1511).

11) 또한, Brinton・Traugott(2005a : 107-109)은 어휘화와 대립되는 문법화의 특질을 다음과 같이 제시하였다. (1) 탈범주화, (2) 의미의 탈색, (3) 주관화, (4) 생산성의 확대, (5) 빈도수의 증가, (6) 유형론상의 보편성.

는 다른 방식으로 해석을 허용케 하는 재해석의 가능성에서 찾을 수 있다고 생각한다. 따라서 어휘화(문법화의 경우도 포함하여)는 재분석을 통해서 이루어지는 것이 일반적이다.12) 종래에 재분석(reanalysis)이라는 개념은 언어 변화, 특히 통사적 변화를 촉발시키는 중요한 원리 가운데 하나로 인식되어 왔다. 통사적 변화에 관여하는 재분석에 관한 논의에서 Langacker(1977 : 57)는 이것을 "표면 실현에서 직접적이고 본질적인 수정을 수반하지 않는 통사적 구성(표현 또는 표현 부류)의 구조에 일어나는 변화"로 규정한 바 있다.

문법화의 관점에서 안주호(1997)에서 재분석이 어형 변화형을 다른 방식으로 해석하려는 화자들의 심리적 의도를 뜻하는 용어로 파악된 것도 이와 같은 연관성에서 비롯된 해석으로 보인다.13) 그리하여 재분석은 Langacker(1977)가 지적한 바와 같이, 결국에는 표면구조에 변화를 일으키게 되어 어휘화 또는 문법화의 점진적인 과정이 시작되는 계기를 만든다. 이러한 Langacker(1977) 방식의 정의를 바탕으로 하면, 재분석은 다음과 같은 일련의 변화를 수반하게 된다고 한다(Brinton · Traugott 2005 : 7).

(3) ㄱ. 구성성분에서의 변화, 즉, [a] napron>[an] apron의 예에서와 같이 형태론적 괄호 치기에 일어난 변화.
ㄴ. 범주 표시에서 변화(즉, 본동사>조동사).
ㄷ. 경계의 소실(즉, be going to>gonna).

예를 들면, 현대국어의 동사 '엿보다'(覰)는 어근 '보-'(見)에 접두사 '엿-'이 연결된 파생어의 범주에 속한다. 그러나 이 동사 형태는 중세국어의 단계에서는 각각 두 개의 동사 어근 '엿-'(覰)과 '보-'(見)형이 15세기의 공시

---

12) 명사의 문법화 현상 전반을 고찰한 안주호(1997 : 33-39)는 문법화를 야기하는 직접적인 원리로서 (1) 은유(metaphor) (2) 재분석(reanalysis), (3) 유추(analogy), 그리고 (4) 융합(fusion) 등 4 가지 기제를 설정하고 적용되는 예들을 제시하였다.
13) 재분석에 대한 학자들의 다양한 해석에 대해서는 한용운(2003 : 70-71)을 참조.

적인 형태규칙에 의해서 결합한 합성어이었음은 잘 알려진 사실이다.14)

(4) ㄱ. 사룸의 아룹뎟 유무를 여서보미 아니 홀디니라(1517, 번소학, 8. 22ㄴ),
    cf. 사룹의 스스유무를 여어 보디 아닐 거시며(1586, 소학언, 5, 101ㄴ).
    伺는 여서 슬필씨라(1463, 법화경, 7, 114ㄴ),
    그 나아간 더 깁픈 거술 여어보디 몯ㅎ더라(1617, 동국신, 동삼충
    1, 72ㄴ),
    ㄴ. 누미 그슥흔 이룰 엿보디 말며(飜小, 4 : 13ㄴ).

16세기 초엽부터 '△'이 소실되는 음운변화에 의하여 '엿-'(窺)의 활용형
들의 기능성이 점진적으로 축소되었으며, 근대국어 후기에 이르면 그 출현
환경이 주로 합성동사 '엿보-'에 집중되었다고 생각한다. 예를 들면, 19세
기 초엽 또는 18세기 후기의 자료로 간주되는 경도대학장본 필사본 『교린
수지』에 사용된 '여어 보고'(窺, 3.24ㄱ)와 같은 구문은 그 이후 19세기 후기에
개정된 초간본과 개간본 『교린수지』(1881, 1883)에서는 '엿보고'(3.36ㄱ)로 대
치되었다. 이러한 상황에서 역사적인 어느 단계에서부터 화자들이 '엿보-'의
합성동사의 구성을 재분석하게 되어 형태론적 괄호 치기를 수정한 결과
어근 '엿-'이 문법적 기능을 갖는 접두사의 신분으로 변화를 수행하였다.15)
화자들의 인식 속에서 '엿-'이 재분석을 거친 이후에 수행되는 문법화의

---

14) 중세국어에서 '엿-'(窺)은 생산적이지는 않지만, 다음과 같은 활용형으로 출현하고 있다.
    窓으로 여서 지블 보니(능엄언, 5, 72ㄱ),
    그 便을 여서 求ㅎ야 得ㅎ리 업게 호리니(법화경, 7, 167ㄱ),
    뭇 ᄀ색 고기 엿ᄂ니는 수 업슨 가마오디오(번역 박통, 상, 70ㄴ).
15) 그 반면, '△'에 대한 'ㅅ'을 보유하고 있었던 남부방언에서 '엿보-'는 다음과 같이 '엿을
    보-'로 재구조화를 수행한 사실이 특이하다.
    (ㄱ) 한번 도둑질을 허겼는디 요거이 엿을 봐야 도둑질을 않는단 말이여(6-12 한국구
        비문학대계, 전남 보성군 벌교읍 설화 34 : 184, 윤철호 65세),
    (ㄴ) 목아지만 내놓고 인자 캄캄헌께 거그서 엿을 봐요 그런께(상동),
    (ㄷ) 성을 보듬고 건네방으로 가고, 지는 인자딱 숨어서 엿을 보고(상동),

과정을 거쳐 형성된 접두사의 '엿-'은 18세기 후반부에 이르면 유추작용에 의해서 '듣-'(聽) 동사어근에도 확대되어 그 이전에 어휘부에 존재하지 않았던 새로운 '엿듣-'형을 생산하게 되었다.16) 따라서 접두사 '엿-'의 문법화는 대략 18세기 후기 정도에 완성된 것으로 보인다.

(5) 聽籬察壁 엿듯기 ᄒ다(1775, 역어해, 59ㄴ),
담밧긔 엿듯논 귀 심히 두려온지라(1777, 명의해, 상, 3ㄴ),
반ᄃ시 엿듯고 거즛말을 지어내는 고로(상동, 상, 18ㄱ),
댱 뒤희 엿듯논 사룸이 잇다 ᄒ더니(상동, 상, 47ㄴ).

3. 중세와 근대국어에서 '올해'(今年)의 재분석을 거친 어휘화 과정

3.1. 단독형 '올ᄒ'와 출현 빈도수 높은 처소격 형태 '올희'

유창돈(1964 : 579)은 그의 『이조어사전』에서 '今年'에 해당되는 중세와 근대국어의 다양한 용례들을 제시하면서 그 표제항을 '올ᄒ'로 대표시키고 있다. 이러한 분석의 태도로 미루어 '올희'의 사례는 유창돈(1964)에서 구체적으로 지적하지는 않았으나, '올ᄒ'의 처격형으로 처리된 것으로 생각할 수밖에 없다. 이번에는 남광우(1997 : 1103)에서의 예시와 그 설명을 살펴보면, 『고어사전』에 '올해'(今年)에 해당하는 표제어는 '올'과 '올희' 두 가지 형

고동호 교수의 지적에 의하면, 제주도 방언에서 이 형태는 "ᄋᆞ산 보다"로 쓰인다고 한다.
cf. 조창 강 ᄋᆞ상 보곡 ᄒᆞ엿쑤다
(『제주민담』, 진성기 편, 1977 : 100)

16) 후기 중세국어의 단계에서 '엿듣-' 또는 '여어 듣-'과 같은 합성동사는 문헌자료에 등장한 바 없다. 그러나 17세기 국어에 다음과 같은 '여어 듣-'의 구성이 등장하기 시작한다.

다룬 사ᄅᆞ미 여어 드르리로다(두해-중 8 : 3ㄱ).

그리하여 17세기 후반부 이후에서부터 등장하기 시작하는 '엿듣다'형은 그 세력을 크게 확대하여 결국에는 현대국어 사전에 표준어 항목으로 '엿보다'와 함께 등록되어 있다.

태로 등록되어 있다. 설명의 편의를 위해서 이 사전에서 나열된 예문 몇 가지를 그대로 인용하여 제시하면 다음과 같다.

(6) ㄱ. 올 : 올해
　　　옰 보미(三綱, 烈12),
　　　옰 보미 본딘 쏘 디나가ᄂᆞ니(今春, 초간 두해 10 : 17),[17]
　　　진실로 올히 간난ᄒᆞ얘라(其實今年艱難, 번역 노걸, 상. 54),
　　　올히 ᄀᆞᆺ 열여스신 숟갓나희라(今年十六歲的女兒孩, 번역 박통, 상. 45),
　　　올혼 가장 쳔ᄒᆞ더라(今年好生賤了, 언해 박통, 중. 14).
　　ㄴ. 올희 : 올해, 금년
　　　올희 난 회홧가지(新生槐枝, 구급방, 상. 30).

　남광우(1997)에서 표제어 항목인 중세국어 '올'은 오늘날의 '올해'에 해당되는 선행 형태로 해설되어 있다. 그리고 또 다른 표제어 '올히' 항목에서 이것은 주격형 '올해+-가'임을 제시하였다. 더욱이 '올ᄒᆞ'에 대조의 보조사 '-ᄋᆞᆫ/은'이 연결된 '올혼'의 예를 보면, 이 형태가 중세국어의 단계에서 '今年'을 뜻하는 단독형이었다는 사실을 쉽게 알 수 있다. 두 개의 명사가 연결되는 통사적 구에서 수식의 기능을 발휘하는 선행 명사에 당시의 통사 규칙에 따라서 관형격 조사 'ㅅ'이 출현하고 있는 사실이 주목된다. '옰 봄(今春), 옰 가난'의 구성은 선행하는 '올'이 관형사형 부류가 아니고 [-유정성] 명사임을 보여주고 있다.

　그러나 중세국어에서 쓰인 또 다른 형태 '올희'의 사례를 살펴보면 문제가 그렇게 단순하지 않다는 것을 알게 된다. 위의 (6)ㄴ의 예가 그것이다. 여기에 등장하는 '올희'가 '新生'에 대한 번역이지만, 역시 '今年'(올해)에 해

───────────

17) 이 예문의 통사 구조는 약간의 문제가 있다. '옰 보미 본딘 쏘 디나가ᄂᆞ니'(今春看又過, 초간 두시언해 10 : 17ㄱ). 이 문장의 구성이 자연스럽지 못한 것은 당시 언해 과정에서 야기된 것으로 보인다. 이 예문의 한문 원전을 살펴보면, 대체로 "올해에도 봄이 (헛되이) 또 지나가는 것을 (내가) 보나니." 정도가 될 것 같다.

당될 수 있기 때문이다. 그렇기 때문에 남광우(1997)에서 '今年'에 대한 해설로 제시된 대응되는 형태가 아무런 구체적인 설명도 없이 '올ᅙ'과 '올희' 두 가지로 갈리게 된 것이다. 이 시기에 '올희'의 쓰임을 자세히 관찰하기 위해서 다른 예를 찾아보면 다음과 같다.

(7) 올희 나룰 ᄉ랑ᄒ야 嘉州에 오니(今年思我, 초간 두시 8 : 27ㄴ),
　　그려기 올희 ᄯ 북으로 가놋다(雁今年又北歸, 초간 두시 17 : 19ㄴ).
　　病ᄒ야 눕건 디 오라다니 <u>올희ᅀᅡ</u> 고돌파 도라가몰(초간 두시 23 : 19ㄱ),
　　ᄯ 그 도ᄌ글 자바 보내니 올희 옥애서 주그니라(今年, 번역 노걸, 상, 28ㄴ),
　　그 아비ᄂᆞᆫ 올희 나히 열아호비오(今年十九歲, 번역 박통사, 상. 46ㄴ).

위의 예에 등장하는 언해본에서의 '올희'는 대부분 '今年'에 해당된다. 따라서 남광우(1997)에서와 같이, 중세국어의 '올희'가 '今年'으로 파악될 가능성이 있다. 그러나 '올희'를 당시의 단독 체언이라고 가정한다면, 이 체언의 곡용 형태들이 보이는 분포상의 제약이 크게 주목된다. '올희'에 주격 조사가 연결되는 경우에 주격 조사는 음운 연결의 과정에서 표면으로 실현될 수 없기 때문에 논외로 하면, 중세국어의 자료에 방향성을 나타내는 시간명사 '올희'에 특히 처소격 조사가 연결된 '올희+예 → 올희예'와 같은 용례는 전연 확인되지 않는다.18) 또한 '올희'가 수식언의 위치에서 후행 명사 앞에서 '올힛+NP'을 형성하게 되는 통사적 구성도 당시의 문헌에서 아래

---

18) 위의 예문 (7) 가운데 '올희ᅀᅡ'에 출현하는 강세의 보조사 '-ᅀᅡ'의 분포는 중세국어에서 매우 다양하였다. 즉, '-ᅀᅡ'는 체언과 용언, 부사어 그리고 주격 조사, 목적격 조사 및 처소격 조사 '-애/에, 예', 선어어말어미 등에 연결되었다(허웅 1975 : 380, 안병희 · 이광호 1990 : 199). 따라서 '올희ᅀᅡ'는 '올ᅙ+익+ᅀᅡ'로 분석될 수 있다.
처소격 조사에 연결되는 '-ᅀᅡ'의 몇 가지 용례는 다음과 같다.

　　精靈이 모도몬 엇뎨 구틔여 <u>ᄀ숧희ᅀᅡ</u> 通ᄒ리오(1481, 두시초 11, 23b),
　　벋 親近ᄒ면 이 곧ᄒᆫ <u>사ᄅᆞᆷ에ᅀᅡ</u> 어루 爲ᄒ야 닐올띠며(1463, 법화경, 2, 172ㄴ),
　　이러ᄒ <u>時節에ᅀᅡ</u> 工夫 히믈 어드리라(1517, 몽산법, 고, 6b).

의 사례만 제외하면, 생산적이지 않고 그 출현 빈도가 매우 낮다.

(8) 臘日이 常녯 히엔 더위 오히려 머더니 올힗 臘日엔 언 거시 다 녹누다
(1481, 초간 두시. 11, 36ㄴ)

위의 예에서 '올힗 臘日'의 경우는 두 가지 가능성을 생각할 수 있다. 하나는 '올ㅎ'이 특이 처소격 형태 '-읜'와 연결된 '올힌'에 다시 관형격 조사 'ㅅ'이 통합된 전형적인 '-읫' 구성으로 해석된다. 이와 같은 유형은 중세국어의 자료에서 쉽게 확인할 수 있는 것이기 때문에(허웅 1975), 구태여 단독형 '올힌'와 연관 지을 필요는 없다. 옰 보믯 그려기 남녀그로셔 도라오몰(今春, 초간 두시17. 20ㄱ).19) 다른 하니의 대안은 출현 빈도가 높은 '올ㅎ'의 처소격형태 '올힌'가 이미 15세기의 단계에서 당시의 화자들에 의해서 단독형으로 재분석되어 '올(?)+힌(年)로 해석되었을 가능성이다. 그러나 근대국어에서까지 '올' 또는 '올ㅎ'형이 꾸준히 지속되고 있는 사실을 보면, 중세국어단계에서 사용되는 '올힌'에 대한 두 번째의 대안은 근거가 매우 약하다.

이러한 사실을 고려하면, 글쓴이는 위의 예문 (6)~(7)에 등장하는 중세국어의 '올힌'형은 그 정체를 쉽게 해결할 수 없는 성분인 '올'(?)과 '힌'(年)로 재해석되어 형성된 복합어로 파악하는 것보다 오히려 '올ㅎ'에 처소격조사 '-읜'가 연결된 형태로 간주해야 더욱 자연스럽다고 판단한다.20) 따라서 (7)의 예문에서 '今年'에 배당되는 언해문에서의 '올힌'의 예들은 사실

19) 그러한 통사적 구성을 보이는 약간의 예를 중세국어에서 제시하면 다음과 같다.

分別心이 나면 色과 心과잇 여러 緣을 볼씨라(1461, 능엄언. 2, 29ㄴ),
벼슬ᄒᆞ여늘 四方잇 션빈둘히 모다 가니(1517, 번소학, 9, 10ㄱ),
쇠똥잇 콩 호 나출 빼혀(1489, 구급간, 7, 39ㄱ),
당샹잇 사롬을 잘 셤기며 아슴이며(1518, 여향언, 3ㄴ).

20) 15세기 국어에서 '올힌'가 '옳(평성)+처소격 조사 '-읜(거성)'로 분석된다는 사실을 성조의 관점에서 증명하기는 어렵다. 이 시기에 단일어 '힌'(年)의 성조도 역시 거성이었기 때문이다.

은 '今年+에'와 같은 구성을 나타내는 것이다. (6)ㄴ에서 제시된 예문, 즉 "올희 난 회홧가지"(新生槐枝)에서 '올희'는 원문의 '新生'에 비추어 볼 때, '今年'에 해당되는 단독형이라기보다는 '今年+처소격 조사 -의'(즉, 올해에)의 부사와와 같은 기능을 하는 통사적 구성이 분명하다.

15세기 문헌자료인 『南明集諺解』(1482) 가운데 동일한 문면에 등장하는 다음과 같은 '올ㅎ'의 공시적인 곡용 형태 '올히∽옰∽올희'들은 그 당시 '올ㅎ'(今年)의 본질을 그대로 반영하고 있다.

(9) ㄱ. 올히 바ᄅ 가난타 니ᄅ거늘 보라(見說今年이 直是貧이라 호라, 남명천, 상. 8ㄱ),
ㄴ. 올히 바ᄅ 가난타호모 香嚴이 니ᄅ샤되 니건 횟 가난호모 가난티 아니 ᄒ더니 옰 가난이삭 實로 가난토다. 니건 희는 솔옷 셀 ᄯ짜토 업더니 올희는 솔옷도 업도다(남명천, 상. 8ㄴ).

이미 중세국어의 단계에서도 시간을 지시하는 '올ㅎ'의 처소격 형태 '올희'는 당시의 화자들에 의하여 그 출현 빈도에 비추어 다른 격 형태들의 경우보다 더욱 빈번하게 접하게 되었을 것으로 보인다. 따라서 시간 지시 명사에 관용적으로 연결되는 처소격 조사의 반복적인 언어 사용은 화자들의 언어 의식 가운데 기저표시 '올ㅎ'에 대한 인식을 부단히 약화시키는 결과를 초래하기 시작하였다. 처소격 형태의 지속적인 반복 사용과 출현은 결국에는 '올ㅎ+-의'의 구성인 '올희'를 매우 투명한 단독형 '희'(年)의 연상 작용으로 '올+희'(今年)로 재분석하는 과정에 부분적으로 진입하기 시작하였을 것으로 추정한다. 따라서 위의 예문 (9)ㄴ에 등장하는 '올희는'은 어느 정도 중의성을 배제할 수 없다. 그렇지만, 동일한 공시적 언어 현상에 대하여 당시의 화자들은 서로 경쟁하는 일반화 또는 상이한 재분석에 도달할 수 있다는 사실을 염두에 두기로 한다(King 1988).

3.2. 근대국어에서 수행된 재분석과 유추 : '올ㅎ(今年)+히(年)→올히'(今年의 해)

근대국어에 들어와서도 단독형 '올ㅎ'의 위상은 대체로 변함이 없는 것 같다. 그리하여 『17세기 국어사전』(1995 : 2034)에서 '今年'에 해당되는 표제어로 '올ㅎ'형이 등록되어 있으며, '올히'(주격형), '올흔'(대조의 보조사 첨가형), '올희'(처소격형), 그리고 단독형 '올' 등의 굴절 형태가 문헌상으로 등장하는 용례가 제시되어 있다. 『17세기 국어사전』(1995)에 제시된 용례들을 살펴보면, '올ㅎ'의 굴절 형태들이 문헌자료에 등장하는 개략적인 각각의 출현 빈도수는 다음과 같이 나타난다.

(10) 올히-2회, 올흔-1회, 올희-15회, 올-3회.

이와 같이 처소격 형태 '올희'의 출현 빈도수가 다른 격 형태들을 압도하고 있으나, 17세기 후엽의 어휘 자료집 『譯語類解』의 "時令" 항목에서의 다음과 같은 기술은 보수적이기는 하지만 이 시기에 '금년'에 해당되는 어휘의 분명한 규범적 인식을 보여준다. 今年 : 올(상. 3ㄴ), cf. 頭年 : 첫 히, 舊年 : 디난히, 下年 : 닉년(상. 3ㄴ, 4ㄱ). 이 시기에 속하는 구어적 성격이 강한 한글 편지(현풍 곽씨언간) 유형의 자료에서도 역시 '금년'의 의미로 단독형 '올'이 빈번하게 사용되고 있다.

(11) 올도 보리롤 몯 가려 녀롭에 하 소그니
올란 브듸 힘뻐 일 가리게 ㅎ라 니른소(백두현 2003 : 118, 언간 번호 : 13).21)

---

21) 백두현(2003 : 212)은 위의 본문 (11)을 '올해'로 현대어로 풀이하면서 [주석]에서 다음과 같은 언급을 하였다.
"'올'은 관형 기능을 하는 것이 일반적인데, 이 문장에서는 뒤에 오는 '올란'과 함께 '올해'를 뜻하는 단독명사로 쓰여 매우 특이하다. 참고) 올 녀롭의 하놀히 ⁊믈고(노걸대 언해, 상. 47ㄴ)".

17세기 국어에서 18세기로 이전하여 가는 과정에서 이 어휘에 그 쓰임에 따라 약간의 미묘한 변모가 나타나고 있는 사실을 우리는 관찰할 수 있다. 16세기에서 17세기를 거쳐 18세기로 이르는 주로 사역원에서 간행한 『노걸대』 계통의 자료를 살펴보면, 16·17세기의 『번역 노걸대』와 『노걸대 언해』(1670)에서 사용된 주격 형태 '올히'형이 18세기의 『청어노걸대』(1765)에서 '올히'로 대치되어 나타나는 사례가 있다.

  (12) ㄱ. 내 쇼히로니 올히 마ᅀᅵ오(번역노, 하, 71ㄱ),
      ㄴ. 내 쇼히로니 올히 마은이오(노걸언, 하, 64ㄱ),
      ㄷ. 나는 쇼히니 올히 마흔이오(청어노걸 8. 20ㄱ).22)

위의 대조에서 선행절의 통사구조는 약간 상이하지만, 후행절의 경우는 그대로 동일하다. 따라서 18세기 자료에 등장하는 '올히 → 올히'의 대치는 '올ㅎ+-이', 즉 '올해에'의 표현 내용에서 형성된 차이가 아니고, 오히려 빈번하게 사용되는 '올히'형의 출현 빈도수에 근거한 화자들의 재분석에 있다.23) 부단한 반복적인 사용에 의해서 화자들이 수행하게 되는 '올히'의 재분석은 형태소 경계의 상실과 더불어 共起하는 체언 '올ㅎ'과 문법형태소 '-이'의 구성성분의 구조가 융합되어 하나의 새로운 단어를 형성케 하는 계기가 된 셈이다. 따라서 18세기를 전후로 하여 '올히'는 그 이전 시기에서부터 잠재하여 있는 형태상의 중의성을 탈피하고 재해석되어 '今年'의 의

---

22) 같은 18세기의 『몽어노걸대』(1741)에서 이 부분은 다른 방식으로 언해되어 있다.
    나는 乙丑年이니 마흔이오.(8. 19ㄴ).
23) 이들 자료에 반영된 또 다른 한 가지의 변모는 16세기 『번역노걸대』에서 사용된 '올히 녀름' 형태가 동일한 문장 유형에서 후속되는 17·18세기의 자료에서는 '올 녀룸'형으로 대치되어 있는 사실이다.
    우리 여긔 올히 녀르메 하놀히 ᄀᆞ믈오(번역노, 상. 53ㄱ) → 우리 여긔 올 녀룸의 하놀히 ᄀᆞ믈고(노걸대 언해, 상. 47ㄴ) → 우리 여긔 올 녀룸에 ᄀᆞ믈고(몽어노걸대) → 우리 여긔 올 녀름에 하놀이 ᄀᆞ믈고(청어노걸대 4. 2ㄱ).

미로 점진적으로 확대되어 왔을 것이다. 이러한 사실은 18세기 후반 간행된 것으로 추정되는 『漢淸文鑑』(時令, 1 : 22ㄴ)에서 다음과 같이 확인할 수 있다.

(13) ㄱ. 今年 : 올힌, 어러 아냐,

　　 ㄴ. 本年 : 當年, 이너쿠 아냐(ineku aniya), 去年 : 上年, 두러커 아냐
　　　　(duleke aniya), 前年 : 그럿긔, 챠라 아냐(cara aniya).

위의 예문에서 今年의 의미로 규정된 '올힌'는 우리가 살펴보았던 17세기 대역 자료집 『譯語類解』에서의 '今年 : 올'(상.3ㄴ)과 대조를 이룬다. (13)ㄱ의 '올힌'에 대응되는 만주어에 대한 한글 음역 '어러 아냐'(ere aniya)는 Erich Hauer의 『滿獨辭典』(Handwörterbuch der Mandschsprache, 1952 : 53)을 참조하면, dieses Jahr(今年)에 해당한다.24) (13)ㄴ에서 한글 음역 '이너쿠'(dasselbe), '두러커'(vergangenes), '챠라'(vorvoriges)' 등에 연결된 '아냐'는 당시의 국어에서 보통명사 '힌'에 해당된다. 그렇기 때문에, 이 자료집에 재분석되어 등장하는 '올힌'는 하나의 융합된 단일어가 아니라, 통상적인 투명한 '니건힌'(去年) 등에서의 '힌'에 유추되어 합성어의 구조인 '올(?)+힌'(年)로 재해석된 점이 특이하다.

따라서 합성어 '올(?)+힌'(年)에서의 첫 번째 성분 '올'은 중세와 근대국어를 통해서 계절 명사 앞에서 관용적으로 연결되어 連語의 형식으로 등장하는 단독형 '올ㅎ'(今年)에서 유추되어 '年'의 뜻으로 쓰이는 '힌' 앞에 첨가된 것으로 추정된다. 올 ㄱ올(今秋厓 收穫爲也, 1579년, 경민편, 중간본 13ㄱ), 올 ᄡᅠᆷ(노걸대언해, 하. 7ㄴ), 올 녀롬(노걸대언해, 상. 47ㄴ). 이와 같은 관점에서, 18세기의 단계에서 금년의 뜻으로 재해석된 '올힌'는 '올해(今年)의 해'와 같은 잉여적

---

24) 한글 음역 '어러 아냐'에서 '어러'(ere)는 dieser, der의 뜻이며, '아냐'(aniya)는 Jahr('年' 또는 '歲')에 해당된다(Erich Hauer 1952).

인 성분의 구조를 이루게 되었을 것이다.25) 또한, 18세기에 확립되는 '올 힌'에서와 같은 잉여적 구조는 '올 흉년'(凶年)에서도 찾을 수 있다. 슬프다 올 흉년은 네 업슨 배라(1783, 원춘윤음, 3ㄴ).

18세기 후기 정도의 단계에서 '올힌'가 오늘날의 용법(今年)으로 재분석되었을 것이지만, 그 개신형의 확산은 이 시기에서도 보수적인 성향 또는 사회계층 등과 같은 사회언어학적 요인에 따라서 전면적으로 이루어지지 않았던 것으로 보인다.26) 그리하여 18세기 후기에 작성된 다음과 같은 한글 편지 가운데에는 여전히 보수적인 '올ㅎ'의 활용형들이 등장하고 있다.27)

> (14) ㄱ. 졔ᄉ도 ᄉ오일 격ᄒ야 겨오시니 념녀(念慮)의 심ᄉ(心思) 형용치 못ᄒ던되 올흔 ᄒ가지로 못지니웁 계시니 미리 섭섭. (1795, 고령 박씨 『先世諺蹟』, 20. 39-40면, 128-133, 어머니 연산 서씨→아들 박종순).
>
> ㄴ. 올노ᄂ 못 온 거시니 다시 못 본다. ᄆ음속 보다 ᄉ연 ᄀ닥ᄒ나 겨요 덕노라. (1769년, 신창 맹씨 『子孫寶傳』, 37-38면, 삼촌 미망인→조카 서명천. 240쪽).

---

25) 이러한 유형들은 '처갓집'(妻家+집) 부류와 같이 한자어와 고유어의 관습적인 구성에서 형성되기도 한다. 또한, 「천자문」 등과 같은 부류에서 새김과 한자음의 배열이 관용적으로 連語의 성격을 띠고 등장하기 때문에 두 구조적 성분의 관계가 밀착되어 잉여적 성분이 형성되는 경우도 있다. 예를 들면, '못 연(淵)→연못, 널 판(板)→널판지, 모질 악 (惡)→모지락스럽다' 등등.

   이이 일리 넛다. 일은 무신 모지락시런 일리 낫단 말리아(박순호 소장 99장 필사본 별춘향전, 205쪽).

26) 그러나 18세기 국어에 등장하는 '올ㅎ'의 주격형태 '올히'의 경우는 시대마다 새 번역이 이루어진 『老乞大諺解』 부류의 보수적인 언해의 전통에 기인되었을 가능성도 있다. 아래의 예에서 16세기의 『번역 노걸대』에 쓰인 처소격 형태 '올히'는 그 이후의 단계에서 주격형 '올히'로 대치되어 있다.

   진실로 올히 간난ᄒ얘라(번역 노걸대)→진실로 올히 가난ᄒ여라(노걸대언해)→眞實 로 올히 凶年이라(몽어노걸대)→올히 진실로 곡식이 귀ᄒ지라 귀혼지라(청어 노걸대 4.4ㄴ).

27) 이 한글 편지는 이광호 외(『조선후기 한글간찰(언간)의 역주연구』 3, 2005, 태학사)를 이용하였다.

19세기 후기 국어에서는 그 이전 단계에서 이미 재분석과 유추에 의해서 형성된 합성어 '올힉'(今年)형이 하나의 새로운 형태로 어휘부에 확립되어 있는 모습을 보인다. 이러한 사실은 당시의 다양한 사전 부류에서도 확인된다.

(15) cette année-ci : 올힉, 금년, 당년(『한어문전』 1881 : 49),
  올 힉 : 금년, this year. (Underwood, 『한영ᄌᄐ뎐』 1890 : 22),
  올해 : 今年(1895, 『국한회어』, 221).

또한, 이 시기에 처음으로 체언 '올힉'에 처소격 조사 등과 연결된 굴절 형태들이 다음과 같이 사용되기 시작하였다는 사실이 주목되는 것이다. '올힉'ㅣ처소격 조사 '-에'와의 결합은 19세기 후기 국어에서 '올힉'형이 단일한 합성어의 어휘 단위로 확립되어 있는 사실을 알리고 있다. 그러한 이유로 15세기에서부터 18세기에 이르기까지 '올힉+에'와 같은 굴절 형태는 출현할 수 없었던 것이다.

(16) ㄱ. 죠션셔 <u>올힉에</u> 처음으로 이 회에 드러가논디(독립신문. 1897. 2. 25①),
     던하끠셔 <u>올 해에</u> 츈슈가 칠십 구년 십삭이라(샹동. 1897. 11. 11),
     cf. 그런 ᄭᆞᆰ에 <u>올해논</u> 농민들이 이들 더 써셔(샹동. 1898. 4. 16),
   ㄴ. 지난 힉의 곡식이 다ᄒᆞ지 못ᄒᆞ야 <u>올힉의</u> 곡식이(1892, 셩경직, 7. 45ㄴ),
     <u>올힉에</u> 이러ᄒᆞ고 러년도 이러ᄒᆞ야(샹동. 9. 6ㄱ).

위의 (16)ㄱ에서 '올해논'의 예는 15세기 국어에 출현하는 '올힉논'의 경우와 표면적인 형태 구조상으로 동일한 모습으로 나타난다. 그러나 15세기의 '올힉논'는 '올ᄒ(今年)+처소격 조사 -익+대조의 보조사 -논'과 같은 구성성분으로 통합되어 있다. 그 반면에, 19세기에서의 '올해논'은 그 이전

단계에서 '올희'의 높은 출현 빈도와 반복적인 언어 사용의 결과로 처소격 형태 '올희'가 재분석됨과 동시에 기존의 단독형 '희'(年)에 유추되어 새로 형성된 합성어의 단위 어간에 대조의 보조사 '-는'이 연결된 구성이다.

이와 같은 전반적인 경향에도 불구하고, 아래와 같은 예들을 보면 보수형 '올'이 19세기 후기에도 여전히 사용되고 있었다.[28] 그러나 『독립신문』을 중심으로 관찰하면 그 출현 빈도수가 단독형 '올희'에 비하여 훨씬 낮게 나타난다.

(17) ㄱ. 대풍이 <u>올에눈</u> 별노히 일즉 불어(독립신문. 1987. 6. 12②),
    <u>올에눈</u> 일본 셕탄이 작년보다 빗슨 고로(상동. 1897. 9. 21①),
  ㄴ. 팔년 안으로 쓰쟈 ᄒ고 <u>올노눈</u> 팔쳔만 푸링크를 쳥ᄒ엿더라(상동. 1897. 4. 17③).

위의 예에서 (17)ㄱ의 '올에눈'과 (17)ㄴ의 '올노눈'는 19세기 후기에서도 역시 단독형 '올'이 '今年'의 의미로 여전히 사용되고 있었으며, 이 형태는 여기에 복합조사 '-에눈'과 '-로눈'이 통합된 구성으로 보인다. 또한, 단독형으로 쓰이는 보수형 '올'의 존재는 19세기 후기에 간행된 대역사전 부류에서도 확인된다.

(18) ㄱ. 올 : <u>de</u> cette annee, 올에 Dans cette année(『한불ᄌ뎐』(1880 : 56)).
  ㄴ. 올 : this year, see 금년(Gale의 『한영ᄌ뎐』(1897 : 89)).

위의 예에서 (18)ㄴ의 표제어 '올'은 다른 사전 부류와 비교했을 때, 특

---

28) 19세기 후기의 다른 지역방언 자료에서도 산발적으로 보수형 '올'(今年)이 사용되고 있다.
  익고 어만니 우이 <u>올붓팀</u> 불두던이 가려우니 날 장기 좀 되려주오(김문기 소장 26장본 홍부젼, 2ㄱ),
  =익고 어마니 우이 <u>올붓허</u> 불두덩이 가려우니 눌 중가 드려주오(경판 20장본 홍부젼 2ㄱ).

이한 점을 보인다. 이 사전보다 앞서 간행되었고, Gale이 사전 표제어 선정에 도움을 준 Underwood의 『한영ᄌ뎐』(1890 : 22, 292)에서는 '올'이 단독 표제항으로 출현하지 않는 반면에, 개신형 '올ᄒᆡ'만이 금년의 의미로 등록되어 있기 때문이다. 그러한 이유는 Gale이 그 사전의 서문에서 밝힌 바와 같이 『한불ᄌ뎐』(1880)의 표제항을 그대로 따른 데 있는 것으로 보인다. 그 반면에, 『한불ᄌ뎐』(1880)에 '금년'의 의미로 등록된 표제어 '올'은 두 가지의 관점에서 특히 주목된다. 하나는 이 사전과 같은 계열의 문법서 『한어문전』(1881 : 49)에서는, 우리가 (15)에서 관찰한 바와 같이, 개신형 '올ᄒᆡ'로만 사용되었고, 보수형 '올'에 대한 기술은 언급되지 않았다는 사실이다. 다른 하나는 『한불ᄌ뎐』(1880)에서 제시된 '올'에 대한 기술 내용을 보면, '금년+의' 또는 '금년ᅵ에' 등과 같이 해식할 수 있는 전치사 de를 앞세우고 있다는 점이다.29) 더욱이 이 사전에는 '올'에 처소격 조사가 연결된 형태로 보이는 '올에'가 표제어 '올'과 함께 나란히 등록되어 있다. 그리고 '올에'형에 대한 설명에서 이번에는 '금년'에 해당되는 어휘 앞에 '금년+에, 금년+동안에 / 안에' 등등으로 해석되는 전치사 dans를 선행시켰다.

그렇다면, 『한불ᄌ뎐』(1880)의 '올에'의 구성은 금년을 뜻하는 단독형 '올'형에 연결 빈도수가 높은 처소격 조사가 통합되어 개신형 '올해'와 동일하게 단일한 단위를 형성하고 있다고 생각된다. 그러나 18세기를 거쳐 19세기 후기에 확립된 개신형 '올ᄒᆡ'와 『한불ᄌ뎐』(1880)의 다른 유형의 개신형 '올에'의 구성은 그 내용을 달리 하는 것이다. 통상적인 개신형 '올ᄒᆡ'는 '올ᄒ'의 단계에서 연결된 처소격 조사 '-ᄋᆡ'와 융합되어 단일화된 형태인 반면에, 또 다른 '올에'는 이와 같은 재분석을 거부하고 있다가 결국에는 'ᄒ'

---

29) 고동호 교수는 이 글의 초고에 대한 논평에서 전치사 de는 de tout temps(어느 시대에나), de bonne heure(일찍)에서와 같이 "막연한 시간 앞에 오는" 것으로 파악하여야 된다고 지적하였다.

종성이 사라진 19세기 후기에 단독형 '올'(今年)에 반복적으로 연결되는 처소격 조사 '-에'와 융합하여 단일 어간으로 재구조화된 것이다. 전자는 '힌'(年)에 견인되어 유추적 형태 '올+힌'로 재해석되었으나, 후자는 그러한 유추에서 해방되었다. 따라서 근대국어의 후기 단계에서 생성되었으나, 약간의 시대와 간행 방식을 달리하는 『交隣須知』계열의 다음과 같은 예들의 비교에서 드러나는 또 다른 '올에'의 경우도 역시 『한불ᄌ뎐』(1880)의 '올에'의 구성과 일치한다.30)

> (19) 면쥬가 요ᄉ이 귀호니 응당 <u>올힌난</u> 양잠을 잘못하엿는가 시브외(京都大 필사본, 交隣須知 2. 54ㄴ),
> 명쥬가 귀호니 <u>올힌</u> 양줌을 잘못ᄒ엿는가 시브외(제주본, 교린수지 3. 15ㄱ),
> 명쥬가 귀허니 <u>올에</u> 양잠을 잘못ᄒ얏는가 시푸외다(1881, 1883, 초/재간 교린수지 3. 9ㄴ),
> 명쥬가 귀호니 <u>올에</u> 잠농이 잘못 되엿나 보다(1904, 校訂 교린수지 244).

위의 예에서 '올에'형은 단독형 '올'(今年)에 처소격 조사가 연결된 굴절 형태로도, 또는 두 성분이 융합되어 단일 어간으로 재분석된 형태로도 해석될 수 있다. 그러나 일본 외무성에서 간행된 초간(1881)과 재간(1883) 『交隣須知』의 언어 내용이 앞선 시기에 편집된 필사본 부류에 개입된 방언형과 과오 등이 수정되었다는 사실을 고려하면, 후행하는 자료에서 개신형 '올힌'가 보수형 '올'로 되돌아가는 사실은 매우 특이하다. 그렇기 때문에,

---

30) 최근에 간행된 『고려대 한국어대사전』(2009, 고려대민족문화연구원)에는 표제어 '올'(今年)에 대한 해설(주로 일부 명사나 서술어 앞에 쓰임) 예문에서 '올에는, 올에도'와 같은 굴절 형태가 제시되어 있다.
　(ㄱ) <u>올에는</u> 꼭 그 일을 해내리라 다짐했다.
　(ㄴ) <u>올에도</u> 반가운 제비들이 찾아 왔다.

(19)의 '올에'는 '올히'와는 독립적으로 단독형 '올'에 처소격 조사가 연결된 구성이거나, 또는 처격형 '올에'가 재분석을 거쳐 단독형 '올에'(今年)로 확립된 또 다른 형태인 것으로 판단된다.

4. 현대국어 '올해'(今年)의 재해석과 지역 방언형의 통시적 변화 방향

4.1. 현대국어의 공시적 분석과 '올'의 기능상의 전환

18세기 국어와 19세기 후기를 거쳐서 "금년의 해"와 같은 내용으로 의미와 형태상으로 재분석된 '올해'(今年)는 이 시기에 생산적으로 등장하고 있는 또 다른 형태 '올'과 통사적 환경에 따라서 교체되는 이형태의 관계를 맺게 되었다. 중세와 근대국어 전기의 언어에서 '옰 봄'(今春) 등의 경우에 '올ㅎ'(今年)이 단독형으로 등록되었던 단계에서는 "올해의 봄"의 구성성분으로 분석되는 명사구이었다. 그러나 '올ㅎ'가 점진적으로 재분석되어 기원적인 처소격 형태 '올히'로부터 단독형 '올해'로 재구조화되면서 공시적 '올'의 위상에 큰 변화가 일어나게 되었다. 즉, 아래의 예문 (20)에 등장하는 19세기 후기의 '올'은 주로 계절 명사 앞에서 출현하는 통사 환경상의 제약을 초래하게 된 것이다. 따라서 '올'은 고립형으로 인식됨과 동시에 이 형태에 대한 화자들의 분석에 변화를 수반하게 되었을 것으로 보인다.

(20) 올 봄에 본부에 비도 야료ㅎ 후에(독립신문. 1896. 6. 25②),
삼 항구를 올 팔월 일일에 외국 통샹쟝으로 연다더라(샹동. 1897. 7. 8①),
일본에 쥬찰 홀 공ᄉ를 올 가을에 보낸다더라(샹동. 1897. 6. 10③),
러일이 정월 쵸 ᄒ로 날인즉 우리가 올 칙쟝을 덥기 전에(샹동. 1896. 12. 31①),

일본셔 올 ᄉ월 ᄒ로늘 브터(샹동. 1897. 4. 10③).

"올+계절 명사"의 구성에서 앞선 성분 '올'에 대한 공시적 관점에서의 최초의 명시적 규정은 19세기 후반에 작성된 Underwood의 『한영ᄌ뎐』(1890 : 22)에 등장한다.

(21) 올 : a particle prefixed to times and seasons to indicate the present, as 올 희, this year, 올 봄, this spring, the spring of this year.

위의 규정은 현대국어의 국어사전 부류에서 '올'을 관형사로 취급하는 관행의 원류가 된 셈이다. 여기서 주목되는 사실은 두 가지이다. 첫째는 '올'이 시간과 계절 명사 앞에 붙어서 '현재'를 가리키는 첨사라는 지적이다. 둘째는 예로 제시된 '올 희'와 '올 봄'이 동일한 자격으로 취급되어 '올'은 'this'의 지시 기능으로 각각 뒤에 오는 year와 spring을 수식하는 방식이다.31) 이와 같이 Underwood가 『한영ᄌ뎐』(1890 : 22)에서 제시한 기술은 최근까지 Martin의 『한국어문법총람』(1992 : part II, 741)에 그대로 계승되어 있다.32) 따라서 19세기 후기에서부터 '올'은 '금년'의 의미를 상실하고, '현재' 또는 지시대명사 '이'와 같은 기능을 갖고 있는 것으로 공시적으로 해석되기 시작한 것이다.

이어서, 현대국어에서 '올'은 '올해'의 준말로 인식되는데, 이러한 해석은 1920년대의 『조선어사전』에서부터 나타나기 시작하였다. 올 : 올해의 略, 올리

---

31) Underwood가 이와 같이 분석하게 된 근거는 그의 『한영ᄌ뎐』 제2부 <English-Korean> (1890 : 292)에서 제시된 국어의 예들을 보면 쉽게 추출될 수 있다. 즉 그는 다음과 같은 대응을 제시하고 있다.

　　　this year : 금년, 올 희, *last* year : 쟉년, 젼년, 지난희, *next* yea : 명년, 후년, 훗희 등등.

32) 올(ol) : 2. this, the present; next, the coming. ㅇhay; this year, 3. (abbr<ol hay) this year.

년 : 今年과 明年, 올해 : 本年, 略 올(621). 이와 같은 규정은 1936년『사정한 조선어 표준말 모음』에서 표준어로 성문화되기에 이른다. 올해(今年)-준말 '올'(116). Ramstedt(1949 : 178)도 역시 *orhä*(>orä) 항목에서 'last year'< or 'early, earlier' and hai 'day, year'로 분석하고 있다.

또한, 이윤재의『표준 조선말 사전』(1947 : 538)에서 표제어 '올해'는 '이 해'로 풀이되어 있다. 그러나 이 사전에서 '今年'을 뜻하는 단독 표제어 '올' 은 누락되어 있다. 이 보다 앞선 문세영의『조선어사전』(하, 1937 : 1035)에서 '올해'에 대한 풀이가 '이 해'로 먼저 보인다. 여기서 '올해'의 첫 번째 성분 '올'을 지시적인 '이'로 파악하려는 태도는 두 번째 성분 '해'를 '年'으로 재해석하였기 때문이다. 그리고 이러한 해석은 최근 국립국어연구원에서 간행한『표준국어대사전』으로 이어진다. 올해 : 지금 지나가고 있는 이 해.

현대국어에서 '올해'는 이와 같은 일련의 재해석을 거쳐서 두 번째 성분인 '-해'는 '年'의 의미로 확립되었다. 그리하여, 이기문(1985/1991 : 84)은 중세국어의 '오늘'(평성+거성, 今日)의 어원을 세 가지의 방향에서 검토하는 자리에서, 이 시기의 '올힉'와 '올' 두 가지 유형의 형태에 대해서 다음과 같은 관찰을 하였다. (ㄱ) 중세국어의 '올ㅎ'(今年)형은 기원적으로 '올힉'이었다. (ㄴ) 당시의 화자들이 '올힉'를 처격형으로 인식하게 되어, 단독형 '올ㅎ'에 처소격 조사 '-익'가 연결된 것으로 오분석된 결과 '올ㅎ'로 쓰인 것이다.[33]

---

33) 또한, Martin(2002 : 311-319)은 현대국어의 '올해'는 하나의 句로서 imperfect adnominal *wol*-'to come'+the noun *hoy* 'year'의 구조를 보유하고 있다고 보았다. 그에 의하면 이 통사적 句는 "앞으로 오는 해"를 뜻하는 것이 아니고, "여기 와 있는 해"를 지시한다는 것이다. 이러한 미완료 관형사형은 오늘날 한국어에서 가장 보편적으로 사용되고 있는데, 언제나 미래만을 지시하는 것이 아니라고 그는 해석한다.
즉, '오늘'(今日, <오눌<올(ㄹ)-날, 'the coming day'(316쪽). Martin 교수는 독특한 "도착과 떠남"의 의미론(315쪽)을 이용하여 '올해'가 미래의 오는 해가 아니라, 우리에게 와 있는 지금의 해가 되었다는 논리를 전개하였다. 이러한 Martin 교수의 판단은 '올해'의 '해'가 '年'(year) 해당된다는 사실을 전제로 하는 것이다.

이와 같은 이기문(1985/1991)의 관점은 이 글에서 전개되는 글쓴이의 '올
힉'에 대한 대안과 정 반대의 위치에 선다. 사실, 국어사에서 '올힉'라는 형
태의 출현은 明代 永樂年間 1403-1424에 편찬된 것으로 추정되는 『조선관
역어』로 소급된다. 今年 我害, cf. 明年 我嫩害(오는힉), 千年 展害(쳔힉). 이 자료에
당시 明代의 한자음으로 음역된 '我害'에 대해서는 일찍이 小倉進平(1941)에
서부터 최근 권인한(1995)의 연구에 이르기까지 투명하게 '올힉'로 해석되
어 왔다.34) 따라서 15세기 국어에서 '올힉'가 이기문(1985/1991)에서의 판단
과 같이 기원적으로 '금년'에 해당되는 어휘일 가능성이 높은 것은 사실이
다. 그러나 『조선관역어』에 반영된 시간과 장소를 표시하는 다음과 같은
일련의 명사들에 대한 전사 유형에 비추어 보면, 여기에 등장하는 '올힉'의
신분이 그렇게 단순하지는 않다.

(22) ㄱ. [天文門] 015 天上 哈捺五會, *하늘우희'(권인한 1995 : 56),35)
　　　016 天下 哈捺阿賴, *하늘아래'(권인한 1995 : 56),
　　　018 天邊 哈捺格自, '하늘ㅈ∽하늘ㄱ싀',
　　ㄴ. [地理門] 080 山前 磨阿迫, *뫼알퓌'(권인한 1995 : 69),
　　　081 山後 磨推迫, *뫼뒤헤(권인한 1995 : 69),
　　　132 春前 播妹阿迫, *보믜알퓌'(권인한 1995 : 78),
　　　133 春後 播妹推迫, '보믜뒤헤',
　　　104 村裏 呑阿柰, '툰아내'(←안해),(권인한 1995 : 73),36)
　　　105 郊外 得勒把吉, *드르밧긔.

---

34) 小倉進平은 "『朝鮮館譯語』語釋"(東洋學報 28권 3호, 4호, 1941 : 84)에서 '我害'는 orhai [ol-
　　hɛ](今年)을 記寫한 것으로 판독하였다(소계학인 편 『語源資料集成, 下』(國語國文學學 資料
　　叢書 제4집, 1957)에 실린 번역 논문을 참조).

35) 이 예문들에 대한 중국어 전사 자료의 해독은 『朝鮮館譯語』의 음운론적 고찰을 시도한
　　권인한(1995)에서 추정한 再構를 그대로 이용하였다. 어휘 항목에 첨가한 일련번호 역시
　　권인한(1995)에서와 동일하다.

36) "104. 村裏 呑阿柰, 툰아내"에서 권인한(1995 : 73)은 '안ㅎ'(內)의 처소격 형태 '안해'가
　　/a-naj/로 전사된 것은 『朝鮮館譯語』 편찬 당시에도 중세국어에 유성음 사이 'ㅎ'이 약화
　　탈락 현상이 존재하였을 것을 알려주는 것으로 이해하였다.

ㄷ. [時令門] 120 春 播妹, *보미(← 봄익),(권인한 1995 : 76).

『朝鮮館譯語』의 종합적 검토를 시도한 이기문(1968 : 49)은 이 어휘 자료
집에 반영된 15세기 초기에 해당되는 방언은 정음 초기의 문헌들의 언어
상태보다 전반적으로 예전 단계를 보여주지만, 양자의 대조를 통해서 보면
서로 매우 가깝다는 사실을 지적한 바 있다. 또한, 이기문 선생은 이 논문
(1968)에서 『조선관역어』가 15세기 훈민정음으로 작성된 문헌자료들의 경
우보다 언어적인 측면에서 부분적으로 새로운 상태를 보여주는 것으로 해
석될 수 있는 예들이 존재하는데, 이러한 사실이 은폐되어서는 안 될 것으
로 판단하였다. 이기문 선생이 지적한 『조선관역어』의 언어에 나타난 정음
초기의 문헌사료들의 경우보다 "새로운 상태"에 대해서는 그 논문(1968)에
서 한 가지 유형의 사례 이외에는 구체적으로 언급되지는 않았다(이 글의
각주 (37)을 참조). 글쓴이의 판단으로는, 위의 계절과 장소 위치를 나타내는
명사에 처소격 조사가 관습적으로 연결되어 하나의 굳어진 단위를 형성하
고 있는 듯한 『조선관역어』의 언어 현상도 바로 그러한 새로운 언어 모습
의 일면에 포함될 수 있을 것 같다.

그러나 양자 사이의 언어의 모습이 서로 밀접하게 접근되어 있다고 가
정한다면, 위의 (22)의 예들이 보여주는 단어들의 형태는 어떤 개신적인
상태를 반영하는 것으로 생각되지 않는다. 단지 당시의 언어를 문자로 기
록하는 자세에 근본적인 차이가 개재되었을 것으로 본다. 중세국어 15세기
어느 특정한 지역방언, 즉 한양어에 (21)과 같은 예들이 지속적으로 출현
하고 있었지만, 격식어 중심의 정음 초기 문헌에서 이러한 사실이 반영되
지 않았을 개연성이 있다. 당시의 文語에서는 이러한 언어적 특질이 반영될
수 없었겠지만, 대중들의 口語에는 이것이 존재하였을 것이다. 따라서 『조
선관역어』에 반영된 위의 (21)의 예들은 중세국어의 언어에 비추어 개신적

인 일면을 나타내는 것이 아니라, 당시 화자들의 구어적 관습이 우연히 주목되어 전사되었을 뿐이다.37)

위의 (22)에서 제시한 공간과 위치 개념인 '上'과 '下' 그리고 '前'과 '後', 또는 '邊'과 '外', '裏' 등과 계절어 '春'에 대한 『조선관역어』 한자음 전사는 대체로 15세기 전기 국어에서 처소격 조사와 통합되어 나타나는 형태를 보여준다('下'에 대한 '아래'의 예는 이 글에서 §5.1을 참조). 이러한 경향은 『조선관역어』에서 다음과 같은 두 가지의 사실을 반영하고 있는 것으로 판단된다. 즉, 첫째, 오늘날의 지역방언에서 이들의 방향성 단어에 처소격 조사가 지속적으로 연결되어 하나의 어휘 단위로 관용화되어 쓰이는 현상의 역사가 매우 오래된 것이어서 중세국어 또는 그 이전의 단계에까지 소급될 수 있다는 것이다. 둘째, 이러한 관점에서 『조선관역어』에 등장하는 '今年 我害'의 기록이 정음 초기 문헌어에 해당되는 '올희'를 한자음으로 전사한 것이라면 역시 단독형 '올ㅎ'의 처소격 형태에 해당될 수 있다는 사실이다.

---

37) 이기문(1968 : 64)은 『조선관역어』 가운데 15세기 문헌어 '갗(皮)에 해당되는 단어의 한자음 전사가 '가치'로 표기된 용례를 제시하면서, 당시의 국어에 '그력'과 '그려기'(雁)형이 공존하고 있었던 것과 같이 공시적으로 '갗'과 '가치'가 존재하였을 것으로 판단한다. 그리하여 15세기 정음 문헌어에는 '갗형만 출현하였으나, 『조선관역어』에는 또 다른 형태 '가치'가 반영되었을 것이며, 이와 같은 유형이 『조선관역어』와 15세기 정음 문헌어 사이에 나타나는 차이의 한 가지라고 이기문 선생은 지적하였다. 여기서 당시의 '갗'에 대한 '가치'형은 폐음절 어간 '갗(皮)에 접미사 '-이'가 연결된 형태론적 과정을 거친 것으로 추정된다.
글쓴이는 최근의 글(2009)에서 개음절 어간 명사에 연결되어 단일한 어간으로 굳어진 명사파생 접사 '-이'가 19세기 후기 지역방언 자료에 생산적으로 나타나고 있음을 지적하면서, 몇몇 어휘들의 경우는 이러한 단어형성론의 원칙이 15세기 『조선관역어』의 시기로까지 소급될 가능성을 제시한 바 있다.
즉, 중국어 차용어 '투구'에 접사 '-이'가 연결된 형태론적 과정이 『朝鮮館譯語』에 'no.276, 盔 兎貴' 항목으로 등록되어 있다. 이 자료에 대한 음운론적 고찰을 시도한 권인한(1995 : 102)은 '兎貴'를 '투귀로 해독하고, 이 형태는 '투구'에 '-이'가 결합된 구조로 설명하였다. 같은 자료집에서 no.408 '耳 貴'(귀)를 참조.
『朝鮮館譯語』에서 개음절 명사 어근에 이와 같은 '-이'가 연결된 것으로 보이는 예는 'no.163. 咊 所貴'에서도 찾을 수 있다. 권인한(1995)에서 지적된 바와 같이, 여기서 '솔고 +-이 → 솔괴'형의 반사체가 제주도와 함북 육진방언에서 '살귀'로 출현하고 있다.

이 어휘 자료집에서 처격형 '올히'를 전사한 두 번째 한자음 '害'(今年 我害)를 '年'에 해당되는 '히'의 표기에도 역시 사용한 사실을 보면(明年 我嫩害(오 논히), 千年 展害(천히)) 당시의 중국인 전사자도 '올히'를 유추에 의해서 '올+히'(年)로 분석했을 가능성이 있다.

4.2. 현대국어 '올해'의 지역방언 반사체와 '*올기〉올히'의 변화

小倉進平(1944 : 16)이 조사한 1940년대 국어 지역방언에서 '올해'의 반사 체들은 대체로 단순한 네 가지 유형으로 분포되어 있다. (ㄱ) 비어두음절 위치에서 공명음 사이에 개재된 'ㅎ'을 유지한 '올해'형, (ㄴ) 'ㅎ'이 자연스 럽게 탈락되거나([오래]), 이어서 모음 상승을 일으킨 형태 [오리], (ㄷ) 비 어두음절 위치에서 'ㄱ'을 출현시키는 형태 [올개]와, 이어서 모음이 상승 된 [올기], 그리고 (ㄹ) 단독형 [올]. 그 이후에 이루어진 최근의 여러 방언 자료집(김형규 1982, 최학근 1990)에서도 그 분포 지역에 차이는 있어도 '올해' 에 대한 네 가지 방언형의 유형에는 대체로 변함이 없다.38)

위의 지역 방언형 가운데 당시 자료 수집과 관련하여 (ㄹ) 단독형 '올'의 해석이 애매한 측면이 있다. 이 형태가 '올 가을'(今秋)에서처럼 계절명사 앞에서 관형사의 기능을 발휘하는 통사적 환경에 출현하는 사례인지, 아니 면 단독형 그대로의 형태인지를 구분하기 어렵다. 小倉進平(1944)은 지역 방 언형 '올'에 대한 역사적 정보로 국어사에서 '올'의 굴절 형태(올-은,『隣語大 方』)와 어휘집 『譯語類解』에서의 예, '今年 올', 및 '올 봄에'(今春,『노걸대 언해』) 등의 예를 제시하였다. 만일 지역 방언형 '올'이 '금년'으로 사용되었던 국

---

38) 한국정신문화원에서 간행한 『한국방언자료집』I∞IX(1987-1995)에는 어떤 이유에서인지 표제어 '올해'(今年)의 조사 항목이 누락되어 있다. 『제주어사전』(제주도, 1995 : 445)을 참고하면, 제주도 방언에는 '올이'와 '올히'형이 주종을 이루고 있다.

 [올이] : 표선, 조천, 조수, 노형, 세화, [올히] : 제주(전 지역),
 [올히내 : 낭] : 제주(전 지역)=올-내낭.

어사의 단계에서 지속된 반사체라면, '올-이'(주격형), '올-을'(대격형) 등과 같은 굴절 형태를 보인다는 것이다. '올해'에 관한 오늘날의 지역 방언형들에 비추어 과연 있음직 한 것일까. 그리고 小倉進平(1944)에서 조사된 (ㄴ) [오래] 유형은 '올해'에서 유기음 h의 탈락을 나타내는 것인지, 아니면 단독형 '올'(今年)에 처소격 조사 '-에'가 연결된 형태일까 하는 문제도 간단하게 결정하기 어렵다.39) 우리는 §4.1의 예문 (17)과 (19)에서 19세기 후기 중부방언의 자료인 『독립신문』과 같은 시기의 남부방언의 성격이 가미된 간본 『교린수지』에 출현하는 '올에'형을 관찰한 바 있다.

그러나 글쓴이가 여기서 주목하려는 지역 방언형의 유형은 주로 경상도 방언 일대에 분포되어 있는 (ㄷ) '올개'이다. 이 방언형 '올개'는 '올해'와 대조되는 형태로 일찍부터 연구자들로부터 관심을 받아 왔다. 김형규(1982)는 '올해'(今年)의 지역 방언형들의 분포를 제시하면서 '올개'의 형태를 다음과 같이 설명하였다.

(23) ㄱ. "'올개'의 [g]음 개입에 대해서는 분명하지 않으나, 시절을 뜻하는 접미사로 /kasilge/(秋), /ʧə-ulge/(冬) 들에 붙는 -ge(ɛ)로 생각한다".(김형규 1982 : 4, 하권),

ㄴ. "/olhɛ/의 /ol/은 '올봄'에서 보듯 今年의 뜻을 가진 형태소로 거기에 -k(g)e 즉 시간 시절을 뜻하는 접미사가 붙은 것이다. 이 같은 현상은 '가을', '겨울' 들에도 있으니, 이것은 뜻을 더욱 분명하게 하기 위한 현상이다".(김형규 1982 : 220, 하권).

위의 기술에서 '올개'의 '-개'는 '올(今年)+개'의 구성으로, 계절의 명칭

---

39) 19세기 후기 Putsillo의 『로한ᄌ뎐』(1874)에서도 '今年'에 대해서 '오레'와 '오리'형이 수록되어 있다.

(ㄱ) 금녀니, 오리, 금년(109), (ㄴ) 당녀니, 오레, 올에(107).

김태균(1986 : 387)에 의하면, 함북방언, 특히 육진지역에 '오레'와 '올애' 방언형이 사용되고 있지만, '올이'는 보이지 않는다.

'가을'과 '겨울'의 처격형에 출현하는 '-개'와 그 성격이 동일하다는 사실이 규명된 셈이다. 일찍이 河野六郎은 그의 『朝鮮方言學試驗攷』(1945)에 첨부된 <방언어휘>(5-6쪽)에서 '가을'(秋)에 처소격 조사 '-에'가 연결된 처격형 '가을+에' 조사 항목을 설정하고 다음과 같이 언급한 바 있다. 즉, '가을+에'의 경우는 일반적으로 [가으레∽가 : 레∽가시레∽가스레]와 같이 사용되는 것이 일반적이지만, 때때로 [가을게]와 같이 -g-가 개입된 방언형이 쓰이는 지역이 있다는 것이다. 그가 조사한 1940년대 '가을'의 처격형들 가운데 [가을게], [갈 : 게], [가실게] 등의 지역적 분포는 경기도 방언 일대와 부분적으로 충청도 방언을 거쳐서 주로 경북과 경남에 집중되어 있다.40)

이와 같은 관찰과 방언 자료를 바탕으로 河野六郎(1945 : 84-122)은 그의 유명한 "제3주제 : 어중의 -g-의 소실"에서 환경-lg-에서 추출한 변화의 방향 g>ɤ>h을 확고히 하게 된다. 그에 의하면, 중세국어 단계에서 'ㅎ' 종성을 갖고 있었던 'ᄀᆞᅀᆞᆶ'(秋)과 '겨ᅀᅳᆶ'(冬)의 처격형 'ᄀᆞ술히', '겨슬히'는 그 이전의 시기에 'ᄀᆞ숧'과 '겨슳'으로부터의 규칙적인 변화를 거쳐 온 발달의 결과이다.41)

남부방언에서 계절 명칭 '가을'과 '겨울'의 처격 형태에 출현하는 '-개' 또는 '기'는 다음과 같은 두 가지의 사실을 거듭 확인시켜 준다. 첫째는 이들 어간에 처소격 조사 '-에'가 반복적으로 통합되어 출현하는 빈도수가 다른 격 형태들의 경우에서보다 더 높았기 때문에 하나의 융합된 단위로 기능을 발휘하게 된 것이다. 둘째, 동시에 이러한 언어 사용상의 전통이 중세국어 또는 그 이전의 단계로 소급된다. 그리하여 중세국어에서 이들 계

---

40) 그 반면에, 小倉進平(1944)의 자료에서는 '가을'(秋)의 조사 항목에서 어중 -g-을 갖고 있는 처격형들이 등록되어 있지 않았다. 그러나, 방언형 [갈 :]이 등록된 강원도 철원지역에서 주격조사가 연결된 '가을+이'가 [갈-기]로 사용된다는 그의 관찰이 주목된다.

· 41) 그러나 河野六郎(1945)은 중세국어에서의 'ᄀᆞ숧'과 1940년대 지역방언에 등장하는 처격 형태 '가실게'에 개입된 ㄱ 또는 ㅎ이 어간에 속하는 성분인지, 아니면 후접되는 접사의 일부인지 약간의 의문이 있다고 보았다.

절 명사는 'ㅎ' 종성을 보유하고 있었기 때문에 그 처격형은 각각 'ㄱ술히'
와 '겨슬히'로 사용되었다. 남부 지역방언의 경우에 [가실개]와 [겨실개] 등
은 河野六郎(1945)에서 환경-lg-에서 확립된 g>ɣ>h의 변화 과정에 비추어
보면, 중세국어 이전 단계에서부터 사용되어 오던 처격 형태가 빈도수의
효과로 일종의 화석으로 오늘날까지 지속되어 있다고 판단된다.

이와 같은 관점을 우리가 이 글에서 추정한 중세국어의 '올ㅎ'(今年)의 처
격 형태 '올히'와 오늘날의 남부 방언지역에 분포되어 있는 '올개'와의 대
응에서도 그대로 적용하려고 한다. 중세국어의 단계에서 '올히'형이 반복되
어 쓰이는 출현 빈도수가 높은 처격 형태이었다면, 그 이전 단계에서 '올
ㅎ'는 역시 ㄱ>ㅎ의 변화 방향을 적용시키면 '*올ㄱ'으로 소급될 수 있기
때문에 당시의 처격 형태는 '올기'로 복원된다. 중세국어의 처격 형태 '올
히'는 실제의 담화에서 등장하게 되는 빈번한 출현 빈도 때문에 기능적 변
화를 초래하게 되어 점진적으로 당시 화자들의 인지적 표상에 중대한 영
향을 끼치게 되었다고 추정된다. 그 결과는 처격 형태 '올히'가 화자들에
의하여 재분석을 거쳐 단독형으로 재해석되는 절차로 향하는 것이다. 이러
한 재분석은 남부 지역방언에서 역시 높은 출현 빈도수를 보이는 처격 형
태 '올개'에도 마찬가지로 적용되었을 것이다. 따라서 k>h 변화가 일어나
기 이전의 역사적 단계에서 사용되었던 '옭'의 처격 형태 '올개'가 해당 지
역방언에서 '금년'을 지칭하는 단독형의 위치로 전환되어 사용되고 있다.[42]

---

42) 고동호 교수는 이 글에 대한 토론에서 '옭(今年)>옰'의 변화를 가정한다면 경상도 방언
에서는 '르ㄱ'으로 나타나지만 15세기 문헌자료에서는 'ㄹㅇ'으로 표기된 예('몰애, 멀위')
에서 'ㅎ'이 아니라 'ㅇ'으로 표기된 이유에 대한 설명이 제시되어야 한다고 지적하였다.
글쓴이의 판단으로는 고동호 교수가 제시한 예들(편의상, A유형)과 이 글에서 취급하는
"15세기 이전 'ㄹㄱ'>15세기 이후 중부방언 ㄹㆆ'의 예(B 유형)는 단어 또는 형태소 경계의
측면에서 상이하다. B 유형으로 15세기 국어에서 '돓(石), 겨ᅀᅳᆶ(冬), ㄱᅀᆞᆶ(秋), *옭(今年)'
등의 'ㄹㆆ'은 어간말의 자음군에 속한다. 이들은 개연성 있는 국어사의 논증에 의하면 각
각 15세기 이전 단계에서 '*돍' 등과 같이 어간말 자음 'ㄹㄱ'으로 소급된다. 그 반면, 경상
도 방언을 포함한 다른 지역방언에서 'ㄹㄱ'은 당시의 중부방언에서 있었던 'ㄹㄱ>ㄹㆆ'의 변

그 반면에, 경북 月城 지역방언의 통시음운론을 기술하면서 최명옥(1982 : 76-80)은 위에서 언급된 방언형 '올개'의 해석과 관련하여 지금까지 제시된 글쓴이의 추정과 반대되는 결론에 도달한 바 있다. 최명옥(1982)은 후기 중세국어의 특정한 어휘군과 여기에 대응되는 월성방언에서의 해당 어휘군을 대조하는 과정에서 주로 'ㄹ' 다음의 위치(또는 동작동사의 어간말)에서 지속적으로 나타나는 h : k와 같은 규칙적인 대응을 관찰하였다.43)

최명옥(1982)은 이들 어휘군을 중심으로 종래에 국어 음운사에서 제시되었던 k>h의 방향을 재검토하면서, 중세국어와 중부방언에서 해당 환경에 출현하는 h이 g 또는 ɣ에서 규칙적인 변화를 거쳐 왔을 것이라는 지금까지의 가설은 타당하지 못하다는 판단을 내리게 되었다. 그 대신에, 최명옥(1982)은 월성방언의 해당 어휘군들에 나타나는 k가 h에서 변화해 왔으리라는 가정을 설정하게 된다. 이러한 가정에 이르게 되는 부분적인 근거를 그 논문에서 인용하면 다음과 같다.

(24) 월성어의 ㄱ이 ㅎ에서 변했으리라는 가설은 어떤가. 이 가설을 지지해 줄 수 있는 예로서 (35ㄱ)의 '올개'(今年)을 들 수 있다. 이 어사의 어

화와 무관하게 15세기 국어 이전의 단계를 고수하고 있다고 생각한다.
그러나 고동호 교수가 제시한 15세기 국어의 A 유형은 어간말 자음군의 범주에 속하지 않고, 예를 들면, '몰애'(沙)는 '몰+애'의 형태소 경계가 개입된 것으로, 그 이전 형태인 '몰+개'에서부터 일정한 음성 조건 하에서 'ㄱ'의 유성마찰음화('ㄹ+ㄱ>ㄹ+ㅇ)를 당시의 중부방언이 수행한 것이다. 15세기 국어의 '놀개(翅)>놀애'와 같은 변화 과정을 생각하면 어근에 접사가 경계를 사이로 하여 첨가된 것인데, 이른바 A 유형의 대부분이 여기에 속한다. 따라서 경상도 방언을 포함한 일단의 지역방언에서는 당시의 중부방언 중심의 'ㄱ'의 유성마찰음화와 상관없이 그대로 15세기 이전의 형태를 고수하고 있는 것이다.
43) 최명옥(1982 : 76)에서 제시된 월성방언에서의 k 계열 어휘들을 그대로 인용하기로 한다. 이 글에서 설명의 편의상, 월성방언의 어휘들에 구사된 음소표기는 한글 표기로 전환하였으며, 대조를 위해서 해당 중세국어의 대응되는 h 계열 어휘를 첨가하였다.

(ㄱ) 방구(<바회, 岩), 올개(<올히, 今年), 실쿰(<힐홈, 樺校), 올기(<올히, 鴨), 골기(<골회, 環), 웅굴(<*움홀, 泉), 불깅이(<불휘, 根),
(ㄴ) 돍(<돌ㅎ, 石), 가싥(<ᄀ숧, 秋), 읅(<흟, 藩), 겨싥(<겨슳, 冬), 짉(<긿/路).

<u>간말 음절 '-개'는 '올해'의 '해(<히)'에 해당한다. 조선관역어에 이 어사가 '我害'(今年)로 表寫되어 있어 어간말음절의 초성이 ㅎ임을 알려 주거니와 현대 월성어에서도 이 어사 외에는 '해수(햇수), 한 해, 두 해(한 해, 두 해)' 등에서처럼 '年'에 대하여 '해'를 보이므로 kɛ의 k는 h>k의 변화에 의한 것이 분명하다.</u> (77-78쪽, 밑줄 첨가는 글쓴이).

위에서 월성방언의 해당 어휘군들이 밟아온 변화 과정으로 최명옥 교수가 새롭게 추출한 가설(즉, h>k의 변화 방향)을 지원해 주는 중심적인 역할을 하는 출처가 '올해'의 방언형 '올개'임을 알 수 있다. 여기서 글쓴이가 밑줄 친 부분에서 드러나듯이 '올해'의 두 번째 성분 '-해'가 '年'에 해당하는 '해'로 파악되는 한에 있어서 최명옥 교수의 논지는 타당한 것이다. 위의 인용에서 지적된 바와 같이, 월성방언의 '올개'의 '-개'는 중세국어의 '히'나 현대국어의 '해'(年)로부터 변화일 수밖에 없기 때문이다.44) 이와 같은 관점이 강원도 남부지역 어간말자음군의 음운 현상을 기술한 김봉국(2002)에서도 적용되어 있다. 김봉국(2002 : 191)은 'ㅎ>ㄱ'의 변화에 의하여 이 지역방언에서 'ᄀ술ㅎ>가낡(秋), 하나ㅎ>하낙(一), 올해>올개(今年)' 등과 같은 어휘들이 변화되어 나온 것으로 설명하였다.45)

---

44) 따라서 최명옥(1982)은 (ㄱ) 후기 중세국어의 어형이 현대국어의 제 방언에 비하여 일반적으로 더 古形을 유지하고 있다는 사실과, (ㄴ) k 또는 ɣ가 h로 옮겨가는 변화보다 h이 k으로 변화의 방향을 보이는 지역방언의 예들이 국어에서 더 많이 발견된다는 사실 등에 비추어, 월성방언에서 검토된 어휘군들이 h>k의 변화를 겪은 것이 확실하다고 결론지었다.

이와 같은 결론은 국어 유성장애음의 재구와 그 발달 과정을 사변적(思辨的)으로 추정한 박창원(1985)에서도 다음과 같이 수용되었다.

"동남방언의 ㅎ→ㄱ 규칙은 동남방언 '해·올개'와 중부방언 '해·올해'의 대응에서 확인되는 것이다."

그러나 우리는 현대 중부방언의 일부 지역에서도 '올개'형의 확산을 관찰할 수 있다. 즉, '올해→올개'(경기도 평택군 현덕면 사투리), 『경기도 사투리 연구』(김계곤, 2001 : 326, 박이정)를 참조.

45) 박창원(1985)에서도 동남방언의 'ㅎ→ㄱ' 규칙이 설정되고, 이 규칙은 동남방언 '해·올개'와 중부방언 '해·올해'의 대응에서 확인된다고 기술되었다.

최근에 중세국어와 경북 월성방언의 대조에서 관찰되는 이와 같은 h : k 의 대응에 내재된 역사적 변화의 방향을 적극적으로 폭넓게 검토한 고찰이 신승용(2003)에서 시도되었다. 이 논문에서 신승용 교수는 최명옥(1982)에서 취급되었던 동일한 성격의 방언 자료를 정밀하게 분석하는 과정을 통해서 중세국어와 경상방언의 h : k의 대응에 내재된 변화의 방향이 종래의 연구자들이 가설로 제기하였던 전통적인 k>h이었다는 사실을 몇 가지 측면에서 재확인하였다. 즉, 이러한 자음 대응에 개입되어 일어난 통시적 음운변화는 중세국어 이후의 지역방언의 발달 과정에서 일어났던 h>k의 방향이 아니고, 중세국어 이전의 단계에서 수행된 k>h의 방향이라는 것이다.46) 따라서 h : k의 대응에서 경상방언의 k는 중세국어 이전의 원래의 모습을 반영하는 현상으로 파악되었다.

그러나 신승용(2003 : 100-101)은 최명옥(1982)에서 h>k의 가설을 예증하기 위해서 제시된 월성 방언형들을 다시 검토하는 자리에서 '올개'의 경우에는 다음과 같은 사실을 근거로 석연치 못한 예외로 처리하였다. (ㄱ) '올개'의 두 번째 성분 '개'가 현대국어의 '해'(年)와 관련을 맺고 있음이 분명하다. (ㄴ) '현대국어의 '해'가 '개'에서 변화되어 온 것으로 이해하기는 어렵기 때문에, 월성 방언형 '올개'의 '개'가 h>k 변화를 수용하였을 가능성은 잠정적으로 존재한다.47)

현대국어의 '올해'와 대립되는 월성 방언형 '올개'(今年)의 통시적 발달 과정에 대해서 여기에 개입된 변화로 h>k의 방향을 주장하는 최명옥(1982)에

---

46) 신승용(2003)은 중세국어와 경상방언의 대응 h : k에 내재된 변화 과정과 평행하게 또한 중세국어의 음소 'ㅇ'/ɦ/의 통시적 발달 과정에서 기술되어 온 일련의 변화 *g>ɣ>ɦ가 함께 묶을 수 있는 k>h>ø임을 제시하였다.

47) 신승용(2003 : 101)은 '올해>올개'의 예외적 변화를 설정하기에 석연치 않은 부분이 있음을 인정한다. 그리하여 신 교수는 이 논문에서 '올개'의 '개가 동일한 음성 환경 -lg-를 갖고 있는 계절 명사의 처격형 [가실-개], [겨울-개] 등에 유추되어 형성되어 나왔을 개연성을 찾기도 하였다.

서나, 이와는 대조적으로 k>h의 방향을 논증하는 신승용(2003)에서 서로 일치되는 기본 전제는 '올해'의 '해'가 틀림없이 '年'일 것이라는 판단에 근거한다. 그러나 현대국어의 계절 명사 '올해'와 지역 방언형 '올개'의 두 번째 성분의 기원은 우리가 위에서 제시한 바와 같이 중세국어의 '히' 또는 현대국어의 '해'(年)로 소급되지 않는다. 지역 방언형 '올개'와 중세국어의 형태 '올히'는 각각 국어사의 서로 다른 단계에서 *옭과, 여기서 음성변화를 거친 '올ㅎ'가 처소격 조사와 통합된 형태론적 구성 *옭+의'와 '올ㅎ+의'에서 출발한 것이다.

경상방언에서도 하위 지역에 따라서, 또는 화자들의 연령층에 따라서 '올해'의 지역 방언형 '올개'가 '금년'을 뜻하는 단독형으로 완벽하게 재구조화를 수행한 것으로는 생각되지 않는다. '올개'형이 이 지역 내에서도 아직도 예전의 처격형으로 사용되고 있었던 기능의 흔적을 보이고 있을 경우를 생각할 수 있다. 이와 같은 현상은 경북의 영천·경주·포항 지역을 중심으로 경북 동남부 방언 자료를 조사하여 정리한 정석호(2007 : 501)에서 잘 드러난다. 이 방언사전에서 경상도 동남부 지역의 방언형 '올개' 항목은 표준어 '올해'로 대응되어 있으나, 단일어 '옭'의 다양한 굴절 형태가 예문과 함께 제시되어 있는 사실이 주목된다.[48]

(25) ㄱ. 올개→올해에; 올개는 장개 가그라.
ㄴ. 올기→올해가; 올기 병자연이머 쥐띠라.
ㄷ. 올근→올해는; 올근 우야든지 잘 대그라.
ㄹ. 올그로→올해로; 자네 올그로 맻살이 대노?
ㅁ. 올마→올해만; 어렵디이라도 올마 잘 참고 냉기머…

---

[48] 정석호(2007)에 실린 편자의 소개에 의하면, 정석호 선생은 1936년 경북 영천 출생이며, 1960년대 초·중반에 걸쳐 영천을 중심으로 경상북도 동남부 지방에 쓰이던 방언 어휘를 수집하여 체계적으로 정리하였다고 한다.

위와 같은 굴절 형태들 가운데 처격 형태 '올개'가 이 방언사전에서 표준어 '올해'에 해당되는 표제어 '올개'로 선정되었다. 이러한 사실은 경상도 동남부 지역에서도 이 처격 형태의 출현 빈도수가 상대적으로 더 높았기 때문에 '옭' 어간과 처소격 조사와의 통합이 점진적으로 단일한 단어로 재분석되는 단계에 이르렀음을 의미한다. 경상도 방언의 '옭'형이 중세국어 단계에서 'ㅎ' 종성체언이었던 '올ㅎ'형보다 시기적으로 선행하는 모습인가, 아니면 그 반대의 경우인가 하는 판단은 앞에서 언급되었던 h>k 또는 k>h 음운변화의 방향에 의해서 결정될 수 있는 문제이다. 글쓴이는 최명옥 (1982 : 80)이 앞에서 인용한 글(이 글의 §4.2를 참조)에서 내린 해석과는 반대의 입장을 취한다. 모든 경우가 다 여기에 해당되는 것은 아니지만, 위의 (24) 와 같은 경상도 동남부 지역의 방언형 '옭'의 굴절형들이 후기 중세국어의 '올ㅎ'의 경우보다 발달의 과정에서 더 이전의 단계를 반영하는 것이다.

5. 언어변화의 진행과 처소격 조사의 역할

5.1. 처소격 조사와의 통합으로 이루어지는 다른 재분석의 유형

글쓴이는 지금까지 중세국어 또는 그 이전의 역사적 단계에서 '今年'을 뜻하는 어휘는 원래 단일어 *'옭'에서 k>h의 변화에 의한 '올ㅎ'이었으며, 중세국어와 근대국어에서 지속적으로 출현하였던 '올히' 형태는 기원적인 합성명사가 아니라, 처소격 굴절 형태이었음을 논증하였다. 그렇다면, 현대국어의 사전 부류에서 관형사 또는 준말로 취급되는 '올'은 '금년'을 뜻하는 중세국어 '올ㅎ'의 직접 반사체이다. 근대국어 이후에 '올해'가 처격 형태에서 재분석을 거쳐서 단독형으로 점진적으로 전환되고, 이어서 단일어

'해'(年)에 유추되었을 가능성이 높다.

그리하여 화자들에 의해서 다시 '올(?)+해(年)'로 재해석됨에 따른 계절 명사 앞에 출현하였던 '올 가을'(今秋) 등의 통사적 구성에서의 기원적인 '올'의 존재는 새로 형성된 단독형 '올해'와의 어휘적 관계를 공시적으로 재정립시켜야만 되었다. 주로 계절 명사 앞에서만 나타나는 '올'과 단독형 '올해'가 맺고 있는 의미적 유연성은 현대국어에서도 분명하기 때문에 일정한 형태 음운론적 근거도 없이 20세기 초엽부터 '올해'의 준말, 즉 축약형으로 파악되기 시작하였다. 또한, '올'은 계절 명사 앞에서 수식의 자리에 위치하기 때문에 19세기 후기부터 일종의 관형사로 재해석되기에 이르게 되었다(이 글의 §4.1을 참조).

따라서 현대국어 '올해'의 형성 원리는 시간 개념을 표시하는 '올ㅎ'에 처소격 조사가 빈번하게 통합되어 사용된 결과, 처소격 형태가 반복적인 사용을 통해서 관용화되어 일종의 재분석이 당시 화자들의 의식 속에서 점진적으로 수행된 것이다. 일반적으로 시간 또는 장소를 지시하는 일련의 방향성 어휘 무리에 가장 빈번하게 연결되는 격조사는 어떤 격조사들보다 그러한 지시성과 방향성을 구체적으로 실현시키는 처소격 조사이었을 것이다. 동일한 의미 범주를 나타내는 실질형태소와 문법형태소는 융합되어 하나의 단위로 재분석될 것이다. 따라서 시간과 공간 표시 실질형태소에 빈번하게 연결되는 처소격 조사의 굴절형태가 하나의 단일한 단위로 반복되어 등장하는 가운데 고정화 또는 관습화될 가능성이 높다(박진호 외, 2001). 그렇기 때문에, 구어상으로 빈번하게 출현하는 처소격 조사와의 결합형이 시간의 흐름에 따라서 화자들의 인식 구조에서 하나의 독립된 단위로 재해석되어 단독형의 위상을 획득하게 되는 사례들이 국어사의 발달 과정에서나 오늘날의 지역방언에서 나타나게 된다.[49]

---

49) 언어는 역사적 산물이면서, 동시에 사회적 현상이다. 언어변화는 사회적 여러 환경과 조

국어사 연구를 통해서 역사적으로 이와 같은 재분석을 거친 형태들은 잘 알려져 있지만(박진호 외, 2001), 그 가운데 특히 대표적인 공간 지시어 '아래'(下)와 '위'(上)의 형성 과정을 중심으로 여기에 적용된 재분석의 가능성과 그 기능을 '올해'와 관련하여 글쓴이의 관점에서 다시 점검해 보기로 한다.

중세국어에서 잘 알려진 합성명사 '아라우ㅎ'(上下)와 단독형 '아래'(下)와의 공존은 매우 이색적이다. 그 반면에, 가리키는 방향의 순서가 인지적으로 일반적인 '上下'의 조건에서 '아라'가 출현하는 사례는 발견되지 않는다. '아래'형은 15세기 전기의 『朝鮮館譯語』에서도 거의 동일한 형태로 전사되어 있다. 天下 哈捺阿賴, '*하눌아래'. 이러한 사실에도 불구하고 공간의 위치를 표시하는 명사 '아래'는 일찍부터 '알'(Ramstedt 1939 1949 : 6), 또는 중세국어의 합성어에 출현하는 '아라'(양주동 1947 : 313)에 처소격 조사가 연결되어 융합된 형태론적 구조를 반영하는 어휘로 분석되어 왔다.[50] 최근에 박진호 외(2001)에서도 시간이나 장소를 가리키는 명사가 처소격 조사와 통합하지 않는다는 분포상의 제약과, '우ㅎ'(上)와 그 변화형 '위'의 관계를

건에서 의사전달의 현장에서 일어나는 화자의 적극적인 행위에서 시작되어 확산되는 일련의 과정이다. 그렇기 때문에, 언어변화는 언어 체계 자체의 속성을 이용하여서만은 전적으로 설명될 수 없다. 더욱이 화자와 언어사회가 존재하지 언어는 변화를 일으키지 못한다는 사실은 잘 알려져 있다.

따라서 언어변화의 한 가지 유형에 속하는 어휘화의 과정에서도 화자가 언어변화에 적극적으로 참여하는 능동적인 역할을 탐구하는 것이 합리적이다(Milroy 1992 : 4, Fisher 2007).

50) Martin(1992 : part II, 553)은 중세어 '아라-우'(=북한어 '아래-우', 남한어 '아래-위')의 존재는 이 시기에 사용되었던 '아래'형이 그 이전 단계의 기원적인 단일어 '아라' 또는 '알'에 '-이'를 첨가하였거나, 특이 처소격 표지가 통합되어 형성되었음을 보여준다고 언급하였다. 즉, '아라+의>아래' 또는 '알+의>아래'.

또한, 심재기(1982 : 77)는 공간명사가 시간명사화로 향하는 발달 방향과 관련하여 '아래(下), 아래(前日), 앞(前)' 등의 어휘들은 이른 시기에 '앒에 그 기원을 두고 있으며, 이것이 각각 ar, ap으로 분화되었을 가능성을 제기한 바 있다. arp→ar, arp→ap. 따라서 공간의 '아래'(下)나 시간 개념을 나타내는 '아래'(前日)는 모두 'ar'에 처소격 조사가 통합되어 단독 명사화했을 것으로 추정하였다.

바탕으로 '아래'는 중세국어의 합성어의 성분인 단일 어간 '아라ㅎ'에 처소격 조사 '-익'가 연결된 '아라+-익→아라힉>아래'와 같은 형성 과정을 거쳐 왔을 가능성을 제시한 바 있다. 장소를 표시하는 처소격 형태 '아래'가 단독형으로 재분석이 수행된 시기는 15세기 국어를 전후로 하는 비교적 이른 단계로 소급될 수 있다.[51]

공간이나 시간 표시 명사에 처소격 조사가 연결된 형태론적 구성을 반영하는 『朝鮮館譯語』에 '아래'(下)와 짝을 이루는 '우ㅎ'(上)의 처격 형태 역시 '우희'(天上 哈捺五會, ''하늘우희')의 출현은 충분히 예상할 수 있다. 그러나 '우ㅎ'(上)는 '아래'의 경우와는 상이하게 중세국어 이후 20세기 초엽에 이르기까지 처소격 조사와 통합되어 '우ㅎ+-의→우희>위'와 같은 재구조화를 보여주지 않는다. 적어도 표준어에서 '우ㅎ'에서 'ㅎ' 종성이 제거된 '우' 형이 '위'로 전환되는 과정은 1930년대 일어난 일이었다. 또한 '우>위'의 변화도 처소격 조사와는 무관한 형태론적 원리(즉, 명사파생접사 '-이'의 첨가)에 의한 것이다(최전승, 2004). 그렇다고 해서 '우'(上)에 연결되는 처소격 조사 '-의'의 출현 빈도수가 결코 낮은 것은 아니었다.

박진호 외(2001)는 현대국어의 처소명사 '위'와 중세국어의 형태 '우ㅎ'의 대조에서 '위'는 '우ㅎ'에 역시 처소격 조사가 통합되어 '나조ㅎ+-익>나죄'(夕) 등의 변화와 평행하게 '우ㅎ+-의→우희>위'와 같은 발달을 거쳐 처격형이 단독형으로 재구조화된 것으로 추정하였다. 그러나 '우ㅎ' 또는 '우'

---

51) 12세기 초엽의 고려방언을 宋代 한자음으로 전사한 대역 어휘집 『鷄林類事』에도 표제어 '下'가 등록되어 있으나 당시의 국어 형태로 반영되지 못하였다. 下曰 低, cf. 上曰 頂. 이 자료에서 다음과 같은 예는 처소격 조사와 통합된 형태를 반영하는 것으로 보인다. 午曰 捺宰.
『계림유사』에 반영된 고려방언 어휘를 주석한 강신항(1980 : 42)은 이 항목을 '낮'의 처격형 '낮익→나직'로 해독하였다. 그러나 이 자료의 문법 형태를 고찰한 이숭욱(1973 : 272)은 여기에 반영된 격 표시의 전반적인 경향으로 볼 때 '午曰 捺宰'를 처격형으로 볼 수 없다고 하였다.

의 처격형에 일어났다고 가정된 '우희>위' 또는 '우의>위'와 같은 변화는 19세기 후기에 이르기까지도 보편적으로 수행되지 않았다.[52] 서울 지역어를 포함한 중부방언에서 명사 '위'의 출현은 적어도 19세기 후기로 소급된다. 당시의 『한불ᄌᆞ뎐』(1880)에서는 이 형태가 아직 표제어로 선정되지 않았지만, 이보다 약간 뒤늦은 시기의 산물인 Underwood(1890)와 Gale(1897)의 『한영ᄌᆞ뎐』에서부터 개신형 '위'와 전통적인 보수형 '우'가 공존하는 모습을 다음과 같이 보인다.

(26) ㄱ. 우엣 上, top : 위, 쏙닥이(Underwood 1890, part 1.26, part II, 260),
　　 ㄴ. 위, 上(웃 샹), the top(Gale 1897 : 101),

---

52) 19세기 후기 남부와 북부 및 중부지역의 방언 자료를 통해서 '우'의 처격형들의 모습을 대략 살펴보면 다음과 같다(최전승 2004를 참조).

(ㄱ) 19세기 후기 전라방언 :
　　이 우에 더 할소냐(수절가, 상. 27ㄱ), 수리 우여 실여(초한, 상. 29ㄴ),
　　셤 우의 업더어(길동. 19ㄴ), 수리 우의 놉퍼 실코(충열, 상. 25ㄴ).
(ㄴ) 19세기 후기 중부방언 :
　　하ᄂᆞ님이 우희 계시샤(독립신문, 1986, 4, 9②),
　　말 우희셔 지죠 ᄒᆞᄂᆞᆫ거슬(상동. 1896. 6. 2②),
　　황토말우 우희 통신국으로 와셔(상동. 1896. 7. 14②),
　　산 우희로 통ᄒᆞ야(텬로력뎡,43ㄴ), 수리 우희로(좌동. 117ㄱ).
　　달이 물 우에 빗치면(Gale의 ᄉᆞ과지남 234. 982번),
　　뫼 ᄶᅡᄂᆞᆫ 북틀 우에 잇스니 가져오나라(Gale의 ᄉᆞ과지남 192, 651번),
　　우(上) : sur, dessus, en haut, au-dessus(한불ᄌᆞ뎐, p 61),
　　우엣(上)→en haut, qui est en haut(상동. 61).
(ㄷ) 19세기 후기 평안방언 :
　　나는 우으로 붓트며(예수셩교젼셔, 요안녀 8 : 23)
　　우에는 하나님의게 영화ᄒᆞ고(상동. 누가 1 : 14),
　　집올 모시 우에 셔우미니(상동. 맛터 7 : 26),
　　집우에 올나(초역 예수셩교, 누가 5 : 19),
　　산 우에 올나(Corean Primer, 31), 멀이 우에(동.21).
(ㄹ) 19세기 후기 함경방언 :
　　čib uu hərə(위를, 철자교과서, 83 : 55),
　　muri olla uru wašə(위로, 철자교과서, 47 : 35),
　　ʧ'ibuŋ uulli(집웅 위로, 로한소사전, 81),
　　우이(위, Putsillo 로한ᄌᆞ뎐, 49).

<u>우희</u> 上(웃 샹), above; on top; over(Gale 1897 : 103).

Gale의 『한영ᄌᆞ뎐』(1897)에서 보이는 '위'형과는 달리, 그가 이보다 앞서 간행한 『ᄉᆞ과지남』(Korean Grammatical Forms, 1894)에서는 보수형 '우'만 출현하였다. 이러한 사정은 Underwood의 저작물에서도 동일하게 관찰된다. 개신형 '위'가 소개된 『한영ᄌᆞ뎐』(1890)과 같은 해에 출간된 『한영문법』(1890)의 한국어 예문에서는 다시 '우'로 전환되어 있다. 샹 우희, on th table(86쪽). 또한, 위에서 제시된 (26)의 사전 표제어들이 처소격 조사와 연결되어 출현하고 있는 현상(우엣, 우희)을 주목할 필요가 있다. 이러한 사실을 혹시 이 시기에 수행된 '우희>위'의 변화라고 해석할 수 있을 것이다. 그렇지만, '우희>위'와 같은 급진적인 변화가 어떤 이유로 중세국어 또는 근대국어의 단계에서는 저지되어 있었다가, 19세기 후기에 와서야 비로소 실현되었는가에 대한 합리적인 설명을 찾기 어렵다.

이와 같이 19세기 후기에 간행된 초기의 사전 부류에 표제어로 등장하기 시작하는 개신형 '위'는 이와 거의 비슷한 시기인 19세기 후기와 20세기 초반의 문헌자료에서도 산발적으로 등장하고 있었다.53) 그러나 종래의 통상적으로 쓰이던 보수형 '우'(<웋)를 대신하여 새로운 '위'형이 서울과 경기도 일대에서 본격적으로 등장하게 된 것은 「한글마춤법통일안」(1933)과 「사정한 표준말 모음」(1936)을 전후한 사건이었다. 여기서 '위'(上)가 다음과 같이 표준어로 규범화되었으나, 전통적인 '우'형도 그대로 허용되었다.

(27) ㄱ. 「한글마춤법통일안」, 부록 1 표준어
　　　다음의 말들은 여러 가지가 있으나, 甲만 취하고 그 밖의 말들은

---

53) (ㄱ) 한슈졍후 넉즈 <u>위</u>다가 한나라 한ᄌᆞ를 더 시게 드리니(관셩제군명셩경언해. 18ㄱ),
　　(ㄴ) 나무 <u>위</u>셔 빙빙 돌더니(쥬해 어록총람. 80ㄴ),
　　(ㄷ) 휘어 잡은 가지를 <u>위</u>의로 탁 노아 바린단 말(상동. 81ㄴ).

다 버린다(甲란의 병기 괄호는 허용을 뜻한다).
　　[甲] 위(上), (우)-[乙] 웅(15쪽).
　ㄴ. (「사정한 표준말 모음」, 112쪽),
　　웃→上(관형사) 웃마을, 위(名, 위로).

　공간 지시어 가운데 화자들이 수행하는 역사적 재분석의 관점에서 '아래'와 '위'가 이와 같이 상이한 발달 과정을 적어도 문헌자료상에서 보이는 구체적인 원인은 찾기 어렵다. 그러나 개별 지역방언의 구어에서 '위'(上)형은 '집'(家) 등에서와 동일하게 이미 처소격 조사 '-에'('-으, -이')와 통합된 처격형이 단독형으로 재구조화되어 쓰이고 있는 사례들이 관찰되어 왔다. '우구(上)-를, 우구-가, 우에-를; 지비(家)-는, 지비-가, 지비-도'(김옥화 2001 : 82). 또한 이기갑(1998 : 67)에서도 전남방언에서 생산적으로 쓰이고 있는 이러한 처격형의 유형, 즉 '밑에(底)-를, 옆에(側)-를, 욱에(上)-가, 절에-가' 등의 예가 제시한 바 있다.

　오늘날의 지역방언에서 수행된 이와 같은 처격형들이 보이는 단독형으로의 재구조화의 과정은 오랜 역사적인 발달을 거쳐 온 것이 분명하다. 19세기 후기 서울 중심의 중부방언을 고찰한 Underwood는 『한영문법』(1890 : 85-86)에서 공간과 시간을 표시하는 일련의 명사어간에 처소격 조사가 연결되어 문법화를 거쳐 하나의 문법 단위로 기능을 하는 소위 "복합 후치사"(composite postposition) 항목을 설정하여 기술한 바 있다.

　(28) 안희(inside), 밧긔(outside), 우희(on the top of), 밋희(below),
　　　겻희, 엽희(at the side of), 뒤희(behind), 압희(in front), 아래에, 아래
　　　(below),
　　　속에(inside), 것희(outside), 후에(after), 전에(before), 끗희(at the end of),
　　　가희(at the side of).[54]

---

54) 공간 표시 '가'(邊)에 처소격 조사가 연결되어 단독형으로 재구조화되어 사용되는 현상

Underwood(1890)의 설명을 이 글에서의 관점에 따라서 재해석하여 정리하면 다음과 같다. 즉, 위의 "복합 후치사"의 예들은 원래 공간과 시간 표시 명사에 처소격 조사가 연결되어 사용되었으나, 그 출현 빈도수가 빈번하게 반복됨에 따라서 하나의 단위로 융합되고, 문법화의 과정이 개입되어 일종의 후치사로 전환된 것이다. 그리하여 이러한 융합된 단위들은 이번에는 다른 명사 뒤에 다시 연결되어 마치 단일한 구성으로 이루어진 후치사와 동일한 기능을 하게 되었다는 것이다. 집 압희, 상 우희, 궤 밋희, 쯧 밧긔 등등.55)

5.2. 유추변화(analogy)의 제약과 처소격 조사의 역할

중세국어의 단계에서 'ㄷ'을 체언어간의 말음으로 갖고 있었던 일련의 단어들, 즉 '곧(處), 뜯(意), 번(友), 빋(債), 낟(鎌), 붇(筆)' 등은 현대국어에서 일부 지역방언의 경우에서만 제외하면, 예외 없이 'ㅅ'으로 대치되어 버렸다.56) 그러나 동일한 음성 조건을 갖고 있는 용언의 범주에서는 체언에서와 같은 'ㄷ>ㅅ'의 변화가 일반적으로 개입되지 않았다. 그리고 역시 중세국어에서 체언어간말 자음 'ㅌ'을 갖고 있던 단어들, 즉 '솥(釜), 밑(底), 밭(田), 끝(末), 볕(陽)' 등은 시기적으로 체언어간말 'ㄷ' 자음 계열보다 뒤늦게

은 일련의 『교린수지』 계열의 시대 별 자료에서도 확인된다.

  (ㄱ) 히변을 ᄀ의라도 ᄒ고 또 그릇시 ᄀ이가 잇고니(아스톤본. 교린수지 1.29ㄴ),
  (ㄴ) 海邊을 ᄀ의라도 ᄒ고 그릇시 ᄀ이가 다 잇ᄂᆞ니라(대마도본 1.29ㄱ),
  (ㄷ) 히변 ᄀ이라고도 허고 또 그릇세도 ᄀ이 잇써니(초·재간 교린수지 1.24ㄱ).
    cf. 경성 밧ᄀᆞ롤 다 외방이라 ᄒᆞᆸ니(초·재간 교린수지 2.42ㄱ).

55) 이와 같은 Underwood(1890)의 일련의 "복합 후치사"에 대한 관찰과 설명은 Ramstedt (1939 : 151)로 이어지게 되었다. 그는 한국어에서 후치사와 부사들이 기원적으로 명사와 동사로 소급되는 형태들이 있음을 제시하면서, 위의 (27)의 예들에 속하는 대부분의 후치사들은 명사에서 기원된 후치사(the nominal postpositions) 범주로 설정하였다.

56) 지금까지 국어사 또는 공시 음운론의 영역에서 이러한 유형의 변화를 "체언어간말 설단 자음의 변화" 또는 "체언어간말 中子音의 변화" 등으로 통칭하여 오고 있다(곽충구 1984, 김경아 1995, 2008, 김봉국 2005, 박선우 2006 등을 참조).

18세기에서부터 그 변화를 시작하여 오늘의 여러 지역방언에서와 사회언어학적 변항 요인 등에 따라서 발달의 다양한 통시적 단층을 나타내고 있다. 기본적으로 같은 음성적 성격의 설단 자음이면서 체언어간말음이 평음인가, 아니면 유기음인가에 따라서 여기에 개입된 동일한 성격의 변화의 적용 시기가 몇 세기에 걸쳐 완급의 차이를 보이는 것으로 생각된다. 설명의 편의상, 체언어간말 평음 'ㄷ' 계통의 어휘군을 A 부류, 유기음 'ㅌ' 계통의 어휘군을 B 부류로 여기서 구분하기로 한다.

우선 A 부류를 중심으로, 현대국어에 이르러 설단 자음들이 /ㅅ/으로 재구조화를 거치게 될 수밖에 없었던 (ㄱ) 변화의 수행 원리와, (ㄴ) 변화의 실증적 과정, (ㄷ) 'ㄷ' 구개음화와의 관련성, (ㄹ) 굴절 체계에서 유추적 확대(analogical extension)의 개입 여부 등과 같은 요인에 대해서 주로 1970년대(최태영 1977)부터 곽충구(1984)와 이현규(1985/1995)를 거쳐 최근 2008년도(박선우 2006, 김경아 2008)에 이르기까지 비교적 많은 학자들이 참여하여 생산적인 논의를 거듭해 왔다.57) 이와 같은 논의는 앞으로도 계속될 것 같지만, 글쓴이는 여기서 새삼스럽게 이러한 문제를 다시 검토하고, 여기에 대하여 새로운 대안을 제시할 의도나 능력은 없다. 또한, 언어변화의 기제에는 복합 요인들이 개입되었을 가능성이 많기 때문에, 그 발단과 전파의 과정을 이 변화 과정에서도 단일하게만 추구할 수는 없다.

글쓴이는 오래 전에 최전승(1986 : 263-284)에서 이러한 체언어간말 설단 자음의 변화를 19세기 후기 전라방언의 자료에서 추출된 변화의 중간단계를 중심으로 (ㄱ) 'ㄷ' 구개음화의 유추적 확대와, (ㄴ) 음성변화인 'ㅈ, ㅊ>ㅅ'의 마찰음화로 기술한 바 있다. 단지 여기서는 이러한 유형의 변화에 개입된 처소격 조사의 역할과 'ㄷ' 구개음화의 관여에 대한 문제만을

---

57) 체언어간말 설단자음의 변화에 대한 구체적인 연구사적 흐름과 경향 및 내재된 문제점에 대한 개략적 요약에 대해서는 이진호(2004), 김봉국(2005), 그리고 박선우(2006)를 참조.

강조해서 예전의 생각을 다시 간략하게 정리해 보려고 한다. 우선, 글쓴이는 19세기 후기 전라방언의 자료에서 A 부류, 즉 한 가지의 대표적인 예를 선택하면, '곧'(處)의 패러다임(굴절 형태)에서 공간을 표시하는 체언에 연결된 처소격 조사가 주격조사 앞에서 수행된 'ㄷ' 구개음화 현상을 다른 격 형태들과 다르게 지속적으로 거부하고 있는 사실을 주목하였다.

(29) '곧'(處)의 공시적 곡용 형태와 변이(최전승 1986 : 268)

곡용\자료	곧 + -이	곧 + -을	곧 + -의	곧 + -은
李大鳳傳	고시	고슬~고즐~곳질	고더	고슨
張風雲傳	고지	고즐	고더	고즌
積成義傳	곳지	곳슬	고더~곳더	고슨~곳슨
劉忠烈傳	고시, 곳곳시	곳슬~고질	고더~고더	고즌~곳슨
楚漢傳	곳지~고지	곳셜~곳슬~고졀	고더~곳더	곳슨
趙雄傳	곳시~고지	곳슬~곳실~고슬~고질~곳질	고더~곳더	
沈淸傳	고지~곳시	곳슬, 고슬	고더	곳션

위의 곡용 패러다임에서 주격형으로 출현하는 '고시∽고지'와 같은 공존은 '곧+-이'의 음성 환경에서 'ㄷ' 구개음화를 수용한 형태와, 여기에 마찰음화를 수의적으로 반영하고 있는 형태와의 공시적 변이를 보여준다. 그리고 처격 형태를 제외한 여타의 격 형태들의 모습은 구개음화를 수용한 주격형의 형태론적 지배를 유추적 확대의 원리에 의해서 패러다임의 틀에서 받고 있음을 반영하는 것으로 이해하였다. 그러나 공간을 표시하는 '곧'에 연결된 처소격 조사의 경우에는 이러한 유추적 확대가 저지되어 있는데, 이러한 근거는 해당 체언과 처소격 조사와의 밀착성, 다시 말하면 상호 융합되어 하나의 독립된 단위로 기능을 발휘하였을 가능성에 있을 것으로 보았다. 또한, 처격형의 출현 빈도는 주격형을 포함한 다른 곡용 형태들보

다 더 높았을 것이다.58) 일반적으로 음성변화는 화자들에 의한 사용 빈도가 높은 단어에 우선적으로 적용되지만, 유추변화는 그 반대로 일어나는 상황이 많다고 한다(Philips 2006 : 124-128). 패러다임에서 출현 빈도가 높은 처격형에 'ㄷ' 구개음화를 거친 유추적 확대가 일시적으로 어느 단계에 이르기까지 저지된 것으로 판단된다.59) 따라서 글쓴이는 (29)과 같은 '곧'의 곡용 형태들의 공시적 분포는 아래와 같은 원리와 단계에 의해서 근대국어에서 발단되어 점진적으로 확대되어 왔을 것으로 추정하였다.

(30) '곧(處)'의 굴절 형태에서의 유추와 마찰음화(최전승 1986 : 268)

곧-이　곧-의　곧-을/을　곧-온/은　곧-으로/으로
1단계 : 고디　고니　고둘　고돈　　고두로 － 15·16세기

---

58) 이러한 글쓴이의 관점에 대한 재검토와 비판은 박선우(2006 : 178)를 참조.
　이기갑(1986 : 51-52)에 따르면, '밭(田)', '솥(釜)', '밑(底)' 등과 같은 체언의 끝소리 'ㅌ'의 변동이 주격조사와 목적격조사 앞에서는 동부 전남에서 각각 'ㅊ', 중·서부 전남에서 각각 'ㅅ'으로 바뀌었지만, 처소격 앞에서는 여전히 기원적인 ㅌ를 고수하고 있다. 이러한 현상을 이기갑 교수는 다음과 같이 관찰하였다.

　"이와 같이 ㅌ>ㅊ 또는 ㅌ>ㅅ의 변화가 위치격조사에까지는 확대되지 못했는데, 이것은 이 환경이 시간 또는 공간 개념의 체언과 더불어 관용적인 표현을 형성하기 때문이 아닌가 생각된다."(52쪽).
59) 그러나 'ㄷ' 구개음에 의한 주격형으로부터 유추적 확대를 수용한 격 형태들이 점진적으로 일반화되어 가는 어느 단계에 이르면 패러다임의 틀에서 처격형에 대한 구조적 압력이 증가할 것으로 예상된다. 그러한 단계를 지나서 처격형에까지 최종적으로 유추가 확대되면 'ㅅ'으로의 체언어간의 재구조화가 완료될 것이다.
　완판본 36장본 『홍길동전』에 반영된 '곧'(處)의 굴절 형태 가운데, 특히 처격형에 여타의 다른 완판본 고소설 계열과 다른 점을 보인다. '곧'의 처격형에 유추에 의한 확대를 수용한 체언어간말 'ㅅ'이 등장하기 시작한다. 아래의 (ㄴ)에서 처격형이 'ㅅ'의 재구조화의 시작을 보이는 예는 1857년 경에 간행된 원간본의 마멸된 부분에 가해진 補刻이 이루어진 1903년 경의 보각본에서 출현한다.

　(ㄱ) 훈 고의 이르니(12ㄱ), 아모 곳즈로 좃ᄎ 오는 줄 모로되(24ㄱ), 빅소제 간 고지 업난지라, 문득 훈 고즐 바러보니, 그 고즈로 ᄎᄌ가니(27ㄴ), 정훈 고지 잇습더니.
　(ㄴ) 엇더훈 스롬이과대 이 고석 왓나뇨? 약 키러 왓다가 길을 일코 이 고더 왓노라.(28ㄱ),
　　맛당훈 고석 업서 근심ᄒ더니(18ㄱ),

532　제4부 형태에서 기능으로

2단계 : 고지	고디	고둘	고돈	고드로	― 'ㄷ' 구개음화
3단계 : 고지	고디	고즐	고즌	고즈로	― 유추에 의한 확대
4단계 : 고시	고디	고슬	고슨	고스로	― 마찰음화 'ㅈ>ㅅ'

최근에 김경아(2008)는 체언어간말 설단자음의 변화의 발단으로 간주된 'ㄷ' 구개음화를 부인하고,60) 'ㅅ'으로의 재구조화를 순수한 음운변화와 유추의 참여로 인정하지 않는 태도를 취하였다. 김경아 교수는 그 논문에서 칠종성법 체계와 패러다임 간의 유추, 중철 표기, 그리고 재분석이라는 비음운론적 요인들이 참여하여 'ㅅ' 재구조화에 결정적인 요인이 되었을 것으로 결론 내렸다.61)

그렇다면 위의 (30)과 같은 통시적 과정으로 유도하는 원동력인 'ㄷ' 구개음화가 처음부터 주격형에 적용되지 않았다고 한다면 오늘날과 같은 'ㅅ'으로의 재구조화가 출현할 수 있을까. 따라서 시간과 공간 표시 체언들이 보이는 굴절 패러다임에서 변화를 저지 또는 지연시키는 처격형들의 기능이 작용할 수 있을까. 우리는 역사적으로는 형태소 내부, 공시적으로는 형태소 경계에 'ㄷ' 구개음화가 아직도 실현되지 않고 있는 19세기 후기와 현대국어에서의 지역방언을 알고 있다. 'ㄷ' 구개음화와 무관한 이러한 지역방언에 나타나는 체언어간말 설단자음들의 굴절 양상을 검토하여 볼 필요가 있다.

19세기 후기 함북방언 자료인 Putsillo(1894)에 수록된 체언어간말 설단

---

60) '샅>샃' 유형의 통시적 변화와, 이와 관련된 문제를 고찰한 이진호(2004 : 306)에서도 이러한 변화에 구개음화가 직접적으로 관여하지 않았을 것으로 판단하였다.

61) 이와 같은 관점과 기본 태도는 어느 정도 김경아(1995)로 소급된다. 이른바 체언어간말 설단자음에 수행된 'ㅅ'의 재구조화의 과정에 "칠종성법"의 개입은 남광우(1984)에서도 주목된 바 있다. 남광우(1984 : 162)는 현대국어에서 '밭'(田)과 같은 단어의 말자음이 'ㅌ∽ㅊ∽ㅅ'과 같은 변이를 보여주는 것은 (ㄱ) 주격형에 구개음화가 일어나고, (ㄴ) 다시 이것이 다른 격 형태들로 'ㅊ' 말음으로 확산되었다가, (ㄷ) 칠종섭법으로는 ㅅ 표기인 관계로 '밧시, 밧슬' 등과 같은 'ㅅ' 말음으로 발음되는 것으로 설명하였다.

자음을 갖고 있는 단어들의 모습은 다음과 같다.

(31) ㄱ. 부디(<붇, 筆, 235쪽), 버디, 동모, 동믜(<벋, 友, 643쪽), 버디, 친귀
(155쪽),
쓰디, 마음이(<쁟, 意, 67쪽, 335쪽), 모디(<몯, 釘, 97쪽), 나디(<낟,
鎌, 578쪽),
비디(<빋, 債, 145쪽, 373쪽), 어느 고디(<곧, 處, 97쪽), 고디(317쪽),
그윽한 고디, 유벽한 고디(475쪽),
ㄴ. 밋티(밑, 底, 141쪽), 귀 밋티, 귀밋써기(55쪽),
밧티(밭, 田, 455쪽), 베 밧티(431쪽), 밧트 가오, 밧트 간다, 긔경ᄒᆞ
오(413쪽),
풀 밧티, 수푸리(549쪽), 볏틀 막소(볕, 陽, 295쪽),
고손돗티, 밋돗티(돝, 猪, 221쪽).
cf. 밋치 나다, 밋치 나온다(脫腸, 85쪽), 콩 밧치(477쪽), 것치, 밧
기(겉, 表, 59쪽).

위에서 추출된 예들은 굴절 형태가 아니라, 폐음절 어간에 함북방언의
형태론에서 생산적인 접미사 '-이'가 연결되어 단독형으로 굳어진 파생 형
태들이다. 그러나 체언어간말 'ㄷ'와 'ㅌ'이 모음으로 시작되는 접사 '-이'와
의 단어 또는 형태소 경계에서 'ㄷ' 구개음화를 수용하고 있지 않는다는
사실을 보여주기에 충분하다.62) 따라서 이들 체언은 주격 조사 '-이'와 통
합되어서도 역시 구개음화를 실현시키지 않았을 것이고, 동시에 주격형에
서 다른 격 형태들로 유추를 거쳐서 확산될 이유가 없다. 20세기 초엽 제
정 러시아에서 간행된 Kazan 자료들에 반영된 그 당시의 (31)과 같은 부
류에 속하는 아래와 같은 굴절 형태들은 중세국어 기원의 체언 어간말 자
음 'ㄷ'와 'ㅌ'를 그대로 유지하고 있다. 이러한 이유는 육진방언의 자음체

---

62) 위의 예 가운데 부분적으로 'ㄷ' 구개음화를 수용한 단어들도 산발적으로 확인된다. 이
러한 구개음화 형태들은 구개음화를 적용시킨 인접 지역방언으로부터의 차용 내지는
간섭(방언 혼합)으로 보인다.

계에서 단모음 앞에서 'ㅈ, ㅊ'이 아직도 [ts, tsʰ]의 음가를 보유하고 있으며, 그 결과 'ㄷ' 구개음화의 비실현 현상과 유기적으로 연관되어 있기 때문이다.63)

(32) ㄱ. han kodiri wašə(한 곳으로 왔어, 교과서 47쪽, 74쪽),
　　　pidi(債, 초등. 29쪽),
　　　nadi(鎌, 초등. 49쪽), sɛ nat, nadi(소사전. 48쪽),
　　　swe modi paga nyəkhi(쇠못을, 소사전. 89쪽),
　　　swe-mot, swe modi(소사전. 18쪽),
　　　pudi(筆, 단어와 표현. 32쪽), put, pudi(소사전. 78쪽).
　　ㄴ. pathi(밭,단어와 표현. 28쪽), pathiri kaša(밭으로, 교과서 15쪽, 18쪽),
　　　namu pathi turə kadi mot haɤɛsso(밭을, 회화 55쪽, 383쪽),
　　　namu pathi əpso(밭이, 회화 55쪽, 380쪽),
　　　namusɛ pathe(밭에, 교과서.p.xv), pathiri(밭으로, 교과서 13쪽, 4쪽),
　　　tothi(돌, 표현. 30쪽), tothi kapsi emmɛo(돌의 값이, 회화. 49쪽, 342쪽),
　　　k'ithi nɛɛšo(끝을, 교과서. 11쪽),
　　　mithiiii(밑으로, 소사전. 40쪽), san mitheŠə(밑에서, 소사전. 42쪽).

이러한 사실은 현대 함북방언, 특히 육진방언에서 체언어간말 설단자음 계열이 보이는 굴절 형태들에 그대로 지속되어 있다. 한진건(2003 : 18-19)은 육진방언의 역사 음운론에서 중세국어 기원의 어간말 자음 'ㄷ'을 갖고 있는 '곧'(處)과 '빋'(債) 등이 이 방언에 오늘날까지 그대로 보존되어 사용되어 있는 현상을 제시하였다. (ㄱ) 이 고드루(이곳으로), 한 구드느(한곳은), 두 고딘데(두곳인데), 박지한 고든(척박한 곳은), 이런 고지(이런 곳이), (ㄴ) 비든(빚은), 비드 지고(빚을 지고). 또한, 주민 가운데 함북지역 출신이 대부부인 중국 연변지역

---

63) Kazan' 자료들에 사용된 키릴문자를 로마자로 음성 부호화하는 데에는 King(간행 예정)을 그대로 이용하였다. 인용문은 먼저 쪽수를 나중 과목 또는 문장 번호를 제시하였다. 인용된 예문들에 원래 첨가되어 있는 강세 표시는 이 글의 논의와 직접 관련이 없기 때문에 편의상 생략하였다.

한국어의 음운론을 고찰한 채옥자(2005 : 46)도 체언어간말 설단자음 계열의 단어들이 굴절 형태에서 'ㅅ' 대신에 '낟(鎌), 몯(釘), 붇(筆), 빋(債), 밭(田), 끝 (末)' 등으로 쓰이고 있는 공시적 사례를 보고한 바 있다. 모디(몯+이), 모드 (몯+을), 모데(몯+에).64)

지금까지 논의된 자료들을 점검해 보면, 'ㄷ' 구개음화를 수용하지 않은 지역방언에서 체언어간말 설단 자음 계열의 단어들은 이러한 음운변화를 적극적으로 받아들인 현대국어의 여타의 지역방언에서 관찰할 수 있는 'ㅅ' 으로의 재구조화를 굴절 형태에서 실현시키지 않았음을 알 수 있다. 따라 서 평음 'ㄷ' 계통의 A 부류 어휘군에서나, 유기음 'ㅌ' 계통의 B 부류에서 변화의 일차적 발단은 주격형에 적용된 'ㄷ' 구개음화로 소급된다.

6. 결론

이 글은 화자들이 구사하는 언어 사용의 빈도수가 언어구조, 특히 단어 형성의 변화와 유지에 하나의 중요한 요인이 될 수 있다는 기능 언어학에 서의 주제(Bybee · Hopper 2001)를 염두에 두고 작성된 것이다. 지금까지의 국어사와 지역방언의 연구에서 시간과 공간을 표시하는 체언은 그 자체 역동성과 방향성을 내포하고 있기 때문에, 다른 어떤 격 형태들보다도 처 소격 형태와 통합되어 출현하는 빈도수가 상대적으로 높다는 사실이 입증 되어 있다. 또한, 이러한 유형의 체언과 처소격 조사가 連語의 형식으로 언 제나 붙어서 출현하는 빈도가 높으면 상호 융합되어 재분석이 이루어지게

---

64) 김봉국(2005 : 22-23)에서도 함북 육진방언에서 '몯'(釘)의 굴절 형태들이 '모디, 모데, 모 들'로 나타나는데, 이러한 유형이 이 지역방언에 'ㄷ' 구개음화가 형태소 경계에서 존재 하지 않기 때문에 가능한 현상으로 파악하였다.

될 가능성이 높다는 사실도 잘 알려져 있다. 두 개의 구조 성분이 반복되는 共起 출현 때문에 하나의 단일 성분으로 재구조화되는 과정이 여기에 개입하게 되기 때문이다. 이 글에서 글쓴이는 이와 같은 잘 알려진 전제 위에서 현대국어의 '올해'(今年)의 어휘적 형성 과정을 다시 점검해 보고, 공시적 지역 방언형 '올개'에 개재된 음운변화의 방향을 종래의 해석과는 달리 다시 추정해 보았다.

이 글의 제2장에서는 '올해'의 역사적 발달 과정에는 화자들에 의해서 능동적으로 이루어진 역사적 재분석과 어휘화의 원리가 관여하였을 것으로 추정하고, 역사 언어학에서 사용되고 있는 이 용어들의 개념을 주로 Brinton·Traugott(2005)를 참고하여 정리하였다. 여기에 사용된 예는 국어사에서 잘 알려진 '졈지 아니ᄒᆞ-'와 '여ᅀᅥ보-'(窺)에서 다시 괄호치기와 의미 추이에서 파생된 재구조화의 절차이었다. 중세국어에서 쓰인 적이 없던 구성이 오늘날의 '엿듣-'으로 어휘화된 사실은 18세기 이후부터 '엿보-'에서 유추에 의한 파생으로 이해하였다.

제3장에서 글쓴이는 중세와 근대국어의 단계에서 '今年'을 뜻하는 단독형 '올ᄒᆞ'가 처격 형태 '올ᄒᆡ'로 사용되는 빈도가 상대적으로 높다는 사실을 관찰하였으며, 쓰이는 문맥에 따라서 이 처격 형태가 '금년' 자체의 의미로 해석될 여지가 있는 중의적인 통사적 환경을 추출하여 보았다. 그렇기 때문에 중세국어 시기에서서부터 화자들의 인식에 따라서 이미 '올ᄒᆡ'가 처격형에서 단독 형태로 재분석되었을 개연성이 존재한다고 파악하였다. 근대국어의 단계에서도 이러한 사정은 지속되는 것이나, '금년'을 뜻하는 어휘 형태가 '올ᄒᆡ'와 '올'로 점진적으로 분화되는 경향도 부분적으로 출현하기 시작하였음을 주목하였다. 즉, 전자는 18세기에서 일반 어휘집 부류에 단독형으로 재어휘화되어 출현하기 시작하였다. 그 반면에, 후자는 계절 명사 앞에서 여전히 '금년'의 의미를 지속하고 있었지만, 배열된 통사적

환경 때문에 수식어의 기능에 접근되어 있는 양상을 보였다. 또한, 이 시기에 화자들에 따라서 중세국어의 원래의 '올ㅎ'로 소급되는 '올'형에 처소격조사 '-에'와 통합된 구성을 단독형으로 재분석한 사례들이 사용되기도 하였다.

제4장에서는 계절명사 앞에 배열된 '올'형이 19세기 후기 무렵의 사전부류에서는 일종의 관형사로 기술되기도 하였음을 주목하였다. 이러한 방식은 '올'에 대한 화자들의 인식 내용에 전환이 일어나게 되었으며, 동일한 통사적 환경에 있는 '올'을 관형사로 처리하는 관행으로 발전하는 계기가된 것으로 이해하였다. 또한, 현대국어에서 기원적 처격형 '올해'형이 일반적으로 '올(?)+해(年)' 등으로 재해석되는 몇 가지 경향에 대한 원인을 분석해 보려고 하였다. 그리고 15세기 초기에 한자로 음역된 대역 어휘집 『조선관역어』에 '올희'로 해독될 수 있는 '我害' 항목은 시간이나 공간을 표시하는 명사에 처소격 조사가 관습적으로 통합되어 하나의 어휘 단위로 출현하게 되는 관행을 나타낸다는 것을 그곳에 개재된 다른 용례들을 이용하여 제시하려고 하였다.

특히 §4.2에서는 '올해'를 기원적으로 'ㅎ' 종성을 갖고 있었던 처격 형태 '올희'가 어휘화한 것으로 이해한다면, 그 지역 방언형 '올개'의 '개'가 '해'(年)에서 h>k의 음성변화를 수행하지 않았음을 지적하였다. 그리고 일부의 경상도 방언에서 아직도 단독형 '올ㄱ'(今年)이 다양한 굴절 형태를 나타내고 있는 방언사전 자료를 주목하였다.

제5장에서는 '올해' 이외에 다른 시간과 공간 표시 명사에 처소격 조사가 통합되어 하나의 어휘 단위로 재분석된 몇 가지의 잘 알려진 사례를 검증하여 보았다. 특히 '우ㅎ'(上)에 처소격 조사가 연결된 형태 '우희, 우회'에서 발달되었다고 추정된 '위'형이 그것과는 상이한 형태론적 조정을 거쳐서 파생되었을 가능성을 제시하였다.

그리고 §5.2에서 출현 빈도가 높은 처소격 조사가 유추변화에 관여하는 힘을 추출하기 위해서 종래에 많이 논의되었던 체언어간말 'ㄷ' 계열과 'ㅌ' 계열의 단어에서 변화의 발단을 이루는 'ㄷ' 구개음화의 관여 여부를 전통적으로 구개음화를 수용하지 않은 함북 육진방언의 경우를 이용하여 예증하려고 시도하였다.

참고문헌

강신항(1980), 『계림유사 「고려방언」 연구』, 성균관대학교 출판부.

곽충구(1984), 「체언어간말 설단자음의 마찰음화에 대하여」, 『국어국문학』 91집, 1-22쪽.

권인한(1995), 「『조선관역어』의 음운론적 연구」, 서울대 대학원 박사학위논문.

김경아(1995), 「체언어간말 설단 자음의 변화」, 『관악어문연구』 20, 서울대학교 국어국
문학과, 293-311쪽.

김경아(2008), 「체언어간말 설단자음의 변화에 대한 통시론」, 『동양학』 제43집, 71-94쪽.

김봉국(2002), 「강원도 남부지역 방언 어간말자음군의 음운론」, 『국어학』 39, 국어학회,
173-199쪽.

김봉국(2005), 「체언어간말 중자음의 변화양상-동해안 방언 및 함북 육진방언을 중심
으로」, 『국어학』 45, 국어학회, 17-40쪽.

김옥화(2001), 「부안지역어의 음운론적 연구」, 서울대학교 문학박사논문.

김형규(1982), 『한국방언 연구』, 서울대학교 출판부.

남광우(1975), 「어휘고-시간의 뜻을 가진-」, 『국어학논문집』, 일조각, 425-436쪽.

남광우(1984), 『한국어의 발음연구[1]』, 일조각.

남광우(1997), 『교학 고어사전』, 교학사.

박보연(2005), 「현대국어 음절축소형에 대한 연구」, 『국어연구』 제185호, 국어연구회.

박선우(2006), 「국어의 유추적 음운현상에 대한 연구」, 고려대학교 박사학위 논문.

박진호 외(2001), 「어말 'C+/ㅓ'에서의 'C+/ㅡ' 탈락 현상에 대하여」, 『형태론』 3권 2호,
231-239쪽.

백두현(2003), 『현풍곽씨언간 주해』, 태학사.

신승용(2003), 「/k/>/h/ 변화에 대한 고찰」, 『국어학』 41, 국어학회, 93-122쪽.

심재기(1982), 『국어 어휘론』, 집문당.

안주호(1997), 『한국어 명사의 문법화 현상 연구』, 한국문화사.

양주동(1947), 『麗謠箋注』, 을유문화사.

유창돈(1964), 『이조국어사연구』, 선명문화사.

유창돈(1964), 『이조어사전』, 연세대학교출판부.

유창돈(1971), 『어휘사 연구』, 선명문화사.

이기갑(1986, 『전라남도의 언어지리』, 국어학총서 11, 국어학회.

이기문(1968), 「朝鮮館譯語의 종합적 검토」, 『논문집-인문·사회과학』 14, 서울대학교.

이기문(1991), 「어원연구의 방법」, 『국어 어휘사 연구』, 동아출판사, 75-106쪽.

이승욱(1973), 「『鷄林類事』의 문법 자료」, 『국어문법체계의 사적 연구』, 일조각, 266-296쪽.

이지양(1993), 「국어의 융합현상과 융합형식」, 서울대학교 문학박사 학위논문, 서울대학

교 대학원.

이지양(2003), 「국어 준말의 성격」, 『성심어문논집』 25, 성심어문학회, 285-316쪽.

이진호(2004), 「'샷(簫)에 대한 국어사적 고찰」, 『국어학』 43, 국어학회, 299-328쪽.

이현규(1985/1995), 「표기와 형태변화」, 『국어 형태변화의 원리』에 수록, 영남대출판부, 131-153쪽.

정석호(2007), 『경북 동남부 방언사전』, 글누림.

조항범(1998), 『주해 순천김씨 묘 출토 간찰』, 태학사.

채옥자(2005), 『중국연변지역 한국어의 음운체계와 음운현상』, 역락.

최명옥(1982), 『월성지역어의 음운론』, 영남대학교출판부.

최전승(1986), 『19세기 후기 전라방언의 음운현상과 그 역사성』, 한신출판사.

최전승 외(2008), 개정판 『국어학의 이해』, 태학사.

최전승(2009), 「19세기 후기 전라방언에서 '그네'(鞦韆)의 방언형 '근듸' 계열의 형성과 발달에 관한 일 고찰」, 『어문연구』 제61집, 어문연구회, 103-104쪽.

최태영(1977), 「국어마찰음화고」, 373-384, 『국어국문학논총』(이숭녕선생고희기념), 탑출판사.

최학근(1990), 증보 『한국방언사전』, 명문당.

한용운(2003), 『언어 단위 변화와 조사화』, 한국문화사.

허 웅(1979), 『우리 옛말본』, 샘문화사.

한진건(2003), 『육진방언연구』, 역락.

홍윤표(2009), 『살아있는 우리말의 역사』, 태학사.

小倉進平(1944), 『朝鮮語方言의 硏究』, 上 岩波書店.

河野六郎(1945), 『朝鮮方言學試攷, -「鋏」語 考』, 東都書籍.

Antilla, Raimo.(1989), *An Introduction to Historical and Comparative Linguistics,* 2nd edn. Amsterdam : John Benjamins.

Bauer, Laurie.(1983), *English Word Formation,* Cambridge Textbook in Linguistics, Cambridge University Press.

Brinton, L. J. and Elizabeth C. Traugott.(2005), *lexicalization and Language Change,* Cambridge University Press.

Bybee Joan.(2007), Usage-based Grammar and Second Language Acquisition, in *Handbook of Cognitive Linguistics and Second Language Acquisition,* edited by Robinson et al. 216-236, Rouledge.

Bybee Joan・Paul Hopper.(2001), "Introduction to frequency and the emergence of Linguistic structure" in *Frequency and the Emergence of Linguistic structure,* 1-24. edited by Bybee, John Benjamins.

Fisher, Olga.(2007), *Morphosyntactic Change,* Functional and formal Perspectives, Oxford University Press.

Hansen(2006), Review of *lexicalization and Language Change,* 1509-1514, Jounal of

Pragmatics, 38.

Hauer, Erich.(1952-1955), *Handwörterbuch der Mandschusprache*, I-III, Kommissionverlag, Otto Harrassowitz, Wiesbaden.

Hopper, P. · E. C. Traugott.(1993), *Grammaticalzation*, Cambridge Univ. Press.

King, J. R. P.(forthcoming), *The Korean Language in Imperial Russia*, Vol.1: Amateurs Sources, Vol. 2 : The Kazan' Materials.

King, R. D.(1988), "Competing Generalization and Linguistic Change", *Language and Culture*.

Langacker, R.(1977), Syntactic reanalysis, In Li, ed., *Mechanisms of Syntactic Change* 57-139.

Lehmann, Christian(2002), New Reflections on Grammaticalization and Lexicalization, in *New Reflections on Grammaticalization*, edited by Wischer. Ilse et al. 1-18, John Benjamins.

Milroy, James.(1992), *Linguistic Variation and Change*, On the Historical Sociolinguistics of English, Language in Society 19, Basil Blackwell Ltd.

Martin, E. Samuel.(1992), *A Reference Grammar of Korean*(1992. 한국어문법총람), Tuttle Language Library, Charles E. Tuttle Company.

Martin, E. Samuel.(2002), "Coming and going : deictic verbs in Korean and Japanese", pp.311-319, *Pathways into Korean Language and Culture*, edited by Sang-Oak Lee et als. Pagijong Press.

Phillips, S. Betty.(2006), Word Frequency and Lexical Diffusion, Palgrave Studies in Language History and Language Change, Palgrave, Macmillan.

Ramstedt, G. J.(1939), *A Korean Grammar*, Helsinki 1939, Suomalais-Ugrilanen Seura.

Ramstedt, G. J.(1949), *Studies in Korean Etymology*, Helsinki 1949, Suomalais-Ugrilanen Seura.

Trask, R. L.(2000), *The Dictionary of Historical and Comparative Linguistics*, Edinburg University Press.

Wischer, Ilse.(2000), Grammaticalization versus Lexicalization, in *Pathways of Change* edited by Fischer Olga et als., John Benjamins Publishing Company.

제7장

지역방언 문헌자료에 반영된 언어 현상의 역사성*

－중세국어의 부사형어미 '-긔,-기>-게'의 반사체를 중심으로－

1. 서론

이 글에서 글쓴이는 국어 방언사의 연구에서 지역방언 자료에 반영된
일정한 언어 현상에 대한 통상적인 해석에서 파생될 수 있는 문제점 한 가
지를 지적하고, 그 해결의 대안을 제시하려고 한다. 즉, 어느 특정한 시기
의 지역방언을 반영하는 단편적인 문헌자료에 나타나는 언어적 특질을, 그
것이 형성되어 온 발달 과정을 보여주는 그 이전 시기의 연속적인 방언 자
료들이 존재하지 않았기 때문에, 잘 알려진 규범 언어의 체계에 비추어 파
악할 수밖에 없는 사례를 검토하고, 그 의미를 점검하려는 것이다. 이와 같
은 유형들은 방언 자료의 시대와 지역적 분포에 따른 불균형과 관련하여
방언사의 기술에서 매우 심각한 문제로 떠오르는 것이지만, 지금까지의 고
찰에서 비교적 소홀하게 취급되어왔다.

---

* 이 글의 초고를 검토하고, 그 문제점들을 상세하게 지적하여 준 세 분의 심사위원들과 이
  진호(전남대), 박종희(원광대) 교수의 자세한 논평에 감사를 드린다. 특히 이진호 교수는
  이 글의 각주 (1)에 대한 글쓴이의 자세한 설명을 요구하였으나, 여기서 심층적인 분석은
  주제와 직접적으로 관련이 없기 때문에 할 수 없었다.

글쓴이가 여기서 제기하려는 또 다른 문제는 국어사 또는 국어 방언사의 연구에서 자료에 반영된 문헌어와, 당시 화자들이 구사하였던 실제 구어와의 거리를 어떻게 측정해 볼 수 있는가에 대한 추정이다. 국어사와 국어 방언사의 작업에서 부딪치는 가장 기본적인 제약은 일정한 시기의 언어 사실과, 여기에 일어난 변화의 증거를 오로지 당시의 표기와 그 표기법으로 작성된 문헌자료들로부터 이끌어낼 수밖에 없다는 사실에 있다 (Rissanen 1986 : 98).

이러한 두 가지의 문제를 염두에 두고, 여기서 이 글에서 예증하려는 지역방언에서의 언어 현상은 19세기 후기와 20세기 초반의 육진방언과 경상방언 그리고 부분적으로 같은 시기의 전라방언의 자료에 반영된 부사형어미 '-긔'이다. 이 부사형어미 '-긔'는 중세국어의 단계 '-긔/긔'로 소급되며, 어떤 동작이나 상황에 미침을 나타내거나, 사역의 기능을 갖게 하는 문법 형태소이다(허웅 1975 : 602; 안병희·이광호 1990 : 315). 그러나 중세국어에서도 '-긔/긔'는 곧 '-게'로 대치되어 그 이후의 문헌자료에서 사라진 형태인 것으로 일반적으로 알려져 있다(안병희 1967 : 231; 이기문 1972 : 167-168). 따라서 19세기 자료에 등장하고 있으며, 또한 오늘날까지 지속되는 지역 방언형 '-긔'는 중세국어의 개신형 '-게'를 그대로 계승한 형태로부터 자연스러운 모음상승의 변화인 '-에>-이'의 과정을 거친 것으로 해석되어 왔다(김정대 1992; 백두현 1998).

글쓴이는 몇 가지 가정과 문헌적 증거를 전제로 하여 전통적인 예전의 '-긔'형이 규범적인 문헌자료에서는 비록 사라졌지만, 해당 지역방언에서는 화자들의 말의 스타일에 따라서 또는 주로 입말(spoken language)을 통해서 근대국어의 단계에까지 그대로 존속되어 와서 오늘날의 공시적 지역방언에 분포되었을 것으로 가정하려고 한다. 따라서 방언사의 기술에서, 일정한 어휘나 문법 형태소들이 당대의 문헌자료에서 더 이상 출현하지 않았다 해서, 이러한 사실이 언제나 당대의 특정 지역 화자들의 언어 사용의 폐기와 직접 연관되어 있지 않았을 가능성을 추구하려는 것이다. 일정한 언어 형식이 그 시대 또는 그 이후의 지속되는 문헌자료에서 탈락하였다는 표면적 사실은 경우에 따라서 해당 언어사회에서 문헌어로서의 글말과 살아 있는 대중어로서의 입말에서의 위상의 변화, 또는 화자들의 언어 사용의 인식과 관용의 차이 등과 같은 언어 외적 상황에서 비롯될 수 있을 것이라는 전제를 설정하려고 한다.

종래의 방언 연구의 단계에서 고유한 지역 방언형(예를 들면, '화리'(火爐) 또는 '자리'(柄), '마리'(廳) 등의 부류)을 그 자체 독자적으로 전개하여온 역사성을 고려하지 않고, 단지 표준어('화루', '자루', '마루')를 기준으로 하여 그 형성의 원리('화루>화리, 자루>자리, 마루>마리)를 기술하였던 방식은 이제는 수정되어가는 경향이 있다.[1] 그러나 이번에는 어쩔 수 없는 자료상의 결핍으로 인하여, 국어 방언사의 기술에서 이러한 범주에 속하는 설명의 유형들이 아직도 여전히 존재한다고 글쓴이는 생각한다.

---

1) 그러나 현대국어 음운론의 기술에서 이러한 기본적인 관점이 완전히 불식된 것은 아니다. 예를 들면, 이진호(2005 : 133)는 국어의 음운현상 가운데 표준어와 방언을 포괄하는 전설모음화의 성격을 예시하면서, <참고 58> 항목에서 국어의 여러 방언에서 나타나는 다음과 같은 유형의 "특이한 전설모음화"를 소개한 바 있다.

(1) 고치(<고추), 국시(<국수), 부시다(<부수다), 상치(<상추);
(2) 중부방언의 '가루(粉), 노루(獐), 다르다(異), 부르다(唱)'→동남방언에서 '가리, 노리, 다리다, 부리다'.

이러한 예에 대한 이진호(2005)의 설명에 따르면, 위의 (1)의 부류는 어간말 모음의 '-우'가 '-이'로 바뀌는 전설모음화인데, '우'가 전설모음으로 바뀌면 단모음 '위'가 되어야 하는데 지역방언에서 '이'가 되었다는 점에서 특이한 전설모음화라는 것이다. 그리고 위의 (2)의 부류는 중부방언의 어간말 모음 '-우'가 'ㄹ' 뒤에서 전설모음화가 적용된 것인데, 그 적용 동기 자체를 설명하기 무척 어렵다는 것이다.
물론 이진호(2005)의 설명 가운데 타당성이 있는 부분도 있으나, 글쓴이가 여기서 지적하려는 사실은 방언의 현상을 엄밀한 의미의 중부방언이 아니라, 표준어의 기준으로 이해하려는 순수한 공시적 기술 태도이다. 위와 같은 소위 "전설모음화"에 부분적으로 속하는 이 글의 서론에서 제시한 예들에 대한 방언사적 설명은 결론 부분인 §5.1을 참조이 글의 §2에서는 국어사의 자료에서 일찍이 사라진 형태로 간주되는 여격조사 '-손디'의 반사체가 오늘날의 함경도 방언의 구어에서 여전히 사용되고 있는 사실을 제시하고, 이러한 사실이 문헌어 중심의 방언사의 연구에서 어떤 의미를 갖고 있는가를 생각해 보았다. 제3장의 §3.1에서 19세기 후기의 일부 필사본 자료에 지속적으로 등장하는 부사형어미 '-긔'의 실체를 표기법과 음운현상의 측면에서 검토하고, 당시의 완판본 고소설 그리고 판소리 사설에 나타나는 현상과 대조를 통하여, 그 이전 단계의 형태에 대한 추정을 시도하였다. 그리고 §3.2에서 19세기 후기에 걸치는 몇 가지 필사본 중심의 경상방언 자료에 등장하는 부사형어미 '-기'의 존재를 추출하고, 오늘날에까지 지속되어 있는 이 문법형태는 그 이전의 단계에서 '-긔>기'와 같은 음성변화를 반영하고 있을 가능성을 제시하였다.

또한 §3.3에서 20세기 초반에 간행된 제정 러시아의 카잔 자료 일부에 생산적으로 나타는 부사형어미 '-기'를 점검하고, '-기'형이 규범적인 '-게'로부터의 발달이 아니기 때문에, 육진방언의 역사에서 이 형태가 남부방언에서와 같은 '-긔'로 소급될 수 있음을 논증하려고 하였다.

이 글의 §4에서는 이전 단계에서 사라졌다고 간주되어 왔던 보수적인 형태 '-긔'가 근대국어 자료의 일정한 유형 가운데(왕실 편지와 필사본 등) 부분적으로 사용되고 있을 가능성을 점검하였다. 제5장의 결론과 논의에서는 제3장에서 글쓴이가 방언사의 복원에서 추구하려는 전제와, 그 대상이 되는 19세기 후기 지역방언의 부사형어미 '-긔' 또는 '-기'의 대안적 해석을 다시 점검하였다.

2. 방언 자료 분포의 시대적 불균형과 단편적인 성격 : 여격조사 '-손디'의 경우

국어 방언사의 연구 분야와 그 작업의 방법은 대략 다음과 같이 규정된 바 있다(이숭녕 1971). 즉, (ㄱ) 개별적 지역방언들이 시대적으로 발달해 온 과정과 원리를 체계적으로 기술한다. (ㄴ) 각 방언들의 공시적 음소, 형태, 어휘 등에 대한 지리적 분포 상태와 시간적 흐름에 따르는 변화의 과정을 추적한다. (ㄷ) 하위 방언간의 상호 영향, 교섭, 침투, 개신, 확산 등의 여러 항목에 걸친 종합적 고찰을 한다. 위에서 제시된 항목 중에서 특히 (ㄱ) 의 영역을 중심으로 하는 국어 방언사의 성립은 적어도 오늘날의 관점으로 현실적으로 불가능하다. 전망적(prospective) 방법을 사용하는 국어 방언사 영역은 각각의 시대별로 연속적으로, 그리고 균질적으로 출현하고 있는 다양한 지역방언 문헌자료들에 대한 분석과 비교를 통해서 해당 방언에 수행된 변화의 시간적 진행 과정을 정밀하게 관찰하고 해석하는 작업을 전제로 하기 때문이다.

그러나 어느 역사적 시대의 지역방언, 또는 일정한 국어사의 단계에 있었던 여러 공시적 방언들의 예전의 오랜 모습을 나타내고 있는 중세와 근대국어의 문헌자료들은 극히 단편적으로 존재한다. 지역방언들의 상호 대조되는 분화와 그 변화의 과정을 비교적 체계적으로 관찰할 수 있는 특징적인 문헌자료들의 등장은 그나마 시대적으로 매우 치우쳐 있으며, 주로 19세기 후반과 20세기 초반에 한정되어 있다. 국어사 연구에 있어서와 마찬가지로, 방언사 연구의 가장 투명하고 실증적인 일차적 도구는 일정한 시대적 단계의 해당 방언의 특질들을 나타낸 문헌자료들임은 새삼 언급할 필요가 없다. 그렇기 때문에, 개별적인 지역방언들이 역사적으로 발달하여 오는 다양한 단계들을 연결해 줄 수 있는 방언 자료들의 결핍, 또는 시대적 분포의 불균형으로 인하여 본격적인 방언사의 연구는 극복하기 어려운 심각한 제약을 받고 있다.

또한, 우연히 존재하는 단편적인 방언 자료 자체도 난삽한 표기의 문제, 필사자 또는 저자의 출신 지역에 관한 불충분한 증거, 원전과 필사의 연대를 확정하는 문제, 자료의 장르적 성격, 그리고 표준어의 부단한 간섭 등과 같은 요인들에 의하여 온전하지 못하다. 역사 언어학자가 자료에 직면하는 가장 기본적인 방법론적 문제는 우리가 자료를 전혀 통제할 수 없다는 사실이다. 이와 비슷한 근거로 Labov(1972; 1994 : 11)는 역사 언어학은 조악한 자료에서 최대한의 긍정적인 정보를 추출하여 내는 일종의 예술로 생각할 수 있다고 지적하였다.2)

이와 같은 불리한 상황에도 불구하고, 지금까지 이루어진 지역방언의 방언사 연구의 전개 과정은 연구 대상이 안고 있는 문헌자료의 수많은 제약을 극복하려는 노력과 탐색으로 이어져 왔다고 말할 수 있다(최전승 2004 : 668). 특히 1980년대 중반에 들어 와서 19세기 후기와 20세기 초엽에 걸친 남부와 중부 그리고 북부 지역방언들을 반영하는 다양한 방언 자료들이 새로 발굴되거나, 기존 자료들이 새롭게 재인식 되면서 적어도 이 시기에 해당하는 국어 전체의 방언의 양상과 그 분화 상태가 어느 정도 정밀하게 파악되기에 이르렀다.

국어사의 측면에서 19세기 후반이라는 역사적 단계는 근대국어에서 현대국어의 단계로 넘어 오는 마지막 단락이었으며, 현대의 지역 방언들이 공시적으로 보유하고 있는 여러 방언적 특질들을 거의 갖추어 가는 과도

---

2) 그 반면에, Romaine(1982 : 295)는 사회-역사언어학의 관점에서 역사적 문헌자료에 반영된 언어의 독자성과 가치를 그대로 인정하려고 한다. 오늘날 우리 주위에서 관찰되는 언어의 변이와 변화, 그리고 표준어의 간섭, 말의 스타일상의 교체, 그리고 방언 차용 등의 오염된 모습이 과거의 언어에도 동일한 양상으로 동일과정설의 원리(uniformitarian principle)에 의하여 나타나기 때문에, 불완전한 자료 역시 이와 같은 당시 언어사회적 특질을 반영하고 있을 개연성이 있다고 보는 것이다.

기의 양상을 보이기 시작한다(홍윤표 1976 : 639; 이기문 1981). 그렇기 때문에 이 시기의 해당 방언들이 보유하고 있는 모든 언어 층위에 걸친 체계적인 고찰이 현대국어의 공시적 지역방언들의 역사적 형성 과정을 이해하기 위하여 필수적인 조건이 된다.

19세기 후기의 단계에서 가장 신뢰할 수 있고, 또한 풍부한 방언 자료를 보여주는 지역은 역시 중부방언에 해당된다.[3] 19세기 후기의 함경도 방언, 특히 육진방언의 구체적인 모습은 일찍이 Putsillo의 『로한즈뎐』(Opyt Russko- Korejskago Slovarja 1874)을 위시하여, 제정 러시아 시기 20세기 초엽에 간행된 일련의 정밀한 카잔 자료(King 1991, 간행예정; 곽충구 1994) 등을 통해서 여실하게 드러났다.[4] 당시의 평안도 의주 청년들이 참여하였으며, 이들에게서 한국어를 습득한 John Ross와 Macintyre 선교사가 번역한 최초의 신약 한글성서인 쪽복음 『예수셩교 누가복음』(1882)에서부터 점진적으로 완결된 『예수셩교젼셔』(Ross version, 1887)에 반영된 언어는 19세기

---

3) 19세기 후기의 서울을 포함한 중부방언 자료는 전통적인 다양한 간본 자료(이병근 1970) 이외에 다음과 같이 존재하고 있다.
   Ridel 주교 중심의 파리 외방전도회에 속한 프랑스 선교사들이 공동 저술한 『한불즈뎐』 (*Dictionnaire Coréen-Français*, 1880)과 그 자매편 『한어문전』(*Grammaire Coréenne*, 1881)을 먼저 손꼽을 수 있다. 이어서, Gale의 대표적인 문법서 *Korean Grammatical Forms*(1894, 亽과지남)과 『한영즈뎐』(1897), 그리고 Underwood의 『한영즈뎐』(1890)과 『한영문법』(1890), 또한, 서재필이 주간하고 간행한 최초의 순수 한글신문인 『독립신문』 (1896.4-1898.8.18) 등을 통해서 당시의 중부방언의 공시적 구조를 격식어 중심으로 파악할 수 있다.
4) 1901년과 1904년 사이에 카잔에서 러시아 정교 선교협회가 간행하고 카잔 대학의 전문가들이 편집한 다음과 같은 다섯 편의 20세기 초엽의 육진 방언 중심의 구어 자료는 당시 제정 러시아의 동양학과 언어학의 중심이었던 카잔 학파의 전통을 반영한 것들로 정밀한 음성 전사(끼릴 문자를 이용한)와 피치 악센트가 첨가되어 있다.

   (1) *Pervonachaljnyj Uchebnik Russkago Jazyka dlja Korejcev*(한국인을 위한 초등 러시아어 교과서, 1901), (2) *Azbuka dlja Korejcev*(한국인을 위한 ABC, 1902), (3) *Russko-Korejskie Razgovory*(露韓會話, 1904), (4) *Slova i Vyrazhenija k Russko-Korejskim Razgovoram*(노한회화에 관한 단어와 표현, 1904), (5) *Opyt Kratkago Russko-Korejskago Slovarja* (露韓小辭典 試編, 1904).

후기 평안도 방언을 어느 정도 그대로 반영하고 있다(최임식 1984; 최명옥 1987). 또한, Ross가 저술한 일종의 회화서인 *Corean Primer*(1877)와 그 수정판 *Korean Speech*(1882)에서 이 시기 평안도 방언 일상어의 문법 구조와 음운현상들을 정밀하게 추출하여 낼 수 있다(김영배, 1983; 최명옥, 1985, 1986; 최임식, 1994).[5] 그리고 19세기 후기 전라방언의 문헌자료와, 다양한 통시적 경상도 방언의 자료들에 대해서는 일찍이 최전승(1986)과 백두현(1992)에서 각각 정리되어 적절하게 기술된 바 있다.[6]

이와 같이 19세기 후반에서 20세기 초엽에 걸치는 비교적 투명한 방언 자료들이 지역 별로 확립되어 있다고 해서 이 시기의 음운현상을 포함한 여러 분석 층위의 언어 사실들이 역시 투명하게 관찰되어 해석된다는 보장은 없다. 우선, 지역에 따른 방언 자료들이 보유하고 있는 시대적 정신과 출현의 우연성에 따라서 그 장르적 성격이 너무 이질적이고 판이하기 때문에, 당대의 언어 실현의 정도가 상이하여 19세기 후기를 기점으로 해당 지역방언들의 분화와 그 특질을 균질적으로 상호 비교하기 어려운 것이 사실이다.[7] 또한, 방언 자료를 구성하는 원전의 분석이 가능하다고 해도,

---

5) 또한, 최근에는 18세기 평안도 방언을 반영하는 『염불보권문』(1765, 묘향산 용문사본)의 음운 현상이 소개된 바 있다(김주원 1996).

6) 경상도 방언을 반영하는 역사적 문헌자료들의 전반적인 목록과 서지적 설명에 대해서는 백두현(1992)와 홍윤표(1994)에 상세하게 정리되어 있다.
   최근 백두현(미간)은 "19세기 초기 전라방언 자료 『수운정비회유록』(睡雲亭悲懷遺錄) 연구"에서 방언 자료의 시대적 분포 상으로 극히 희소한 19세기 전기의 자료를 발굴하여 소개한 바 있다. 특히 이 연구에서는 방언 자료에 반영된 언어 사실을 측정하기 위해서 자료의 장르적 성격(주인이 세 사람의 노복에게 주는 격식적인 계약에 가까운 사문서)과, 저술자의 언어 의식과 태도를 고려하였다.

7) 김주원(2000)은 음운사의 측면에서, 그리고 최근에 백두현(1990; 2009)은 문법사의 영역에서 국어의 지역방언 사이에 개재된 방언적 분화의 본질적 성격에 대해서 회의적인 입장을 취한 바 있다. 그리하여 김주원(2000)은 국어 방언사 기술의 가능성을 긍정적으로 제시하면서도 "방언 간의 차이는 생각보다 크지 않아서 소수의 자료로 어떤 특정 지역의 방언이라고 본 언어 사실에 대해서 더 많은 문헌을 검토해 보면 그것이 특정 지역의 방언이 아닌 더 넓은 지역의, 경우에 따라서는, 우리말 전체의 언어현상인 경우를 볼 수"(182쪽) 있음을 강조하였다.

자료 자체 속에 등장하는 내적인 문제, 즉 표기와 언어 현실의 대응 문제 역시 쉽게 해결하기 어려운 문제점들을 제공한다.

위에서 제시된 방언 자료 가운데, 특히 제정 러시아 카잔에서 간행된 자료들은 당시의 육진방언의 입말을 키릴 문자로 음성 전사하였다는 사실이 종래의 다른 방언사 자료들과 구분된다. 그렇지만 이러한 음성전사 자료들을 해독하는 데 있어서 연구자들이 취하는 방법론에 근거한 이론이나, 선입관적인 주관에 의한 자의성이 개재될 여지가 있기 때문에 해석상의 문제는 여전히 존재하기 마련이다(최전승 1994).

그러나 글쓴이는 이 글에서 문헌자료 중심의 국어사 또는 국어 방언사의 연구에서 본질적인 문제 한 가지만을 논의해 보려고 한다. 먼저 글쓴이가 이 글을 작성하게 만든 특정한 방언적 사실 하나를 예로 들면서 설명하기로 하겠다. 글쓴이는 우연한 기회에 아래와 같은 구술 자료의 한글 전사에서 중세국어의 단계에서 평칭의 여격형태로 사용되었던 '-이손디'의 반사체가 현대국어의 지역 방언형으로 지금까지 지속적으로 출현하는 사실을 발견하게 되었다.

(1) (그 사람이) 우리 아버지<u>손디</u> 와서 우리 아버지를 주워 삶았단 말이야.
   딸을 달라구.(149쪽),
    cf. 좋아하는 계집아한티로 갔다.(151쪽),
   (「민중자서전」, 【평생토록 못 잊을 일】, 1986.5, 『샘이깊은물』, 최기남
   구술(여, 1910년, 함경남도 함흥 태생).

이와 같은 김주원(2000)의 언급은 어느 정도 타당하다고 생각한다. 그러나 표면적으로 비슷한 언어 현상을 보여준다고 하더라도, 일정한 음운변화의 농도, 즉 음운규칙의 적용 환경의 범위, 입력의 유형, 확산의 정도 등과 같은 요인을 배제할 수는 없다. 어떤 음성변화의 진원지에서는 그 강도(일반화)가 강하지만, 다른 지역으로 확산되어 가면서 규칙의 일반성이 점진적으로 약화되어 가는 것이 원칙이다. 그렇기 때문에, 어떤 역사적 단계에서 대부분의 지역방언에 동일한 성격의 변화가 관찰된다 하여도 그 음운규칙의 정량적(qualitative) 성격과 계량적(quantitative) 성격의 측면에서 고찰하여야 된다.

글쓴이가 위의 예에서 주목하게된 여격조사 '(아버지)손디'는 공시적으로 독특한 형태이다. 또한, 지금까지의 방언사전 부류에서 이 방언형이 등록되어 있거나 종래의 기술에서 그 출현이 관찰된 적이 없다. 이와 유사한 형태로 제주방언에서의 처격조사 '-신듸∽신디'를 연상할 수 있다. 그러나 제주방언에서 쓰이고 있는 이 처격형은 '이시-'(有)의 보수적인 변이형 '시-'의 관형사형 '신-'에 장소를 뜻하는 의존명사 '듸>디'가 통합된 구성에서 출발한 것으로 보인다.8) 따라서 기원적으로는 '있는 곳에' 정도의 용법으로 사용되는 과정에서 통사적 출현 환경이 제약되어 주로 유정물 체언 다음에 연결되면서 文法化(유정물 체언+있는 데→유정물 체언+에게/한테)를 거쳐 문법형태소의 범주로 이동하여 온 형태이다.

> (2) ㄱ. 정시 신 딜 간 ᄉ실이 이만ᄒ고 전만ᄒ난(있는 데를, 『제주민담』(진성기, 1977 : 94),
>   ᄒᆞᆫ 막댕이 짚엉 댕기는 게와시가 <u>시었쑤다</u>(상동, 1977 : 62),
>   산방산 봉우진엔 금지가 ᄒ자리 <u>신는디</u>…(상동, 1977 : 30).
> ㄴ. 우리를 저 도새기<u>신디</u> 보내영 그 쏘곱에 들어가게 ᄒ여 주십서(있는 데/에게, 제주방언 성경 『마가복음』, 1981 : 32),
>   예수께서는 그 사람들안티 이 일을 아무<u>신디</u>도 알리지 말랜 엄ᄒ게 일러두언 지집아이<u>신디</u> 먹을 것을 주랜 ᄒ셨쑤다(상동, 1981 : 38).9)

따라서 함경남도 함흥에서 출생한 토박이의 구술어에 오늘날 우연하게

---

8) 그 반면, 강정희(1988 : 77, 2005 : 121)에서는 여격형 '-신디'를 '존재'의 의미를 내포하는 '이시다'의 관형형인 '신-'에 '장소성'의 명사 '듸'가 결합된 구조로 분석한 바 있다. 그러나 제주도 방언에서 존재사 '이시다'의 관형사가 '신'으로 전환되는 과정으로 실현된다고 하는 '유정물 체언+<u>이신디</u>>유정물 체언+<u>신디</u>'의 형태 변화에 대한 합리적인 설명을 찾을 수 없다.

9) 제주방언 성경 『마가복음』(1981, 제주 향토문화 연구소 편, 보이스사)에 부록으로 실린 어휘 색인에는 다음과 같은 '-시다'의 활용형들이 제시되어 있다.

   (ㄱ) 시난 : 있으니까, (ㄴ) 시멍서도 : 있으면서도, (ㄷ) 시였는데 : 있었는데,
   (ㄹ) 신 : 있는, (ㅁ) ᄉ젠 : 있다고, 등등(128쪽).

출현하는 '-손디'는 중세국어의 형태로 소급되는 것이며, 자연스러운 통시적 변화 '(의/의)손디>손디'를 거쳐 나온 형태이다. 통상적으로 중세국어의 반사체인 여격조사 '의손디'형은 1721년에 간행된 『오류전비언해』에 출현하는 예들을 끝으로 18세기 초엽 이후에는 문헌자료에서 사라지게 되었다 (홍윤표 1985 : 93).[10] 그러나 글쓴이는 위의 (1)과 같은 함남 방언형 '손디'의 경우가 비록 당시의 글말(written language) 중심의 문헌자료에 더 이상 출현하게 되지 않았다고 해서 그러한 문헌적 증거가 언중들에게서 이 형태의 완전한 폐기와 보조를 같이 하지 않았다는 사실을 증언한다고 생각한다.

(1)의 예는 '-손디'의 이전 형태가 18세기 이후 당시의 격 체계에서 어떤 불리한 조정을 받았음에 틀림없으나, 당시의 지역에 따라서 또는 언중들의 입말 또는 말의 스타일에 따라서 지속적으로 18세기 중엽 이후에도 사용되고 있었을 것이기 때문에, 오늘날 함남방언에 구어로서 출현할 수 있음을 보여준다.[11] 그러나 이러한 여격조사 '-익손디'의 반사체가 언중들에 의하여 사용되었다고 해도 이것을 문헌으로 나타내는 증거가 존재하지 않았을 때에 우리는 다른 방법을 통해서 확인할 수 있는 방법이 전연 없다.[12] 그렇다고 해도, 일정한 역사적 단계에서 당시의 문헌자료에 어떤 언

---

10) 홍윤표(1985 : 94)는 18 세기 초반까지의 문헌에 등장하는 '의손디'는 장소를 나타내는 '디'의 처격형 '디'를 가지고 있기 때문에, 이것은 '-의+손(手)+디'와 같은 구성을 지닌 것으로 분석하였다.

11) 그러나 이러한 '손디'의 형태는 오늘날의 『함북방언사전』(김태균, 1986)에서나, 20세기 초반의 제정 러시아 카잔에서 간행된 당시의 충실한 회화 자료 등(이 글의 각주 (4)를 참조)에서도 전혀 출현한 일이 없다. 이러한 사실은 러시아의 카잔 자료 역시 당시의 자료 추출 과정으로 미루어 보아, 언중들의 격식어가 어느 정도 반영되었을 가능성이 있음을 말하여 준다.

12) 이러한 문헌자료상의 제약과 결부되어 있는 통시적 연구의 심각한 한계는 역사적인 어느 일정한 단계의 당시 화자들이 갖고 있었던 언어능력에 오늘날의 연구자가 직접적으로 접근할 수 있는 방법이 전연 없다는 사실이다. 우리는 단편적인 자료에 문헌어로 실현된 당시 화자들의 언어수행의 일부분만을 취급할 수밖에 없다.
이러한 문제는 종래에 역사 언어학 연구 분야에서 간혹 지적되어 왔는데, 이와 유사한 제

어적 특질이 반영되지 않았다고 해서 당시의 언중들의 언어능력에 그러한 특질이 존재하지 않았다는 직접적인 증거는 되지 못한다. 문헌자료 중심의 공시적 및 통시적 연구에서 봉착하는 이러한 유형의 제약은 일찍이 허웅 (1975)에서도 언급된 적이 있다.

즉, 15세기 중세국어에 사용되었던 서술어 활용 형태들의 유형을 제시하면서 허웅(1975 : 412)은 우리는 15세기 국어의 모든 활용 형태들을 만들어 낼 수 있는 언어능력을 갖고 있지 않다는 사실을 지적하였다. 그리하여 우리가 이용할 수 있는 당시의 많은 문헌들을 전부 검토하여 당시 문법의 규칙을 귀납적으로 추출하여 보아도 문헌에 쓰여 있는 말은 무한한 언어수행의 일부에 지나지 않는다는 것이다. 따라서 문헌에 모든 용언의 활용형의 꼴들이 전부 나타날 것으로 기대할 수도 없기 때문에, 어떠한 활용 형태가 자료에 등장하지 않았다 해서 그러한 형태가 없었다는 직접적인 증거는 될 수 없다. 그렇기 때문에, 일반적으로 역사적 "문헌은 긍정적인 (언어) 자료는 제공해 줄지언정, 부정적인 자료는 제공해 주지 않는다"(허웅 1975 : 412).

3. 중세국어 부사형어미 '-긔/게'에 대한 방언의 반사체와 그 변화

3.1. 19세기 후기 전라방언의 경우 : 부사형어미 '-긔〉-기'

19세기 후기 전라방언의 자료 가운데 특히 일정한 필사본 부류들은 당

약을 일찍이 Vizmuller(1982 : 376)는 *Saussurean paradox*라 부른 적이 있다. 그러나 이러한 표현의 또 다른 규정에 대해서는 Trask(2000 : 297)을 참조.

시 언중들의 언어 표출 방식에 있어서 완판본 판소리계 고소설(『춘향전』, 『심청전』 등)과 비판소리 계열, 즉 양반계 고소설(『조웅전』, 『구운몽』 등), 그리고 고창 출신의 신재효가 개작한 일련의 판소리 사설집 등에 비하여 훨씬 더 역동적이고, 동시에 사실적인 모습을 보여주는 경우가 많다. 여기서 사실적인 모습이란 필사본 부류에 의해서 반영된 지역방언이 당시의 대중 화자들의 언어 사용에 더 접근되어 있음을 가리킨다. 그리고 역동적 모습은 당시의 언어에 수행되고 있었던 언어 변이와 변화가 반영되는 측면을 뜻한다.

이 시기의 필사본 부류들이 보이고 있는 이러한 경향은 전통적인 간본 또는 원전을 필요에 의해서 필사하면서 개인 또는 대중들의 취향에 맞추기 위해서 첨삭 또는 개작하는 과정에서 당시 화자들에게 익숙한 구어적 언어 표현 방식이 자유롭게 가미되었을 가능성이 높기 때문이기도 하였다. 물론 대개의 필사본들은 원전에 비하여 난삽한 표기와, 경우에 따라서는 일반화하기 어려운 언어 사실의 일면을 보여주기도 한다. 그러나 필사본의 형성과 그 유통은 언어 표출의 면에서 역시 당시의 개인 또는 대중들의 이해와 소통을 전제로 하는 산물이기 때문에, 여기에 개입된 특정한 언어적 이탈 역시 당대의 언어 사용의 상황과 사회적 약속을 떠나서 존재할 수 없다고 생각한다.

따라서 완판본 또는 경판본 고소설 간본과 여기에 바탕을 둔 다양한 필사본 부류들과의 상호 대조는 당시의 중부방언과 전라방언을 비교할 수 있는 근거를 마련하거나, 또는 19세기 후기 전라방언에서 상황과 계층에 따라서 허용되었던 언어의 사용역(registers)과 대중들이 가변적으로 구사하였던 말의 스타일의 유형들을 추출할 수 있게 한다.13)

---

13) 신재효가 개작한 동일한 판소리 사설이지만, 필사된 이본들 가운데에는 방언 의식에 따른 당시의 방언형 실현의 정도에 일정한 차이를 나타낸다. 이와 같은 언어적 차이는 본

예를 들면, 19세기 후기 전라방언의 자료 가운데 완판본 84장본『열녀춘향수절가』(약칭 : 수절가)는 춘향전 이본들 중에서 구성상으로 최고로 완성된 판소리 사설을 보유하고 있으며, 동시에 이 시기의 지역방언에 가까운 서민들의 언어 모습을 가장 풍부하게 반영하고 있다는 점에서 종래에 주목을 받아 왔다. 이야기 구성과 사설의 관점에서 이 84장본의 간본과 짝을 이루는 두 종류의 대표적인 필사본이 존재한다. 하나는 19세기 중엽에 필사된 것으로 추정되는 장자백 창본 67장본『춘향가』(약칭 : 장자백)이고, 또 다른 하나는 20세기 초반의 박순호 소장 99장본『별춘향전』(약칭 : 별춘)이다. 이 두 필사본은 84장본『열녀춘향수절가』와 어느 정도 동일한 사건 전개와 이야기 구성을 따라가면서 필사자의 언어 의식에 따라서 서로 다른 특징적인 딩시 입말의 변종들을 노출시키고 있다. 이러한 유형들의 일부를 추출해 보이면 아래와 같다.

  (3) ㄱ. 춘향아, 우리 두리 <u>어붐지리나</u> 후여 보자. 이고, 참 <u>잡셩시러워라.</u>

질적인 차원이 아니라, 말의 격식체와 비격식체 사용에 따른 19세기 후기 전라방언에서의 공시적 변이를 그대로 반영하였을 것으로 판단된다.
신재효 가장본『춘향가』(남창)와 가람본의 언어상의 차이를 일부 대조하면 다음과 같다. 예문 전반부는 신재효 가장본『춘향가』(남창)에서, 그리고 후반부는 가람본에서 추출하였다. 아래의 밑줄 친 부분은 각각 방언 어휘상의 교체 또는 일정한 유표적인 음운현상의 실현과 비실현 등과 같은 언어 사실과 관련되어 있다.

  (ㄱ) 도포 초록 슈실 <u>쯱</u>을 눌너 밉시 잇게 <u>쯱고</u>(판,춘.4)∽도포 쵸록 수실 할임 <u>쮜를</u> 밉시 잇게 눌너 <u>쮜고</u>(가람본, 춘,남. 2ㄴ),
    흰 <u>쯱</u>로 집이엿다(판,춘.14)∽흰 <u>쮜로</u> 집이엿다(가람본,춘.남9ㄱ),
  (ㄴ) 왜목으로 눈 <u>그리니</u>(판,춘.42)=왜목 틀어 눈 <u>기룬이</u>(가람본 25ㄴ),
  (ㄷ) 손가락을 <u>입이</u> 너코(판,춘.18)=손까락을 <u>입의</u> 넛코(가람본 11ㄱ),
  (ㄹ) <u>한쇼쥬</u> 병의 넛코 유지의 싼 <u>모른</u> 안쥬(寒燒酒, 판,춘.26)=<u>호쇠쥬</u> 병의 넛코 유지로 싼 <u>마른</u> 안쥬(가람본 16ㄱ),
  (ㅁ) 어스또는 출두호자 <u>차비</u>를 추리논듸(판,춘.86)=어스또는 출쪼호즈 <u>치비</u>를 처리난듸(가람본 51ㄱ),
  (ㅂ) 장기 들기 가망 엽셔 <u>외진</u>로 샹토호고…<u>더릴스회</u> 노릇호며(판,춘.68)=<u>외즈</u>로 샹투호고…<u>데일스회</u> 노릇호며(가람본 40ㄱ).

어붐질을 엇쩌케 ᄒ여요. 어붐질 여러번 <u>한성 부르계</u> 말하던 거시 엿다(수절가, 상.31ㄴ).

=이 익, 짐 쩌러지잔ᄒ여 <u>말농질</u>이나 좀 ᄒ여보즈. 익고, <u>구졉시러</u> 라, 말농질은 엇쩟케 한단 말삼이요(장자백, 21ㄱ),

=그러나 졀러나간의 우리 <u>업음질</u>이나 좀 ᄒ여보자. 익고, <u>잡셩실어</u> <u>워라</u>. 업음질을 엇터케 혼단 말이요(별춘, 25ㄴ),

ㄴ. 열두 도막 이신 <u>쒸</u>로 흉복을 눌너 쒸고(별춘, 69ㄴ),
유문황나 <u>허리쒸</u>의(별춘, 44ㄱ), 남젼듸 <u>쒸 쒸고</u>(별춘, 44ㄴ),
통요듸 <u>허리쒸</u>의(상동, 44ㄴ), 홍광듸 부납쒸을 횡즁의 눌너 쒸고(상 동, 45ㄱ),

= 영초단 허리쯰(수절가, 상.5ㄴ), 흑사 쯰를 흉즁의 눌너미고(수절 가, 상.5ㄴ),

셰초 쯰을 눌너 쯰고(완판 26장본 별춘향젼, 1ㄴ),
남젼듸 쯰를 쯰고(33장본, 병오.춘.14ㄱ), 홍공단 쯰를 쯰고(병오, 춘.14ㄱ),

장삼 실쯰 달인 치(완판본 41장본 무술본 심청, 12ㄱ).

ㄷ. 홋이불노 도슬 다라 늬 기겨로 노를 져어(수절가, 상.35ㄴ),
= 홋이불노 돗셜 달고 오역의로 뇌를 져어(장자백, 21ㄴ).

위의 예에서 (3)ㄱ의 대조는 여러 가지의 사실을 말하고 있으나, 그 중 에서도 전라방언에서의 전형적인 '--ㄴ셩 부르다'와 같은 의존명사 구문을 반영하고 있음을 나타낸다. 그리고 (3)ㄴ에서의 대조는 현대 전남방언을 구사하는 일부의 노년층에서만 출현하는 '쯰→쒸'(帶)와 같은 과도교정에 근거한 추이가 19세기 후기에 일종의 변이현상으로 시작되고 있음을 말한 다(최전승 2009). 또한, (3)ㄷ에서 '노→뇌'(櫓)의 예는 한자어 '櫓'에 접사 '-이' 가 첨가된 형태임을 보인다. 이러한 '뇌'형은 같은 시기의 다른 완판본 자 료에서도 출현하고 있으며, 오늘날은 전남 도서방언 일대와 제주도의 방언 에 분포되어 있다.

(4) ㄱ. 빈젼의셔 <u>목뇌</u>을 들고 빈질할 시(木櫑, 완판, 삼국지 3.40ㄴ),
　　ㄴ. 노→뇌, 네(『남도문화연구』 제2집, "나라도 방언의 어휘자료, 335쪽),
　　　노→네(전역), 네(일부), (현평효, 1985 : 395).

　19세기 후기 전라방언에서 수행된 부사형어미 '-긔>-기'의 변화 과정과
관련하여 비교의 관점에서 특히 주목하려는 방언 자료는 경판본 20장본『흥
부젼』(宋洞新版)과 김문기 소장 26장본『흥보젼』이다. 흥부전의 이본과 그
계열 관계를 문헌학과 표기법 및 언어 표출의 측면에서 정밀하게 검토한
김창진(1991)에 의하면, 하나의 이본으로서 26장본『흥보젼』이 갖고 있는
성격은 경판 20장본『흥부젼』(宋洞新版)의 원전을 바탕으로 그 구성이나 줄
거리를 크게 벗어나지 않게 옮겨 적은 일종의 모사본이라는 데 있다. 그러
나 이 자료의 필사자는 경판본을 그대로 옮겨 적으면서도 자신의 독특한
취향에 따라 독창적인 첨삭의 과정 이외에, 그 언어 내용과 표현 장치를
모본의 19세기 후기 중부방언에서 고유한 전라방언의 판소리 사설체로 완
전히 의도적으로 전환시켜 버렸다.[14) 따라서 이 두 자료를 대조 비교하면
19세기 후기 중부와 전라방언이 그 당시에 갖고 있었던 각각의 언어적 특
질이 어느 정도 드러나게 된다.

　경판본 20장본『흥부젼』에 비하여 여기에 대응하는 필사본 26장본에 반
영된 19세기 후기 전라방언의 음운론적 및 어휘적 특징 가운데 몇 가지의
전형적인 예를 추출하여 제시하면 다음과 같다.

(5) ㄱ. 양쥐 드러누어 기지기 <u>커면</u>…엉덩이는 울타리 밧그로 나가니 동니
　　　<u>스롬이</u> 츄립ᄒ다가 이 응덩이 불너 <u>드리쇼</u> ᄒ는 쇼리(경판 20장본

---

14) 경판 20장본『흥부젼』은 시대적으로 선행하는 경판 25장본『흥부젼』을 압축한 형태의
　　목판본으로서, 그 간행연대는 1860년 정도로 추정되었다(김창진, 1991 : 128). 이 경판 20
　　장본을 모사한 김문기 소장본 26장본『흥부젼』이 작성된 필사 연대는 이 필사본의 권말
　　에 쓰여 있는 "신축 이월"의 기록에 따라 1901년(辛丑年)으로 설정된다.

1ㄴ),

　　　= 양쥬 드러누어 기지기 <u>씨면</u>…궁덩이난 울 박그로 나가니 동너 사럼이 지닉다가 궁덩이 불너 <u>듸리라</u> ㅎ니(필사 26장본 1ㄴ).

ㄴ. 흥부의 <u>뒤곡두롤</u> 쫙 집흐며 몽동이롤 직근 쩍거(경판 20장본 3ㄱ),

　　　= 흥보의 <u>뒤쪽지</u>을 치며 몽뎅이을 직끈 쩍거(필사 26장본 4ㄱ).

ㄷ. <u>즁치막</u>을 덥셕 줍고 엇지 <u>ㅎ여</u> 울으시오(경판 20장본 4ㄱ),

　　　= <u>즁추막</u>을 덥셕 잡고 엇지 <u>ㅎ야</u> 우르시오(필사 26장본 4ㄴ).

ㄹ. 목즛 두리 겹으로 붓흐니 <u>수풀</u> 넘즛 넘셔방이오(경판 20장본 16ㄴ),

　　　= 나무 두리 씨럼한다 ㅎ니 <u>숨풀</u> 넘짜 넘셔방인가부오(필사 26장본 21ㄴ).

　(5)ㄱ의 예에서 우선, 구개음화 현상과 관련하여, 19세기 후기 중부방언에서의 '(기지개를) '켜-'에 대해서 이 시기의 전라방언은 'ㅎ' 구개음화가 적용된 '쎠-'(>쓰->씨-)를 나타낸다. (5)ㄴ의 방언형 '뒤쪽지'(後腦)은 '뒤곡뒤>뒤곡듸>뒤쪽디>뒤쪽지'와 같은 일련의 변화를 수행하였음을 보인다. 이 가운데 '뒤쪽디>뒤쪽지'의 과정은 이 지역에서 당시에 생산적인 'ㄷ' 구개음화가 통상적인 음운론적 제약을 이탈하여 적용된 상태를 나타내고 있는 것이다.[15]

　(5)ㄱ의 예는 19세기 후기 전라방언에서 주격조사 '-이'와 같은 형태소 경계를 넘어서 실현된 움라우트 현상(사롭+이→사럼+이)를 보여준다.[16] 이와

---

15) 'ㄷ' 구개음화의 동화주가 역사적으로 이중모음 '의'로 소급되는 '이'에도 적용된 예로 이 자료 가운데 '그려기>긔려기>기려기>지려기'의 변화에 참여한 '지례기'(雁)를 제시할 수 있다.

　　소상강 <u>쩨지렉이</u> 가노라 ㅎ직ㅎ고(필사 26장본 6ㄴ),
　　= 쇼상강 쩨기러기(경판 20장본 5ㄴ).

16) 필사본 26장본 『홍보젼』에는 19세기 후기 전라방언에서의 움라우트 현상이 주격조사 '-이' 이외에 명사형어미 '-기'와의 연결 과정에서도 형태소 경계를 넘어 수행되어 있다.

　　(ㄱ) 복장 <u>최기</u>, 아히 빈 기집 비 <u>최기</u>, 불붓난디 치질 <u>회기</u>, 회산한데 초혼 <u>회기</u>(필사 26장본 21ㄱ),
　　= 복중 츠기, 우의 빈 계집 빈듸기 츠기…키질 흐기(경판 20장본 16ㄱ),
　　(ㄴ) 허리쮜 끈코 다라 <u>닉기</u>(필사 26장본 21ㄱ),

같은 움라우트 과정의 규칙 확대는 피동화주 '우'에까지 실현되어 있다. (ㄱ) 가심이 씀쩍히야 쉼이 차 헐쩍헐쩍(숨+-이, 필사 26장본 21ㄴ)=가슴이 씀직흐여 뒤여지는 듯 숨이 츠셔(경판 20장본 16ㄴ), (ㄴ) 엇그제가 쐼이로다(쑴+-이, 필사 26장본 10ㄴ)=엇그제가 쑴이로다(경판 20장본 8ㄱ). 19세기 후기의 단계에서 관찰되는 이와 같은 움라우트 실현상의 지역적 상이는 위의 (5)에서 '궁뎅이', '몽동이→몽뎅이', '흐여→희야', '드리-→듸리-' 등과 같은 예에서도 잘 드러나 있다. 필사본에서의 이러한 표기의 예들은 당시의 음운론적 사실(최전승 1986 : 121-130)을 그대로 반영한 것으로 보인다.

경판본 20장본 『흥부전』과의 대조에서 드러나는 이러한 몇 가지의 19세기 후기 전라방언의 음운 현상들은 이 필사본에만 국한되어 있는 고립된 예들이 아니라, 다른 계열의 완판본 고소설과 신재효의 판소리 사설집의 언어에서도 보편적으로 나타나고 있는 것들이다. 또한, 위의 (5)의 예 가운데 어휘적 대조에서 추출되는 '즁치막→즁추막', '수풀→숨풀' 등은 필사 26장본 『흥보전』의 언어가 19세기 후기 전라방언을 그대로 반영하고 있는 좋은 보기가 될 수 있다. 19세기 후기 중부방언의 '즁치막'형(벼슬 못한 사람이 나들이할 때 입던 웃옷)에 대하여 대응되는 당시의 전라방언 자료에서의 '즁추막'은 경판 20장본(宋洞 新刊)과 완판 71장본 『심쳥전』의 비교에서도 나타난다.17)

    (6) ㄱ. 셥슈 쾌즈 즁치막과(경판 20장본 심쳥전 1ㄱ),
       =셥슈 쾌자 즁추막과(완판 乙巳本 심쳥전,상.1ㄴ),
          cf. 토반들은 다 그본을 써셔 즁치막과 도복을 입오민(1898, 매일

      = 허리씌 쓴코 다라 나기(경판 20장본 16ㄱ),
17) 19세기 후기 전라방언에서 수행된 '즁치막→즁추막'과 같은 변화의 원인에 대해서는 단순히 음운론적으로 규명하기 어렵다. 방언형 '즁추막'은 19세기 후기 중부방언을 반영하는 Gale의 『한영ᄌᆞ뎐』(1897 : 791)의 표제항에서도 등장하였다. 즁츄막 : A large second coat.

신문. 6.15,3),

옥단츈며 당모시 중치막의 싱초 긴옷 밧쳐 입고(남원고사, 1,9ㄱ).

ㄴ. 샌라 디린 <u>중츈막</u>의 목부납을 눌너 쯰고(판,츈.56)

∞샌라 디룬 <u>중츈막</u>의 목부납을 눌너 쮜고(가람본,츈.남.33ㄱ).

특히, (5)ㄹ에서 중부방언의 '수풀'(林)과 비교되는 전형적인 남부의 방언형 '숨풀'의 경우는 19세기 후기 전라방언의 거의 대부분의 자료에서 쉽게 확인할 수 있다.[18] 小倉進平(1944 : 344)에 의하면, 방언형 '숨풀'의 지역적 분포는 단지 전남과 전북에만 한정되어 나타난다. 전남 : 보성, 강진, 영암, 목포, 장성, 담양, 곡성, 전북 : 운봉, 순창, 정읍, 김제, 전주, 진안.

(7) 디 숨푸레 셰우믹쳐 쩌러진듯(대봉,하.9ㄴ),

숨플 깁푼 고듸(수절가,상.2ㄴ),

오동은 숨풀 속으 웃쑥 셔셔(수절가,하.29ㄴ),

숨풀의 은신ᄒᆞ야(화룡,59ㄴ),

가마귀 안진 숨풀노 가뎌라(화룡,49ㄱ),

숨풀의 우난 시는(심쳥,상.7ㄱ),

---

18) 이 방언형은 국어 방언사에서 16세기와 17세기의 전라방언으로 소급된다. 전라방언을 배경으로 작성되었을 것으로 추정되는 16세기의『百聯抄解』(1576)와 17세기의『勸念要錄』(1637)에서 이미 출현하였다.

(ㄱ) 새 <u>숨플</u> 아래셔 우로듸(필암서원본, 백련.1ㄱ),
　　새 수플 아래셔 우루듸, 林 <u>숨플</u> 림(동경대학본, 백련.1ㄱ),
(ㄴ) <u>숨풀</u>나모와 뎐집들왜(林木, 권념.16ㄱ).

그러나 19세기 후기의 단계에서 '숨풀'은 19세기 후기와 20세기 초반에 걸쳐 여타의 다른 지역에 서도 산발적으로 출현하고 있다. 이러한 사실을 보면, 이 형태의 1940년대 이전의 지역적 분포는 오늘날보다 더 확대되어 있을 가능성이 있다.

(ㄷ) 빅셩이 잇는 토듸와 직목과 <u>숨풀</u>을 공용 ᄒᆞᄂᆞᆫ 째는(독립신문,1896.10.01.1),
(ㄹ) <u>숨풀</u> 임(森), <u>숨풀</u> 임(林)(초학요션, 84).

위의 예에서『독립신문』(1896)에 나타나는 '숨풀'의 경우는 이외의 것이나, (ㄹ)의 예를 보이는『初學要選』(1918)의 언어는 충남 서천방언을 반영하고 있다고 추정된다(홍윤표 1991).

범이 집푼 슙풀을 일희미(길동, 11ㄱ).

　지금까지 우리는 19세기 후기의 중부방언과 전라방언의 자료에서 상호 대조를 통해서 제시한 일부의 음운 현상과 어휘들이 당시의 해당 지역방언들의 언어 사실을 어느 정도 충실하게 반영하고 있음을 제시하였다. 따라서 19세기 중부방언의 부사형어미(또는 사동의 보조적 연결어미) '-게'형이 26장본 필사 『흥보젼』에서 규칙적으로 '-긔'로 대응이 이루어지는 아래와 같은 현상 역시 당시의 언어 현상의 분화와 일치되는 사실로 이해된다.

　(8) ㄱ. 쇠경의 눈을 <u>쓰긔</u> ᄒ는 기목쥬요, 벙어리 말ᄒ긔 ᄒ난 기언초요(필
　　　　사 26장본 9ㄴ),
　　　　=쇼경 눈을 쓰이는 계안듀오, 벙어리 말ᄒ게 하는 기언쵸오(경판
　　　　20장본 7ㄴ).
　　ㄴ. 이 원수을 갑긔 ᄒ여 쥬옵소셔(필사 26장본 13ㄱ),
　　　　=이 원슈롤 갑게 ᄒ여 주옵쇼셔(경판 20장본 10ㄴ).
　　ㄷ. 팔미쎱을 눈의 불리 번쩍 <u>나긔</u> 치며(필사 26장본 18ㄱ),
　　　　=팔미샘을 눈의 불이 번젹ᄂᆞ도록 치며(경판 20장본 13ㄴ).
　　ㄹ. 불리 <u>나긔</u> 쥬먼이을 뒤진이(필사 26장본 22ㄴ),
　　　　=불이 ᄂᆞ게 쥬머니를 뒤진다(경판 20장본 17ㄱ).
　　ㅁ. 이놈은 집지목을 너더 <u>이럭히</u> 너드니라(필사 26장본 1ㄴ),
　　ㅂ. 디깅이가 <u>터지긔</u> 눌너씨고(필사 26장본 3ㄱ),
　　ㅅ. 노ᄌᆞᄒᆞ긔 돈 오쳔양만 듸리라(필사 26장본 24ㄱ),
　　　　=노ᄌᆞ 픕졀ᄒᆞ여시니 오쳔냔만 드리라(경판 20장본 18ㄴ).

　위의 예문에서 추출된 26장본 필사 『흥보젼』의 부사형어미 '-긔'는 매우 특이한 문법 형태이다. 그리고 이러한 형태는 여타의 19세기 후기 전라방언 자료에서 쉽게 발견되지 않는다. 그렇기 때문에, 부사형어미 '-긔'의 존재를 26장본 필사 『흥보젼』의 표기의 관점에서 다시 음미해 볼 필요가 있

다. 우선, 경판 20장본『홍부전』의 원본에 있는 중부방언의 부사형어미 '-게'를 필사자가 옮겨 전사 하는 과정에서 규칙적으로 '-긔'로 대치하였을 개연성을 찾아보기로 한다. 원래의 '게'(←것이)를 '긔'로 필사하여 표기한 부분이 26장본 필사『홍보전』에 한번 등장하고 있다. 그 박이 이상ᄒᆞ니 아쥬 ᄶᅡᆼᄶᅡᆼ 쇠그들낭 ᄯᅡ는 긔 엇쩌ᄒᆞ오(9ㄱ)=그 박이 유명ᄒᆞ니 훌로롤 아죠 맛쳐 견실커던 ᄯᅡ 보시(경판 20장본 7ㄴ). 그러나 이 부분은 경판본의 원문과는 다르기 때문에, 필사자가 임의로 본문에 삽입시킨 구절에 해당된다. 이러한 관점에서 (8) ㄷ의 경우에도 경판본의 부사형어미 '-도록'을 필사자는 '-긔'로 바꿨을 뿐만 아니라, (8)ㅁ과 ㅂ에서의 '-긔' 역시 20장본 원본에 없는 삽입 부분에서 등장한 것이다.[19)

따라서 필사본에 출현하는 '게→긔'의 성격은 경판 20장본에 쓰여 있는 부사형어미 '-게'에 대하여 필사자가 옮기는 과정에서 규칙적으로 '-긔'로 대치시키지 않았음을 보여준다. 그렇다면, 필사본에서의 '-긔'가 표기대로 19세기 후기의 전라방언의 음운론에서 자음과의 연결에서 이중모음 [iy]의 신분을 유지하고 있었을까를 점검해 보기로 한다. 26장 필사본『홍보전』에 등장하는 어휘와 문법 형태들의 표기 '의'를 조사해 보면, 부분적으로 '의>이'로의 단모음화 과정을 거치고 있으나, 여전히 이중모음을 반영하고 있었다. 특히, '으'의 움라우트 작용으로 인하여 이차적으로 형성된 이중모음화 '으→의'[iy]와, '위'[uy]의 비원순화 과정에서 중간단계로 파생된 '위→의'[uy→iy] 현상이 26장본 필사본의 표기에 생산적으로 나타나 있다. 그 일부만 제시하면 다음과 같다.

---

19) 그러나 경판 20장본『홍부전』가운데 부사형어미 '-게' 대신에 '-긔'형이 쓰인 용례가 하나 등장하고 있다.

놀뷔 눈을 멀거긔 ᄯᅳ고(경판. 20장본. 홍부전. 10ㄱ)=필사본 26장본에는 이 부분이 없음.

(9) ㄱ. 눈이 나오도록 듸리다 보니(필사 26장본 16ㄱ),

　　 =드려다 보니(경판 20장본 12ㄴ), 장기 좀 듸려주오(필사 26장본 2ㄱ),

　 ㄴ. 국을 끠려 실큰 먹고(필사 26장본 26ㄱ),

　　 =국을 쓰려 마셜 보고(경판 20장본 20ㄴ),

　 ㄷ. 궁듕이 불너 듸리라 ᄒ니(궁둥이→궁뎅이→궁듕이, 필사 26장본 1
　　 ㄴ), 쌍봉 투긔의 용인갑을 입고('투구+-이'→투귀>투긔, 필사 26장
　　 본 25ㄴ),20)

　　 =봉 그린 투구의 룡닌갑을 입고(경판 20장본 19ㄴ).

　1940년대의 방언 자료집인 小倉進平(1944)에 의하면, 그 당시의 남부방언
에서 (9)의 '듸리-'와 '끠려' 및 '궁듕이' 등에 해당되는 움라우트를 수행한
피동화주 모음들은 이중모음 [iy]로 전사되어 있다(최전승 1986 : 161- 162).
그렇기 때문에, 위의 예들에 반영된 표기 '-긔' 역시 19세기 후기 전라방언
에서 이중모음을 반영하는 것으로 판단된다.

　그 반면, (8)ㅁ에서 '이럭히'의 경우는 이미 이 자료에서도 '이러크>이러
키'와 같은 '의>이'의 단모음화의 시작을 알리고 있어 주목된다. 그렇다면,
위의 필사본 26장본에 나타나는 부사형어미 '-긔'는 기원적으로 부사형어미
'-게'에서 비어두음절에서 일어난 모음상승 '에>이'를 밟아 온 '-게→-기'에
서의 '-기'를 필사자가 표기상으로 과도 교정하여 '-긔'로 나타낸 결과일
가능성도 있다. 이러한 관점에서 필사본 26장본에서 '이→의'의 표기 사례
와 모음 상승 '에>이' 현상을 관찰해 보기로 한다. 우선, 이 필사본에서는
기원적인 '이'를 '의'로 전사한 예는 발견되지 않는다.21) 또한, 여기서 '에>

---

20) '투구'형에서 접사 '-이'가 첨가된 '투귀'에서 비원순화가 수행된 '투긔'의 예들은 19세기
　 후기 전라방언 자료에서도 등장하고 있다.

　 빅금 투긔(판.적.522), 투긔 버서 손의 들고(동.524), 니 투긔 네가 씨고(동.522), cf. 장군
　 투고도 소장의 투고요(완판 화용.92ㄱ).

21) 그 반면, 필사본 26장본에서 추출한 아래와 같은 보기들은 기원적으로 이중모음 '의'를
　 보유하였던 단어들이다.

　 고딕광실 허다한 듸(7ㄱ), 이놈 놀보야 날짜 긜짜(24ㄱ), 져긔 져분은 무신 셩이오(23

이'와 같은 모음상승도 특별한 경우(니 자근 지집이요, 12ㄱ) 이외에는 실현되어 있지 않았다.

    (10) ㄱ. 조화한다 <u>희기</u>예(14ㄱ), <u>보은희기</u> 바러드라(13ㄱ),
            티빅산 갈가마구 <u>길곡길곡</u> 울고 가니(12ㄴ),
            찬 이실에 언졌쓰니(7ㄴ),
            허리쒀 끈코 <u>다라닉기</u>(21ㄱ), 나온다, <u>뉘기뉘기</u> 나오든고(19ㄴ),
            이 <u>노림</u> 져 <u>노림</u> 그만 두고(23ㄴ),
            <u>낙시질</u>, <u>몽뎅이질</u>, <u>갈끼질</u>(21ㄱ).
      ㄴ. 잣베기(베개, 10ㄱ), 찌겜이(3ㄴ), 베룩 빈더(2ㄱ),
            소렉이(필사본 26장본 6ㄴ), 쪠지렉이(6ㄴ),
            울 박쎄 원두 노코(10ㄴ)=울 밧긔(경판 20장본 8ㄴ),
            네고 니고 죽는 수 박끠 할 일 읍다(25ㄱ),
            =너고 나고 죽는 슈 밧근 업다 ㅎ니(경판 20장본 19ㄴ).

지금까지 필사 26장본 『흥보전』에 반영된 표기를 통하여 위의 (8)의 부사형어미 '-긔'형의 실체를 어느 정도 확인할 수 있다고 생각한다. 그러나 문제는 여타의 다른 계열의 19세기 후기 전라방언 자료에서 위와 같은 부사형어미 '-긔'의 출현을 일반적으로 관찰하기 어렵다는 사실에 있다. 그렇다고 해서 '-긔'형이 19세기 후기 전라방언 자료에서 고립되어 존재하는 것은 아니다.

완판본 춘향전의 이본 가운데, 특히 29장본 『별츈향젼』(약칭 : 별춘)과 극히 일부의 자료에 매우 드물게 부사형어미 '-기'형이 간혹 출현하고 있다.[22] 이들 19세기 후기 전라방언의 자료에 산발적으로 등장하는 부사형어미 '-기'형은 원래의 '-게'형에서 '-게>-기'로의 방향을 가리키는 것이 아

ㄱ), 수실쎅을 미고(3ㄱ), 용강타긔(10ㄱ), 왜화긔(10ㄱ), 당긔여라(14ㄱ), 당굽소 톱질 이아(10ㄴ), 어서 당굽소(19ㄴ), <u>마듸마듸</u> 입피 피고, (9ㄱ).
22) 완판본 춘향전 계열의 개략적인 간행 연대의 추정과, 완판 29장본 『별츈향젼』의 문헌학적 분석과 위상에 대해서는 유탁일(1983 : 158-177)을 참조.

니라, 우리가 위의 예 (8)에서 관찰하였던 '-긔'에서부터 '의>이'의 단모음화를 수행한 형태로 보인다.23) 아래의 보기에서 (11)은 비교를 위해서 완판 33장본 『열녀춘향슈절가』(약칭 : 병오춘)와 대조시킨 것이다.

(11) ㄱ. 청동화로 쇠격쇠여 덩크럭키 걸녀 녹코(별춘.9ㄴ),
     =청동화로 쇠젹시의 덩그럿케 거러 노코(병오,춘.7ㄴ),
   ㄴ. 당초의 두리 맛나 밍약을 엇더키 ᄒ엿슴나(별춘.10ㄴ),
     =당초의 우리 만나 밍약을 엇더케 ᄒ여쓰나(병오,춘.11ㄴ),
   ㄷ. 이기씨가 그 도련님을 엇더키 하옵던가(별춘.26ㄱ).

(12) ㄱ. 칠성단 졍쇄키 ᄒ야(병오,춘.26ㄴ),
   ㄴ. 둥굴어키 집피 파고(판,박.364).

이와 같이 부사형어미 '-긔' 또는 여기서 단모음화된 '-기'형이 19세기 후기 전라방언의 자료에서 매우 특이한 위치에 있는 필사본 26장본 『흥부전』 등을 제외하면 매우 희소하게 사용되어서, 고유한 역사성을 보유하고

---

23) 19세기 후기 전라방언의 음운론에서 '에>이'와 같은 모음상승보다는 이중모음의 단모음화인 '의>이'의 방향이 더욱 일반적인 현상이다. 아래의 예들은 처격조사 '-의'를 취했던 형태들이 '의>이'의 변화를 보이고 있다.
  (ㄱ) 옷(衣)+의 : 옷시 물을 쓰노라니(판,심.178), 헌 옷시 이 즈부며(판,박.332),
  (ㄴ) 앞(前)+의 : 부인 압피 꿰좌ᄒ야(충열,상.4ㄱ), 무덤 아피 무더(조웅 2.2ㄴ),
    압피논(정사본 조웅 3.25ㄴ), 격진 압피 다다른니(조웅 3.27ㄴ),
    원슈 압희 나어가(정사본 조웅 1.8ㄱ),
    압피 큰 산이 잇스되(충열,상.29ㄱ),
  (ㄷ) 옆(側)+의 : 힝장을 엽피 쓰고(충열,상.17ㄴ),
  (ㄹ) 집(家)+의 : 집이 갓다 도라오는 길(판,변.608),
  (ㅁ) 입(口)+의 : 손가락을 입이 물고(남,춘.18),
    cf. 입의 너흐니(길동. 21ㄴ),
  (ㅂ) 천변(川邊)+의 : 남원부 쳔변이 거하는(수절가,하.21ㄱ),
    남원 쳔변이 거흐는(병오,춘.21ㄴ),
    cf. 남원부 쳔변에 거흐는 츈향이(김일근 소장 26장본 셩렬전. 202).
  (ㅅ) 뒤(後)+의 : 뒤히난(조웅 3.25ㄴ), 빅 뒤히로(화룡 58ㄱ),
  (ㅇ) 짜(地)+의 : 머리 짜히 쩌러지거늘(정사본 조웅 2.23ㄱ).

있는 방언 형태로서 그 존재 가치가 의심스러운 편이다. 박순호 소장 99장본 필사 『별춘향가』(1917년 정사년에 필사)에 반영된 언어 내용에서도 역시 부사형어미 '-게'의 분포가 주류를 이루고 있으나, 매우 드물게 다음과 같이 '-기'형이 출현하고 있다. 여바라, 멋 홀나고 <u>무겁기</u> 업울나간듸야. <u>긔비약키</u> 업는 슈가 잇느니라(28ㄴ). cf. 무신 우슘을 졈존찬케 웃는잇가(7ㄱ), 여보 도련님 무신 글을 글어케 익쇼(13ㄱ).

그러나 그 시대적 배경은 달리하지만, 19세기 후기 전라방언의 형성과 대략 비슷한 산물인 19세기 후기 또는 20세기 초반에 걸치는 함북 육진방언과 경상도 방언의 일부 자료에서 이 문법형태 '-긔>-기'형이 매우 생산적으로 출현하고 있다.

3.2. 19세기 후기 경상도 방언의 경우 : 이중모음 '의'의 단모음화와 '-긔>-기'

19세기 후기 경상도 방언의 지역적 특질을 잘 반영하고 있는 경남대본 필사 48장본 『수겡옥낭좌젼』(약칭 : 슉영)은 고소설 『淑英娘子傳』에 속하는 한 이본에 속한다(김영태, 1992 : 5).[24] 이 필사본에 반영된 문헌과 언어에 대한 공동 연구에서 이 자료는 대략 19세기 후반 경남의 지역방언을 충실하게 나타내는 것으로 추정되었다. 특히 이 필사본에는 오늘날 경상방언 일대에 분포되어 있는 '돍'(石)의 곡용 형태에 개입되는 유기음이 이미 19세기의 단계에서부터 실현되기 시작함을 보이고 있다.

---

24) 한글 필사본인 이 자료는 김영태(1992)에 의하면 1990년 경남 창원군 진동면에 거주하던 정원일씨가 집안에서 보관하여 오던 것을 경남대학교 도서관에 기증함으로써 세간에 알려지게 되었다고 한다.
경남대학교 加羅文化 연구소에서는 이 문헌을 중심으로 "<수겡옥낭좌젼>에 반영된 경상도 방언적 요소에 대한 연구"라는 주제로 어휘, 음운, 문법 등에 걸치는 공동연구를 개최하였다. 공동연구의 성과물과 함께 이 자료의 영인이 『加羅文化』 제9집(1992)에 실려 있다. 글쓴이는 이 자료의 원문은 보지 못하고, 공동 연구의 논문과 영인본을 이용하였다.

(13) ㄱ. 무죄ᄒ거던 <u>셤돌킈</u> 빅키 주옵소서 ᄒ고 공중을 힝ᄒ여 옥잠을 쪄
　　　　지니 옥잠이 나려와 <u>셤돌케</u> 박히논지라(숙영.23ㄴ),
　　　　cf. 셤돌의 빅히소셔…셤돌의 빅히는지라(경판 20장본, 숙영 10ㄱ).
　　ㄴ. 도키(돌+-이, 상주), 도키∽도케(금릉), 돌키라∽돌키∽돌크로(선산),
　　　　(『한국방언자료집』, 경북 편, 214쪽),
　　ㄷ. 돌∽도키∽도케(합천, 진양, 의창), 돌∽도리∽도케(밀양),
　　　　(『한국방언자료집』, 경남 편, 195쪽).

　여기서 19세기 후기와 경상도 방언에서의 '돍'(石)은 중세국어 '돓'의 이
전 형태로서 15세기의 중부방언에서는 'ㄱ>ㅎ'의 변화를 거쳐 '돍>돓'로
이르지만, 남부방언에서 이 단어는 그러한 변화에 면제되어 있다. 이러한
'돍'의 지역적 분포는 19세기 후기 또는 그 이전의 단계에서는 지금보다
넓었던 것으로 보인다. 19세기 후기 전라방언의 자료에서도 이 형태가 등
장하고 있으나, 경상도 방언에서와 같은 곡용에 유기음화를 보이는 '돍'의
단계에까지 발달하지 않았다(최전승 2004 : 549-550). 따라서 이 필사본에 반
영된 (13)ㄱ의 '돍'의 곡용형은 경상도 방언의 전형적인 음운·형태론적 특
징을 상징적으로 가리킨다고 생각한다.[25]

　경남대본 필사본『수궁옥낭좌젼』에 대한 공동연구의 하나의 주제인 방
언문법 영역에서 김정대(1992 : 77-111)는 오늘날의 경상방언의 문법 현상에
비추어 이 자료에 나타나 있는 경상도 방언의 다양한 문법적 특질을 추출
하여 체계를 세워 기술하였다. 이 가운데 글쓴이가 여기서 주목하는 현상
은 부사형어미 '-게'에 대한 문법형태가 대부분 이 자료에서 '-기'로 대치
되어 나오는 예들이다. 이 필사본에 등장하는 부사형어미 '-기'의 쓰임은

────────────────

25) 또한, 필사본『수궁옥낭좌젼』에는 'ㅂ' 변칙용언 '덥-'(暑)와 '셟-'(哀)이 정칙으로 활용하
　는 예가 등장하였다.

　　(ㄱ) 긱거수리 안의 붓치 혼 즈리 이시되 극키 즁ᄒ 보비라. □부면 더운 바람이 나
　　　　고 <u>더부면</u> 찬 바람이 난이라(26ㄱ),
　　(ㄴ) 보난 사람이 뉘 안니 <u>셜버</u> ᄒ리오(23ㄴ).

오늘날의 경상도 방언에서의 사용 방식과 그대로 일치한다. 따라서 부사형 어미 '-기'의 출현은 경상도 방언에서 19세기 후기의 단계로 소급된다.

이 필사본에 출현하고 있는 문법형태 '-기'의 예들은 김정대(1992 : 94-95)에서 통사적 환경에 따라 자세하게 소개된 바 있으나. 글쓴이가 일부 첨가한 것도 포함하여 다시 정리하여 제시하면 다음과 같다.

(14) ㄱ. 옥연동 가는 길을 <u>발기</u> 인도 ㅎ옵소셔(18ㄴ),
　　　선군의 병은 <u>죽기</u> 되니(4ㄱ),
　　　너 목숨이 쏙절업시 <u>죽기</u> 데여시니(5ㄱ),
　　　너가 <u>망영되기</u> ㅎ 거슬 너무 가렴치 말나(24ㄱ),
　　　너희등은 무신 죄을 너여 할임을 <u>살기</u> ㅎ라는양(36ㄴ),
　　　후회될 거시니 <u>고집되기</u> 말유 마옵소서(6ㄴ),
　　　ㅎ인 <u>모로기</u> 집을 도라와(15ㄱ),
　　ㄴ. 낭군은 첩을 잇지 못ㅎ여 <u>이러키</u> 지중ㅎ신이(3ㄴ),
　　　목전의 본 일을 <u>저럭키</u> ㅎ거던(20ㄴ),
　　　심신이 살난ㅎ여 변변 <u>수상키</u> 하직ㅎ고(36ㄴ).
　　ㄷ. 상공이 그 말 듯고 <u>코(크)게</u> 놀니(18ㄴ),
　　　낭군이 ㅎ인 모로게 회정하여(22ㄱ),
　　　선군이 함게 죽을 거신이 후한이 업게 ㅎ옵쇼셔(27ㄴ).

김정대(1992 : 95)는 이러한 문법형태 '-기'는 통상적인 '-게'로부터의 변화, 즉 '-에>-이'에서 형성되었을 것으로 전제하기 때문에, (14)ㄷ '-게'에 비하여 압도적으로 출현 빈도가 높은 (14)ㄱ-ㄴ의 존재는 19세기 후기 경상도 방언에서 '-에>이'의 변화가 이미 완료되었음을 보여주는 좋은 예로 간주하였다. 그러나 글쓴이는 19세기 후기 경상도 방언 자료에서 발견되는 (14)ㄱ-ㄴ의 부사형어미 '-기'형들은 우리가 비슷한 시기의 전라방언 자료에서 관찰하였던 '-긔', 또는 '-긔>-기'의 변화를 거친 '-기'의 예들과 문법형태와 통사적 기능이 일치한다고 판단한다. 따라서 19세기 후기 경상도 방언의 부사형어미 '-기'의 경우도 '-에>-이'의 변화보다는 역시 선행 형태인 '-긔'에서 발달하여 나왔을 개연성이 더 많다. (14)ㄷ에서 제시된 예외를 보이는 일부의 '-게'형들은 방언 자체에서 보이는 또 다른 변이형이거나 일종의 방언 차용 또는 중부방언이 개입된 결과로 보인다.

물론 19세기 후기 이전의 경상도 방언 자료에서 '-긔>-기'와 같은 변화의 방향을 확인할 수 있는 방법은 없다.26) 그러나 (14)의 예들이 추출된 경남대본『수겡옥낭좌전』에 반영된 표기와 음운현상 등을 조감해 보면, 추정된 '-게>-기'와 같은 사례를 제외하면 적극적인 '-에>-이'의 과정을 수용한 형태들은 아래와 같은 특정한 환경에 한정되어 있다.

(15) ㄱ. 벽상을 살피 보니(숙영 33ㄴ), 살피 보니 유혈리 잇거눌(29ㄴ),
ㄴ. 무죄흐거던 섭돌키 빅키 주옵소서(23ㄱ),
ㄷ. 죽을 쓰지 전히 업다 흐고(42ㄱ),
ㅁ. 옥으로 싱이을 만들고(喪輿, 44ㄴ), 싱이 아퍼 세우고(44ㄴ).

위의 예들 가운데 (15)ㄱ-ㄷ은 19세기 후기 경상도 방언에서 '여' 모음이 각각 일정한 자음과 통합되는 과정에서 수행하게 되는 일련의 변화, 즉 'ㄷ+여>ㄷ+예>ㄷ+에>ㄷ+이'의 최종 단계에 도달하였음을 가리킨다. 그리고 (15)ㅁ은 '상여→싱여→싱예→싱에>싱이'의 과정을 나타내는 것이다.27) (14)ㄱ-ㄴ의 예들이 대부분 '-게>-기'와 같은 모음상승을 수행하였다면, 체언 '밧(外)'에 처소격 조사가 연결된 '밧게'의 곡용 형태에도 필사본『수겡

---

26) 경상도 풍기 희방사에서 간행된『七大萬法』(1569), 그리고 18세기 초엽의 경상도 방언을 부분적으로 반영하는 경북 예천 용문사본『염불보권문』(1704) 등의 본문 가운데 등장하는 부사형어미는 모두 '-게'형이다.
27) 19세기 후기 전라도 방언의 자료에서 이 어휘는 '생예' 또는 '싱에'로 등장한다. 이 방언 형들은 '상여>싱여>싱예>싱에'와 같은 변화의 진로를 밟아 온 것으로 보인다.

(ㄱ) 조촐한 생예 우의(수절가,하.34ㄴ),
(ㄴ) 싱에도 곱게 흐고(장자백 창본 춘향가,60ㄱ).

옥낭좌젼』에서 역시 이러한 변화의 경향을 부분적으로 반영하여야 할 것이다. 그러나 이 자료에서 '밧게→밧기'와 같은 변화의 예는 발견할 수 없다. 그 뿐만 아니라, '되여->뎨여'(爲), '보이->뵈이->베이-'(被見) 등의 중간단계 과정에서 더 이상 '-에>-이'로의 진행을 아직 보여주지 않는다.28)

(16) ㄱ. 문 밧게 느가거날(숙영, 7ㄱ), 씨분님 문 밧게 오신 줄 알고(동.15ㄴ),
방문 밧게 안잣다가(동.17ㄴ), 낭자 방문 박게 나오난 체 ᄒ면
(동.18ㄱ).
ㄴ. 화긱이 은건이 베이거눌(숙영 7ㄴ),
cf. 목젼의 츠목혼 일을 뵈인단 말가(5ㄴ),
ㄷ. 니 목숨이 쏙졀업시 죽기 뎨여시니(동.5ㄱ),
cf. 속졀업시 허사 되리로다(동.5ㄴ).

경남대본 『수겡옥낭좌젼』과 대략 비슷한 시기에 형성된 19세기 후기 전라방언의 자료에서 위의 예문 (16)ㄱ과 같은 곡용 형태 '밧긔'는 주로 자료의 유형 또는 표현하는 말의 스타일 등의 요인에 따라서 '밧기∽밧그∽밧게'로 등장한다. 이 가운데 '밧기'형은 '밧게'로부터 비어두음절에 적용된 '-에>-이'의 변화가 아니라, '밧긔>밧기'와 같은 '의>이'의 단모음화를 반영하는 예이다. 또 다른 이형태 '밧그'형도 역시 '밧긔'에서 이중모음 '의'의 단모음화의 방향을 '의>으'로 취한 결과이다.29)

────────

28) 영남문헌을 중심으로 경상방언의 음운사를 고찰한 백두현(1992 : 144-152)은 이 방언에서 일어난 '-에>이'의 모음상승 변화를 수용한 대부분의 방언형들은 19세기 후기에 나타난 한 가지의 예를 제외하면 20세기 초반의 문헌에 집중적으로 분포되어 있다고 기술하였다.
백두현(1992 : 147)에서 19세기 후기와 20세기 전반에 걸쳐 조사와 어미의 영역에서 일어난 '에>이'의 예로 추출된 많은 경상도 방언에서의 사례들은 이 글에서 다루고 있는 부사형어미 '-기'에 해당된다.

29) 그 반면, 19세기 전라방언의 자료에서 '밧'(外)의 처소격 형태 '밧긔'와, 이미 이 시기에 문법화를 거친 보조사 '-밧긔'는 '밧그'와, '밧기' 그리고 규범적인 '-에'를 취하는 '밧게'를 포함하여 네 가지의 유형을 반영하고 있었다. 이러한 사정은 일정하지 않지만, 완판 『

　　그렇다면, 위의 예문 (14)에 제시된 19세기 경상도 방언의 부사형어미 '-기'
는 '-긔>-기'로부터의 발달일 가능성이 높다. 이 필사본 자료에는 모든 음
절 위치에서 단모음화 현상인 '의>이'의 변화가 일부의 예를 제외하면 대
부분 수용되어 있다.

　　(17) ㄱ. 이긔-(勝)>이기-; 마음을 이기지 못ᄒ여(숙영 7ㄴ), 분홈을 이기지
　　　　　　못ᄒ여(동.18ㄴ),
　　　　 ㄴ. 노픠(高)>노피; 집담장이 놉피 쳔여인이라(동.19ㄱ),
　　　　 ㄷ. 희미(稀微)>히미; 눈에서 피가 나고 일강이 히미ᄒ니(동.41ㄴ),
　　　　 ㄹ. 그리->기리(慕); 기리든 졍회를 더강 설하ᄒ니(동.9ㄱ),
　　　　　　두리 기리든 졍회을(동.10ㄱ).
　　　　　　cf. 간 듸 업거늘(동.5ㄴ).

　　위의 예에서 (17)ㄹ의 '기리-'(慕)형은 '그리-'에서 '으'의 움라우트를 거

　　화룡도』에서 예를 일부 제시하면 다음과 같다.

　　　(ㄱ) 밧게→ 문 밧게(4ㄴ), 자리 밧게(21ㄱ),
　　　(ㄴ) 박그→ 쓰박그(18ㄱ), 박그 나와(26ㄱ), 진문 박그 나선이(30ㄴ),
　　　(ㄷ) 밧기→ 원문 밧기 나와(28ㄱ, 73ㄱ), 문 밧기 나와(42ㄴ), 말리 박기 익고(46ㄴ),
　　　(ㄹ) 밧긔→ 장막 밧긔 나셔니(43ㄱ), 원문 밧긔 나와(43ㄴ).

　　또한, 완판 84장본 『열녀춘향수절가』에서 이 곡용 형태는 '박그'와 '박기'형으로만 출현
하였다.

　　　(ㄱ) 입 박그(하.6ㄴ), 문 박그(상.45ㄱ), 창 박그(상.44ㄱ), 뜻 박그(상.22ㄴ),
　　　　　문 박그 가셔(하.15ㄴ), 방문 박그(상.38ㄱ), 이별할 박그(상.41ㄴ), 터와 갈 박그
　　　　　(상.41ㄴ),
　　　(ㄴ) 뜻박기네(하.7ㄴ), 뜻박기(하.22ㄴ), 꿈 박기요(하.1ㄴ), 혼사 할 박기(하.9ㄱ),
　　　　　문 박기 나가셔노라(상.43ㄱ), 구룸 밧기(상.20ㄴ).

　　완판 29장본 『별춘향전』에서의 '밧긔'형이 완판 33장본 병오판 『춘향전』의 언어에서는
'밧기'로 단모음화되어 대응되는 사실로 미루어 보면, 19세기 후기 전라방언에서 '밧긔'
와 '박그' 또는 '박그'형은 말의 스타일에 (격식어와 일상어 등과 같은) 따라서 배분되어
출현했던 것으로 보인다.

　　　문 밧긔(별춘. 27ㄴ), 옥문 밧긔(별춘. 26ㄱ)=문 밧기(병오,춘. 30ㄱ), 갈 수 박기(병오,
　　　춘 .30ㄱ); 밧긔 두어(퇴별. 17ㄱ)=밧기 두어(판,퇴. 306).

쳐 '의'로 이중모음화된 '긔리-'에서 '의>이'의 단모음화를 수행한 과정을 보인다. 그러나 '드리->듸리-'(獻)의 경우에는 움라우트 현상에 의하여 재 조정된 피동화음 '의-'는 같은 자료에서도 그대로 유지되어 있다.30) 부친 오 시거든 듸리라 ᄒ고(숙영 26ㄴ). 또한, 같은 자료에 반영된 '기경(구경, 숙영 4ㄱ) ∽귀겡(동.4ㄱ)' 그리고 '위즁'(危重)에 대한 '이즁' 등과 같은 방언형들도 일 련의 변화의 중간단계로 역시 '의>이'의 단계를 설정하여야 된다.31)

19세기 후기 경상도 방언의 음운·어휘적인 특징을 부분적으로 반영하 고 있다고 하는 또 다른 자료인『國漢會語』(1895)의 언어에서도 부사형어미 '-기'의 쓰임이 부분적으로 관찰된다.32)

    (18) ㄱ. <u>드믈기</u> 숨어라(間闊種之, 乾,29),33) ㄴ. <u>저믈기</u> 가다(暮去, 坤,618).

최초의 한글 사전에 반영된 음운 현상에 대한 검토에서 백두현(1998 : 705) 은 '에>이' 중심의 "고모음화" 항목에서 위의 예 (18)을 전형적인 다른 예

---

30) 경남대 필사본『수겡옥낭좌전』에 대한 공동 연구에서 이 자료를 경남방언의 모음의 변 화의 측면에서 검토한 박창원(1992 : 22)은 여기에 반영된 '기리-'(慕)와 '듸리-'(獻)의 예 들은 개재자음 'ㄹ'의 제약과 관련하여 움라우트의 분명한 실현으로 간주하지 않았다.

31) (ㄱ). 옥연동 <u>기경</u>을 못 ᄒ는지라(숙영 7ㄴ)∽귀겡 가지 ᄒ고(동.4ㄱ).
    (ㄴ). 낭군의 병셰 <u>이즁</u> ᄒ오니(동.6ㄱ).

32) 우리나라 최초의 국어사전인 필사본『국한회어』에 대한 서지학적 고찰은 홍윤표(1986) 를 참조. 그리고 백두현(1998)은 이 사전의 표제어 항목에 나타난 음운 현상을 경상도 방언의 관점에서 기술하고 정리한 바 있다.

33)『국한회어』의 표제어 '드믈기 숨어라'(間闊種之, 乾,.29)에서 '숨-'(植)은 같은 자료에 반복 되는 '등성드성 숨어라 間闊栽種(乾,88) 등과 같이 '심-'(植)의 남부 방언형이다. 또한, 이 자료에 '벼 <u>슴우다</u>'(種稻, 坤.43)로도 나타난다. '심-'(植)에 대한 과도 교정형 '슴-'형은 이 와 비슷한 시기의 중부방언의 자료인『독립신문』의 언어에도 등장하고 있다.

    언덕에 나무를 슴으게 ᄒ는더 그 나무를 슴으는 날은 종목일이라(독립신문,1896.8.11),
    이 나무도 만히 슴으고 단풍 나무도 미우 요긴 ᄒ고(상동,1896.8.11),
    곡식 슴으는 법과 우믈 기르는 법(상동.1896.9.15①),
    집집마다 나무를 슴으는지라(상동,1896.10.29),
    여러 가지 나무 슴을 짜홀 정ᄒ라고 ᄒ엿기로(상동,1896.12.17).

들과 함께 포함시킨 바 있다. 백두현(1998 : 705)에서 논의된 이 필사본 자료의 언어에 나타난 음운 현상들을 관찰해 보면, 19세기 후기 남부방언에 등장하는 부사형어미 '-기'의 기원을 '-게>-기'의 모음 상승으로나(즉, '기집' 乾, 18; '목 비다' 乾 1860), 또는 이중모음의 단모음화의 실현인 '-긔>-기'와 같이 ('꼴 한단 비어 오다', 乾 140) 어느 방향으로도 설정할 수 있다.

이 자료에 표기상으로 이중모음 '의'로 사용된 예들의 대체적인 경향을 점검해 보면, '의'에서 단모음 '이'로 점진적으로 전환되어 가는 개신적인 요소와, 이중모음을 유지하고 있는 보수적인 요소가 혼합되어 있다. 이러한 경향은 근대국어의 마지막 단계이면서, 동시에 현대국어의 출발을 알리는 19세기 후반의 전반적인 자료에서 확인된다.

(19) ㄱ. 미운 아기, 미울 憎(<뮙-, 국한, 488), 흔 조희∽흔 조히(<죠희, 白紙, 731),
     조리로 쌀 일다(<조리, 626), 장기 두다(<장긔, 270)∽장긔(博, 614), 지미 끼이다(<긔미, 639),
   ㄴ. 오듸을 비들기 먹다(<오듸, 桑實, 581), 무릅으로 긔여 가다(<긔-, 481),
     물동의(<동의, 485), 물 듸리다(<드리-, 染色, 485), 건듸리다(<건드리-, 130),
     반듸불(<반듸, 螢, 193).34)

위의 예에서와 같이, 이중모음 '의'의 단모음화는 음절 위치와 어휘들의 출현 빈도수 등과 같은 요인에 따라 이 시기에도 점진적으로 수행되어 온 것이 틀림없다. 따라서 문법형태소 '-기'가 이 자료에서 단모음화한 모습으로만 나타나는 사실은 앞서 살펴 본 경남대본『수겡옥낭좌젼』에서와 동일

---

34)『國漢會語』(1895)의 표제어 가운데 '끄뒹이'(頭髮, 148)형은 '쯔덩이→쯔등이'에서 움라우트를 수용하여 '쯔뒹이'로 피동화음 '으'가 이중모음화한 것으로 보인다.

한 경향을 반영한다. (18)의 부사형어미 '-기'는 경남대본 필사본『수겡옥
낭좌전』에서 이끌어낸 (14)의 예들과 통사적으로 일치하기 때문에, 경상도
방언을 그대로 반영하고 있다.35) 그렇기 때문에,『국한회어』의 '-기'형도
자료 자체에서 직접적인 증거를 찾을 수 없지만, 이전 형태 '-긔'에서 발달
해 왔을 것으로 판단한다.

일찍이 이병선(1971)은 국어 부사형어미의 유형들을 정리하면서, 표준어
의 부사형어미 '-게'에 해당되는 경남방언에서의 '-기'형을 제시하고, 이 문
법형태는 중세국어의 보수형인 '-긔/긔'로 소급될 수 있기 때문에 '-긔>-기'
와 같은 경로를 시간적으로 밟아서 오늘날의 경남방언으로 발달해 온 것
으로 기술하였다. 그리하여 이병선(1971 : 494)은 현대국어 표준어의 '-게'와
경남방언의 '-기'는 아래와 같은 대조적인 기원에서 출발하였다고 추정한
다.36)

(20) ㄱ. -긔/-긔 ──→ -기 : 남부(경남방언)
     ㄴ. -게 ──→ -게 : 중부방언

이와 같은 이병선(1971)의 관점은 국어 부사형의 가장 기본적인 원형이
'-이'일 것이라는 전제에서 출발한 것이기 때문에, 여기서 '-기'형을 바라보
는 우리의 출발점과 상이한 것이다. 또한, 위의 (20)과 같은 그의 추정은
어떠한 문헌적 증거나, 방언사적인 견해에 근거하지 않았다. 그러나 지역

---

35)『국한회어』에 반영된 '닭'(鷄)의 곡용 형태는 우리가 19세기 후기 경남대본 필사본『수겡
옥낭좌젼』에서 살펴 본 '돍'(石)의 형태를 상기시키는 것이다. 19세기 후기의 '닭'(鷄)형은
오늘날 경남과 경북 등지에 생산적으로 확대되어 있다.

(ㄱ) 닭키 홰에 올으다(鷄栖于塒,73), (ㄴ) 닭키 홰을 치다(膈,73),
(ㄷ) 닭키 싸우다(鷄鬪,73).

36) 이병선(1971)은 경남방언의 '-기'의 직접 이전 형태인 중세국어의 '-긔/긔'형이 신라 鄕歌
의 향찰 가운데 존재하고 있음을 제시하려고 하였다.

방언형 '-기'의 형성을 중부방언의 '-게'에서 '-게>-기'에 의한 최근에 일어난 변화가 아니고, 중세국어의 보수형 '-긔'로부터의 직접적인 발달이라고 주장하려는 여기서의 논지와 결과적으로 일치하게 되었다.

19세기 후기의 단계에서도 부사형어미 '-기'의 지역적 확대는 남부방언에만 한정되지 않았던 것으로 보인다. 그리하여 19세기 후기와 20세기 초반의 북부방언, 특히 육진방언을 반영하는 자료에서 '-기'형의 쓰임이 확인된다.

3.3. 19세기 후기와 20세기 초반의 북부방언 : '-긔>-기'

현대 육진방언의 형태론적 특성을 논의하는 자리에서 한진건(2003 : 220-221)은 부사형어미 '-게'가 이 지역에서 "상황토"로 규정된 '-기'와, 접사와의 복합형 '-기시리∞-게스리'로 사용되고 있음을 제시하였다. 한진건(2003 : 221)에서 육진의 회령방언에서 추출된 예를 일부 인용하면 다음과 같다.[37]

> (21) ㄱ. 뒤달 잇다서 <u>댕기기</u> 되갯는 둥…(두어달이 있다가 다니게 되겠는지)…
> ㄴ. 그 산으 제일 <u>높으기</u> 칩니다.(그 산을 제일 높게 칩니다),
> ㄷ. 물으 <u>얅기</u> 해사…(물을 얕게 해야…),
> ㄹ. 많이 심으나 <u>잭기</u> 심으나…(많이 심으나 적게 심으나…).

---

[37] 한진건(2003 : 221)에서 제시된 이른바 복합 "상황토" 중에서 '-기시리∞-게시리'에 관한 용례는 다음과 같다.
  (ㄱ) 대두배채 값으 <u>물기시리</u>…(얄배추의 값을 물게끔…경흥),
  (ㄴ) <u>상세하게끔</u>…(상세하게. 경흥).
위의 예는 육진방언에서도 화자들이 구사하는 말의 스타일에 따라서 고유한 부사형어미 '-기'와 규범적인 '-게'가 교체되어 사용될 수 있음을 보인다.

지금까지 북부방언의 문법형태에 관한 논의에서 부사형어미 '-게'의 지역 방언형이 관찰되어 그 분포지역이 특별히 기술된 적은 없다. 그러나 위의 예들은 육진방언 등지에서 부사형어미 '-기'가 지금까지 사용되고 있음을 나타낸다. 이러한 사실은 1930년대의 육진방언에서도 변함이 없을 것으로 보인다. 여기서 부사형어미 '-기'가 출현하는 맥락을 중심으로 소개하려는 구술 자료의 일부는 함북 行營의 방언으로 작성된 것이다. 이것은 1933년 8월에 간행된 『한글』 제1권 제9호(371-375쪽)의 독자란 「사투리 調査」(行營, 穩城, 海州)에 海州 출생인 吳世瀇씨가 투고한 것인데, "朝卷五, 제25과"에 실린 【分數 모르는 토끼】를 行營에서 쓰이고 있는 당시의 지역방언으로 옮겨 쓴 구술 자료이다.[38]

(22) ㄱ. 토끼라는 놈이…사슴이르 찾아서 "사슴이님 오늘으느 當身께 請드릴 일 잇여서, 일부러 와습꾸마." 이러키 말으 햇-쏘.
    ㄴ. 제 그림재르 보니 제 머례- 두 귀 길기 벋더데셔 거져 뿔이 난 것텨름 배왓소
    cf. 이러케 훌륭한 귀르 가졋구나(372쪽).

위의 구술 자료에는 전통적인 부사형어미 '-기'만이 아니라, 규범적인 '-게'형 역시 등장하고 있다. 이러한 사실은 당시의 육진방언의 구어에서도 동일한 화자의 말의 스타일에 따라서 고유형 '-기'와 규범형 '-게'가 교체되어 쓰일 수 있음을 보인다고 생각한다.

---

38) 『한글』 제1권 제9호(371-375쪽)에 실린 「사투리 調査」(1933)는 세 부분으로 나뉜다. 제1부는 "行營 方言"으로 작성된 구술 동화로 구성되어 있다. 제2부에서는 함북 온성방언의 특징이 자세하게 열거되었으며, 이어서 방언 어휘가 제시되었다. 그리고 이어서 제3부는 "방언의 비교"로서 당시의 京城語와 海州 방언 그리고 행영 방언의 어휘들이 상호 비교되어 있다. 오세준씨의 설명에 의하면, 함북 行營은 會寧에서 동쪽으로 24km 거리에 있는 150 戶가량되는 농촌이다.
그러나 이 구술 자료의 원전인 "朝卷五, 제25과"에서 "朝卷五"에 대한 정보는 글쓴이가 아직 확인하지 못 하였다.

그러나 20세기 초반 제정 러시아 카잔에서 육진방언으로 작성된 일련의
한국어 교과서와 회화책 등에는 부사형어미 '-게'는 나타나지 않고, 그 대
신 보수적인 '-기'만의 쓰임이 훨씬 더 다양하게 반영되어 있다. 러시아 카
잔 자료 가운데 특히 *Azbuka dlja Korejtsev*(『한국인을 위한 철자 교과서』, 1902,
Publication of the Orthodox, Missionary Society, 육진 경흥출신 美씨의 말이 중심을
이룸) 중심으로 여기에 출현하고 있는 '-기'의 쓰임을 제시하면 다음과 같
다.39)

(23) ㄱ. 하느님이 나르 <u>억기</u> 해애구나(haninimi nari əkki hɛɛkuna,
　　　하느님이 나를 얻게 했구나, 제24과 24쪽).
　　ㄴ. 쥐엔이 너두 <u>그러키</u> 메계 주리라(kirək^{h}i, 그렇게, 제45과 34쪽),
　　　양아 새끼덜이 <u>그러키</u> 해애셔(제37과 29쪽),
　　　이튼날 피매 <u>그러키</u> 해애셔(제43과 32쪽),
　　ㄷ. 날갤르 두두리구 <u>모딜기</u> 소리르 해애셔(modirgi, 모질게, 제22과 20
　　　쪽),
　　ㄹ. 그게 입우 벌이구 다리르 들구 <u>어떠키</u> <u>모딜기</u> 어부자그 텨꾸아데
　　　(ət'ək^{h}i, modirgi, 어떻게 모질게, 제30과 26쪽),
　　ㅁ. 네 말게 뷘 팔긔 <u>그스기</u> 하리라(kisigi, 끌게, 제89과 68쪽),
　　ㅂ. 한 가지 참 낭게 <u>노푸기</u> 이서셔(nop^{h}ugi, 높게, 제20과 19쪽),
　　ㅅ. 그무루 <u>이러키</u> 해애셔(irək^{h}i, 이렇게, 제87과 62쪽),
　　ㅇ. 아덜이 저게 <u>기쁘기</u> 맨들어셔(kip'ugi, 기쁘게, 제41과 31쪽).

이와 같은 20세기 초엽의 함북 육진 구어 자료에서 모음 상승으로 형성
되는 '-에>-이'의 음성변화를 거친 용례들은 쉽게 발견되지 않는다. 이러
한 경향은 어두와 어말의 위치에서 어휘 형태소나 문법 형태소에도 동일

---

39) *Azbuka dlja Korejtsev*(『한국인을 위한 철자 교과서』, 1902)에 대한 개관은 곽충구(199
　　4 : 20-26)를 참조. Kazan 자료에 사용된 러시아 키릴 문자를 로마자로 음성 기호화하는
　　데에는 King(간행 예정)에서의 본문을 그대로 이용하였다. 인용된 예문들에 원래 첨가
　　되어 있는 강세 표시는 이 글의 논의와 직접 관련이 없기 때문에 편의상 생략하였다.

하게 관찰된다. 나무 <u>무데기</u> 두에서 싱녜덜이 울어셔(나무 무더기 뒤에서 승냥이들이 울었어; 제12과 16쪽), 그 아덜이 도랑 곁<u>에</u> 모다셔(그 아이들이 개울 곁에 모였어, 제41과 31쪽), 우엔이 칼르 몯우 <u>베기</u>라 싀잭이르 해애셔(愚人이 칼로 못을 베기 시작을 했어, 제34과 27쪽), 한 안간게 쥐덜이 움에서 곱우 머거셔(한 여인에게서 쥐들이 창고에서 기름을 먹었어, 제17과 18쪽). 그렇기 때문에, 위의 (23)에서 출현하는 부사형어미 '-기'는 20세기 초반의 육진방언의 구어에서 '-게>-기'의 과정을 밟은 것으로 생각되지 않는다.

그 반면에, 이번에는 같은 자료 내에서 다음과 같은 매우 한정된 예들을 중심으로 외견상 '-에>-이' 현상이 실현되어 있는 것처럼 보인다.

(24) 그 <u>집이</u> 곰이 서이 살아셔(집에, 제88과 64쪽),
 곰이덜이 <u>집이</u> 업서셔(집에, 제88과 64쪽),
 <u>집이</u> 안자 이스명 보니(집에, 제86과 60쪽),
 에미 그 아르 <u>집이</u> 두어셔(집에, 제91과 73쪽),
 에미 <u>집이</u> 드러가셔 우에 우틔르 벅구(집에, 제90과 72쪽),
 내, <u>집이</u>가 물우 아니 먹게소(집에 가, 제40과 31쪽).
 cf. 집에 방이 둘인데(제88과 64쪽),
  버슷으 얻디 주엇던디 집우루 가제오디 못 하개셔(집으로, 제49과 35쪽).

위의 예들은 중세국어에서서부터 특이 처격형태를 고수해 왔던 '집'(家)에 국한되어 있다. 처격형태에 관한 한, 보수적인 '집'형은 '집+에'의 곡용도 드물게 보이기는 하지만, 대부분 '집의>집이'와 같은 전형적인 '의>이'의 단모음화를 수행한 것으로 판단된다. 또한, *Azbuka dlja Korejtsev*(『한국인을 위한 철자 교과서』, 1902)에서 '으'의 움라우트 현상을 수용한 피동화음 '의'는 '의>이'의 변화를 수용하여 단모음 '이'로만 나타난다.40)

---

40) 그 반면에, *Azbuka dlja Korejtsev*(『한국인을 위한 철자 교과서』)에는 이중모음 '위'[uy]에서부터 비원순화 과정인 uy>iy을 거친 어휘들에는 아직 iy>i의 단모음화의 단계를 반

(25) 아무 것두 <u>디레</u> 노티 말라구 해셔(tirye, 들여, 제15과 17쪽),
    아덜아, <u>디레</u> 노아다구, 너 에미 왓다(제15과 17쪽),
    달그알르 구둘 밑으루 그서 <u>디레</u> 가셔(제28과 25쪽),
    물이 흘러 떨어디는 데다 아덜이 나무 박희르 <u>디레</u> 대 : 셔(제41과 31쪽),
    문이 열겐는데 그 새애기 <u>디리</u>바다 보구(드려다, tiribada, 제88과 64쪽),

따라서 20세기 초반의 육진방언에 등장하는 부사형어미 '-기'가 규범적
인 '-게'에서 모음 상승을 거친 것이 아니라, '-긔'로부터 단모음화를 수용
한 결과이었을 가능성이 더 높다고 생각한다. 이러한 '-기'형은 19세기 후
기의 함북방언을 반영하고 있는 *Koreiskie Teksty*(한국어 독본)에 실려 있
는 필사본 『츈향뎐』(1898)에서도 동일한 모습으로 반영되어 있다.41) 이 『한
국어 독본』은 St. Petersburg 대학의 강사였던 김병옥이 그 대학 학생들에

영하지 않는다.

(ㄱ). 내게 <u>분쇠</u> 업다(분수+-이→분쉬, punsiy, 42과 32쪽),
    cf. 가뭉기 어디 할 <u>쉬</u> 업셔(수+-이→쉬, 47과 35쪽),
(ㄴ). 남데 풀밭 <u>삐라</u> 가셔(<뷔-, piyra, 제42과 31쩍),
(ㄷ). 아덜이 박희르 디레 대 : 셔(<박휘<박회, pakhʷiy, 제41과 31쪽),
(ㄹ). 한새 제 긴 쥬듸르 가지고(주뒹이, 제16과 18쪽),
(ㅁ). 졀문 안간이 원듸밭으르 가셔…원뒤르 뜨더 가지구(園頭+-이, 제14과 17쪽),
(ㅂ). 그 아 남우 동네르 나가니 <u>가마긔</u> 두에 나와 즈서셔(<가마귀, 제91과 73면),
(ㅅ). <u>넘틔</u> 특둑거리우(<넘퉁+-이, nyəmtʰiy, 제87과 62면),
(ㅇ). 됴운 술긔 드러와(<술귀, surgiy, 제86과 60쪽).

41) 이 문헌자료는 J.R.P. King 교수가 1874년부터 1904년까지 러시아에서 다양하게 간행된
   한국어 방언 자료들과 함께 발굴한 것이다. King 교수는 그의 학위 논문 *Russian
   Sources on Korean Dialects*(1991, 한국어 방언에 관한 러시아 자료 연구)에 이것을 자
   세한 소개와 함께 포함시켰다.
   이 논문의 제4장(276-384쪽)에서 King 교수는 김병옥의 『츈향뎐』 한글 원문을 로마자로
   轉字(transliteration)하여 제시하고, 영문으로 번역을 한 다음에 註釋을 달고, 이 고소설에
   반영된 함북방언의 특질들을 다른 제정 러시아 자료에 비추어 1) 음운론, 2) 형태-통사
   론, 3) 어휘의 측면에서 세밀하게 분석하였다. 글쓴이는 1994년 SOAS에서 King 교수에
   게서 이 자료의 복사본을 얻어 보았으며, 춘향전 이본들의 지역성의 관점에서 최전승
   (2004)에서 간략하게 그 특징을 관찰한 바 있다.
   이 자료는 6쪽부터 '츈향뎐이라'하여 춘향전의 내용이 본격적으로 시작되어 62쪽에서 끝
   난다. 62쪽의 말미에 "뎌아라사국 황셩 승 피덕 듸됴션국 공관 셔긔셩 김병옥 투필어차,
   강셩 일쳔팔빅구십팔년 츈 슘월 이십일 필"와 같은 기록이 첨부되어 있다.

게 사용할 한국어 교수용 독본으로 작성된 것으로, 그것의 주 내용은 고소설『춘향전』의 이본에 해당한다. 김병옥이 작성한 필사본『츈향뎐』(1898)에 19세기 후기 함북방언에 해당되는 다양한 특질들이 나타나는데, 이 가운데 부사형어미 '-기'의 출현이 여기서 주목되는 것이다(최전승, 2004 : 599-600).

  (26) ㄱ. 연셕 말좌에ᄂ 안기 ᄒ옵소셔(56.4),
      ㄴ. 월노승 길기 민자 빅년동낙하여 보자(16.4),
      ㄷ. 월노승 길기 민자 빅년동낙할지니(21.4),
      ㄹ. 실힝 말기 ᄒ옵는 것이(28.7),
      ㅁ. 부모 나를 나으샤 세샹의 용납ᄒ기 하셔시니(3.8).

  King(1991 : 356)은 위의 (26)에 해당되는 예들은 중세국어 '-긔'로 소급되는 부사형어미 '-기'로서 전형적인 함북방언의 특질을 나타낸 형태로 파악하였다. 그는 '-기'의 선행 형태를 중세국어의 개신형 '-게'가 아닌 보수형 '-긔'로 소급하는 근거는 제시한 바 없다. 그러나 King(1991 : 90)은 19세기 후기 최초의 대역사전인 Putsillo의『로한ᄌ뎐』(1874)에 나타난 함북방언의 특질들을 기술하는 과정에서 이 부사형어미가 각각 '-긔'와 '-기'로 전사되어 있는 예들을 지적하였다.[42)]

---

42) Putsillo의『로한ᄌ뎐』(1874)에서 부사격조사 '-게'가 '-긔'로 교체된 예도 등장하였다.
    말긔 나리오(mar-giy nario, 609쪽).
  한정된 체언인 '몰'(馬)의 부사격조사로 '-게'가 통합되는 것이 일반적이다. 따라서 이 사전에서 '말긔'의 예는 '말게→말긔'의 과정을 나타내는 것이지만, 19세기 후기의 함북방언에서 수행된 e→iy의 변화는 이해하기 어렵다. 그러나 '말게→말긔'와 같은 유형은 이와 비슷한 시기의 중부방언의 자료에서도 확인된다.
  (ㄱ) 말긔 달고(京,조웅.23ㄱ), 말긔 나려(좌동. 24ㄱ).
  (ㄴ) 도라올 때에 돈을 여러 빅냥을 몰긔 실니고(한어문전 수준별 학습편 22 : 16),
     ᄋ희가 몰긔 치이고 사롬의게 볼펴 거의 죽게 되고(독립신문,1896.9.8②),
     아둘이 몰긔 볿혀 긔지 스졍이 되엿논더(1896.11.3),
     사롬의 몰긔 슬코 가논 물건을 일흔 일노(1897.1.14③),
     은젼을 일빅 십이퇴로 지여 몰긔 실어(1897.5.8③).

(27) ㄱ. 허리 불거지기 웃소,[həri pulgətsi-gi usso](455쪽),

　　　ㄴ. 크긔 북소,[khi-kiy pukso].(278쪽).

김병옥의 『츈향뎐』에서 이중모음 '의'는 주로 한자어에 유지되어 있으나, 고유어의 경우에는 '의>이'의 단모음화를 수행한 모습을 대체적으로 나타내고 있다.43) 또한, 김병옥은 당시 제정 러시아 측으로부터 군사용으로 사용하기 위해서 위촉을 받아 작성한 것으로 보이는 한국어 지침서인 『한국에서 활동하는 정찰병용, 露-韓 대역사전』(1904)을 저술한 바 있다. 이 사전에서도 위의 (26)에서와 같은 부사형어미 '-기'의 쓰임이 그대로 확인된다 (King 1991 : 356).

(28) ㄱ. onal tøki-hao,(오늘 되게 하오),

　　　ㄴ. kot-ki kalk'a,(곧게 갈까?),

　　　ㄷ. alki hao(알게 하오),

　　　　cf. amoto moroke,(아무도 모르게).

지금까지 우리가 살펴본 19세기 후기와 20세기의 전반에 걸친 함북과 육진방언 자료에 반영된 부사형어미 '-기'는 독자적인 발달에 의한 고립된 형태가 아니다. 이와 비슷한 시기에 출현하고 있는 경상과 전라지역의 남부방언들에서의 '-기'형과 밀접한 연계를 이루고 있으며, 그렇기 때문에 통상적으로 모음 상승과 같은 '-게>-기'에 의한 변화의 과정을 보여준다고 단순히 판단할 수 없다. 따라서 이 문법형태는 이들 방언에 지속되어 온

---

　　　　　cf. 나무 쟝ᄉ 김경젼의 몰게 실은 나무를 사랴고(1897.9.9).

43) 숨츈의 피는 꼿치(11.8), 꼿치 피여(<픠여, 6.4), 닙이 피여(6.5),

　　담비을 피우고(43.2),

　　졀기를 딕키여셔(<디킈-, 16.7),

　　바룸을 못이기여(<이긔-, 7.5), 취흥을 못이기여(7.5),

　　빈방의 홀노 안자(<빈, 22.4),

　　　cf. 긔록(4.4), 희쇠(9.4), 긔특ᄒ다(17.8), 이믜(6.6), 여긔로다(7.8).

역사적인 '-긔'로부터의 '-긔>-기'와 같은 발달을 반영한 것으로 판단된다. 그렇다면, 이들 방언의 부사형어미 '-기'의 역사적 선행 형태가 15세기 당대의 전형적인 문헌자료들이 보여주는 바와 달리, 여전히 '-긔'로 지속되어 왔다고 판단할 수 있는 근거는 어디에서 찾아야 할까.

4. 중세국어의 보수적 부사형어미 '-긔'의 지속성

15세기 국어의 문헌어에 공시적으로 등장하는 부사형어미는 (ㄱ) '-긔/긔' 유형과 (ㄴ) '-게' 유형으로 나뉜다. 이들이 출현하는 통사적 환경이나 그 기능은 오늘날의 '-게'와 차이를 보이지 않는다. 동시에 15세기의 단계에서 (ㄱ)과 (ㄴ)의 유형들 사이의 어떠한 기능적 차이도 파악되지 않으며, 다음의 예에서와 같이 양형이 같은 문면(文面)에서도 외견상 일정한 원칙이 없이 출현하고 있는 것 같다. 여기에 나타나는 이형태 '-긔'와 '-게'는 15세기 당시의 투명한 음운론적 조건으로 형성된 것들이다.

(29) 涅槃 得호물 나 곧게 호리라(釋譜詳節 6 : 1ㄴ), 샹재 드외에 호라(좌동.6 : 1ㄴ)
∽부텨 ㄱ타시긔 호리이다(상동.6 : 4ㄱ), 神力으로 드외의 호샨 사ᄅ미라(좌동.6 : 7ㄴ).

15세기 국어 형태론에서 (ㄱ)과 (ㄴ)의 부사형어미는 임의로 변동될 수 있는 공시적 異形態로 기술된 바 있다(허웅 1975 : 602). 그러나 이들을 "수의적" 이형태로 기술될 수 있는 기저형의 설정과, 여기에서 표면으로의 합리적인 도출 과정을 음운론적으로 제시하기 어렵다. 우선, (ㄱ)의 '-긔/긔' 유형에서도 양형의 존재가 중세국어의 모음조화 규칙으로 설명되지 않는다. 즉, '-긔'와 '-괴'의 대립은 모음으로 시작하는 이형태를 갖고 있지 않기 때문에 당시의 모음조화의 개입이 허용될 수가 없다(김완진, 1971 : 122).44)

이호권(2001 : 118)은 『석보상절』에 등장하는 부사형어미 '-긔', '-괴' 및 '-게'의 전체적인 용례 검토하면서 통시적인 관점에서 '-긔/괴'의 대립은 그 이전의 단계에서 모음조화에 의한 대립을 이루었을 가능성을 설정하려고 하였다. 그가 제시하는 근거는 '-긔'의 소멸이 '-괴'의 소멸보다 시기상으로 더 이르기 때문에, '-긔/괴'가 정음 초기의 특정 문헌에만 한정되어 나타나고, '-긔'가 더 이상 출현하지 않는 문헌자료에서도 '-괴'가 '-게'보다 출현하는 빈도가 열세라는 사실이다. 이러한 현상은 15세기보다 훨씬 이른 역사적 단계에 (ㄱ) 유형이 모음조화와 무관한 개신형인 (ㄴ) 유형으로 전환되기 시작하였음을 전제로 한다는 것이다(이호권 2001 : 118-9). 이와 같은 추정은 15세기 국어의 문헌자료 내에서 (ㄱ) 유형의 출현 빈도가 점진적으로 줄어들고, 상대적으로 (ㄴ) 유형의 부사형어미가 득세하고 있는 사실에 그 바탕을 둔 것이다. 일찍이 안병희(1967 : 231)와 이기문(1972 : 167-168)은 이들 부사형어미의 출현 빈도상의 차이와, 그 이후의 '-긔/괴→-게'로의 대치 과정을 중심으로 (ㄱ) 유형을 일종의 古形으로, (ㄴ) 유형을 新形으로 파악한 바 있다.45)

---

44) 그 반면, 허웅(1975 : 602)은 15세기 국어에서 '-긔'와 '-괴'형의 존재는 일단 모음조화로 교체되었던 것으로 생각해 볼 수 있을 것 같으나, 지금의 한정된 자료로서 그렇게 단정하기 어렵고, 어원적으로는 가능했을 것으로 판단하였다.
  '-긔/괴' 유형이 등장하는 대표적인 중세국어의 자료인 『釋譜詳節』의 서지와 언어를 분석하면서 이호권(2001 : 117)은 모음조화 작용의 확장(김완진, 1985 : 18)으로 해석하여 '-괴→긔'와 같은 유추에 의하여 '-긔'가 형성된 형태일 가능성을 추구하였다.

45) 이광호(1991:2001 : 369)는 두 가지 유형의 부사형어미의 통사적 기능을 다음과 같이 추출하려고 시도하였다. (가) 중세국어 부동사어미 '-괴'는 사동주가 피사동주를 간접적으로 '행동'하게 하는 기능을 가졌던 문법단위이다. (나) '-게'는 사동주가 피사동주를 직접적으로 '행동'하게 하는 기능을 가졌던 문법단위이다.

그러나 중세국어 이후 '긔/긔' 유형이 소실되고, 그 자리를 정음 초기 문헌에서도 출현 빈도수가 높았던 '-게' 유형이 독점하게 되는 역사적 사실을 고형과 신형의 투쟁에서 '-긔/긔→게'로의 형태 대치의 과정으로 간주하거나, 모음추이에 의한 '-긔/긔>게'의 음운변화(이광호, 1991; 2001 : 85)로 인식하든가 간에 이 부사형어미를 둘러싸고 있는 통시적 문제의 본질은 그대로 남는다고 생각한다.

중세국어의 문법론에서 안병희・이광호(2006 : 256)는 보수형 '긔/긔'는 15세기 국어에서 이미 출현 빈도에 있어 열세에 놓여 있었으며, 16세기에는 소멸되고 개신형 '-게'만 지속적으로 출현하게 되었다고 기술하였다. 간본으로 간행된 16세기의 전형적인 문헌자료 가운데 보수형 '-긔'는 전면적으로 표면에 등장하지 않는다. 이 시기에 '-긔'가 유일하게 출현하는 사례는 『번역 박통사』와, 왕실 한글편지(諺簡)에서 발견된다(허웅, 1989 : 278).

   (30) ㄱ. 이제 나라히 仁義之道를 펴 쓰시며 詩書之敎를 크긔 너기시ᄂᆞ니(상. 50ㄴ).
      ㄴ. 이 許浚 書啓 보긔 보내노라(언간 21, 선조).

위의 부사형어미 '-긔'형이 쓰인 문헌은 중국어 학습서와 왕실 편지라는 특이한 텍스트로 구성되어 있다.46) 따라서 정도의 차이는 있겠으나, 당시 화자들이 구사하였던 구어체의 스타일이 우연하게 반영되었을 가능성이 높다.47) 이와 같은 관점에서 (30)ㄴ에서 고립되어 출현하였던 16세기의 '-긔'

---

46) 현대 이전의 고대 언어를 텍스트 중심으로 관찰할 때 일어날 수 있는 언어의 변이와 그 내적 조건을 일기, 연극 대사, 서간문 등의 장르에 따른 텍스트 매개변항(textual parameters)으로 통제하여 파악하려는 노력이 Susan C. Herring et als(2000)에 시도되어 있다.

47) 16세기의 다른 중국어 학습서 『번역 노걸대』에는 부사형어미로 '-거'가 등장하였다. 그러나 17세기에 간행된 중간본에는 '-게'로 대치되어 나오며, 이 특이한 '-거'형이 후대의 자료에서나 오늘날의 방언의 입말에서 반복되어 확인되지 않기 때문에 논의에서 제외한다.

형의 위상을 확인하기 위해서 전통적인 간본 중심의 자료를 떠나서 왕실의 한글편지라는 특정한 문학의 장르에 반영된 모습을 점검해 볼 필요가 있다.48) 16세기 이후의 간본 중심의 문헌자료에서 이미 사라졌다고 하는 부사형어미 '-긔'가 왕실의 편지에는 다음과 같이 17세기 국어로 이어져 나타난다.

(31) ㄱ. 쥬샹긔도 긔별ᄒᆞ야 뎐교 ᄒᆞ시긔 ᄒᆞ니(언간 32, 인목왕후(1584-1632)→정빈 민씨),

ㄴ. 글시도 보옵시긔 못ᄒᆞ니(언간 32, 인목왕후→정빈 민씨),

ㄷ. ᄒᆞᆫ 업시 섭섭ᄒᆞ야 ᄒᆞ옵ᄂᆞᆫ 정셩과 ᄠᅳ들 아오시긔 ᄒᆞ야라(언간 49, 효종(1619-1659)→숙명공주, 이종덕, 2006 : 247),

ㄹ. 숙경이ᄂᆞᆫ 뇌일 나가긔 ᄒᆞ여시니(언간 54, 인선왕후→숙명공주, 이종덕 2006 : 154),

ㅁ. 우흐로 겨ᄋᆞ오샤 정승이 오라다아녀서 나가시긔 ᄒᆞ여시니(언간 58, 인선왕후(1618-1674)→숙명공주,)

cf. 오술 얇게 닙펴(언간 72, 인선왕후→숙명공주, 이종덕 2006 : 249).

ㅂ. ᄉᆞ연도 보고 부매가셔 ᄂᆞᆯ쪽 더 됴ᄏᆡ ᄒᆞ엿다…화복은 ᄒᆞᆫ 뎝이 모자라더니 이ᄂᆞᆫ 보태고 남긔 ᄒᆞ여시니 [隔] 탄일 다례예 ᄡᅳ옵긔 ᄒᆞ여시니 이런 싱광되고 깃븐 이리 업서 ᄒᆞ노라(언간 74, 인선왕후→숙명공주),

ㅅ. 가샹이네ᄂᆞᆫ 둘포 잇다가 나가긔 되니(언간 77, 인선왕후→숙명공주, 이종덕 2006 : 249).

ㅇ. 싱티ᄂᆞᆫ 주긔 ᄒᆞ여시니(언간 89, 인선왕후→숙명공주, 이종덕 2006 : 252),

ㅈ. 눈이 ᄠᅳ라디긔 ᄇᆞ라고 잇다가 먹ᄂᆞ니라(언간 98, 인선왕후→숙명공주).

둘홀ᄒᆞ야 짐 보거 ᄒᆞ고(상.46ㄴ),

cf. 둘호로 ᄒᆞ여 짐 보게 ᄒᆞ고(언해 박통사,상.42ㄱ).

48) 왕실의 한글편지는 주로 김일근(1991)의 「자료편」과, 이종덕(2006)의 부록을 이용하였다. 특히 이종덕의 부록(2006 : 244-286)은 김일근(1986; 1991)의 『언간의 연구』에 수록된 왕실 편지의 판독문을 다시 검토하여 작성한 재판독문으로 구성되어 있다.

위의 예들에 나타나는 16세기와 17세기의 '-긔'의 존재를 어떻게 이해하여야 할까. 가장 많은 한글 편지의 텍스트를 남긴 발신인 仁宣王后(1618-1674)의 표기 방식과 그 언어를 관찰하면, 여기에 부사형어미 '-게'도 함께 쓰이고 있으나 오히려 '-긔'형의 사용 빈도가 높은 편이다. 이 한글 편지들의 표기에서 '-게'가 음운론적 착오 혹은 유추에 의한 어떤 이유에 의해서 '-긔'로 옮겨졌을 가능성은 찾기 어렵다. 인선왕후가 출가한 숙명공주에게 보내는 편지 가운데 (31)ㅂ에서 부사형어미 '-긔'가 3회 연속으로 일관되게 등장하고 있다. 이러한 사실은 단순한 표기의 문제와 관련이 없음을 가리킨다.

또한, 17세기 근대국어의 모음체계에서 이중모음의 핵모음에서 일어난 '-에[əy]>의[ɨy]'와 같은 변화는 존재하지 않았다. 근대국어의 단계에서 오히려 그 반대의 방향인 '-의>에'의 변화가 일부 한정된 단어들의 부류와 관형격조사 '의'에서 부분적으로 아래와 같이 나타나기 시작하였다.

(32) ㄱ. 글위(鞦韆)>그릐>그네, 므긔(重)>무게,
등위(㼜)>등의>등에, 둗긔(厚)>두께,
술위(車)>술의>수릐>수레.
ㄴ. 안찌롤 돗찌 가온대 아니ᄒᆞ며 ᄃᆞᆫ니기롤 <u>길헤</u> 가온대 아니ᄒᆞ며
셔기를 <u>문에</u> 가온대 아니ᄒᆞ며(坐不中席ᄒᆞ며 行不中道ᄒᆞ며
立不中門ᄒᆞ며, 소학언해 2 : 10ㄱ),[49] (허웅 1989 : 96),
ㄷ. 집픈 <u>경에</u> 쓰들(念佛普勸文, 용문사판 29ㄱ), 풀 <u>긋테</u> 이술 ᄀᆞᆺᄒᆞᆫ(30ㄴ),
부톄님은 텬상 <u>인간애</u> 웃듬 스승이라(13ㄱ). (김주원 1994 : 21).
ㄹ. <u>뒤헤</u> 방이 좁고 老少ㅣ ᄯᅩ 만코(언해 노걸대,상.47),
<u>뒤히</u> 房이 젹고 老少ㅣ 만코(몽어노걸대언해 3.19),
뒷 방이 좁고 老少ㅣ 만흐니(청어노걸대언해 3.23).[50]

---

49) 허웅(1989 : 96)은 16세기 국어의 형태론에 대한 종합적 기술에서 처소격 조사 '-에, 의'가 매우 드물기는 하나 관형격조사 형태로 쓰이는 일이 있는데, 15세기에는 보기 어려운 현상이라고 지적하였다.

위의 예에서 (32)ㄱ과 같이 단어의 어말위치에서 '-위>-의>-에'의 연속적인 모음 변화의 과정을 밟아 온 것들은 그 원리는 아직 분명하게 파악되지는 않았으나, 주로 19세기 후기에 나타나는 현상에 속한다. 그리고 (32)ㄴ-ㄷ에서의 관형격조사 '-의>-에'의 전환은 음운변화로 설명될 수 있는 성질이 아니고, 속격과 처격과의 통사적 기능상의 문제와 관련되어 있으며, 이러한 과정도 18세기 이후에 일반화되어 간다.51) 따라서 16-17세기에 걸치는 위의 왕실 한글 편지에는 (32)와 같은 예들은 전연 등장하지 않는다.

그렇다면, 위의 (31)에서 추출된 부사형어미 '-긔'형은 16세기와 17세기의 단계에서도 일정한 사회 계층 또는 지역방언 또는 말의 스타일에 따라서 '-게'와 공존하여 그대로 사용되고 있었을 가능성을 추정해 볼 수 있다. 그러나 어떠한 배경에 의하여 화자들의 언어 사용역(register)으로 존재하는 '-긔'형이 16세기 이후의 문헌어에 적극적으로 등장하지 않았을까 하는 이유에 대해서 그 당시의 사회언어학적 배경에 접근할 수 없기 때문에 쉽게 답하기 어려운 문제이다.

이와 같은 문제점에도 불구하고, 최근에는 통시 형태론적 고찰에서 위의 왕실 한글편지에 등장하는 '-긔'의 존재가 적극적으로 활용되기도 하였다. 최동주(2002 : 139)는 위의 예문 (31)ㅂ에 해당되는 "화복은 흔접이 모즈라더니 이는 보태고 <u>남긔 흐여시니</u>(언간 74, 인선왕후, 1660)"에서, 밑줄 친 부분은 '---

---

50) 이승욱(1973 : 310-314)은『老乞大』계열에 반영된 18세기 국어의 형태론적 특징 가운데, 속격의 경우에 이례적인 '-에, 의' 등이 나타나는 사실을 주목하였다. 그리하여 그는 이러한 예는 통사 오용으로 처리하여 좋을 것 같으나, 복합 형식으로 속격형이 되어온 아래와 같은 '-엣'의 용법으로부터 유래한 것일 수 있음을 지적하였다.

　　스무낫돈엣 燒飯이오(언해 노걸대,상.56),
　　우리 順城門읫 官店을 향흐야 브리오라 가쟈(언해 노걸대,상.10).
51) 속격조사에 일어난 '-의>-에'의 변화를 모음 추이의 관점에서 기술하는 경향도 있다. 김완진(1971 : 153)은 국어 음운사에서 일어난 '의>에'의 경향은 특수한 고려를 요하는 예들로서 일련의 모음추이에서 낙오된 '으'가 옮아 온 '어'에 음운상으로 합병되었을 가능성을 추정하였다.

남겠으니'의 뜻으로 해석되기 때문에, '-긔 ㅎ여시-'의 통사적 구조가 현대국어 '-겠-'의 기원형이었으며, 'ㅎ'의 탈락을 거처 '-겟-'으로 변화하였다고 기술하였다. 또한, 미래 시제 형태의 역사적 발달 경로를 밝히는 자리에서 이병기(1997 : 72)도 주로 왕실 한글편지에 나타나는 '-긔+ㅎ-'와 '-게+ㅎ-'의 구성들을 근거로, 현대국어의 '-겠-'과 같은 의미로 해석될 수 있는 통사 구조 '-긔 ㅎ엿'과 '-게 ㅎ엿-'의 출현 시기를 17세기 후반 정도로 설정할 수 있다고 보았다.

17세기 국어의 특수한 자료에만 출현하였던 부사형어미 '-긔'형은 18세기로 추정되는 한글 필사본 『明皇誡鑑 諺解』에서도 다시 그 적극적인 쓰임이 아래와 같이 확인된다.[52]

> (33) ㄱ. 수뤼 박희룰 보아뻐 스스로 <u>경계킈</u> ㅎ미 아니리오(1.1ㄴ),
> ㄴ. 그 눈을 <u>음탕킈</u> ㅎ야(1.2ㄱ),
> ㄷ. 일을 다 그릇ㅎ야 나라흘 <u>망킈</u> ㅎ야시디(1.19ㄴ),
> ㄹ. 날을 <u>그롱킈</u> 말라 ㅎ시니(1.27ㄴ),
> ㅁ. 셧녁 안궁을 <u>노로시긔</u> 하라 ㅎ신다 ㅎ고(2.16ㄱ),
> ㅂ. 셧녁 안희 가 <u>겨시긔</u> ㅎ라 ㅎ신다 ㅎ고 모다 웨니(2.16ㄱ),
> ㅅ. 놀라 <u>써러지시긔</u> 한 죄가 죽이셤죽 ㅎ오디(2.16ㄴ),
> ㅇ. 보국ᄃ려 닐오디 네 엇디 샹도 <u>모ᄅ시긔</u> 이러퉁 구ᄂ다 ㅎ고(2.16ㄱ).
> ㅈ. 일홈을 명황계감이라 ㅎ야 후셰예 <u>경계킈</u> ㅎ시니(2.19ㄴ),
> ㅊ. 다 ᄌ셔히 보아 <u>경계킈</u> ㅎ 뜻이니라(2.20ㄱ).

이 필사본에 나타난 표기의 원칙과 음운론적 현상을 조감해 보면, 그 전 시대로 소급되는 擬古的인 경향도 일부 잔존해 있으나, 대부분 18세기 중반 또는 후기에 해당되는 모습을 보여준다. 특히, 위의 예문 (33)ㅁ과 ㅂ에

---

52) 김일근의 필사본 『明皇誡鑑 諺解』(국학자료 제4집, 1974, 경인문화사)에 대한 해제에 의하면, 이 언해본은 원래 세종의 명에 의하여 박팽년 등 집현전 학사들이 편찬하여, 그 뒤에 언해까지 작성된 것이라는데 원본은 전하는 것이 없고, 영조의 부마인 김한진에 의하여 필사된 18세기의 후사본이라 한다.

서 인용문의 표지 '호고'가 등장하고 있는 문법적 사실과, 보조사 '-은 ᄏ
니와'의 문법화의 단계, 그리고 형태소 경계를 넘어 확산된 원순모음화 현
상 등을 주목하면『明皇誠鑑 諺解』에 반영된 언어적 특질은 18세기 중기에
해당되는 범주에 귀속될 수 있다.[53) 이 자료에 구사된 표기에서 '-이'를
'의'로 과도 교정한 예가 발견되지는 하지만, '-에'를 '-의'로 옮긴 경우는
찾을 수 없다.[54)

『명성계감 언해』에 구사된 부사형어미 가운데 물론 '-게'의 사용 빈도가
(33)의 예문에 비하여 많이 나타난다. 위의 (33)의 예들을 관찰하면, 여기
에 어떤 경향이 드러나는데, 그것은 부사형어미의 모음 '-의'가 평음 '-긔'
에서보다 '-호긔'의 축약에서 결과된 '-킈'에 더 치우쳐 나타난다는 사실이
다. 이와 같은 특이한 경향이 19세기 중엽의 간본 자료인『규합총서』(친화
실 장판, 1869)에서도 부분적으로 반영되어 있다.

    (34) ㄱ. 칼노 부서지지 <u>아니킈</u> 가온더을 쪼건 후(16ㄴ),
            불근 손즈롤 쪼 <u>그러킈</u> 박으되(17ㄱ),
            연지 송이 거우지 <u>아니킈</u> 돈돈이 동혀(21ㄴ),
     ㄴ. 싱강을 <u>얇긔</u> 졈여 너허(細, 18ㄱ).
       cf. 칼노 얄게 쳐(20ㄱ), 넙고 얇게 졈여(18ㄴ).

『규합총서』에서 모음상승 '에>이'나, 또는 '에>의'와 같은 표기의 예는
아직 발견되지 않는다. 또한, 이 자료에는 'ᄋᆞ'의 원순모음화와 관련된 예
도 반영되어 있기 때문에, 중부방언의 성격이 약하다. 소금을 쓸혀 쌜면 지

---

53) (ㄱ) 내 몸 <u>무긔</u> 삼빅근이라(1.23ㄱ),
   (ㄴ) 홋<u>아뷔</u> 셩을 니어(1.11ㄴ),
   (ㄷ) 죄 <u>주믄</u> ᄏ니와 아비롤 보고져 ᄒᆞ더 졋허 못ᄒᆞ니(2.17ㄴ).
54) '기러긔 소릭'(2.5ㄱ)의 예에서 '-긔'는 오히려 '-이'로 끝나는 체언 '기러기'(雁)에 속격조
사 '-의'가 축약된 고전적인 예일 수도 있다고 생각한다. 아기+의→아긔, 어미+의→어믜,
곳고리+의→곳고릐, 허웅(1975 : 320)을 참조

고…동아즙의 둡가 쌀면 업고(28ㄱ). 그리고 '먹이-'의 표기에 '멱-'과 같은 형태도 등장하는데, 이것은 같은 자료에 움라우트를 거친 '멕이-'형도 나타나는 사실을 보면, 19세기 후기의 지역방언 자료에 흔하게 실현되는 일종의 과도 교정의 표기로 간주된다.55) 무리를 만히 멱여(26ㄱ)∽연지를 먹이고(25ㄴ)∽아교을 석거 긔야 멱여(23ㄱ).

　(34)ㄴ의 '얇기'의 경우에 '얇게'도 공존하여 쓰이고 있기 때문에 당연히 '얇게>얇기'와 같은 변화로 해석될 여지가 있다. 그러나 이와 같은 모음상승을 반영하는 다른 예를 같은 자료에서 찾을 수 없다. 따라서 여기서도 이중모음의 단모음화인 '의>이'의 변화가 나타나기 시작하기 때문에, '얇긔>얇기'의 과정으로 파악을 해야만 (34)ㄱ의 예들을 합리적으로 이해할 수 있다.56)

　지금까지 근대국어에서의 특수한 자료의 유형, 즉 17세기의 왕실 한글 편지의 일부, 그리고 18세기의 필사본 부류에 간헐적으로 등장하고 있는 부사형어미 '-긔'의 존재와 출현 빈도는 규범적인 '-게'형에 비하여 미미한 것이다. 그러나 이 시기의 부사형어미 '-긔'의 실체가 그 당시의 표기의 상태를 점검하여 볼 때 언어 사실을 반영한 것이라면, 이 형태는 제3장에서 우리가 살펴보았던 19세기 후기 또는 20세기 초반의 지역방언에 등장하는

---

55) 『규합총서』에는 19세기 중엽의 단계에서도 아래와 같은 움라우트의 제약을 이탈한 예도 출현하기 시작하는 사실을 보면, 이와 같은 동화 현상이 어느 정도 확산되어 있음을 전제로 한다.

　　굿날게 두더려 굴근 쳬예 걸너(11ㄱ),
　　　cf. 반더기 지어(14ㄴ), 막걸이에 취겨(17ㄱ)∽술에 츄겨(16ㄴ),
　　　　혼쟈 기리식 베히고(11ㄱ), 식기로 쏘아리을 만달아(3ㄴ),

56) (ㄱ) 믓그럽->믓그럽-; 물이 믓그럽고(25ㄴ), 믓그럽게 ᄒᄋᆡ(25ㄱ),
　(ㄴ) 죠희>죠히(紙); 죠히룰 광조리 ᄭ라 노코 그 죠희 우희 쏘딕(22ㄱ),
　　　죠히룰 오고려(22ㄱ)∽죠희에(22ㄴ), 죵의와 집흐로 싼 후에(19ㄴ).
　(ㄷ) 틔>티(塵); 티와 검불(4ㄴ).
　　cf. 여의(ᄭᆺ술이라)(2ㄴ), 동의 갈희여(5ㄴ), 물 혼 동의을(3ㄱ),
　　　물이 송이지게 엉긔여(凝, 22ㄱ).

'-긔' 또는 '-기'의 부사형어미와 그 맥을 같이 하는 것으로 추정할 수 있다.

5. 결론과 논의

5.1. 지금까지 글쓴이는 일정한 시기의 지역방언의 방언사 자료에 반영
된 공시적 언어 사실을 합리적으로 해석하기 위한 하나의 시론으로 중세
국어의 부사형어미 보수형 '-긔/기'와 개신형 '-게'의 지역적 반사체들을
추적하고, 이에 대한 몇 가지 추정을 시도하였다. 글쓴이가 제시하려는 논
지의 요점은 방언 자료의 불충분으로 인하여 단편적인 증거 자료로 우연
하게 잔존해 있는 불연속적인 일정한 지역방언의 언어 특질을 이와 동일
한 시대 배경에 대립되어 있는, 그리고 풍부한 문헌자료의 지원을 받고 있
는 권위방언 또는 표준어의 관점 혹은 선입관을 떠나서 그 본질을 이해하
여야 된다는 것이다. 지역방언들의 각각의 공시적 특질은 고유한 해당 지
역방언의 역사적 과정 속에서 발달되어 나온 통시적 결과물이기 때문이다.

이 글에서 근대국어의 마지막 단계에 속하는 19세기 후기의 남부와 북
부지역의 투명한 방언 자료에 반영된 극히 일부의 작은 문법 단위를 중심
으로 이러한 글쓴이의 생각을 제시하려고 하였다.

방언사의 측면에서 각각의 지역방언이 보유하고 있는 고유한 발달의 역
사는 특히 방언 어휘의 영역에서 분명하게 드러난다. 예를 들면, 19세기
후기의 단계에서 사회와 문화적 배경에서 서로 대립되는 위치에 있는 세
가지의 이질적인 문헌자료에서 오늘날의 '화루'(火爐)와 '자루'(柄)에 해당되
는 방언형 '화리'와 'ᄌᆞ리'가 등장하고 있다.

(35) ㄱ. 화리, hoa-ri. Voir 화로, 화로 火爐.(한불ㅈ뎐, 104쪽),

ㄴ. 들에 풀은 오날은 잇다가 너일은 <u>화리</u>에 더지ᄂᆞ니(예수성교젼셔, 누
가 12 : 28),

무법ᄒᆞᄂᆞᆫ 쟈롤 모와 <u>화리</u>에 더져(상동, 마태 13 : 42),

악한 거슬 갈나 너여 <u>화리</u>에 더지리니(상동, 마태 13 : 50절),

(36) 긔거수리 안의 붓치 ᄒᆞᆫ <u>ᄌᆞ리</u> 이시되 극키 즁ᄒᆞᆫ 보ᄇᆡ라(필사본『수겡옥
낭좌젼』26ㄱ).

19세기 후기의 전형적인 중부방언을 대변하는 『한불ㅈ뎐』(1880)에 표제
어로 실린 '화리'형은 약간 의외의 느낌을 준다.[57] 이와 동일한 형태가 같
은 시기의 평안방언의 자료에도 나타나 있기 때문이다. 또한, '화리'는 중
세국어 '화로'에서부터의 발달임을 생각하면, 표면적으로 '화로>화리'는 규
칙적인 음성변화의 관점에서 쉽게 설명하기 어렵다. Ross본『예수셩교젼
셔』(1887)에서 이끌어낸 (35)ㄱ의 '화리'는 이보다 5년 앞서 간행된 최초의
한글 쪽복음『예수셩교 누가복음』(1882)에서도 동일한 모습으로 출현하였
다. 오늘 들어에 잇다가 너일은 화리에 더디너니(누가 습이쟝).

Ross본『예수셩교젼셔』가 최종적으로 간행되기 이전에 서울말을 구사
하는 화자들에게 교정을 받았는데, 이 과정에서 당시의 전형적인 평안도
방언 어휘들이 서울말 중심의 대응어로 대치되었다. 들어→들(野), 더디너니→
더지ᄂᆞ니(投). 그럼에도 불구하고 '화리'형이 교체되지 않고 그대로 유지되었
다는 사실은 이 형태의 지역적 분포가 그 당시 서울말을 위시한 경기방언
권에까지 확대되어 있었음을 뜻한다. 오늘날 경기방언에서 '화리'형이 지속
적으로 사용되고 있는 현상(『한국방언자료집』 경기도 편, 1995 : 62-63)으로 미루

---

57) 그러나 표제어 '화리'에 대한『한불ㅈ뎐』(1880)의 기술 내용("--로 가서 보라")에 의하면,
19세기 후기 중부방언에서 '화로'형이 제1형인 반면에, '화리'는 그 변이형 정도로 파악된
것으로 보인다.

어 볼 때, 19세기 후기 중부방언의 자료에 이 방언형이 사전의 표제어로서의 등장은 자연스러운 것이었다고 판단된다.[58] 그렇다면, '화로'에서 '화리'로의 발달은 19세기 후기 중부와 평안방언에서 서로 일치되는 과정을 밟아왔음이 분명하다. 우선, 그러한 변화의 출발은 근대국어의 초기 단계로 소급되는데, '화로'에 명사파생접사 '-이'가 접미된 '화뢰'의 모습으로 나타난다.

(37) 시월의논 방의 잇고 동지쫄애논 <u>화뢰</u>예 잇고 섯쫄애논 평상의 잇고
    (1608, 태산집,66ㄴ).
    cf. 화롯블에 쬐며(상동.67ㄴ).

따라서 19세기 후기 '화리'형은 형태론적 조정('화로+-이→화뢰')에서 파생된 '화뢰'서부터 연대적으로 개입된 규칙적인 음성변화의 통로를 거친 것으로 보인다. 여기서 방언형 '화리'는 (ㄱ) '화뢰>(비원순화)화레>(모음상승)화리', 혹은 (ㄴ) '화뢰>(모음상승)화뤼>(비원순화)화리'의 두 가지 통시적 진로를 생각할 수 있다. 또한, '화뢰'의 어휘적 힘은 19세기 후기 함경방언에까지 확대되어 있어서 Putsillo의 『로한ᄌ뎐』(1894)에 등록된 변이형 가운데 하나로 등장한다. 활위, 화로(247쪽), 화뢰(165쪽). 그러나 우리가 19세기 후

---

58) 19세기 후기 『독립신문』의 언어 가운데에서도 당시의 규범어 '벼루'(硯)에 대한 지역 방언형 '벼리'가 등장하고 있다.

무덤을 파고 녯 그릇들과 용 그린 셕함과 <u>벼리돌</u>과 각식 그릇슬 돌나 가다가(독립신문, 1896.12.31,②). cf. 벼루 이십긔식 갑 ᄒ계 ᄒ면 오빅 륙십원이고(독립신문, 1897.8.21).

이 자료에 반영된 '벼리'(硯)형의 경우에도 '벼로'의 단계에 명사파생 접미사 '-이'가 연결되어 '벼뢰' 또는 '벼루+-이→벼뤼>(비원순화)벼릐>(단모음화)벼리'와 같은 일련의 변화를 수행하여 온 결과로 보인다. Putsillo의 『로한ᄌ뎐』(1874)의 함북방언 표제어 가운데 접사 '-이'가 첨가된 형태가 확인된다.

벼뤼, 벼릐돌이(435쪽).

기의 방언형 '화리'에 대해서 생각하는 또 하나의 음운론적 측면은 유독 이 어휘 부류에만 한정된 것 같은 음성변화의 급진성이다. 19세기 후기의 단계에서 '화리'의 마지막 음절의 모음에 적용된 이와 같은 '-위>이' (비원순화), 또는 '-에>이'(모음상승)의 변화는 대부분의 음성 환경에 적용될 수 있는 당시의 일반적인 경향이 아니기 때문이었다. 방언형 '화리'에 적용된 일련의 통시적 과정의 첨단적인 성격은 어휘가 갖고 있는 높은 출현 빈도 또는 화자들의 생활과의 친숙성 등과 같은 요인에 의하였을 것으로 보인다.

위와 같은 사실을 근거로, 19세기 후기 경상방언에 등장하는 'ᄌᆞ리'(柄)형이 밟아 온 역사적 과정을 유추할 수 있다. 이 형태는 표제어로 '화리'를 보여주었던 같은 사전에서는 접사 '-이'의 첨가와 관련이 없는 '자로'로 등록되어 있다. 자로, 『한불ᄌᆞ뎐』(1880 : 528). 그러나 우리는 위의 (36)에서와 같은 경상방언의 'ᄌᆞ리'(柄)형은 중세 또는 근대국어의 단계에서 위에서 제시한 '화뢰'(火爐)형과 동일한 파생접사 '-이'의 조정을 받았을 것으로 추정한다. 이것은 (ㄱ) 'ᄌᆞ르+-이→ᄌᆞ리>ᄌᆞ릐>ᄌᆞ리', 혹은 (ㄴ) 'ᄌᆞ로+-이>ᄌᆞ뢰>ᄌᆞ뤼>ᄌᆞ리'와 같은 통시적 진로를 밟아 19세기 후기의 지역방언 자료에 등장하였다.

5.2. 위에서 개략적으로 복원하여 제시한 일부 방언 어휘의 고유한 역사성은 어느 정도 투명한 것이다. 해당 어휘가 갖고 있던 지역적 확산의 정도에 따라서 전통적인 간본의 자료에서도 그 중간 단계로 설정할 수 있는 모습이 우연히 산발적으로 반영될 수 있기 때문이다. 그러나 이 글에서 논의한 부사형어미 '-게'의 방언형 '-기'를 포함한 여타의 다른 문법형태와 통사구조에 대한 역사적 재구성 또는 부분적인 복원은 훨씬 더 많은 문제점들을 안고 있으며, 그 해석도 불투명하다. 지금까지 이 글에서 제시한 19세기 후기와 20세기 초반의 경상방언과 육진방언에 등장하는 부사형어미 '-

기'의 존재를 종래의 고찰에서 조금도 주저함이 없이 '-게>-기'의 모음상 승으로 파악되는 데에는 충분한 이유가 나름대로 있었기 때문이었다.

우선, 이들 남부와 북부방언의 19세기 후기의 이전 단계에서 부사형어미 '-기'의 선행 형태를 '-게'가 아닌 다른 형태, 즉 중세국어에서의 보수형 '-긔'로 소급시켜 확인할 수 없다는 사실이다. 우선, 전라방언의 경우에 당시의 통사적 구성을 살필 수 있는 전형적인 방언사 자료들인 『誠初心學人文・發心修行章・野雲自警序』(1577, 전남 송광사), 『禪家龜鑑諺解』(1610, 전남 송광사), 『百聯抄解』(16세기 중엽, 전남 장흥), 『勸念要錄』(1637, 전남 구례 화엄사) 등이 반영하고 있는 각각의 언어 현상에서 '-긔'는 실현되어 있지 않았다. '-기'의 이전 단계의 역사적 모습에 관한 한, 다양한 경상도 방언 자료들의 경우도 역시 대부분 동일한 문헌적 증거인 '-게'를 보여주고 있는 것이다.

또한, 글쓴이가 §4에서 제시한 근대국어 단계에서의 왕실 한글 편지에 등장하는 부사형어미 '-긔'의 존재 역시 의문점에서 자유롭지 못한 것들이다. 중세국어의 보수형 '-긔'가 비록 문헌어에서는 사라졌으나, 그 이후의 대중들의 구어에 지속되어서 16-17세기 왕실 한글 편지에 서간문이라는 특정한 텍스트 유형에 반영된 것이라면, 그 당시의 일반 사대부와 아녀자들의 한글편지에도 그러한 문법형태소가 반영되었어야 할 것이다. 특히 19세기 후기와 현대 경상방언에서 일반화되어 있는 '-기'형의 이전 형태의 모습은 적어도 17세기의 초엽의 『현풍곽씨 언간』에 규범적인 '-게'가 아닌 어떤 형태로 나타나야 하는 것이다. 그러나 오늘날의 경북 대구시 달성군과 현풍면 일대에 거주하였던 사대부 곽주와 그 주변 사람들의 한글편지에는 부사형어미로 '-게'만 사용되었다(백두현 2003 참조).

글쓴이는 이러한 상황과 관련하여 예전에 Wang(1969 : 21)이 어휘확산의 가설에서 종래의 통시 음운론에서 준수하여 오던 표준 개념들의 일부를 재검토해야 할 필요성을 제시하면서 내린 자신의 추론에 대해서 짧게 언급한 바 있는 "오리너구리"(platypus)의 비유를 연상한다. 즉, 卵生이면서 포유류에 속하는 오리너구리의 번식 과정이 과학적으로 아직 규명되지 못한 단계에서, 그것이 알을 낳고 있지 않은 사진들을 연속으로 보여줌으로써 우리는 그것이 알을 낳아서 번식하지 않는다고 증명할 수는 없다는 것이다.

더욱이 19세기 후기 전라방언의 자료 자체에서도 부사형어미는 대부분 '-게'로 등장하고 있다. 글쓴이가 주목하는 '-긔' 또는 '-긔>기'의 출현은 전통적인 간본에 비하여 신뢰성이 약간 떨어지는 필사본에 한정되어 있거나(§3.1 예문 (8)), 아니면 완판본 고소설 자료에서도 극히 일부에 해당된다(예문 (11)과 (12)을 참조). 그러나 §3.1에서 29장본 『별춘향전』에 추출된 (11) '-키'과 같은 예들은 오늘날의 전남과 전북의 구술 자료에서도 등장하고 있다.

(38) ㄱ. 우리 아버지는 땅속에서 <u>이르키</u>, 날 낳은 아버지가 <u>이러키</u> 땅속에서 썩는디… <u>이러키</u> 보모를 모시고 삼년을 <u>그러키</u> 묘지에 가서, 그러키 꿇어 업쳤어…니가 여기와 <u>이러키</u> 되갖고 있냐? 한 끄니씩이라도 <u>어찧기</u> 연명을 시기는디… (『한국구비문학대계』, 6-11, 1992, 전남 화순군, 한천면 설화 7, 장봉춘 78세 구술).

ㄴ. 숙청얼 된다고 하니 <u>어찧기</u> 해. 그래 가지고(85쪽), 세상에 씨압씨가 <u>어찧기</u> 괴팍하고(93쪽), 생각해 보면 <u>어찧기</u> 반갑고…(뿌리깊은 나무 민중자서전, 『시방은 안해, 강강술래럴 안해』, 강강술래 앞소리꾼 최소심의 한평생),

cf. 워뚷게 가서 도라 할래냐고(상동, 85쪽),
아주 조카들같이 저렇게 키왔어(상동, 133쪽).

위의 구술 자료에 쓰인 부사형어미 '-키'의 존재를 통상적인 '-게>기'의 변화로 간주할 수도 있다. 그러나 위의 (38)의 예들은 이 글의 §3.1에서 제시한 19세기 후기 전라방언의 (11)과 (12)와 같은 성질의 예들로 소급 시킬 수 있다. 이러한 사정은 §4에서 살펴본 바 있는 19세기 중반의 『규합총서』(1869)의 예문 (34)의 현상과 어느 정도 일치한다. 따라서 19세기 후기 이전의 역사적 단계에서 부사형어미 '-긔'가 어떤 이유로 규범적인 '-게'로 교체되기 시작하였지만, 정도성과 아울러 화자의 감정을 표출시키는 '(그렇-, 저렇-, 어찧-)' 등의 대용언 범주에만 전남과 전북방언의 구어에서 잔존해 온 것으로 보인다. 오늘날 전라방언의 구술 자료를 더 정밀하게 조사하여 보면, 실제로 '-긔'의 쓰임이 토박이 노년층 화자들의 구어에 확대되어 있을 것으로 생각한다. 경남방언에서 부사형어미 '-긔'의 출현을 제시하면서, 이병선(1971 : 493)은 이 문법 형태가 전남과 전북의 지역방언에서도 널리 분포되어 있다고 지적한 바 있다.

19세기 후기 전북 화산방언을 반영하는 필사본 『봉계집』(1894)에서도 부사형어미의 쓰임은 '-게'로 나타난다. 그러나 이 자료 가운데 '져러크'(26ㄴ)와 같은 표기 형태가 주목된다(이태영 1993 : 23). 여기서 '져러크'는 대용언 '져렇-'에 부사형어미 '-게'가 연결된 음운론적 과정에서는 '져러케>져러크'와 같이 '에>으'의 변화를 거쳐 니온 형태로 상정하기 어렵다. 그것보다는 오히려 '져렇+-긔'형으로부터 '져러킈>져러크'와 같이 전북방언에서 일반적인 이중모음의 단모음화인 '의>으'의 과정으로 파악하여야 적절하다. 또한, 전남과 전북의 구어에 등장하는 '이러크롬∞이러코롬, 어떠코롬' 등과 같은 '크롬∞코롬'형도 그 이전 단계에서 부사형어미 '-긔'가 참여한 '이러킈-+로+ㅁ'의 구성에서만 가능한 것이다(이태영 1993 : 22).[59]

---

59) 전북방언 일대에는 대용언 '이렇-, 그렇-, 저렇-' 등에 첨가되는 '-크롬' 이외에 '그러코, 그르코' 등과 같은 형태도 사용된다. 전북방언에서 보문적 파생의 '-코롬'에 대해서는 최전승 외(1992 : 113-114)를 참조.

   (ㄱ) 그 신랑보고 <u>그러코</u> 말헌게(『한국구비문학대계』5-5, 전북 정주시 · 정읍군편(1), 정주시 설화 46, 165),
       그려서 인자 그때 <u>그러코</u> 허고는(상동.168),
   (ㄴ) 근게 <u>그르코</u> 허는 도중에(상동.169).

19세기 후기 전라방언에서 미래/추정/능력/예정 등을 표시하는 문법 형태는 중부방언의 '-겠-'에 대하여 '-것-'으로 출현하고 있다.[60] 중부방언에서 문법 형태소 '-겠-'이 근대국어의 단계에서 부사형어미 '-게'와 'ᄒᆞ엿-'의 통사적 구성에 적용된 문법화의 산물임은 문법사에서 잘 규명되어 있다(권재일 1998; 최동주 2002; 이병기 2006). 그러나 '-게+ᄒᆞ엿-'의 통합이 구체적으로 어떠한 음운규칙의 순차적 적용을 거쳐 최종적인 '-겠-'으로 나왔을까에 대해선 아직 쉽게 풀리지 않는 의문이 있다. 현대와 19세기 후기 전라방언의 '-것-'을 '-겠-'으로부터의 방언적 변화로 보기에도 문제가 있다. 그렇다면, 전라방언의 '-것'은 기원적으로 부사형어미 '-긔+ᄒᆞ엿-'의 구성에서부터의 발달일 가능성도 생각할 수 있을 것이다. 물론 여기서도 이와 같은 문법화에 적용된 일련의 음운론적 과정을 쉽게 추출하기는 어렵다.

---

60) 19세기 후기 전라방언에 등장하는 미래시제로서의 '-것-'은 근대국어에서의 직설 확인법의 '-것-'과 유사한 문법적 특질을 보인다. 고영근(1993 : 202-3)에 의하면, 직설 확인법의 '-것-'의 용법은 다음과 같다. (ㄱ) 그때, 곧 현재 시점에서 인정된 동작을 확인(다짐)하여 말하는 경우. (ㄴ) 경험이나 이치로 보아 으레 그러하다는, 곧 습관적 인 사실을 확인(다짐)하는 것. 아래의 예문은 완판본 84장본 『열여춘향수절가』에서 취한 것이다. 예문 ㄱ)은 직설 확인법의 범주에, (ㄴ)은 미래시제의 범주에 속한다고 생각한다.

  (ㄱ) 농군이라 ᄒᆞ난 거시 뎌가 쌕쌕ᄒᆞ면 쥐식기 소리가 나것다(하.26ㄴ).
      이도령 마음이 울격ᄒᆞ고 정신 어질하야 별 싱각이 다 나것다(상.9ㄱ),
  (ㄴ) 이 만일 사또게 드려가면 큰 야단이 나것거던(상.41ㄱ).
      일점혀륙이 업셔 일노 한이 되야 장탄슈심의 병이 되것구나(상.1ㄱ),
      춘향이 이러나며 엿자오디 시속인심 고약하니 그만 놀고 가것니다(상.13ㄴ).
      조곰 안져짜가 가것노라 이러난이(상.14ㄱ).
      아셔라 그 글도 못 일으것다(상.14ㄴ), 그 글도 못 일것다(상.14ㄱ),
      하날임이 드르시면 쌈짝 놀너실 거진말도 듯거소(상.15ㄴ).
      춘향과 도련임이 마조 안져 노와쓰니 그 이리 엇지 되것난야(상.26ㄴ).

참고문헌

강정희(1988), 『제주방언연구』, 한남대학교 출판부.

강정희(2005), 『제주방언 형태변화 연구』, 역락.

곽충구(1994), 『함북 육진방언의 음운론—20세기 러시아의 Kazan에서 간행된 문헌자료에 의한』, 국어학총서 20, 태학사.

권재일(1998), 『한국어 문법사』, 박이정.

김영태(1992), 「<수갱옥낭좌전>에 대하여」, 『가라문화』 9, 경남대학교 가라문화연구소.

김완진(1971), 『국어음운체계의 연구』, 일조각.

김완진(1985), 「모음조화의 例外에 대한 연구」, 『韓國文化』 6, 서울대학교 한국문화연구소.

김일근(1986/1991), 『언간의 연구』, 건국대학교 출판부.

김정대(1992), 「<수갱옥낭좌전>에 반영된 경상도 방언 문법적 요소에 대하여」, 『가라문화』 9, 경남대학교 가라문화연구소.

김주원(1994) 「<염불보권문>(용문사판)의 구두점 연구」, 『국어국문학연구』 22, 영남대.

김주원(1996), 「18세기 평안도 방언을 반영하는 <염불보권문>에 대하여」, 『음성학과 일반언어학』, 이현복 엮음, 서울대학교 출판부.

김주원(2000), 「국어의 방언분화와 발달—국어방언 음운사 서술을 위한 기초적 연구」, 『한국 문화사상 대계』 1, 영남대학교 민족문화연구소

김창진(1991), 「흥부전의 이본과 그 계열」, 『흥부전 연구』(인환권 편), 집문당.

백두현(1990/2009), 「영남 문헌어에 반영된 방언적 문법형태에 대하여」, 『어문론총』 24, 경북대학교. 홍사만 외(2009)에 재록.

백두현(1992), 『영남 문헌어의 음운사 연구』, 국어학 총서 19, 태학사.

백두현(1998), 「<국한회어>의 음운현상과 경상방언」, 『방언학과 국어학』, 태학사.

백두현(2003), 『현풍곽씨언간 주해』, 태학사.

안병희(1967), 「한국어발달사(중)」, 『한국문화사대계』 5, 고대민족문화연구소.

안병희·이광호(1990), 『중세국어문법론』, 학연사.

이광호(1991/2001), 「중세국어 어미 '-긔'와 '-게'의 기능차이 수립을 위한 시론」, 『국어 문법의 이해』 1, 태락사.

이기문(1972), 『개정 국어사 개설』, 탑출판사.

이기문(1981), 「19세기 말엽의 국어에 대하여」, 『남광우박사 회갑기념논총』, 일조각.

이병근(1970), 「19세기 후기 국어의 모음체계」, 『학술원논문집』(인문·사회) 9, 학술원.

이병기(1997), 「미래 시제 형태의 통시적 연구」, 『국어연구』 146, 국어연구회.

이병기(2006), 「'-겠-'의 문법화와 확정성」, 『진단학보』 102.

이병선(1971), 「부사형어미 고」, 『김형규박사 송수기념논총』, 일조각.

이종덕(2006), 『17세기 왕실언간의 국어학적 연구』, 서울시립대학교대학원 박사학위논문.

이승욱(1973), 『국어문법체계의 사적 연구』, 일조각.

이진호(2005), 『국어 음운론 강의』, 삼경문화사.

이태영(1993), 「<봉계집>과 19세기말 전북 화산 지역어」, 『국어문학』 28, 전북대.

이호권(2001), 『석보상절의 서지와 언어』, 국어학총서 39, 국어학회, 태학사.

최동주(2002), 「전기 근대국어의 시상체계에 관한 연구」, 『어문학』 120.

최명옥(1985), 「19세기 후기 서북방언의 음운론」, 『인문연구』 7-4, 영남대학교 인문과학
　　　　　 연구소

최명옥(1986), 「19세기 후기 서북방언의 음운체계-평북 의주 지역어를 중심으로」, 『국
　　　　　 어학신연구』, 탑출판사.

최임식(1984), 「19세기 후기 서북방언의 모음체계」, 계명대학교대학원 석사논문.

최임식(1994), 『국어방언의 음운사적 연구』, 문창사.

최전승(1986), 『19세기 후기 전라방언의 음운현상과 그 역사성』, 한신문화사.

최전승(1994), 「국어 방언사 연구의 가능성과 그 한계」, 『어문연구』 25.

최전승(2004), 『한국어방언의 공시적 구조와 통시적 변화』, 역락.

최전승(2009), 『국어사와 국어방언사와의 만남』, 역락.

최전승·김홍수·김창섭·김중진·이태영(1992), 「전북방언의 특징과 변화의 방향」, 『어
　　　　　 학』, 전북대학교 어학연구소.

한진건(2003), 『륙진방언 연구』, 역락.

허　웅(1975), 『우리 옛말본』, 샘문화사.

허　웅(1989), 『16세기 우리 옛말본』, 샘문화사.

현평호(1985), 『제주도방언 연구』, 태학사.

홍사만 외(2009), 『국어 형태·의미의 탐색』, 역락.

홍윤표(1976), 「19세기 격사」, 『국어국문학』 78.

홍윤표(1985), 「조사에 의한 경어법 표시의 변천」, 『국어학』 12.

홍윤표(1991), 「<初學要選>과 19세기말의 서천지역어」, 『국어학의 새로운 인식과 전개』,
　　　　　 민음사.

홍윤표(1994), 『근대국어의 연구』, 태학사.

小倉進平(1944), 『朝鮮語 方言의 硏究』, 岩波書店.

Fleischmann, Suzanne.(2000), Methodologies and Ideologies in Historical Linguistics :
　　　　　 OnWorking with Older Languages, in the *Textual Parameters and Older*
　　　　　 Languages, edited by Herring, Susan C et als, John Benjamins Publishing
　　　　　 Co.

Herring, Susan C et als.(2000), On Textual Parameters and Older Languages, *Textual*
　　　　　 Parameters and Older Languages, Herring, Susan C et als, John
　　　　　 Benjamins Publishing Co.

King, J.R.P.(1991), Russian Sources on Korean Dialects, Unpublished Harvard University

Ph.D Dissertation.

King, J. R. P.(forthcoming), *The Korean Language in Imperial Russia*, Vol.1 : Amateurs Sources, Vol. 2 : The Kazan' Materials.

Labov, William.(1972), *Sociolinguistic Patterns*, Penn Press.

Labov, William.(1994), *Principles of Linguistic Change*, Blackwell, Oxford UK.

Rissanen, Matti.(1986), Variation and the Study of English Historical Syntax, in the *Diversity and Diachrony*, edited by David Sankoff, John Benjamins Publishing.

Romaine, Suzanne.(1982), The Reconstruction of language in its Social Context, *Papers from the 5th International Conference on Historical Linguistics,* John Benjamins Publishing.

Trask, R. L.(2000), *The Dictionary of Historical and Comparative Linguistics*, Edinburg University Press.

Vizmuller, Jana.(1982), Theories of language and the Nature of Evidence and Explanaion in Historical Linguistics, in the *Papers from the 5th International Conference on Historical Linguistics*. John Benjamins Publishing.

Wang W. S-Y.(1969), Competing Changes as a Cause of Residue, *Language 45.*

음운현상의 적용 영역과 음운규칙의 기능
─중세국어 관형격 조사의 음운론과 형태론을 중심으로─

1. 서론

1.1. 이 글에서 글쓴이는 15세기 중세국어 관형격 조사의 한 부류인 '-익/의' 형태가 음성 환경에 따라서 공시적으로 표면상 "특이하게" 실현시키고 있다고 기술되어 온 현상을 일반적인 공시적 음운규칙으로 설명하기 위해서 두 가지의 작업을 수행하려고 한다.

첫 번째는 중세국어 형태론에서 음운론적인 조건으로 형성된 관형격 조사 '-익/의'와 기능적으로 밀접한 관계를 맺고 있으나, 그 출현 조건을 자동적 또는 규칙적인 음운 현상으로 제시하기 어렵다고 추정되었기 때문에 지금까지 "형태론적 이형태"로 취급되어 온 '-ㅣ' 형태의 형성을 대상으로 한다(홍윤표 1969; 허웅 1975; 안병희/이광호 1990). 중세국어의 관형격 조사 가운데 이형태 '-ㅣ'가 지금까지 기술된 통시와 공시 형태론에 대한 대부분의 논저와, 심지어 문법론 교과서 부류에서 비자동적인 교체 유형으로 파악되어 왔다. 그러한 방식으로 기술하는 것보다, '-ㅣ'의 존재를 곡용과 활용 과정에서 이루어진 V¹+V²의 모음 연쇄에서 규칙적인 '익/으' 탈락 현상의 적용을 받아서 도출되어 나온 음운론적으로 조건된 이형태로 설명하는 것이 15세기 중세국어 음운론의 일반 원리에 비추어 보다 더 타당한 근거를 갖고 있음을 글쓴이는 제시하려고 한다.

이러한 작업은 음운현상 또는 음운변화와 관련하여 서로 대립되는 개별적인 행위를 보인다고 알려진 두 개의 문법 범주, 즉 체언의 곡용과 용언의 활용 영역에서 일어나는 음운론적 과정(송철의 1991)에 대한 본질적인 타협과 재해석을 전제로 한다. 여기서 글쓴이가 제시하려는 이러한 대안이 지금까지의 형태론 기술 방식과 대조하여 15세기 중세국어의 통합적 음운 과정과 형태론의 관점에서 어떠한 기술상의 이점과, 동시에 취약점을 갖고 있는가를 점검해 보려고 한다.

필자가 시도하려는 두 번째의 작업은 중세국어의 관형격 조사 '-ᄋᆡ/의'와 통합되는 체언의 어간말음 '-이'가 수의적으로 탈락하는 현상에 대한 기능주의적(functional) 해석이다. 이와 같은 형태론적 환경에서 V^1+V^2의 모음 연쇄에 필수적으로 적용되는 일반적인 'ᄋᆞ/으' 탈락 규칙이 거부되어 있다. 그 대신, 체언의 어간말 모음 '-이'가 관형격 조사 '-ᄋᆡ/의'의 핵모음 'ᄋᆞ/으' 앞에서 수의적으로 탈락되는 매우 예외적 과정이 수의적으로 실현되어 있다. 이와 같은 중세국어 관형격조사 '-ᄋᆡ/의'가 참여하는 형태론적 장치에 반영되어 있는 공시적 음운 현상에 대하여 지금까지 기능론적 측면에서 설명이 시도된 적이 있다. 즉, 일찍이 고전 생성음운론의 이론적 틀로 중세국어의 모음조화, 모음충돌(hiatus) 등에 대한 공시적 음운현상을 취급한 Cheun(1975)은 이와 같은 예외적인 출현을 의미적으로 중요한 정보가 표면구조에 보존되는 "변별성 조건", 또는 "의미 투명성"이라는 원리로 파악하였다. 또한, 중세국어의 모음 연결을 중심으로 김종규(1989)는 이 현상을 형태소들 간의 통합 관계를 구별시키려는 "형태소 연결제약"으로, 그리고 중세국어의 음절 구조를 대상으로 김영선(1997)은 형태소의 의미를 유지하기 위한 "형태론적, 의미론적 제약"으로 해석하였다.

글쓴이는 음운변화와 음운현상을 설명하는 종래의 기능주의(functionalism) 관점과, 이러한 가정이 설명의 차원에서 갖고 있는 문제점들을 다시 점검해 보려고 한다. 이러한 작업을 통해서 체언 어간말 '-이'가 관형격 조사 '-이/의'와의 통합 조건에서 수의적으로 탈락하거나, 아니면 모음연쇄에 실현되는 보편적인 'ㅇ/으' 탈락 규칙을 거부하는 현상을 기능론적 입장에서 파악하는 방안이 단순히 보기들을 나열하고 기술하는 지금까지의 태도(안병희 1967 : 180-181; 허웅 1975 : 320)보다 더 타당할 수 있는 근거를 보강해 보려고 한다.

1.2. 국어사에서 형태 통사적 변화는 음운변화에 의해서 촉발되는 사례가 많다. 언어의 구조에서 음운론은 고립되어 있는 것이 아니라, 다른 층위인 형태 통사론 및 의미론 층위와 밀접한 상호 의존 또는 유기적 관계를 형성하고 있기 때문이다. 어느 한 언어 층위에서 일어난 변화는 그 영향을 다른 쪽의 언어 층위에 파급시켜 결국에는 연쇄적 변화를 촉발케 하는 것이다. 예를 들면, 중세국어에서 모음 'ㅇ'의 제1단계의 변화는 공시적으로 강력했던 모음조화 현상을 일차적으로 붕괴시키며, 동시에 모음조화에 의해서 선택되었던 다양한 유형의 문법형태소들의 이형태들을 제거하여 부분적으로 단일화가 이루어지는 효과를 가져왔다(안병희 1967 : 183).

언어변화에 수행되는 이와 같은 일련의 유기적 관계는 통시적 문법화의 영역에 잘 반영되어 있다. 그리하여 일반적으로 먼저 형태 통사적 변화가 시작된 다음, 문법화 과정(grammaticalization)에 포용되는 연쇄적 변화의 일부로 음운변화를 초래한다고 한다(Hopper & Traugott 2003). 최근까지 이루어진 문법화 연구를 조감한 Traugott(2011 : 281)는 문법화 연쇄의 대부분의 예들은 그 기원이 화용론적 함축에 바탕을 둔 '환기된 추론'에서 비롯된 것으로 가정하기도 한다. 어떤 어휘 성분이나 구성체에 부여된 기원적 의미가 환유 또는 은유를 거쳐 일반화, 추상화(탈색)되면서 그 출현 빈도가 높아지게 되고 통사적 출현 환경이 확대되어 문법 범주의 신분이 기능 범주로 바뀌지면서 음운론적 융합과 탈락, 형태소 경계의 소실 등과 같은 변화가 뒤따르게 된다는 것이다. 그러나 국어사에서 첫 단계로 음운변화가 문법화의 발판을 마련하며, 이어서 형태 통사적 변화가 계기적으로 뒤따르게 되는 역사적인 예들이 관찰된다.

현대국어의 과거시제 범주의 선어말어미 '-었/았-'이 밟아 온 일련의 문법화 과정의 촉발도 음운론적 변화에서 기인하는 것으로 보인다. 15세기 국어의 단계에서 완료와 지속의 동작상을 표시했던 '-아/어+잇/이시-'의 통사적 구성체에 먼저 형태소 경계의 탈락과 음운론적 축약이 일어나서 '-엣/앳-'형으로 수의적으로 변화되었다. 그 다음 단계에서 16세기에 선어말어미 '-앗/엇'과 같은 형태로 발달하게 되어 기능상의 전환이 점진적으로 이루어진 것이다. 그러나 이러한 과정에 참여한 형태 통사적 변화와 음운변화는 서로 일치하지 않는다. 즉, '-엣/앳->-엇/앗-'으로의 형태 변화는 당시의 음운규칙 또는 음운변화의 원리로 설명될 수 없기 때문이다(이지양 1993 : 133). 중세와 근대국어 음운론을 통해서 '에/애>어/아'와 같은 이중모음의 단모음화 현상은 존재하지 않았다. 따라서 '-아/어 잇->-앳/엣->-앗/엇-'과 같은 역사적인 발달은 음운론적으로 설명하기가 쉽지 않다. 이와 같은 사실에도 불구하고, 현대국어 과거시제의 선어말어미 '-았/었-'의 형성은 위의 변화 과정을 거치지 않고서는 다른 통로를 생각하기 어렵다.1)

---

1) 따라서 최명옥(2002)은 과거시제 선어말어미의 형성에서 '에/애>어/어'로의 음운변화를 합리적으로 설명할 수 없기 때문에, 통상적인 발달의 진로 '아/어+잇/이시->-엣/앳>-엇/앗-'의 단계를 부정한다. 그 대신, 최명옥(2003)에서 과거시제 선어말어미는 그 중간 단계에 출현하는 '-엣/앳-'과 '-어/앗-'이 부사형어미에 존재표시 어간 '이시-'와 '시-'가 각각 따로 통합되어 형성된 것으로 파악되었다.
근대국어의 형태론에서 이와 같은 형태변화와 음운변화 간의 불일치에 대한 문제점 제

이러한 음운변화와 문법변화와의 불일치는 미래와 추정을 나타내는 선어말어미 '-겠-'이 수행하여 온 문법화의 과정에서도 나타난다. 현대국어의 미래와 추정의 선어말어미 '-겠-'의 생성 과정은 기원적으로 예정의 의미에서 출발한 통사 구조 '-게 ᄒᆞ엿-'에서부터 발달하여 왔음이 어느 정도 확실한 것 같다(이병기 1997, 2006).[2] 이러한 형태 통사론적 사실에도 불구하고, 근대국어의 단계에서 수행된 '-게 ᄒᆞ엿->-게엿->-겠-'의 변화 과정에서 여기에 참여한 형태론적인 변화 '-게엿->-겠-'을 규칙적인 음운규칙이나, 일관성 있는 음운변화의 원리로 설명하기 어렵다. 따라서 '-겠-'의 형성에 대한 또 다른 대안으로 제시되는 '게 잇-'의 기원이 그 후속형 '-겠-'으로의 발달을 음운론적인 측면에서 더 합리적으로 보여준다. 그러나 18세기와 19세기 초엽에 이르는 '-겠-' 형성의 문헌적 증거에 의하면, '-게 잇->-겠-'으로의 진로는 쉽게 확인되지 않는다. 그 대신, 통사 구조 '-게 ᄒᆞ엿-'에서부터 선어말어미 '-겠-'으로 연결 지을 수 있는 문헌적 증거가 매우 투명하게 나타난다. 따라서 이지양(1993 : 134-136)과 이병기(1997 : 75-77)는 이와 같은 형태변화와 음운변화 사이에 개재된 불일치를 극복하려는 시도를 하였으나, 음운론적 관점에서 보편적인 원칙과는 상당한 거리가 있다.

위의 시제의 선어말어미 유형에서 우리가 관찰한 형태·통사론적 발달 과정에서 그 보조를 같이 할 수 없는 규칙적인 음운변화의 불일치는 한글 문헌자료 이후에 일어난 투명한 경우에 해당된다. 그러나 훈민정음 창제 이전의 시기에 그 변화가 완료되어 15세기의 공시적 형태론에 일종의 화석형으로 출현하는 불투명한 이형태들의 경우에 이러한 불일치는 더욱 해결하기 어려운 문제를 제기한다. 15세기 국어에서 주체높임의 선어말어미

시와 구체적인 논의는 홍종선(2006)을 참조.
2) 이병기(2006)는 통사적 구성 '게 ᄒᆞ엿-'의 의미는 '예정'이라고 할 수 있으며, '-겠-'으로의 문법화가 완료되면서 '추정'과 '의도'의 의미까지 확대된 것으로 기술하였다.

'-시-'의 또 다른 변이형 '-샤-', 회상법 '-더-'의 공시적 이형태 '-다-' 등
의 출현에 대한 음운론적으로 합리적인 설명은 사실상 불가능하다.[3) 주체
높임법의 '-시-'가 부사형어미 '-아/어', 연결어미 '오/우 뎌', 명사형어미
'우/오+ㅁ'과 통합하여 '-샤-'로 생성될 수 있는 음운변화나 공시적 음운규
칙은 중세국어의 단계에 존재하지 않는다. 그리고 회상의 선어말어미 '-더-'
에 의도형어미 '-오-'의 통합이 15세기 국어 음운론에서 '-다-'로 실현될
수 없다.4)

중세국어 단계에 등장하고 있는 이와 같은 형태론적 과정과 음운론적
과장과의 불일치 또는 불투명성은 우리가 여기서 취급하려는 관형격 조사
의 이형태 '-ㅣ'의 기술에서 적용되는 것으로 지금까지 관찰되어 있다. 그
러한 오늘날의 기술과 관찰의 역사는 글쓴이가 보기에 1920년대부터로 소
급되는 오랜 학문적 계보를 보유하고 있다.

2. 관형격 조사의 이형태 '-ㅣ'의 생성과 표면적 특이성

2.1. 국어사 기술에서 관형격 조사 이형태 '-ㅣ'의 위상

1920년대 본격적인 국어사 연구의 전개와 더불어 15세기 국어의 관형격

---

3) 이러한 불일치 유형에 중세국어에서 주관적 믿음의 선어말어미 '-거/어-'에 의도형 선어
   말어미 '-오/우-'가 연결되는 상황에서 실현되는 이형태 '-가/아', 설명법 종결어미 '-다'
   앞에서의 이형태 '-과/와-' 등도 포함된다. 더욱이 '-거/어-'가 용언 '오-'(來)에 연결되어
   '오나'를 형성하거나, '녀-'(行) 어간이 동작동사 어간에 후속되어 문법화를 거쳐 동작의
   반복과 지속을 뜻하는 문법형태소 '-니-'로의 전환 역시 마찬가지의 보기이다.
4) 국어 문법형태소들의 기능에 대한 역사적 변화를 체계적으로 기술하면서 김영욱(1993 :
   28)은 회상법 '-더-'의 이형태 '-다'는 시제의 기능, 1인칭 주어명사구와 일치하는 기능
   을 동시에 지니고 있으나, 15세기 국어 공시적으로 더 이상 분석이 불가능한 하나의 형
   태로 간주하였다.

조사 '-ㅣ'의 존재가 주목받기 시작하였다. 마에마(前間恭作, 1924 : 50-51)는 『龍飛御天歌』(1447)에 대한 최초의 종합적인 해독에서 제7장에 나오는 "ㅂ야미 가칠 므러 즘겟 가재 연즈니" 의 본문 가운데 '가지+-에 → 가재' 항목에서 15세기 국어의 관형격과 처소격의 이형태들과 그 출현 조건을 정확하게 관찰하고 구체적으로 기술한 바 있다. 이 가운데, 그는 15세기 국어에서 '-ㅣ' 의 형태가 관형격과 처소격 조사의 기능을 갖고 다음과 같은 세 가지 부류에서 출현하고 있음을 지적하였다.

(1) ㄱ. 인칭대명사 부류에서 관형격 조사 : '나(我) → 내, 너(汝) → 네',
    ㄴ. 일부의 특정한 체언 부류에서 처소격 조사 : '쯰(時) → 쁴, 아ᅌᅳ(弟) → 아ᅌᅵ',
    ㄷ. 『용비어천가』제15장에 출현하는 '公州ㅣ 江南'에서와, 제98장에서 '臣下ㅣ 말'에서 '-ㅣ'는 관형격 조사로 판단.

또한, 마에마(1924)는 격형태 '-ㅣ'의 용법이 (ㄱ)에서와 같은 고대의 명사에 쓰이는 사실에 미루어 다른 이형태들인 '-ᄋᆡ/의'나, '-애/에/예'들보다 그 기원이 더 오랜 "古法"에 해당된다고 추정하였다. 그 이후, 오구라(小倉進平 1929)에서 중세국어의 관형격과 처소격 조사와 그 이전 형태에 대한 언급이 부분적으로 제시된 바 있었으나, 전적으로 마에마(1924)의 기술에 의지한 것이었다.

1940년대 향가 해독에서 양주동(1942)은 고대국어의 시기에 관형격과 처소격이 아직 분화되지 않은 상태였을 가능성을 제시하면서, 매개모음 '-ᄋᆞ/으' 없이 출현하는 격조사 형태 '-ㅣ'가 역시 기원적이었을 가능성을 아래와 같이 지적하였다.[5]

---

5) 양주동(1942 : 249-251)은 『龍飛御天歌』(1447)에서 "즘겟가재 연즈니"의 예 가운데, '가지'(枝)의 처격형이 '가재'로 출현하는 예에 대한 해석을 다음과 같은 일반적인 현상 속에서 이해하였다.

(2) ㄱ. ……결국 방위·지격의 고금 제형 '아히, 어히, 여히' 및 '애, 에, 예;
의, 인' 등의 진정한 본체는 오즉 'ㅣ'만에 귀착한다. 左에 방위·지
격에 공히 'ㅣ'를 단용한 예를 보인다.

臣下ㅣ 말 아니 드러(弗聽臣言, 용가 98),
혼 히룰 梓州ㅣ 사로라(중간, 두시 2.1ㄱ).(1942 : 396).

ㄴ. '나의'의 지격 '내'는 '너, 그, 저' 등의 지격형 '네, 긔, 제' 등과 共히
지격조사의 원시적인 本形 'ㅣ'를 사용한 것이다(1942 : 414).

1950년대에 들어와서 허웅(1955)은 『용비어천가』에 대한 새로운 종합적
인 주석에서 15세기 중세국어에서 사용되었던 격조사들의 목록을 체계적
으로 정리하였다. 텍스트에 나오는 '公州ㅣ 江南'과 '臣下ㅣ 말'의 풀이에서
허웅(1955 : 94)은 '-인/의'가 관형격 조사의 정상적인 것이나, 때로는 'ㅣ'가
단독으로 쓰이는 일이 있음을 지적하면서, 여기에 고유어와 한자어에 실현
되어 있는 관형격 조사의 예를 더 첨부하였다. 子賢長者ㅣ 지븨(월인 8.81), 長者
ㅣ 怒(월인 8.98), 쇠 머리(월인 1.27), 쇠 져즈로(능엄 3.26). 또한, 그는 대명사 '나,
너, 누, 저'와 특정한 단어 '쇼'(牛)의 경우에는 주격형과 관형격형이 형태상
구별되지 않지만, 각각 성조에 의해서 변별될 수 있다는 사실을 처음으로

즉, 15세기 국어 문헌자료에서 '아비'(父)의 호격이 '아바', 관형격이 '아븨' 등으로 실현되
는 사실에 근거하여 그 기원적인 원형은 '압'이었음을 그는 추정하였다. 그리하여 '아비'
는 주격형으로, 이 형태가 관용화되어 쓰임에 따라 점진적으로 명사어간 자체로 고정화
된 것이다. 따라서 '아비'는 '압'의 주격형, '아븨'는 관형격형, '아바'는 호격형으로 해석
하였다.

그는 이와 같은 관찰을 중세국어의 또 다른 형태 '어미(母), 곳고리(鶯), 가지(枝)' 등에까
지 확대한다. 이 형태들의 관형격과 처소격에 등장하는 '어믜, 곳고릐, 가재' 부류는 각
각의 원형 '엄(母), 곳골(鶯), 갖(枝)'에서 해당 격조사가 연결되어 형성되었다는 것이다.
이와 같은 양주동(1942)의 해석은 허웅(1955 : 55)에서 어느 정도 수용된다. 그는 『龍飛御
天歌』에 나오는 '즘겟 가재'(제7장)에 대한 주석에서 다음과 같이 언급하였다. 또한, 허
웅(1975 : 344)을 참조.

"'가지'(枝)의 처소격형은 '가지예'이어야 할 것이다. '가재'와 같은 변칙형은 필자의 조
사한 바로서는, 여기 하나뿐이니, 이것은 아마 '가지'의 그 이전 어형이 '갖'이었기 때
문이 아닐까 생각된다."

제시하였다(1955 : 95). 그러나 이들 단어의 일부 곡용형태에서 보이는 성조의 불규칙적인 형태음소적 교체에 대하여는 구체적인 언급이 제시되지 않았다.6)

(3) 　　　　　　　주격형　　　　관형격형
　　· 나(我)　　　· 내(거성)　　내(평성)
　　너(汝)　　　: 네(상성)　　네(평성)
　　저(其)　　　: 제(상성)　　제(평성)
　　· 누(誰)　　　· 뉘(거성)　　: 뉘(상성)
　　· 쇼(牛)　　　· 쇠(거성)　　: 쇠(상성).

1960년대부터 중세국어의 형태론의 분야에서 풍부한 연구 업적들이 등장하여 격조사 형태에 관한 기술이 정밀화되어 간다. 이 가운데 중세국어 문법의 전반을 체계적으로 취급한 이숭녕(1961/1981 : 168-170)에서 관형격으로 열거된 '-익/의' 두 종류 이외에, 특히 다음과 같은 예들이 주목된다.

(4) 쁴(時가), 쁴(時의, 時에), 쁠(時를),
　　나(吾) → 내(吾의), 너(汝) → 네(汝의), 누(誰) → 뉘(誰의/가).

그리고 이숭녕(1961/1981 : 168)에서 (4)의 예들은 "여러 모의 특이한 표기법"을 보인다고 간단하게 지적되었다. 여기서 위의 체언들이 모음으로 시작되는 격조사 형태들과의 통합 과정에서 '쁴(時)+-이→쁴, 쁴+-의→쁴'와

------

6) 이 가운데, 인칭대명사 '너'(汝)와 재귀대명사 '저'(其))의 주격형과 관형격형의 성조는 성조 결합의 일반 규칙을 따르고 있다. (1) 너(L)+-이(H)→네(R), 너(L)+-의(L)→네(L); (2) 저(L)+-이(H)→제(R), 저(L)+-의(L)→제(L). 그 반면에, 각각 거성을 갖고 있는 '나'(我)와 '누'(誰)이 주격형과 관형격형의 성조는 불규칙적이다.
주격과 관형격 형태가 동일한 고유어 '쇼'(牛)가 보이는 성조의 교체가 인칭대명사 '누'(誰)와 일치하지만, '나'(我)의 경우와 상이한 면을 보인다. 단음절 인칭대명사에서 보이는 이와 같은 성조의 교체는 주격과 관형격에서 뿐만 아니라, 연결되는 다른 조사의 유형에 따라서도 성조가 불규칙하게 변동하는 양상을 제시하고 있다(김성규 1997 : 500).

'나(我)+-이→내'와 같은 음운론적 과정이 인정되지 않고, 단지 "특이한" 결과로 파악된 셈이다.

이와 같이 매우 국한된 체언들의 곡용 형태들이 보이는 특이성은 국어의 문법사를 종합적으로 개괄한 안병희(1967 : 181)에서도 지속되어 있다. 여기서는 "특이한 어간교체"를 보인다고 하는 중세국어의 형식명사 'ᄃ'와 'ᄉ'형이 모음으로 시작하는 격조사 '-이'와 '-의' 앞에서 각각 어간말 모음 'ᄋ'를 탈락시키는 예들이 소개되었다. 따라서 안병희(1967)에서는 중세국어의 음운론에서 'ᄃ+-이→디, ᄃ+-의→디' 등에서 추출될 수 있는 'ᄋ+V'의 모음 연결에서 수행되는 음운론적 과정이 배제된 것이다. 또한, 그는 "특이한" 관형격 형태로 모음어간 뒤에서만 출현하는 음절부음 '-ㅣ'를 지적하고(臣下ㅣ 말, 용가 98장, 獅子ㅣ 삿기, 금강경삼가해 2.21), 이러한 유형은 '내, 네, 뉘, 제' 등과 같은 인칭대명사 부류에서 일반적으로 나타난다고 기술하였다(1967 : 183).

중세국어 격문법에 대한 체계적인 연구사에서 획기적인 하나의 전환점을 이루는 홍윤표(1969)에서, 관형격 조사 항목에서 이 글의 주제와 관련되어 있는 두 가지의 사실이 일단 정리된다. 우선, 하나는 관형격을 나타내는 형태들로 '-의/의'와 더불어 '-ㅣ'가 정식으로 등록되었다는 점이다. 다른 하나는 "각 문헌에서 보이는 속격의 의미를 지닌 '-ㅣ'를 속격어미에 포함시키는가?"(1969 : 56-57) 하는 근본적인 의문에 대한 답이 여기서 제시된다. 이러한 의문에 그는 '-ㅣ'가 주격 조사 '-ㅣ'와 대립을 보이며, 동시에 주로 대명사 부류에 한정되어 일반적으로 나타나는 현상이기 때문에, 일단 그 해결에 곤란한 점을 갖고 있다고 지적하였다. 그러나 아래와 같은 중세국어의 예에서 관형격의 기능으로 출현하는 '-ㅣ'의 존재를 주시할 필요가 있다고 하였다.

(5) 臣下ㅣ 말 아니 드러(용가 98),

　　鴛鴦夫人이 長者ㅣ 지븨 이셔(월석, 8.97ㄴ),

　　夫人을 뫼샤 長者ㅣ 지븨 가샤(월석, 8.94ㄴ),

　　空生ᄋᆞᆫ 본래 獅子ㅣ 삿길식(금강경삼가해 2.21ㄴ).

위의 예들에서 홍윤표(1969)는 '신하+-의 → 신해', '댱쟈+-의 → 댱재', '스
ᄌᆞ+의→스직'와 같은 통합 과정에서 인칭대명사 부류에서와 같은 '나+-의
→내'에서의 모음 'ᄋᆞ'의 탈락으로 분석할 수 없다고 판단하였다. 그러한
판단은 "이들이 다른 모음어간 뒤에서도 탈락한다는 15세기 국어의 일반
유형을 찾아내야 할 것이나, 그 가능성은 없다."(1969 : 57)는 음운론적 사실
에 근거한다. 따라서 그는 관형격 조사 형태 '-의/의', 그리고 '-ㅣ'의 형태
론적 분포를 다음과 같이 규정하게 된다.

(6) 속격어미 '-의∽-의'는 음운론적으로 조건된 이형태이며, '-ㅅ'과 '-ㅣ'는
　　형태론적으로 조건된 이형태로서 다루어야 할 것이다(홍윤표 1969 : 57).

홍윤표(1969)에서 이루어진 중세국어 관형격 조사의 성격 규명은 1970년
대를 거쳐 오늘날의 중세국어 형태론적 기술에까지 그대로 수용되어 오고
있다.7) 1970년대 들어와서 15세기 국어 형태론을 집대성한 허웅(1975)에서
관형격 조사 '-ㅣ'를 취하는 다양한 공시적 곡용 형태들이 자세하게 정리
되었다. 여기서는 조사 '-ㅣ'의 출현 조건이 체언 말음이 모음이어야 한다
는 음성 환경이 지적되었다.8) 15세기 국어의 곡용에서 관형격 조사 '-ㅣ'

---

7) 또한, 홍윤표(1969 : 66)는 중세국어에서 무정물과 존칭 체언에 연결되는 관형격 조사
　'-ㅅ'과, 이형태 '-ㅣ'의 성격을 다음과 같이 대조하였다.

　　(ㄱ) '-ㅅ'이 대명사에 전혀 연결되지 못하는 반면에, '-ㅣ'는 주로 대명사에 사용된다
　　　　(나→내, 너→네, 저→제, 누→뉘).
　　(ㄴ) '-ㅅ'의 적용 영역과는 달리, '-ㅣ'는 무생물 지칭과 유정물 존칭의 표시에는 사
　　　　용될 수 없다(쇼+-의→쇠, 長者+-의→長者ㅣ).
8) 그러나 체언의 어간말음이 모음이어야 한다는 음성 환경은 그 이후의 여러 연구에서 관

(7) 가. 長者ㅣ 지븨(월석 8 : 81), 長者ㅣ 아드리(월석 21 : 18),
　　　長者ㅣ 쫄(천강곡,상. 기 63), 長者ㅣ怒(월석 8 : 98),
　　나. 臣下ㅣ 말(용 98장),
　　다. 公州ㅣ 江南(용 15장),
　　라. 相如ㅣ 쁟(두언 15 : 35),
　　마. 쇠 머리(월석 1 : 27), 쇠 져즈로(능엄 3 : 26),
　　　쇠 일후미(월석 10 : 117), 쇠게셔(금강경삼가해, 3 : 39),
　　바. 아뫼 짓 門(두언 8 : 32),[9]
　　사. 인칭대명사 부류 : 내(我), 네(汝), 제(其), 뉘(誰).

위에서 15세기 국어에서 관형격 조사 '-ㅣ'와 통합되는 대부분의 체언들이 제시된 셈이다. 허웅(1975 : 355)은 위의 보기들에서 다음과 같은 결론을 내린다. (ㄱ) 조사 형태 '-ㅣ'가 체언 어간말 모음 다음에서만 출현하기 때문에 '-이/의'와 상보적 분포를 보이는 것 같다. 그러나 '-ㅣ'가 나타나는 같은 환경에서도 역시 또 다른 이형태 '-이/의'가 출현하는 사실을 보면 반드시 상보적 관계를 나타낸다고 볼 수 없다. 예) 公侯의 거권(두언 21 : 20).

　　형격 조사의 이형태 '-ㅣ'의 출현 조건으로 지적되었지만, 어떤 의미가 있는 조건이 되지 못한다. 그 이유는 모음으로 끝난 모든 체언 어간에 반드시 관형격 조사로 '-ㅣ'가 출현하는 것은 아니기 때문이다. 이 글의 예문 (9)를 참조

9) '아모'(某)형의 관형격 형태 '아뫼'의 예는 허웅(1975)에서 처음 제시된 것이다. 물론 '아뫼'는 중세국어에서 서술격형과 관형격형으로 사용되었다. 관형격이 융합된 '아뫼'의 둘째 음절의 성조는 평성인 반면에, 서술격형의 경우는 거성으로 실현되어 변별적인 대립을 보인다.

　　단독형 '아모'가 [상성+거성]인 사실을 보면, 이 곡용형에서도 '-ㅣ'를 취하는 대부분의 관형격형들에서와 동일하게 15세기 공시적인 성조연결 규칙의 지배를 벗어나고 있다.

　　(ㄱ) 아뫼 짓 門의 길돌 몰로라(초간 두시,8,32ㄱ).
　　(ㄴ) 부텨 두외야 일후믄 아뫼오 나랏 일후믄 아뫼오(능엄경 1,17ㄴ),
　　　아뫼 이 곧흔 무롤 기드리ᄂᆞ니(남명천,상, 51ㄱ).

(ㄴ) '-익/의' 부류와 '-ㅣ' 부류를 아주 다른 형태소로 판단하기도 어렵다. 그 근거는 관형격 조사 '익/의' 형태에서 개재된 모음 '으/으'는 어원적으로 조성모음으로 생각되기 때문이다.[10] (ㄷ) 따라서 '-익/의'와 '-ㅣ'를 음성적인 변이형태로 보지 않고, 형태론적인 변이형태로 일단 가정해 두기로 한다.

홍윤표(1969)와 허웅(1975) 이후에 간행된 중세국어의 관형격 조사 '-ㅣ'에 대한 관찰과 공시적 기술 및 출현 조건은 위의 (7)의 예들 중심으로 반복되어 있으며, 여기서 내린 판단 역시 위에서 제시된 틀을 크게 벗어나지 않았다.[11] 관형격 조사 '-익/의'와 또 다른 이형태 '-ㅣ'와 맺고 있는 공시적 관계를 형태론적으로 조건된 이형태로 파악한 점은 홍윤표(1969)와 허웅(1975)에서 일치하지만, 그렇게 해석하는 근거는 약간 상이하다. 전자는 체언의 곡용 과정에서 체언 어간말 모음 '아, 어, 오, 우' 다음에 격조사 '-익/의'가 통합되는 경우에 수행되는 '으/으' 모음 탈락에 대한 일반적인 음운 규칙을 이끌어낼 수 없기 때문에 그렇게 설정된 것이다. 그 반면에, 후자에

---

10) 또한, 허웅(1975 : 345)에서는 지명 '-州'에 첨가되어 쓰인 '-ㅣ'의 예들을 중심으로 두 가지로 해석할 수 있는 가능성을 제시하였다.

　　荊州ㅣ 오모로브터(초간 두시 8.43ㄴ),
　　도로 通州ㅣ로 가ᄂ닐 보내노라(상동. 6.9ㄱ).

하나는 한자음 '-州'에 첨부된 '-ㅣ'는 처소격 조사가 아니라, 단순히 '-州'의 발음 일부를 표시한 것에 지나지 않는 것으로 그는 추정한다. 다른 하나는 여기서 '-ㅣ'는 처소격 조사를 나타낸 것으로 다른 통상적인 처소격 조사 '-애/에, -익/의/예'에 공통되는 요소는 'ㅣ'이기 때문에, 기원적으로는 '-ㅣ'가 처소격 조사이었을 것으로 추정할 수 있다는 것이다.
여기서 후자의 해석, 즉 '-ㅣ'를 기원적인 형태로, '으/으'는 매개모음으로 파악하는 방식은 관형격과 처소격의 미분화 단계를 가정한 양주동(1942)에서의 本形 'ㅣ'의 설정과 같은 논지임은 이승욱(2006 : 16)에서 지적된 바 있다.

11) 중세국어와 근대국어의 격 형태들을 비교하면서 성광수(1999 : 262)는 중세국어에서 사용된 '-익/의'와 '-ㅅ, -ㅣ'의 관형격 조사 가운데, "내 모미 長者ㅣ 怒ᄅ룰 맛나리라(월석 8 : 98)"의 예문에 등장하는 관형격 조사 '-ㅣ'는 (ㄱ) 주격 '-ㅣ'의 전용, 또는 (ㄴ) 국어의 原始 격형(주격과 관형격 겸용)을 가정할 수 있다고 기술하였다.

서는 관형격 조사로 '-ㅣ'가 연결되는 체언의 종류가 국한된 범위에 속하기 때문이다. 따라서 허웅(1975)에서 형태론적으로 파악된 이형태는 그 비자동적 교체의 성격을 드러내려고 한다면, 어휘적으로 조건된 이형태에 가깝다.

중세국어문법 교과서의 일종인 안병희/이광호(1990 : 172-176)에 기술되어 있는 형태론 굴절 영역에서, 관형격 조사에 대한 예시는 이형태 '-ㅣ'의 몇 가지 용례와 함께 지금까지 이루어진 관찰의 전통을 그대로 계승하고 있다. 즉, (ㄱ) '-ㅣ'의 출현 조건("선행 체언의 말음절이 모음으로 끝날 때 실현."), (ㄴ) 이것의 형성을 음운규칙으로 설명할 수 없다("이는 '-의/의'의 'ㆍ'나 'ㅡ'가 탈락된 인칭대명사의 속격형 '내, 네, 뉘, 제'와 같이 설명되기 어렵다."). (ㄷ) 따라서 '-ㅣ'는 동상적인 '-의/의'와는 형태본적으로 조건된 이형태로 간주해야 한다.12)

또 다른 중세국어문법 교과서 고영근(1998)에서도 "조사의 갈래와 격조사"(99-101) 항목 가운데 '-ㅣ'형이 '-의/의'와 동일한 기능을 표시하는 관형격 조사로, 특정한 명사 뒤에서('長者ㅣ, 쇠'), 그리고 대명사 뒤에서(내) 성조의 불규칙적 변동과 함께 실현되고 있음을 기술하고 있다. 최근에 중세국어의 관형격 구성을 몇 가지 문제 중심으로 고찰한 이승욱(2006 : 8)에서도 관형격 조사의 기본 목록 가운데 이형태 '-ㅣ'가 그 출현 환경에 따라서 분류되어 있다. 그러나 여기서는 '-의/의/ㅣ'가 관형격 조사의 동일한 계열로 포함되어 있음을 본다. 이러한 사정은 중세국어 합성어의 유형 변

---

12) 안병희/이광호(1990/2009 : 173)에서 제시된 관형격 조사 '-의/의'와 '-ㅣ'의 중세국어의 쓰임에 대한 보기에서 문헌자료의 성격에 따라서 선행 체언 '長者'에 연결되는 형태로 각각 '-의'와 '-ㅣ'가 사용된 사례가 등장하였다. 그러나 이 책에서는 이와 같이 공시적으로 실현되는 '-의∽ㅣ'의 수의적 교체에 대한 어떤 설명도 제시되지 않았다.

　　(ㄱ) 長者의 ᄯᅡ리 쇠 져즈로 粥 쑤어(석보 3.40ㄱ),
　　(ㄴ) 長者ㅣ ᄯᅡ리 粥을 받ᄌᆞᄫᆞ니(월인,상.63).

이와 같은 수의적 현상은 이 글의 §2.2에서 살펴보려고 한다.

화를 살펴본 김유범(2011 : 113)에서도 관형격 조사의 기술에 관한 한, 동일하게 반영되어 있다. 그러나 그는 '-ㅣ'와 같은 이형태는 모음으로 끝나는 몇몇 체언 뒤에 나타나는 것으로, 넓게는 '-의/의' 유형에 해당되는 요소로 파악된다고 보았다.

이승욱(2006)과 김유범(2011) 등에서 관형격 조사 '-ㅣ'의 형태를 독자적인 이형태, 또는 형태론적으로 조건된 이형태로 취급하기보다는 동일한 기능을 발휘하는 '-의/의'와 같은 계열 또는 같은 유형으로 취급하기 시작하였음을 주목할 필요가 있다. 또한, 이미 허웅(1975)에서 지적된 바와 같이, '-의/의'와 '-ㅣ'는 공시적으로 출현 환경에 따른 상보적 분포를 형성하지 않는다.

2.2. 이형태 '-ㅣ'와 '-의/의'의 수의적 교체

지금까지 홍윤표(1969)와 허웅(1975)에서 제시된 이형태 '-ㅣ'를 관형격 조사로 취하는 일부 한정된 체언 부류들은 우선 곡용할 때에 보이는 형태론적 특징에 따라 크게 두 유형으로 나뉜다. 한 부류는 관형격 조사로 오로지 '-ㅣ'형과 통합되는 체언들이다. 여기에는 고유어 '쇼'(牛)의 관형격 형태가 속한다. 중세국어 자료에서 '쇼+-의'와 같은 연결은 쓰이지 않고, 단지 '쇠'형만 등장하고 있다. 이러한 사정은 근대국어의 단계에까지 지속되어 있다(홍윤표 1994). 잘 알려진 바와 같이, '쇠'형의 형태론적 구성은 두 가지이다. 체언 '쇼'에 주격조사 '-이'가 연결되어 중세국어 모음연결의 규칙에 따라 syo+-i→syoy로 도출된 주격 형태와, syo에 소위 형태론적 이형태 '-y'가 연결된 관형격 형태이다. 단독형 '쇼'의 성조는 거성[H]이지만, 주격 형태 '쇠'는 그대로 거성, 관형격 형태 '쇠'의 성조는 상성[R]으로 실현되어 사용된다. 동일한 분절체 '쇠'가 성조에 의해서 그 기능이 변별되지만,

성조 변동의 원리는 15세기 국어에서 불규칙적이다.

다른 한 부류는 모음으로 끝난 체언어간에 관형격 조사로 '- ㅣ'와 '-익/의'가 수의적으로 교체되어 공시적으로 쓰이고 있는데, 특정한 몇몇 사례만 제외하면 대부분의 예들이 여기에 속한다.

(8) 가. 相如ㅣ 뜯∽ 相如의 지죄(초간 두시.19,35ㄱ), 馬相如의 後에(초간 두시.3,064ㄴ),

　　　나. 臣下ㅣ 말(용가. 98)∽ 臣下익 갓둘히(월인석.2 : 28ㄴ),
　　　　　님금과 신하의 義룰 볼키니라(소학언.2.44ㄴ),

　　　다. 長者ㅣ(: 댱 : 쟝) 匹리(석보상.24 : 36ㄱ)∽長者익 匹리(석보상.3 : 40ㄱ),
　　　　　長者익 여듧찻 匹리시니(월인석,2, 23ㄱ),
　　　　　長者ㅣ 지븨 이셔(월인석.8 : 97ㄴ)∽長者익 지븨 나(월인석.23 : 81ㄱ),
　　　　　長者익 지븨 니르나(원각경.7,하1,1 : 52ㄱ),
　　　　　長者ㅣ 아돌(월인석.2 : 44ㄱ)∽ 長者익 아돌(석보상.24 : 33ㄱ),
　　　　　長者익 아ᄃ리 ᄃ외얫더니(월인석.21 : 17ㄴ),

　　　라. 내(我)∽나익∽내익,13)

---

13) 인칭대명사와 재귀대명사의 관형격 형태로 음운론적 축약형 제1 유형 '내, 네, 제, 뉘' 부류와, 모음의 연쇄를 그대로 허용하는 제2 유형 '나익, 너의, 저의' 부류가 공시적으로 수의적 교체를 보였다. 그러나 제2 유형은 명사절과 관형절의 내포문에서 주어적 관형격의 기능으로 주로 출현하였다(안병희 1967; 이기문 1972 : 176-177; 홍윤표 1969 : 64-66).
　이와 같은 제1 유형과 제2 유형들이 상이한 통사적 환경에서 관형격형의 상보적 분포로 등장하는 구체적인 원인은 규명된 바 없다. 또 다른 대명사 '누'(誰)형은 한 번도 모음연쇄가 허용된 '누+의'형은 보이지 않았다. 제2 유형이 출현하는 통사적 환경에서 복합적 형태 '내익, 네의, 제의' 들도 수의적으로 교체되어 사용되었다.
　성광수(1999 : 262)는 관형격 형태 '내익'는 '내'가 '나(我))+ㅣ'(주격 조사)로 재구성된 대명사이므로, 동시에 이루어진 관형격의 중출이 아니라고 보았다. 그러나 제2 유형 '나+-익'와 제3 유형인 '내+-익'의 성조가 각각 불규칙적인 [평성+거성]으로 동일하게 출현하기 때문에 그렇다고 분명하게 말하기는 어렵다.
　또한, 수의적으로 교체되는 '나익' 유형과 '내익' 유형이 보유하고 있는 통사적 차이도 확인되지 않는다. 허웅(1975 : 355)에서 제3 유형의 쓰임이 "이것은 아마 매김말을 강조하려는 심리작용에 기인함인 듯"이라고 지적한 이유도 여기에 있다고 생각한다.

ㄱ. 믈읫 나이 依와 正과 몬져 根身이 아니며(능엄언.3,63ㄴ),

　　衆이 나의 滅度 보고(법화경,5,161ㄴ),

ㄴ. 내이 毋陀羅手를 보라 正ᄒᆞ녀 갓ᄀᆞ녀(능엄언.2,12ㄱ),

　　네(汝)∽너의∽네의,

ㄱ. 너의 주으리며 목ᄆᆞᄅ며 죽사릿 病을 더루리라(월인석,20 : 114ㄴ),

ㄴ. 差別 업슨 거시 곧 네의 眞性이라(능엄언.2,35ㄴ),

　　제(其)∽저의∽제의,

ㄱ. 다 여러 뵈샤 저의 本來ㅅ 佛性을 보게 ᄒᆞ샤미니(법화경,4 : 150ㄱ),

ㄴ. 제의 술 먹던 그릇과 저희 두던 상뉵 쟝긔돌흘(번소학,10.10ㄱ).

허웅(1975 : 354-355)에서 인용한 (7)의 예 가운데, 관형격 조사 '-ㅣ'와 '-이/의'의 수의적 교체를 보이지 않는 일부의 예들에서 한자어 지명 '州'ㅣ와 관련된 일련의 체언들은 관형격 형태가 아니라, 파생접미사 '-이'의 연결에 의한 파생어에 속하는 문제이기 때문에 나중에 따로 언급하기로 한다(이기문 1971).

또한, 홍윤표(1969)에서 인용된 예문 (6)에서의 '獅子ㅣ 삿기'에서도 역시 '-이'가 연결된 '獅子+-이'와 같은 구성은 중세의 문헌자료에 등장하지 않는다. 어떤 형태로든 관형격 형태로 출현할 것으로 예측되는 통사적 구성 N^1(獅子)$+N^2$에서 관형격 조사가 면제되어 쓰이는 경우도 등장한다. 獅子 목소리로 니ᄅᆞ샤ᄃᆡ(월인석.2 : 38ㄱ). 그러나 중세국어에서 이와 같이 관형격 조사의 생략은 통상적으로 용인되는 현상이기 때문에, 그리 문제가 될 것은 없다. 위의 예문 (8)에 제시된 '長者'의 관형격 형태 '長者ㅣ'와 '長者의'에 대해서 격 표지가 생략된 '長者'형도 출현하고 있다. 魔王降服 ᄒᆡ샤미 <u>長者</u> ᄯᆞ리 粥 받ᄌᆞᄫᆞᆫ ᄒᆞ 히라(월인석. 4 : 14ㄴ). 그리고 '獅子ㅣ'의 형태 역시 15세기 국어에서 접미사 '-이'의 통합과 관련되어 있는 파생어의 신분일 가능성이 있다. 이러한 사실은 따로 논의될 것이다(이 글의 §2.3을 참조).

위와 같이 의심스러운 보기만 추려 내면, 위의 (8)의 예에서 인칭대명사의 관형격 형태 대부분과, 한자어 체언 '臣下, 長者, 相如' 등의 관형격 형태들에는 15세기 국어의 문헌자료에서 형태론적으로 조건된 이형태 '-ㅣ'와, 음운론적으로 조건된 '-의/의'가 수의적으로 교체되어 사용되고 있다.[14] 이와 같은 동일한 체언의 환경에서 두 가지 유형의 이형태들이 수의적으로 바뀌어 등장하게 되는 어떤 형태 통사론적 원리는 표면상 식별해 내기 어렵다.

허웅(1975 : 355)에서 관형격 조사의 이형태 '-ㅣ'가 체언 어간말음이 모음인 경우에만 쓰이는 것으로 그 출현 환경이 지적되었으나, 이와 같은 환경을 갖고 있는 한자어를 포함한 여타의 다른 체언들에는 '-의/의'가 연결되는 것이 일반적이다.

(9) ㄱ. 거우루(鏡)+-의; [15]

---

14) 중세국어에서 인칭대명사 가운데, '누'(誰)와 연결된 관형격 조사 형태는 '-의'와 수의적으로 교체하지 않고, 성조의 불규칙적인 변동과 함께 '-ㅣ'로만 사용되어 있다.

百丈은 뉘 집 여흘로 오ᄅᆞᄂᆞᆫ 빈오(초간 두시.10,45ㄱ),
뉘 짓 門을 向ᄒᆞ야 가려뇨(상동.10,44ㄴ).
　　cf. 혀의 性이 뮰딘댄 뉘와 혀롤 맛보리오(능엄언.3,50ㄱ).

이러한 '뉘'형은 근대국어의 후반, 즉 19세기 후기의 단계에서 재구조화되어 여기에 여타의 다른 격 조사들이 연결되어 쓰이고 있었다.

(ㄱ) 뉘가 셰상 스룸이 마니 아른 체 아니힐 쥴(조군령.37ㄱ),
　　독샤의 자식아 뉘가 너희롤 권ᄒᆞ여(예수셩.누가복음.3 : 7),
　　칙방으셔 뉘가 싱침을 맛넌야(수절가,상,17ㄱ),
　　방자 불너 뭇ᄂᆞᆫ 마리 뉘가 와야(상동.상,19ㄴ),
(ㄴ) 혈혈단신 이닉 신셰 뉘를 밋고 사잔 말고(상동.상,43ㄴ),
　　주부를 만리 연졍의 보닉여쓰니 뉘를 원망홀가(완판. 충열.하.26ㄴ).

15) 중세국어에서 관형격 조사 '-의/의'의 통합 조건은 선행 체언의 有情性 자질이다(홍윤표 1969, 안병희 1967). 따라서 무정물 체언인 '거우루'(鏡)는 격 표지 '-ㅅ'을 선택하여야 할 것이다. 이 시기에 이러한 형태 통사적 규칙에 순응하는 관형격 형태 '거우룻'이 주로 사용되어 있다.

(ㄱ) 비취유미 거우룻 光明이 곧ᄒᆞᆫ 젼ᄎᆞ로(능엄언.2,18ㄱ),
　　오직 거우룻 가온디 곧ᄒᆞ야(상동.4,109ㄴ),
(ㄴ) 오직 三諦 中에 거우룻 그리멧 가줄뵤물 자ᄇᆞ면(원각경.2,상1,1 : 069ㄱ),
　　알픈 두들기 올몸 곧고 이ᄂᆞᆫ 거우룻 像 곧ᄒᆞ니라(상동. 7,하1,2 : 8ㄱ),

거우루의 불곰 ᄀᆞ톨 시라(원각경.2,상1,1 : 059ㄴ),
거우루의 ᄆᆞᅀᆞᆷ 업숨 ᄀᆞᄒᆞ시니라(원각경.3,상1,2 : 057ㄴ),

ㄴ. 公侯+-의;
命婦ᄂᆞᆫ 곧 公侯의 妻ㅣ 錫命을 受ᄒᆞ니니(능엄언 6,20ㄱ),
公侯의 子孫·은(초간 두시 23.17ㄱ),

ㄷ. 弟子+-의;
如來ㅅ 弟子의 勢力을 大梵天王도 이리 恭敬ᄒᆞᄂᆞ니(월인석,4,24ㄱ),
弟子의 힝뎌글 正케 홀씨라(석보상, 6 : 010ㄱ),

ㄹ. 道+-의;
五百外道의 그르 아논 이룰(월인석,1,9ㄱ),
外道의 스승이 여슷 가지라(상동.1,20ㄴ),

ㅁ. 麴多+-의;
麴多의 說法을 잘 혜듀티과라 ᄒᆞ더니(월인석,4,20ㄱ),
麴多의 모기 연저놀(상동. 4,20ㄴ).

이러한 체언 어간말 모음에는 이형태 '-ㅣ'가 관형격 조사로 쓰인 예가 15세기 국어의 문헌자료에 나타나지 않는다. 이러한 사실은 이들 체언에 주격 조사 '-이'가 어간말 모음과 융합되어 활음 '-ㅣ'로 예외 없이 출현하는 현상과 좋은 대조를 이룬다. 믈ᄀᆞᆫ 거우뤼 影像과 ᄀᆞᆮ디 아니호디(월인석.11,54ㄱ), 두 거우뤼 光明이 서르 對톳 ᄒᆞ야(능엄언.8,18ㄴ). 그렇기 때문에, 허웅(1975)에서 제시된 관형격 형태 '-ㅣ'를 보여주는 대부분의 한정된 체언들은 우선적으로 먼저 '-익/의'와 연결되었을 것으로 보인다.

그러나 '거우루'의 관형격 형태로 '-의'가 연결되는 사실은 특이한 현상이다. '거우루+-의'의 출현은 특정한 자료인 『圓覺經諺解』(1465)에만 한정되어 있지 않다. 산발적이긴 하지만, 15세기와 16세기 국어의 문헌에서도 관찰된다.

(ㄷ) 三과 一은 거우뤼 ᄀᆞᄒᆞ니 <u>거우루의</u> 얼구른 法身 ᄀᆞᄒᆞ니 自性體오 거우루의 불고믄 般若 ᄀᆞᄒᆞ니(선종영,상,85ㄴ),
ᄆᆞᅀᆞᆷ 妙를 브터 불고미니 <u>거우루의</u> 빗ᄀᆞᆮ고(선가귀.9ㄴ).

따라서 '거우루+-의'와 같은 예외를 몇 가지 관점에서 생각할 수 있다. 우선, 글쓴이는 '거우루(鏡)'형이 쓰이는 담화 맥락에서 일종의 유정물로 의인화되었을 가능성이 있다고 추정한다.

따라서 이들 동일한 체언에 연결되어 쓰이는 '-ㅣ'와 '-이/의'의 수의적인 교체는 15세기 국어를 반영하는 텍스트의 성격, 담화의 종류 또는 일종의 말의 스타일 등과 같은 요인의 차이에 의해서 가변적으로 적용되는 사회언어학적 또는 화용론적인 속성을 반영하고 있다고 판단된다. 그러나 여기에 참여하는 사회 언어학적 교체형이 하나는 형태론적으로 조건된 이형태인 반면에, 다른 하나는 음운론적으로 조건된 이형태를 이룬다는 사실은 매우 불합리하다. 그리고 이러한 현상을 적절하게 설명하기도 어렵다.

그렇다면, 수의적 교체에 참여하는 관형격 조사 형태 '-ㅣ'와 통상적인 '-이/의' 부류를 이질적 요인으로 파악하기 보다는 동질적인 성분으로 간주하여야 된다. 즉 '-이/의→-ㅣ', 아니면 '-ㅣ→이/의'와 같은 공시적 변화가 개입되었을 것으로 설정할 수 있다. 그러나 '으/으'와 같은 모음이 '-ㅣ'에 첨가되는 후자의 현상은 음운론적 과정으로서 그 개연성이 낮다. 모음으로 끝나는 체언에 통상적으로 연결되는 격 표지는 '-이/의'이기 때문이다. 따라서 이러한 음운론적 과정은 선행하는 일정한 유형의 체언의 어간말 모음과 통합되는 과정에서 원래의 관형격 조사 '-이/의'에서의 핵모음 '으/으'가 수의적으로 탈락하는 현상과 관련되어 있을 것으로 가정한다. 또한, 이형태 '-ㅣ'가 대부분 유정 체언에 등장한다는 지적(홍윤표 1994 : 427)은 평칭 유정 체언에 연결되는 격 표지가 원래 '-이/의'이었기 때문이었음을 가리킨다.

2.3. 격 표지로서 '-ㅣ'의 기술과 관련된 몇 가지 문제

2.3.1. '쇼'(牛)의 관형격 형태 '쇠';

근대국어의 격 표지의 발달을 다룬 홍윤표(1994)와 이태영(1997) 및 이광호(2004) 등에 의하면, 관형격 조사의 이형태 '-ㅣ'가 이 시기에서도 부분적으로 지속되어 쓰이고 있음을 알 수 있다. 근대국어에서 이 격 표지는 15세기에서와 동일하게 주로 "모음으로 끝난 유정체언이나, 한자어, 그리고 인칭대명사" 다음에 연결되어 나타난다(이태영 1997 : 714-715). 그러나 근대국어에서 이형태 '-ㅣ'는 그 자체로 전혀 생산성이 없었으며, 이전 단계에서 넘어 온 관용적 표현, 또는 일종의 화석형으로만 존재했던 것으로 보인다.

이 가운데 특히 '쇼'(牛)의 관형격 형태 '쇠'는 중세에서와 마찬가지로 근대의 단계에서도 일관된 모습을 유지하고 있다. 우리가 §2.2에서 가정한 바와 같이, '쇼+-의'에서 출발하였을 가능성이 있으나, 위의 (8)의 예들이 보여주는 바와 같은 수의적 교체 '쇼의∽쇠'를 전혀 보이지 않는 것이다(홍윤표 1994 : 428). 이기문(1998/2006 : 166)은 후기 중세국어의 곡용 체계를 기술하면서 관형격 조사로 '-의'와 '-ㅅ' 유형만 제시하고, '-ㅣ'에 대해서는 따로 언급하지 않았다. 그리고 동물과 같은 유정물의 평칭에 사용된 '-의'의 실현에 대한 간단한 몇몇 예들 가운데 '쇠 香'(象의 香, 므리 香, 쇠 香, 석보상절 19.17ㄴ)이 포함되어 있음이 주목된다.16) 따라서 이러한 이기문(1998/2006)에서의 기술 방식은 '쇼의 → 쇠'와 같은 음운론적 과정을 전제로 하고 있는 것 같다.

---

16) 후기 중세국어 관형격 조사의 유형으로 따로 '-의/의'와 대립을 이루는 '-ㅣ'를 기술에서 제외하는 이기문(1998/2006)의 설명 방식은 그 이전의 『개정판 국어사 개설』(1972 : 155, 탑판사)에서와, 최근에 램지 교수와 공저의 형식으로 출간된 Ki-Moon Lee & R. Ramsey(2011 : 188, Cambridge University Press)에서 동일하게 그대로 반복되어 있다.

통상적인 관형격 형태 '쇼익' 대신에 '쇠'형으로 지속되는 일관성은 오늘날의 복수 표준어 '쇠고기'로 계승되어 있다.17) 이와 같은 '쇠'형이 보이는 끈질긴 역사적 지속성은 이 대상이 갖고 있는 언중들의 친숙성과, 아울러 어휘 사용의 높은 빈도수에 근거하는 것으로 보인다.

이러한 사실과 관련하여 홍윤표(1994 : 428)는 근대국어의 '쇠'에서 '-ㅣ'를 관형격 조사의 신분에서 합성어 표지로 문법화를 수행하였을 가능성을 언급하였다. 그리하여 관형격 형태 '쇠'가 재구조화되어 하나의 독립된 체언으로 언중들에게 인식되어 여기에 다시 관형격 조사 '-ㅅ'이 첨가된 17세기 국어의 형태 '쇳똥'(10ㄱ)을 제시하였다. 이 예는 원래 15세기 국어에서 '쇠똥'으로 소급된다.

(10) ㄱ. 쇳똥을 스로면 또 됴ᄒᆞ니라(벽온신,14ㄴ).
ㄴ. 牛機角 쇳 블,18)
牛尾把 쇳 ᄭᅩ리(역어유,하,31ㄱ),
cf. 쇠똥 ᄉᆞ론 지를 ᄀᆞᄂᆞ리 ᄀᆞ라(구급방,하,78ㄴ).

위의 (10)ㄴ에서와 같이 (10)ㄱ의 '쇳-'은 고립된 유형이 아니고, 다른 유형의 어근들로 확대되어 어느 정도의 생산성을 근대국어에서 보인다. (10)ㄴ의 예를 보여주는 17세기 중반 이후의 『譯語類解』(1690)에서 합성명사에 참여하는 '쇼'는 '쇼-'와 '쇠-', 그리고 '쇳-'과 같은 3 가지 방식을 나타내고 있다. (ㄱ) 쇠아지(하.30ㄴ), (ㄴ) 쇼여물(하.31ㄱ), 쇼오좀(하.31ㄱ), 쇼삿기

---

17) 이 합성어는 15세기 국어에서는 명사구로 사용되고 있었다.

또 쇠 고기 먹고 毒 마즈닐 고튜디(구급방,하,59ㄱ).
18) 『譯語類解』에 등장하는 '쇳블'의 예는 특이하다. 이 합성어는 중세국어에서는 '쇠쌜'로 소급된다.

孔雀이 쇠쌜 이슈믈(초간 두시.25,53ㄴ),
일빅 근 쇠쌜로 혼 면합ᄌ(번역노,하,68ㄱ).

(하.31ㄱ), 쇼똥(하.31ㄱ), cf. 한쇼, 암쇼(하. 30ㄴ). 이 가운데 '쇼삿기'(犢兒)와 더불어 공존하는 '쇠아지'형이 특이하지만, 이 시기에 대체로 합성어에서 '-ㅣ'가 제거된 '쇼-'형의 출현 빈도가 더 높다. 그렇기 때문에, '쇳-'형은 관형격 형태에서 단독형으로 재구조화된 '쇠'에 다시 관형격 조사 '-ㅅ'이 첨가된 것으로 분석하기 어렵다고 생각된다. 그러한 방식보다는 15세기부터 등장하여 근대국어에까지 존속하였던 복합격 형태 '-읫'과 연결되어 있을 가능성도 있다.[19] '쇼+읫→쇳'.

모음으로 끝나는 체언 '쇼'(牛)에 '-읫'이 연결되어 약모음 '으'가 탈락하는 과정은 15세기 국어의 단계에서 '쇼'에 부사격 조사 '-의게(셔)'형이 직접 연결되는 과정에서도 출현하고 있다. 이와 같은 유형의 체언의 곡용 범주에 적용된 '♀/으' 탈락 현상에 대해서는 §3.1에서 논의하려고 한다.

> (11) ㄱ. 몰게 불이며 <u>쇠게</u> 뿔여(구급방,하,29ㄱ),
>   ㄴ. 華嚴時ᄂᆞᆫ <u>쇠게셔</u> 졋 나미 ᄀᆞᆮᄒᆞ야(월인석.14,64ㄴ),
>   <u>쇠게셔</u> 나니 져지오(금삼해.3,39ㄴ).

현대국어의 지역방언에서 중세국어의 '쇼'는 아래의 보기에서와 같이 '쇠'로 재구조화되어있는 사례가 많다. 여기서 '쇠'형은 중세국어에서의 관형격 조사 형태인 '쇠'와는 관련이 없다. 그 대신 방언형으로서 '쇠'는 명사 파생 접사 '-이'가 연결된 파생법으로 형성되어 아래의 예문(12)에서와 같

---

19) 복합격 형태 '-읫'형은 근대국어에서 다양한 문헌자료에 등장하고 있다. 여기서 체언에 연결된 '-읫'은 '-의+ㅅ'으로 분석된다. 홍윤표(1969 : 73, 109)에서 언급된 바와 같이, 처격 조사 '-애, 에, 예, 인, 의'이 통합된 다음에 다시 관형격의 'ㅅ'이 첨가된 것이다.

  (ㄱ) 百年읫 집이 업서 骨肉이 統녕호 딕(가례해,1,13ㄱ),
  (ㄴ) 中蕭읫 글이여(시경언해,3,2ㄴ),
  (ㄷ) 樓읫 비ᄂᆞᆫ 구룸 ᄀᆞᆮ튼 帳올 져지고(중간 두시.4,23ㄴ),
  (ㄹ) 우리 順城門읫 官店을 향ᄒᆞ야(중간 노걸대,상,10ㄱ),
  (ㅁ) 쑈 이 孝順읫 ᄆᆞ옴이라 ᄒᆞ니라(오륜전,4,36ㄱ).

이 여러 지역방언으로 분포된 것으로 보인다. 중세와 근대국어 시기에 등장하는 접미사 '-이'에 의한 형태론적 조정은 이 글의 §2.3.2에서 취급하려고 한다.

(12) ㄱ. <u>염쇠</u>느 참 얌젼하니...<u>염쇠</u>르 챠쟈 가 보구...<u>염쇠</u>느 토끼 말으 듣구, <u>황쇠</u>느 크기두 하구 점대니니, <u>황쇠</u>게 가셔, <u>황쇠</u>느 웃으명 對答으 하기르... (『한글』 1권 9호(1933 : 371-376, 사투리 조사 : 咸北 行營, 穩城, 海州, 함북 行營, 오세준),

ㄴ. 쇠두 도티두 지르구(『1960년대 육진방언 연구』, 2011, 황대화, 함북 경흥군 하회리.(45쪽).

2.3.2. 관형격 조사 형태의 기술과 명사파생 접사 '-이';

근대국어의 관형격 조사 형태를 관찰하여 정리한 홍윤표(1994)와 이태영(1997) 및 이광호(2004)에서 제시된 몇 가지 유형의 예들은 글쓴이의 관점에서 다른 접근 방식이 요구된다. 우선, 홍윤표(1994 : 428)는 근대국어에서 관형격 조사 '-ㅣ'가 연결된 인명 및 동물명칭 체언으로 아래와 같은 예를 제시하였다.[20]

(13) ㄱ. 아양은 당셩현 사롭이니 사로 <u>셔대쉬</u> 쓰리오 변샹등의 쳡비라(동국신속, 열녀 8.88ㄴ),

ㄴ. 은스로 입스흔 <u>스쥐</u> 머리옛 섭등지오(번역박,상,28ㄴ),

ㄷ. 老身이 미양 <u>人家ㅣ</u> 師儒롤 마자 디졉ᄒ야(오륜전.1,18ㄴ).

위의 예 가운데 먼저 (13)ㄷ에서 '人家ㅣ 師儒' 구문은 해당 본문을 다시 파악해 보면 관형격 조사의 실현을 나타내지 않는다. 그 대신 '人家ㅣ'에서

---

20) 홍윤표(1994 : 428)에서 이 예들은 예문 (10)과 (11)으로 나누어 제시되었다. 그러나 여기서 글쓴이는 논지 전개의 편리를 위해서 하나의 항목으로 설정하고, 그 유형에 따라서 다시 하위 분류하였다. 해당되는 체언 아래에 가해진 밑줄은 원문에 의거한다.

'-ㅣ'는 주격조사가 사용된 것으로 보인다. "老身이 미양 <u>人家ㅣ</u> 師儒롤 마자 디졉ᄒᆞ야 그 ᄌᆞ식 ᄀᆞᄅ침을 보니(老身每見人家延待師儒敎訓其子, 오륜젼,1,18ㄴ). 이 예가 등장하는 문장의 전문을 관찰하면, "人家의 師儒를 맞이하여"와 같은 구문이 아니라, "人家가 師儒를 맞이하여..."로 해독하는 것이 원문에 더 가깝다고 할 수 있다. 이 언해문은 복합문으로, 주절은 "老身이 NP을 보니"이고, 여기에 명사절 내포문 "미양 <u>人家ㅣ</u> 師儒롤 마자 디졉ᄒᆞ야 그 ᄌᆞ식 ᄀᆞᄅ침"이 안겨 있는 구조이다.

이와 같이 근대국어에서의 주격 조사 '-'가 관형격 조사 '-ㅣ'가 쓰인 것으로 판단된 예는 근대국어의 격 체계를 기술한 이광호(2004 : 250-251)에서도 찾을 수 있다. 이광호(2004)가 제시한 예들 가운데 위의 (13)ㄱ과 ㄷ의 예와 일치하는 항목을 제외하면, 문제가 되는 예문이 아래와 같이 하나 남게 된다.

(14) <u>산뫼 혜</u> 거므면(태산집요, 34ㄱ).

여기서 관형격 조사의 실현으로 추정된 '산뫼 혜'(産母의 혀가)의 구문도 역시 조금 더 전체 문장으로 확대하면 주격 조사 '-ㅣ'로 파악하는 것이 더 정확하다. 즉, "<u>산뫼 혜</u> 거므면 ᄌᆞ식이 주근 디니(産母舌黑者子已死, 태산집요, 34ㄱ)"의 예에서 '산뫼'는 漢文 원문에 충실하려면 '産母'에 관형격 조사 '-이'가 통합된 통사적 구성으로 해석되지 않는다. 따라서 근대국어의 단계에서는 그 이전 단계에서 관용화되어 그대로 굳어진 상태로 이전되어 온 인칭대명사 범주 또는 사용 빈도가 높은 '쇼'(牛)같은 특수한 고유어 이외에는 관형격 조사로서 '-ㅣ'의 쓰임이 전반적으로 축소되는 경향을 나타낸다.

위의 예문 (13)ㄱ에서 홍윤표(1994 : 428)는 '셔대쉬 쫄'에서 '徐大壽ㅣ'의 '-ㅣ'가 관형격 형태라는 사실이 같은 예문에 연속되는 '변상듕의 쳡'과 같은 구문의 배열로 미루어 분명하다고 언급하였다. '셔대쉬'에서 분석되는 '-ㅣ'는 관형격 조사일 가능성도 물론 존재한다. 그러나 이 예문의 출처인 17세기 초기의 『東國新續三綱行實圖』(1617)에 등장하는 한자어 인명 다음에 '-ㅣ'가 연결된 용례들을 자세히 검토하여 보면, 다른 결론에 이르게 된다. 한자어 '-壽' 또는 '-守'가 인명의 말미에 포함된 예들은 이 문헌자료에서 대략 다음과 같이 분포되어 쓰이고 있다.

(15) ㄱ. 유혹 최숑쉬의 안해라(崔松壽, 열녀 5,71ㄴ),
　　 ㄴ. 정병 뎡펑쉬는 함열현 사룸이니(鄭彭壽, 효자 8,32ㄴ),
　　 ㄷ. 텬병이 긔쉬롤 다른 고디 가 결박ᄒᆞ여(麒壽, 열녀 5,8ㄴ),
　　　　또 긔쉬롤 주기고져 ᄒᆞ거눌(열녀 5,8ㄴ).

(16) ㄱ. ᄉᆞ로 희쉬는 니셩현 사룸이니(希守, 효자 8,65ㄴ),
　　 ㄴ. 샹인 김학쉬는 튱쥐 사룸이라(金鶴守, 효자 8,47ㄴ),
　　 ㄷ. 박연쉬는 령산 사ᄅᆞ미라(朴延守, 효자 6ㄴ).

위의 예들은 홍윤표(1994)에서 제시한 한자어 인명 '셔대쉬'의 '-ㅣ'가 관형격 조사일 가능성을 다시 검토하게 한다. 특히 (15)ㄱ의 '최숑쉬의 안해'와 같은 구문에서 '-ㅣ의'와 같은 이중의 관형격 조사가 사용되었을 것 같지 않다. 따라서 (13)ㄱ에서 '徐大壽ㅣ'의 '-ㅣ'는 한자음 '壽'(쉬)의 발음의 일부이거나, 아니면 인명에 첨가되는 접사 '-이'가 연결된 형태이다(셔대슈+-i→셔대쉬).21) 그러나 글쓴이는 접사 '-이'의 쓰임이 한자음에도 적용되

---

21) 16세기 중엽의 입말이 반영된 한글편지 묶음인 『순천김씨 묘 출토 간찰』(조항범, 1998)에는 많은 노복들의 인명이 등장하고 있다. 이 가운데, '-壽' 또는 '-守' 정도로 추정되는 한자어가 들어간 人名 말미에 '-이'가 연결된 예들을 관찰할 수 있다.
　　(가) 명쉬 일란 그리 호리(명수, 청언 52),
　　(나) 옥쉬내 빼 닷되 맛다 가셔(옥수내, 청언 99),
　　　　cf. 옥쉬 오나눌(옥수가, 청언 66),
　　(다) 희쉬와 광희와 가져 온 유무보고(희수, 청언 71),

었을 것이지만, 이 경우에는 후자에 해당되었을 가능성이 높다고 판단한다.

그 반면에, 이 자료에 반영된 인명들을 더 검토해 보면, (15)-(16)의 예들과 동일한 한자어 인명 말미에 오는 '-壽, -守'에 언제나 필수적으로 '-ㅣ'가 첨가되어 나타나지 않는 사실을 알 수 있다. 그리고 같은 한자음이라 하더라도 인명 말미가 아니라, 그 가운데 들어 있으면, '-ㅣ'가 연결되지 않는다.

(17) ㄱ. 안시는 녀쥐 사롬이니 <u>김긔슈의</u> 안해라(金麒壽, 열녀 6,4ㄴ),
　　　혹성 <u>최긔슈의</u> 안해라(崔麒壽, 열녀 5,8ㄴ),
　　ㄴ. 보병 <u>니년슈는</u> 김데군 사롬이라(李延守, 효자 8,31ㄴ),
　　　관군 <u>셕텬슈는</u> 뎡쥐 사롬이라(石天守, 효자 8,50ㄴ),
　　ㄷ. 니<u>슈</u>명은 셔울 사롬이라(李壽命, 효자 4,58ㄴ).

이러한 사실을 보면, 인명 말미에 부가된 '-ㅣ'는 문맥이나, 발화의 분위기 또는 말의 스타일 등의 요인에 따라서 N+-i와 N+ø와 같은 수의적 변이가 가능했던 명사파생 접미사 '-이'로 소급된다고 생각한다. 따라서 인명에 연결되는 '-이'는 "낮춤이나, 친밀성 또는 비격식성" 등과 같은 언어 외적 요인을 전달하는 "평가 접미사"(evaluative suffix, Scalise 1984 : 131)에 가까운 것이다.[22] 이러한 파생 접미사 '-이'는 중세국어의 단계에서도 인명

　　(라) 뉴쉬는 본디 글월 디일후미 이시니(유슈는, 청언 153),
　　(마) 뎡쉬롤 드려다가 무러 흑새(뎡수, 청언 130),

이와 같이, 개음절 한자어 인명 말미에 '-이'가 첨가되는 현상은 역시 17세기의 한글편지 묶음인 『현풍곽씨 언간 주해』(백두현, 2003)에도 그대로 사용되어 있다.

　　(가) 옥쉬는 왓는가 그저 아니 왓는가 긔별ᄒ소(옥수, 현풍. 17),
　　　　옥쉬란 혼자 몰 주워 내여 보내디 마소(현풍 44),
　　　　몰 보낼제 풍난이와 옥쉬롤 보내소, 옥쉬 뽕 ᄠᅥ거든 얼운 종 둘홀 보내소(현풍 91),
　　(나) 영뫼는/희쉬와/뉴쉬는/년쉬ᄒ여/한쉬 가더간 놀근 듕치막ᄒ고(현풍 59),
　　(다) 곽샹이와 한쉬는 오ᄂᆞ로 솅아치 사셔오고(한슈, 현풍 16),
　　(라) 내 핫듕치막 보의 ᄲᅡ 년쉬ᄒ여 보내소(년슈, 현풍 71).
22) 명사 어간말 모음 또는 자음에 연결되는 접사 '-이'의 본질은 대체로 구어에서 화자가 전달하려고 하는 정보의 내용에 [-위신, +친숙성, -격식성, +동질 집단의 정체성] 등을

을 포함한 여타의 명사어간에 수의적으로 연결되어 쓰이고 있다(최전승 1982).23) 예를 들면, 『월인석보』권4(1459)에 등장하는 인물 '瞿曇'은 이 텍스트에서 전개되는 담화의 상황에 따라서 두 가지의 변이형 '瞿曇+ø'과 '瞿曇+-i'를 번갈아 보여준다.

> (18) ㄱ. (魔王이 귓것ᄃᆞ려 닐오ᄃᆡ) 瞿曇이ᄂᆞᆫ 어딘 사ᄅᆞ미라(9ㄴ),
>   ᄒᆞ다가 瞿曇이롤 몯 降服힐까 ᄒᆞ야(11ㄱ),
>   ᄲᆞᆯ리 瞿曇이롤 害ᄒᆞ라 ᄒᆞ니(12ㄱ),
>   ㄴ. (魔王이 세 ᄯᆞ리 닐오ᄃᆡ)… 우리 어루 瞿曇이 ᄆᆞᅀᆞᄆᆞᆯ 일케 ᄒᆞ리니(6ㄱ).
>   cf. 瞿曇ᄋᆞᆫ 姓이라(월인석.1,5ㄴ).

위의 예에서 '瞿曇+-i'는 魔王이 언급한 것이고, 또 다른 형태 '瞿曇+ø'는 마왕의 딸들의 입에서 나온 말이다. 또한, 가치 중립적인 성격의 텍스트 협주에서 이 인명은 역시 '瞿曇+ø'로 출현되어 있다.24)

홍윤표(1994 : 428)에서 관형격 조사 '-ㅣ'의 실현으로 인용된 '스지 머리'(번역박,상,28ㄴ)에서도 접미사 '-이'가 사용되었을 가능성을 고려할 여지가 있다. 이 형태는 앞서 §2.1에서 예시된 바와 같이 15세기 국어로 소급된다.

獅子ㅣ 삿길싀(금강경삼가해 2.21ㄴ).

15세기 중세국어 자료에서도 'ᄉᆞᄌᆞ'(獅子)에 접미사 '-이'가 연결된 또 다

부가시키는 일종의 사회언어학적 표지(marker)에 해당되는 기능을 갖고 있었을 것으로 가정한다.

23) 전기 중세국어의 단계의 자료인 『朝鮮館譯語』(1403-1424년 사이) 가운데 "no.276, 盍 兔貴" 항목이 주목된다. 이 자료에 대한 음운론적 고찰을 시도한 권인한(1995 : 102)은 이 항목을 '투귀로 해독하고, 이 형태는 '투구'에 '-이'가 결합된 구조로 설명하였다. 『朝鮮館譯語』에서 개음절 명사어근에 이와 같은 '-이'가 연결된 것으로 보이는 예는 "no.163. 杴 所貴"에서도 찾을 수 있다. 권인한(1995)에서 지적된 바와 같이, 여기서 '술고+-아→술괴'형의 반사체가 제주도와 함북 육진방언에서 '살귀'로 출현하고 있다.

24) 고영근(1998 : 78)은 15세기 국어에서 人名에 '-이'를 붙여 쓰인 '安樂國이ᄂᆞᆫ'(월석 8 : 87)과 '阿難이롤'(월석 7 : 8) 등의 예를 제시하면서 "사람 이름을 평범하게 말할 때 그 말에 받침이 있으면 접미사 '-이'를 붙이는 일이 있다."고 언급하였다.

른 단독형 '亽지'형이 등장하고 있다. 그리고 이 형태는 그대로 16세기를
거쳐 근대와 현대국어의 지역 방언에까지 분포되어 있다.[25]

(19) ㄱ. 舍利弗이 흔 獅子ㅣ롤 지어내니(석보상.6 : 32ㄴ),
　　　　cf. 獅子는 즁싱들히 다 저흘쎠(상동.3 : 043ㄱ),
　　　　모딘 象과 獅子와 범과(상동.9 : 24ㄴ),
　　ㄴ. 獅 亽짓 亽, 猰 亽지 산(1527, 훈몽자,상,9ㄴ),[26]
　　ㄷ. 獅子ㅣ 머리롤 좀가 너머(1677, 박통해,상,9ㄴ),
　　　　獅子 亽지(1690, 역어유,하,33ㄱ),
　　　　獅子 亽지(1778, 방언유,해부방언,13ㄱ).

이기문(1971 : 595)은 한자어 지명에 등장하는 '州'의 古俗音 '쥐'를 고찰하
면서, 중세국어의 당시에 '亽ᄌ'(獅子)가 '亽지'로 등장하는 표기 예 (19)ㄱ을

---

25) '獅子+-i→亽지'의 반사체들은 '亽지>亽즤>사지'의 음성변화를 밟아 온 것으로 보인다.

　(ㄱ) 亽지, 獅子, a lion, Also 亽즤(1897, Gale의 『한영ᄌ뎐』, 548),
　(ㄴ) 亽지 : 獅子의 轉, 사지춤, 사지코, 사지탈(1920, 『朝鮮語辭典』, 444).

이와 같은 '사지'형은 1940년대 북부방언에서도 조사되어 있다. '사자→사지'(평남, 개천,
『한글』 7권 4호, 16쪽). 이 형태의 분포는 19세기 후기 경상도 방언에서도 확인된다. 아
래 계열의 판본에서 '獅子'가 '亽지→亽ᄌ'와 같이 한자음으로 교정되고, 이어서 현실 발
음 '사지'로 교체되어 있는 사실이 주목된다.

　(ㄷ) 亽지가 강남은 흔흐가 시브의(묘대천본 필사본 교린수지 2.6ㄴ),
　　　亽지가 강남은 흔흐가 시브외(아스톤본 필사본 교린수지 2.1ㄴ),
　　　亽ᄌ는 셔역에 만타 허는이(초간/재간 교린수지 2.1ㄴ),
　　　사지는 셔역에 만타흐ᄂ니(1908, 교정 교린수지, 70).
26) 叡山本 『훈몽자회』에는 '亽지'(獅子)와 같은 유형으로, '눈ᄌᅀᆞ'(睛)에 접미사 '-이'가 연결
된 '눈ᄌᅀᅵ'형이 등장하고 있다. 睛 눈ᄌᅀᅵ 쳥(13ㄱ).
이기문(1971/1983 : 126)은 이 '눈ᄌᅀᅵ'형에 대하여 다음과 같은 언급을 한 바 있다.

　"A본(叡山本 『훈몽자회』)의 '눈ᄌᅀᅵ'는 아마도 그 당시의 新形(아니면 방언형)이어서 B
　이하에서 구형(즉 점잖은 말씨의 어형) '눈ᄌᅀᆞ'로 고쳐진 것으로 생각된다. 그러나
　'눈ᄌᅀᆞ'는 점차 중앙어에 뿌리박아 드디어 오늘의 '눈자위'에 이른 것이다."

합성어 '눈ᄌᅀᆞ'의 'ᄌᅀᆞ'에서도 'ᄌᅀᆞ(核)+-i>ᄌᅀᅵ'의 과정을 거친 이형태가 16세기 국어
자료에 등장하고 있다. 둘기 알 누른 ᄌᅀᅵ과 블근 수둙의 벼쳑(간벽온. 10ㄴ).

주목하였다. 그는 여기에 첨가된 '-ㅣ'가 당시의 실제 발음 '스지'를 나타내기 위해서이며, 이러한 현상은 15세기 국어의 '풀'(蠅)과 '그력'(雁)이 후대의 문헌에서 '프리'와 '그려기' 등으로 대치되는 현상과 같은 과정으로 간주하였다.

중세국어의 단계에서 이와 같은 접미사 '-이'의 관여와 관련하여, §2.1에서 15세기 국어에서 전형적인 관형격 조사 '-ㅣ'의 형태로 제시된 바 있는 '臣下ㅣ 말'(용가. 98)에서의 '-ㅣ'의 경우도 다시 검토해 볼 여지가 있다. 그러나 관형격 조사가 예상되는 이외의 다른 맥락에서 한자어 '臣下'에 '-ㅣ'가 연결된 예는 중세국어의 자료에 등장한 적이 한 번도 없다. 따라서 15세기의 용례 '臣下ㅣ'에서의 '-ㅣ'는 관형격 조사의 이형태 신분이 분명하다. 이러한 사실에도 불구하고, '臣下'에 접사 '-이'가 연결된 것으로 보이는 단독형 '신해'형이 18세기 초엽의 경상도 방언의 일부를 반영하는 예천 용문사본『念佛普勸文』(1704)에 처음 등장하고 있다.[27] 이러한 형태론적 과정을 거친 '신해'형은 19세기 후기 함북방언에서도 확대되어 있다. '臣下 → 신히, 신흐'(Putsillo,『로한ㅈ던』1874 : 560). 따라서 '臣下'에 접미사 '-이'가 연결된 '신해'(臣下ㅣ)형이 15세기 국어에서도 사용되었을 개연성이 있다.

(20) ㄱ. 신해는 님금의 말슴을 듯고(13ㄱ),
ㄴ. 신히는 님금의 말슴을 듯고(1776, 합천 해인사본, 13ㄴ).

---

27) '臣下'에 접미사 '-이'가 첨가된 형태는 19세기 후기 전라방언과, 1960년대 육진방언 자료, 및 지방 천자문의 새김에도 등장하고 있다.

(ㄱ) 신히가 직죠 업서(臣下, 판,퇴. 288; 완판, 퇴별가.12ㄱ).
(ㄴ) 통신 신해들이 거기 안자서(『1960년대 육진방언 연구』, 2011 : 61, 황대화, 역락. 함북 경흥군 하회리.
(ㄷ) 신해, 신(臣, 평북 : 강계, 강원도 : 강릉, 제주도 : 표선,『천자문 자료집』, ―지방 천자문 편―, 1995 : 30).
시내, 신(臣, 김이협의『평북방언사전』(1981, 한국정신문화원).

허웅(1989 : 94-96)에서도 16세기 국어의 관형격 조사 이형태 '-ㅣ'가 실현된 예로 15세기 국어에서 연속되어 오는 '쇠'(牛)형 이외에, 다음과 같은 '三嘉ㅣ'와 '晋州ㅣ'의 두 가지 유형이 제시되었다.

(21) ㄱ. (鄭玉良이는) <u>三嘉ㅣ</u> 사르미라(1514, 속삼강. 효자,14ㄱ),
　　 ㄴ. <u>晋州ㅣ</u> 빅셩(상동. 효자, 15ㄴ).[28]

위의 예에서, (21)ㄱ의 한자음 지명 '-嘉'에 연결된 '-ㅣ'는 17세기 국어의 『東國新續三綱行實圖』(1617)를 참고하면 역시 위에서 언급되었던 접미사 '-이'가 실현된 형태로 해석될 수 있다.

(22) ㄱ. 뎡옥량이는 <u>삼개</u> 사르미라(鄭玉良 三嘉人, 속삼 효자, 11ㄴ),
　　 ㄴ. 젼시는 <u>삼개현</u> 사롬이니(全氏 三嘉縣人, 상동. 열녀 4,86ㄴ),
　　　　 셔시는 <u>삼개현</u> 사롬이니(徐氏 三嘉縣人, 상동. 열녀 5,39ㄴ).

3. 중세국어에서 모음 연결 규칙과 형태론적 범주

3.1. '으/으' 탈락 현상의 적용 영역

현대국어에서와 마찬가지로, 후기 중세국어의 음운론에서 형태소 경계를 사이하여 두 모음 V^1과 V^2가 직접 연결되어 모음충돌(hiatus)이 일어나

---

28) 지명 '-州'에 첨가된 '-이'는 관형격 조사 '-ㅣ'와 관련이 없고, 원래 이 한자어의 고속음 '쥐'이었음은 이기문(1971)에서 규명된 바 있다(홍윤표 1994 : 431). 그 이후, 허웅(1975 : 347)은 '지명의 -州ㅣ'가 처격 조사가 아닌 경우에도 쓰인 예를 제시하면서, 이것은 격 조사가 아니라, 한자음 '州'를 '쥐'로 표기했을 것으로 추정하였다. 그러나 다시 허웅(1989 : 347)에서 16세기 국어의 '晋州ㅣ 빅셩'의 예를 제시하며 다음과 같이 언급하였다.

"이 '-ㅣ'는 단순한 소리 표기가 아니라, 매김 토씨이다."

는 경우에, 음성 지각과 산출의 관점에서 이러한 현상을 회피하기 위한 몇 가지 수단이 개발되어 있음은 잘 알려진 사실이다(이기문 1972; Cheun 1975; 김종규 1986, 1989; 한재영 1997, 정인호 2006).29) 이 가운데 형태소 경계에서 직접 연결된 두 모음 V^1과 V^2의 연쇄에서, 동일 모음 탈락 현상과(21ㄱ), '오' 와 '으'가 참여하여 다른 모음의 앞뒤에서 탈락하는 '오/으' 탈락 현상(21ㄷ) 만을 여기서 주목하려고 한다. 이기문(1972 : 140)에서 제시된 중세국어의 모음 연결의 규칙은 같은 모음끼리 연속되는 경우를 포함하면 다음과 같 다.30)

(23) ㄱ. V1+V1→V1,
　　 ㄴ. 오+아→아, 오+오→오,
　　　　 으+어→어, 으+우→우.
　　 ㄷ. $\left\{ \begin{array}{c} 오 \\ 으 \end{array} \right\}$ +V→V.

중세국어에서 모음 연속을 회피하기 위한 수단으로 화자들이 선택한 '오 /으' 탈락규칙 (23)ㄷ은 일종의 거울 규칙(mirror image rule)이다. 즉, V^1+V^2 에서 '오'와 '으'가 어떤 위치에 연결되어도(오/으+V, 또는 V+오/으), 결과는

---

29) 정인호(2006)는 모음 연쇄를 회피하려는 경향과 그 변화의 방향을 이숭녕(1947, 1955)과 허웅(1965)의 분류를 인용하여 제시한 바 있다. 즉, (1) 모음 축약, (2) 모음 탈락, (3) 반모음화, (4) 중간소리 되기, (5) 자음 삽입.
　최근에, 모음 연쇄를 회피하는 유형론적 고찰을 시도한 Casali(2011)에서도 이와 비슷한 유형들이 소개되었다.

　　(가) 모음 탈락 : V1+V2→V1+ø, (나) 활음 형성 : V1+V2→y/w+V2, (단, V1이 고모음일 경우에만 적용), (다) 융합(coalescence) : V1+V2→V3(단, V1과 V2의 성격 공유), (라) 자음 삽입 : V1+V2→V1+C+V2.
30) 안병희/이광호(1990/2009 : 63~64)도 이기문(1972)에서와 동일한 음운규칙을 설정하고, 이를 "중세국어 모음연결 규칙"으로 명명하였다. 여기서 규칙 적용의 예로 제시된 보기들도 용언 범주에 한정되어 있다.

동일하게 탈락되는 것이다. '♀/으' 탈락 규칙에서 이들 모음에 앞서거나 뒤에 연결되는 다른 모음들이 15세기 국어의 모음체계에서 같은 계열에 속하게 됨은 강력한 모음조화 현상의 지배를 받은 결과이다. 이러한 규칙을 설정한 이기문(1972)에서는 규칙 적용의 제약 또는 영역에 대한 구체적인 언급은 없었다. 여기서 함께 제시된 규칙의 적용 예들은 용언 범주에 국한되어 있다. '프-(掘)+아 → 파, 프-+옴 → 폼', '쓰-(用)+어 → 뻐, 쓰-+움 → 뿜.[31]

따라서 한재영(1997 : 788)은 이러한 모음의 연접규칙을 모음으로 끝난 용언 어간과 모음으로 시작하는 어미와의 결합에서 수행되는 규칙적인 교체 양상으로 기술하였다. 물론 용언의 특수어간 교체 부류는 이 규칙의 적용 대상에서 제외된다.

모음 연쇄를 제거하기 위한 이러한 음운규칙 (23)은 자연스러운 음운론적 과정임에 틀림없으며, 용언의 활용 영역에서는 규칙적으로 적용되는 강력한 규칙 유형이다. 그렇다면 이와 같은 음운규칙이 동일한 음성 조건을 구비하고 있는 체언의 곡용 범주에 적용되지 않는 이유는 무엇인가?

---

31) 이기문(1971/1983 : 166-167)은 중세국어에서 '♀/으' 탈락 규칙이 체언의 어간 내부에서도 적용되는 것으로 해석되는 언급을 하였다. 즉 그는 16세기의 『訓蒙字會』에서 순경음 'ㅸ'의 변화로 어간 내부에 '♀+오'의 연쇄를 초래한 일련의 단어들인 'ㄱ올(州), ㄱ외(裳), 스ㄱ올(鄕), 되-(化)' 등의 부류가 각각 '고을, 고의, 스굴, 도알' 등으로 변화된 예들을 주목하였다. 그러나 이러한 단어들의 어간 내부에 보이는 '오+으'를 문자 그대로 수용하기 어렵다고 판단하였다.

그러한 이유는 '♀+오'의 연쇄는 '오'로 축약되기 때문이라는 것이다. 따라서 이기문 (1971/1983)은 15세기에 '酒'를 나타내는 단어가 공시적으로 '술∞수울∞수울'로 표기된 사실과 동일하게, 16세기 국어의 일련의 단어 내부에서 보이는 '오+으'의 연쇄는 '오'의 장모음이었을 것으로 해석하였다.

이와 같은 관점은 이숭녕(1955 : 481-482)의 국어의 Hiatus 현상의 기술에서도 제시된 바 있다. 또한, 허웅(1985 : 530)에서도 중세국어의 "홀소리 부딪힘" 현상에서 '되외->되 -(爲), ㄱ올>골(洞), 수을>술(酒), 그을->굴-(轉)' 등의 변화에서 '♀+오>오, 으+우>우'와 같은 "홀소리 줄여 없애기"가 제시되어 있다.

따라서 이숭녕(1955), 이기문(1971) 및 허웅(1985)에서는 모음 연쇄에서 '♀/으' 탈락 규칙이 용언과 체언의 범주에 공히 적용되어 있다. 우리는 최전승(1975/2009)에서 규명된 몇 가지의 중세국어 음운론을 근거로 해서 '♀/으' 탈락 규칙은 중세국어에서 주로 형태소 경계에서 적용되었음을 전제로 하려고 한다.

많은 언어들을 표본으로 조사해서 모음 충돌을 저지하는 화자들의 일반
적인 전략 형식을 조감한 Casali(2011 : 1436)에 따르면, 대부분의 언어에서
다음과 같은 일반적인 현상을 관찰할 수 있다고 한다. 즉, (1) 모음 연쇄를
회피하는 언어에서, 몇몇 특정한 환경에서는 그 모음 연쇄가 허용되는 반
면에, 다른 환경에서는 그것이 엄격하게 허용되지 않는다. (2) 형태 통사적
환경에서 몇 가지 요인들이 모음 연쇄를 용인하게 되는 경향이 존재한다.
그것은 (ㄱ) 강세, 음장, 고저, (ㄴ) 말의 속도, (ㄷ) 특정한 형태소의 어휘
적 또는 기능적 신분, (ㄹ) 특정한 어휘 항목들에 대하여 화자들이 갖고
있는 민감성, (ㅁ) 단 하나의 모음으로만 구성된 형태소는 모음 연쇄의 환
경에서 그 모음의 탈락을 때로는 거부한다. 그 이유는 모음의 탈락과 함께
의미 내용의 상실이 뒤따르기 때문이다.

이와 같은 사실을 전제로 하고, 중세국어의 단계에서 체언의 곡용 범주
에서 일어나는 모음의 연쇄 과정을 점검해 볼 필요가 있다. 이 시기에 모
음으로 끝난 대부분의 체언 어간말음이 같은 계열 모음으로 시작되는 조
사 부류와 통합될 때, 두 가지의 현상이 관찰된다. 하나는 체언에서는 모음
연쇄가 원칙적으로 허용되었다(24ㄱ). 다른 하나는 모음 연쇄가 제거되는
경우에는 몇 가지 대안 가운데 어간말 모음과 모음으로 시작되는 조사의
모음이 융합되어 이중모음을 형성하였다. 특히 후자의 방법에는 주격과 서
술격 조사 '이'가 참여하여 이중모음의 부음 '-ㅣ'로 실현시킨다(24ㄴ). 아래
의 예에서 각각 '거우루+-에/거우뤼; 보ᄉᆞ+-애/보쇠; 弟子+-익/弟子ㅣ; 軟
座兒+-애/안좌쉭; 臣下+-익/臣下ㅣ' 등이 모음 연쇄에서 나타내는 음운론적
행위가 대조를 드러내도록 배열하였다.

    (24) ㄱ. 큰 두려본 <u>거우루에</u> 한 色像現호미 곧고(월석.11,84,1b),
         술 흔 <u>보ᄉᆞ애</u> 글혀(구급방,하,30ㄴ),
         <u>弟子익</u> 힝뎌글 正케 홀씨라(석보상:6 : 10ㄱ),

던피로 <u>연좌亽애</u> 쳥셔 피로 フ는 변亽ᄒ고(軟座兒, 번역 박,상,28ㄱ),
<u>臣下의</u> 갓둘히 다 모다 夫人 侍衛ᄒ亽ᄫᅡ(월석.2,28ㄴ).

ㄴ. 몰곤 <u>거우뤼</u> 影像과 ᄀᆞᆮ디 아니ᄒ더(월석.11,54ㄱ),
믈 네 보亽애 ᄒᆞᆫ <u>보쉬</u> ᄃ외에 글혀(구급방,상,42ㄱ),
瞿曇의 <u>弟子ㅣ</u> 두리여 몯오ᄂᆞ이다(석보상.6 : 29ㄴ),
금亽로 가푼 희욘 <u>안좌쉬</u>오(번역 박,상,28ㄱ),
大臣은 큰 <u>臣下ㅣ</u>라(석보상.3 : 13ㄱ).

위의 예에서 체언 '거우루'(鏡)의 어간말음 '우'가 주격 조사 '-이'와 연결되어 '우-이'의 연속이 허용되지 않고, 필수적으로 두 모음이 융합되어 이중모음 '-위'[uy]를 형성한다. 이와 같은 음운론적 과정은 원래 이중모음으로 이루어진 처소격 조사 '-에'와 연결되는 조건에서는 면제되어 있다. 즉, '우+-에 → 웨'(-u+əy→wəy)와 같은 과정이 예상되지만, 처소격 형태 '*거우뤠'의 존재는 중세국어에서 허용되지 않았다. 이러한 사실은 이 시기의 음운론에서 '우+-에'의 연쇄에서 '우+-에→웨'와 같은 조정을 구태여 용인하지 않았기 때문이다.

그러나 체언어간 말음과 모음으로 시작되는 조사와 연결되어 일반적인 이중모음을 형성할 수 있는 조건에서도 주격 조사 '-이'와의 통합 이외에는 실현되지 않는다. 즉, 한자어 '신하'(臣下)에 주격 조사 '-이'가 연결되면 어간말 위치에서 이중모음화 '-애'[ay]가 필수적으로 수행되었다. 그 반면에, 관형격 조사 '-의'가 참여하는 '신하+-의'의 조건에서 형성된 a+-ʌy의 통합에서는 어떤 조정도 수행되지 않았다. 그 대신 그대로 모음 연쇄 '아+-의'가 용인되어 관형격 형태 '신하의'로 실현되었다.[32] 이러한 사실을 보면, 위의 (24)ㄱ의 예에서 모음 연쇄가 허용되는 것은 모음의 연결 과정에서 일어나는 특정한 음운론적 과정과는 관련이 없는 현상이다. 따라서 용

---

32) 이 글의 §2.2에서 모음으로 끝난 체언어간에 관형격 조사 '-의/의'가 연결되어 통상적으로 모음 연쇄를 허용하는 (9)의 예도 아울러 참고.

언의 활용에 필수적으로 적용되었던 위의 (23)과 같은 모음 연쇄의 규칙이 체언의 곡용 범주에는 면제되어 있다고 보는 것이 타당하다고 할 것이다. 그렇다면, 중세국어의 단계에서 형태소 경계에서 일어난 모음 연속을 취급하는 방식이 체언과 용언의 범주에 따라서 상이하였다는 잠정적인 결론에 이르게 된다.

지금까지 우리가 §2.1에서 조감한 바와 같이, 중세와 근대국어를 통하여 산발적으로 등장하였던 관형격 조사 '-ㅣ'의 존재를 "특이한 어간의 교체"(안병희 1967 : 183), "여러 모의 특이한 표기법"(이숭녕 1961/1983 : 168-170), 또는 때로는 "설명이 어렵다"(홍윤표 1969 : 57, 안병희/이광호 1990), "비자동적 교체"(한재영 1997) 등으로 파악한 근거가 바로 이와 같은 결론에 근거하였을 것으로 보인다. 즉, 용언의 활용 범주에서는 규칙적인 음운현상이 곡용의 범주에서는 적용되지 않는 경우가 바로 여기에 해당되는 것이다(송철의 1991).

모음 연결의 규칙 (23)은, 위에서 지적한 바와 같이, 언어음의 지각과 산출에 근거한 자연스러운 음운규칙이다.33) 자연스러운 공시적 음운규칙은 기본적으로 그 음성 환경만 만족시키면 특정한 조건이 없으면 일반적으로 적용되어져야 한다. 그러나 규칙 (23)은 그 적용에 [+용언의 활용]이라는 형태론적 범주의 제약을 갖고 있다. 이러한 제약은 어디에서 유래하는 것일까? 자연스러운 음운규칙에 가해지는 이와 같은 문법 범주의 제약은 더 상위의 언어 층위에서 요구되는 기능적 필요 또는 제약에서 유래하는 경우가 대부분이다(Kenstowicz/Kisserberth 1997 : 168; 전상범 1980 : 246-247).

이와 같은 관점에서, 중세국어의 체언의 곡용 범주에서 지금까지 일반적

---

33) 따라서 자연스러운 모음 연쇄 규칙은 국어사의 시대적 단계를 초월해서 보편적으로 작용할 수 있다고 생각한다. 그렇기 때문에, 중세국어에서의 음운규칙 (23)ㄷ은 근대 단계를 거쳐 현대국어에서 '으' 탈락 음운규칙으로 수정되어 지속된다.

인 음운규칙 (23)에 대한 예외를 이루고 있다고 지적되어 온 모음 연쇄의 유형들을 다시 검토해 볼 필요가 있다.

3.2. 체언 곡용 범주에서 모음 연쇄와 '♀/으'의 탈락 현상

중세국어에서 수행된 체언의 공시적 형태 교체를 취급하면서 고영근 (1998 : 112-114)은 '♀/으'로 끝난 명사가 모음으로 시작하는 조사 앞에서 형태가 교체되는 유형을 아래와 같이 제시하였다.

(25) 가. ㄱ. 굴♀로, 굴이라, cf. ᄀᆞᄅ(麵),
    ㄴ. 홀론, 홀리어나, cf. ᄒᆞᄅ(一日),
  나. ㄱ. 앗온, 앗이, 앗익, cf. 아ᅀᆞ(弟),
    ㄴ. 엿의, 엿은, 엿이니, cf. 여ᅀᅳ(狐),
  다. ㄱ. ᄢᅦ, ᄢᅦ라, ᄢᅧ, cf. ᄣᅳ(ᄢᅳ),
    ㄴ. 시, 시라; 디, 디라, cf. 업슬 숀(ᄉᆞᄂᆡ), 뷘돌(ᄃᆞᄅ).

위의 예에서 (25)㉮-(25)㉯의 곡용 형태들은 소위 특수어간 교체를 보이는 전형적인 비자동적인 곡용 형태들이기 때문에 여기서 일단 논의에서 제외하기로 한다. (25)㉮와 ㉯에서 단독형 'ᄀᆞᄅ, ᄒᆞᄅ, 시르(瓶), 여ᅀᅳ, 아ᅀᆞ' 등에 모음으로 시작하는 격조사가 연결되면 표면상으로는 어간말 '♀/으'의 탈락이 수행된 것으로는 보인다. 그러나 15세기에 보이는 'ᄀᆞᄅ∽굴♀, ᄒᆞᄅ∽홀ᄅ' 등과 같은 교체는 그 이전 단계에서 가정된 '*ᄀᆞᄅ, ᄒᆞᄅᆞ' 등에서 일련의 변화를 거쳐 온 결과이다(이기문 1962).

따라서 어간말 '♀/으'의 탈락과 관련하여 여기서 주목하는 사례는 (25)㉰에서 제시된 시간명사 'ᄢᅳ'(時)의 곡용 형태와, 15세기 국어에서 전형적인 형식명사 'ᄉᆞ'와 'ᄃᆞ'의 곡용 형태들이다. 먼저, 'ᄢᅳ'에서 주격 및 처소격과

결합되어 나온 '쪄'와 '쪠'에서 어간말 모음 '으'가 탈락되는 현상은 아래와
같은 음운론적 과정을 전제로 하여야 된다.

(26) ㄱ. 쯰+-이→쪄($\dot{i}$ +-i → i),
　　 ㄴ. 쯰+-의→쪠($\dot{i}$ +-iy → iy),[34]

　중세국어 모음의 연결 제약을 종합적으로 고찰한 김종규(1989 : 61)는 위
와 같은 과정을 곡용에서 일어나는 어간형태소의 탈락 규칙으로 설정한
바 있다. 김종규(1989)에서는 체언의 비자동적 교체를 보이는 위의 (25)㉮
와 ㉯의 범주까지를 포함한 것이지만, 용언에서 모음 연쇄와 관련하여 설
정된 '♀/으' 탈락 규칙 (23)과 그 성격을 공유하고 있다. 그러나 규칙 (23)
의 기술 내용은 체언의 범주와 규칙 적용에 있어서 두 가지의 상이를 보인
다. 하나는 체언의 곡용에서 일어나는 '♀/으'의 탈락이 용언의 활용에서와
는 달리 반드시 동일한 계열의 모음과 연결되지 않아도 일어나는 현상이
다(26ㄱ). 다른 하나의 차이는 같은 계열에 속하는 모음들의 연속에서 이중
모음의 핵모음이 참여하고 있는 사실이다(26ㄴ). 그러나 체언 범주에서 보
이는 이러한 음운규칙 기술 내용의 차이는 용언의 활용형들에서는 어간말
과 어미의 통합에서 그러한 음성 환경을 우연하게 형성하고 있지 않기 때
문에 기인된 것이다.

　또한, 형식명사 '드'와 '스'의 주격과 처소격 형태에서 보이는 '디, 딋'와
'시, 싀'의 경우도 '드+-이→디, 드+-의→딋' 및 '스+-이→시, 스+-의→

---

34) '쯰'(時)에 목적격 조사가 연결된 '뽈'의 경우는 고영근(1998)에서 예시한 바와 같이, '쯰'
　에 '-ㄹ'이 직접 연결된 형태이다. 이러한 유형은 중세국어에서 '가칠'(가치+를), 날(나
　롤), 눌(누+를) 등에서도 발견된다.

　(ㄱ) 보야미 <u>가칠</u> 므러(용가. 7),
　(ㄴ) 尊者ㅣ <u>날</u> 위호야(석보상.3 : 7ㄴ),
　(ㄷ) 받 님자히 무로디 <u>눌</u> 爲호야 가져간다(월석.2,13ㄱ).

디'와 같은 모음 연속에서 수행된 음운론적 탈락 과정을 거친 것으로 보인다. 이러한 과정에는 용언에서와 같은 모음 연결의 음운규칙 (23)이 참여한 것이다. 이러한 사실에도 불구하고, 고영근(1998 : 112-114)에서 '♀/으'의 탈락으로 제시된 예는 체언의 곡용범주에서 음운규칙 (23)을 설정하여 규칙적으로 설명하기에는 그 수효에 있어서 보편성이 크게 떨어진다. 그렇기 때문에, 특히 위의 예 (25)㉲에 대해서 종래에 이숭녕(1961/1983 : 168-170), 안병희(1967 : 183), 한재영(1997) 등에서 특이한 어간 교체 또는 비자동적 교체로 규정되어 온 것이다.

그러나 지금까지 중세국어에서 관형격 조사의 이형태 가운데 형태론적으로 조건된 '-ㅣ'의 출현을 '♀/으'의 탈락 규칙 (23)이 적용된 결과로 파악할 수 있다. 김종규(1989 : 67-68)는 허웅(1975 : 354-355)에서 제시된 이형태 '-ㅣ'를 보유했던 매우 한정된 관형격 형태들인 '쇠(牛), 아뫼(某)' 부류와, 인칭 대명사 '내, 네, 뉘', 그리고 재귀 대명사 '제'형들이 모음 연속에서 일어난 '♀/으'의 탈락 현상을 수행한 것으로 파악한 바 있다. 즉, 체언의 곡용 범주에 수행된 '♀/으'의 탈락 현상이 용언의 활용에서 필수적으로 적용되는 모음 연속의 음운규칙 (23)의 확대에 불과하다는 것이다. 또한, 그는 그 규칙의 적용에 있어서 보이는 용언의 범주와 체언의 범주에서의 규칙성과 수의성의 차이는 각각의 문법 범주가 보유한 제약의 차이에 기인한다고 지적하였다(1989 : 66). 김종규(1989)에 의하면, 표면음성 제약(SPC)에 순응하는 용언 활용의 경우와는 달리, 곡용에서는 형태소들 간의 통합관계를 구별시켜 주고자 하는 형태소연결 제약, 즉 의미 변별상의 투명성 등과 같은 의미범주의 제약이 우선하는 것이다. 글쓴이의 판단도 이와 같이 김종규(1989)에서 제시된 기본적인 관점과 일치한다. 그러나 글쓴이는 김종규(1989)와는 약간 다른 관점에서 관형격 조사의 이형태 '-ㅣ'가 중세국어에서 자연스러운, 그러나 곡용 범주에서 적용의 제약을 갖고 있는 음운규칙으로 파생되었을 개연성이 있음을 제시하려고 한다.

글쓴이가 관형격 조사 '-의/의'의 이형태 '- ㅣ'를 형태론적으로 조건된 교체 유형으로 설정하기보다는 '♀/으' 탈락 현상, 또는 모음 연결규칙 (23)을 이용하여 음운론적으로 조건된 이형태로 간주하려는 구체적인 근거는 다음과 같다.

첫째, '- ㅣ'는 같은 계열에 속하는 '-의/의'와 그 출현에 있어서 허웅 (1975)에서 지적된 바와 같이 상보적 분포를 보이지 않는다. 이미 §2.2.1에서 제시한 바와 같이, '-의/의'와 '- ㅣ'는 일종의 수의적 교체를 나타낸다.35) 예를 들면, 15세기 국어의 자료에 등장하는 체언 '長者'가 관형격 조사와의 통합에서 각각 음운론적으로 조건된 '-의'와, 형태론적으로 조건된 '- ㅣ'를 실현시키는 표면적 조건을 규명해 내기 어렵다.

둘째, 관형격 조사의 한 이형태로서 '- ㅣ'가 선택되는 일정한 명시적 언어 내적인 조건을 찾을 수 없다. 중세국어 문법형태소의 이형태 교체를 종합적으로 검토한 김유범(2007 : 124-125)은 중세국어에서 '- ㅣ'가 (ㄱ) 모음으로 끝나는 몇몇 체언들, (ㄴ) 특히 1음절 대명사들과 주로 통합되었다고 기술하였다. 그러나 모음으로 끝난 대부분의 유정물 체언에 관형격 조사로 '-의/의'가 원칙적으로 통합된다. 여기에 인칭과 지시대명사들도 포함된다. 따라서 '- ㅣ'가 유정물 체언에 연결된다는 종래의 지적은 '-의/의'와 직접 관련되어 있기 때문이다. 그렇기 때문에, 관형격 조사 '-의/의'가 모음으로 끝난 체언과 연결되는 모음 연쇄의 환경에서 수의적으로 약모음 '♀/으'의 탈락이 수행되었다고 이해하는 것이 합리적이다.

셋째, 허웅(1975 : 354-355)에서 나열된 '- ㅣ'를 취하는 체언들의 목록은 중

---

35) 다만, 중세와 근대국어를 통해서 고유어 '쇼'(牛)의 경우만 유일하게 관형격 조사 '- ㅣ'를 필수적으로 취한다. 이 형태도 '♀/으'의 탈락 규칙을 수용하여 '쇼+-의→쇠'로 도출되어 나왔을 가능성은 §2.3.1에서 언급한 바 있다.

세국어에서 매우 제한되어 있다. 이들 제한된 몇몇 체언들이 특별히 '-ㅣ'를 선택하는 어휘적인 조건도 인칭대명사와 재귀대명사 부류 이외에는 규명해 내기 어렵다. 그러나 이들 대명사 부류가 갖고 있는 어휘적 범주의 특성보다는 개음절 체언이라는 음성적 조건으로 '♀/으' 탈락 규칙의 적용을 받은 것으로 보인다. 즉, '나(我)+-의→내, 너(汝)+-의→네, 누(誰)+-의→뉘'.

넷째, 중세국어에서 여격 조사 '-의/의 손디'와 '-의/의 그에'형이 모음으로 끝난 체언과 통합되는 환경에서도 '♀/으'의 탈락 현상이 적용되어 '-ㅣ손디'와 '-ㅣ그에'(-ㅣ게)로 전환된다. 여기서 이러한 여격 조사의 형태론적 구성은 유정물의 관형격 조사 '-의/의'에 각각의 형식명사 '-손디'와 '-그에'가 복합된 것이다(장요한 2010).[36]

(27) ㄱ. 두소늘 미야 와 <u>長者ㅣ</u> 손디 닐어늘 長者ㅣ 怒ᄒᆞ야(월석.8,98ㄴ),
　　　　cf. 花鬘ᄋᆞᆯ 밍ᄀᆞ라 魔王익 손디 가져 니거늘(월석.4,21ㄱ),
　　ㄴ. 화리 것거디거늘 무르샤디 <u>내그에</u> 마ᄌᆞᆫ 화리 잇ᄂᆞ니여(석보상.3 : 13ㄴ),
　　　　<u>내그에</u> 모딜언마ᄅᆞᆫ 제 님금 爲타 ᄒᆞ실ᄊᆡ(용가.121),
　　　　ᄯᅩ 날 조ᄎᆞᆫ 諸天을 다 <u>네그에</u> 付屬ᄒᆞ며(석보상.20 : 16ㄴ),
　　ㄷ. 魔王이 닐오디 너옷 몯 그르면 내 <u>뉘그에</u> 가료(월석.4,24ㄱ),
　　　　뒤헤 즁님 업거늘 <u>뉘게</u> 절ᄒᆞᄂᆞ다(월석.23,75ㄱ).

따라서 글쓴이는 15세기 국어에 유일하게 등장하는 한자어 체언의 관형격 형태 '臣下ㅣ'와 '獅子ㅣ' 부류(접사 -i에 의한 형태론적 조정을 거치지 않았다면)는 각각 아래와 같은 '♀/으' 탈락 규칙을 적용받아 표면으로 출현한 것으로 생각한다.[37]

---

36) 모음으로 끝난 고유어 '쇼'(牛)에 부사격 조사 '-의/의게'가 연결되어 '쇠게, 쇠게셔'로 실현되는 예는 §2.3.1의 예문 (11)을 참조.
37) 여기서는 논의의 필요에 따라서 중세국어의 '臣下ㅣ'와 '獅子ㅣ' 부류가 §2.3.2에서 취급하였던 명사파생 접미사 '-이'와의 잠재적 관련성을 일단 배제한다.

(28) ㄱ. /sin-ha+-ʌy/   ㄴ. /sʌ-tsʌ+-ʌy/

    sinha+øy   ← '오/으' 탈락 규칙 →   sʌtsʌ+øy

    --------   --------

    [sinhay]   [sʌtsʌy]

따라서 중세국어에서 관형격 조사로서 수위적인 '-ㅣ' 이형태를 취하는 일련의 한정된 체언들은 모음 연쇄에서 이중모음화 규칙(융합)을 수용한 주격형들과 표면상 동일한 분절음 형태를 보이게 된다. 예를 들면, 인칭 대명사 '나'의 주격형 '내'는 '나[L]+-이[H]→(이중모음화)내[H]', 관형격형 '내'는 '나[L]+-의[H]→('오/으' 탈락 규칙 21)내[L]. 이러한 현상은 이형태 '-ㅣ'만을 선택하는 '쇼'(牛)[H]의 주격형 '쇠'[H]와 관형격형 '쇠'[R]에서도 다음과 같이 관찰된다.

(29) ㄱ. 주격형 /syo+-i/   ㄴ. 관형격형 /syo+-ʌy/

    syoy ←이중모음화 규칙   syo+øy ←'오/으' 탈락 규칙

    ------   --------

    [syoy]   [syoy]

이와 같이 상이한 음운규칙의 적용을 받아 형성된 주격과 관형격 형태 간의 형태의 일치는 고유어 '쇼'(牛)와 대명사 부류에서 서로 다른 성조를 부여하여 변별성을 유지하게 되었다. 이와 같은 부류에 실현된 성조의 불규칙적인 교체는 두 격형태 사이의 식별을 위한 기능적 장치이었을 것으로 추정된다. 그 반면에 '獅子, 臣下, 長者' 등과 같은 한자어 부류들의 형태상 동일한 주격과 관형격의 성조는 일정하게 언제나 평성[L]으로 실현되어 있다.38) 따라서 후자의 부류들에는 성조가 변별적 기능으로 전혀 관여하지

---

38) 한자어 체언 '臣下'[LR]에 주격과 관형격 조사 '-ㅣ'에 배당된 성조는 동일한 평성[L]으로 실현되었다.

않았다는 사실이 주목된다.

    (30) ㄱ. 給孤獨長者(: 댱 : 쟝) ㅣ 닐굽 아ᄃ리러니(석보상.6 : 13ㄴ),
        ㄴ. 이에셔 長者(: 댱 : 쟝) ㅣ ᄯ리 如來끠 졋 粥 쑤어 받ᄌᄫᅵ니이다(석
           보상.24 : 36ㄱ),
        ㄷ. 給孤獨長者(: 댱 : 쟝)·이 ᄯ리 부텨와 比丘둘홀 請ᄒᅀᄫᅡ놀(석보
           상.24 : 45ㄱ).

이와 같은 사실로 미루어 보면, 동형의 주격과 관형격 형태에 각각의 변별적 성조가 배당된 고유어 '쇼'와 인칭과 재귀 대명사 부류는 중세국어에서 그 사용이 비교적 생산적이었음을 알 수 있다. 그 반면에, 그러한 식별 장치가 결여되어 있었던 주로 한자어 부류의 체언들에서 관형격 조사 '-ㅣ'의 사용은 제한되었을 것으로 보인다. 특히, 15세기 국어에서 유일하게 등장하는 관형격 형태 '臣下ㅣ'가 또 다른 선명한 대안적 표현인 '臣下+-의'(월인석보. 2 : 28ㄴ)로 선택되지 않은 것은 언어 외적 이유가 있었을 것으로 추정된다. 즉, 운율을 중요시하는 『용비어천가』의 운문체 스타일에서 선행절과 후행절 대귀(對句)와 대조되는 자수율(字數律)을 조절할 필요에 의해서 '臣下ㅣ'가 선택되었을 것이다.39) 체언의 곡용에서 모음 연쇄의 환경에 수

    (ㄱ) 나랏 臣下ㅣ(씬 : 행) ㅣ 太子ㅅ 녀글 들면(석보상.6 : 25ㄱ),
        臣下(씬 : 행) ㅣ 며 兵馬ㅣ 며 모도아 꿈 니ᄅ고(월석.4,5ㄴ),
    (ㄴ) 臣下ㅣ 말 아니 드러 正統애 有心홀쌔(용가.98),
      cf. 太子ㅣ 臣下(씬 : 행) ·이 그에 가 닐오디(석보상.11 : 18ㄴ),
      臣下(씬 : 행) ·이 갓돌히 다 모다 夫人 侍衛ᄒᅀᄫᅡ(월석.2,28ㄴ).
'臣下(씬 : 행)'에 주격조사가 연결되어 융합된 주격형 '신해'가 16세기 초반에 성조가 [LR]로 실현되어 있다. 그러나 관형격 형태 '신해'는 사용된 바 없다. 16세기 후반에 융합되지 않은 '신하+의'의 성조는 역시 [LR]+[H]의 구성으로 나타난다.
    (ㄷ) 社稷을 편안히 홀 <u>신</u> : 해 잇더니(번역 소학.9,41ㄱ),
    (ㄹ) 님금과 <u>신</u> : 하·의 義를 볼키니라(소학언.2,44ㄴ).
39) 『용비어천가』에서 당시 존중되었던 字數律의 전형적인 보기는 제7장에서 관찰할 수 있다.
  블근 새 <u>그를</u> 므러 寢室 <u>이페</u> 안ᄌ니 聖子革命에 帝祜를 뵈ᅀᄫᅵ니

의적으로 적용되는 '♀/으' 탈락 규칙이 적절하게 운용되어 '臣下+-이→신해'와 같은 과정을 의도적으로 초래한 것이다.

(31) 臣下ㅣ 말 아니 드러 正統애 宥心훌씨 山이 草木이 軍馬ㅣ 드ᄫᅵ니이다.
님긊 말 아니 듣ᄌᆞᄫᅡ 嫡子ㅅ긔 無禮훌씨 셔ᄫᅳᆯ 뷘 길헤 軍馬ㅣ 뵈니이
다(용가.98).

지금까지 허웅(1975 : 355)에서 정리된 중세국어의 관형격 조사 가운데 형태론적으로 조건된 이형태 '- ㅣ' 부류를 체언의 곡용 과정에 수의적으로 실현되었던 자연스러운 모음 연결의 규칙 (23)의 수용을 받은 음운론적으로 조건된 이형태의 신분을 부여하기 위해서는 몇 가지의 사실들이 더 해명되어야 한다. 이러한 문제는 다음 §4에서 취급하기로 한다.

4. 체언과 용언에서의 음운규칙의 기능

4.1. 음운현상의 차이점과 공통점

일정한 통시적 음운변화와 공시적 음운현상이 통사적 범주, 특히 체언의 곡용과 용언의 굴절 영역에 따라서 차이 있거나, 전연 상이하게 실현된다는 사실은 잘 알려져 있다. 체언에서 수행된 음운변화나 음운현상들이 용언의 활용에는 나타나지 않는 경우가 많다. 또한, 그 반대의 경우도 흔하게 관찰할 수 있다.

ㅂ야미 가칠 므러 즘겟 가재 연ᄌᆞ니 聖孫將興에 嘉祥이 몬졔시니.

위에서 對句에 등장하는 '가재'는 15세기 국어에서의 통상적인 '가지(枝)+예'의 곡용 형태를 벗어난다.

송철의(1991)는 많은 음운현상이 국어의 곡용 범주에서 예외를 이루고 있는 사실을 주목하고, 이와 같은 현상이 나타나는 이유를 규명하려고 시도하였다. 그는 현대국어에서 활용에서는 생산적인 음운현상들이 곡용에서는 적용되지 않는 사례의 유형과 공통으로 실현되는 유형들을 나누어 정리하고, 각각의 형태론적 범주의 특성을 통시와 공시적으로 종합하려고 하였다. 여기서 이끌어내진 송철의(1991)에서의 결론은 다음과 같이 요약될 수 있다.

(ㄱ) 곡용에서 체언은 용언의 활용에 비하여 어간의 교체를 최소화, 단일화, 고정화하려는 방향으로 변화하여 왔다. 그리하여 통시적 관점에서, 곡용의 패러다임을 규칙화하는 경향이 용언에 비하여 두드러진다. (ㄴ) 체언과 용언의 범주에 동일하게 실현되는 음운현상들(예를 들면, 모음조화, 비음화, 중화, 경음화, 자음군단순화)은 국어의 표면음성 제약(SPC)을 위반하지 않는 유형이다. 그 반면에, 곡용과 활용에서 차이 있게 실현되는 음운현상들('으' 탈락 현상, y/w 활음화)은 그러한 표면음성 제약과 관련이 없는 유형이다.[40]

그러나 음운현상의 상이한 실현은 체언과 용언의 범주에만 국한되지 않는다.[41] 예를 들면, 형태론 영역에서도 체언의 곡용과 단어형성 과정에서

---

40) 체언에서 수행된 음운론적 과정이 용언에서 실현되지 않는 경우도 있다. 이러한 음운변화 적용상의 차이는 음성 환경의 차이에서 기인되기도 한다.

예를 들면, 용언에서 어간말 자음 'ㄷ'이 지속적으로 허용되는 반면에, 체언에서는 자모 명칭 '디귿', 그리고 화석화된 '맏'(長)과 같은 단어 이외에 대부분 'ㄷ>ㅅ'의 변화를 밟아 왔다. '곧(處)>곳, 뜯(義), 벋(友), 붇(筆)' 등등. 이러한 체언들의 곡용에서 주격 조사 '-이'가 연결된 주격형들에 근대국어의 단계에서 먼저 구개음화가 수행되었고, 이어서 주격을 기준으로 유추에 의하여 다른 격 형태들로 구개음화 수용형이 확대되어 재구조화되었다.

이와 같은 재구조화를 거친 체언 '곳, 뜻, 벗, 붓' 등에 모음으로 시작되는 격조사 앞에서 다시 새로운 변화인 마찰음화 현상 'ㅈ>ㅅ'가 개입되어 19세기 후기 또는 20세기 초반에 결과적으로 다시 어간말음이 'ㅅ'으로 전환된 것이다. 근대국어에 일어난 t-구개음화를 수용하지 않은 咸北과 육진방언 일대에서는 아직도 중세국어 단계의 어간말 'ㄷ' 체언 부류에 어간말음 'ㄷ'을 보존하고 있다(최전승 2010).

41) 용언에만 적용되는 음운현상이 체언에는 적용되지 않는다는 것은 정도성(gradience)의

음운현상의 적용 순서가 다르게 실현된다. 체언의 곡용에서 어간말 자음은 모음으로 시작되는 조사와 연결될 때에 連音이 우선된다. 적정의 음절 구조를 형성하려고 하기 때문이다. 옷(衣)+이→[오시]. 그러나 파생어와 합성어에서 단어 경계가 개입되면 일단 연음이 저지된다. 먼저 여기에 중화가 적용된 다음에 연음이 뒤따르는 것이다. '웃+옷'(上衣)→[우돋], 젖+어미'(乳母)→[저더미].42)

이와 같이, 굴절과 단어형성론에서 보이는 음운규칙 적용상의 차이는 형

문제인 것 같다. 예를 들면, 송철의(1991)에서 활용에는 가능한 y 활음화(기-+-어→기어 ∞겨, 이기-(勝)+-어→이겨)가 곡용의 경우에는 '비(雨)+-에→비에∞*볘' 등과 같이 가능하지 않는 예가 제시되었다. 그러나 지역방언에 따라서 '이'로 끝난 체언어간에 처소격조사 '-에'가 연결되는 환경에서 용언의 활용에서와 같이 y 활음화 현상을 반영하기도 한다.

『한글』1권 9호(1933 : 371-376, 사투리조사 : 咸北 行營, 穩城, 海州, 함북 행영, 오세준 조사)에는 함북방언에서 '머리(頭)+-에→머례'와 같이 y 활음화 현상이 나타나고 있다(<朝卷> 5, 제25과 "分數 모르는 토끼"를 行營 방언으로 바꿔 쓴 것(온성 사람에게 책대로 대간 이야기 시키면 상기와 같이 발음하리라 합니다. 372쪽).

　(ㄱ) 제 머례- 뿔이 없는 거 恨歎으 햇거덩(372쪽),
　　　 제 그림재르 보니 제 머례- 두 귀 길기 벋더데서(상동).

이와 같은 현상은 20세기 초반 러시아 카잔에서 간행된 함북 육진 방언 자료에서도 보편적으로 관찰된다. 육진 경흥 출신 羗씨의 말의 토대가 되는 『한국인을 위한 철자교과서』(Azbuka dlja Korejtsev, 1902)서 그 예들을 약간 인용하면 다음과 같다.

　(ㄴ) 남데 가제 올아 가(가지(枝)+-에→가제, namdye kadʒe olla ɣa, 87과 62쪽),
　　　 정금이 역세르 둥제 안제셔(둥지+-에→둥제, tuɳdʒe, 87과 63쪽),
　　　 자례 눕다가(자리(席)+-에→자례, tsarye nipta ɣa(88과 66쪽),

42) 현대국어에서 합성형용사 '맛있다'에 허용된 복수표준의 발음 [마딛-]과 [마싣-]의 차이는 화자들이 인지하고 있는 언어 의식의 차이에 기인된다. 합성동사와 합성형용사의 기원은 대부분 句와 節, 또는 문장에 있다. 따라서 이 단어를 [마싣-]으로 발음하는 화자는 아직도 합성어 '맛있다'를 주어와 서술어로 구성된 문장으로 인식하여 연음을 선행시킨 다음에, [마시 읻-]의 연결에 축약을 수행한 결과이다.

그 반면에, [마딛-]으로 발음하는 화자는 이미 문장에서 합성어로 진척되어 선행 성분인 어근 '맛-'에 중화가 먼저 개입되고 모음으로 시작되는 어근 '있다'의 두음으로 연음이 뒤따른 것이다.

'맛이 없다'의 경우에는 그와 대립되는 '맛있다'보다 현대국어에서 더 일찍 합성형용사 '맛없다'로 진입하여 어휘부(lexicon)로 편입된 것으로 보인다.

태소와 단어 경계의 차이로 소급되지만, 기본적으로는 청자의 측면에서 해당 발화를 편리하게 인식하기 위한 장치에서 기인되는 것 같다. 송철의 (1991)에서 파악된 체언에서의 곡용 범주의 제1의 원칙인 "패러다임의 규칙화"는 의미의 투명성으로 환원시킬 수 있다. 의미 투명성의 원리는 one-meaning/one-form에 해당되는 것으로, 하나의 형태가 하나의 의미 또는 기능만을 보유하기를 화자들이 선호하는 원리이다(Kiparsky 1982; Antilla 1972; Trask 2000). 따라서 이러한 원리가 비단 체언의 곡용 범주에서만 적용하는 것은 물론 아니다.

체언의 곡용에 적용된 음운변화에 의해서 이형태들의 다양한 교체가 만들어지게 되면, 이어서 유추에 의한 단일화 작용이 시간적 거리를 두고 개입된다. 중세국어에서 일련의 특수어간 교체를 보였던 명사들의 부류에서 이러한 추이를 관찰할 수 있다. 예를 들면, '*나ᄆ>나모∞ᄂᆞᆰ>나모>나무(木)'. 이와 마찬가지로 같은 시기에 사용되었던 용언에서의 특수어간의 교체도 점진적으로 단일화 과정을 거쳐 왔다. 그러나 체언의 곡용 과정에서 일어나는 음운변화와 음운현상에 가해지는 투명성에 근거한 의미적 제약이 용언의 경우보다 더 두드러지게 나타나는 경향이 강하다.

체언과 용언의 범주에서 관찰되는 투명성에 근거한 의미적 제약의 차이는 근대국어 단계에서 연철 표기에서 분철 표기 방식으로 이행하여 가는 점진적인 과정에서도 드러난다. 어간과 어미 문법형태소를 분리시키는 분철 표기는 체언에서부터 먼저 시작되어 용언으로 확대되어 간다. 표기법에 나타난 이러한 경향을 관찰한 안병희/이광호(1990/2009 : 46-47)는 여기에 필연적인 이유가 있을 것으로 판단하고, 다음과 같은 해석을 하였다. 즉, 체언의 어간은 어휘형태소인 동시에 자립형태소인 반면에, 용언의 어간은 어휘형태소이나 그 자체 의존형태소이기 때문에 독립해서 사용될 수 없다. 용언 어간은 활용어미와 연결되어야만 단어의 자격을 갖는다. 따라서 체언은 의미의 독립성이 매우 강하지만, 용언은 그것이 상대적으로 약하다. 따라서 어간 형태소의 자립성과 문장 성분에 관여하는 의미제약으로 인하여 체언에서 분철 표기 의식이 먼저 출발한 것이다.

분철 표기의 진행 방향과 관련해서 안병희/이광호(1990/2009)에서 추정된 체언 어간의 자립성은 음운현상과 변화와 관련하여 인지의 변별성에 근거한 의미의 투명성에 해당된다. 이러한 원리에 위배되는 음운론적 과정은 회피하거나 제거시키려는 화자들의 노력은 체언의 곡용 범주에서만 나타나지 않는다. 예를 들면, 15세기 국어 음운론에서 모음 연결의 규칙 (23)이 용언 활용에서 필수적으로 적용된 반면에, 다른 음운변화를 거쳐 도출된 2차적인 환경에서 모음 연쇄가 형성되는 경우에 이 규칙의 적용이 거부된 사례가 존재한다.

15세기 국어에서 β>w의 변화를 거친 '돕-(助), 굽-(炙), 곱-(麗)' 등의 용언들은 모음으로 시작하는 어미와 연결되어 각각 '도오며, 구우니, 고오니'로 바뀌게 되었다. 그러나 이들의 두 번째 음절의 원순모음들은 선행 음절의 원순성으로 인하여 이화작용을 받아 원순성이 제거되었다. '도오며>도ᄋ며, 구우니->구ᄋ니-, 고오니>고ᄋ니'. 이러한 용언 어간의 음성적 배열은 모음 연결에서 'ᄋ/으'의 탈락을 필연적으로 초래할 것이다. 그러나 예상과는 달리, 15세기에 모음 연결의 규칙 (23)을 적용시켜 '도ᄋ며>*도며, 구ᄋ니>*구니, 고ᄋ니>*고니'와 같은 변화를 보이지 않았다(최전승 1975/2009). 무조건적인 음운변화에 의하여 형태소구조 보존의 원리 또는 의미 투명성이 파괴될 수밖에 없는 상황에서는 이러한 변화의 수용이 거부되었다고 해석할 수 있다.[43]

---

43) 이와 같은 현상은 중세국어에서 용언 어간말 'Δ' 을 갖고 있었던 오늘날의 'ㅅ' 불규칙 용언에서 보이는 모음 연결에서도 관찰된다.
예를 들면, 15세기 국어에서 '짓-'(作)에 적용된 'Δ>ø'의 음운변화는 '지으며, 지어'와 같은 모음 사이의 환경에만 적용되었다. 이러한 변화 이후에도 이 용언의 활용에 연결되

우리가 용언의 범주에서 관찰한 모음연쇄에서의 '♀/으' 탈락 규칙 (23)은 중세국어 표면음성 제약에 근거한 음운현상이다. 따라서 이 현상은 용언의 활용에서 뿐만 아니라, 형태론의 단어형성론에서도 실현되고 있다. 예를 들면, 15세기에서 형용사 '크-(大)' 어간에 명사파생접사 '-의'가 연결되면, 모음 연결의 규칙에 의하여 '크-+-의→킈'와 같은 파생 과정을 보인다. 이 어간에 다시 명사형 어미 '-움'이 연결되면 역시 이 음운규칙 (23)은 '쿰'을 도출시킨다. 즉, '크+-움→쿰. 또한, 모음으로 끝난 '크-' 및 '어엿브-, 깃브-, 슬프-' 등의 형용사 어간과 동사 어간 '알프-(痛)'형이 부사파생접사 '-이'와 통합되는 경우에도 동일한 음운현상을 거쳐 각각 '킈, 어엿비, 깃비, 슬피' 등의 파생부사를 형성하게 된다. 그리고 '이' 모음으로 끝난 동사 '지-(負)에 명사파생접사 '-음'이 연결되면 같은 규칙에 의하여 명사 '짐'이 파생되는 것이다. 그 반면에 이 어간에 명사형 어미 '-움'의 연결은 반모음화(i/u+V→y/w+V)를 거쳐 '쥼' 명사형이 도출된다.[44)]

(32) ㄱ. 懼師羅長者ㅣ 킈 석자히러니(7석보상.6 : 44ㄱ),
　　　　져굼과 쿰과롤 서르 드리샤(능엄.4,46ㄱ),
　　ㄴ. 약대 라귀 투며 짐 지는 報롤 브르고(법화경.2,166ㄱ),
　　　　뿔 쥼믈 늘거서 모물 爲ᄒ니(負米, 초간두시.24,32ㄱ),
　　ㄷ. 슬피 너겨 ᄢᅢᅘᅧ고져 호미(석보상.13 : 39ㄴ),
　　　　大集ᄋᆫ 킈 모돌씨니(상동.6 : 46ㄱ),
　　　　알피 티며 싀서늘호미 백만 가지니(痛楚, 남명,하.32ㄴ),
　　　　나롤 어엿비 너기샤 나롤 보숩게 ᄒ쇼셔(석보상.6 : 40ㄴ).

는 어미는 그대로 '지으며, 지어' 등으로 보존되어 오늘에까지 이르고 있다.
'짓-(作)'의 어간이 모음어미 앞에서 '지-'로 바꾸어졌다고 하더라도 연결되는 어미는 선행하는 재구조화된 어간을 예전의 음운변화 이전의 폐음절 어간으로 인식하고 그대로 사용되고 있다. 따라서 이러한 모음 연결의 과정에는 의미 전달의 제약에 의하여, '♀/으' 탈락 규칙이 면제된 것이다.
44) 파생법에서 이와 같은 모음 연결의 규칙을 준수하여 형성된 파생어들은 다음과 같다.

　　춤(舞)←츠-+움, 싸홈(爭)←싸호-+옴. 뜸(炙)←ᄠ-+음, 꿈(夢)←ᄭᅮ-+음.

이러한 음운론적 과정은 같은 형태론의 영역인 굴절의 곡용에서도 역시 적용될 수밖에 없다. ᄢ(時)+-이(주격 조사) → ᄣ, ᄢ+-의(관형격 조사) → ᄢ. 따라서 '으/으' 탈락 규칙 (23)은 원칙적으로 체언의 곡용에서 일어나는 모음의 연쇄 과정에서도 적용되어야 한다. 지금까지 우리가 논의해온 관형격 조사의 이형태 '-ㅣ'는 이러한 과정을 수행한 예들이다. 이러한 유형들은 그 목록이 매우 한정되어 나타난다. 모음으로 끝난 체언에 관형격조사 '-이/의' 또는 처소격 조사 '-애, 에, 예' 등이 통합되면서 일어나는 모음의 연속이 대부분 용인되어 있다. 이러한 사실은 어휘 형태소인 체언의 곡용 형태에 의사소통의 관점에서 가능한 이형태들을 제거하고, 변별성과 의미의 투명성을 유지하려는 기능적 제약, 또는 형태소구조 보존 원리에 근거한 것이다(Cheun 1975, 김종규 1989, 송철의 1991).45) 그 반면에, 중세국어에서 적극적으로 이 음운규칙을 수용한 고유어 '쇼'(牛)와, 일련의 대명사 부류의 곡용 형태들은 주격형과 관형격에서 각각 변별되는 성조체계의 지원을 받았기 때문에, 의미 변별의 문제와 관련 없이 그 쓰임이 지속적으로 가능했을 것으로 보인다.46)

현대국어에서도 중세국어에서 넘어온 '으' 탈락 규칙이 용언의 활용에서 생산적으로 작용하고 있다. 모음의 연쇄에서 약모음 '으'가 탈락하는 이러한 현상이 체언의 영역에서도 수의적으로 등장하는 경우가 있다. 가을(秋)→ 갈, 마음(心)→맘. 체언에서 이와 같이 수행된 모음 '으'의 탈락은 말의 비격

45) 박종규(1989 : 69)는 중세국어의 공시적 모음 연결 과정이 곡용과 용언 범주에서 부분적으로 동일하게 실현되지만, 그 세부적인 적용 원리에서는 중요한 몇 가지의 차이를 드러낸다는 결론을 제시하였다. 그리고 그는 이와 같은 곡용과 활용에서의 상이한 음운적 행위는 모음연결 제약과 함께, 의미 제약의 기능을 보유한 형태소연결 제약이 능동적으로 관여했기 때문인 것으로 파악하였다.
46) 중세국어 단계에서 '으/으' 탈락 규칙에 의하여 형성된 고유어 '쇼'(牛)와 인칭대명사의 관형격 형태는 성조체계가 사라진 근대국어를 거쳐 현대국어에까지 그대로 지속되고 있다(홍윤표 1994). 그리하여 송철의(2008)는 현대국어의 곡용에서 불규칙성을 보이는 대표적인 예로서 인칭대명사 '나, 너, 저'의 곡용 형태들을 제시하였다.

식 스타일, 말하기의 속도, 운율 등의 몇 가지 요인에 따라서 실현되는 것으로 보인다. 이와 같은 언어 외적 요인이 중세국어에서 몇몇 한정된 한자어 체언에 연결된 관형격 조사의 이형태 'ㅣ'의 수의적 출현과 관련되어 있는 것으로 생각된다.

4.2. 'ᄋ/으'의 탈락 규칙 적용의 억제와 형태소 통합 제약

중세국어의 활용과 곡용의 범주에서 형성된 모음 연쇄에서 필수적으로, 또는 수의적으로 적용되는 'ᄋ/으' 탈락의 규칙 (23)은 주로 'ᄋ' 모음으로 끝난 체언어간에 주격 조사와 서술격 조사 '이'가 연결되는 환경에서는 적용되지 않는다.47) 이러한 과정에서 형성된 ʌ+-i 모음 연쇄에서 모든 주격 형태들은 예상되는 약모음 'ᄋ/으'의 탈락을 실현시키지 않는다. 관형격 조사와 처소격 조사 앞에서와 같이 ʌ+-i 모음 연쇄를 주격 형태는 그대로 용인하지도 않는다. 그 대신, 다른 강모음 '아, 어, 우, 우' 등으로 끝난 체언어간과 주격 조사 '-이'가 결합하여 모음 연쇄를 형성할 때 야기되는 모음 융합인 이중모음화를 형성하는 것이다. 즉, ʌ+-i→ʌy. 그 결과, 모음으로 끝난 체언이 주격 조사와의 통합되는 형태론적 과정에서 형성된 ʌ, a, ə, o, u+-i→ʌy, ay, əy, oy, uy와 같은 이중모음화 현상이 중세국어의 음운론에서 보편적인 음운 과정으로 인식되어 왔다.

> (33) 네 스스의 弟子ㅣ 엇뎨 아니오ᄂᆞ뇨(석보상.6 : 29ㄴ),
> 孔子ㅣ 魯ㅅ 사ᄅᆞᆷ之類(훈민정음 언해.49),

---

47) '-으' 모음으로 끝난 체언에 주격 조사 '-이'가 연결되는 상황에서도 주격 형태에서 동일한 음운 현상(즉, 이중모음화, i+i→iy)이 기대되는 것이지만, 중세국어의 문헌자료상으로 어떤 형태소 구조 제약으로 인해서 체언의 어간말 모음 '으'가 출현하는 체언의 유형은 쉽게 찾기 어렵다.

금스로 갸품 희욘 <u>안좌쉬</u>오(鞍座兒, 번역 박통,상.28ㄱ),

눈 <u>즈쉬</u> 뮈디 아니ᄒ면(몽산법_간.25ㄱ).

cf. 耶輸 ㅣ그 긔별 드르시고(석보상.6 : 2ㄴ).

따라서 '으'를 포함하는 여타의 다른 모음들로 끝나는 체언 어간에 주격 조사 '-이'가 연결되어 도출되는 필수적인 이중모음화의 관점에서 지금까지 논의된 관형격 조사의 이형태 'ㅣ'가 공시적인 음운규칙을 벗어나는 불규칙한 형태, 또는 음운론적으로 설명할 수 없는 "형태론적으로 조건된 이형태"로 간주되어 온 것이다. 글쓴이는 관형격 조사의 이형태인 'ㅣ'가 자연스러운 '으/으' 탈락의 규칙을 통해서 도출된 형태라고 전제하기 때문에, 이번에는 '으'로 끝난 체언 어간에 주격 조사 '-이'가 연결될 때 형성되는 주격 조사의 이형태 'ㅣ'가 오히려 불규칙한 교체형으로 판단한다. 즉, '으'로 끝나는 체언에 결합된 주격 조사 '-이'는 모음 연결의 규칙 (23)을 수용하지 않고, 체언 어간의 모음과 융합하여 이중모음의 부음을 형성한 것이다. 주격 조사 '-이'와의 통합에서 다른 여타의 강모음 '아, 어, 오, 우'들로 끝난 체언 어간들이 수행하는 다른 모음 연결의 회피 방식인 모음 융합 (V+-i→Vy)에 어간말 모음 '으'가 동참하게 된 셈이다. 그리하여 관형격 조사의 이형태 'ㅣ'를 갖고 있던 대부분의 체언 어간 말음들이 주격 조사 '-이'와 결합하는 경우에 아래의 예에서와 같이 이중모음의 부음 'ㅣ'로 나타나게 되었다.

(34) ㄱ. 나랏 <u>臣下ㅣ</u>(씬 : 햐)ㅣ 太子ㅅ 녀글 들면(석보상.6 : 25ㄱ),

　　　 다ᄅᆞᆫ 나랏 <u>신해</u> 도외디 아니호리라(삼강행.충신,21ㄴ),

　　ㄴ. <u>懼師羅長者ㅣ</u>(: 댱 : 쟝)ㅣ 킈 쟈자히러니(석보상.6 : 44ㄱ),

　　ㄷ. 네발 톤 중ᄉᆡᆼ 中에 <u>獅子ㅣ</u> 위두ᄒᆞ야 저호리 업슬ᄊᆡ(월인석.2,38ㄱ),

　　ㄹ. <u>쇠어나</u> ᄆᆞ리어나 약대어나 라귀어나 ᄃᆞ외야(석보상.9 : 15ㄴ),

　　　 cf. 내 닐오ᄃᆡ...<u>네</u> 내 마ᄅᆞᆯ 다 드를따 ᄒᆞ야(석보상.6;8ㄴ).

모음으로 끝난 체언에 연결된 관형격과 주격의 형태는 표면적으로 동일하게 '-ㅣ'로 출현하지만, 여기에 개입된 모음 연쇄를 해결하는 방안은 상이하게 적용되어 있다. 예를 들면, '쇼'의 주격 형태 '쇠'는 주격 조사 '-이'와의 통합에서 이루어진 모음 연쇄에서 syo+-i→syoy와 같이 융합되어 이중모음화를 수행한 것이다. 그 반면에, 관형격 형태 '쇠'는 '쇼'에 관형격 조사 '-의'가 결합되어서 '९/으'의 탈락 규칙 (23)을 수용하여(syo+-ʌy→syoy) 도출된 결과이다. 그렇다면, 주격형의 경우에 '९'로 끝난 체언에서 형성된 ʌ+-i의 모음 연결에서 중세국어 음운론에서 일반적인 음운규칙을 거부하고, 다른 강모음들과의 결합에서 수행하는 모음 융합을 선택한 이유는 어디에 있을까.

중세국어에서 명사 'ᄌᆞᅀᆞ'(核)의 경우, 이 단어는 체언으로서 관형격 조사와 연결된 형태는 자료상에 나타나지 않는다. 그러나 처소격 조사 '-애'와 연결되어 이루어진 모음 연쇄를 허용하고 있다. 둘기알 흰 ᄌᆞᅀᆞ애 ᄆᆞ라 젓 우희 ᄇᆞ로디(구급간.7,73ㄱ), cf. 누른 ᄌᆞᅀᆞ롤 손 안해 봇가(구급간.6,95ㄱ). 이 체언 어간에 주격 조사 '-이'가 연결되면, 'ᄌᆞᅀᆞ+-이'와 같은 모음 연쇄에서 융합되어 'ᄌᆞᅀᅵ'의 형태를 취한다. 여스슨 菴羅ㅅ숩ᄌᆞᅀᅵ오(원각경.4,상1,2 : 180ㄱ). 그러나 체언 'ᄌᆞᅀᆞ'에 주격 조사 '-이'가 연결된 ʌ+-i의 환경에 그대로 '९/으' 탈락의 규칙 (23)이 적용되었다면, '*ᄌᆞᅀᅵ'와 같은 주격형이 도출되어 나왔을 것이다. 즉, tsʌzʌ+-i→tsʌzi. 이렇게 가정된 주격형 '*ᄌᆞᅀᅵ'는 이 체언의 공시적으로 보이는 다른 격 형태, 'ᄌᆞᅀᆞ롤∽ᄌᆞᅀᆞ애∽ᄌᆞᅀᆞᄂᆞᆫ' 부류와 형태소 구조상으로 이질적인 성원으로 변모되었을 것으로 보인다. 따라서 주격형의 도출 과정에서 굴절 패러다임에서 일관성 있는 체언의 형태소 구조를 유지하여, 의미상의 투명성을 유지하려는 화자들의 의식적인 경향이 개입되었을 것으로 추정한다.[48]

---

48) 그러나 19세기 후기 중앙어의 자료 가운데 일부는 'ᄌᆞᅀᅵ'(核)에서 발달된 'ᄌᆞ위' 또는 'ᄌ

'ㅇ'로 끝난 체언이 특히 한자어인 경우에 주격 조사 '-이'와의 연결은 더 심각한 문제를 야기하게 된다. 예를 들면, 체언 '孔子'에 주격 조사 '-이'가 연결되어 '공ᄌᆞ+-이'의 환경에서 통상적인 'ㅇ/으'의 탈락 규칙이 그대로 적용되면 주격 형태가 '*공지'로 도출되어 인명 '孔子'의 한자음 '공ᄌᆞ'를 체언의 굴절 패러다임에서 크게 벗어나게 될 것이다. 또한 여기에 주격 조사 '-이'가 연결된 형태론적 정보도 실현되지 않는다.

이와 같이 모음 연속에서 'ㅇ/으'의 탈락 규칙의 적용이 저지되는 제약 현상은 일부의 파생어 형성에서도 관찰된다. 중세국어에서 'ㅇ'로 끝난 명사 어근에 명사파생 접사 '-이'가 연결된 '獅子ㅣ'와 'ᄌᆞᇫ'(核)형에서도 ʌ+-i 의 모음 연쇄에서 'ㅇ' 모음 탈락을 거치지 않았다. 그 대신 주격 조사 '-이'의 연결에서와 동일한 방식으로 모음 연속이 직접 융합되어 이중모음화 (ʌ+-i→ʌy)를 수행하였다(§2.3.2의 예문 19를 참조). '혼 獅子ㅣ롤'(석보상.6 : 32ㄴ), '눈ᄌᆞᇫ'(예산본 훈몽.상.9ㄴ). '獅子'와 'ᄌᆞᇫ'의 어간에 접사 '-이'가 연결되어 형성된 각각 'ᄉᆞᄌᆞ+-이'와 'ᄌᆞᇫ+-이'의 모음 연쇄에서 'ㅇ/으'의 탈락 규칙이 적용되면 주격 조사 '-이'와 통합되어 도출되는 형태와 동일하게 '*ᄉᆞ지'와 '*ᄌᆞᆻ'형으로 나오게 된다. 따라서 각각 어근의 형태소 구조와, 여기에 첨가된 형태론적 정보가 불투명하게 되는 결과에 이른다. 바로 이와 같은 상황에서 형태소 결합 구조를 보존하고, 동시에 의미적 투명성을 유지하기 위해서 모음 연쇄에 적용되는 'ㅇ/으'의 탈락 규칙이 저지된다고 추정한다.

의'형의 끝 음절이 생략되어 쓰이고 있다.

(가) 알이론 거슨 돈돈혼 겁질이 잇고 속은 흰ᄌᆞ와 <u>노른ᄌᆞ</u>가 잇서 삼거드면 흰ᄌᆞ와 <u>노른ᄌᆞ</u>가 다 돈돈히지며(독립신문, 1897.7.2),
<u>노른ᄌᆞ</u>를 ᄭᅵ트려 샹고ᄒᆞ거드면 <u>노른ᄌᆞ</u> 속에 흰 줄거리가 ᄒᆞ나 잇스니(독립 신문, 1897.7.6),

(나) yolk, <u>노른ᄌᆞ</u>(1890, Underwood의 『한영ᄌᆞ뎐』, 제2부, 292쪽).

cf. cornea, 눈 흰ᄌᆞ위(상동. 제2부, 59쪽),
흰ᄌᆞ의(1880, 『한불ᄌᆞ뎐』, 96쪽),
노른ᄌᆞ의(상동. 290쪽).

'오'와 '으'로 끝나는 용언 어간에 사동과 피동의 접사 '-이'가 연결되는 몇몇 환경에서도 이 음운규칙 (23)이 적용되지 않는다. 아래의 예에서 관찰되는 바와 같이, 어간말 모음 '오/으'에 사동과 피동의 접사 '-이'가 연결되어, '오+이' 또는 '으+-이'와 같은 모음 연속이 용인되고 있다. 또는 '자-(睡), 셔-(立), 보-(見)' 등과 같이 어간말 모음 '아, 어, 오'에 사동과 피동의 접사 '-이'가 연결될 때, 모음 융합되어 '재-, 셰-, 뵈-' 등의 이중모음화를 형성하는 방식을 따르기도 한다(김종규 1989 : 83-95).

(35) ㄱ. 호-(爲)+-이→히∞호이-∞히이-;
　　　　出家히여 聖人ㅅ 道理 비화ᅀᅡ 호리니(석보상.6 : 3ㄱ),
　　　　紅門 셰오 벼슬 히이시니라(속삼강.효ㄱ),
　　　　벼슬호이논 일들홀 니ᄅᆞ디 말며(번역 소학.8,21ㄱ),
　　　ㄴ. 굴히-(分別)+-이→하놀히 굴희이시니(용가.21),
　　　ㄷ. 쓰-(用)+-이→쓰이-∞삐-;
　　　　　　ᄂᆞ미 삐윰이 드월씨(1459,월인석,13,011a)
　　　　미러 내여 擧薦호야 쓰이논 디라(초간 두시 23,38ㄴ),
　　　　벼슬 몯호야 죽도록 쓰이디 몯호니(번역 소학.7,20ㄴ),
　　　ㅁ. 츠-(除去)+-이→츠이-∞치이-;
　　　　二十年을 샹녜 똥 치이더니(원각경,서.47ㄴ),
　　　　서르 뼈 똥올 츠이고 네 갑술 倍히 주리라(법화경.2,241ㄱ).

위의 예에서 사동과 피동형 '히여∞호이-', '삐윰', '치이-'의 경우는 모음 융합이 이루어진 이후에 다시 접사 '-이'가 첨가되어 형태론적 과정이 반복 강화된 모습을 나타낸다.[49] 형태론적 파생법에서 보이는 이와 같은 '오/

---

49) 또한, '-이'로 끝나는 용언 어간에 사동의 접사 '-이'가 연결되는 환경에서 동일 모음이 탈락되는 V1+V1→V1과 같은 모음 연결에서는 다른 유형의 사동의 접사 '-오/우'가 선택되거나, 동일 모음의 연쇄가 허용되고 있다.

　(ㄱ) ᄀᆞ리-+오/우, 느리-+오/우, 뼈디-+오, 지-+우,
　(ㄴ) 그리-+이→그리이, 메-+이→메이, 치-+이→치이. (김종규 1989 : 87에서 인용).

으' 탈락 규칙의 적극적인 봉쇄는 여기에 관여한 형태론적 정보, 즉 명사파생의 접사 '-이' 및 사동과 피동의 접사 '-이' 형태가 통상적인 음운규칙의 적용에 의하여 상실될 수 있는 상황에서 주로 일어나는 것으로 추정된다. 또한, 'ᄋ'로 끝나는 어간 'ᄐ-'(乘/燒)에 사동의 접사 '-이'가 연결되어 모음 융합이 이루어진 다음에 다시 'ᄐ-'에 다른 유형의 사동의 접사 '-오/우'가 통합되어 형태론적 정보가 강화되어지기도 한다. 쇠롤 새롤 ᄐ오ᄂᆞ니(燒, 월인석. 21 : 81ㄴ), 큰 象 ᄐ오시고(乘, 석보상. 11 : 29ㄱ). 이러한 사실은 형태론적 정보, 즉 의미의 투명성 또는 형태소 구조 보존을 위해서 굴절과 파생법에서 예상되는 일반 음운규칙의 적용이 저지되고 있음을 가리키는 것이다.

소위 음운규칙 적용에서의 이러한 형태론적 제약이 강력하게 작용하고 있는 또 다른 양상은 중세국어에서 '이'로 끝난 유정물 체언(형식명사 '이'도 포함하여)과 관형격 조사 '-의/의'와의 통합 과정에서 두드러지게 나타난다. 즉, i+ᄉy/iy의 모음 연쇄에서 'ᄋ/으' 탈락 규칙을 거부하고 관형격 조사 '-의/의'의 형태가 그대로 유지되는 반면에, 체언의 끝 모음 '이'는 탈락하는 특이한 굴절 현상이다.50) 예를 들면, '가히(狗)+-의→가희'.

이와 같은 현상은 1920년대 마에마(1924 : 51)에서부터 관찰되어, 지금까지 중세국어의 음운론과 형태론에 대한 기술에서 꾸준한 주목을 받아 왔다. 중세국어에서 잘 알려진 보기들의 유형을 주로 허웅(1955, 1975), 이숭녕(1961/1981), 유창돈(1964) 등에서 추출된 예들을 이용하여 간단하게 예시하면 다음과 같다.51)

---

50) 이숭녕(1961/1981 : 170)는 체언의 어간말 모음이 '이'일 때에는 '-이+의→의'와 같이 어간말음 '-이'가 탈락하는데, 이 경우에 예를 들어 kahi(가히, 狗)+ᄉi>kahøᄉi로 파악하는 것이 바른 해석일 것으로 언급하였다.

51) 고영근(1998 : 112-115)은 '이'가 탈락되는 체언은 '아비, 아기, 가히, 늘그니, 다ᄅᆞ니, 行ᄒᆞ리' 등의 유정명사에만 국한되고, '허리, 서리, 가지, ᄉᆔ' 등의 무정명사에는 적용되지 않은 것으로 추측된다고 언급하였다. 이러한 사정은 '허리, 서리…' 등이 무정물 체언들이기 때문에 관형격 조사 '-의/의'와 통합될 수 없기 때문이다.

(36) ㄱ. 어미(母)+-의→어믜, 오라비(兄)+-익→오라븨, 아비(父)→아븨,
일히(狼)+-의→일희, 그려기(雁)+-의→그려긔, 미야미(蟬)+-익→미
야믜,
가히(狗)+-익→가희, 아기(乳兒)+-익→아긔, 져비(燕)+-의→져븨,
톳기(兎)+-익→톳긔, 가야미(蟻)+-의→가야믜.

ㄴ. 늘그니(老人)+-의→늘그늬, 다른니(他人)+-의→다른늬,
行ᄒ리+-익→行ᄒ릐, 어디니(仁者)+-익→어디늬,
病ᄒ니(病者)+-익→病ᄒ늬.

위에서 나열된 사례들을 보면, '이'로 끝난 유정 체언에 관형격 조사 '-익/
의'가 연결되면, 체언의 끝 모음 '이'가 탈락되는 현상은 중세국어 형태론
에서 매우 보편적이었음을 알 수 있다.[52] 그러나 이와 같은 음성 환경에서
도 체언의 어간말 모음 '이'의 탈락은 특정한 통사적 구성에서는 적용되지
않고, 그대로 모음 연속이 허용되는 경향이 강하게 나타나기도 하였다. 즉,
관형절 또는 명사절을 형성하는 내포문에 '이'로 끝난 체언이 관형격 조사
'-익/의'가 통합되어, 그 관형격 형태가 주어적 기능으로 운용되는 상황에
서는 해당 체언 어간말 '이'가 탈락되지 않는 대신에, i+ʌy/iy의 모음 연쇄
로 유지되는 것이다(안병희 1967; 홍윤표 1969; 한재영 1997).

고영근(1998 : 115)은 내포문의 주어가 관형격 조사를 취할 때 '이'로 끝나
는 체언의 말음이 탈락될 수도 있고, 그렇지 않을 수도 있음을 지적하였다.
또한, 중세국어에서 내포문과 관련이 없는 단문에서도 관형격 조사와 통합
되는 '이'로 끝나는 체언의 말음은 그대로 유지되기도 하였으며, 이러한 경
향은 근대국어의 단계로 옮겨갈수록 일반화된다.[53]

---

52) 유창돈(1964 : 169-170)에서 제시된 예 가운데 무정물 체언인 '치'(寸)의 말음이 처소격과
관형격 조사의 복합인 '-읫'과의 연결 과정에서 탈락하는 사례가 주목된다. 즉, '치+읫
→츷'.

두ᅀᅥ츷 혀에 梵世예 니르로몰 나토시며(數寸之舌, 법화경,6,103ㄱ).

53) 고기로 아로몰 사몷딘댄 고기의 아로ᄆᆞᆫ 根源이 觸이라(능엄언,3,44ㄴ),

따라서 관형격 조사 '-익/의'와 결합되는 '이'로 끝난 체언들의 어간 말음이 통사적 환경에 따라서 유지되거나, 또는 탈락이 일어나는 두 가지의 수의적인 음운론적 행위는 모음 연쇄의 음운규칙 (23), 즉, '♀/으'의 탈락 현상을 일단 거부하고 있는 점에서 특이하다. 종래에 이와 같은 특이한 음운현상을 관찰한 유창돈(1964 : 169)은 위의 (34)와 같은 예들에 대하여 관형격 조사 '-익/의'의 앞에서 일어나는 "형태적 음운변화"로 분류한 바 있다. 그가 말하는 형태적 음운변화는 음운변화에 형태론이 직접적으로 관여한 과정을 일컫는 것으로 보인다. 또한, 김주필(1993 : 201)은 『金剛經三家解』에 반영된 표기와 언어 자료를 검토하면서 '곳고리 우룸'(2.23ㄱ), 져븨 말 (2.23ㄴ), 늘그늬 글(5.49ㄴ)' 등의 예에서 체언의 끝 소리 '-이'의 탈락 현상을 주목한 바 있다. 그는 이러한 형태론적 환경에서 통사적 구성 요소, 특히, 사람을 나타내는 형식명사 '-이'가 완전히 탈락하여 사라지게 되는데, 이것은 일종의 "음운규칙이 통사적 구성의 층위에도 작용하고 있음"을 보여주는 사례로 간주하였다.

위의 (36)에서와 같은 현상을 Kiparsky(1982 : 95)가 지적한 "의미의 투명성" 또는 "변별성 조건"으로 적극적으로 해석하려는 시도는 중세국어에서 수행되는 모음연쇄(hiatus) 현상을 고전 생성음운론의 관점에서 기술한 Cheun (1975)에서 행하여졌다. 그는 '이'로 끝난 체언어간에 관형격 조사 '-익/의'가 연결되어 i+ʌy/iy의 모음 연쇄가 이루어진 환경에 일반적인 '♀/으'의 탈락 규칙이 들어오게 된다면 다음과 같은 결과가 표면으로 파생되어 나올 것으로 예측하였다.[54]

惡ᅌᆞᆯ ᄇ료더 <u>고기의</u> 낯 避ᄒᆞ미 ᄀᆮᄒᆞ야(1464선종영,하,77ㄴ),
cf. ᄒᆞ다가 고짓 양ᄌᆞ롤 取ᄒᆞᆳ딘덴 <u>고기의</u> 얼구른 모미오(능엄언.3,44ㄱ),
고기 싯고 갈훌 ᄀᆮ니 <u>고기의</u> 누니 븕도다(초간 두시.16,61ㄴ),
못 가온더 넌니픈 <u>고기의</u> 우사니오.(백련초해,4ㄱ).
54) Cheun(1975)에서 제시된 예문의 종류와, 여기에 적용된 모음 연쇄의 음운규칙 및 모음 음가의 전사는 글쓴이의 관점에서 약간 조정하여 제시하기로 한다.

(37) /api + ʌy/ (아비+-의)   /koki + ʌy/(고기+-의)

   api + øy/   ← '익/으'의 탈락 규칙 →   koki + øy

   api + y   koki + y

   ㅡㅡㅡㅡㅡㅡㅡ   ㅡㅡㅡㅡㅡㅡㅡ

   [apiy]   [kokiy]

   Cheun(1975 : 112-113)에 의하면, 위에서와 같은 도출 과정을 거친 각각의 표면형 [apiy]와 [kokiy]의 어간 말음 [iy]는 이 위치에서 iy의 연속을 금지하는 중세국어의 표면음성 제약에 위배된다. 그리하여 통상적인 모음 연쇄의 규칙이 적용되는 것을 저지하게 되었으며, 그 대안으로 이 환경에서만 적용되는 형태론적 제약을 갖고 있는 비정상적인 음운규칙(i→ø/__+ʌy)이 적용되어 어간말 '-이'가 탈락에 이르게 되었다는 것이다. 여기서 의미상의 투명성(semantic transparency)의 확보라는 명제가 정상적인 모음 연쇄의 규칙을 희생시키고, 비정상적인 규칙을 생성하게 된 것이다.

   이와 같이 (36)의 예들을 형태소 연결 과정에서 파생되는 음운론적 불투명성에도 불구하고, 여기에 개입된 변별적인 형태론적 정보를 유지시키려는 화자들의 무의식적인 시도로 파악하려는 Cheun(1975)에서의 입장은 그 이후 김종규(1989)와 김영선(1997)으로 이어지고 있다. 김종규(1989 : 66-68)는 예를 들어 '아기+-의'의 형태론적 구성에 우리의 예상대로 모음 연쇄의 일반 음운규칙(즉, '익/으'의 탈락 현상)이 적용된다면, '아기'가 도출되어 주격형과의 구분이 제거되기 때문에, 여기에 상이한 형태소들 간의 통합 관계를 변별시키려고 하는 형태소연결 제약이 작용하게 된 결과로 판단하였다. 김영선(1997 : 34-35)에서도 관형격 조사 '-의/의' 앞에서 수의적으로 일어나는 체언어간의 말음 '-이'의 탈락이라는 예외적 현상은 형태소의 의미를 유지하기 위한 형태론적, 의미론적 제약 때문에 나타난 것으로 해석되었다.

   글쓴이도 위의 (36)의 예들에서 관찰되는 체언의 어간말음 '-이'의 탈락에 대한 이해에 있어서 지금까지 논의되었던 Cheun(1975)과, 김종규(1989), 김영선(1997)에서의 설명 방식과 관점을 같이 한다. 여기에 글쓴이는 또한 '오/으'로 끝나는 체언에 주격 조사 '-이'가 연결되어 모음 연쇄가 형성되었을 때, 일반적인 '오/으'의 탈락 규칙이 봉쇄되고, 그 대신 모음 융합이 일어나는 과정도 포함시킨다. 무조건적인 음운규칙의 적용에 의하여 참여한 형태론적 정보의 변별성이 상실될 상황에서, 그 적용이 거부된 것으로 보는 것이다.

이와 같은 체언 범주에서 일정한 형태론적 제약 밑에서 억제되었던 '오/으'의 탈락 현상은 근대국어의 단계로 들어오면서 점진적으로 사라지게 된다. 이 시기에 어휘 형태소와 문법 형태소의 연결 과정에서 기저형 중심의 형태음소적 표기 방식과, 이에 수반되는 분철 중심의 표기가 확대되었기 때문에 모음 연쇄가 용인된 것이다.[55] 그러나 일상적인 단어들인 '아비'(父)의 관형격형 '아븨'와 '어미'(母)의 '어믜'는 19세기 후기 지역방언에 따라서 단독형으로 재구조화되어 있는 모습을 보이기도 한다. 이 시기에 '아비'와 '어미'형보다 형태론적으로 불투명한 관형격 형태가 아래와 같이 부분적으로 단독형으로 확립되는 이유는 파악하기 어렵다.

(38) ㄱ. <u>아븨</u> 셤기믈 지극훈 효도로 ᄒ고 어미 셤기믈(1884, 관성륜,4ㄱ),
　　　 건도ᄂᆞᆫ <u>아븨</u> 되고 곤도ᄂᆞᆫ 어미 되야(상동.4ㄱ),
　　ㄴ. 소장은 <u>아부</u>를 차지려 ᄒ고 왓난이다(완판, 충열,하.23ㄱ),
　　　 <u>아부</u> 원수 갑푸랴고 여긔 잠간 왓삽거니와(상동.하,1ㄴ),
　　ㄷ. <u>아부</u> 이별ᄒ고 어미 듯시 보니(심청,하.12ㄱ),
　　　 <u>아부</u> 홈기 먹것나니다(심청,상.13ㄱ),
　　ㄹ. <u>아부</u>를 아부라 부르지 못ᄒ옵고(완판, 길동.34ㄱ),

55) 송철의(1991 : 284)에서도 관형격 조사 '-의/의 앞에서 체언의 어간말음 '이'가 수의적으로 탈락하던 중세국어에서의 현상이 사라지게 된 것도 곡용상에서 체언어간의 교체를 가능한 억제하려는 현상의 일부일 것으로 추정하였다. 즉, 어미+-의→어믜>어미의, 아비+-익→아븨>아비의, 톳기+-익→돗긔>토기의.

cf. 아비롤 아비라 못호옵고(경판, 길동.19ㄴ),

ㅁ. 네 <u>아뷔</u> 지감을 알고(완판, 장경.11ㄴ),

아겨, <u>아뷔</u> 이것 보오(신재효 박흥보가, 150).

(39) ㄱ. 그 <u>어믜를</u> 브르시니(완판, 길동.30ㄱ),

<u>어믜난</u> 이 고디 왓스오니(완판, 길동.31ㄱ),

ㄴ. 춘향 <u>어무</u>(판, 춘남.30), 춘향 <u>어무</u> 놀니(좌동.16),

춘향 <u>엄우</u> 거동 보소(별춘, 26ㄱ),

cf. 춘향 어모 그 말 듯고(수절가,상.19ㄴ),

춘향 어모가 유명한 명기라(上,21b).

위의 예에서 '아부'와 '어무'는 관형격 형태 '아비>아븨'와 '어믜'에서 근대국어 단계에서 확대된 원순모음화를 수용하여 각각 '아뷔, 어뮈'로 변화된 다음에, 어간말 모음 '-ㅣ'가 탈락되는 과정을 거친 것이다(홍윤표 1994 : 443). 그리고 관형격 형태 '아비'에서의 직접적인 발달이라고 생각되는 '아베'형도 19세기 후기 중부와 육진방언에서 사용되었다.

(40) ㄱ. 할아비양 祖父, 할아베 祖, 할아버니 祖, 할아비 祖(1880, 한불자,80),

아비암 父, 아베 父, 아범 父, 아버니 父, 아버지(상동.8),[56]

아부 부(父), 어무 모(母), 아부 고(考), 시아부 구(舅),

시어무 고(姑)(1884, 正蒙類語.1ㄴ),

ㄴ. 아부님, 아비(1874, Putsillo의 『로한ㅈ뎐』, 397),

크나비, 큰 아비, 조뷔(상동.159).

지금까지 우리는 자립적인 어휘형태소에 문법 형태소인 격 조사가 연결

---

56) 또한, 19세기 전기 경북방언을 반영하는 한글편지 가운데에서도 '아비'(父)의 관형격 형태가 단독형으로 재구조화되어 나타나기 시작한다.

<u>아비</u>호테 편디호기로 조희 붓즐 주고 (『의성김씨 김성일파 종택 한글간찰』(조선후기 한글간찰의 역주 연구 6, 태학사, 2009), 0-05, 의김 MF 35-3716-9937, 아내→남편, 1832.4, 66쪽).

되는 과정에서 일어나는 모음 충돌의 양상이 일반적인 음운규칙에 의하여 자연스러운 방식으로 해결되지 않고, 그 모음의 연속을 그대로 용인하거나, 아니면 매우 부자연스러운 음운론적 조정이 개입되는 몇 가지의 유형을 논의하였다. 그리고 중세국어에서 이와 같은 예외적 음운현상들이 용언의 경우와는 달리 체언 범주에 주로 등장하는 원인을 효과적인 의사소통을 전제로 하는 형태소구조 보존의 원리, 또는 형태소 통합에 대한 의미론적 제약이라는 기능적 관점에서 파악해 보려고 시도하였다.

그렇다면, 우리가 역사적 음운현상 또는 음운변화에 대한 단순한 기술의 단계에서 설명의 차원으로 이행하려고 하였을 때, 여기서 제시된 것과 같은 기능론적(functional) 관점이 그 자체 얼마나 합리적이고, 객관적 타당성을 갖고 있는 대상인가에 대한 진지한 검증이 뒤따라야 된다고 생각한다.

5. 결론과 논의 : 음운변화/음운규칙의 기능론적 설명

5.1. 공시적 음운현상, 특히 음운변화를 이해하기 위해서 제시되는 '기능적'이란 용어는 언어의 추상적인 체계가 아니라, 언어 사용자의 주체인 화자와 청자가 추구하는 최적의 의사소통에 근거한 언어 사용의 인지적인 개념이다. 따라서 어떤 음운론적 과정이나, 음운변화의 진로에서 의도하는 의미 변별이나 형태 통사적 정보에 문제가 야기되었을 때, 화자와 청자들이 이것을 극복하기 위해서 의식적, 또는 무의식적으로 관여하여 일어나는 치유적 또는 예방적인 장치가 존재한다는 전제에서 출발한다(Harris & Campbell 1995; Croft 2000). 이와 같은 기능적 설명의 근거에는 화자의 경제적인 언어의 산출과 청자의 변별적인 이해가 음운현상이나 음운변화의 결

과로 전개된다는 신념이 자리 잡고 있다고 생각한다. 그렇기 때문에, 기능적 관점에서 파악된 음운현상이나 음운변화는 언어의 산출, 지각, 또는 언어 습득에 효용성을 증가시키는 것으로 이해한다. 그러나 언어의 한 영역에서의 효용성의 증가는 다른 영역에 부정적인 영향을 초래할 수도 있다.

Lass(1980, 1987, 1997)는 언어변화에 대한 기능적 설명을 다음과 같은 이유로 전면적으로 부정한다. (ㄱ) 언어변화는 의식적인 인간의 의도나 목적을 수반하지 않는 현상이다. (ㄴ) 사례에 따라서 제기된 기능적 설명이라는 것은 예측력이 없다. 즉, 개개의 사례에 대한 해명에만 한정되고, 일정한 법칙성이 존재하지 않는다. 따라서 우리가 예측할 수 없는 것은 설명할 수 없는 것이다. (ㄷ) 언어변화가 끝나 버린 상태나 결과만을 가지고 인과관계를 판단하는 잘못에 빠지기 때문에, 그러한 현상과 변화가 일어나게 되는 합리적인 원인에 대한 설명에 이를 수 없다.57)

이에 대해서 기능적 관점을 옹호하는 진영에서는 다음과 같은 논리를 전개한다(Samuels 1972, 1987; Harris & Campbell 1995; Gvozdanovic 1997; Campbell 1996, 2000). (ㄱ) 주로 지금까지 변화해온 과정과 방향을 전망적으로 고찰하는 영역의 본질상 역사언어학은 과학철학이나, 자연과학 등에 요구되는 예시력을 추출할 수 있는 대상이 아니다. (ㄴ) 의사소통이 일어나는 활동에는 화자와 청자가 지향하려는 의식적인 목적이 있다. 그 반면에 이 과정에서 일어나는 언어변화는 개개인들이 추구하는 의식적인 노력들이 부지불식간에 제3의 손에 이끌려 축적되어 등장하게 된 것이다(Keller 1994). (ㄷ) 우리가 기능적 설명을 부정한다면, 대부분의 언어변화에서 우

---

57) Newmeyer(2003 : 30)는 언어변화를 설명하는 기능적 관점이 갖고 있는 기본적 취약점들을 검토하였다. 그리하여 그는 언어 형태와 기능이 맺고 있는 상호 작용에 관한 보편적인 이론을 갖고 있지 않는 한에 있어서 해당 변화의 원인을 기능적인 측면에서 찾으려고 하는 손쉬운 작전이 갖고 있는 이론적 취약점을 제시하였다. 그 가운데 가장 결정적인 문제는 많은 언어에서 기능적으로 최적이지 않는 상태로, 아무런 변화가 개입되지 않고, 수세기 동안 지속되고 있다는 사실이다.

리가 관찰할 수 있는 보편적인 현상들에 대한 이해가 막히게 된다. 즉, 동음어의 회피, 변별적인 대립의 유지, 이형태들의 최소화, 형태론적 조건, 애매성이나, 복합적 분석을 해결하기 위한 재분석. (ㄹ) 역사적 변화의 총체적 결과는 통상적으로(반드시 그런 것은 아니지만) 언어의 기능적 필요를 유지하거나 보완하는 방향으로 향한다. 이러한 기능적 필요는 문법에 가해지는 의사소통상의 문제와 불편을 피하기 위해서 경우에 따라서 일정한 언어변화를 거부하거나(예방), 또는 변화를 일단 수용한 이후에 그러한 불편한 상황을 교정하기 위해서 그 이후에 보상적 변화를 수반한다(치유).58)

따라서 글쓴이는 기능론적 관점에서 중세국어에서 출현하는 관형격 조사의 이형태 '-ㅣ'를 자연스러운 음운론적 이형태의 신분으로 파악하고, 체언의 곡용에서 형태소를 변별시키고, 문법적 기능을 하는 격조사 형태의 신분을 드러내기 위해서 용언에서 생산적인 모음 연쇄의 회피를 형태론에서 수의적으로 용인하는 제약을 점검하여 보았다. 이러한 해석의 필연적인 반대 급부로, 'ㅇ/으'로 끝난 체언에 주격 조사 '-이'와 명사 파생접사 '-이'가 연결되는 환경에서 거부되는 모음 연쇄의 규칙도 주격 조사, 또는 파생접사 '-이'의 형태론적 존재를 표면에 드러내기 위한 기능적 장치일 가능성을 제시하였다. 또한, '이'로 끝난 일련의 유정물 체언에 관형격 조사 '-의/의'가 통합될 때, 참여한 형태론적 성분의 보존, 또는 의미 투명성의 기능

---

58) 음운현상 또는 음운변화에 대한 이러한 기능적 설명은 1970년대와 80년대 고전 생성음운론에서 주된 관심의 대상이었다(Kiparsky 1965 : 28; Anttila 1972 : 79; King 1969 : 124-125; Kiparsky 1982; Campbell 1974, 1996).
　　Kiparsky(1982 : 190)는 언어변화를 기능적 관점에서 보면, 언어는 "예방"(prophylaxis)보다는 "치유"(theraphy)를 수행한다고 지적하였다. 한 영역에서 일정한 목적론적 기능을 수행하기 위해서 동기화된 변화가 다른 영역에 부정적 영향을 주게 되는 경우에 이러한 피해를 교정해주는 다른 유형의 변화가 뒤따르게 된다는 것이다.
　　이와 대조적으로 Harris & Campbell(1995)은 의사소통의 최적의 효과를 유지하기 위해서, 어떤 변화가 의사소통 상의 기능을 위협하게 되면 그것의 적용이 미리 거부되기도 한다고 주장한다. 또는 경우에 따라서 문법에 가해지는 해로운 결과를 치유하기 위해서 다른 유형의 변화에 의하여 보상을 받을 수도 있다고 한다.

적 원리에 의해서 모음 연쇄의 음운규칙이 거부되고, 어휘형태소의 어말 모음 '이'를 탈락시키는 결과를 초래하였을 가능성을 지적한 몇몇 논의들을 소개하였다.

중세국어의 문법에서 이와 같은 역동적 현상을 "특이하다", 또는 "보편적 현상으로 설명하기 어렵다", 또는 아무런 설명도 부여하지 않고 단순히 나열하고 기술하는 방법도 나름의 타당성도 있고 현명한 작전이라고 생각한다. 따라서 이러한 유형을 나열해서 제시하는 방식이 종래의 국어사의 기술 형태론에서 대부분 관행이 되어 왔다.

5.2. 국어 음운사의 영역에서 모든 음운변화 또는 음운현상들이 체계 외적으로 어떤 명시적인 기능론적 원리 위에서 목적론적으로 생성 운용되고, 이어서 소멸되었다고 말할 수는 없다. 그리고 여기에 관여한 실재적 변화와 심층적 원인 간의 상호 관계를 투명하게 연관을 맺어 규명하기도 어려운 일이다.

그러나 중세국어의 단계에서 무조건적으로 일어난 음운변화 'ㅸ>w'와 'ㅿ>ø'에 의하여 이전에 안정된 CVCV 음절구조를 이루고 있던 일련의 단어들에게 심각한 부정적 영향이 가해진 것은 틀림없다. 그러한 음운변화의 결과, 활용 어간에 'ㅿ'을 갖고 있었던 '웃-'(笑)이나 '앗-'(奪) 등과 같은 용언들이 '우ㅿㅓ∽우ㅿㅡ니'와 '아ㅿㅏ∽아ㅿㅡ니' 등에서 각각 '우어∽우으니'와 '아아∽아으니'와 같은 모음 연쇄를 형성하게 되었다. 그러나 이러한 모음 연쇄에서 필수적으로 작용하는 '으' 탈락 규칙을 받아서 정보 전달의 기능을 갖고 있는 형태소의 파괴 또는 심한 불안정을 겪은 이후, 18세기 중엽부터 '우서∽우스니' 및 '아사∽아스니'로 재조정되는 과정에는 의사소통을 하는 화자와 청자의 관점에서 발휘되었을 것으로 추정되는 언어의 기능적 치유의 역할을 외면하기는 어렵다. 일찍이 자음체계에 'ㅿ'을 갖고 있지 않았기 때문에 여전히 형태론적 구조에 안정된 균형을 이루고 있던 지역방언에서의 '웃-'과 '앗-'의 활용형을 차용하여 온 주체는 바로 언어 사용자들이었으며, 그 목적은 의사소통의 필요에 의하였을 것이다. 이러한 기능적 설명은 용언에서 뿐만 아니라, 체언에서의 '오소리→오소리', '너싀→너시, 너새, 너홰' 등의 대치에서도 적용된다.

'ㅸ>w'의 음운변화가 일어난 후에도 단일 형태소와 용언의 활용 영역에 끼치는 후유증은 위에서 언급한 'ㅿ>ø'의 그것에 못지않았다. 용언 '넓-'(踏)은 16세기부터 '넓-'으로 재구조화를 수행하였다. 특히 단일 형태소 '사비'(蝦)형의 역사적 반사체들이 '사이'를 거쳐 점진적으로 '새요∽사요∽새오'로 향하는 불투명한 발달의 진로는 형태소구조 보존의 원리, 또는 의미의 투명성에 근거한 기능적 관점에서 이해하여야만 가능하다.

그러나 국어 음운사의 영역에서 설명의 관점에서 지금까지 그 발달의 원리가 전연 규명되지 못한 미해결의 문제들이 쌓여 있다. 역사언어학이 추구하는 언어변화에 대한 관찰(what)과 기술(how), 그리고 궁극적인 설명(why)의 단계에까지 이르지 못하고 있는 것이다. 이 가운데 소위 중세국어 체언의 특수어간의 교체 범주에서, 이 단어들의 비어두음절 위치에서 균질적으로 수행되는 '-ㆍ/으>-오'의 변화 과정(ㄱㄹ(粉)>ㄱ르>ㄱ르>가로 등등)이 종래에 기능적 측면에서 논의된 바는 있다. 국어의 Hiatus 현상을 자음 발달과 관련하여 종합적으로 고찰한 이숭녕(1940, 1947, 1949)은 이러한 유형의 변화를 동일한 모음의 연속으로 인하여 "어형의 극도의 단축을 의미론상 방지하기 위하여 모음의 강화"가 초래된 결과로 해석하였다. 또한 허웅(1965, 1985 : 494)에서도 음운변화의 범주에서 이와 같은 방식의 변화의 진로는 "앞으로 있을 동화작용(닮음)의 어형 파괴 작용을 미리 막기 위해서" 이화작용이 개입된 결과로 추정하였다. 이와 같은 방식의 기능적 관점에 근거한 설명은 언어변화에 대한 기능론적 설명이 갖고 있는 전형적인 취약점을 드러내고 있다. 그것은 제시된 설명에 대하여 反證할 수 있는 자료와 방법이 전혀 없다는 사실이다.[59]

이와 같은 문제점에도 불구하고, 국어사 영역에서의 음운변화, 또는 음운현상에 대하여 이루어진 대부분의 소위 설명 방식은 이와 같이 내적 취약점을 안고 있는 기능적 관점이 주류를 형성하여 왔다. 예를 들면, 중세국어에서 모음 연쇄에서 일반적인 '오/으' 탈락의 규칙을 준수하지 않는 전형적인 예인 '야 불규칙 활용, 'ᄒᆞ-(爲)+아→ᄒᆞ야'에 대해서 많은 관심이 집중되어 왔다. 그리고 이러한 활용 형태가 나오게 된 원인에 대해서 몇 가지의 추정이 설명의 방식으로 제시되어 있다. 일부의 학자들은 15세기 국어에서 'ᄒᆞ-'의 활용형들에 대한 기저형을 /히-/로 설정하여 부사형 어미 '-야'의 공시적 출현을 합리적으로 설명하려고 시도하였다(정광 1986 : 122; 이현희 1987 : 228).

또 다른 학자들은 기능론적 관점을 여기에 적용하였다. 예를 들면, 허웅(1965, 1985 : 441)은 이러한 현상을 "표현을 똑똑하게 하려는 데서 일어나는 변동"의 범주로 분류하였다. 그리고 그는 규칙적인 활용형 'ᄒᆞ-+아→하'가 너무 짧아서 '뛰-+어→뛰여'와 같은 안정된 활용형에 유추되어 'ᄒᆞ야'가 형성된 것으로 추정하였다.

이러한 방식의 추리는 그 이후 약간의 기술 내용만 바뀌져서 그대로 이어져 왔다. 이광호(1984 : 108-109)는 중세국어에서 어간 'ᄒᆞ-'에 부사형 어미 '-아'가 연결되면 일반적인 모음 연결의 규칙에 의하여 '*하'가 형성될 예정이기 때문에, 이것은 결과적으로 형용사 '하-'(多)의 어간과 동일하게 될 것

---

59) Newmeyer(2003 : 32)는 기능적 설명이 언어 사용자의 속성들에 초점을 두고 있는 것은 큰 장점이지만, 몇 가지의 기능적 요인이 언어변화의 특정한 사례를 "명할 수 있다" 것은 공허해질 위험을 갖고 있다고 지적한다. 따라서 기능적 설명은 설명의 대상과 여기에 제시된 설명이 다른 학자들에게 확신을 주기에는 머무나 빈약하다는 비난을 받아왔다고 한다.

으로 파악하였다. 따라서 그는 'ᄒ-+아'와 같은 통합 구조에서 모음충돌 회피를 위해서 어간과 어미 사이에 y가 삽입된 것으로 추정하였다. 중세국어에서 모음의 통합 현상이 보이는 음운론적 제약들을 논의한 김종규(1989 : 41)에서도 이와 유사한 관점이 제시되어 있다. 그는 여기에 형태소 통합 과정에 일어난 의미론적 제약이 작용하여 'ᄒ-'(爲)가 희생을 감수하여 예외적 존재로 남게 된 것으로 간주하였으나, 왜 y가 개입되었는가에 대해선 따로 언급을 하지 않았다. 또한, 김영선(1997 : 91)은 'ᄒ-'의 당시에 빈도 높은 사용에 주목하여, 당시에 매우 생산적이었던 과도음 y 첨가 현상에 유추된 결과로 해석한다.

지금까지 국어사의 영역에서 제기된 몇 가지의 사례를 중심으로 살펴본 기능적 관점에 의한 설명 방식의 문제점들은 명시적으로 증명할 수 없고, 그렇다고 反證할 수 없는 사실이라는 것이다.60) 따라서 어떤 점에서 보면 건전한 假說이 구비하여야 할 필요하고도 충분한 조건을 만족시키지 못한다. 이와 같은 글쓴이의 판단에도 불구하고, 관형격 조사가 중세국어에서 보이는 음운론과 형태론에서의 특이한 행위를 기능론적 관점에서 여기에

---

60) 이와 같은 유형의 설명은 비단 국어사의 영역에서 뿐만 아니라, 우리가 공시적 언어 현상을 이해하고 설명하려고 시도하는 경우에도 나타난다.

예를 들면, 김진우(1988 : 416)는 지각적 음운론의 관점에서 제시하는 예 가운데, 현대국어 '보(見)+나' /poni/와 '본의'(本意) /po+niy/의 표면형이 구개음화 규칙과 전설모음화 규칙이 서로 출현 순서로 적용되어 [poni]와 [poni]로 도출되는 이유는 동음어의 발생을 방지하기 위해서 단어들의 구별을 위한 지각적 이유에 있다고 설명하였다. 그러나 이 두 개의 단어가 동음어의 자격으로 담화의 환경에 출현하는 상황은 그리 흔하지 않다고 생각한다.

또한, 송철의(1991 : 288)는 현대국어에서 체언 어간의 교체를 가능한 한 억제하려는 경향을 지적하면서, 체언 어간말 모음에 서술격 조사 '이-'가 연결되면 모음충돌 회피 방법으로 모음 축약이 일어나지 않고, 계사 '이-'가 수의적으로 탈락하는 현상(ㄱ. 소(牛)+-다→소이다∽소다, ㄴ. 바다(海)+이-+-다→바다이다∽바다다.)에 대해서 다음과 같이 추정하였다. 서술격 조사 '이-'가 체언 어간말 모음과 축약이 이루어지면, 체언 어간이 교체되는 결과('쇠'와 '바대')를 초래하기 때문에, 이를 회피하기 위해서 '이-'가 탈락되는 길을 선택한 것이다.

내재되어 있는 지금까지 기술상의 문제점들을 점검하고, 어느 정도 "설명"의 차원으로 지향하려고 시도하였다.

강창석(1984), 「국어의 음절구조와 음운현상」, 『국어학』 13, 국어학회, 199-228쪽.

고영근(1998), 『표준 중세국어 문법론』(개정판), 집문당.

곽충구(1997), 「음절의 변화」, 『국어사연구』, 태학사, 387-421쪽.

권인한(1995), 「朝鮮館譯語의 음운론적 연구」, 서울대학교 대학원 문학박사 학위논문.

권재일(1998), 『한국어 문법사』, 박이정.

김성규(1997), 「성조의 변화」, 『국어사연구』, 태학사, 491-513쪽.

김성규(1988), 「비자동적 교체의 공시적 기술」, 『관악어문연구』, 13집,

김영선(1997), 『우리말 음절 구조의 선호성에 따른 음운현상에 대한 역사적 연구』, 세종
　　　　출판사.

김영욱(1993), 「국어 문법형태에 대한 역사적 연구」, 서울대학교 대학원 문학박사 학위
　　　　논문.

김유범(2007), 『중세국어 문법형태소의 형태론과 음운론』, 도서출판 월인.

김유범(2011), 「통사성과 합성어의 유형 변화」, 『한국어학』 53, 한국어학회, 119-143쪽.

김종규(1986), 「중세국어 활용에 나타난 모음충돌 회피현상에 대하여」, 『관악어문연구』,
　　　　서울대학교 국어국문학과, 251-270쪽.

김종규(1989), 「중세국어 모음의 연결제약과 음운현상」, 『국어연구』, 제90호, 국어연구회.

김주필(1993), 「『金剛經三家解』」, 『국어사 자료 연구』, 문학과 지성사, 187-207쪽.

김주필(2006), 「'ᄃᆞᄫᆡ-'의 형태변화와 음운규칙」, 『국어학논총』(이병근선생퇴임기념), 태
　　　　학사, 211-234쪽.

김진우(1988), 「지각적 음운론 서설」, Sojourns in Language(言語小典), Tower Press,
　　　　405-419쪽.

남광우(1997), 『교학 古語辭典』, 교학사.

성광수(1999), 「국어 격체계의 변천과 격표지」, 『격 표현과 조사의 의미』, 월인, 235-278
　　　　쪽.

송철의(1991), 「국어 음운론에 있어서 체언과 용언」, 『국어학의 새로운 전개와 인식』(김
　　　　완진선생 회갑기념논총), 민음사, 278-295쪽.

신승용(2007), 『국어 음절 음운론』, 박이정.

안병희(1967), 「한국어 발달사(중), 文法史」, 『한국문화사대계』 9(언어·문학사), 고려대
　　　　학교 민족문화 연구소, 167-261쪽.

안병희·이광호(1990/2009), 『중세국어 문법론』, 학연사.

안병희·윤용선·이호권(2011), 『중세국어 연습』, 한국방송통신대 출판부.

양주동(1942), 『조선고가 연구』, 박문서관.

왕문용(1991), 「중세국어 조사 '-의'와 '-에'」, 『국어학의 새로운 전개와 인식』(김완진선생 회갑기념 논총), 민음사, 472-488쪽.

유재원(1985), 「현대국어 모음충돌 회피 현상에 대하여」, 『한글』 189호, 한글학회, 3-24쪽.

유창돈(1964), 『이조국어사연구』, 선명문화사.

이광호(1984), 「동사어간 '하-'의 음운현상」, 『어문학』 제4집, 국민대학교 어문학연구소, 99-116쪽.

이광호(2004), 『근대국어 문법론』, 태학사.

이기문(1962), 「중세국어의 특수어간 교체에 대하여」, 『진단학보』, 진단학회, 120-147쪽.

이기문(1971), 「'州'의 古俗音에 대하여」, 『장암 지헌영선생 화갑기념논총』, 형설출판사, 585-596쪽.

이기문(1971/1983), 『訓蒙字會 연구』, 서울대학교출판부.

이기문(1972), 『국어사 개설』(개정판), 탑출판사.

이기문(1998/2006), 『국어사 개설』(신정판), 태학사.

이병기(1997), 「미래시제 형태의 통시적 연구」, 『국어연구』 제146호, 국어연구회.

이병기(2006), 「'-겠-'의 문법화와 확정성」, 『진단학보』 102, 진단학회, 163-178쪽.

이숭녕(1947), 「조선어의 히아투스(Hiatus)와 자음발달에 대하여」, 『진단학보』 14호, 진단학회, 50-89쪽.

이숭녕(1954), 「15세기의 모음체계와 이중모음의 Kontraction적 발달에 대하여」, 『동방학지』 1, 연세대동방학연구소, 331-432쪽.

이숭녕(1961/1981), 『중세국어문법 : 15세기어를 주로 하여』, 을유문화사.

이승욱(2006), 「중세어 속격구성의 몇 문제」, 『한국어연구』 3, 한국어연구회, 5-31쪽.

이지양(1993), 「국어의 융합현상과 융합형식」, 서울대학교 대학원 문학박사 학위논문.

이태영(1997), 「국어 격조사의 변화」, 『국어사연구』, 태학사, 701-735쪽.

이현희(1987), 「'ᄒ다' 어사의 성격에 대하여」, 『한신논문집』 제2집, 한신대학교.

장요한(2010), "중세국어 조사 '-다려', '-더브러', '-의/손ᄃ'의 문법」, 『한민족어문학』 56집, 한민족어문학회, 5-43쪽.

전상범(1980), 『생성 음운론』, 탑출판사.

정 광(1986), 「'ᄒ-' 동사활용의 음운론적 해석」, 『국어학 신연구』, 탑출판사, 114-124쪽.

정인호(2006), 「모음연쇄의 음변화에 대한 일고찰」, 『국어학논총』(이병근선생퇴임기념), 태학사, 111-132쪽.

최명옥(2002), 「과거시제 어미의 형성과 변화」, 『진단학보』 94, 진단학회, 135-165쪽.

최전승(1975/2009), 「중세국어에서의 이화작용에 의한 원순성 자질의 소실에 대하여」, 『국어사와 국어방언사와의 만남』, 397-549쪽. 역락.

최전승(2010), 「시간과 공간표시 명사의 역사적 어휘화 과정과 처소격조사와의 상관성」, 『교과교육연구』 제2호, 전북대학교 교과교육연구소, 7-62쪽.

한재영(1997), 「어간교체형의 변화」, 『국어사연구』, 태학사, 777-814쪽.

허 웅(1955), 주해 『龍飛御天歌』, 정음사.

허 웅(1965), 개고신판 『국어 음운학』, 정음사.
허 웅(1975), 『우리 옛말본』, 샘문화사.
허 웅(1985), 『국어 음운학 : 우리말 소리의 오늘·어제』, 샘문화사.
허 웅(1989), 『16세기 우리 옛말본』, 샘문화사.
홍윤표(1969), 「15세기 국어의 격 연구」, 『국언연구』 제21호, 국어연구회.
홍윤표(1994), 『근대국어연구』 (1), 태학사.
홍종선(2006), "근대국어 형태론의 논의 몇 문제", *Whither Morphology in the New Millenium?* Pagijong Press, pp.239-263.

小倉進平(1929), 『鄕歌 及 吏讀의 硏究』, 近澤商店 出版部.
前間恭作(1924), 『龍歌古語箋』, 私家版.
Anttila, Raimo.(1972), *An Introduction to Historical and comparative Linguistics*, Macmillan Publishing Co.
Campbell, L. & Jon Ringen.(1981), Teleology and the Explanation od Sound Change, in *Phonologica 1980*(Dressler et al ed.), Innsburger Beitrage zur Sprachwissenschaft, pp.57-67.
Campbell, Lyle.(1966), On Sound Change and Challenges to Regularity, in *The Comparative Method Reviewed* edited by Durie & Ross, Oxford Univer. Press, pp.72-89.
Campbell, Lyle.(2000), *Historical Linguistics*, An Introduction, The MIT Press.
Csali, F. Roderic.(2011), Hiatus Resolution, *The Blackwell Companion to Phonology*, Vol.3, Wiley-Blackwell, pp.1434-1460.
Cheun, Sang-Buom.(1975), *Phonological Aspects of Late Middle Korean*, Pan Korean Book Corporation.
Croft, William.(2000), *Explaining Language Change*, Pearson Education Limited, Longman.
Gvozdanovic, Jadranka.(1997), Introduction, in *Language Change and Functional Explanation*, Mouton de Gruyter, pp.1-5.
Harris, Alice. & L. Campbell(1995), *Historical Syntax in Cross-linguistic Perspective*, Cambridge University Press.
Hopper, Paul & E. C. Traugott(2003), *Grammaticalization*(Second Edition), Oxford University Press.
Itkonen, Esa.(1981), Review Article on *Explaining Language Change* by Roger Lass, Language, Vol.57, No.3, pp.688-697.
Keller, Rudi.(1994), *On Language Change*, The invisible hand in Language, Routledge.
Kenstowicz & Kisserberth.(1997), *Topics in Phonological Theory*, Academic Press.
King, D. Robert.(1969), *Historical Linguistics and Generative Grammar*, Prentice-Hall.
Kiparsky, Paul.(1965), Phonological Change, Ph.D Dissertation of MIT.

Kiparsky, Paul.(1982), *Explanation in Phonology*, Foris Publication.

Lass, Roger.(1980), *On Explaining of Language Change*, Cambridge University Press.

Lass, Roger.(1987), Language, Speakers, History and Drift, in *Explanation and Linguistic Change* edited by Koopman, John Benjamins Publishing Company, pp.151-176.

Lass, Roger.(1997), *Historical Linguistics and Language Change*, Cambridge University Press.

Newmeyer, Frederick J.(2003) Formal and functional motivation for language change, *Motives for Language Change*, Edited by Raymond Hickey, pp.18-37.

Samuels, M. L.(1972), *Linguistic Evolution*, Cambridge University Press.

Samuels, M. L.(1987), The Status of the Functional Approach, in *Explanation and Linguistic Change* edited by Koopman, John Benjamins Publishing Company, pp.230- 250.

Scalise(1984), *Generative Morphology*, 생성 형태론, 전상범 역, 한신문화사.

Trask, R. L.(2000), *The Dictionary of Historical and Comparative Linguistics*, Edinburg University Press.

Traugott, C. L.(2011), Grammaticalization and Mechanisms of Change, in *The Oxford Handbook of Grammaticalization*, edited by Narrog & Heine, Oxford University Press. pp.19-30.

찾 / 아 / 보 / 기

저자 최전승

1978~2010 : 전북대학교 사범대학 국어교육과 교수

2010~현재 : 전북대학교 명예교수 및 시간강사

전북대학교 교과교육연구총서 ❽

한국어 방언사 탐색

초판 인쇄 2014년 9월 10일 | **초판 발행** 2014년 9월 18일

지은이 최전승

펴낸이 이대현

편 집 박선주 | **디자인** 이홍주

펴낸곳 도서출판 역락 | **등록** 제303-2002-000014호(등록일 1999년 4월 19일)

주 소 서울시 서초구 동광로 46길 6-6

전 화 02-3409-2058, 2060 | **팩시밀리** 02-3409-2059 | **전자우편** youkrack@hanmail.net

ISBN 979-11-5686-066-2 93710

정가 47,000원

* 잘못된 책은 구입처에서 교환해 드립니다

이 도서의 국립중앙도서관 출판예정도서목록(CIP)은 서지정보유통지원시스템 홈페이지(http://seoji.nl.go.kr)와 국가자료공동목록시스템(http://www.nl.go.kr/kolisnet)에서 이용하실 수 있습니다.(CIP제어번호 : CIP2014021340)